Teoria da Integração e Políticas da União Europeia

FACE AOS DESAFIOS DA GLOBALIZAÇÃO

Teoria da Integração
e Políticas da União Europeia

FACE AOS DESAFIOS DA GLOBALIZAÇÃO

2017 · 5ª Edição

Manuel Carlos Lopes Porto

ALMEDINA

TEORIA DA INTEGRAÇÃO E POLÍTICAS DA UNIÃO EUROPEIA
FACE AOS DESAFIOS DA GLOBALIZAÇÃO

AUTOR
Manuel Carlos Lopes Porto

EDITOR
EDIÇÕES ALMEDINA, S.A.
Rua Fernandes Tomás, nºs 76, 78 e 80
3000-167 Coimbra
Tel.: 239 851 904 · Fax: 239 851 901
www.almedina.net · editora@almedina.net

DESIGN DE CAPA
FBA.

EDITOR
EDIÇÕES ALMEDINA, S.A.

IMPRESSÃO | ACABAMENTO
PAPELMUNDE

Novembro, 2016
DEPÓSITO LEGAL
417990/16

 GRUPOALMEDINA

BIBLIOTECA NACIONAL DE PORTUGAL – CATALOGAÇÃO NA PUBLICAÇÃO

PORTO, Manuel Lopes, 1943-

Teoria da integração e políticas da União Europeia
face aos desafios da globalização. – 5ª
ed. - (Manuais universitários)
ISBN 978-972-40-6791-9

CDU 339

ÍNDICE

INTRODUÇÃO

A aproximação das aulas tornou mais uma vez premente a publicação de uma nova edição deste livro.

Poderia ter-se seguido o caminho de se proceder a uma reimpressão da edição anterior, sem dúvida o caminho mais fácil e mais rápido. Era todavia menos ou mesmo não satisfatório, para os leitores, de um modo geral estudantes, e também por consequência para o autor.

O mundo mudou muito nos anos recentes, mudou também naturalmente a União Europeia: havendo por isso não só novos indicadores estatísticos, nova legislação, nova jurisprudência e políticas renovadas, como também literatura que foi dando conta da evolução que se foi verificando, artigos e livros novos ou novas edições de obras anteriores.

A disponibilização de uma nova edição para o ano letivo de 2016-17 não teria sido todavia possível se não se desse o caso de, como é natural, não mudar de ano para ano o essencial das teorias e das políticas, continuando a estar atuais, ainda que com desenvolvimentos mais ou menos importantes. Grande parte dos contributos essenciais, expostos nos manuais, vêm de trás, desde os autores clássicos aos autores que basicamente nos anos sessenta (ou pouco antes ou depois) do século XX deram contributos com o maior relevo para as teorias e as políticas do comércio internacional e da intervenção nas economias, bem como para a procura de justificação da formação de espaços de integração. Vêm também de trás, mantendo toda a atualidade, os contributos para a compreensão (com juízos positivos ou negativos) das principais políticas da União Europeia, constando pois também já das edições anteriores a generalidade das políticas consideradas.

Pôde por isso manter-se, mantendo toda a atualidade, grande parte do texto anterior, com a atualização dos dados estatísticos, legislativos e jurisprudenciais e a referência aos contributos científicos mais recentes. No plano legislativo, assume especial significado a circunstância de estar já em vigor o Tratado de Lisboa. No que diz respeito à produção científica, mesmo havendo contributos recentes, não deixámos de manter as referências bibliográficas já feitas (nos casos em que não houve novas edições, deixando de ser justificada a referência às edições anteriores; o que nem sempre acontece...), não tendo sentido que, para se poupar uma dúzia de páginas de bibliografia, se apaguem da "memória dos homens" os contributos que foram sendo dados ao longo das décadas. Sentimo-lo muito em particular em relação aos autores portugueses, que foram acompanhando, muitas vezes influenciando, o caso singular de abertura económica e de integração possível do nosso país, mesmo em períodos em que poderia prever-se uma linha de orientação bem diferente. Deixámos aliás também alguns dados estatísticos do século passado (do século XX), sem continuidade no presente, que são todavia esclarecedores das políticas seguidas e das evoluções verificadas (assim acontece por exemplo com os valores da evolução do comércio intra-setorial e da proteção efetiva, com a "velha pauta alfandegária nacional", ilustrativos de um passado recente que é interessante ter presente).

Para além de outros casos, na sequência do que fizemos com as edições anteriores têm alterações maiores os casos em que foram maiores as alterações verificadas nas políticas da União Europeia, como são os casos da estratégia de médio e longo prazos (agora a Estratégia "Europa 2020") e da política orçamental (estando em aplicação agora o Quadro Financeiro Plurianual, QFP, para 2014-2020).

Além do mais com implicações importantes na política regional e na política agrícola, não podia deixar de ser grande a atualização a introduzir, já na edição anterior, em relação aos alargamentos, tendo entre a penúltima edição e a que vem agora a lume o número de países membros subido de 15 para 28 (reduzindo-se para 27 com a saída do Reino Unido, mas podendo pôr-se a hipótese, ainda que não para já..., da adesão de algum ou alguns outros países): um alargamento sem precedentes próximos, pela sua dimensão e pelas diferenças verificadas entre os novos membros e os países que já faziam parte da União (antes, das Comunidades).

Com especial relevo, edições já em pleno século XXI não poderiam deixar de refletir o novo mapa do mundo para que se caminha, num século em que se avançará inexoravelmente para uma maior globalização, com a força já hoje bem sentida de novas potências (ou o ressurgir de potências muito antigas...). Trata-se de algo de novo, nos contornos e nos desafios a que há que dar resposta, que não podia deixar de se refletir nestas lições.

Assim se justifica que desde a edição anterior se autonomize uma nova parte, a parte V, dedicado à *União Europeia face à globalização* (temática a que anteriormente era dedicado apenas um número na parte IV); numa linha de preocupação expressa também num subtítulo do livro que vem igualmente da edição anterior, sublinhando-se a necessidade de se fazer "face aos desafios da globalização"; título em que nesta nova edição, na linha da evolução institucional ocorrida, passa a falar-se em "políticas da União Europeia", já não em "políticas comunitárias".

Acontece que no quadro em que nos inserimos todas as políticas da União Europeia, mesmo as políticas internas, têm de passar a ter uma exigência muito maior: sob pena de não conseguirmos competir num mundo que, desejavelmente e ainda que com alguns recuos, não deixará de ser cada vez mais global. Sendo assim, ainda que percentualmente sejam maiores as taxas de crescimento do comércio (e de outros movimentos económicos) intra-bloco, continuará a assumir um relevo crescente o comércio em geral, justificando--se pois ainda mais o espaço dedicado no livro às teorias explicativas e justificativas do comércio, bem como à teoria da intervenção; tratando-se todavia de matérias que, independentemente disso, desde a primeira edição se justificavam como base para a compreensão da teoria da integração, sabendo--se que muitos dos leitores do livro, designadamente estudantes, não teriam estudado antes esta temática.

Nesta lógica, nos dois números iniciais da primeira parte (I), ainda antes da exposição das teorias, é interessante dar já alguma informação (complementada na parte V) sobre o relevo crescente que o comércio internacional tem vindo a ter e fazer uma resenha da evolução que se tem verificado, desde o século passado, nos planos dos factos e da teoria económica, com predomínio do livre-cambismo, entrecortado todavia por períodos de maior intervenção no comércio internacional e de formulação de explicações teóricas que em boa medida têm também procurado justificá-lo.

Ao passarem a fazer parte de uma área de integração os países por um lado afastam as barreiras entre si mas por outro mantêm (ou levantam mesmo) barreiras em relação a terceiros. Justifica-se por isso, por ambas as razões – para além do relevo próprio e crescente desta temática, com a globalização

– que a segunda parte (II) do livro seja dedicada à análise da intervenção no comércio, descrevendo-se primeiro as formas que pode revestir, expondo-se depois as dificuldades que se levantam e como tem sido resolvido o problema da sua medição, e analisando-se por fim os seus efeitos: afastados no interior mas mantidos face ao exterior, v.g. com algum nível de protecionismo. Constatando-se que, a par de outros efeitos, a intervenção no comércio tem efeitos indesejáveis de bem-estar, procurará ver-se que meios alternativos poderão e deverão ser utilizados, no plano interno, e que razões poderão explicá-la, ao arrepio do que a experiência e a teoria aconselham.

No quadro atual, por um lado de globalização e por outro de crise ainda não totalmente ultrapassada, suscitando sempre tentações protecionistas, há pois razões acrescidas para que se mantenham, atualizadas, estas duas primeiras partes, que vêm já da primeira edição.

Mas, independentemente disso, os elementos fornecidos são necessários para a compreensão da terceira parte (III), sobre a teoria e em alguma medida sobre a prática da integração, com a qual se verificam em relação aos países membros efeitos desejáveis de criação de comércio mas em contrapartida desvios inconvenientes em relação a terceiros países de onde pudesse importar-se em melhores condições de qualidade ou preço. Podendo questionar-se, por conseguinte, a prevalência de espaços regionais de integração sobre o comércio livre mundial, importa saber se outras razões poderão justificar a sua criação, como via(s) de segundo ótimo ou com uma determinação não económica. Na exposição são privilegiadas as uniões aduaneiras, vendo-se todavia em que medida a análise é extensível a outras formas de integração.

A quarta parte (IV) do livro é dedicada a algumas políticas da União, de um modo geral às políticas económicas, distinguindo-se primeiro políticas que visam mais diretamente a concorrência e a livre circulação das mercadorias, dos serviços, das pessoas e dos capitais, depois políticas setoriais e em terceiro lugar a política regional; concluindo-se o capítulo com as perspetivas abertas em relação ao mercado único, à moeda única e aos alargamentos que tiveram lugar e que poderão perspetivar-se, dando-se ainda relevo, já na edição anterior, em números próprios, à Estratégia de Lisboa, à Política Europeia de Vizinhança e ao quadro orçamental da época; e nesta edição, como avançámos já atrás, à Estratégia "Europa 2020" e ao quadro orçamental para 2014-2020, em que estamos agora inseridos.

Por fim, o novo quadro do mundo justifica a autonomização de uma nova parte (V), tal como sublinhámos igualmente há pouco: atualizando e ampliando o anterior número IV. 8, já com a consideração do papel dos blocos regionais num mundo globalizado, num mundo que de facto se vai tornando mais "plano" (na conhecida designação de Thomas Friedman, 2006), onde só será possível competir tendo-se a máxima eficiência, nas políticas externas e internas. Mas assim deverá acontecer num mundo aberto e exigente em que, apesar dos progressos e aproximações gerais que têm vindo a verificar-se, continuam a ser necessários apoios ao desenvolvimento de áreas do mundo mais carecidas, designadamente pelas vias referidas nesta edição.

Para além da justificação dada acerca das matérias expostas nas cinco partes do livro, importa dar algumas indicações sobre o modo como são abordadas, tendo em conta a grande maioria dos destinatários do livro, estudantes e outros interessados.

Sendo provavelmente em muitos casos pessoas sem grandes conhecimentos económicos prévios, começa-se desde o início o tratamento dos vários temas, como são os casos das teorias do comércio internacional e da teoria das divergências domésticas, fornecendo elementos que estariam já adquiridos se se tratasse de licenciados em Economia. A experiência de 33 anos de lecionação da disciplina, a estudantes de post-graduação e de licenciatura, mostra todavia que os leitores rapidamente se integram nestas áreas, através de uma exposição abreviada dos assuntos que serve simultaneamente para reavivar a memória de quem tenha passado há mais tempo pelo seu estudo.

Trata-se além disso na grande maioria dos casos de leitores (v.g. estudantes) que não têm estudos avançados de matemática, não dispondo neste domínio de mais do que os conhecimentos elementares adquiridos no ensino secundário. Estamos assim face a uma lacuna que seria bem mais difícil de colmatar com o fornecimento, no espaço disponível, dos conhecimentos indispensáveis para seguirem uma exposição matemática das matérias da disciplina. Mas felizmente uma compreensão correta do comércio internacional, das teorias da intervenção e da integração e das políticas da União Europeia é conseguida através de uma exposição verbal complementada com uma exposição diagramática: sendo aliás esta forma de análise e exposição especialmente adequada no campo da economia internacional, onde tem a maior tradição e continua a ter a maior atualidade, com uma utilização predominante nos livros de texto, mesmo tratando-se de livros dirigidos a estudantes e licenciados em Economia. E contrastando com o que se passaria com a preparação matemática que seria requerida, verifica-se que o conhecimento dos elementos básicos para o acompanhamento de uma exposição diagramática podem ser rapidamente adquiridos, quando muito numa aula dedicada a tal fim: necessária aliás apenas para a compreensão dos diagramas de equilíbrio geral, com os esclarecimentos que inserimos num anexo à primeira parte do livro (Anexo I.A).

Ultrapassado o conhecimento inicial que se proporciona é natural que muitos dos leitores, por interesse profissional ou cultural, queiram aprofundar alguns dos temas tratados, justificando-se por isso a extensão da bibliografia citada (mantendo-se em geral, como se disse, as referências das edições anteriores). Não se trata de qualquer modo, como é óbvio, de uma bibliografia completa, fugindo-se designadamente a referir tratamentos muito sofisticados das matérias e obras mais antigas que pouco tenham inovado ou acrescentado; mas sim de uma bibliografia que, além de mencionar de um modo geral os contributos originais, ainda que meramente expositivos, para as várias teorias e avaliações, visa abrir caminho para algum alargamento posterior dos conhecimentos adquiridos (procurando nos vários casos não deixar de referir o que tenha sido publicado no nosso país).

Tendo tido a sua origem na disciplina que o autor começou a reger há 33 anos no curso de post-graduação em Estudos Europeus da Faculdade de Direito da Universidade de Coimbra, tem tido acolhimento em outras post-graduações e em disciplinas de licenciaturas de outras Universidades; designadamente, nos últimos anos, das Universidades Lusíada de Lisboa e do Norte (Porto), onde o autor é professor e leciona estas matérias (ainda em lecionações fora de Portugal, designadamente em Macau, tendo o livro edições também em inglês e em chinês, bem como uma edição no Brasil, em parceria com um colega deste país).

As várias edições saídas têm vindo aliás a beneficiar da experiência docente do autor, tendo em conta dúvidas suscitadas nas aulas e as respostas dadas nas avaliações (fomos procurando melhorar por consequência exposições que não estavam tão claras); bem como de indicações e outros apoios de colegas e colaboradores dessas escolas e do escritório onde presta colaboração, a SRSA advogados (não os mencionando com o receio de cometer alguma omissão...).

PARTE I

O COMÉRCIO INTERNACIONAL

1. RELEVO ATUAL

Independentemente de uma análise das relações de causalidade entre o comércio internacional e outras variáveis económicas, da sua importância é esclarecedora só por si a observação de alguns dados estatísticos[1].

Assim acontece, desde logo, com a observação da taxa (ou grau) de abertura das economias (Z), medindo a percentagem que o conjunto das exportações (X) e das importações (M) de cada país representa no respetivo produto interno (ou nacional) bruto (PIB ou PNB), através da fórmula:

$$Z = \frac{1}{2} \frac{[X + M]}{PIB} . 100$$

Sendo diferentes os papeis das exportações e das importações pode ser visto também, de forma separada, o que umas e outras representam em relação ao PIB ou em relação ao PNB de cada país.

Do relevo crescente do comércio internacional, nos países da União Europeia (UE) e em outros países da OCDE[2], europeus e não-europeus, é-nos dada uma imagem no quadro I.1.

---

[1] Sendo além disso o comércio de mercadorias e também crescentemente de serviços (de transportes, bancários, de seguros, de turismo, etc.) apenas uma das vias de influência das relações internacionais sobre as economias dos países: assumindo igualmente uma enorme importância – em alguns casos mesmo maior – os movimentos dos fatores de produção (v.g. de trabalhadores e de capitais) e ainda relações de índole não económica, por exemplo de índole política, social e cultural.

[2] Apresentando um quadro com valores de abertura relativos a um número muito maior de países, embora num ano anterior, ver Greenaway (1983, p. 3). Distinguindo os valores de

QUADRO I.1

	1993	1994	1995	1996	1997	1998	1999	2000	2001	2002	2003	2004	2005	2006
ALEMANHA	22,3	23,0	23,7	24,4	26,8	28,0	29,0	33,2	33,8	33,4	33,7	35,8	38,4	42,3
AUSTRIA	32,8	34,0	35,2	36,3	39,6	41,0	41,8	44,7	46,6	46,4	46,9	48,9	51,0	53,3
BÉLGICA	61,5	63,8	65,6	67,7	71,8	72,5	73,2	83,2	83,0	80,2	78,8	81,6	84,8	86,1
CHECA (REP.)	51,4	48,9	52,9	51,8	54,7	54,8	56,0	64,9	66,6	61,3	62,9	70,1	70,6	74,2
DINAMARCA	34,0	35,1	35,6	35,5	37,0	37,2	38,2	43,6	44,0	44,4	42,3	43,3	46,4	50,5
ESPANHA	18,5	20,8	22,4	23,4	25,9	26,8	27,6	30,6	29,8	28,4	27,5	27,9	28,3	29,1
FINLÂNDIA	29,4	31,9	32,6	33,4	34,7	34,0	33,7	38,4	36,1	35,0	34,4	35,9	39,0	41,9
FRANÇA	20,6	21,4	22,2	22,4	24,3	25,0	25,1	28,1	27,5	26,3	25,1	25,7	26,5	27,6
GRÉCIA	21,8	21,3	21,8	22,1	24,0	24,6	27,4	31,6	29,8	27,0	26,7	28,0	27,4	28,2
HOLANDA	51,9	54,0	56,5	57,0	60,5	60,2	60,9	67,3	64,4	60,9	59,9	62,7	65,8	69,5
HUNGRIA	29,5	31,1	43,1	46,6	52,8	60,5	63,5	73,9	71,7	64,0	62,6	64,9	66,8	77,5
IRLANDA	60,2	65,3	70,8	71,2	72,8	80,8	82,0	91,6	92,2	85,4	75,8	76,5	75,7	74,6
ITÁLIA	19,8	21,1	23,8	22,4	23,3	23,6	23,5	26,6	26,4	25,2	24,3	25,0	26,1	28,2
LUXEMBURGO	91,7	93,9	95,8	101,0	112,2	119,3	124,8	139,5	137,8	130,9	124,4	137,5	144,5	151,3
POLÓNIA	20,5	20,6	22,1	23,0	25,4	28,4	27,1	30,3	28,9	30,3	34,6	38,5	37,3	40,8
PORTUGAL	28,8	30,3	31,8	31,7	32,6	33,4	33,0	35,2	33,9	32,1	31,3	32,3	32,2	35,0
REINO UNIDO	25,9	26,8	28,4	29,4	28,6	27,2	27,1	28,9	28,6	27,7	26,8	26,7	28,3	30,2
ROMÉNIA	58,1	56,3	56,3	58,1	60,6	64,4	63,0	71,5	76,7	74,5	77,4	76,5	79,8	88,0
SUÉCIA	30,9	33,9	36,4	35,3	38,4	39,8	39,9	43,4	43,2	41,2	40,4	42,2	44,9	47,3
ISLÂNDIA	31,2	33,2	33,7	36,0	36,0	37,0	36,0	37,3	39,4	36,9	35,9	37,0	38,0	41,5
NORUEGA	34,7	35,1	34,9	36,3	37,3	36,7	35,7	38,0	37,3	34,4	33,8	35,3	36,4	37,5
SUÍÇA	33,6	33,5	33,4	34,1	37,5	38,2	39,3	43,6	43,5	41,1	40,8	42,9	45,6	48,7
TURQUIA	16,5	20,9	22,1	24,7	27,5	26,1	25,0	27,8	32,5	30,0	29,0	31,8	30,7	32,0
CANADÁ	30,2	33,4	35,7	36,4	38,5	40,4	41,4	42,7	40,7	39,4	36,2	36,3	35,9	35,0
ESTADOS UNIDOS	10,4	10,9	11,7	11,8	12,2	11,9	12,2	13,2	12,1	11,7	11,8	12,8	13,5	14,1
MÉXICO	17,2	19,2	29,1	31,1	30,4	31,8	31,6	32,0	28,7	27,8	28,6	30,6	30,8	32,6
COREIA DO SUL	26,3	27,0	29,4	29,6	32,7	39,7	35,7	39,2	36,7	34,6	36,8	41,9	41,1	42,7
JAPÃO	8,1	8,1	8,5	9,6	10,3	10,0	9,5	10,3	10,2	10,7	11,2	12,3	13,6	15,5
AUSTRÁLIA	18,3	19,1	19,4	19,3	20,3	19,9	20,9	22,5	21,1	20,4	18,8	20,0	21,0	22,3
NOVA ZELANDIA	29,1	29,7	28,6	27,8	27,9	29,2	31,0	34,7	33,9	31,5	28,8	29,3	29,0	30,0
OCDE	16,9	17,7	19,1	19,8	20,7	20,9	20,8	22,3	21,7	21,5	22,0	23,5	24,7	26,3

Fonte: OCDE (2008a, p. 65)

exportação dos de importação pode ver-se Molle (2006, p. 74) e distinguindo os valores de exportação A.Marques (2015, p.6, com valores até 2013, mas não incluindo os casos dos Estados Unidos e de Japão).

Pode ver-se, pois, que é grande o grau de abertura da generalidade dos países europeus, tanto da UE como da EFTA, muito maior do que os graus de abertura dos Estados Unidos e do Japão (é semelhante ao de alguns países europeus o grau de abertura do Canadá)[3]. Na UE são especialmente grandes os graus de abertura do Luxemburgo, da Eslováquia, da Bélgica, da Hungria, da Irlanda, da República Checa e da Holanda, vindo a seguir os graus de abertura de economias como a austríaca e a finlandesa e mais abaixo a portuguesa[4]. E estão nestes valores ou abaixo os graus de abertura dos países de maior dimensão – está mais próximo o da Alemanha – e da periferia sul da Europa, como são os casos da Espanha, da Itália e da Grécia, com os graus de abertura mais baixos da União[5].

Para além das indicações de ordem geral que são assim colhidas, a importância do comércio internacional é naturalmente muito diferente de setor para setor: com implicações de maior ou menor relevo consoante o que estes representam nas economias, designadamente na ocupação de mão-de-obra e nas balanças dos pagamentos[6].

Além de se tratar de um relevo muito grande, ilustrado pelos números já apresentados, é de referir também que a importância do comércio interna-

---

[3] Tendo o conjunto da União Europeia em relação ao exterior um grau de abertura muito menor, de 18,6%, bem mais próximo dos graus de abertura dessas grandes economias nacionais (mostrando os níveis de protecionismo, com valores muito diversos, ver Barthe, 2011, p. 29, e *infra* o quadro V.2, p. 542; mas não sendo naturalmente só os níveis de protecionismo a determinar os graus de abertura).

[4] Têm curiosamente graus de abertura semelhantes os países que eram e são da EFTA. Comparando algumas das diferenças assinaladas num diagrama de barras ver Krugman, Obstfeld e Melitz (2009, p. 3).

[5] Sendo de esperar que o grau de abertura dependa de diferentes fatores, entre os quais da dimensão dos países, apontando no sentido de dever ser maior a abertura de uma economia pequena como a portuguesa, da situação geográfica e do grau de desenvolvimento, apontando já, pelo contrário, no sentido de dever ser menor o grau de abertura de um país periférico e com um nível menor de desenvolvimento (uma taxa enorme de abertura encontra-se por exemplo em Hong-Kong) (cfr. OCDE, 2008a, p. 64, Barthe,2011, loc. cit. e de novo *infra* o quadro V.2).

[6] A título de exemplo, em Portugal o comércio internacional tem sido especialmente relevante para o setor têxtil e das confeções, com grande dependência em relação ao exterior tanto no que respeita às importações (v.g. de matérias-primas e de máquinas) como no que respeita às exportações (de produtos acabados), sendo exportada grande parte da produção (v.g. mais de metade, por exemplo 56% em 1996) de uma indústria que ocupava então cerca de 26% da mão-de-obra da indústria transformadora e representava cerca de 23% das exportações portuguesas (ver Lança, 2000 e mais recentemente M. Silva, 2008).

cional tem vindo a crescer ao longo das décadas, em termos reais e em termos relativos.

Verifica-se, de facto, que o crescimento verificado não foi um crescimento apenas nos valores nominais (como consequência de aumentos dos preços dos bens comercializados): tratou-se de um crescimento real, em volume, com uma multiplicação de mais de 20 vezes entre 1900 e 1986[7].

Por outro lado, é de assinalar que o crescimento real do comércio tem sido muito mais acentuado do que o crescimento real dos PIB's, verificando-se, assim, que o comércio internacional tem vindo a ter uma importância crescente para as várias economias. Reportando-nos de novo ao século XX, verificamos que enquanto a multiplicação do volume de exportações (até 1986) foi de mais de 20 vezes a multiplicação dos PIB's (até 1987) foi de cerca de 13 vezes: tendo a média anual de crescimento das exportações sido de 3,6% e a média anual de crescimento dos PIB's de 3% (Maddison, 1989, pp. 13 e 25). Trata-se de diferença confirmada nos anos mais recentes, designadamente na segunda metade dos anos 80, quando o crescimento médio das exportações foi de 6,4% e dos PIB's de 3,5%, e já nos anos 90 (Comissão Europeia, 1997a, p. 37)[8]. E entre 1993 e 2006 o relevo do comércio em relação aos PIB's aumentou 9 pontos percentuais, 13% na UE-15 (OCDE, 2008, p. 64).

Do crescimento maior das exportações do que dos PIB's é dada uma imagem esclarecedora pela fig. I.2:

---

[7] Cfr. Maddison (1989, p. 25), com os cálculos feitos em relação a 32 países: 16 países da OCDE, 15 países em desenvolvimento (9 da Ásia e 6 da América Latina) e a União Soviética. O conjunto destes países (cuja escolha foi condicionada pela existência de dados estatísticos fiáveis desde o início do século XX) constituía uma amostragem significativa do comércio mundial, correspondendo, ao longo do século, a cerca de 4/5 da população, da produção e das exportações totais e incluindo casos muito diversos de níveis de desenvolvimento e de taxas de crescimento.

[8] Tendo além disso sido impressionante o aumento do investimento direto estrangeiro, com uma subida média de 40% até 1990, seguida todavia de uma quebra no início dessa década (ver Bouma, 1996, pp. 43-5, também com as evoluções das exportações e dos PIB's até 1993).

Em Portugal, país não considerado no estudo de Maddison, o grau de abertura da economia elevou-se de 11,7% em 1938 para 15,4% em 1948, 18,8% em 1958, 19,5% em 1968, 26,2% em 1978, 33,0% em 1988 e 35,2% em 2000, continuando-se com a tendência para a estabilidade vista no quadro I.1.

A evolução do relevo do comércio no nosso país a partir de 1960 pode ser vista na fig. I.1:

FIG. I.2.

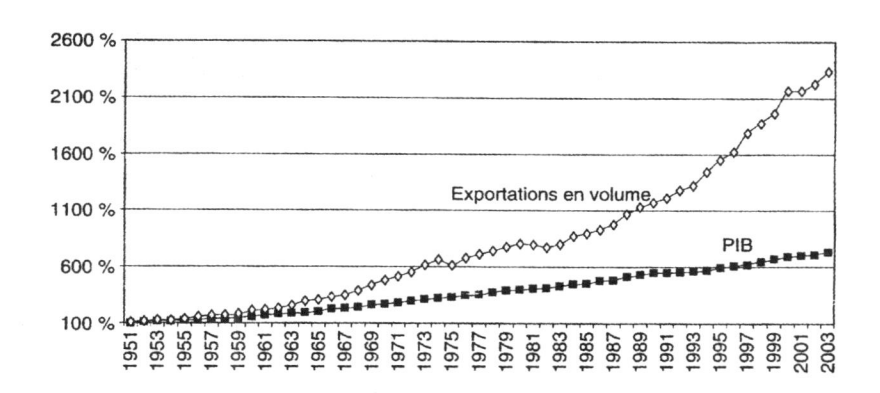

Fonte: Allegret e Le Merrer (2007, p. 30)

Conforme veremos no número seguinte (em relação ao nosso país vê-se já na fig. I.1), ao longo da evolução geralmente crescente do comércio internacional tem havido contudo abrandamentos e alternâncias, incluindo pois períodos de diminuição, tal como aconteceu durante a grande depressão do início dos anos 30 e mais recentemente em alguns anos das primeiras metades das décadas de 70, 80 e 90 do século passado (com a crise recente a afetar também o comércio internacional).

FIG. I.1
Comércio português de mercadorias: 1960-93

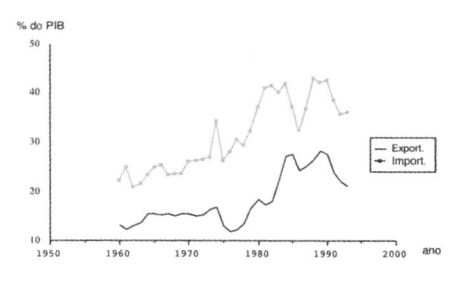

Fonte: Porto e Costa (1999, p. 240)

Constata-se pois a tendência geral para as exportações e as importações irem representando percentagens maiores do produto interno bruto, embora com períodos do recuo.

Verifica-se por outro lado, vale a pena sublinhá-lo, que também nos anos de recuo foram mais acentuados os valores de variação do comércio do que os valores de variação dos produtos, o que indicia que alguma relação de causa e efeito se terá verificado não só pela positiva como pela negativa, tal como a fig. I.3 nos mostra em relação ao conjunto do comércio mundial (exportações e importações).

FIG. I.3.
Volume do comércio e da produção mundiais
(percentagens de variação anual)

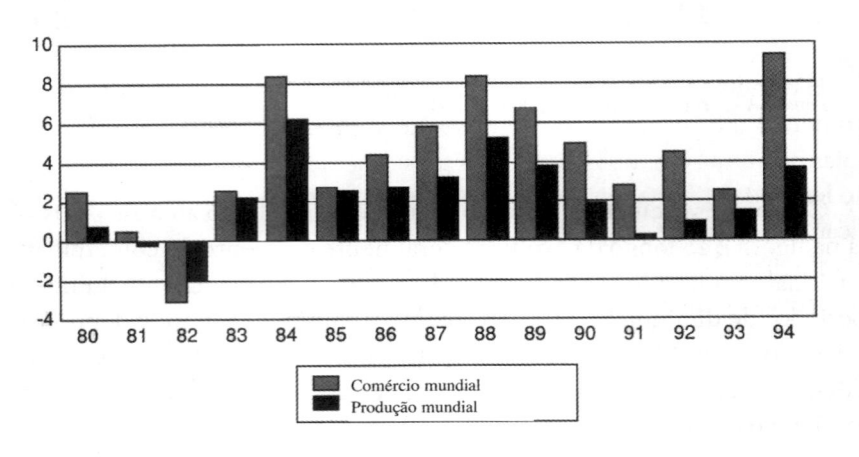

Fonte: Jepma e Rhoen, ed. (1996, p. 2, com dados da Organização Mundial do Comércio: OMC)

Trata-se ainda, compreensivelmente, de uma evolução do comércio mundial que ao longo das décadas tem vindo a sofrer modificações sensíveis tanto no que respeita à sua repartição setorial como no que respeita à sua repartição geográfica[9]: podendo sublinhar-se sobre a primeira o predomínio que passou a ter o comércio de produtos industriais, passando de 44,7% em 1955 para 72% do total em 2005, em detrimento do comércio de produtos agríco-

---

[9] A uma outra alteração, no sentido do alargamento do relevo do comércio intra-setorial, referir-nos-emos em I.3.3. Foi também muito significativo o aumento do relevo do comércio de serviços.

las, que desceu entretanto de 37,6 para 9,0%[10], por seu turno, como seria de esperar, com um crescimento muito sensível do comércio de serviços; e sobre a repartição geográfica o crescimento do peso dos países da Ásia e do Médio Oriente (neste caso fundamentalmente devido a exportações suas de petróleo), à custa da perda relativa da generalidade dos demais espaços, incluindo a Europa[11] (na parte V faremos algumas referência à geografia e às perspetivas dos blocos regionais).

2. A ALTERNÂNCIA ENTRE O LIVRE-CAMBISMO E O PROTECIONISMO NA HISTÓRIA RECENTE DOS FACTOS E DA CIÊNCIA ECONÓMICA

Havendo pois com o decurso das décadas um aumento nítido do relevo do comércio internacional, constata-se que o processo de abertura das economias não tem sido um processo regular, mas sim um processo entrecortado, ao longo da história, por períodos de maior intervenção protecionista[12]; verificando-se, compreensivelmente, que também no plano da ciência económica a influência prevalecente do pensamento livre-cambista foi entrecortada por tentativas de justificação de políticas de intervenção.

[10] Em Portugal foi especialmente sensível à evolução nestes sentidos ocorrida nas últimas décadas do século XX, tendo entre 1961 e 1990 o relevo dos produtos industriais passado de 60 para 73% nas nossas importações e de 53 para 80% nas nossas exportações (esta segunda evolução, muito sensível, foi especialmente determinada pelo comércio com os outros países da União Europeia, em relação aos quais as exportações de produtos industriais subiram entre esses anos de 40 para 82% do total: ver Porto e Costa, 1999, p. 242).

[11] De qualquer modo continuando a ser o maior espaço comercial do mundo (cfr. por ex. Allegret e Le Merrer, 2007 (15), pp. 31 e 34 e mais recentemente Relatório Schuman, 2016, pp.231-3: ainda em 2015 com 5.536 milhares de milhões de euros de exportações de mercadorias, seguindo-se a Asia com 2.514 milhares de milhões e a América do Norte com 1.017 milhares de milhões); sendo também o destino principal de investimento direto estrangeiro: ver *infra* o quadro V.1, p. 529 e a figura do Anexo V.A, p. 577)

[12] Quando a intervenção no comércio internacional é feita através de impostos alfandegários – com a maior tradição a tal propósito – importará saber se a sua elevação tem um objetivo protecionista ou antes de aumento da cobrança de receitas: conseguido, de facto, se a elasticidade--preço das importações é menor do que um. Quando, pelo contrário, a elasticidade-preço das importações é maior do que um, uma diminuição dos impostos alfandegários pode por seu turno ser igualmente determinada, não por um propósito livre-cambista, mas sim pelo propósito de fazer aumentar as receitas fiscais (ver *infra* II.1.1.1).

2.1. Na história dos factos

Começando pela evolução dos factos, pode dizer-se que o século XIX e os primeiros anos do século XX – até ao início da Primeira Guerra Mundial – constituíram um período longo de predomínio livre-cambista, associado aliás a um movimento internacional também sensível dos fatores de produção, v.g. de mão-de-obra e de capitais, não só entre países europeus como entre países europeus e países de outros continentes (em especial da América). Não se tratou de um livre-cambismo total (que de facto nunca terá existido), devendo recordar-se que durante o período em análise houve situações de acentuado protecionismo de produtos agrícolas e que economias hoje em dia predominantes, como a norte-americana e a alemã, sentiram a necessidade de proteger setores industriais em implantação (por exemplo o setor side-rúrgico) para poderem competir depois com a nação então mais importante, a Inglaterra; mas de um livre-cambismo prevalecente, num mundo em que a libra esterlina desempenhava as funções de termo de referência e de meio geral de pagamentos entre as diferentes nações[13]. Dos resultados desta situa-ção de abertura já nos primeiros anos do século XX (comparando-os com os períodos que se seguiram) dão-nos uma imagem os números do quadro I.2, mostrando que entre 1870 e 1913 a média anual de crescimento mundial das exportações foi de 3,4%, acompanhada de um crescimento homólogo dos PIB's de 2,11%, dos PIB's *per capita* de 1,3%, tendo sido semelhante a evolução nos vários continentes.

A deflagração da Primeira Guerra Mundial constituiu o início de um perí-odo de limitações acentuadas ao comércio internacional, que viria a terminar só uns anos depois de concluída a Segunda, já no final da década de 40; acres-

---

[13] Com uma síntese da evolução geral no século XIX ver Kenen (2000, cap. 11) e com uma síntese da evolução no nosso país Reis (1992), Neves (1994), Fontoura e Valério (1994 e 1996) e Afonso e Aguiar (2011).
Sobre a ligação do livre-cambismo à prevalência de uma nação ver Kindleberger (1973 e 1986), Findlay (1979), Gilpin (1987, v.g. cap. 10), Froehling e Rauch (1994), Tuo e Gadzei (1994), Kras-ner (1995), Gadzey (1996), Ahnlid (1996), Gray (1997), Lairson e Skidmore (1997), Carranza (2000) ou, perspetivando o futuro, Thurow (1996). Na rejeição desta perspetiva distinguiu-se Keohane (1984); cfr. também Low (1993), Baldwin (1996) e Mansfield (1992 e 1993). E com a ponderação das posições, ver por ex. Bayne e Woolcok (2003) e entre nós I. Mota (1999, p. 142 e 2005, pp. 35-6), Guimarães (2005, pp. 63-77) e L.P. Cunha (2008, pp. 85-104).
Põe-se agora naturalmente a questão de saber se o equilíbrio entre os blocos regionais (ver *infra* V) acabará por ser o passo em frente, depois das épocas das potências hegemónicas (cfr. Telò, ed., 2007, ou já por ex. Mittelman, 2000, cap. 7).

QUADRO I.2
Evolução em quatro períodos distintos

	1870-1913 "Liberal World Order"	1913-50 "Conflict and Autarky"	1950-73 "Golden Age"	1973-98 "Growth Deceleration, and Accelerated Inflation"
		Taxas anuais de crescimento		
			Exportações	
Europa Ocidental	3,24	-0,14	8,38	4,79
Países de imigração europeia	4,71	2,27	6,26	5,92
Europa de Leste e ex-URSS	3,37	1,43	9,81	2,53
América Latina	3,39	2,29	4,28	6,03
Ásia	2,79	1,64	9,97	5,95
África	4,34	1,90	5,34	1,87
Mundo	3,40	0,90	7,88	5,07
			PIB	
Europa Ocidental	2,10	1,19	4,81	2,11
Países de imigração europeia	3,92	2,81	4,03	2,98
Japão	2,44	2,21	9,29	2,97
Ásia (à exclusão do Japão)	0,94	0,90	5,18	5,46
América Latina	3,48	3,43	5,33	3,02
Europa de Leste e ex-URSS	2,37	1,84	4,84	-0,56
África	1,40	2,69	4.45	2,74
Mundo	2,11	1,85	4,91	3.01
			PIB por habitante	
Europa Ocidental	1,32	0,76	4,08	1,78
Países de imigração europeia	1,81	1,55	2,44	1,94
Japão	1,48	0.89	8,05	2,34
Ásia (à exclusão do Japão)	0,94	0,90	5,18	5,46
América Latina	3,48	3,43	5,33	3,02
Europa de Leste e ex-URSS	1,81	1,42	2,52	0,99
África	1,15	1,50	3,49	-1.10
Mundo	1,30	0,91	2,93	1,33

Fonte: Maddison (2006), pp. 126-7, com alguns dados desde o ano 1000); sendo os títulos das colunas de Maddison (1989, p. 32).

cendo às naturais limitações resultantes dos conflitos armados as limitações que se seguiram ao desencadear da grande depressão de 1929-32, quando alguns dos principais países procuraram sair da crise através de políticas de restrições de importações em relação aos demais, numa estratégia mal sucedida que haveria de ser aliás uma das causas da deflagração do segundo conflito. Do recuo verificado (especialmente acentuado nas fases mais críticas do período) é esclarecedor o quadro I.2, mostrando que o crescimento anual médio das exportações desceu para 0,9%, acompanhado de uma diminuição do crescimento dos PIB's para 1,85% e dos PIB's *per capita* para 0,9% (tendo o crescimento médio dos preços sido negativo, de -0,6%).

O reconhecimento do insucesso dos isolacionismos, no plano económico e no plano político, fez despertar em espíritos mais esclarecidos, ainda no decorrer da Guerra[14], a necessidade de se caminhar depois com determinação para a criação de condições para um comércio mais livre: com a consciência de que tal só seria possível através de instituições internacionais promotoras do afastamento de barreiras, de um maior equilíbrio económico entre as nações e da multilateralização dos pagamentos internacionais.

E, de facto, depois de estabelecida a paz não se perdeu tempo na criação e na dinamização de instituições com estes propósitos, no espaço europeu e no espaço mundial.

No espaço europeu logo em 1948 a Organização Europeia de Cooperação Económica (OECE), formada por 16 países, entre os quais Portugal, veio promover o afastamento de direitos alfandegários e restrições quantitativas e administrar a ajuda financeira norte-americana do plano Marshal, instituída com o intuito de ajudar o ressurgimento das economias europeias devastadas pela guerra; tendo a União Europeia de Pagamentos (UEP), criada pela OECE em 1950 (na sequência dos Acordos Intra-Europeus de Pagamentos de 1948 e 1949), vindo facilitar a convertibilidade entre as moedas europeias, ultrapassando as limitações graves do bilateralismo estabelecido pelo sistema de *clearings*[15].

Depois em 1952, na sequência da ratificação do Tratado de Paris, a Comunidade Europeia do Carvão e do Aço (CECA) veio promover a liberdade do

---

[14] Retomando todavia ideias em alguns casos bem mais recuadas, designadamente em relação ao projeto de integração europeia (ver por ex. Lipgens, 1982, Gerbet, 1987 e 1994, Morin, 1987, Pires, 1992, P.P. Cunha, 1993, v.g. pp. 9-58 e 91-136, Zorgbibe, 1993, Brunetean, 1996, Stink, 1996, Dias, 1999, De Teyssier e Bauvier, 2000, A.G. Soares, 2000, M.M. Ribeiro, 2003, Almeida, 2005, e 2010, coord. Bitsch, 2008, Porto, 2008a, C. Gomes, 2009, pp. 67-102, J. Nunes, 2009, J Dedman, 2010, J. Machado, 2014, pp. 9-13, Campos, Pereira e Campos, 2014, pp. 18-57 e Gorjão-Henriques 2014, pp. 139ss.).

[15] Com uma análise do papel desempenhado por esta instituição pode ver-se Eichengreen (1993) (sobre as limitações impostas pelos *clearings* ver *infra* II.1.3).

comércio destes dois produtos de relevo básico para a economia europeia, abrindo assim caminho ao alargamento posterior (pluri-setorial) do movimento de integração europeia[16].

E de facto uns anos mais tarde, em 1957, a assinatura do Tratado de Roma veio constituir um marco de importância primordial na história contemporânea do nosso continente (mesmo na história mundial, num processo de que se está ainda longe de conhecer os contornos e as consequências finais), ao instituir, com seis países fundadores, a Comunidade Económica Europeia (a par da Comunidade Europeia de Energia Atómica, EURATOM, criada por um outro tratado de Roma com a mesma data)[17].

Dois anos depois, na sequência do malogro dos esforços britânicos no sentido de ter sido criado apenas um espaço europeu de comércio livre (em lugar da CEE), foi assinado o Tratado de Estocolmo, instituidor da EFTA, que entrou em funcionamento em 1960 (englobando sete países, entre os quais o nosso).

No espaço mundial (ou pelo menos com esta vocação) são de salientar por seu turno: no campo da liberalização do comércio, datando de 1947 e na

---

[16] Havendo aliás já um precedente a tal propósito, quando três dos países membros, a Bélgica, a Holanda e o Luxemburgo, estabeleceram entre si em 1932 (pela Convenção de Ouchy) uma união aduaneira (o Benelux), aprofundada, nos seus laços sociais e económicos, pelo Tratado da União Económica do Benelux, de 1958.

[17] O conjunto das três Comunidades, com todas as instituições e órgãos comuns já desde 1968, passou com frequência a ser designado por Comunidade Europeia (CE).

O Tratado de Maastricht, por seu turno (em 1992), além de ter passado a designar por esta forma mais abreviada (CE) mas mais abrangente a antiga Comunidade *Económica* Europeia, no reconhecimento do relevo que passou a ser dado a vertentes de outras naturezas (não económicas), veio instituir a União Europeia, fundada nas três Comunidades anteriores e propondo-se além disso novos objetivos (com dois novos pilares, o pilar da 'política externa e de segurança comum', PESC, e o pilar da 'cooperação no domínio da justiça e dos assuntos internos'; a atual – desde o Tratado de Amesterdão – 'cooperação policial e judiciária em matéria penal', CPJMP).

Não deixou todavia de continuar a falar-se geralmente em políticas e direito *comunitários:* assim fizemos nós logo no título até à última edição destas lições, numa referência mais curta a políticas que de um modo geral são da então CE e atual UE, tal como Gorjão-Henriques, com a mesma hesitação, nas edições do seu manual até à 5ªed (2008), já não nas mais recentes. Constituiu exceção a posição mais 'abrangente' tomada por Druesne, ao intitular o seu livro em 1998 *Droit et Politique de la Communauté et de l'Union Européenne* e agora (2006) *Droit de l'Union Européenne et Politiques Communautaires.*

Em 1958 a par da CEE entrou também em vigor o Acordo Monetário Europeu (AME), aprovado em 1957, por decisão do Conselho da OECE, com o intuito de substituir a União Europeia de Pagamentos. O relevo do AME veio a ser todavia diminuto na medida em que já então prevalecia a utilização mais alargada dos mecanismos do Fundo Monetário Internacional (ver R.Gonçalves, 2010, caps. I e II, e Porto e Calvete, 2010a).

sequência do fracasso na instituição da Organização Internacional do Comércio[18], o Acordo Geral sobre Impostos Alfandegários e Comércio (GATT), assinado por 27 países, a que progressivamente se foram juntando muitos mais (chegando já hoje a 164, sem que tenham cessado as candidaturas) e tendo o acordo do Uruguai Round determinado a criação de um estrutura mais eficaz, a Organização Mundial do Comércio (OMC, ou WTO de acordo com as iniciais em inglês); no campo do reforço das economias mais desfavorecidas, datando já de 1945 o Banco Internacional de Reconstrução e Desenvolvimento (geralmente conhecido por Banco Mundial) e datando de 1956 a sua filiada Sociedade Financeira Internacional (SFI); por fim, no campo da multilateralização dos pagamentos o Fundo Monetário Internacional (FMI), criado, tal como o Banco Mundial, em 1945[19].

Do êxito destas instituições[20], a par de (e potenciando) outros fatores, são sintomáticos os números apurados durante o período que decorreu desde 1950 até 1973, sem paralelo no século atual, conforme pode ser visto de novo no quadro I.2: com uma taxa anual média de crescimento das exportações de 7,88%[21], acompanhada do crescimento dos PIB's de 4,91% e dos PIB's *per capita* de 2,93% (tendo os preços tido uma subida média de 10,6%, mas fundamentalmente devido à inflação nos países em desenvolvimento, onde atingiu uma subida média de 17,5%; já nos países da OCDE a subida média foi de 4,1%).

Dado o êxito verificado, nestes indicadores e ainda por exemplo nas taxas de desemprego e em outros valores das economias, pode dizer-se com justiça que o período que decorreu entre o final dos anos quarenta e 1973 foi 'um perí-

---

[18] Depois da falta de ratificação de vários dos 50 países que haviam assinado a Carta de Havana, entre eles a União Soviética, cuja participação estava inicialmente prevista; e tendo havido reservas do Congresso dos Estados Unidos em relação a uma estrutura tão avançada.

[19] Na sequência da Conferência de Bretton Woods, de 1944, tendo o Banco Mundial e o FMI passado a constituir agências das Nações Unidas a partir de 1947.

[20] Sobre o papel por elas desempenhado ver por exemplo, na literatura portuguesa, André (1960), Moura (1960), J. T. Ribeiro (1962-3, pp. 211 ss.), P. P. Cunha (1963-5 e 1970, pp. 125ss.), V. R. Correia (1969), Xavier (1970), Franco (1972, pp. 43-92), Macedo (1977 e 1990), S. Ribeiro (1978 e 1994), Barbosa (1979 e 1987), Guerra, Freire e Magalhães (1981), Romão (1983), Queiroz (1984), Porto (1984 e 1986b), A. Silva (1986), Macedo, Corado e Porto (1988), Centro de Informação Jacques Delors, ed. (1996), P. Ferreira (2004, pp. 231-333), I. Mota (2005), Medeiros (2007 e 2008a), J. Nunes (2009) e Porto e Calvete (2010a e 2010b).
Trata-se de literatura que de um modo geral refere a posição que Portugal foi tendo neste movimento de abertura e integração.

[21] Contribuindo decisivamente para as alterações sensíveis na composição setorial e geográfica do comércio mundial a que nos referimos já no final do número anterior.

odo de ouro'[22]: associando-se corretamente boa parte do êxito conseguido às possibilidades proporcionadas pelo comércio internacional (e pelos demais movimentos internacionais, v.g. dos fatores e dos serviços)[23] e pensando-se, naturalmente, que a partir de então não voltaria a verificar-se nenhum retrocesso, caminhando-se sem hesitação para o comércio livre mundial[24].

Constituiu por isso uma surpresa e uma desilusão o retrocesso verificado na década de 70 do século XX (a partir de 1973), com um primeiro período de ressurgimento protecionista (designado por 'novo protecionismo') e, em grande medida como consequência deste ressurgimento, de resultados macro-económicos menos favoráveis: tendo o crescimento anual médio das exportações baixado para 5,07%, acompanhado de um aumento dos PIB's de 3,01%, e dos PIB's *per capita* de 1,33% (dos preços de 23,0%, tendo sido de 38,8% em países em desenvolvimento e de 8,2% nos países considerados da OCDE; num período em que se verificou o agravamento do problema do desemprego)[25].

---

[22] Na expressão de Maddison (1989). Com mais frequência distinguem-se dentro deste período os anos 60, apelidando-os de *golden sixties*.

[23] McCulloch (1979) defendeu que para o crescimento das transações foram mais importantes algumas rápidas inovações tecnológicas, designadamente reduzindo os custos dos transportes e comunicações, desenvolvendo a gestão em larga escala que facilitou o rápido crescimento das empresas multinacionais e levando ao aparecimento de novos produtos e processos de produção que, por exigirem uma escala muito grande, foram mais um fator de expansão dos mercados. Não se pondo em causa a importância desses fatores, a maioria dos autores atribui fundamentalmente à liberalização levada a cabo a expansão sem precedentes do comércio mundial a partir do final da guerra (a título de exemplo ver Long, 1977, Nowzad, 1978, Greenaway e Milner, 1979, Batchelor, Major e Morgan, 1980, Scott, 1981 e Bhagwati, 1988, bem como os resultados de projetos de investigação sobre o processo de liberalização levados a cabo pela OCDE, com a síntese em Little, Scitovsky e Scott, 1970, pelo National Bureau of Economic Research, NBER, com a síntese em Bhagwati, 1978 e Krueger, 1978, e pelo Banco Mundial, primeiro com um projeto no início dos anos 80, com a síntese em Balassa *et al.* 1971 e depois com um novo projeto no final da década, com a síntese em Papageorgiou, Choksi e Michaely, 1990). Procurando analisar no plano teórico os efeitos do afastamento de barreiras e da expansão do comércio sobre o crescimento das economias há uma literatura extensíssima, remontando aos clássicos, passando por Lewis (1952 e 1980), Kaldor (1966), Bhagwati (1968), Corden (1971a), Findlay (1973), Bhagwati e Srinivasan (1979), Dixon e Thirlwall (1979) e Thirlwall (1983) (ver ainda as sínteses de Krueger, 1985, Riedel, 1988 e, entre nós, Mendes, 1988; bem como as dúvidas de Strange, 1985), e tendo contributos mais recentes por exemplo Sachs e Warner (1995), Frankel e Romer (1999), Wang, Liu e Wei (2004), Santos-Paulino (2005), Barral e Pimentel, org. (2006) ou Van den Berg e Lewer (2007), considerando áreas geográficas diversas.

[24] Contribuindo também para esta convicção contributos teóricos recentes – a que nos referiremos em I.3 e em II.4 – que vieram reforçar a fundamentação do livre-cambismo.

[25] Do desencanto pelo retrocesso verificado são bem expressivos os relatórios anuais e outras publicações de instituições cuja razão de ser é precisamente a promoção do comércio livre.

Houve assim um agravamento geral de que se saiu na segunda metade dos anos oitenta, depois de uma acentuação na primeira metade da década[26]; num

Conforme nota Page (1981, p. 17), 1974 foi um ano de viragem, quando a OCDE começou a empenhar-se no sentido de se evitarem estas novas restrições. No seio do FMI o *Annual Report on Exchange Restrictions* de 1975 encontrou já mais aumentos do que diminuições de restrições, situação que se foi reflectindo de um modo acentuado nos relatórios seguintes; distinguindo-se depois, também no âmbito desta organização um estudo de Nowzad (1978, cit.), no âmbito do GATT uma publicação da autoria de Blackhurst, Marian e Tumlir (1977), no âmbito da Organização das Nações Unidas para o Desenvolvimento Industrial (UNIDO) e do Banco Mundial uma publicação editada por Cody, Hughes e Wall (1980) e no âmbito da OCDE uma publicação da sua responsabilidade (1985). Por fim, na mesma linha de preocupação e de defesa do livre-cambismo podem salientar-se igualmente publicações promovidas por instituições de índole privada, tais como o American Enterprise Institute for Public Policy Research (com Amacher, Haberler e Willet, ed. 1979), o International Center of Economic Policy Studies (com Greenaway e Milner, 1979) e o Trade Policy Resarch Centre (com a revista *World Economy* e diversas publicações, tais como McFadzean *et al.*, 1972, e Corden e Fels, ed., 1976, apoiadas também pelo Institut für Weltwirtschaft).

Fora alguns anos mais críticos, as restrições introduzidas não foram contudo de molde a provocar uma quebra geral do comércio internacional e do crescimento das economias. Mas o perigo de que tal acontecesse foi evidenciado pelos resultados de um projeto de investigação, o Projecto LINK, mostrando em que medida agravamentos não muito mais elevados do protecionismo teriam levado a reduções significativas do comércio mundial e do bem-estar das populações (ver Klein, Pauly e Petersen, 1987, onde referem também alguns dados já apurados antes no âmbito do projeto). É diferente a opinião de Strange, julgando que "protectionism in fact poses no great threat to the world trade system" (1985, p. 234).

[26] Em Macedo, Corado e Porto (1988) analisámos a evolução ocorrida na política comercial do nosso país desde o final dos anos 40 até 1986, com as alternâncias que procurámos ilustrar com a figura que se segue (fig. I.4), representando no eixo vertical o grau de liberalização (o inverso do protecionismo, numa escala de 0 a 20), que, segundo o nosso critério de avaliação, se foi verificando:

FIG. I.4
Índice de Liberalização do Comércio – 1948-1986

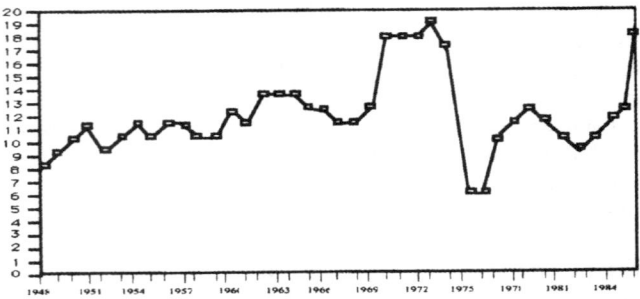

processo que em alguma medida se repetiu na década de noventa, com uma quebra nos primeiros anos de que se saiu de seguida.

Da alternância verificada desde o início do século XIX é dada uma imagem pela figura seguinte (fig. I.5):

FIG. I.5.
Graus de abertura (comércio como % do PIB)

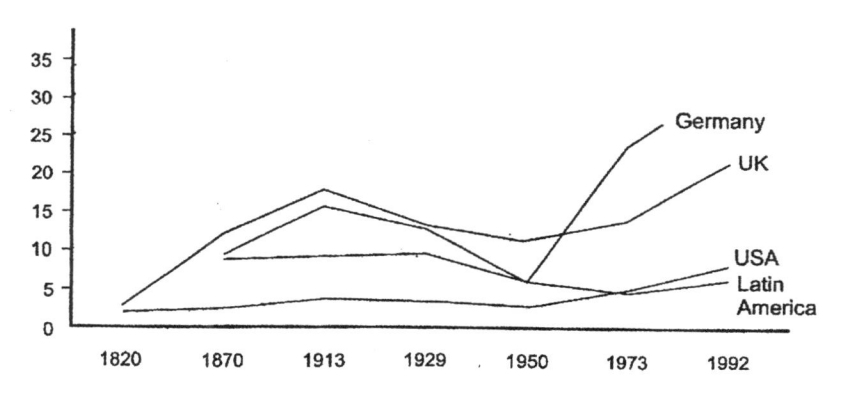

Fonte: Cable (1999 (02), p. 6)

O especial papel de liderança do comércio nos períodos de maior prosperidade pode ser visto ainda na fig. I.6.

Nesta evolução, designámos o período de 1948 a 1974 como de 'liberalização ambígua' (*ambiguous liberalization*), incluindo uma primeira fase de influência predominante da UEP e da OECE (1948-59), uma segunda de influência da EFTA (1960-69) (a que acresceu a influência do FMI e do GATT, de que nos tornámos participantes em 1962) e uma terceira já de influência da CEE (1970-74), com a negociação e a celebração do primeiro acordo comercial com esta organização; designámos o período de 1974 a 1977 como período de 'revolução e retrocesso' (*revolution and reversal*); e, por fim, o período de 1977 a 1985 como período de 'transição para a CEE' (*transition to EC membership*) (com análises das décadas aqui consideradas, ou parte delas, ver também por ex. J. S. Lopes, 1980 e 1996 e A. Silva, 1986).

FIG. I.6.
Crescimento do comércio e da produção anuais
(com agregação de anos)

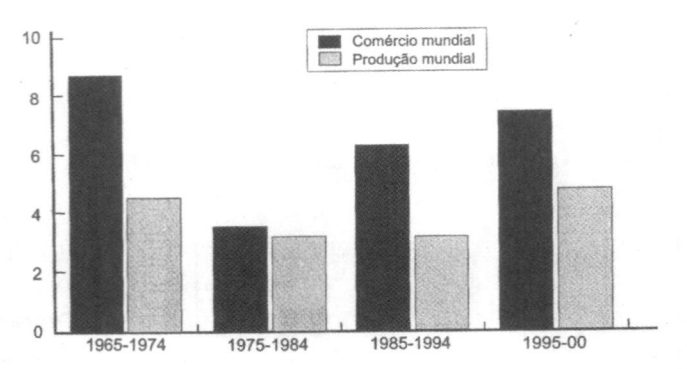

Fonte: Comissão Europeia (com dados do Fundo Monetário Internacional) e OMC (cfr. S. Pinto, 2004, pp. 84)

Do maior relevo dos crescimentos dos serviços[27] e do investimento[28] é dada uma imagem pela fig. I.7

FIG. I.7.

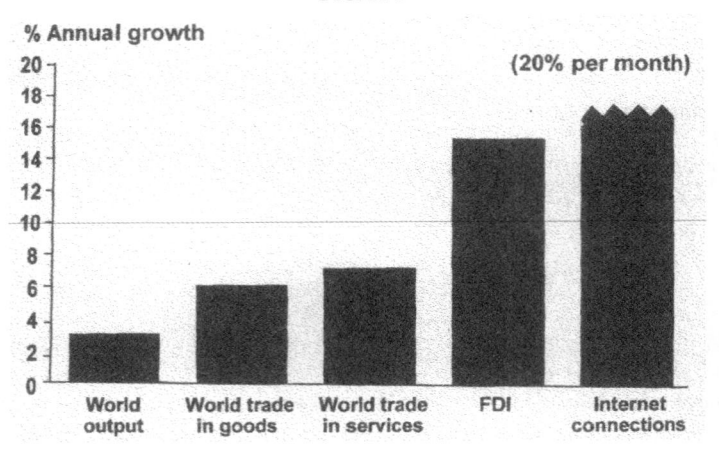

Fonte: Cable (1999 (02), p. 5, com dados OMC)

---

[27] Sobre a "nova economia dos serviços", em particular sobre as implicações para a Europa, ver Rubalcaba (2007).
[28] Cfr. Porto (2014, pp. 345-55), com ilustrações também de outros movimentos financeiros e de movimentos de pessoas, bem como da alternância no comércio ao longo do século XX.

2.2. Na história da ciência

Procurando ver agora, também em traços muito largos, a evolução verificada na ciência económica, é de começar por assinalar que a prevalência livre-cambista do século passado e do início deste século foi acompanhada (mais do que influenciada)[29] pela formação e pela consolidação de um corpo teórico que aprofundava não só as razões pelas quais haveria comércio internacional como também as vantagens dele resultantes.

Foi o que aconteceu com a escola clássica, que se evidenciou (a par de outros aspetos do seu pensamento), por se ter demarcado da perspetiva protecionista do mercantilismo (defensora da promoção das exportações mas da dificultação ou mesmo do impedimento das importações): logo com o seu 'fundador', Adam Smith (1776), formulando a primeira versão da teoria clássica do comércio internacional, a teoria da vantagem absoluta; à qual se seguiu, com David Ricardo (1817), a teoria da vantagem comparativa[30] (sobre os contributos dados por estas teorias falaremos no número I.3, dedicado à exposição das teorias do comércio internacional).

Não obstante a prevalência do pensamento livre-cambista, consolidada também com outros autores da escola clássica, já no século passado, num dos casos com origem bem mais remota, se verificaram duas exceções importantes.

Uma delas consistiu na defesa de restrições ao comércio para melhorar os termos do comércio de um determinado país com possibilidades de ter influência sobre eles (não poderá tratar-se, pois, de um 'país pequeno', relativamente ao qual a procura de exportações e a oferta de importações são infinitamente elásticas)[31]. Trata-se de uma ideia que remonta a Torrens (1824 e 1844) e

---

[29] Sobre a probabilidade de os economistas influenciarem as políticas são especialmente céticas as palavras de McCulloch (1979, p. 76): "Os economistas internacionais aceitaram prontamente algum crédito pelo enorme crescimento do comércio mundial e do investimento que se verificou desde a Segunda Guerra Mundial. Contudo, as políticas realmente escolhidas pela maioria dos países industrializados durante esse período compreenderam elementos liberais e protecionistas e é improvável que, em qualquer caso, mudanças liberalizantes que tivessem sido feitas refletissem a persuasão de argumentos académicos. Além disso, acumula-se agora evidência clara de um renovado interesse pelo protecionismo – uma linha política que por certo não encontra as suas raízes em produção escolar recente".

[30] Pode discutir-se se não terá sido Torrens (1815) a formulá-la primeiro (cfr. Chipman, 1965, p. 480); mas a 'paternidade', em livros de texto e artigos, é de um modo geral reconhecida a Ricardo (com uma perspetiva histórica da teoria ver Maneschi, 1998).

[31] Os termos do comércio (ou 'termos de troca', ou ainda 'razões de troca' ou 'preços internacionais') dão-nos a medida do que pode ser importado em troca de cada unidade de exportação.

Mill (1848), tendo o argumento tido depois uma formulação mais precisa, incorporando a ideia do grau de intervenção ótimo, com Bickerdike (1906 e 1907).

A outra exceção, sem dúvida a mais popularizada, consistiu na defesa da introdução de restrições ao comércio para promover o aparecimento de uma ou várias novas indústrias ou da indústria em geral. Trata-se de um argumento – o 'argumento das indústrias nascentes' – que, diferentemente do 'argumento dos termos do comércio', é válido para todos os países, mesmo para 'países pequenos', distinguindo-se deste argumento também por se justificar no interesse geral, mesmo no interesse dos países em relação aos quais se estabeleceu o protecionismo, na medida em que, com o êxito da política seguida, venha a verificar-se uma mais eficiente afetação dos recursos produtivos e uma descida dos preços ou uma qualidade melhor de que todos passem a beneficiar. A sua origem parece remontar aos séculos XVII e XVIII, tendo sido seus popularizadores mais famosos, nos séculos XVIII e XIX, A. Hamilton (1791) e Carey (1837-40) nos Estados Unidos e List (1841) na Alemanha, mas tendo sido aceite também por pensadores livre-cambistas, como foi o caso de Mill (1848) (o argumento será objeto da nossa análise em II.4.3).

A crise dos anos trinta deste século, levando à já referida acentuação de políticas restricionistas, conduziu ao aparecimento de ressurgidas ou novas argumentações procurando justificá-las, em alguns casos tirando partido de desenvolvimentos recentes verificados na ciência económica, em especial do desenvolvimento proporcionado por John Maynard Keynes.[32] Tal foi o

---

Tratando-se de um 'país grande', a diminuição de importações provocada por uma restrição ao comércio faz diminuir a procura mundial numa medida significativa, ocasionando por isso a diminuição dos preços internacionais, com a consequente vantagem para esse país (sobre a representação gráfica desta situação ver *infra* II.3.7, p. 135). O mesmo não está obviamente ao alcance de um 'país pequeno', cuja procura não seja significativa no conjunto da procura mundial.

Como segunda limitação do argumento dos termos do comércio (além da acabada de referir, de ter de tratar-se de um 'país grande') é de sublinhar que, na medida em que é beneficiado o país que os altera a seu favor, são prejudicados os países em relação aos quais ficam deteriorados. Ou seja, é um argumento na perspetiva de um determinado país, ou conjunto de países, não na perspetiva do bem-estar geral (sobre o(s) prejuízo(s) que o(s)primeiro(s) também pode(m) ter ver *infra* III. 5).

[32] Keynes, depois de ter sido um ardente defensor do livre-cambismo (ficou célebre a pergunta: "Is there anything a tariff can do, which an earthquake cannot do better?", inserida num artigo de 1923; ver ainda 1926), em publicações seguintes (entre 1930 e 1936, onde fez uma interes-

caso da argumentação que viu na proteção um modo de colocar desemprega-
dos nos setores protegidos, através do desvio da procura de bens importados
para bens produzidos internamente, sendo então discutido se por represália
(*beggar-my-neighbour tariff building*) ou por mera diminuição do rendimento
nos países de onde se importava não viriam a ressentir-se as exportações e
consequentemente o emprego nos setores exportadores do país inicialmente
protecionista, que poderia ao fim e ao cabo não ganhar nada com a iniciativa;
e também o caso da argumentação que viu na dificultação de importações
o modo de evitar a deterioração da balança dos pagamentos quando, sendo
os salários rígidos para baixo e os câmbios estáveis, era seguida uma política
keynesiana de aumento de despesas para resolver o problema do desemprego,
com implicações, naturalmente, tanto no mercado interno como no mercado
externo (na medida da propensão para importar).

Aproximadamente a partir da mesma época o reconhecimento da vantagem de transferir trabalhadores da agricultura para a indústria, onde era
maior o valor da sua produtividade marginal, levou, na esteira de Manoïlesco
(1929), à defesa do uso de restrições ao comércio como forma de promover
essa transferência.[33]

Por fim, na década de trinta e nas seguintes também os velhos argumentos dos termos do comércio e das indústrias nascentes foram reavivados e
reforçados, o primeiro principalmente devido ao aparecimento de contributos teóricos – no contexto da problemática dos direitos alfandegários ótimos
– capazes de lhe darem uma fundamentação mais correta e o segundo por se

sante 'recuperação' da perspetiva mercantilista) admitiu a necessidade de se seguir a política
referida no texto, juntando considerações de criação de emprego e de equilíbrio da balança
dos pagamentos, tendo em atenção as circunstâncias da época, com a grande depressão e as
suas sequelas (v.g. no plano do emprego).

[33] Devendo distinguir-se dois casos: no primeiro, considerado por Manoïlesco (1929), Ohlin
(1931 e 1933), Viner (1932 e 1951), Lewis (1954) e Hagen (1958), à diferença dos valores da
produtividade marginal corresponde alguma diferença (embora menor) nos salários nominais, levando já naturalmente ao movimento pretendido, que a intervenção protecionista
viria apenas apressar; no segundo caso, considerado por Nurkse (1953) e também por Lewis
(1954), tem-se em conta a possibilidade (por vezes verificada de facto) de a diferentes valores
nas produtividades marginais corresponderem remunerações iguais, como consequência de
serem seguidas na agricultura práticas de repartição do rendimento (*income-sharing*) sem relação com os valores das prestações proporcionadas pelas pessoas que aí trabalham: pelo que o
protecionismo seria o único incentivo à mudança dos trabalhadores, necessária para evitar a
ineficiência assim existente (com a representação diagramática de cada um destes casos pode
ver-se Porto, 1982, pp. 352-4).

entender que correspondia a um modo de desenvolvimento dos novos Estados resultantes do desmembramento do Império Austro-Húngaro, primeiro, e da descolonização já em anos mais recentes (cfr. H. Johnson, 1964).

Não parece, todavia, que todas as referidas justificações restricionistas, com o intuito de justificar políticas seguidas, tenham sido suficientes para que a sua defesa se sobrepusesse ao pensamento livre-cambista. Este continuava a ser o paradigma, relativamente ao qual as soluções restricionistas apareciam, para a generalidade das pessoas, como soluções transitórias e de segundo ótimo: paradigma esse aliás muito reforçado, depois da Segunda Guerra Mundial (no período deste século de maior expansão do comércio, conforme vimos há pouco), com um maior alicerçamento das teorias explicativas e em alguma medida justificativas do comércio internacional. Assim aconteceu com a formulação dada por Samuelson (1939, 1948 e 1949; ver também 1962 e 1971) ao teorema de Heckscher-Ohlin (1919-1933), acrescentando-se por isso com frequência o seu nome à designação do teorema, e depois com as novas teorias a que nos referiremos no próximo número, bem como com a elaboração da teoria das divergências domésticas, mostrando, numa aplicação da teoria do bem-estar, que a intervenção no comércio internacional não constitui uma intervenção de primeiro ótimo para se atingirem objetivos desejados no plano interno (a ela nos referiremos em II.4.1).

Sendo assim, o ressurgimento do protecionismo a partir de 1973, com o 'novo protecionismo', fez defrontar os economistas com a questão delicada de procurar saber o que levaria os políticos a afastarem-se de novo dos ensinamentos do pensamento dominante, com práticas que em princípio não corresponderiam, pois, à satisfação da generalidade dos cidadãos[34].

---

[34] Tendo-se levantado também a questão, segundo julgamos de muito menor relevo, de saber se se tratará de uma nova figura económica ou apenas do ressurgimento, mais uma vez, da figura tradicional do protecionismo (*old wine in new bottles*, na expressão sugestiva de Bhagwati, 1987).

Como elementos distintivos, que não serão todavia de molde a orientar-nos no primeiro sentido, o 'novo protecionismo' pode ser caracterizado por dois elementos básicos: por um lado, por estar preocupado fundamentalmente com determinados setores em crise, v.g. têxtil e confeções, calçado, siderúrgico, automóvel, eletrónico e construção e reparação navais, com grande ocupação de mão-de-obra e dificuldades na concorrência com terceiros países (tendo aparecido, a seu propósito, o 'argumento das indústrias senescentes': ver *infra* II.4.4); e, por outro lado, por ser feito através de formas de intervenção diferentes das tradicionais (como veremos em II.1, os impostos alfandegários, as restrições quantitativas e as restrições cambiais), às quais deixou de poder recorrer-se como consequência dos compromissos assumidos internacionalmente no âmbito das instituições referidas no número anterior, compromissos estes que os países não têm

Como primeiras hipóteses poderão pôr-se a de estar em causa a capacidade de compreensão dos políticos em relação aos fenómenos económicos ou a de serem seguidos processos de formação das decisões em que a opinião dos economistas não é devidamente ouvida: assim se explicando que não tenha vindo a ser seguido o que a teoria aconselha (ver por ex. Pechman, 1975).

Trata-se todavia de hipóteses cuja aceitação em nada favorece os economistas, no intuito desejável de influenciarem os políticos na adoção de políticas que sejam do interesse da generalidade dos cidadãos[35]. Conforme veremos em II.4.2, a razão de ser da desconformidade existente estará antes na circunstância de as justificações do comércio internacional assentarem em pressupostos que não se verificam na realidade, como são os casos, de maior relevo, de se tratar de mercados de concorrência perfeita, de o Estado (ou outra entidade, como a União Europeia) ser uma entidade acima dos cidadãos, preocupada apenas com a prossecução do interesse geral e imune à influência de grupos de pressão minoritários que beneficiam com o protecionismo e de a intervenção não ter custos administrativos (devendo lembrar-se além disso o benefício, há pouco referido, que um país com condições para tal pode ter alterando os termos de comércio a seu favor através da aplicação de medidas protecionistas).

Teremos ocasião de sublinhar aí que o afastamento destes pressupostos pode explicar que de modo repetido voltem a ser impostas restrições ao comércio, tendo dado lugar designadamente, com a consideração de formas de mercado não perfeitas, à perspetiva protecionista recente – já da década

---

querido ou não têm tido a coragem de denunciar (procurando mostrar, segundo julgamos sem convencer, que são diferentes os 'ideais' num e noutro caso, tendo o protecionismo anterior tido o propósito de manter situações de desigualdade e o atual o propósito de as afastar, ver o livro de Lang e Hines, 1994, p. 154).

Algumas das novas formas de intervenção são inventariadas por Nowzad (1978, p. 19, onde sem ser exaustivo inventaria 33, sublinhando que "embora as principais nações que intervêm no comércio internacional tenham resistido com sucesso a muita da pressão geral para restringir o comércio, têm tido menos êxito em resistir a pressões de setores específicos para aplicar formas diretas e indiretas de ação protecionista"; entre a vastíssima literatura sobre este tema ver também por ex. Salvatore, ed. 1987 e Grilli e Sassoon, ed. 1990).

[35] Não os favorecendo designadamente a convicção ingénua, expressada por Pechman, de que se trata de "uma situação que está a melhorar gradualmente, através de uma participação crescente de economistas em assuntos públicos e um tratamento mais sofisticado dos acontecimentos económicos nos jornais, revistas e outros meios de comunicação" (1975, p. 72).

de 80 – a que nos referiremos em II.4.2.1[36]; mas não nos parecendo que fique em causa – ainda então – o reconhecimento geral das vantagens do comércio livre mundial.

[36] Nos anos 70 teve algum acolhimento a defesa de restrições ao comércio feita por um grupo de Cambridge, o *Cambridge Economic Policy Group*, do Departamento de Economia Aplicada, editor da (*Cambridge*) *Economic Policy Review*. Em diversos artigos quer o grupo no seu conjunto (1975, 1976 e 1979, por ex.), quer alguns dos seus elementos (ver por ex. Cripps e Godley, 1976 e 1978, Godley e May, 1977 e Neild, 1979), defenderam a utilização de restrições gerais das importações, tanto através de impostos alfandegários como de quotas, como única forma viável de o Reino Unido e outros países industrializados (designadamente os Estados Unidos, cfr. o artigo do Grupo de 1979, cit.) poderem aliviar o constrangimento da balança dos pagamentos e manter uma expansão do produto nacional suficiente para restaurar o pleno emprego na década de oitenta. Apoiando os políticos com propósitos nesse sentido, o *Cambridge Economic Policy Group* (1979, p. 37) salientou, sobre a imposição de restrições às importações, que "quer isto seja feito com direitos alfandegários ou com quotas, será contrário às regras da CEE. Mas, dada a escala dos problemas do Reino Unido indicados atrás, a argumentação a favor do controlo de importações é suficientemente forte para que deva considerar-se a violação das regras, caso se torne necessária".

Vários autores entraram em polémica com o Grupo de Cambridge, em particular defendendo antes a desvalorização como modo menos distorçor e mais eficiente de atingir os objetivos pretendidos: ver Corden, Little e Scott (1975), Bispham (1975), Rowan (1976), Corbet, Corden, Hindley, Batchelor e Minford (1977), Lal (1979), Greenaway e Milner (1979), Scott, Corden e Little (1980), Scott (1981) e Hindley (1981). Alguma extensão dos pontos de vista do Grupo aos países menos desenvolvidos – menos conhecida, dada a sua preocupação fundamentalmente com a problemática dos mais industrializados, em especial do Reino Unido – foi objeto da crítica negativa de Balassa (1989).

A título de curiosidade, pode acrescentar-se que mesmo em Itália, um país tradicionalmente livre-cambista (cfr. Grilli, 1980), as ideias do grupo de Cambridge tiveram acolhimento junto de um grupo de economistas da Universidade de Modena.

Em França pela mesma época distinguiu-se Jeanneney (1978), ex-Ministro de De Gaulle e Professor de Paris I, propondo 'um novo protecionismo' com a utilização de impostos alfandegários seletivos.

Em anos mais recentes a defesa do protecionismo na Europa tem estado geralmente ligada ou à defesa de determinados interesses setoriais, como é o caso da defesa da PAC (ver *infra* IV.3.1) ou, numa linha que se estende a diferentes setores (mesmo a todos eles), à recusa de uma maior integração comunitária invocando-se, entre outros objetivos, a manutenção do emprego (entre uma extensa literatura ver por exemplo Allais, 1991, num plano mais 'académico', e Goldschmidt, 1994 e 1995, num plano mais 'político', no segundo livro em 'resposta' a críticas ao primeiro feitas entre outros por Leon Brittan, Brian Hindley e John Kay). Escrevendo no outro lado do Atlântico será de referir a 'conversão' ao protecionismo de Batra (1993), convicto defensor anterior do livre-cambismo.

Conforme veremos em III.10 e na parte V, embora tal não seja desejável nem mesmo provável, há sempre o risco de que sejam protecionistas estratégias de blocos regionais de integração.

3. TEORIAS EXPLICATIVAS DO COMÉRCIO[37]

3.1. Determinantes do lado da oferta

3.1.1. Teoria clássica (Smith e Ricardo)

Conforme se referiu já atrás, a escola clássica foi marcada em grande medida pela justificação que fez do comércio internacional, afastando-se radicalmente do pensamento mercantilista, que a antecedeu.

Na sua base e na sua formulação assenta, entre outros, nos pressupostos seguintes:

1. Dois países (I e II), produzindo cada um deles dois bens (A e B).
2. Um único fator de produção determinante do valor dos bens, o trabalho (l), com mobilidade completa, setorial e geográfica, dentro de cada país, mas sem mobilidade entre os países.
3. Funções de produção diferentes na produção de cada bem (A e B) e em cada país (I e II) (sendo diferentes, pois, as horas de trabalho requeridas em cada um destes casos).
4. Funções de produções com rendimentos de escala constantes.
5. Concorrência perfeita nos mercados dos produtos e dos fatores de produção, com os custos de produção refletidos nos preços dos bens.
6. Condições tecnológicas dadas, acessíveis nos dois países.
7. Homogeneidade dos produtos e dos fatores de produção.
8. Condições de procura dadas, sendo as preferências dos consumidores idênticas nos dois países
9. Ausência de restrições ao comércio internacional (barreiras alfandegárias, custos de transporte ou quaisquer outras).

Neste quadro os custos de produção de A e de B seriam os seguintes:

$$A = w\, l_A$$
$$B = w\, l_B$$

onde w é o salário de cada unidade de trabalho e l_A (l_B) o número de unidades de trabalho por unidade de bem produzido (A ou B). Sendo os salários iguais nos dois setores, havendo concorrência e refletindo-se os custos de produção

---

[37] Sobre algumas das teorias explicativas do comércio podem ver-se recentemente, entre nós, Fernandes (2013, pp. 59-81) e Medeiros (2013, pp. 53-80).

nos preços, os preços relativos dos bens (A e B) seriam determinados, consequentemente, pelo trabalho neles incorporado:

$$\frac{P_A}{P_B} = \frac{l_A}{l_B}$$

a) Com base nos pressupostos referidos defendeu Smith (1776) que haveria comércio internacional se (e apenas se) houvesse diferenças absolutas nos custos de produção, ou seja, se um dos bens (A) fosse produzido com menos horas de trabalho num dos países (por exemplo em I) e o outro bem (B) com menos horas de trabalho no outro país (em II)[38].

Assim aconteceria, a título de exemplo, se

	Bem A	Bem B		Total de horas
País I	20 h	40 h	=	60
País II	40 h	20 h	=	60

Neste caso o país I especializar-se-ia na produção do bem A e o país II na produção do bem B, com o que se conseguiria uma melhor afetação dos recursos, na medida em que cada um deles poderia continuar a produzir duas unidades (agora, do bem em que tivesse vantagem absoluta) apenas com o custo de 40 horas ou, em alternativa, passar a produzir mais unidades com o tempo que já era despendido (60 horas): o país I 3 unidades de A e o país II 3 unidades de B (no total, duas unidades a mais, ou seja, mais 50% do que com as economias fechadas).

Haveria assim um ganho geral com o comércio internacional, dependendo por seu turno a sua repartição pelos países dos termos de troca entre os dois bens (podendo os termos de troca ser de tal maneira desfavoráveis a um deles que, conforme veremos daqui a pouco, um país com vantagem num

---

[38] Nas palavras de Smith (loc. cit.), "it is the maximum of every prudent master of a family, never to attempt to make at home what it will cost him more to make than to buy. The taylor does not attempt to make his own shoes, but buys them of the shoemaker. The shoemaker does not attempt to make his own clothes, but employs a taylor ....
What is prudence in the conduct of every private family, can scarce be folly in that of a great kingdom. If a foreign country can supply us with a commodity cheaper than we ourselves can make it, better buy it of them with some part of the product of our own industry, employed in a way in which we have some advantage".

bem poderá não ter interesse em se especializar na sua produção e participar no comércio internacional)[39].

b) A formulação de Ricardo (1817), da teoria da vantagem relativa (ou comparativa)[40], veio a constituir depois um passo muito importante nas explicações do comércio internacional (não só para a teoria clássica, também para as teorias que surgiram mais tarde), mostrando que mesmo um país que tenha vantagem absoluta na produção dos dois bens (de todos os bens, generalizando-se a teoria) terá interesse no comércio internacional se, no cotejo com o outro ou os outros países, houver vantagem comparativa diferente.

Da possibilidade de se verificar este interesse pode ter-se noção de novo através da observação de um exemplo muito simples[41].

	Bem A	Bem B		Total de horas
País I	20	50	=	70
País II	80	60	=	140

Tendo o país I vantagem absoluta (com o dispêndio de menos unidades de trabalho) tanto na produção de A como na produção de B, na perspetiva de Smith não deveria haver comércio internacional. O exemplo mostra-nos, todavia, que sendo diferentes os custos relativos (tendo o país I vantagem comparativa na produção do bem A, 20/50, e o país II vantagem comparativa na produção do bem B, 60/80), há um ganho geral se I se especializar na pro-

---

[39] Com a noção de termos de troca, ou de comércio, recorde-se a n. 31 p. 39.

[40] Havendo contudo, como se disse (recorde-se a n. 30 p. 39), quem lhe conteste a paternidade da teoria.

[41] O exemplo de Ricardo, que continua a ser citado em muitos livros de texto, é um exemplo com Portugal e a Inglaterra, tendo nós vantagem comparativa na produção de vinho e a Inglaterra na produção de tecidos (1817, p. 151).

Deve sublinhar-se, aliás, que a ideia da vantagem comparativa, aplicada assim ao comércio internacional, é uma ideia válida igualmente no plano interno (tal como a ideia da vantagem absoluta, conforme havia sido sublinhado pelo próprio Smith: recorde-se a n. 48 p. 46). Num exemplo de escola, podemos pensar no caso de um bom advogado que é simultaneamente um bom datilógrafo, não lhe sendo possível encontrar uma secretária capaz de desempenhar melhor esta segunda função. De acordo com o princípio da vantagem absoluta, esse advogado dedicar-se-ia não só ao estudo e à defesa dos processos como também à sua passagem à máquina (hoje em dia, ao processamento do texto no computador). Mas já de acordo com o princípio da vantagem comparativa vale-lhe a pena (havendo assim também um ganho do ponto de vista geral) dedicar-se apenas às tarefas jurídicas e contratar alguém que, embora pior datilógrafo, tenha vantagem comparativa no desempenho desta segunda função.

dução de A e II na produção de B. De facto cada um dos países, produzindo apenas o bem em que tem vantagem comparativa, poderá produzir a mesma quantidade com menos horas de trabalho (gastando o país I 40 horas a produzir duas unidades do bem A e o país II 120 horas a produzir duas unidades do bem B) ou uma maior quantidade com as horas de trabalho já despendidas (podendo o país I com 70 horas produzir 3,5 unidades de A e o país II com 140 horas produzir 2,3 unidades de B: verificando-se, pois, um acréscimo global de 1,8 unidades, ou seja, de mais 45% do que estando as economias fechadas).

O mesmo exemplo pode mostrar-nos também, valendo o que vamos ver agora igualmente para a teoria de Smith (conforme adiantámos há pouco) e para as demais teorias do comércio internacional, que o ganho geral conseguido pode todavia, como consequência dos termos de troca, repartir-se de tal forma que beneficie apenas um dos países (em detrimento do outro).

Para vermos esta possibilidade podemos considerar quatro hipóteses, primeiro a hipótese de uma unidade de A corresponder a (ser trocável por) uma unidade de B (1A = 1B) e depois, sucessivamente, uma hipótese em que são melhores os termos de troca para o bem A (1A = 2B, ou seja, com a mesma unidade de A consegue-se uma maior quantidade de B) e duas hipóteses em que são melhores os termos de troca para o bem B (1B = 2A e 1B = 3A). No exemplo supomos em todos os casos que o país que se especializa num determinado bem continua a precisar apenas de uma unidade desse bem para o mercado interno, utilizando o restante da sua produção (incluindo o acréscimo proporcionado pela especialização) na importação de bens do outro país.

	País I (prod. bem A)	País II (prod. bem B)
Se 1 A = 1 B	+ 1,5 de B	+ 0,3 de A
1A = 2 B	+ 4	” - 0,35 ”
2A = 1 B	+0,25	” + 1,6 ”
3A = 1 B	- 0,17	” + 2,9 ”

No primeiro caso, dispondo o país I de 2,5 de A para trocar pela importação do bem B, terá um ganho líquido de 1,5 de B; e o país II, dispondo de 1,3 do bem B para trocar pelas importações do bem A, terá um ganho líquido de 0,3 do bem A.

No segundo caso, com a melhoria dos termos de troca para o bem A, o país I com os 2,5 que exporta consegue importar 5 de B, ficando pois com um ganho líquido de 4 de B; mas o país II, dispondo de 1,3 de B para exportar, consegue apenas a importação de 0,65, ficando consequentemente com menos 0,35 do que se não houvesse comércio internacional: no qual não terá por isso nenhum interesse.

No caso seguinte, em que há já pelo contrário uma desvantagem nos termos de troca de A (2A=1B), verifica-se que mesmo assim o país I tem vantagem no comércio: pois com 2,5 a mais de A consegue 1,25 de B, tendo, pois, um ganho líquido de 0,25; mas sendo bem maior o benefício do país II (beneficiado com os termos de troca), na medida em que com os 1,3 de B que exporta consegue 2,6 de importações de A, ou seja, um ganho líquido de 1,6.

Uma maior deterioração dos termos de troca de A (para 3A = 1B) leva todavia já o país I a perder todo o interesse em comercializar, na medida em que 2,5 de A apenas lhe proporcionam 0,83 de B, tendo pois um prejuízo líquido de 0,17 de B; sendo, pelo contrário, bem maior o ganho que o país II consegue, obtendo com 1,3 de B 3,9 de A, ou seja, um ganho líquido de 2,9 de A.

3.1.2. Teoria neo-clássica (Heckscher-Ohlin-Samuelson): da 'proporção dos fatores'

A teoria neo-clássica remonta a dois economistas suecos, Heckscher (1919) e Ohlin (1933), tendo tido depois uma formulação mais rigorosa e uma extensão em relação à tendência que deveria haver para a igualização dos preços dos fatores com Samuelson (v.g. 1948 e 1949), cujo nome aparece por isso com frequência associado, como se disse já atrás, à designação do teorema formulado: designado aliás também, dando já uma indicação acerca do seu conteúdo, como 'teorema da proporção dos fatores'.

3.1.2.1. A formulação da teoria

Trata-se de uma teoria formulada com base nos pressupostos seguintes:

1. Dois países (I e II), produzindo cada um deles dois bens (A e B).
2. Dois fatores de produção, por ex. o trabalho e o capital (L e K), com mobilidade completa, setorial e geográfica, dentro de cada país, mas sem mobilidade entre os países.

3. Funções de produção iguais nos dois países, mas diferentes na produção de cada um dos bens, sendo por exemplo a produção de A relativamente trabalho-intensiva e a produção de B relativamente capital-intensiva.
4. Países (I e II) diferentemente dotados dos fatores de produção (L e K), sendo por exemplo o país I mais dotado em trabalho e o país II mais dotado em capital: resultando naturalmente daqui que L é mais barato em I e K mais barato em II.
5. Funções de produção com rendimentos de escala constantes.
6. Concorrência perfeita nos mercados dos produtos e dos fatores de produção, com os custos de produção refletidos nos preços dos bens.
7. Condições tecnológicas dadas, acessíveis nos dois países.
8. Homogeneidade dos produtos e dos fatores de produção.
9. Condições de procura dadas, sendo as preferências dos consumidores idênticas nos dois países.
10. Ausência de restrições ao comércio.

Pode notar-se, assim, que o teorema de Heckscher-Ohlin se distingue da teoria clássica ao considerar funções de produção com dois fatores e iguais nos dois países (na produção de cada um dos bens; diferindo todavia já de um bem para o outro).

Sendo os países diferentemente dotados nesses dois fatores temos que

$$\left(\frac{L}{K}\right)_I > \left(\frac{L}{K}\right)_{II} \Rightarrow \left(\frac{P_L}{P_K}\right)_I < \left(\frac{P_L}{P_K}\right)_{II}$$

ou seja, o preço do trabalho é mais baixo no país onde é mais abundante (no país I) e o preço do capital é por seu turno mais baixo no país onde é maior a sua oferta (no país II).

Tendo em conta, depois, que são diferentes as funções de produção de A e de B, sendo a primeira trabalho-intensiva e a segunda capital-intensiva, conclui-se que

$$\left(\frac{L}{K}\right)_A \geq \left(\frac{L}{K}\right)_B \Rightarrow \left(\frac{P_A}{P_B}\right)_I \leq \left(\frac{P_A}{P_B}\right)_{II}$$

ou seja, da circunstância de o bem A ser mais trabalho-intensivo (e o bem B mais capital-intensivo) resulta que o país I consegue produzir o bem A com um preço mais baixo, sendo o bem B, por seu turno, produzido por um preço mais baixo no país II.

O teorema de Heckscher-Ohlin acaba por fazer, assim, uma constatação que se julgava que deveria corresponder à realidade, sendo de esperar que estando em causa dois países, um com mais trabalho (por ex. Portugal) e o outro com mais capital (por ex. a Alemanha), o primeiro se especializasse na produção de bens mais trabalhos-intensivos (por ex. confeções) e o segundo na produção de bens mais capital-intensivos (por ex. automóveis)[42].

Tem-se assim uma especialização que pode ser ilustrada diagramaticamente através do diagrama de caixa de Edgeworth-Bowley[43] (fig. I.8):

FIG. I.8

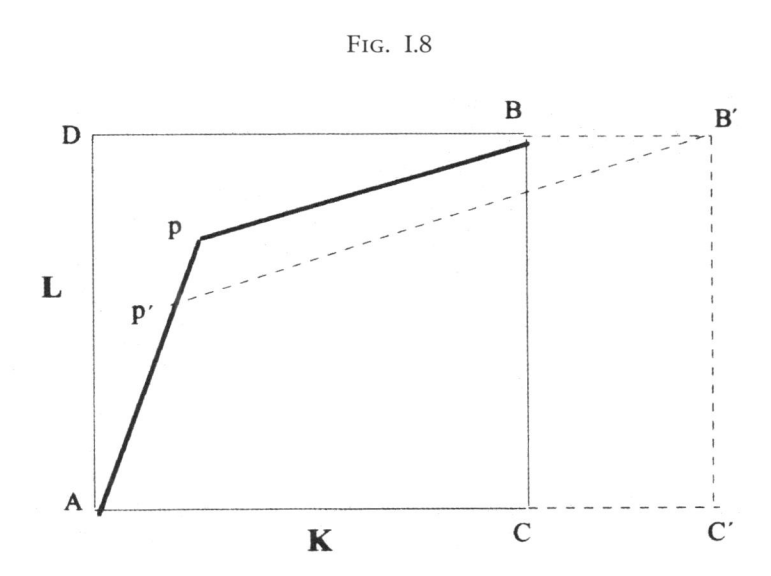

---

[42] Curiosamente, trata-se de ideia que parecia estar aliás já presente no espírito de um dos autores clássicos, Ricardo (1817, p. 147), ao referir que "é quase tão importante para a felicidade humana que as satisfações aumentem devido à melhor distribuição do trabalho – distribuição essa proveniente do facto de cada país produzir aqueles produtos que *melhor se adaptem à sua situação, ao seu clima e às outras vantagens naturais ou artificiais*, trocando-as pelos produtos dos outros países – como alcançar o mesmo fim através da taxa de lucro" (itálico nosso); ou seja, ao referir, embora sem mais elaboração, a existência de fatores além do trabalho determinantes da especialização dos países.

[43] Nos números 1 e 2 do Anexo I.A é mostrado como se constrói e deve ser interpretado este diagrama. Sobre a exposição seguida no texto ver Findlay (1970, pp. 50-3, acrescentando depois uma exposição algébrica do teorema de Heckscher-Ohlin).

Considerando o país I como o país representado na 'caixa' de base (ACBD), podemos representar o país II, mais dotado em capital, na 'caixa' AC'B'D, ou seja, numa caixa em que a maior dotação (relativa) de capital é expressada pela circunstância de à mesma quantidade de trabalho (L), medida nos eixos verticais, corresponder uma maior quantidade de capital (K), através de um alargamento dos eixos horizontais.

Nesta circunstâncias temos que

$$\frac{Ap}{pB} > \frac{Ap'}{p'B'}$$

denotando (com uma diagonal mais na vertical) uma especialização do país I na produção do bem mais trabalho-intensivo, A; especializando-se por seu turno o país II, mais dotado em capital, na produção do bem mais capital--intensivo, B[44].

---

[44] A situação inversa, de I ser mais capital-intensivo, seria representada por um diagrama como o que se segue (fig. I.9):

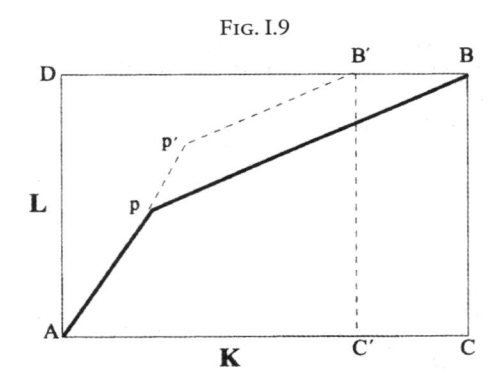

FIG. I.9

Neste caso, ao contrário do que se passava no caso visto no texto, o país I já se especializaria na produção do bem B, dado que

$$\frac{Ap}{pB} < \frac{Ap'}{p'B'}$$

Por fim, a situação de os dois países terem a mesma proporção dos fatores, embora com quantidades diferentes, pode ser vista na fig. I.10 (podendo aliás estas diferentes quantidades ser representadas na mesma 'caixa', com unidades de medida diferentes para o país I e para o país II):

Depois, face às curvas de possibilidades de produção de cada um dos países (diferentes, como consequência da sua diferente dotação fatorial)[45], podemos ver as vantagens gerais que resultam da abertura das economias, repartíveis entre os países de acordo com os termos do comércio (fig. I.11).

FIG. I.11

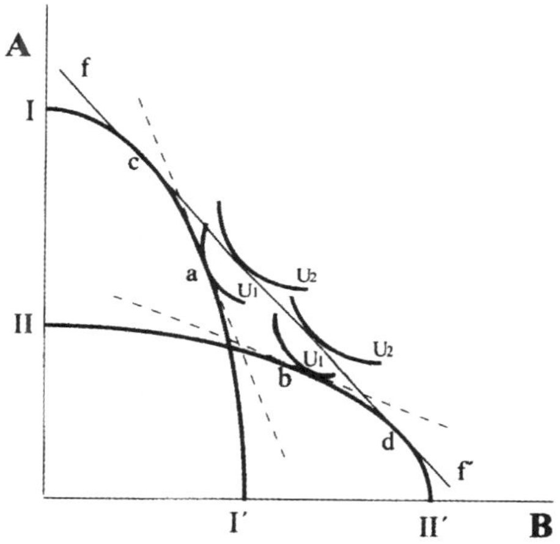

FIG. I.10

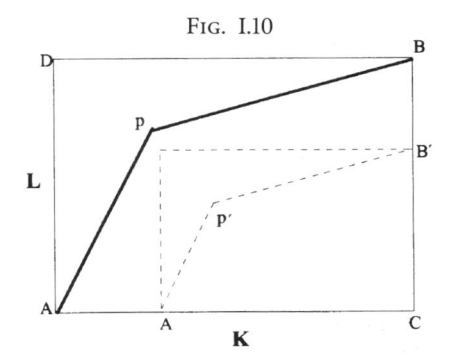

não havendo já razão para que se verifique comércio internacional, dado que:

$$\frac{Ap}{pB} = \frac{A'p'}{p'B'}$$

ou seja, na lógica do teorema de Hechscker-Ohlin (*a contrario*), não havendo diferença (relativa) na dotação dos fatores não haveria comércio internacional.

[45] Sobre o modo de elaborar e interpretar estas curvas, v.g. a partir do diagrama de caixa de Edgworth-Bowley, ver os demais números (3 a 7) do Anexo I.A.

Temos no país I, mais dotado em trabalho, por consequência melhor habilitado para se especializar na produção do bem mais trabalho-intensivo (o bem A), a curva de possibilidades de produção I-I'; e no país II, mais dotado em capital e por isso mais habilitada para a produção do bem mais capital-intensivo (o bem B), a curva de possibilidades de produção II-II'.

Com as economias fechadas, no país I temos o ponto ótimo a e no país II o ponto ótimo b, de tangência entre as curvas de possibilidades de produção e as curvas de indiferença no consumo mais afastadas da origem que com elas são atingíveis: U_1 (ver *infra* a fig. I.A.5, p. 94).

Abrindo-se a perspetiva de comercializar internacionalmente o país I terá vantagem em se especializar na produção do bem A, que pode então exportar pelo preço internacional representado por uma reta de relação de preços internacionais mais inclinada, ff' (conseguindo com as mesmas unidades de A obter em troca mais unidades de B); e o país II terá vantagem em se especializar na produção do bem B, conseguindo, com a referida relação de preços internacionais, para si menos inclinada, a troca de B por uma quantidade maior do bem A. Com esta abertura atingem-se curvas de indiferença no consumo mais afastadas da origem, correspondendo a situações de maior bem-estar: por exemplo as curvas U_2, não estando nós neste exemplo diagramático preocupados com que haja equilíbrio entre as exportações e as importações (ver *infra* a pág. I.A.6, pág. 96, com os triângulos do comércio a que é dada origem).

Só deixará de verificar-se o referido movimento de especialização quando, com o aumento do custo de produção de A no país I (v.g. com a utilização progressiva do fator trabalho) e com o aumento do custo de produção de B no país II (v.g. com a utilização progressiva do fator capital) deixar de haver diferença entre as relações de preços interna e externa, ou seja, quando o país I estiver a produzir no ponto c e o país II estiver a produzir no ponto d.

Nesta linha, na sequência de Heckscher (1919) e Ohlin (1933) coube a Samuelson (1948 e 1949) o mérito de, além de ter feito uma formulação mais rigorosa do teorema, ter procedido à sua extensão em relação às consequências do comércio internacional sobre os preços dos fatores: especializando-se o país I no bem trabalho-intensivo (A) aumenta nele a procura deste fator, cujo preço tem por isso tendência para se elevar (sendo pelo contrário menor a pressão da procura de capital); por outro lado, no país II com a especialização no bem B há uma maior pressão da procura do fator capital (e menor do fator trabalho), tendendo para subir o preço daquele. O comércio internacional deverá levar, pois, à elevação do preço do fator abundante (e barato) no início em cada um dos países, até ao ponto em que acabem por se igualar; ou seja, até ao ponto em que deixe de haver razão para o comércio internacional[46].

3.1.2.2. O paradoxo de Leontief

Parecia de esperar, face à sua lógica e a uma primeira observação da realidade, que o teorema de Heckscher-Ohlin viria a ter confirmação empírica quando viesse a ser sujeito a testes econométricos, tal como começou a ser possível com a elaboração de matrizes de relações inter-setoriais.

Através destas, dando-nos a medida das matérias-primas, dos bens intermediários e dos fatores primários utilizados na produção de cada bem, tornou-se possível medir o grau de trabalho-intensidade e de capital-intensidade (ainda, eventualmente, o grau de utilização de algum outro fator, como os elementos naturais): assim acontecendo, designadamente, em relação aos bens exportados e aos bens importados[47].

Foi aliás o próprio economista a quem ficou a dever-se o contributo inicial na elaboração destas matrizes, Leontief (com os trabalhos pioneiros de 1936 e 1941), que, procurando testar o comércio internacional dos Estados Unidos, veio a deparar com a surpresa de apurar que este país exportava bens mais trabalho-intensivos e importava bens mais capital-intensivos (1953).

Não era este o resultado esperado, mais sim o resultado contrário, dado que os países considerados no comércio com os Estados Unidos eram países menos desenvolvidos, que se esperaria que exportassem predominantemente bens mais trabalho-intensivos. O resultado a que se chegou veio a ficar conhecido, por isso, como o 'paradoxo de Leontief', tendo feito correr rios de tinta, na procura da razão ou das razões que pudessem explicá-lo[48].

---

[46] Num outro teorema famoso, conhecido pelos seus nomes, Stolper e Samuelson (1941) procuraram mostrar a possibilidade de um fator de produção ficar globalmente prejudicado com o comércio livre: podendo explicar-se assim a resistência feita a movimentos neste sentido, não obstante o ganho geral que é proporcionado (ver por ex. Porto, 1982, pp. 263-7, Grimwade, 1989, p. 15, Chacholiades, 1990, pp. 77-9, Södersten e Reed, 1994, pp. 233-5, Caves, Frankel e Jones, 2006, pp. 116-7, Salvatore, 2007, pp. 251-66, Husted e Melvin, 2007, pp. 105-8 e 116-7, Van Marrewijk, 2007, pp. 99-108, Appleyard, Field e Cobb, 2010, pp. 250-2 e Fernandes, 2013, p. 66).

[47] Para quem não disponha de nenhum conhecimento acerca do modo com se constrói e se lê uma matriz das relações 'inter-setoriais' no segundo anexo a esta parte das lições (Anexo I.B) damos um exemplo, muito simples, visando proporcionar uma primeira ideia a tal propósito.

[48] Diz por isso Findlay (1970, p. 92), face às investigações feitas, que "one is almost tempted to wish for another paradox to be uncovered, so fruitful has been the effect of this first one" (depois de ter referido que "a flood of articles and even books has appeared, attempting to 'explain'

a) Como primeira hipótese, posta por Swerling (1954) e pelo próprio Leontief (1956), admitiu-se que o 'paradoxo' se devesse à circunstância de os cálculos terem sido feitos em relação a um ano excecional, o ano de 1947, quando as economias sofriam ainda os efeitos próximos da II Guerra Mundial.

Mas uma nova realização de testes com base já num outro ano – o ano de 1955 – veio dar resultados idênticos, afastando por isso esta primeira hipótese de explicação (ver Leontief, 1956, cit.); verificando-se de facto que após a destruição de uma guerra os países ressurgem com os mesmos padrões de vantagens comparativas.

b) Uma segunda hipótese, ligada também à base dos cálculos, foi a de o 'paradoxo' resultar da grande agregação com que os setores foram considerados. Mas cálculos feitos com uma maior desagregação levaram ao apuramento de resultados idênticos.

Afastadas estas duas hipóteses, sentiu-se naturalmente a necessidade de encontrar outras explicações, designadamente através do afastamento de algum dos pressupostos, apontados atrás, em que se baseia o teorema de Heckscher-Ohlin[49].

c) Uma primeira ordem de (diferentes) explicações tem sido a de que o teorema se baseia na existência de fatores de produção homogéneos, v.g. o trabalho e o capital, não tendo em conta, em especial, que são muito diferentes as qualificações do trabalho, podendo aliás considerar-se no capital o investimento feito na formação dos trabalhadores (capital humano).

---

or 'dispel' the paradox, and contributing greatly to our theoretical and factual knowledge of international trade in the process").

[49] Trata-se de afastamento (de um ou mais pressupostos) que pode ser tido em conta nos testes a efetuar, tal como tem vindo a ser feito, testando 'modelos alargados' do teorema de Heckscher-Ohlin; estando aliás em alguns casos esse afastamento na base de explicações mais recentes do comércio internacional, que consideramos a seguir nestes apontamentos (tendo-se então os modelos 'neo-fatoriais' e 'neo-tecnológicos').

Com descrições e apreciações mais pormenorizadas dos testes feitos e das possíveis 'explicações' do 'paradoxo' ver por ex. Ellsworth (1954), Findlay (1970, pp. 92-106), Robert Baldwin (1971, pp. 126-46), Stern (1975), Leamer (1980), Deardorff (1984), Chacholiades (1990, pp. 90-7), Södersten e Reed (1994, pp. 103-16), Blaug (1994, pp. 168-74), Markusen, Melvin, Kaempfer e Markus (1995, pp. 220-5), Kenen (2000, pp. 74-9), Caves, Frankel e Jones (2006, pp. 117-20), Husted e Melvin, 2007, pp. 124-33, Salvatore (2007, pp. 138-42), Van Marrewijk (2007, pp. 138-a), Appleyard, Field e Cobb (2008, pp. 203-4), Guillochon, Kaweck e Venet (2012, pp. 43-44, Krugman, Obstfeld e Melitz (2015, pp. 75-7) e entre nós Faustino (1990) e Medeiros (2013, pp.71-72).

Uma correta avaliação da utilização dos fatores deveria ser feita, pois, ou multiplicando o trabalho norte-americano por um fator correspondente à sua maior produtividade, apurando-se, assim, que os EUA são um país com grande intensidade de trabalho[50], ou calculando no capital também o capital humano, podendo chegar-se assim à conclusão de que eram afinal mais capital-intensivos os produtos exportados.

d) Uma outra explicação do 'paradoxo' pode estar no pressuposto da existência apenas de dois fatores de produção (nos exemplos que temos vindo a dar, o trabalho e o capital).

Ora, pode acontecer que os EUA importassem produtos com grande intensidade de capital, não por serem capital-intensivos, mas por terem um conteúdo muito importante de elementos naturais. Um exemplo com atualidade poderá ser o do petróleo, importado, não por ser capital-intensivo, mas por conter um fator natural raro e muito valorizado, determinante na sua procura internacional[51].

e) Mesmo não considerando mais nenhum fator de produção (um terceiro fator, ou algum mais), o pressuposto da igualdade das funções de produção nos dois países é outro pressuposto que, quando afastado, poderá explicar o 'paradoxo de Leontief'.

Quando os testes foram feitos, não se dispondo de matrizes dos países que comercializavam com os Estados Unidos, procedeu-se ao cálculo apenas com a matriz deste país, pressupondo-se que as funções de produção (a intensidade na utilização de cada um dos fatores) fossem as mesmas nos países de onde se importava e para onde se exportava.

Pode todavia acontecer, e aconteceu por certo, que fossem muito diferentes as funções de produção dos países com os quais os EUA comercializavam, países que, precisamente por serem mais pobres, produziam bens similares com processos produtivos adequados a essas circunstâncias: com um equipamento mais rudimentar e à custa de uma maior utilização de mão-de-obra.

---

[50] O próprio Leontief (1956), que considerou também esta hipótese de explicação, admitiu que o trabalho norte-americano fosse três vezes mais eficiente do que o trabalho na generalidade dos demais países.

[51] Trata-se de uma explicação adiantada por Vanek (1963), com base numa ideia de complementaridade entre recursos naturais e capital.

Já aliás com Leontief, no seu segundo estudo (1956), a exclusão dos cálculos de 19 setores da matriz baseados em recursos naturais havia levado a que não se verificasse o 'paradoxo'.

Sendo assim, terá por certo acontecido que produtos importados pelos Estados Unidos tenham sido produzidos por processos trabalho-intensivos, mas que nos cálculos feitos tenham sido considerados como capital-intensivos por ser capital-intensivo o processo no país (os EUA) cuja matriz era utilizada. A utilização de matrizes dos países de origem teria levado aos resultados esperados.

f) Foi sugerido ainda que o 'paradoxo' se explicaria como consequência do pressuposto da identidade das preferências dos consumidores, podendo acontecer que os consumidores dos EUA tenham uma maior preferência por bens capital-intensivos (v.g. como consequência dos mais elevados níveis de rendimento de que dispõem): sendo esta preferência a determinar a procura no exterior dos bens de tal natureza.

Trata-se contudo de circunstância que não deveria levar a que, no computo geral, fossem mais capital-intensivas as importações do que as exportações[52]. A opção por bens capital-intensivos dirigir-se-á aos dois mercados, interno e externo, sendo sempre de esperar que a repartição da origem dos produtos se verifique de acordo com a vantagem comparativa existente na oferta: apontando pois no sentido de no conjunto de uma procura geral de bens capital-intensivos serem menos capital-intensivos (relativamente mais trabalho-intensivos) os bens importados.

g) Por fim, o 'paradoxo' poderá ser explicado ainda pela circunstância de haver restrições ao comércio, podendo acontecer (assim terá acontecido, de facto) que os EUA protegessem mais os bens trabalho-intensivos como forma de proteger o emprego no país (sendo aliás o objetivo de manutenção e criação de emprego um objetivo muito frequente das políticas protecionistas).

Assim se compreende que as importações se tivessem desviado para produções mais capital-intensivas, explicando ou ajudando a explicar o 'paradoxo'.

3.1.3. Outras teorias

Como se disse, foi no reconhecimento da influência de outros fatores, levando designadamente ao afastamento de alguns dos pressupostos da teoria neo-clássica, que se chegou mais recentemente à formulação de novas teorias:

---

[52] Tendo-se levantado além disso dúvidas acerca da confirmação empírica da referida diversidade nas preferências dos consumidores (ver Houthakker, 1957).

entre as quais, ainda pelo lado da oferta, podem distinguir-se as explicações tecnológicas e a explicação do comércio através de economias de escala[53].

3.1.3.1. Explicações tecnológicas

Estamos agora face a teorias que se afastam do pressuposto da imutabilidade das condições tecnológicas: sendo mesmo o progresso tecnológico o fator desencadeador do comércio internacional, na medida em que o progresso feito não seja imediatamente acessível a todos os países (a ambos, continuando a considerar um modelo com dois países).

a) A teoria do intervalo (*gap*) tecnológico (Posner)

Na sua formulação Posner (1961) pressupõe a existência de dois países com a mesma dotação relativa dos fatores, pelo que, nos termos da teoria de Heckscher-Ohlin, não haveria comércio internacional.

Neste quadro o comércio seria desencadeado pelo aparecimento de uma inovação tecnológica num determinado país, levando ao aparecimento de um novo produto, de uma nova qualidade de um produto ou ainda de uma nova maneira de produzir um produto já existente. Depois, haver comércio internacional ou não dependeria do intervalo (*gap*) de reação verificado no outro país, maior ou menor com a 'procura' ou antes com a 'imitação' na produção do bem.

Assim, se no outro país houver uma reação de imitação mais rápida, levando à produção do produto novo ou melhorado ou à utilização do novo processo produtivo antes de se verificar uma reação de procura, não chegará a haver comércio internacional: podendo a produção deste segundo país corresponder já à procura, quando esta se manifestar.

---

[53] Neste *survey* poderiam ser mencionadas outras explicações apontadas para o comércio internacional, como são os casos (ver Findlay, 1970, pp. 70-81) das explicações do *vent for surplus* (desenvolvida por J.H. Williams, 1929 e mais recentemente por Mynt, 1958, mas podendo reportar-se a Adam Smith, 1791) e da *resource availability* (Kravis, 1956). Parece-nos contudo que podem ser consideradas na linha da explicação da 'proporção dos fatores', verificando-se uma melhor utilização ou uma maior disponibilidade de determinado ou determinados recursos (v.g. de recursos naturais).

No texto seguimos em boa medida a exposição de Greenaway (1983, pp. 9-28, sendo daqui, com adaptações, algumas das figuras que apresentamos). Com uma apreciação atualizada das 'novas teorias' ver Fontoura (1997); ou, também em português, Guillochon e Guedes (1998, pp. 142 ss..).

É todavia possível (mesmo provável) que o intervalo de procura seja menor do que o intervalo de imitação, começando por isso por se importar do país onde se verificou a inovação. Depois a evolução poderá dar-se de modos diferentes, tais como os que foram representados por Posner numa figura semelhante à que aqui reproduzimos (fig. I.12).

Considerando sempre o país que tem a inovação, acima dos eixos horizontais (t's) temos a situação de o bem 'novo' ser exportado e abaixo a situação de o bem 'novo' ser importado.

Dando-se a inovação no período t_1 e sendo entre t_1 e t_2 o intervalo de procura menor do que o intervalo de imitação, temos uma exportação líquida do país em causa. Depois, a partir daqui, podemos ver em *a*, em *b* e em *c* evoluções diferentes que podem ocorrer.

Em *a* é considerada a hipótese de o outro país não reagir no sentido de imitar a produção iniciada, continuando a satisfazer o seu consumo com importações e mantendo-se por isso o nível das exportações do país que inovou.

FIG. I.12

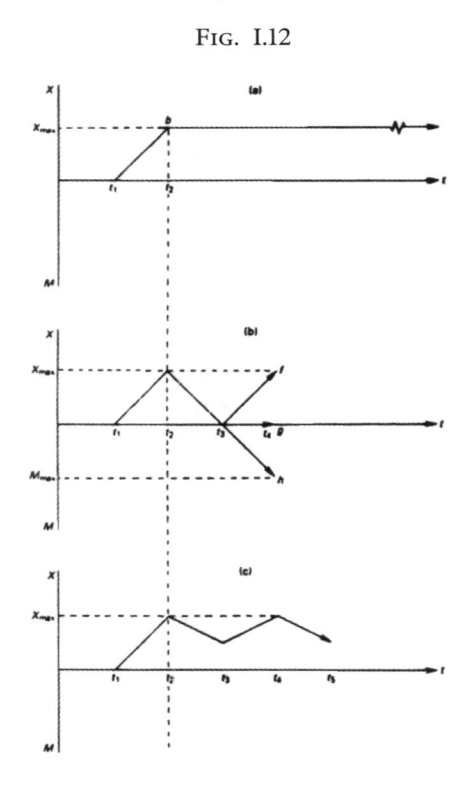

Em *b* é considerada a hipótese de a seguir a t_2 o intervalo de imitação ser menor do que o intervalo de procura, de maneira que em t_3 o segundo país satisfaz o consumo interno com a sua produção. Depois, a partir de t_3 várias hipóteses são encaradas, tais como (em *f*) a de o primeiro país voltar a fazer uma inovação, reagindo no segundo a procura primeiro que a imitação (sendo pois o intervalo de procura menor do que o intervalo de imitação); a de continuar cada país a abastecer-se a si próprio (em *g*); e a de o segundo país, que começou mais tarde a produzir o bem (ou a produzi-lo em melhores condições), ter vantagem comparativa nessa produção, tornando-se por isso num exportador líquido do produto em causa (em *h*).

Por fim, em *c* Posner considera uma hipótese intermédia, em que depois do período t_2 o segundo país tem uma reação de imitação que não chega todavia para anular a vantagem comparativa do primeiro, o qual, por seu turno, volta a inovar, voltando a ter em t_4 o nível de exportação que tinha em t_2 (seguindo-se, em t_5, uma nova mas ténue reação de imitação do segundo país).

b) A teoria do ciclo do produto (Vernon)

Neste caso o autor em análise (1966) já se aproxima em alguma medida do teorema de Heckscher-Ohlin ao considerar que o desencadear do processo de inovação tecnológica é de esperar que se verifique num país (tinha presentes os Estados Unidos) com grande dotação de capital e salários altos. Depois, nos termos que podem ser melhor vistos na figura que apresentou (e nós reproduzimos de novo de Greenaway, 1983, loc. cit., com adaptações, na fig. I.13) considera uma sucessão de fases, com a prevalência de países diferentes de acordo com a dotação e os preços relativos dos fatores de produção.

Um produto 'novo' aparece no país dotado com mais capital, como referimos atrás, não havendo aliás numa primeira fase senão um pequeno consumo em outros países (a partir de certo momento, em países com salários médios).

Estes países começariam por seu turno a produzir o produto na fase de 'maturidade', sendo todavia a produção insuficiente para corresponder à totalidade da procura, satisfeita em grande medida com importações do país inovador.

Trata-se de situação que se inverte na terceira fase, de 'estandardização' do produto, tornando-se o segundo país exportador e o primeiro (que havia feito a inovação) um importador líquido a partir de determinado momento; acontecendo ainda que ganha então relevo a produção de países pobres em capital e salários baixos, que já desde a segunda fase consumiam o produto em causa (importando-o todavia quase na totalidade) e nesta terceira passam, a partir de um momento dado, a ser seus exportadores líquidos.

Se pensarmos na evolução que tem havido na localização de indústrias como a têxtil e de confeções podemos reconhecer o padrão de evolução acabado de referir, que parece estender-se

FIG. I.13

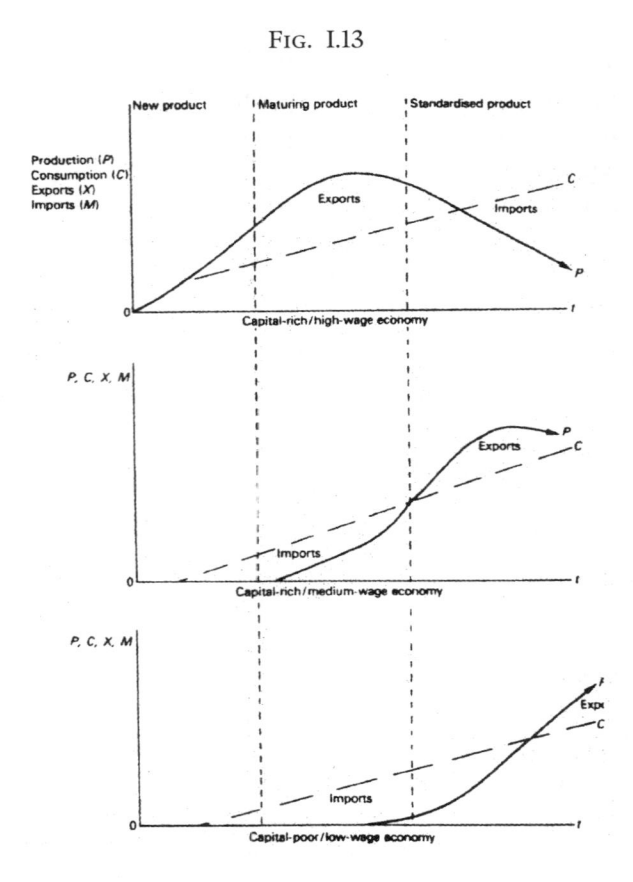

agora para outros setores, como por exemplo para a indústria automóvel[54].

---

[54] Aos modelos que acabamos de descrever pode adicionar-se o modelo de Hufbauer (1966) considerando, em acréscimo ao modelo de Posner e na linha do modelo de Vernon, a influência que um elevado nível de salários deverá ter na procura de novos processos de produção menos utilizadores de trabalho, e além disso a influência que economias de escala (a que nos referire-

3.1.3.2. Economias de escala

A existência de economias de escala pode levar também ao comércio internacional, neste caso independentemente de haver diferentes dotações de fatores e de haver alguma inovação tecnológica.

Sendo indiferente, por não se verificar nenhuma destas circunstâncias, que um país se especialize num dos produtos (por exemplo em A) e o outro no outro produto (por exemplo em B), pode acontecer todavia que produzindo cada um dos países os dois bens nunca chegue a ser atingida a escala que lhes permitiria produzir com custos médios mais baixos[55]: escala essa que já poderá ser atingida com a especialização de cada um em apenas um dos bens, produzido para o mercado conjunto dos dois países.

Trata-se de possibilidade e vantagem que podem ser vistas na fig. I.14[56].

mos no próximo número) no país inovador podem ter no sentido de ser maior o intervalo de imitação no segundo país; ou ainda o modelo de Hirsch (1967), pressupondo que a inovação surja em países mais dotados de 'trabalho qualificado' (cfr. Roque, Fontoura e Barros, 1990).
Com uma descrição e uma apreciação de explicações tecnológicas ver os artigos inseridos em Vernon, ed. (1970).
[55] Sobre as reduções de custos que podem ser proporcionadas pelas economias de escala ver por ex. J.T. Ribeiro (1959, pp. 297-305).
[56] Constituindo exceção, com uma curva convexa em relação à origem, à figuração comum – côncava – das curvas de possibilidades de produção: ver *infra* o número 3 do Anexo I.A (designadamente a n. 75 p. 88).
Num diagrama de equilíbrio parcial a existência de economias de escala exprime-se através de uma curva de custos médios de inclinação geralmente decrescente (fig. I.15):

Fig. I.15

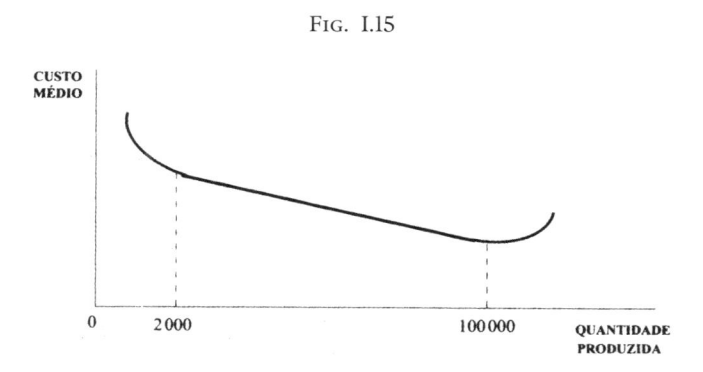

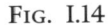

FIG. I.14

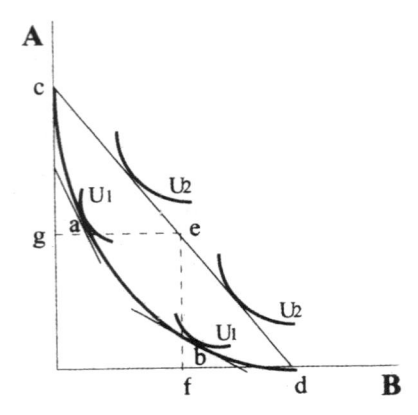

Sem especialização (sem comércio internacional), no país I produzir-se-
-ia no ponto *a* e no país II no ponto *b*, atingindo-se as curvas de indiferença
(U_1) tangentes a esses pontos.

Com a especialização do país I no bem A e do país II no bem B, admitindo
que se dá uma especialização total (não tem de ser necessariamente assim)
os bens passam a ser trocados pela relação de preços internacionais representada pela reta *cd* e são atingidas curvas de indiferença no consumo mais afastadas da origem (por ex. U_2), ou seja, situações mais elevadas de bem-estar[57]-[58].

---

[57] Embora tenha tido agora um aumento assinalável de popularidade, com o afastamento do
pressuposto clássico e neo-clássico dos rendimentos de escala constantes, pode reportar-se já
a Ohlin (1931) a explicação do comércio internacional pela existência de economias de escala
(podendo todavia economias de escala internas levar a situações de monopólio, oligopólio
e concorrência monopolista justificando antes, na perspetiva de alguns autores – a que nos
referiremos em II.4.2.1 – intervenções proteccionistas).

[58] Conforme referimos já atrás (n. 49 p. 56), a procura da explicação do comércio internacional de um país pelo lado da oferta pode ser feita testando uma versão alargada do teorema de
Heckscher-Ohlin, com o afastamento de algum(ns) dos pressupostos do modelo inicial ou
mesmo da teoria (dando lugar, em alguns casos, à elaboração das teorias mais recentes que
acabámos de expor).

Assim fizeram Roque, Fontoura e Barros (1990) em relação ao caso português (referindo testes
feitos em outros países europeus ver por ex. Mucchielli, 1987, pp. 210-62), num desenvolvimento
mais recente de testes vários feitos por Courakis e Roque (ver por ex. 1989), com o modelo:

$$(X\text{-}M)_i = a_0 + a_1 K_i + a_2 LU_i + a_3 LS_i + a_4 ES_i + a_5 TC_i + a_6 TCL_i$$

em que a variável explicanda (X-M) é o saldo líquido das exportações menos as importações
e, entre as variáveis explicativas, a_0 a a_5 (j = 1, ... 6) são parâmetros, i é a i-ésima indústria, K

3.2. Determinantes do lado da procura

Tanto a teoria clássica como a teoria neo-clássica pressupunham identidade dos gostos dos consumidores (bem como homogeneidade dos produtos): pressuposto este que, sendo afastado, abriu caminho para explicações do comércio internacional pelo lado da procura.

Da possibilidade de, sendo as curvas de possibilidades de produção iguais em dois países, diferenças nas preferências dos consumidores justificarem o comércio internacional, pode ser-nos dada uma imagem através de um diagrama de equilíbrio geral, como o da fig. I.16:

FIG. I.16

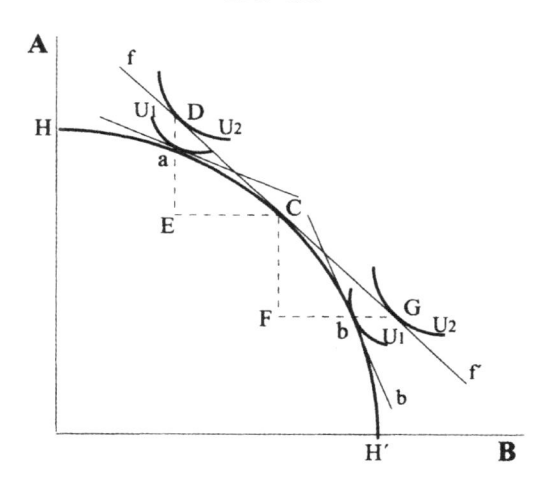

o estoque de capital físico, LU o trabalho não qualificado, LS o trabalho qualificado, ES uma variável indiciária de economias de escala/concentração industrial, TC um indicador de tecnologia e TCL um indicador da tecnologia no país 'inovador' do qual se imita (percentagem aí – EUA – de cientistas e engenheiros no emprego total) (considerando no modelo também a intervenção protecionista ver Courakis, Roque e Fontoura, 1991).

Correspondendo em boa medida ao que seria de esperar, os autores apuraram que entre 1973 e 1982 Portugal terá tido desvantagem comparativa em produtos de indústrias capital-intensivas, com grande intensidade de trabalho semi-qualificado e com grandes economias de escala (grandes *ratios* de concentração), mas vantagem comparativa em indústrias com grande intensidade de trabalho não qualificado bem como, com a desagregação agora feita, em setores de mais rápida adaptação (imitação) tecnológica (ultrapassa-se assim alguma perplexidade suscitada pelo modelo que referimos na nossa ed. anterior, 1991, p. 63, dando-nos vantagem "em indústrias com altos índices de influência tecnológica").

Com a consideração da problemática geral da medição dos fatores de vantagem comparativa pode ver-se a obra de Leamer (1987).

Estando as economias fechadas as preferências dos consumidores têm que se exprimir em pontos de tangência das curvas de indiferença no consumo (U_1) com as curvas (iguais) de possibilidades de produção: na figura, o ponto *a* para o país I e o ponto *b* para o país II.

Com a abertura ao comércio, através da relação de preços internacionais expressada pela linha *ff'* já é possível atingir curvas de indiferença no consumo mais afastadas da origem (por ex. as curvas U_2, tangentes no ponto D e no ponto G), sendo os triângulos do comércio, no pressuposto de que os dois países produzem a mesma quantidade de A e de B, de ECD para o país I e de FGC para o país II (por exemplo, o primeiro exportando EC de B e importando DE de A).

3.2.1. Explicação pela 'sobreposição de procuras' (Linder)

Num artigo de 1961 Linder veio chamar a atenção para que a níveis diferentes de rendimento *per capita* deverão corresponder tipos de consumo diferentes, sendo de esperar que nos países com níveis de rendimento mais altos sejam procurados bens de melhor qualidade e que nos países com rendimentos mais baixos sejam procurados bens de pior qualidade.

Diz-nos além disso Linder que é de esperar que a produção de cada país tenda a corresponder, pelo menos no início, à procura que nele é feita, sendo naturalmente maior aqui a probabilidade de colocação dos produtos: tendendo por isso os países de menor rendimento a produzir bens de pior qualidade e os países com maior rendimento a produzir bens de melhor qualidade (e desenvolvendo-se, assim, uma especial aptidão para essas produções, justificando-se, também por isso, que passem a exportá-las)[59].

Acontece todavia que em certos níveis haverá sobreposições, havendo pessoas de países de maior rendimento que procurarão bens de qualidade inferior (com correspondência na produção de países mais pobres), por um lado, e por outro pessoas de países com menor rendimento que procurarão bens de qualidade melhor (com correspondência na produção dos países mais ricos).

Trata-se de sobreposições que podem ser vistas na fig. I.17.

---

[59] Linder limitou a sua teoria – conhecida igualmente por *spillover theory* – à explicação do comércio de produtos industriais, devendo aplicar-se a explicação neo-clássica aos produtos primários.

FIG. I.17

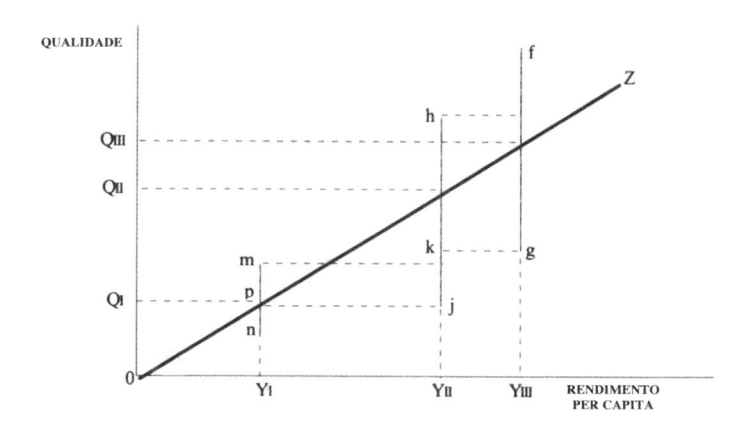

Fonte: Greenaway (1983, p. 25)

Sendo o país III o país com o rendimento *per capita* mais elevado, Y_{III}, há nele preferência por bens de melhor qualidade, considerados na figura entre f e g; sendo já de qualidade inferior, situados entre h e j, os bens procurados pelos habitantes do país II, com um rendimento *per capita* de nível intermédio, Y_{II}. Não deixa todavia de haver alguma sobreposição, de hk, tal como, por razões similares, há uma sobreposição entre as procuras do país II e do país I no intervalo mp (podendo ainda na realidade – não no exemplo da figura – haver alguma sobreposição entre as preferências do país III e do país I).

Da existência destas sobreposições é que resultaria o comércio internacional, ficando todavia por explicar se, quando se verificam, o bem deverá ser produzido no país mais rico ou no país mais pobre (ou ainda, naturalmente, no país – ou nos países – de nível intermédio).

Por outro lado, trata-se de uma explicação que terá valor para uma primeira fase e em casos de imperfeições do mercado, quando é naturalmente mais seguro o escoamento dos produtos junto dos consumidores do próprio país. Mas já a médio prazo e não havendo dificuldades no comércio internacional será de esperar uma especialização entre os países de acordo com as vantagens comparativas do lado da oferta: devendo por exemplo os consumidores de um país com preferência por produtos de alta qualidade procurar estes produtos num país mais pobre se forem produzidos aqui em melhores condições (de qualidade ou/e preço).

3.2.2. Explicação pela 'diferenciação de atributos' (Lancaster)

Também com esta explicação há um afastamento do pressuposto da homogeneidade dos produtos, havendo além disso diferença no modo como em cada um dos países os produtos são valorizados.

Repetindo o exemplo dado pelo próprio Lancaster (1966), podemos considerar dois tipos de automóveis, um deles caraterizado pelo 'baixo consumo' de combustível e o outro pelo 'espaço oferecido', admitindo que num dos países (seria o caso de Portugal) fosse privilegiado o primeiro e no outro (seria o caso dos EUA) o segundo dos atributos referidos.

Tanto os atributos como o modo como se situam as preferências podem ser vistos num diagrama (fig. I.18), representando no eixo vertical o atributo 'baixo consumo' (notado por a) e no eixo horizontal o atributo 'espaço oferecido' (notado por b) e sendo a preferência, diferente em cada um dos países, representada por diagonais com inclinações diferentes: correspondendo a diagonal I à situação em Portugal e a diagonal II à situação nos EUA.

Privilegiando-se no país A o atributo a, na linha do que vimos em relação à posição de Linder tenderá a produzir-se aí o bem com o atributo preferido; e, pelo contrário, no país B o bem com o atributo b. Tratar-se-á, todavia, de uma correspondência inicial que só se manterá se houver dificuldades no comércio internacional; pois, não sendo assim, os consumidores de cada país não deixarão de ir buscar o bem ao país em que, por razões do lado da oferta, o consigam em melhores condições[60].

Fig. I.18

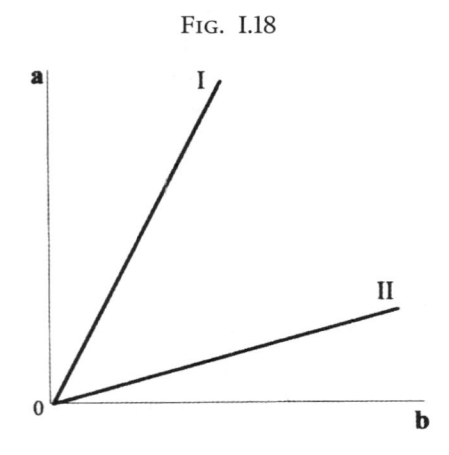

---

[60] Em acréscimo às obras já referidas, sobre a problemática das explicações do comércio internacional ver ainda os livros de Porter (1980, 1985 e 1990 e, considerando o caso português, 1994).

3.3. O comércio intra-setorial

3.3.1. Noção, significado e medição

As teorias do comércio internacional, de que demos uma resenha nos números anteriores, foram elaboradas no pressuposto da especialização dos países em bens diferentes: tendo por exemplo um deles vantagem comparativa na produção de vinho e o outro na produção de tecidos (recordando de novo o exemplo de Ricardo). Com a abertura de fronteiras, a nível regional (v.g. europeu) e por maioria de razão a nível mundial, seria de esperar que se acentuasse tal tendência, com o aumento do relevo ou o desaparecimento de setores, consoante os países tivessem ou não vantagem comparativa nas produções em causa, e os consequentes ajustamentos setoriais (v.g. com a necessidade de se deslocar mão-de-obra para os setores que se mantivessem).

Constituiu por isso uma surpresa agradável a constatação, designadamente no seio da CEE, de que os países não têm vindo a especializar-se em setores diferentes, verificando-se antes, ao longo das últimas décadas, o crescimento sensível do relevo do comércio intra-setorial[61], com a manutenção ou mesmo o aumento simultâneo das exportações e das importações de cada setor (exportando-se e importando-se automóveis, tecidos, produtos químicos, etc.)[62].

---

[61] Ou intra-ramo (por exemplo ver Dias, 1996). Mas mesmo em Portugal será mais comum a designação de 'comércio intra-industrial', na tradução à letra da designação inglesa *intra-industry trade* (IIT, iniciais pelas quais é designado – assim temos feito nós – na generalidade dos textos). Tratando-se todavia de situação verificável e relevante em todos os setores é mais correto designá-la por comércio intra-setorial ou intra-ramo. Nesta linha, em França costuma ser designado como *commerce intra-branche* (cfr. Mucchielli, 1987, cap. 8).

Além do comércio intra-setorial de produtos acabados tem vindo a assumir um relevo crescente o comércio intra-setorial de bens intermediários (v.g. em sub-contratação, de enorme relevo por exemplo nas indústrias automóvel e eletrónica, com componentes feitos em diferentes países): com implicações importantes a vários propósitos (e tendo chamado a atenção para a conveniência de medir a proteção efetiva: ver *infra* II.2.2).

[62] A evolução referida tem-se constatado de um modo muito especial nos espaços de integração, conforme se verificou não só com a CEE (ver Balassa, 1974, Grubel e Lloyd, 1975 e Kreinin, 1979) como também com a Zona de Comércio Livre Latino-Americana, com o Mercado Comum da América Central (sobre este dois casos ver Balassa, 1979), com a Comunidade Andina (Reinoso, 1996), com a Associação das Nações do Sudeste Asiático, ASEAN (Ezram e Laird, 1984) e com os quatro países que fizeram inicialmente parte do MERCOSUL (Behar, 1991, Lucángeli, 1993, Trogo, 1995, Terra, Nin e Oliveras, 1995, Fernandez e Pereyra, 1997 e Calfat, 1997): sobre estes vários espaços ver *infra* V.7.3. Já com a evolução mais recente nas várias áreas do mundo, sendo os valores muito mais elevados nas áreas mais desenvolvidas, ver *infra* a fig. I.19, p. 76; e sobre a evolução em Portugal o que diremos em I.3.3.2.2.

Trata-se todavia, compreensivelmente, de tendência com um limite, havendo aliás mesmo a partir de determinado momento algum retrocesso: nítido em alguns países da União Europeia, como veremos (em I.3.3.2.1.), devido talvez ao reforço do aproveitamento de economias de escala por empresas multinacionais (cfr. Brülhart, 1995a).

Na procura da explicação da constatação feita chegou a pensar-se que estivesse em causa um problema de agregação, dado que se procedia aos cálculos com base em setores muito agregados, incluindo produtos com qualidades claramente diferentes. Procedendo-se à análise com uma maior desagregação, considerando-se cada espécie (por ex. no setor têxtil) como um produto distinto, chegar-se-ia talvez já a valores diversos, mostrando antes uma acentuação do comércio inter-setorial.

Análises mais desagregadas (dentro do que seria razoável) não deixaram todavia de confirmar o relevo e o incremento do comércio intra-setorial. Mas mesmo uma especialização entre produtos do mesmo setor não levanta já os problemas de reajustamento que se recearam no início, sendo por exemplo bem mais fácil deslocar trabalhadores da produção de um determinado produto têxtil para a produção de outro produto desse setor e podendo, tanto um como o outro, ser colocados no mercado através das mesmas redes de comercialização. Não deixa de verificar-se, pois, a consequência favorável reconhecida à existência do comércio intra-setorial (ver *infra* I.3.3.3).

Mais recentemente passou a distinguir-se entre o comércio horizontal (*horizontal intra-industry trade, HIIT*) e o comércio vertical (*vertical intra-industry trade, VIIT*), consoante se trate de bens semelhantes (v.g. tendo preços unitários semelhantes os bens que se exportam e os bens que se importam) ou diferenciados, procurando-se saber, neste segundo caso, se os bens exportados são de melhor ou pior qualidade do que os importados.

Com o conhecimento do comércio intra-setorial admitiu-se que ficassem em causa as explicações do comércio internacional pelo lado da oferta, ficando em aberto apenas as explicações pelo lado da procura. Não parece todavia que assim aconteça, verificando-se que em especial quando se trata de produtos diferenciados (mas não só neste caso) poderá haver funções de produção muito

Os resultados do Projecto SPES, envolvendo 11 Universidades, entre elas a de Coimbra, constituíram o contributo mais alargado para a análise do comércio intra-setorial na União Europeia (tendo sido publicados pela Macmillan, em ed. de Brülhart e Hine, 1999, mas constando versões anteriores de alguns deles, casos de Brülhart e Elliot e de Porto e Costa, de uma edição do Curso de Estudos Europeus, 1996).

diferentes, justificando uma repartição da especialização nos termos analisa-dos pelas explicações do comércio do lado da oferta. Trata-se de especializa-ção que, por outro lado, pode encontrar explicação em estratégias seguidas em mercados sem ser de concorrência perfeita, na lógica dos modelos a que nos referiremos em II.4.2.1 (desenvolvidos por autores que, conforme adian-támos já no final de I.2.2, julgam justificar-se assim o estabelecimento de res-trições do comércio)[63].

A medição do comércio intra-setorial pode ser feita através da fórmula[64]:

$$Bj = \left[1 - \frac{Xj\text{-}Mj}{(Xj + Mj)} \right] \cdot 100$$

em que Xj e Mj representam as exportações e as importações de cada setor, res-petivamente; aproximando-se Bj de 100 quando é mais significativo o comércio intra-setorial (aproximando-se Mj de Xj) e de O quando é mais significativo o comércio inter-setorial (quase só se exportando ou importando de cada um dos setores).

---

[63] Procurando fazer uma síntese das determinantes do comércio intra-setorial ver Grimwade (1989, cap. 2), Clive Hamilton e Kniest (1991) e Tharakan e Calfat (1996), bem como os estudos já referenciados: sendo claro designadamente que não está em causa apenas uma questão de agregação e diferenciação correta dos setores.

Na procura das razões explicativas e dos efeitos do comércio intra-setorial importará corre-lacionar as variáveis postas como hipóteses com as mudanças verificadas, medindo-se para tanto o comércio intra-setorial marginal (*marginal intra-industry trade*, MIIT): ver Brüllhart (1999).

Sobre as ligações do comércio intra-industrial ao investimento estrangeiro (v.g. em estraté-gias de empresas multinacionais) ver por ex. Grimwade (1989, cap. 3) e as referências aqui feitas.

[64] Foi a fórmula utilizada por Grubel e Lloyd (1975), como simplificação da fórmula:

$$Bj = \frac{(Xj+Mj) - (Xj\text{-}Mj)}{(Xj + Mj)} \cdot 100$$

Autores que se seguiram criticaram esta fórmula, utilizando nas medições outras julgadas mais corretas (v.g. mais realistas): casos de Aquino (1978) e Bergstrand (1983) (ver já antes Balassa, 1974).

Em acréscimo a estes ver os contributos inseridos em Giersch, ed. (1979), Tharakan, ed. (1983) e Greenaway e Tharakan, ed. (1986), bem como o livro de Greenaway e Milner (1986).

3.3.2. Expressão

3.3.2.1. Nos países da OCDE

Do relevo geral do comércio intra-setorial nos países da OCDE é-nos dada uma imagem pelo quadro seguinte (I.4).

QUADRO I.4
Comércio intra-setorial (indústria transformadora)

Países	Ano	Total	OCDE	OCDE-Europa	Não OCDE
Alemanha	1964	45	52	55	12
	1970	54	61	67	15
	1980	59	68	73	22
	1991	68	76	81	29
Áustria	1964	43	48	50	14
	1970	49	55	57	20
	1980	58	66	69	17
	1991	63	68	72	30
Bélgica/Luxemb.	1964	49	53	58	16
	1970	53	57	61	20
	1980	59	63	66	27
	1991	68	70	73	49
Dinamarca	1964	43	46	48	10
	1970	50	54	57	10
	1980	55	61	64	13
	1991	57	62	66	18
Espanha	1964	17	18	19	11
	1970	27	30	36	10
	1980	40	49	56	9
	1991	55	59	64	26

Países	Ano	Total	OCDE	OCDE-Europa	Não OCDE
Finlândia	1964	15	15	17	12
	1970	27	31	33	8
	1980	35	42	45	13
	1991	43	48	53	19
França	1964	52	64	71	9
	1970	58	68	74	12
	1980	62	73	79	19
	1991	68	75	81	33
Grécia	1964	6	6	6	11
	1970	11	11	13	13
	1980	13	14	17	12
	1991	21	21	23	26
Holanda	1964	54	57	60	21
	1970	60	63	66	24
	1980	63	68	71	23
	1991	69	74	78	40
Irlanda	1964	27	28	29	12
	1970	35	35	37	26
	1980	50	52	57	19
	1991	52	54	55	23
Itália	1964	46	55	62	10
	1970	49	58	66	14
	1980	48	56	60	18
	1991	55	60	63	35
Portugal	1964	15	18	19	4
	1970	19	21	23	8
	1980	29	30	40	16
	1991	39	40	42	18

Países	Ano	Total	OCDE	OCDE-Europa	Não OCDE
R. Unido	1964	36	45	57	14
	1970	44	55	67	17
	1980	55	65	71	31
	1991	68	75	80	45
Suécia	1964	48	53	56	7
	1970	54	60	64	10
	1980	57	65	70	12
	1991	60	65	70	19
Islândia	1964	1	1	2	0
	1970	3	3	3	1
	1980	6	6	6	1
	1991	5	5	6	2
Noruega	1964	28	31	34	6
	1970	41	43	47	14
	1980	34	41	45	10
	1991	43	44	48	39
Suíça	1964	42	47	50	10
	1970	46	51	55	11
	1980	54	61	65	18
	1991	56	61	65	27
Turquia	1964	2	2	3	1
	1970	4	4	4	7
	1980	6	5	5	9
	1991	18	16	18	23
Canadá	1964	27	29	25	5
	1970	44	46	29	6
	1980	47	50	35	12
	1991	52	56	40	16

Países	Ano	Total	OCDE	OCDE-Europa	Não OCDE
Est. Unidos	1964	25	35	47	8
	1970	36	43	45	16
	1980	38	48	57	22
	1991	47	53	63	36
Japão	1964	15	22	32	6
	1970	20	29	40	7
	1980	19	27	35	11
	1991	31	35	39	24
Austrália	1964	7	6	7	15
	1970	9	8	8	13
	1980	15	13	10	25
	1991	18	16	16	24
N. Zeland.	1964	2	2	1	8
	1970	7	6	2	15
	1980	15	14	6	19
	1991	23	24	11	19

Fonte: OCDE (1994a, pp. 114-5)

Vê-se que é muito diferente o nível do comércio intra-setorial de país para país (mesmo entre países da OCDE), variando também consoante o espaço em relação ao qual é considerado.

Como nota geral pode notar-se a tendência para ser maior nos países da União Europeia e da EFTA (é exceção a Islândia), seguindo-se os países da América do Norte e por fim o Japão, a Nova Zelândia, a Austrália e a Turquia.

Por outro lado é maior em relação aos demais países das áreas geográficas de que fazem parte (que estão mais perto) e ainda em geral em relação aos demais países da OCDE, ou seja, em relação a países com estruturas económicas mais próximas (é em alguma medida exceção o caso da Turquia)[65].

[65] Com uma desagregação maior dos países em relação aos quais foi medido o comércio intra-setorial veja-se o quadro original (OCDE, 1994a, loc. cit.).

Como nota geral pode notar-se a tendência para ser maior nos países da União Europeia e da EFTA (é exceção a Islândia), seguindo-se os países da América do Norte e por fim o Japão, a Nova Zelândia, a Austrália, a Turquia e a Islândia.

Do relevo muito maior em países mais desenvolvidos, v.g. mais industrializados, com valores já de 2006, é dada imagem pela figura seguinte (I.19):

Fig. I.19

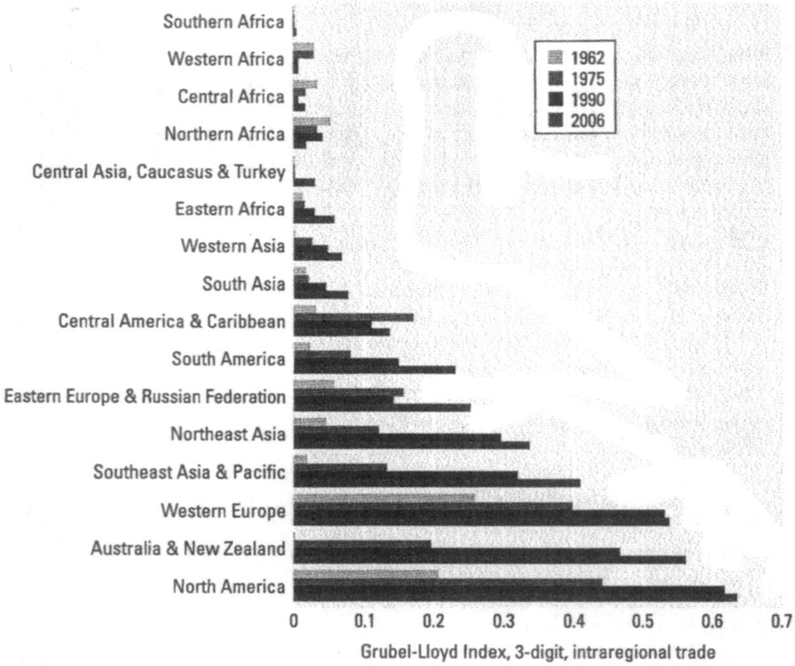

Fonte: Banco Mundial (2009, p. 19, com cálculos de Brülhart)

O quadro e a figura mostram ainda que se trata de um comércio que se foi acentuando ao longo dos anos. Mas, conforme se adiantou já, as análises mais recentes mostram que na Europa, designadamente no comércio intra-UE de produtos industriais, depois de se ter chegado a um certo limiar se verificou estagnação ou mesmo inversão da tendência, com alguma recuperação de relevo do comércio inter-setorial (fig. I.20).

FIG. I.20

Comércio intra-industrial na União Europeia: 1961-92, por países

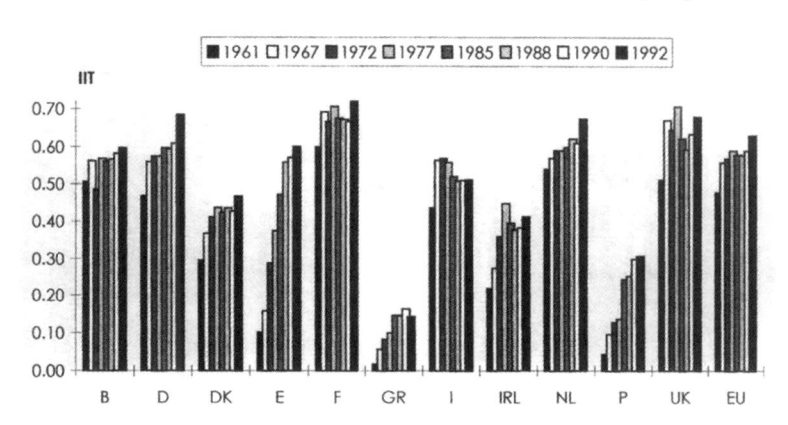

Fonte: Brülhart e Ellitot (1999, p. 107, considerando os produtos industriais, com o índice Grubel-Lloyd, G-L, não ajustado)

Nota-se claramente uma tendência para a estabilidade a partir de 1967--72[66]. Como seria de esperar, dado que partiram de níveis muito mais baixos e continuam aquém dos demais, a progressão continuou a ser especialmente grande na Grécia, em Portugal e em Espanha (recorde-se já do quadro I.4).

Trata-se de qualquer modo de relevo muito maior para os produtos industriais do que para os produtos do setor primário (fig. I. 21).

---

[66] Consideram todavia Brülhart e Elliot (1999, p. 113) que "it must be suspected that at least part of the detected stagnation in IIT growth had been caused by changes in the compilation of trade statistics. It would certainly be premature to diagnose a general reversal of the upward trend in IIT". Mas haverá um limiar que não será ultrapassado...

FIG. I.21
Comércio intra-setorial na UE: 1961-92, por setores
(Índice G-L)

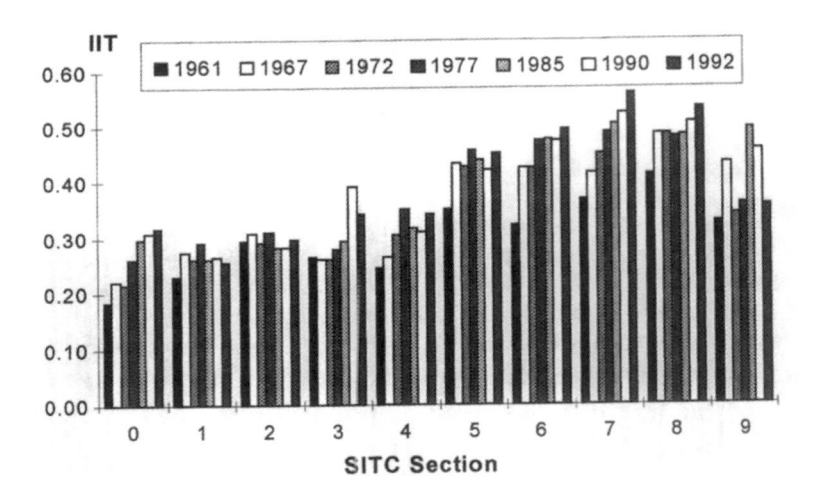

Fonte: Brülhart e Elliot (1999, p. 109). Os setores considerados (a um dígito na Standard International Trade Classification, SITC) são: 0, alimentação e animais vivos; 1, bebidas e tabaco; 2, matérias-primas; 3, combustíveis minerais; 4, óleos animais e vegetais; 5, produtos químicos; 6, produtos industriais classificados principalmente por materiais; 7, máquinas e material de transporte; 8, produtos industriais diversos e 9, bens não especificados. São pois do 'setor' primário os setores 0 a 4 e do secundário (indústria transformadora) os setores 5 a 8.

3.3.2.2. Em Portugal

A evolução geral do comércio intra-setorial no nosso país pode ser vista na fig. I.22, mostrando também o seu maior relevo para os produtos industriais:

FIG. I.22
(Comércio total (índice G-L)

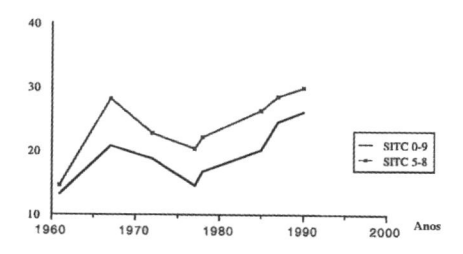

Fonte: Porto e Costa (1999, p. 243)[67]

São todavia muito diferentes as evoluções verificadas em relação a países membros e em relação a países não membros da União, conforme pode ver--se nas figuras I.23 e I.24.

FIG. I.23
Comércio intra-setorial com os países da União Europeia (UE)

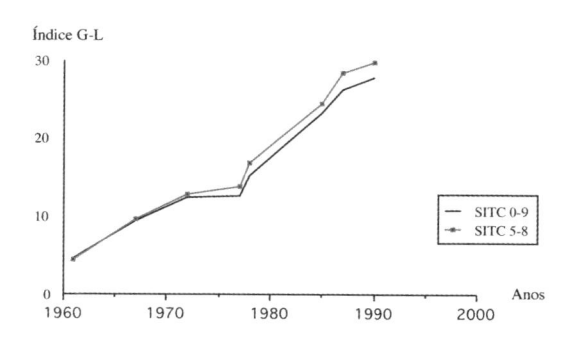

Fonte: Porto e Costa (1996, p. 149)

---

[67] Antes do nosso estudo há a referir a medição do comércio intra-setorial em Portugal feita por Chouzal (1992), sendo mais ou menos contemporâneos do nosso (feito em 1966) os estudos de Faustino (1995), Africano (1995 e 1996), Corado (1996) e Dias (1996). O país tem sido além disso considerado em estudos gerais medindo o comércio intra-setorial em vários países (casos de Aquino, 1978, Havrylyshyn e Civan, 1983, Buigues, Ilzkovitz e Lebrun, 1990, Greenaway e Hine, 1991, OCDE, 1994a, Brülhart, 1995b e Brülhart e Elliot, 1999).

Fig. I.24
Comércio intra-setorial com países terceiros à UE

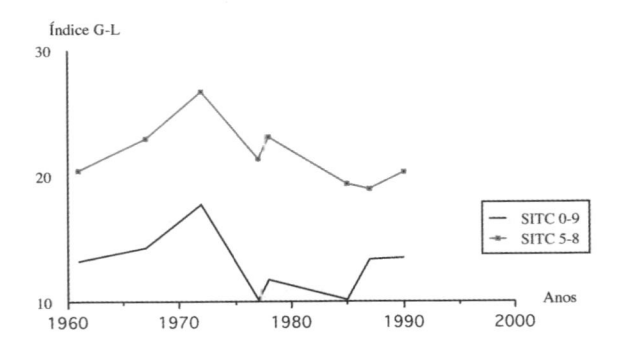

Fonte: Porto e Costa (1996, pp. 149-150)

É bem nítida a diferença verificada, crescendo em relação aos demais países da UE e tendo alguma quebra em relação a terceiros[68].

Houve aliás mesmo uma inversão de posições: sendo até 1977 o comércio intra-setorial com países da União menor do que com países terceiros; mas desde então, por certo com a aproximação das economias, passou a ser mais importante o papel dos países da UE (sendo em 1990 de 41,8% em relação aos países da UE e de 26,1% em relação aos países terceiros).

Uma primeira indicação da evolução setorial verificada é-nos já dada pelas figuras I.21 a I.24, distinguindo a produção industrial da totalidade da produção (os setores 5 a 8 do conjunto dos setores).

Com uma maior desagregação pode ver-se a fig. I.25.

---

[68] Embora Portugal seja membro da UE (da CEE) apenas desde 1986, há que ter presente que já desde 1972 temos um acordo de comércio livre (renegociado em 1976) e alguns dos países membros tinham sido parceiros nossos na EFTA (o que levou, num caso e no outro, à liberalização do comércio da generalidade dos produtos industriais).

Procurando ver-se se a evolução do comércio intra-setorial estará ligada à evolução da política comercial em Portugal, a comparação da fig. I.24 com a fig. I.4 (*supra* p. 36), aponta no sentido de o primeiro aumentar nos períodos de maior liberalização (até aos anos 70 e a partir dos anos 80) e diminuir quando há maior protecionismo (nos anos 70): cfr. Porto e Costa (1999, pp. 246-7).

FIG. I.25
Comércio total (índice G-L)

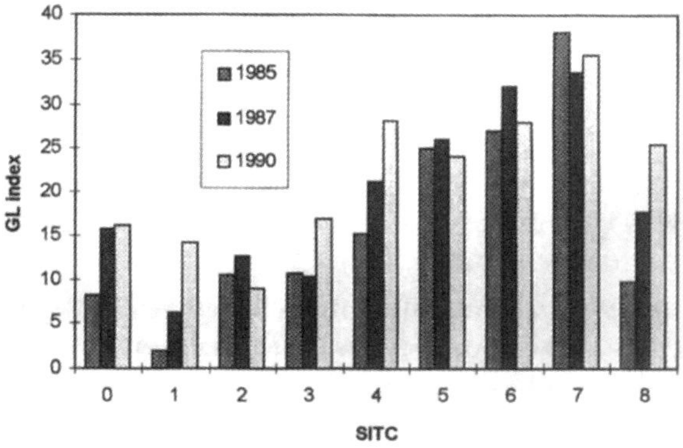

Fonte: Porto e Costa (1999, p. 243)

Pode notar-se que enquanto os valores dos setores 5, 6 e 7 (produtos indus-triais) pouco subiram desde 1985 (subiu muito apenas o do setor 8), os valores dos setores 0 a 4 (produtos primários) tiveram desde então subidas maiores (foi exceção o setor 2): o que encontra explicação na circunstância de só para estes setores a integração na União Europeia ter trazido algo de substancial-mente novo, tratando-se de setores que não haviam sido considerados nem na EFTA nem nos acordos comerciais com a CEE de 1972 e 1976, promovendo a liberalização apenas de produtos industriais[69].

3.3.3. A especialização e o ajustamento das economias

Com a constatação do relevo do comércio intra-setorial não se confirmou, pois, o receio que havia acerca do desaparecimento de determinados setores como consequência da abertura de fronteiras, levantando problemas delica-

---

[69] Procurando ver ainda se no nosso país tem prevalecido o comércio horizontal (HIIT) ou o comércio vertical (VIII) (recorde-se da p. 70) constatámos, como seria talvez de esperar, que são de melhor qualidade (*v.g.* de preço mais elevado) os bens importados do que os bens exportados no comércio com os demais países da UE, verificando-se a situação inversa no comércio com terceiros países (ainda aqui como consequência da melhor qualidade dos produtos primários, aliás também de melhor qualidade no comércio com os demais países da UE, mas com um peso insuficiente para se alterar a situação geral de desvantagem portuguesa): cfr. de novo Porto e Costa (1999, pp. 244-6).

dos de reafetação de recursos, designadamente de mão-de-obra. O que contribuiu, naturalmente, para que não tenham vindo a verificar-se reações mais desfavoráveis a tal propósito.

Tendo tido a preocupação de saber se seriam de facto menores os problemas de ajustamento na economia portuguesa, na análise a que procedemos (ver mais uma vez Porto e Costa, 1996, agora pp. 155-9) constatámos que têm sido mais favoráveis os efeitos de criação de emprego e crescimento em setores com níveis mais elevados de IIT (e IIS, substituição intra-setorial, nas iniciais de *intra-industry specialisation*). Para além disso, e com maior significado (recorde-se n. 63, p. 71), pudemos constatar que assim aconteceu em maior medida em setores com maior *acréscimo* do comércio intra-setorial (*marginal intra-industry trade*, MIIT), v.g. relativamente ao acréscimo do comércio inter--setorial[70].

Deve ver-se favoravelmente, pois, a tendência também verificada no nosso país com o acréscimo do IIT; o que não significa, naturalmente, que possam deixar de ser tomadas as medidas de ajustamento indispensáveis num período de transição como o atual.

---

[70] Com a síntese dos resultados apurados em relação aos demais países ver de novo Brülhart e Elliott (1999).

Anexo I.A
A problemática da afetação ótima dos recursos

Havendo escassez (ou raridade) da generalidade dos bens de que care-cemos, no cerne da economia está um problema de afetação de recursos[71], tanto para produção (v.g. através da afetação dos fatores, também escassos, necessários para a obtenção dos bens produzidos) como para consumo. Trata--se de problemática que pode ser analisada através de diagramas de equi-líbrio geral, mostrando quais são as combinações ótimas que podem ser atingidas.

Além de se colherem assim indicações de índole teórica, fornecendo a explicação dos fenómenos, colhem-se indicações de política económica, com a sugestão do que deve ser feito para se chegar às afetações mais eficientes (podendo servir de base ainda, naturalmente, para a formulação de juízos de valor acerca das afetações existentes ou a promover).

Embora nos exemplos que vamos dar nos coloquemos num plano micro--económico, das escolhas dos indivíduos – produtores e consumidores – a problemática em causa coloca-se tanto a este nível como a nível coletivo, da produção e do consumo globais. Trata-se além disso de opções que se põem em qualquer sistema económico, capitalista ou socialista, de mercado ou de direção central: em cada um deles resolvidas por entidades diversas, usando

---

[71] Na definição de Robbins (1937) a economia é precisamente a ciência que se ocupa da pro-blemática da afetação de recursos escassos e de emprego alternativo em finalidades de desigual importância (cfr. T. Ribeiro, 1981 e Porto, 2014a, pp. 28-9).

processos e motivações diferentes, mas tendo sempre de se optar e devendo as combinações feitas aferir-se pelos mesmos critérios de eficiência[72].

1. Em relação à produção, devemos começar por ver como se põe o problema da utilização de dois fatores – por exemplo o capital e o trabalho – que o produtor pode utilizar alternativamente, em maior ou menor medida, para se chegar a cada nível de produção.

No diagrama (da fig. I.A.1) um dos fatores, o capital (K), é representado no eixo vertical (ou das 'ordenadas') e o outro fator, o trabalho (L), no eixo horizontal (ou das 'abcissas'). Cada nível de produção é por seu turno representado por uma curva de igual quantidade de produção (de 'isoquanta'), atingível com diversas combinações de fatores.

Fig. I.A.1

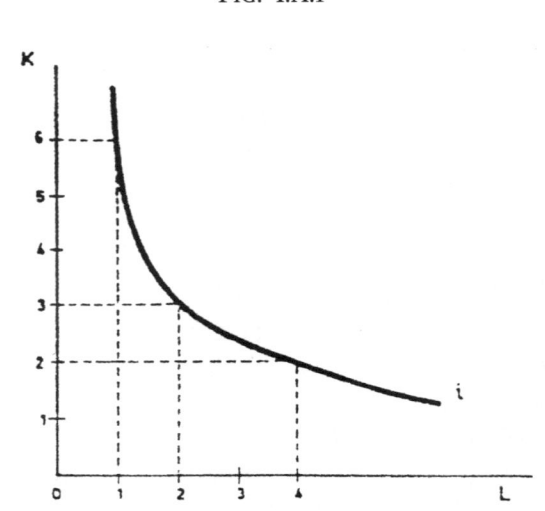

[72] Problema diferente, durante muito tempo objeto de discussões, é o de saber em que sistema, capitalista ou socialista, de mercado ou de direção central, será mais provável ou mesmo possível que se atinja o objetivo desejado de afetação ótima dos recursos (na discussão 'clássica' distinguiram-se Von Mises, 1920 e 1938 e Von Hayeck, 1935, 1940 e 1944, por um lado, e Dickinson, 1933, Dobb, 1933 e 1969, cap. 9, Lange, 1936-7 e 1938 e Lerner, 1944, por outro; com apreciações mais recentes desta polémica cfr. J.T. Ribeiro, 1991, Richter, 1992 e Stiglitz, 1994-5; ver ainda, com as exposições diagramáticas do texto, Bator, 1957 e por ex. Heller, 1973, Apendice, pp. 217-31).

Vê-se, assim, que o produtor pode utilizar mais (menos) capital ou mais (menos) trabalho para produzir cada quantidade do produto. Por exemplo, a quantidade i (inicial da palavra 'isoquanta') pode ser produzida com a utilização de 6 unidades de capital e 1 de trabalho, 3 unidades de capital e 2 de trabalho ou 2 unidades de capital e 4 de trabalho.

Qualquer ponto mais afastado da origem só seria atingível com a disponibilidade e a utilização de mais capital, de mais trabalho ou dos dois fatores simultaneamente, ou então com progresso técnico ou de gestão proporcionador de um aumento de eficiência na produção, tirando melhor partido da utilização dos fatores existentes. Não se verificando nenhuma destas circunstâncias (que não podem aliás alterar-se de um momento para o outro), não pode ser atingido nenhum ponto mais longínquo, correspondendo a isoquanta i ao máximo aproveitamento dos recursos disponíveis. Inversamente, a produção num ponto mais próximo da origem corresponde a uma ineficiente utilização dos recursos e da técnica existentes, capazes de proporcionar um quantitativo maior.

A configuração da curva, convexa relativamente à origem, corresponde à hipótese mais provável na realidade de haver uma taxa de substituição (custo de oportunidade) decrescente, ou seja, de à diminuição na utilização de um fator ter de corresponder um aumento progressivamente maior na utilização do outro. Embora os fatores de produção sejam em boa medida substituíveis, por um lado umas unidades de fatores serão mais eficientes do que as outras para a produção de cada bem e, por outro, para a produção de cada bem haverá uma combinação de fatores mais adequada do que outras. A título de exemplo, por muito que se vá mecanizando uma produção, utilizando cada vez mais capital, ir-se-á aproximando uma situação em que será muito difícil substituir eficientemente algum trabalho que se torna sempre necessário. Cada unidade a menos de trabalho terá de ser substituída por isso por cada vez mais unidades de capital. Inversamente, e por motivos similares, caminhando-se para um processo mais trabalho-intensivo cada unidade a menos de capital terá de ser substituída por cada vez mais unidades de trabalho[73].

---

[73] Será pois meramente académica a hipótese de as 'curvas' de isoquanta serem retas ou côncavas em relação à origem (correspondendo por exemplo, neste segundo caso, à situação irrealista de uma menor utilização do fator trabalho poder ser compensada com cada vez menos unidades de capital).

Não é além disso de esperar ou mesmo possível uma substituição completa dos fatores: que, embora substituíveis, nunca deixam de ser em alguma medida complementares. A título de

2. Desta representação da utilização dos fatores produtivos pode passar-se para a representação da curva de possibilidades de produção através de uma técnica que ficou a ser conhecida pelo nome dos seus introdutores (tendo-a introduzido, aliás, para a análise de um outro problema económico): a técnica da caixa de Edgeworth-Bowley (fig. I.A.2).

FIG. I.A.2

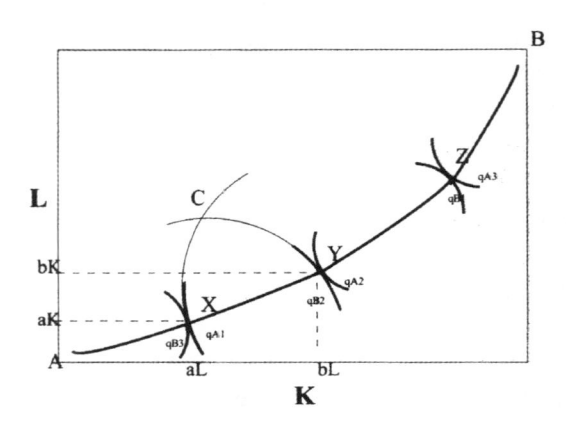

A produção do bem A (por ex. alimentos) é representada a partir da origem sudoeste e a produção do bem B (por ex. tecidos) é representada a partir da origem nordeste, num caso e no outro com a utilização dos fatores trabalho e capital. Estes fatores de produção, L e K, são fixos para o conjunto da economia (onde se dispõe de L na medida dos eixos verticais e de K na medida dos eixos horizontais), tendo mobilidade total, imediata e sem custos, entre as duas funções de produção.

Nos termos que vimos a propósito da fig. I.A.1, a partir da origem A podem traçar-se as isoquantas relativamente à produção de alimentos, por exemplo

exemplo, por mais automatizada que esteja uma fábrica há-de haver pelo menos alguém para acionar os mecanismos 'automáticos'; e por mais primitivo que seja o processo produtivo não deixará de ser utilizado pelo menos algum instrumento ou equipamento de produção. Sendo assim, as curvas de isoquanta não coincidirão nunca com o eixo horizontal, o que corresponderia a uma situação de nenhuma utilização de capital (aproximar-se-ão desta situação alguns casos de produção de serviços, por exemplo de advogados); e não coincidirão nunca com o eixo vertical, o que corresponderia a uma situação de nenhuma utilização de trabalho.

qA_1, qA_2 e qA_3, correspondendo as isoquantas mais afastadas da origem a situações de maior produção, com uma maior utilização dos fatores L e K. E as isoquantas na produção de tecidos, por exemplo qB_1, qB_2 e qB_3 são por seu turno representadas a partir da origem B, aplicando-se-lhes, simetricamente, o que acabou de se dizer das isoquantas de A.

A partir daqui é possível ver que a linha ligando todos os pontos de tangência das isoquantas, quando elas são convexas entre si, ou seja, a linha AXYZB (curva de contratação) é a linha de máxima eficiência na produção de ambos os bens, tendo designadamente em conta que esta máxima eficiência pressupõe que não fiquem fatores (L ou K) por utilizar e que se trate de uma produção possível, ou seja, que não se trate de um caso em que a maior produção de um dos bens (A ou B) só pudesse ser feita à custa da renúncia à produção do outro.

Para ilustrar o primeiro pressuposto (da necessidade de aproveitamento completo dos fatores) na figura pode ver-se que a produção em qualquer outro ponto, por exemplo em C, corresponderia a um desaproveitamento de fatores de produção disponíveis. De facto, desejando-se uma produção qA_1 do bem A, tal corresponderia a uma produção de B na isoquanta qB_2 quando os recursos da economia permitiriam a produção de B na isoquanta qB_3. Inversamente, desejando-se uma produção de B na quantidade qB_2 a intersecção do ponto C corresponderia a uma produção de A na isoquanta qA_1, quando os recursos da economia permitiriam uma produção de A na isoquanta qA_2.

Por outro lado, na figura vê-se também que não pode ir-se além dessas combinações (segundo pressuposto). A título de exemplo, pretendendo produzir-se qA_2 do bem A, poderia desejar-se uma produção de qB_3 do bem B. Trata-se todavia de uma acumulação de produções que não seria possível na economia, dados os fatores disponíveis: obrigando a uma dupla utilização do trabalho (entre aL e bL) e do capital (entre aK e bK), impossível uma vez que está a partir-se do princípio, obviamente, de que é feita uma utilização plena destes fatores.

Vê-se pois que só uma produção na curva AXYZB corresponderá à máxima eficiência na utilização dos fatores de produção existentes na economia.

3. A curva AXYZB é, assim, uma 'curva de possibilidades de produção'[74], transponível – é a curva HH – para um novo diagrama de dois eixos em que

---

[74] Pode chegar-se a esta curva não só a partir do diagrama de caixa de Edgeworth-Bowley, como se mostra no texto, mas também a partir do diagrama de Lerner-Pearce (cfr. por exemplo Krauss, 1979, pp. 1-12).

no eixo vertical se representa um dos produtos, os alimentos (A), e no eixo horizontal o outro produto, os tecidos (B) (fig. I.A.3).

Fig. I.A.3

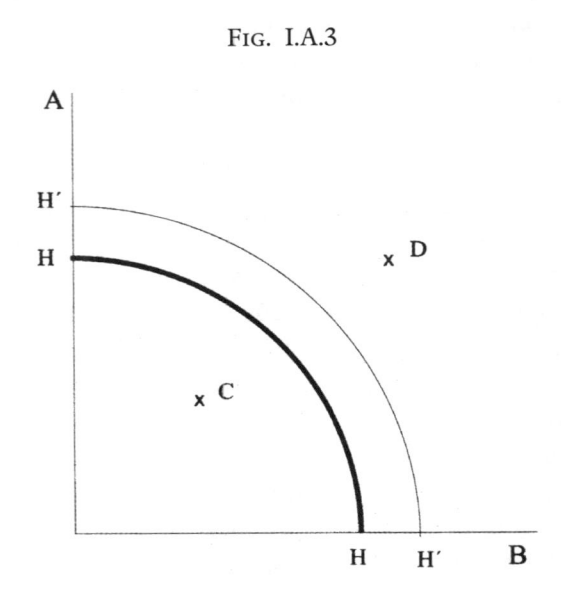

Trata-se agora de uma curva côncava relativamente à origem, denotando uma taxa marginal de transformação (custo de oportunidade) crescente: por se passar um limiar intermédio onde se verificaria de qualquer modo uma combinação de fatores mais favorável ou por ser necessário começar a recorrer a fatores (v.g. capital ou trabalho) menos adequados (por razões naturais ou de preparação prévia) para a produção do bem que passa a ser produzido em maior quantidade (estamos a considerar, pois, o caso provável a curto prazo de haver custos marginais crescentes – rendimentos decrescentes – na produção de qualquer dos bens). Sendo assim, por exemplo a afetação sucessiva de recursos à produção de B exigirá, para cada unidade a mais, medida no eixo horizontal, a renúncia à produção de volumes cada vez maiores de A, medidos no eixo vertical. O inverso se passa, naturalmente, quando se pretende produzir cada vez mais de A, tendo de renunciar-se à produção de quantidades cada vez maiores de B[75].

---

[75] Também aqui (recorde-se a n. 73 p. 85) podem conceber-se 'curvas' com configurações diferentes, retas ou convexas em relação à origem: neste caso com algum realismo quando

Com os recursos disponíveis é impossível uma produção para além da curva de possibilidades de produção, por exemplo em D. Pelo contrário, uma produção no interior da curva de possibilidades de produção, por exemplo em C (é o ponto C da fig. I. A. 2), é possível mas ineficiente, correspondendo a uma não utilização completa (v.g. quando há desemprego) ou a uma utilização por qualquer outra razão ineficiente dos fatores de produção.

4. Temos assim a produção ótima mas no curto prazo, com base na dotação existente e no máximo aproveitamento então possível dos fatores de produção. Já a médio prazo estas circunstâncias podem alterar-se (é aliás natural que se alterem), com o aumento da população ativa e da sua qualificação, com novos investimentos, levando a uma maior quantidade e uma melhor adequação do capital ou ainda (trata-se de alterações que poderão verificar-se e em princípio se verificarão simultaneamente) com uma maior eficiência de gestão, permitindo uma melhor utilização dos fatores de produção.

Sendo assim, pode chegar-se a médio prazo a uma curva de possibilidades de produção mais afastada da origem, como é o caso da curva H'H'.

Deve notar-se aliás ainda que com o investimento se põe igualmente um problema de utilização de recursos escassos em empregos alternativos, correspondendo o investimento a uma renúncia a um maior consumo no presente. O próprio tempo é um fator escasso, nesta medida um bem económico, que pode ser utilizado em cada momento para consumir ou produzir, ou para ser utilizado em medidas diferentes no consumo ou na produção. Cada hora ou minuto que passa nunca se repetirá, relativamente a ele há que fazer as opções que só não têm que ser feitas em relação aos bens livres (ou exuberantes)[76].

5. Vista assim a problemática em relação à produção, podemos ver agora como ela se põe em relação ao consumo, através da técnica das curvas de indiferença.

---

está em causa a possibilidade de, através da produção de maiores quantidades, se beneficiar de economias de escala (rendimentos crescentes). Trata-se de hipótese a que nos referimos no texto entre as explicações do comércio (em I.3.1.3.2), com um relevo especial para a teoria das uniões aduaneiras (conforme veremos em III.3.2).

[76] Ainda em relação à escolha do local (ou locais) onde produzir se põem problemas que a economia tem de resolver, procurando a minimização dos custos e a máxima eficiência na utilização dos recursos.

Para tal recorremos mais uma vez a um diagrama de dois eixos, representando cada um deles um dos bens (A e B) que, num modelo simplificado, são postos em alternativa aos consumidores (fig. I.A.4).

Fig. I.A.4

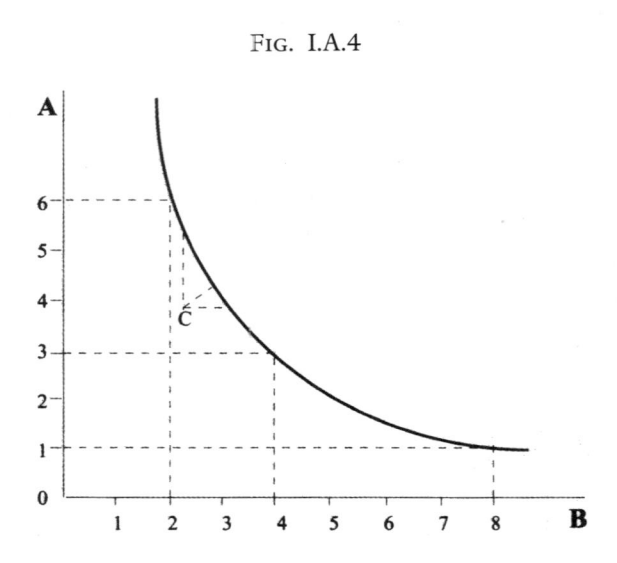

Estando em causa (mantendo-se o exemplo) uma opção entre alimentos (A) e tecidos (B), qualquer ponto da curva de indiferença corresponde a uma satisfação exatamente igual: assim se explicando, pois, a designação da curva. A título de exemplo, para o consumidor é indiferente consumir 6 unidades de tecidos e 2 de alimentos, 3 unidades de tecidos e 4 de alimentos ou 1 unidade de tecidos e 8 de alimentos.

A possibilidade de se atingirem pontos mais afastados da origem, correspondendo a níveis mais elevados de satisfação, dependeria da existência de recursos mais avultados. Inversamente, pontos no interior da curva corresponderiam a uma satisfação inferior à possível com os recursos disponíveis. Relativamente a qualquer desses pontos, por exemplo relativamente ao ponto C, há na curva de indiferença pontos onde com o mesmo consumo de tecidos pode consumir-se mais de alimentos, com o mesmo consumo de alimentos pode consumir-se mais de tecidos, ou pode consumir-se simultaneamente mais de ambos os bens. Podendo dispor-se de mais de pelo menos um dos bens sem que se reduza o consumo do outro há seguramente um aumento de satisfação[77].

A configuração da curva, convexa relativamente à origem, corresponde à situação (por certo mais frequente na realidade) de haver uma taxa de substituição (custo de oportunidade) decrescente, ou seja, de à diminuição unidade a unidade no consumo de um bem dever corresponder um consumo progressivamente maior do outro bem. Compreende-se na verdade que, consumindo-se de dois bens, só se aceite a redução no consumo de um deles através da com-pensação obtida através de um consumo cada vez maior do outro[78].

6. Chegados assim à representação das combinações possíveis nos campos da produção e do consumo podemos ver agora qual é a situação ótima que poderá ser atingida num modelo de economia fechada, ou seja, sem comércio internacional, conjugando as duas esferas de intervenção: tal como fazemos no diagrama da figura I.A.5.

---

[77] A menos que se estivesse na hipótese, excecional, de os bens a mais terem utilidade marginal negativa.

[78] Uma taxa de substituição constante seria representada por uma 'curva' de indiferença reta e uma taxa de substituição crescente por uma curva côncava em relação à origem. Mas tratar-se-á por certo de hipóteses com menor realismo, por exemplo (no segundo caso) a hipótese de alguém aceitar renunciar a unidades sucessivas de um dos bens através do consumo cada vez menor do outro.

Diferentemente do que se passa com as curvas de isoquantas (recorde-se de novo a n. 73 p. 85), é já de admitir (em determinados casos) que as curvas de indiferença no consumo coincidam com algum dos eixos. Tratando-se de um bem por si mesmo não essencial (v.g. por haver um sucedâneo) pode renunciar-se por completo ao seu consumo com a 'compensação' do consumo de uma quantidade maior de outro (com a adaptação devida, dada a importância do bem alimentar em causa numa alimentação equilibrada, era este o caso do célebre 'paradoxo de Giffen', apurado na sua origem junto de operários escoceses: que preferiam renunciar a um bem de maior valor – carne – de que só poderiam dispor em muito pequena medida quando o seu preço subia, 'preferindo' então passar a dispor de maior quantidade de um bem mais acessível – batatas).

FIG. I.A.5

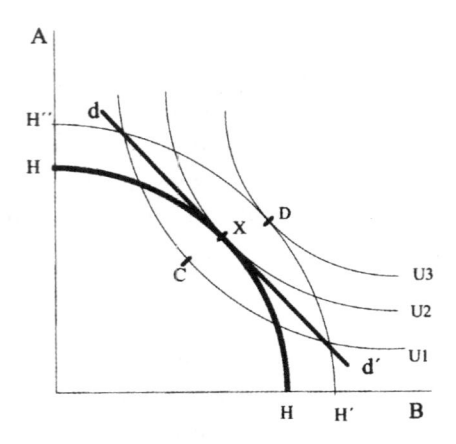

Estando representadas aqui as curvas de possibilidades de produção e de indiferença no consumo, imediatamente se verifica que o ponto ótimo (de máximo bem-estar) que pode ser atingido é o ponto X, de tangência da curva de possibilidade de produção (HH) com a curva de indiferença do consumo U_2.

De facto um ponto mais no interior, por exemplo C, é um ponto atingível, situado numa curva de indiferença (U_1) que intersecta a curva de possibilidades de produção. Todavia a curva de possibilidades de produção atinge também curvas de indiferença no consumo mais afastadas da origem, ou seja, conforme vimos, curvas correspondentes a níveis mais elevados de bem-estar: encontrando-se o máximo de bem-estar na curva que lhe é tangente.

Por outro lado, para além do referido ponto de tangência estão curvas de indiferença no consumo mais afastadas da origem, correspondendo por isso a níveis ainda mais elevados de bem-estar. Trata-se, todavia, de curvas inatingíveis nas circunstâncias da economia em análise.

Pode concluir-se pois, mesmo por exclusão de partes, que o ponto de tangência X acaba por ser o ponto ótimo na afetação dos recursos de que se dispõe.

Só a médio prazo, podendo passar a produzir-se na curva H'H' – como consequência, conforme vimos atrás, de uma maior dotação e (ou) qualificação de fatores e (ou) de uma maior eficiência na sua utilização – será possível atingir uma curva de indiferença no consumo mais afastada, como é o caso da curva U_3.

7. Por fim, depois de termos visto quais são as combinações ótimas em economia fechada, podemos ver, recorrendo à fig. I.A.6, que com a abertura da economia, através do comércio internacional, também é possível atingir (já no presente) situações de maior bem-estar. Trata-se, pois, de um passo decisivo se se pretende explicar ou, mais do que isso, se se pretende justificar o comércio internacional.

Estando-se em economia fechada a relação de preços, resultante da coincidência entre a taxa de transformação na produção e a taxa de substituição no consumo, é o gradiante *dd'* representado na fig. I.A.5. Com a sua inclinação exprime o preço de um dos bens em termos do outro, que pode ser melhor medido através do seu prolongamento até aos eixos do diagrama. Como é óbvio e conforme vimos há então – sem comércio externo – coincidência entre os bens produzidos e consumidos, produzindo-se e consumindo-se (veja-se agora já a fig. I.A.6) OA' do bem A e OB' do bem B e atingindo-se a curva de indiferença no consumo aqui designada por U_1.

Abrindo-se a perspetiva do comércio internacional pode acontecer que o bem A, que passamos a designar por bem M (importável), medido no eixo vertical, seja conseguido em melhores condições: designadamente, que seja conseguido no estrangeiro por troca por menor quantidade do bem B, que passamos a designar por bem X (exportável), medido no eixo horizontal. Ou seja, que haja uma valorização do bem X (B), dado que com a mesma quantidade se compra no estrangeiro uma maior quantidade de M (A); tendo, pelo contrário, este último um preço internacional mais baixo, na medida em que é preciso dar mais unidades para conseguir cada unidade de X (B).

A vantagem do comércio internacional resulta, pois, de a respetiva relação de preços, expressa através da curva *ff'*, ser diferente (mais na vertical, neste caso) da relação de preços internos, expressa através da curva *dd'*, conforme é ilustrado pela fig. I.A.6.

FIG. I.A.6

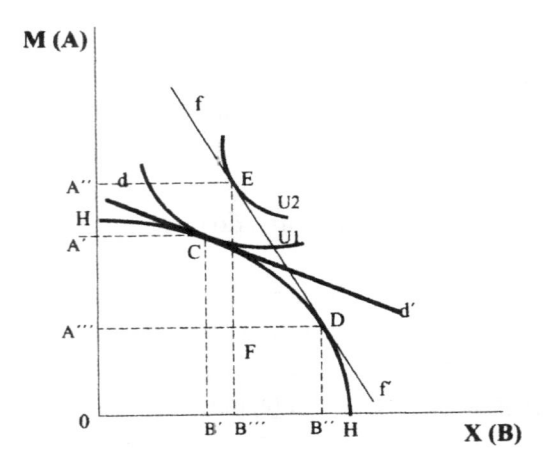

O país em causa tem vantagem, assim, em se especializar na produção do bem X e em o transacionar internacionalmente (em troca de M), atingindo curvas de indiferença no consumo mais afastadas da origem[79], como é o caso da curva U_2 na figura agora em análise.

Não havendo portanto, com o comércio internacional, coincidência entre as quantidades produzidas e consumidas em cada país, temos aquilo que é conhecido por 'triângulo do comércio', mostrando as diferenças entre a produção e o consumo do bem que se exporta e do bem que se importa. Na figura, fixando-se a produção em D e o consumo em E, aparece-nos o triângulo do comércio FDE, evidenciando que da produção do bem X, OB''' é destinada ao consumo interno e B'''B'' à exportação; e, por outro lado, que do consumo do bem M, OA''' é satisfeito através da produção do país e o restante, A'''A'', através de importações[80].

---

[79] De novo no ponto de intersecção da curva de 'rendimento-consumo' (*income-consumption line*), tal como mostramos em Porto (1982, pp. 43-6).

[80] Com uma exposição diagramática muito clara da temática do comércio internacional e das restrições ao comércio, acompanhada por vários exemplos, ver Salvatore (1996, caps. 1 a 6).

Anexo I.B
As matrizes das relações inter-setoriais

Deve-se a Leontief (1936 e 1941, na linha de perspetivas abertas antes por Quesney, 1758 e Walras, 1874-7) a iniciativa da construção de matrizes de relações inter-setoriais (*input-output*, ou 'de relações inter-industriais', como frequentemente são designadas), através das quais pode ficar a conhecer-se a interdependência entre os setores de uma economia.

Da sua estrutura e do seu interesse pode ter-se uma imagem com um exemplo muito simples, considerando (no quadro I.B.1) uma economia apenas com três setores: agricultura, indústria e serviços.

QUADRO I.B.1
Matrizes das relações inter-setoriais

	Agricultura	Indústria	Serviços	Investi-mento	Consumo	Exportações	Total
Agricultura	20	30	20	5	40	25	140
Indústria	30	40	30	40	50	30	220
Serviços	15	35	20	10	50	20	150
Trabalho	30	25	30				
Capital	15	20	20				
Importações	25	40	20				
Impostos	15	30	10				
Total	**140**	**220**	**150**				

Temos na matriz quatro quadrantes, sendo o quadrante noroeste o 'quadrante das transações inter-setoriais'[81], o quadrante nordeste o 'quadrante dos usos finais', o quadrante sudoeste o 'quadrante do valor acrescentado' ('dos fatores primários') e o quadrante sudeste o 'quadrante da compra dos fatores diretos'[82].

Face a uma matriz, lendo em linha vê-se o que cada setor proporciona a ele próprio e a cada um dos demais, com matérias-primas ou bens intermediários, e o que destina a uso final, em bens de investimento e em bens de consumo, incluindo o que é destinado à exportação. A título de exemplo, a indústria fornece bens (por ex. fertilizantes) no valor de 30 à agricultura, no valor de 40 a ela própria (por ex. fios para a indústria têxtil) e no valor de 30 aos serviços (por ex. em papel para escrever), destinando além disso, já em bens finais, 40 ao investimento (equipamento), 50 ao consumo e 30 ao mercado externo. O somatório dá-nos o total da produção do setor: 220 no exemplo.

Lendo em coluna (na vertical), vê-se por seu turno onde cada setor vai buscar as matérias-primas e os bens intermediários necessários para a produção, bem como a parcela do valor da produção que resulta da participação dos fatores primários, v.g. do trabalho e do capital (devendo somar-se ainda as matérias-primas e os bens intermediários importados e os impostos devidos pela atividade empresarial). A título de exemplo, a atividade agrícola vai buscar bens no valor de 20 a ela própria (por ex. em sementes), no valor de 30 à indústria (os fertilizantes referidos há pouco) e no valor de 15 aos serviços (por ex. em transportes e seguros), sendo o valor produzido o resultado também da participação indispensável dos fatores primários, 30 do trabalho e 15 do capital, a que acresce o valor das matérias-primas e dos bens intermediários importados, 25, e do que é pago em impostos, 15, num total de 140: ou seja, num total que corresponde, necessariamente, ao total da produção do setor.

Dispondo-se de matrizes fica a conhecer-se a estrutura de uma economia, podendo apurar-se os coeficientes técnicos na produção de cada sector[83] através da divisão do valor de cada contributo intermediário, i, pelo valor do bem

---

[81] Trata-se neste caso de uma matriz com igual número de linhas e colunas: uma matriz quadrada, nxn.

[82] De relevo menor, não considerado por isso no nosso exemplo simplificado.

[83] Sem dúvida, com a limitação de se considerarem funções de produção com coeficientes fixos.

final, j[84]; ficando a conhecer-se, designadamente, os graus de trabalho-intensidade ou de capital-intensidade de cada um deles, que determinariam, nos termos do teorema de Heckscher-Ohlin, a especialização dos países de acordo com a dotação relativa desses fatores[85].

---

[84] Ou seja, sendo os coeficientes técnicos aij, o quociente

$$aij = \frac{Xij}{Xj}$$

em que Xij é o valor do bem intermediário i requerido para a produção de j e Xj o valor da produção do sector.

[85] Refletindo as estruturas das economias, as matrizes são naturalmente elementos importantes de previsão dos efeitos de qualquer alteração, resultante ou não de uma política que esteja a ser seguida (ou que se pensa seguir): podendo mostrar a título de exemplo os efeitos que o aumento da procura de um determinado bem tem sobre a utilização das matérias-primas e bens intermediários e sobre a utilização dos fatores primários necessários para a sua produção (sobre o uso de matrizes em tarefas de planeamento ver por ex. Todaro, 1971).

PARTE II

AS RESTRIÇÕES AO COMÉRCIO

Depois de termos visto, na parte I, o relevo atual, as explicações e as vantagens de aumento da produção que o comércio internacional pode proporcionar, vamos ver agora a temática das restrições, vendo primeiro as formas que podem revestir, depois como podem ser medidas e em terceiro lugar os seus efeitos, designadamente os efeitos de bem-estar que, sendo negativos, constituem uma razão adicional para que deva caminhar-se no sentido do comércio livre. Por fim consideraremos meios alternativos mais favoráveis de intervenção no plano interno, bem como as razões, más ou boas, que poderão explicar a persistência (em alguns casos, mesmo o aumento) da intervenção no comércio internacional.

1. FORMAS

Além das formas tradicionais, que vamos começar por analisar, há formas 'novas' que, conforme referimos já atrás, têm vindo a ser progressivamente utilizadas, face à impossibilidade de utilizar as primeiras como consequência de compromissos assumidos que os países não têm querido denunciar[1].

1.1. Impostos alfandegários

Trata-se de uma forma de restrição do comércio com a maior tradição, justificando-se todavia que se estabeleçam algumas distinções, a primeira, aliás, distinguindo os impostos alfandegários como forma de restrição do comér-

---

[1] Sobre as formas de restringir o comércio ver, na literatura portuguesa, já J.S. Lopes (1964) e Medeiros (1985), e mais recentemente Fernandes (2013).

cio (protecionistas, numa designação não inteiramente correta: ver a n. 3, p. 116) dos impostos alfandegários como instrumento de cobrança de receitas (fiscais).

De um modo geral os impostos alfandegários constam de 'pautas', aplicando-se a elas as distinções que vamos considerar[2].

1.1.1. Impostos protecionistas e fiscais (livre-cambistas)

Ao aplicar impostos alfandegários as autoridades tanto podem pretender evitar a entrada de produtos para favorecer produções ou fatores próprios[3] como a obtenção de receitas.

Conforme se referiu (na n. 12 p. 29), trata-se de objetivos alternativos, na medida em que impostos altos muito eficazes do ponto de vista protecionista, ou seja, levando a uma grande redução das importações, proporcionarão provavelmente (com elasticidades-preço maiores do que um) um nível muito baixo de receitas (no limite, se impedirem por completo as importações, deixará de haver qualquer receita); sendo pelo contrário necessário manter um nível baixo de direitos, permitindo um volume elevado de importações, se se pretende uma receita fiscal avultada.

E tem sido este, de facto, um objetivo importante na generalidade dos países, não havendo até há pouco tempo no campo fiscal sucedâneos próximos à tributação do comércio (tributando-se com frequência em épocas anteriores, além das entradas e saídas dos países, também movimentos den-

---

[2] Sobre a noção e as categorias de 'pautas aduaneiras', ou 'alfandegárias', ver Porto (1986a). Em Portugal a primeira pauta geral data de 1837, decretada por Passos Manuel, com base nos trabalhos de duas comissões, a primeira das quais presidida por Mouzinho da Silveira. Antes dela os impostos alfandegários eram cobrados em medidas diferentes nas várias alfândegas. Seguiram-se depois diversas pautas novas e alterações sensíveis das pautas em vigor, tal como aconteceu em 1841, 1852, 1856, 1857, 1860, 1861, 1871, 1875, 1882, 1885, 1887, 1892, 1921, 1923, 1929, 1930, 1938, 1950, 1959 e 1980-2 (cfr. Monteiro, 1964 e M. Ribeiro, 1976), até ao momento presente em que, com a integração na CE, se aplica em Portugal a Pauta Exterior Comum da Comunidade (agora, da União Europeia).

[3] Podendo, além disso, a dificultação ou o impedimento à entrada de produtos ser determinados por outras razões económicas, designadamente de reequilíbrio da balança dos pagamentos, ou ainda por razões de outras naturezas, v.g. de defesa ou de proteção sanitária ou ética, nestes casos penalizando ou impedindo o consumo de bens julgados lesivos dos valores em causa.

tro destes, com as portagens, as peagens e outros tributos sobre a circulação dos bens).

Só recentemente, em países com um nível mais elevado de desenvolvimento, proporcionando por isso condições para a aplicação de impostos de administração mais difícil[4], passou a ser secundária a percentagem das receitas fiscais cobradas através dos impostos alfandegários: compreendendo-se, por isso, o apuramento de valores de correlação negativos[5] entre os diferentes níveis de desenvolvimento e a percentagem representada pelos impostos alfandegários no conjunto das receitas fiscais. Da evolução verificada até à década passada no nosso país (onde aliás desde 1986, com a integração, os direitos da Pauta Exterior Comum são receitas da União) é-nos dada uma imagem pelo quadro II.1 (podendo naturalmente algumas diferenças resultar de alterações nas bases de cálculo):

[4] Sobre a maior facilidade administrativa da aplicação dos impostos alfandegários ver *infra* II.4.2.3.
[5] Tanto em análises temporais (*time series*) para cada país, considerando a evolução ao longo dos anos, como em análises horizontais (*cross section*), analisando vários países num mesmo período.

Quadro II.1
Estrutura percentual das receitas dos vários tipos de impostos

Anos	Imp. alfandegários (1)	Tributação geral do consumo (2)	Impostos especiais sobre o consumo (accises) (3)	Imposto de selo (4)	Impostos sobre o rendimento e ganhos de capital (5)	Impostos sobre o património (6)	Contribuições para a segurança social	Outros impostos
1960	20,7	–	14,8	3,8	27,8	7,0	18,3	7,6
1965	21,1	–	15,0	6,9	24,6	5,1	21,9	5,4
1970	15,7	8,4	13,8	5,7	23,7	4,2	23,9	4,6
1975	9,8	11,1	13,0	5,5	17,4	2,5	34,6	6,1
1980	5,4	16,2	16,4	6,4	19,7	1,4	29,5	5,0
1985	3,3	12,6	16,1	9,6	25,7	1,9	25,9	4,9
1990	2,5	20,0	14,1	6,1	25,7	2,4	27,5	1,7
1995	2,0	22,2	14,2	3,9	26,0	2,5	25,3	3,9
1999	0,6	23,9	14,7	2,6	28,8	3,3	25,4	0,7
2000	0,5	25,4	12,4	2,8	31,0	3,1	24,3	0,6
2005	0,3	28,4	13,1	3,3	26,9	3,2	24,4	0,4
2007	0,4	27,3	11,5	3,4	29,7	3,6	23,7	0,3

Fonte: Estatísticas da OCDE e Ministério das Finanças e da Administração Pública

(1) Inclui a taxa de salvação nacional (aplicada até 1987); trata-se agora de receitas da União Europeia, excluindo-se os direitos niveladores da PAC.

(2) Inclui o 'imposto de transacções' e a partir de 1986 o IVA.

(3) Inclui desde 1988 o imposto sobre produtos petrolíferos (ISP), bem como os impostos automóvel (IA), sobre o tabaco, sobre bebidas alcoólicas (v.g. sobre a cerveja), etc.

(4) Inclui os selos sobre prémios de seguros, operações bancárias e diversas, bem como as estampilhas fiscais.

(5) Inclui o imposto complementar, os impostos parcelares sobre o rendimento (excluindo a contribuição predial) e o imposto de mais-valias da reforma fiscal anterior; e desde 1989 o IRS e o IRC.

(6) Inclui a contribuição predial da reforma fiscal anterior e desde 1989 a contribuição autárquica, bem como a sisa e o imposto cobre sucessões. e doações.

Nota: Em 2005 o peso da Tributação Geral do Consumo (IVA) aumentou 3 pontos percentuais para o valor de 2000. Este resultado é justificado pelo facto de entre 2000 e finais de 2005 a taxa normal do IVA ter aumentado de 17% para 21%. A redução do peso di IVA em 2007, relativamente a 2005, é justicado pelo aumento significa-

Sobre cada receita indicamos a percentagem que representa em relação ao total, começando em 1960, ou seja, o primeiro ano de aplicação da pauta de 1959 e de participação na EFTA: verificando-se que a perda de relevo maior[6] foi de longe a perda dos impostos alfandegários, descendo de 20,7% em 1960 (em 1965 ainda representavam 21,1%) para 2% em 1995 e para 0,4% em 2007.

Sem dúvida, ao longo destas quatro décadas todas as fontes de tributação tiveram reformas profundas e em muitos casos verificaram-se alterações substanciais nas taxas. Assim, para os impostos alfandegários há que assinalar, com mais importância, a subida para o dobro de muitas das taxas específicas em 1976, as sobretaxas aplicadas entre este ano e 1979, a adoção da pauta *ad valorem* de 1980-82 e a aplicação da Pauta Exterior Comum da CE a partir de 1986; ainda no campo da tributação indireta, a introdução do imposto de transações – como imposto único sobre os grossistas – em 1966, com o alargamento a alguns serviços a partir de 1979, e a introdução do IVA em 1985, com o afastamento da taxa 0 em 1992 (ver a n. 54 p. 147); e, por fim, no campo da tributação direta a ampla reforma da primeira metade dos anos 60, mantendo todavia o sistema de impostos cedulares, e a introdução dos impostos únicos sobre os rendimentos das pessoas físicas (IRS) e das pessoas coletivas (IRC) a partir de 1989.

Mas a perda de relevo relativo das receitas alfandegárias não foi consequência de reformas legislativas. Tratou-se de um movimento natural, paralelo ao movimento verificado na generalidade dos países mais desenvolvidos, tendo aliás as mudanças legislativas referidas constituído mesmo um esforço no sentido de evitar que fosse ainda maior a perda de peso dos impostos alfandegários em Portugal: todavia inevitável, face ao aumento de relevo que se tornou possível para as outras receitas, por um lado, e por outro face à diminuição e ao afastamento da sua aplicação como consequência dos compromissos internacionais assumidos, no seio da OECE (depois, da OCDE), da EFTA, do GATT (da OMC) e da CE (primeiro com os acordos comerciais de 1972 e de 1976 e depois com a integração, a partir de 1986)[7]; relevando agora os compromissos da UE face ao exterior.

---

[6] Relevo relativo, não deixando de aumentar de um modo geral o volume das receitas cobradas (com os valores até 1982 ver Porto, 1982, p. 34).

[7] Recorde-se de I. 2.1. Além dos referidos compromissos internacionais são de mencionar o afastamento de medidas alfandegárias entre a metrópole e os territórios ultramarinos, na sequência do Decreto-Lei n. 44 016, de 8 de Novembro de 1961, e a perda natural de relevo reditício de uma pauta que até 1980-2 era predominantemente específica (ver *infra* II.1.1.3).

Assim aconteceu não obstante parecer que as pautas alfandegárias portuguesas, designadamente a pauta de 1959, visaram, em medida assinalável, um objetivo fiscal de cobrança de receitas: conforme foi reconhecido no preâmbulo do Código do Imposto de Transações (Decreto-Lei n. 47 066, de 1 de Junho de 1966), dizendo-se que vinha preencher a 'lacuna' resultante da quebra de receitas fiscais ocasionada pela "participação do país no movimento de integração económica internacional". Trata-se de objetivo confirmado, em relação a dois anos para os quais foi possível proceder aos cálculos (1970 e 1974), com o apuramento de valores de correlação negativos entre as taxas nominais dos impostos aplicados (ver *infra* II.2.1) e a elasticidade-preço das importações em cada setor, indiciando, pois, uma preocupação de ajustar as taxas à prossecução desse objetivo[3].

1.1.2. Impostos de importação, de exportação e de trânsito

Trata-se neste caso de uma distinção consoante o tipo de movimento que é tributado.

Na aplicação de impostos sobre a exportação e sobre o trânsito (diferentemente do que se passa com os impostos sobre a importação) costuma prevalecer o objetivo fiscal de cobrança de receitas, embora possa ter também relevo, em relação a determinados setores, a aplicação de impostos de exportação com o intuito protecionista de manter no país um produto (v.g. uma matéria-prima) utilizado no seu processo produtivo[9], ou, de novo a título de

---

[8] Curiosamente, nos preâmbulos da pauta de 1959 e de diplomas que a alteraram não é feita referência ao objetivo fiscal; sendo antes mencionado por vezes um objetivo de proteção setorial, em alguns casos com a noção clara dos interesses contrários – na tributação dos bens finais e na tributação dos bens intermediários – que são tidos em conta com a medição da proteção efetiva (ver Porto, 1982, pp. 219-26, 251-5 e 304-16; e *infra* II.2.2).

[9] As instituições da UE têm expressado discordância em relação à proteção que alguns países dão à sua indústria do calçado através de restrições à exportação das matérias-primas de que dispõem; mas muitos mais exemplos poderiam ser dados, designadamente em relação à exportação de minérios.

Serão todavia bem mais comuns os casos em que a tributação das exportações, restringindo-as, prejudica os interesses gerais dos países (v.g. diminuindo as oportunidades de venda dos produtos e deixando de contribuir para o equilíbrio das balanças dos pagamentos), assim se explicando a tendência mais comum (de que são exemplos os casos referidos no próximo parágrafo do texto) no sentido de as pautas não incluírem direitos de exportação.

exemplo, a aplicação de impostos sobre produtos em que se julga que o país deve ser auto-suficiente por razões de segurança e defesa nacional (ex. bens alimentares).

Em Portugal as pautas de 1950, 1959 e 1980-2 não continham já direitos de exportação (apenas direitos de importação), mas os direitos de exportação da pauta de 1929 continuaram a ser aplicados até serem revogados por um diploma de 1965[10]. Também a pauta da UE, a que estamos agora sujeitos, não tem direitos de exportação.

1.1.3. Impostos específicos e *ad valorem*

Trata-se, neste caso, de uma distinção consoante o modo de apuramento da coleta, sendo os impostos específicos quando estabelecem os quantitativos a pagar por unidade física (ex. 1000 euros por automóvel importado), de peso (ex. 10 cêntimos por cada quilo de trigo), de capacidade (ex. 30 cêntimos por cada litro de petróleo) ou de superfície (ex. 50 cêntimos por cada metro de fazenda), e *ad valorem* quando estabelecem uma percentagem a aplicar ao valor do que é importado[11].

Em Portugal a tradição pautal foi no sentido da tributação específica, sendo ainda específicos mais de 85% dos artigos da pauta de 1959[12]. Só em 1980-2

---

[10] O Decreto-Lei n. 46 494, de 18 de Agosto. Nos anos seguintes mantiveram-se apenas alguns resíduos na sua cobrança.

[11] Em qualquer destes casos pode haver ainda impostos variáveis (*sliding-scale*), variando por exemplo a coleta de acordo com o preço dos bens importados. Nesta linha pode salientar-se o caso dos impostos igualizadores (*equalizing tariff*), variando por forma que os preços dos bens importados *mais* os impostos alfandegários igualizem sempre os preços internos, defendendo--se assim os produtores nacionais em relação à concorrência (assumiram por vezes esta forma, que põe em causa o reconhecimento das vantagens do comércio internacional, as célebres *Corn Laws*, que entre 1463 e 1846 defenderam da concorrência continental os produtores de cereais ingleses, e assumem-na agora os direitos niveladores da política agrícola comum da União Europeia).

[12] Tendo sido publicada pelo Decreto-Lei n. 42 656, de 18 de Novembro, a pauta de 1959 seguiu a nomenclatura da Convenção de Bruxelas (1950), estando dividida em 21 secções, divididas em 99 capítulos, divididos por seu turno em posições e sub-posições, geralmente chamadas artigos (mais de 5 200 no conjunto pautal). A mesma estrutura foi mantida quando da conversão *ad valorem* de 1980 e 1982, feita pelos Decretos-Leis n.os 201-A/80, de 28 de Junho, e 201/82, de 21 de Maio (ficando apenas um pequeno resquício de tributação específica).

passou a ser *ad valorem*, abrindo-se caminho para a Pauta Exterior Comum da UE, também *ad valorem*.

Como elemento de vantagem importante, determinando a preferência que mereceu em muitos casos, verifica-se que uma pauta específica é de aplicação mais fácil e dá menos oportunidades de fraude: sendo mais simples e controlável a identificação e a apreciação das unidades físicas do que o apuramento dos valores dos bens, podendo aliás quem comercializa iludir o fisco com a apresentação de documentos com valores abaixo do real. Foi esta vantagem que explicou a manutenção em Portugal de uma pauta fundamentalmente específica até 1980-2, não obstante os inconvenientes de equidade e económicos que lhe estão necessariamente ligados: com a tributação regressiva dos cidadãos, a distorção no aproveitamento das vantagens comparativas dos países e a erosão da sua capacidade reditícia.

Pagando-se o mesmo montante por cada unidade física importada, com um imposto específico tributa-se mais pesadamente um bem de preço mais baixo (de pior qualidade) e em menor medida um bem mais caro (de qualidade superior): a título de exemplo, um imposto específico de 50 cêntimos por metro de fazenda tributa em 10% uma fazenda de pior qualidade, que custe 5 euros por metro, e em 5% uma fazenda de melhor qualidade que custe duas vezes mais (10 euros por metro). Como em princípio são as famílias de menores rendimentos que compram os bens de pior qualidade, um imposto específico atinge os cidadãos de um modo regressivo e iníquo.

Trata-se de consequência que pode ser vista num diagrama de equilíbrio parcial (fig. II.1)[13].

---

[13] Considerando além disso o caso de um 'país pequeno', ou seja, um país que não tem peso suficiente para alterar os preços mundiais (recorde-se *supra* a n. 31 p. 39). A situação de um 'país grande' pode ser representada através de um diagrama como da fig. II.5, em II.3.7 (p. 135).

Fig. II.1

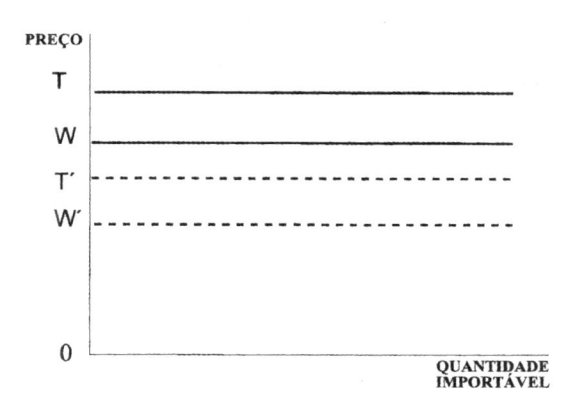

Um imposto específico de 20 (TW), em relação ao preço internacional de 100 (WO) representa 20%; mas já se o preço internacional for mais baixo, por exemplo de 60 (W'O), por se tratar de uma gama ou de uma qualidade inferior do bem, o imposto específico de 20 (T'W') representa 33%, ou seja, um encargo muito maior.

Poder-se-ia tentar evitar este inconveniente através de uma tributação mais desagregada, distinguindo, por exemplo no setor têxtil, as diferentes gamas e qualidades de tecidos e estabelecendo impostos diferentes para cada uma delas. Tratar-se-ia todavia de um procedimento complicado e de êxito duvidoso, mesmo inatingível de um modo rigoroso, dada a infinidade das gamas e qualidades que vão aparecendo e a circunstância de os preços estarem sempre a variar (sendo preciso proceder, por isso, a atualizações permanentes). Mesmo com uma intervenção sem excessiva preocupação de rigor perder-se--ia, pois, a vantagem decisiva – de simplicidade – que, como vimos, a tributação específica pode proporcionar.

Com os desequilíbrios na oneração dos bens acabados de assinalar a tributação específica constitui também um fator de distorção no comércio internacional, favorecendo as produções mais caras em relação às produções mais baratas: quando a lógica de eficiência exige que a especialização se verifique de acordo com as diferentes vantagens comparativas, expressas nos custos de produção. No plano das relações entre os países, sendo de esperar que em muitos casos os países menos desenvolvidos tenham vantagem comparativa em bens de menor custo (assim acontece, a título de exemplo, nos produtos têxteis e de confeções), trata-se de uma distorção que os penaliza (bem como, em geral, os consumidores nas suas escolhas), não correspondendo a procura que lhes é dirigida à diferença de preços (sem tributação) que podem oferecer em relação aos outros países.

Por fim é de apontar ainda que com a tributação específica a receita cobrada não acompanha a subida (natural) dos preços dos bens (importados), diferentemente do que se passa com a generalidade dos demais impostos (sobre as atividades e as situações internas) que, sendo *ad valorem*, acompanham a evolução dos valores das respetivas matérias coletáveis (em correspondência, aliás, com as necessidades normais de aumento das despesas públicas).

Seria de esperar, pois, a tendência verificada para as pautas passarem a ser *ad valorem*, não podendo deixar de estranhar-se que em Portugal uma pauta fundamentalmente específica tivesse sido mantida até 1980-82 (tendo em conta, em especial, a perda de receita a que levou, dado o propósito em grande medida fiscal que a pauta portuguesa parecia ter: recorde-se o que dissemos em II.1.1.1).

1.1.4. Outras distinções

Além das já referidas, têm também importância outras distinções nas pautas (e nos impostos alfandegários); assim, de acordo com a fonte podem ser *convencionais*, se resultam de um tratado internacional, ou *autónomas*, se são impostas unilateralmente pelo país; tendo em conta alguma distinção geográfica podem ser únicas ou *múltiplas*, conforme não se distinga ou se distinga entre os países com os quais se comercializa, podendo estabelecer-se neste segundo caso um sistema de pauta *máxima* e *mínima* (uma das quais é aplicada como pauta geral) ou um qualquer outro sistema de preferência; e, consoante o âmbito material, podem ser *latas*, se abrangem todas as mercadorias que passam nas fronteiras, ficando isentas apenas as expressamente indicadas, ou *restritas*, se são tributadas as mercadorias mencionadas, considerando-se livres todas as demais.

1.2. Restrições quantitativas

Uma outra via com grande tradição de estabelecer restrições ao comércio é a das restrições quantitativas, sob diferentes formas: *proibições*, proibindo-

-se por exemplo a entrada de determinados produtos por razões de saúde pública (produtos com uma composição nefasta), de segurança (ex. armas) ou morais (ex. artigos pornográficos); *licenciamentos*, sujeitando-se as importações à outorga de uma licença, condicionada por alguma das razões acabadas de referir ou ainda por exemplo por um propósito protecionista, sendo concedida a licença (ou sendo concedida mais rapidamente) se não estiver em causa uma produção doméstica que se queira proteger[14]; e *quotas*, estabelecendo os limites dentro dos quais podem ser feitas as importações[15].

No caso das quotas põe-se naturalmente o problema delicado de saber quem beneficiará com a importação dos bens que nelas caibam, na medida em que podem passar a ser vendidos por um preço mais alto, como consequência da restrição da oferta que provocam.

Temos assim um elemento de distinção em relação aos impostos alfandegários se este ganho proporcionado pelas quotas reverter para os comerciantes que são autorizados a importar dentro dos limites disponíveis; aproximando-se já as situações se as quotas forem atribuídas aos importadores mediante o pagamento ao Estado de um montante igual ao ganho por elas proporcionado (sobre a representação deste valor ver *infra* II.3.4, p. 132).

Para além da diferença referida, é de assinalar que as quotas são um meio mais preciso e mais fácil de atingir o objetivo visado de restrição das importações.

De facto, pretendendo-se por exemplo limitar as importações de automóveis a 1000 unidades por ano, bastará fixar-se esta quota para que o objetivo seja atingido; quando, tratando-se de impostos alfandegários, só com o conhecimento rigoroso das elasticidades-preço das importações, quase impossível de se conseguir *a priori*, seria possível saber o nível de taxa que levaria a que se ficasse nessa quantidade.

Por outro lado, curiosamente, a esta muito maior eficácia em relação ao objetivo a atingir corresponde uma muito maior facilidade legal (consti-

---

[14] Parecia ser este em grande medida o caso da outorga dos Boletins de Registo de Importação (BRI's) em Portugal, embora, formalmente visassem uma finalidade estatística.

[15] Em alguns casos assumiram relevo, com as implicações das restrições quantitativas, as restrições 'voluntárias' de exportações (VER's, *voluntary export restraints* na designação inglesa), 'impostas' muitas vezes pelos principais países importadores: ver por ex. OCDE (1993a), Carl Hamilton e Reed (1996) Grimwade (1996, pp. 65-93), ou I. Mota (2005, pp. 411-4); bem como em geral as medidas de salvaguarda *(saufeguard measures)*: cfr. Mota (loc. cit., pp. 375 ss.) ou Trebilcock e Howse (2005, cap. 10).

tucional) no estabelecimento das quotas, que pode ser feito por via administrativa, diferentemente do que acontece com os impostos alfandegários, sujeitos em Portugal, tal como na generalidade dos países, ao princípio da legalidade dos impostos, obrigando a uma intervenção difícil e morosa através do Parlamento.

Não pode deixar de reconhecer-se todavia, pelo contrário, que em termos de funcionamento da economia é preferível a intervenção com impostos alfandegários, com a qual se mantem em maior medida o jogo das forças do mercado, assegurando uma afetação mais eficiente dos recursos (na sua afetação à produção e ao consumo). Também com eles há distorções, conforme veremos em II.3.6, mas distorções de menor relevo.

1.3. Restrições aos pagamentos

Trata-se de uma terceira forma de estabelecer restrições, não disponibilizando ou limitando as disponibilidades de divisas para pagar as importações: o que leva a que estas deixem de ter lugar, dado que os empresários dos países exportadores têm de um modo geral de fazer nas suas moedas os pagamentos dos fatores de produção, das matérias-primas, dos bens intermediários e dos equipamentos utilizados na produção.

Os anos 30 forneceram-nos casos muito expressivos deste tipo de restrições, com o sistema de *clearings*, ficando por exemplo as nossas importações da Alemanha limitadas às disponibilidades em marcos proporcionadas pelas nossas exportações para esse país.

Face às limitações drásticas assim estabelecidas, compreende-se que quando depois da guerra se pretendeu promover a abertura das economias se tivesse considerado como passo indispensável promover a multilateralização dos pagamentos: no espaço mundial com o Fundo Monetário Internacional (1945) e no espaço europeu com a União Europeia de Pagamentos (1948) (recorde-se *supra* I.2.1).

Além das restrições aos pagamentos é possível influenciar o comércio internacional através da variação da taxa de câmbio, por exemplo desvalorizando a moeda do país como forma de diminuir as importações (tornadas mais caras para os nossos residentes, obrigados a dar mais unidades monetárias para obter a mesma quantidade de moeda estrangeira) e promover as exportações (tornadas mais baratas para os residentes de outros países, que com o mesmo montante das suas moedas conseguem mais unidades da nossa moeda). Constitui assim um modo de intervenção que deixa funcionar o mercado (com as suas virtualidades na afetação dos recursos) em maior medida do que as restrições quantitativas, oferecendo ainda, em relação aos impostos alfandegários, a vantagem de agir simultaneamente sobre as importações (dificultando-as) e sobre as exportações (promovendo-as), proporcionando por isso com menores custos de distorção a possibilidade de serem atingidos os objetivos desejados (de promoção de um setor ou ainda por exemplo de reequilíbrio da balança dos pagamentos).

1.4. Outros obstáculos

Além destes obstáculos, com maior tradição e por isso melhor conhecidos, muitos outros poderiam ser referidos, com influência maior desde quando os primeiros passaram a ter menor relevo, como consequência dos movimentos de integração visando o seu afastamento; querendo todavia os países em muitos casos continuar a proteger as suas economias, mas não tendo a coragem ou o desejo de denunciar os acordos celebrados (recorde-se o que dissemos em I.2.1, com especial relevo desde 1973).

Com o 'novo protecionismo' passaram a ser mais utilizados, pois, meios alternativos, não se tratando todavia, em grande parte dos casos, de instrumentos desconhecidos, tendo sido considerados designadamente no Tratado de Roma (1957) como obstáculos entre os países membros que era necessário ultrapassar para se chegar ao mercado comum que se almejava.

Mantendo-se alguns destes obstáculos como elementos importantes que ainda hoje impedem o comércio livre e a livre concorrência entre os países membros da Comunidade, debruçar-nos-emos sobre eles na parte IV (em IV.2.1) quando falarmos da política de concorrência; servindo então para exemplificar a referência geral que deveríamos fazer aqui, com relevo também, naturalmente, como modos de restringir relações entre os países da União e países terceiros.

2. MEDIÇÃO

Havendo restrições ao comércio internacional tem a maior importância saber, na medida do possível, quanto representam.

Trata-se de problema – de medição da intervenção – que se põe em relação a todas as formas de intervenção, agora em muitos casos com maior acuidade em relação às 'novas' formas de intervenção. Mas aqui vamos considerá-lo fundamentalmente em relação aos impostos alfandegários, com um relevo prioritário quando foram feitas as primeiras medições e ainda com um relevo assinalável face a países terceiros em relação aos espaços de integração (v.g. em relação à UE); verificando-se, além disso, que os impostos alfandegários permitem uma exposição especialmente clara do problema em análise, que com facilidade pode ser adaptada aos demais casos (sendo contudo já muito mais difícil, conforme referiremos dentro em pouco, proceder na prática à medição dessas outras formas de intervenção).

2.1. A 'proteção' nominal

Até muito recentemente, até aos anos 60 do século XX, mediu-se o protecionismo através do valor nominal dos impostos alfandegários (ou dos outros meios de intervenção), vendo-se quanto representavam relativamente ao valor final dos bens.

Tratando-se de impostos *ad valorem* sobre os valores CIF dos bens[16], o valor nominal é dado pela própria taxa[17]. Em qualquer caso é a percentagem em que os valores domésticos (inflacionados com a tributação ou com outra

---

[16] Na terminologia inglesa (consagrada) os valores CIF são os valores que incluem *cost, insurance* e *freight* (custo, seguro e transporte).

[17] Já tratando-se de impostos recaindo sobre valores FOB (*free on board*), menores, a mesma taxa representa obviamente um valor nominal mais baixo em relação aos valores CIF, com que os bens são postos à venda no país importador.

A título de exemplo, sendo o valor CIF de um bem importado de 1000 contos e representando o transporte e o seguro 15% desse valor, a aplicação da mesma taxa ao valor FOB (850 contos), por exemplo a taxa de 20%, proporciona uma receita (de 170 contos) que em relação ao valor CIF representa 17%.

A medição dos valores nominais quando são utilizadas outras formas de intervenção suscita de um modo geral maiores dificuldades, v.g. obrigando a fazer comparações entre os bens nos vários países, que só proporcionarão resultados corretos se os mercados forem de concorrência perfeita, sendo os bens homogéneos (com uma análise das dificuldades que se levantam e do modo de as ultrapassar ver a obra recente de Laird e Yeats, 1990; cfr. também Fontoura, 1992b, pp. 149-68, com medições feitas em Portugal, e OCDE, 1996a, com avaliações para os países deste espaço).

forma de restrição) excedem os preços de comércio livre[18], de acordo com a fórmula

$$t = \frac{P'- P}{P}$$

em que t é a taxa nominal, P' são os preços domésticos e P os preços do comércio livre. Supondo que se trata de um bem cujo preço interno, com a aplicação de um imposto alfandegário, é de 12.000 euros, e cujo preço de comércio livre é de 10.000 euros, a taxa nominal é de 20%.

$$t = \frac{12.000 - 10.000}{10.000} = \frac{2.000}{10.000} = 20\%$$

A indicação assim colhida é a indicação adequada se pretendemos saber os efeitos da intervenção alfandegária sobre o consumo, afetado de facto na medida da 'proteção nominal'. Mas a teoria da proteção efetiva veio mostrar--nos que já não é assim se o que pretendemos conhecer são os efeitos da intervenção sobre a produção e sobre a distribuição do rendimento.

2.2. A proteção efetiva

2.2.1. Noção

A teoria da proteção efetiva tem na sua base o reconhecimento de que a atividade produtiva de um país não é afetada apenas pela tributação (ou outra intervenção com o mesmo efeito) sobre o valor final dos bens importáveis (favorecendo a sua produção interna), sendo-o também pela tributação que recai sobre os bens intermediários[19] importáveis (onerando a produção do

---

[18] No caso de um 'país grande' (recorde-se de novo a n. 31 p. 39 e veja-se |o diagrama que apresentaremos em II.3.7, p. 135) os preços do comércio livre não correspondem aos preços internacionais (atuais), dado que a aplicação das restrições ao comércio leva à alteração dos primeiros (a uma descida), como consequência do peso da procura desse país nos mercados mundiais.

[19] Considerando bens intermediários todos os *inputs* não primários, incluindo portanto as matérias-primas. Não será uma designação inteiramente correta, mas a palavra *input*, além de

bem final e desfavorecendo quem nela participa) e dependendo ainda, conforme veremos melhor através dos exemplos, do relevo da participação dos bens intermediários na produção em análise.

Nesta linha, a medição da proteção efetiva veio atender às estruturas produtivas, tendo em conta o que os produtos intermediários representam na produção dos bens finais e medindo apenas o acréscimo do valor acrescentado em cada circuito: o acréscimo do 'preço efetivo', constituindo de facto, só ele, a participação produtiva do setor. É afinal esta a indicação que importa conhecer se pretendemos saber os efeitos da intervenção sobre a produção, tanto na perspetiva dos setores como na perspetiva dos fatores (v.g. em relação à distribuição do rendimento).

Trata-se de ideia que pode ser representada através de uma figura muito simples, como a figura II.2[20].

Sendo a importação do bem final tributável com um imposto de 20% e passando por isso o seu preço interior para 1200 o valor acrescentado, ou 'preço efetivo', não sobe de 200 (1000-800) para 400 (1200-800), mas sim de 200 para 320 (1200-880), dado que à proteção conferida há que deduzir a 'desproteção' resultante de os bens intermediários serem tributáveis em 10% (com o montante de 80).

não ter tradução portuguesa adequada (não nos satisfaz a palavra 'insumo' usada pelos brasileiros), em inglês abrange também os *inputs* primários (os fatores de produção, designadamente o trabalho e o capital), que têm de ser distinguidos na problemática em análise: sendo a medição da proteção efetiva precisamente a medição da sua proteção. Seguimos assim o critério seguido por autores de língua francesa, com os *biens intermédiaires* (cfr. Henner, Lafay e Laussudrie-Duchêne, 1972, Henner, 1975 e Phan, 1980; já por ex. Gamir 1970, em Espanha, prefere usar entre aspas a designação de *inputs*).

[20] Semelhante à apresentada por Pugel (2004, p. 143). Com uma exposição diagramática muito mais completa da noção e do significado da medição da proteção efetiva ver o Anexo II.A. A noção de proteção efetiva pode reportar-se em boa medida a Corden (1966); e ver recentemente Perkins et al. (2013, pp. 715-8).

FIG. II.2

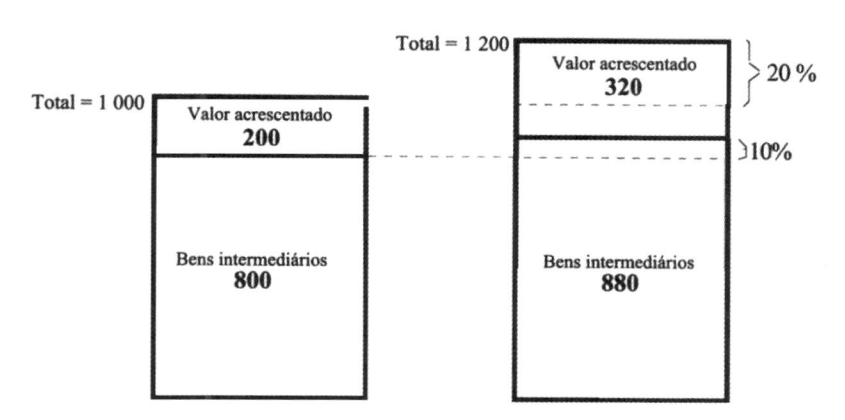

Nestes termos os produtores dos bens finais, enquanto por um lado são protegidos com os impostos alfandegários que recaem sobre bens finais importáveis (tanto mais quanto mais elevado for o nível destes impostos), por outro são penalizados com a tributação que recai sobre a importação de bens intermediários como os que são por eles usados[21] (a proteção será obviamente tanto menor quanto maior for o nível desta, e vice-versa), sendo além disso a proteção dos primeiros tanto maior quanto maior for o relevo do contributo dos segundos (ou seja, quanto menor for a percentagem do valor acrescentado), e vice-versa.

A aplicação de impostos alfandegários a bens intermediários, promovendo a sua produção mas penalizando a produção do bem final poderá levar, pois, a aumentos ou diminuições gerais da produção do país, consoante o acréscimo na produção desses bens seja maior ou menor do que o decréscimo na produção dos bens finais que os incorporam[22]. Na expetativa de que se verifique

[21] Com a tributação 'nominal' destes últimos e não com a sua proteção efetiva, a qual interessará apenas se o que estiver em causa for o conhecimento da proteção proporcionada à produção respetiva. Ao produtor do bem final, podendo importar os bens-intermediários pelo preço CIF mais a taxa nominal, é esta (e apenas esta) que lhe interessa, onerando a sua produção (que assim é vê-se muito claramente na exposição diagramática do Anexo II.A).

Sendo a intervenção feita através de outras formas, que não os impostos alfandegários, a medição da proteção efetiva tem naturalmente de ser feita com base em valores nominais apurados com as dificuldades que referimos na n. 17 p. 114.

[22] Sobre a fórmula aplicável para ver quando se verificará cada uma destas situações ver Porto (1982, pp. 50-1).

a segunda hipótese, numa negociação internacional a concessão de reduções beneficiando principalmente a importação de bens intermediários poderá ser uma forma de promover um acréscimo geral da proteção efetiva e da produção do país: ficando prejudicados os produtores dos bens intermediários e diminuindo a sua produção nacional, mas sendo o aumento da produção dos bens finais de molde a mais do que compensar tal redução[23]. Em muitos casos os *inputs* são aliás matérias-primas que não existem e bens intermediários que não interessa produzir no país que oferece a redução dos direitos sobre eles; o qual só terá então a ganhar, com a redução concedida, aumentando o valor acrescentado na produção dos bens finais.

2.2.2. Fórmula de medição e exemplos

Tendo em conta os três fatores referidos, com a medição da proteção efetiva apura-se, pois, a percentagem de acréscimo do valor acrescentado conseguida com a intervenção alfandegária, relativamente ao valor acrescentado em mercado livre.

Referindo por Z o grau de proteção efetiva, por V' o valor acrescentado internamente como consequência da intervenção alfandegária e por V o valor acrescentado a preços de mercado livre, temos que

$$Z = \frac{V' - V}{V}$$

Não havendo tributação nem do bem final nem dos bens intermediários, $V = P_j (1 - a_{ij})$, em que P_j é o preço do bem final e a_{ij} a percentagem que os bens intermediários representam no bem final (o valor acrescentado é, conforme sublinhámos já, o inverso da participação dos bens intermediários).

---

[23] Assim terá acontecido, a título de exemplo, com as reduções aceites pelo Canadá nas negociações do Kennedy Round (Melvin e Wilkinson, 1968).

Naturalmente, para a prevalência dos interesses dos produtores dos bens finais ou dos produtores dos bens intermediários contribuirá a capacidade que uns e outros tenham para exercer influência sobre as autoridades. Prevalecendo os interesses dos primeiros ficam prejudicados os interesses dos consumidores, obrigados a comprar os bens por um preço mais elevado: trata-se todavia, como teremos ocasião de ver em II.4.2.2, de um conjunto de pessoas que, embora numeroso, não costuma ter uma organização capaz de assegurar a defesa dos seus interesses com a mesma eficácia que os participantes na produção (empresários e trabalhadores).

Por seu turno, podendo haver tributação sobre o bem final (t_j) e sobre os bens intermediários (t_i), temos que $V' = P_j [(1 + t_j) - a_{ij} (1 + ti)]$.

Sendo assim

$$Z = \frac{P_j [(1+t_j)- a_{ij} (1+t_j)] - P_j (1- a_{ij})}{P_j (1 - a_{ij})} = \frac{[(1+t_j)- a_{ij} (1+t_j)] - (1- a_{ij})}{1-a_{ij}} = \frac{t_j - a_j t_i}{1 - a_{ij}}$$

ou, considerando o somatório dos bens intermediários[24]:

$$Z = \frac{tj - \sum a_{ij} ti}{1 - \sum a_{ij}}$$

Continuando com o exemplo dado há pouco, a propósito da medição da 'proteção' nominal, podemos ver agora como a medição da proteçãc efetiva tem valores bem diferentes[25] e reflete os fatores referidos: a tributação do bem final, a tributação dos bens intermediários e o que estes representam na produção daquele (ou, vendo pela negativa, o que representa o valor acrescentado, $1 - a_{ij}$, no processo em análise).

---

[24] Com extensões várias da fórmula de medição, designadamente para poderem ser tidos em conta os impostos indiretos e os subsídios, os custos de transporte, a utilização da taxa de câmbio ou ainda a difícil problemática do tratamento dos bens intermediários não importáveis, ver Porto (1982, pp. 101 ss.).

[25] Diferentes ainda dos valores da medição da proteção nominal ajustada, que tem em conta a diferença entre os impostos sobre os bens finais e os impostos sobre os bens intermediários, como percentagem dos preços nominais dos bens finais em comércio livre:

$$Za = \frac{t_j P_j - \sum a_{ij} t_i P_j}{P_j}$$

em que Za é a taxa nominal ajustada, P_j o preço do bem final, $t_j P_j$ o imposto sobre o bem final e $\sum ti \, aij \, Pj$ a tributação sobre os bens intermediários. Acaba por corresponder ao numerador da fórmula de medição da proteção efetiva, dado que

$$Za = \frac{t_j P_j - \sum a_{ij} t_i Pj}{P_j} = \frac{P_j (t_j - \sum a_{ij} t_i)}{P_j} = t_j - \sum t_i a_{ij}$$

Assim, não sendo tributados os bens intermediários ($t_i = 0$), sendo o bem final tributado em 20% e representando os bens intermediários 80% do preço do bem final temos que

$$V' = Pj \left[(1 + t_j) - \sum a_{ij} (1 + t_i) \right] = 1200 - 800 = 400$$

e

$$V = Pj \, (1 - a_{ij}) = 1000 - 800 = 200$$

logo,

$$Z = \frac{V' - V}{V} = \frac{400 - 200}{200} = \frac{200}{200} = 100\%$$

Sendo o bem intermediário tributado com um imposto de 10%, temos que $V' = 1\,200 - 880$, pelo que

$$Z = \frac{320 - 200}{200} = \frac{120}{200} = 60\%$$

Pode acontecer mesmo que a tributação dos bens intermediários seja de tal forma alta que a proteção efetiva seja negativa: por exemplo se a sua tributação for de 60%, levando a que $V' = 1200 - 1280 = -80$ e $Z = -140\%$[26].

Por fim, podemos ver ainda a influência que pode ter a variação do peso dos bens intermediários no valor do bem final, supondo por exemplo que a_{ij} em vez de 80% é de 60% (sendo o valor acrescentado, portanto, de 40%). Admitindo de novo que o bem final é tributado com 20% e os bens intermediários com 10%, temos que

$$Z = \frac{540 - 400}{400} = \frac{140}{400} = 35\%$$

---

[26] Além destes casos de verdadeira proteção efetiva negativa o apuramento de valores negativos pode resultar de ser negativo o denominador da fração (V), como consequência do modo de cálculo seguido: não sendo os valores acrescentados 'do comércio internacional' valores reais – os quais, como é óbvio, serão em princípio positivos – mas sim valores calculados a partir dos valores nacionais, deflacionados dos impostos aplicados, e sendo diferentes as funções de produção nos demais países (sobre este ponto ver mais uma vez Porto, 1982, pp. 177-185).

Vemos pois que a proteção efetiva é menor quando é maior o valor acrescentado na produção, podendo um exemplo inverso, considerando por hipótese a_{ij} = 90%, mostrar-nos que Z é pelo contrário maior quando é menor o valor acrescentado: tendo neste caso

$$Z = \frac{210 - 100}{100} = \frac{110}{100} = 110\%$$

2.2.3. A medição da proteção efetiva em Portugal

Requerendo o conhecimento dos valores acrescentados em cada setor da economia (1- $\sum a_{ij}$), a medição da proteção efetiva com um rigor e com um dispêndio de esforços aceitável terá de ser feita com a utilização de matrizes de relações inter-setoriais[27]. Compreende-se por isso que de um modo geral a medição tenha sido feita em relação a anos para os quais estas foram elaboradas, em Portugal em relação a 1959, 1964 (matrizes elaboradas pelo INII), 1970 e 1974 (matrizes elaboradas pelo GEBEI)[28].

Apesar de se tratar de anos já recuados[29], julgamos que vale a pena reproduzi-los aqui, ilustrando a importância da medição (sendo a proteção efetiva

---

[27] Sobre a estrutura e a utilidade proporcionadas pelas matrizes recorde-se o Anexo I-B, pp. 95-7.

[28] Vários autores apuraram a proteção efetiva a que terá levado a aplicação de impostos em determinados anos com base em matrizes de anos anteriores, no pressuposto de que as estruturas de produção de uma economia (as funções de produção) não mudam senão a médio ou longo prazo (assim procederam por exemplo na Alemanha Federal Hiemenz e Rabenau, 1976, procedendo ao cálculo da proteção efetiva em 1972 com a utilização de uma matriz de 1964).

[29] A partir de 1974 o protecionismo, designadamente o protecionismo conferido por impostos alfandegários, passou a ter menos relevo em Portugal, principalmente como consequência dos compromissos assumidos no seio da EFTA, desde 1960, no GATT desde 1962 e com os países da CEE a partir do Acordo Comercial de 1972 (recorde-se do quadro II.1, p. 104, a quebra nas receitas proporcionadas; e veja-se em Fontoura, 1992b, p. 163, um apuramento de valores mais recentes feito pelo Ministério da Indústria).

Agora, com a integração na União Europeia tem relevo naturalmente apenas a proteção alfandegária em relação a terceiros: devendo todavia notar-se que, apesar de todos os países aplicarem os mesmos impostos nominais (com a Pauta Exterior Comum), terá cada um uma proteção efetiva diferente, como consequência de serem diferentes as suas estruturas de produção (os valores acrescentados). Trata-se de diferenças sensíveis, constatadas nos estudos abrangendo países da UE (já mesmo no estudo pioneiro de Balassa, 1965, não obstante estarem então em

bem diferente da 'proteção' nominal) e uma faceta interessante da história da intervenção alfandegária em Portugal, que sublinharemos de seguida[30].

QUADRO II.2 – 1964

Setor da matriz	Taxa nominal (t)	Taxa efetiva (z)
1. Agricultura	15,2	16,6
3. Pecuária	1,6	(-1,0)
4. Pesca	5,1	3,1
5. Extr. de carvão	1,6	1,4
6. Extr. minerais metál.	O	(-0,6)
7. Extr. min. não metál.	O	(-0,7)
8. Moagem e padaria	15,7	30,3
9. Massas.al.conf., past e doc.	32,2	313,1
10. Carnes, prep. cons. carne	*11,6	*(-124,6)
11. Lacticínios	*63,4	*(-295,5)
12. Conservas de peixe	0,8	(-13,5)
13. Frutas prep. e em conserva	27,6	60,1
14. Outros prod. alimentares	14,9	21,5
15. Refinação óleos veg. alim.	9,5	3,1

causa ainda apenas os países fundadores, com estruturas económicas mais próximas do que as de alguns que vieram a aderir mais tarde).

No trabalho que temos vindo a referir (Porto, 1982, pp. 195-203) apurámos ainda o que resultaria da aplicação da Pauta Exterior Comum à economia portuguesa, comparando esses resultados com a proteção efetiva conferida pela nosso pauta. Pôde antever-se assim que com a integração haveria uma diminuição da 'proteção' nominal, de 16,4 para 10,6 (com o benefício consequente para os consumidores) e da proteção efetiva de 32,9 para 22,6% (ficando nesta medida desprotegidos os produtores); com implicações muito diferentes de setor para setor (com alguns aumentos de proteção) que a simples média estaria longe de mostrar.

[30] Tendo a matriz de 1959 uma maior agregação e sido calculada com menos rigor, nos quadros que se seguem apresentamos apenas os valores apurados para 1964, 1970 e 1974 (podendo indicar no mesmo quadro os valores de 1970 e 1974, em virtude de termos nos dois casos matrizes com a mesma agregação: tendo aliás a matriz de 1974 sido elaborada a partir da de 1970). Os bens intermediários não importáveis foram considerados utilizando um método que nos pareceu mais correto, diferente dos de Balassa (1965 e 1971 et al.) e Corden (1966 e 1971b): ver Porto (1982, pp. 129-32).

Setor da matriz	Taxa nominal (t)	Taxa efetiva (z)
16. Bebidas	186,2	809,2
17. Tabacos	*131,6	*(-266,8)
18. Têxtil de lã	33,2	108,0
19. Têxt.alg.,fib.art. sint. e mistas	26,7	52,6
20. Têxt. fib. duras, cord. tap.	14,7	17,0
21. Vestuário	26,7	28,5
22. Calçado	19,7	31,1
23. Manufactura de cortiça	6,1	11,8
24. Ser. e trab. mec. de mad.	6,1	6,5
25. Mobiliário e colchoaria	25,2	46,2
26. Pasta de papel	0,4	(-1,9)
27. Papel e cartão	11,5	24,3
28. Resinosos	11,5	61,1
29. Borracha e art. de borracha	35,7	70,3
30. Cimento e cal	10,4	13,7
31. Cerâmica e prod. de cim.	12,0	15,4
32. Vidro e artigos de vidro	23,5	36,0
33. Produtos químicos de base	9,5	16,1
34. Adubos manufac. e pesticidas	9,8	17,5
35. Oleos e gorduras animais	1,9	(-21,8)
36. Alimentos para o gado	1,4	(-25,3)
37. Tintas prep., vern. e lacas	25,5	52,8
38. Produtos químicos diversos	10,7	15,3
39. Refinação de petróleo	13,5	79,2
40. Derivados de carvão	1,0	0,3
41. Art. de pasta pap., pap. e cartão	24,3	116,9
42. Artigos de mat. plástica	29,2	68,4
43. Tipografia e editoriais	13,6	15,2
44. Curtumes e corte de pelo	11,5	13,5
45. Ind. básicas do ferro e aço	23,9	40,7
46. Ind. bás. met. não ferrosos	3,8	3,3
47. Outros produtos metálicos	10,4	6,5
48. Outros produtos metálicos	45,1	114,5

Setor da matriz	Taxa nominal (t)	Taxa efetiva (z)
49. Máq. e material eléctrico	13,7	16,8
50. Construção e rep. navais	4,9	2,7
51. Aut. e outro mat. transp.	74,3	168,2
52. Transformadoras diversas	37,0	60,9
64. Transp. marít. e fluviais	4,9	4,9
65. Transportes aéreos	O	(-5,1)
67. Comércio	O	(-7,9)
Média simples	**18,2**	**48,4**
Desvio-padrão	**27,7**	**120,7**

Fonte: Porto (1982, p. 188)
* Setores excluídos do apuramento das médias em virtude de não se tratar (na segunda coluna) de valores de verdadeira proteção negativa (recorde-se a n. 26 p. 135).

QUADRO II.3

Setor da matriz	1970		1974	
	Taxa nominal (t)	Taxa efetiva (z)	Taxa nominal (t)	Taxa efetiva (z)
1. Agricultura	9,7	8,7	7,0	8,2
2. Silvicultura	1,7	1,3		(-0,2)
3. Pecuária	1,8	0,6	0,7	(-0,4)
4. Pesca e cons. de peixe	8,9	6,5	1,3	0,2
5. Extr. petr. carvão min. met.	0,5	(-1,5)	0,1	0,5
6. Extr. minerais não met.	0,2	(-2,5)	0,1	(-0,4)
7. Carne e conserv. de carne	10,8	219,3	1,8	6,6
8. Lacticínios	*93,3	*(-633,5)	23,1	226,4
9. Conservas de fruta	12,2	9,6	9,4	14,3
10. Óleos alimentares	12,5	162,6	7,9	40,8
11. Alimentos para animais	1,4	(-45,4)	1,0	(-9,6)
12. Outros produtos alimentar.	19,8	86,5	9,9	44,6
13. Bebidas	*315,8	*(-312,5)	65,3	606,9
14. Tabacos	*215,0	*(-123,7)	*104,0	*(150,5)
15. Têxteis de lã e mistos	19,8	43,2	9,7	16,4
16. Têxtil de algodão e mistos	18,1	33,5	14,7	31,4

Setor da matriz	1970		1974	
	Taxa nominal (t)	Taxa efetiva (z)	Taxa nominal (t)	Taxa efetiva (z)
18. Vestuário	25,0	51,9	5,8	(-0,5)
19. Calçado	18,3	18,4	19,5	53,5
20. Curtumes e corte de pelo	18,0	53,8	6,3	22,6
21. Madeira	4,7	1,7	2,6	4,8
22. Cortiça	10,0	18,0	0,6	0,6
23. Mobiliário e colchoaria	25,6	55,4	14,3	32,0
24. Pasta para papel	0,1	(-9,7)		(-0,5)
25. Papel de cartão e artigos	10,6	18,3	6,0	11,3
26. Tipografia e editoriais	16,7	25,7	6,8	10,4
27. Borracha e artigos	23,0	117,7	14,8	57,0
28. Artigos mat. plásticas	43,7	161,1	13,2	33,1
29. Prod. químicos diversos	7,1	2,3	1,3	0,3
30. Resinosos	8,4	28,9	0,3	0,4
31. Óleos não alimentares	16,9	500,8	0,2	(-5,1)
32. Tintas, vernizes e lacas	19,8	76,3	8,4	23,0
33. Prod. químicos diversos	21,1	56,5	2,6	4,1
34. Deriv. petróleo e carvão	7,8	37,4	*7,1	*(-1081,6)
35. Vidro e artigos	30,8	49,9	12,3	19,2
36. Cimento	11,4	15,6	9,2	18,4
37. Outros minerais não met.	14,2	16,8	7,3	9,3
38. Ind. ferro e aço	16,0	32,9	0,9	1,3
39. Ind. metais não ferrosos	2,6	2,1	1,0	2,5
40. Produtos metálicos	19,0	36,0	8,4	24,9
41. Máquinas excl. elétricas	9,0	9,3	3,0	4,6
42. Máq. e mat. elétrico	15,8	25,1	8,1	17,8
43. Constr. e reparação naval	11,7	11,9	1,2	0,6
44. Material de transporte	28,2	118,9	2,1	2,3
45. Transformadoras diversas	13,2	14,2	6,4	9,9
58. Serviços diversos	23,0	26,4	15,2	18,2
Média simples	**14,4**	**50,7**	**7,7**	**31,5**
Desvio-padrão	**9,6**	**86,9**	**10,6**	**95,7**

Fonte: Porto (1982, pp. 189-90)
* Setores excluídos do apuramento das médias pela razão mencionada no quadro II.2.

Uma primeira nota a destacar nestes quadros é de facto a expressão muito maior (em alguns casos várias vezes maior) que a proteção efetiva tem de um modo geral relativamente à 'proteção' nominal, sendo também muito mais elevados os desvios-padrão: apontando estas diferenças, conforme voltaremos a sublinhar dentro em pouco, para que seja indispensável medir a proteção efetiva se se pretende conhecer com maior rigor o sentido e os efeitos do protecionismo sobre a produção e a distribuição do rendimento.

Pode notar-se, além disso, que à quebra (acentuada) da média dos valores nominais, de 18,2% em 1964 para 14,4% em 1970 e 7,7% em 1974[31], ou seja, de 20,9% entre 1964 e 1970 e de 46,5% entre 1970 e 1974, não correspondeu um movimento semelhante na média das taxas de proteção efetiva, que subiu mesmo de 1964 para 1970 (de 48,4% para 50,7%, ou seja 4,8%) e só entre 1970 e 1974 teve já uma descida (sensível: de 50,7% para 31,5%, ou seja, de 38,1%). Com as cautelas que deve haver, em virtude da diferente exclusão de alguns setores entre os vários anos e de poder ter havido alterações sensíveis no peso dos setores (nos quadros apurámos médias simples), parece poder concluir-se que, como resultado de uma política nesse sentido ou não, os produtores portugueses não foram sendo desprotegidos na medida da redução da 'proteção' nominal: passando mesmo a ser mais protegidos entre os dois primeiros anos considerados (entre 1964 e 1970) e não tendo a queda sido tão grande entre os dois últimos (1970 e 1974).

2.2.4. Juízo acerca da medição da proteção efetiva

Apesar do maior sentido que parece ter, face ao objetivo de conhecer os efeitos da intervenção alfandegária sobre a produção e a distribuição do rendimento, a medição da proteção efetiva foi posta em causa por alguns autores, sendo questionadas a sua vantagem ou mesmo qualquer utilidade por ela proporcionada[32].

---

[31] Explicável pelas razões referidas em I.2.1 e há pouco recordadas, em II.1.1.1.

[32] Numa argumentação estranha, até porque o problema não é de modo algum exclusivo deste domínio, Travis (1964 e 1968) pôs em causa a própria noção de proteção efetiva, com o argumento de que não há nada de real que constitua o 'valor acrescentado' (o 'preço efetivo'): questionando por isso toda a elaboração feita pela teoria da proteção efetiva (ver Porto, 1982, pp. 148-9).

a) Numa primeira linha, defendeu Cohen (1969) que não valeria a pena despender os esforços requeridos por tal medição, tendo em conta a correlação existente com os valores da 'proteção' nominal, de cálculo muito mais simples. Não se justificaria, por isso, proceder ao apuramento daquela, oferecendo ainda o apuramento dos valores nominais a vantagem de não estar dependente da periodicidade, do atraso[33] e da desagregação das matrizes inter-setoriais, de que tem de fazer-se uso se, com um dispêndio e um rigor aceitáveis, se pretende medir as taxas de proteção efetiva. As taxas nominais serviriam, pois, como variáveis indiciárias das taxas efetivas.

Tendo por base os dados deste estudo (de Cohen), Guisinger e Shydlowsky (1971) e Balassa *et al.* (1971) apuraram todavia que entre os países considerados a correlação é maior quando a agregação dos setores é maior, e vice-versa. Ou seja, a correlação é menor com uma maior desagregação, precisamente quando é maior a utilidade (mesmo o rigor) da medição da proteção efetiva: não podendo confiar-se de igual forma nas taxas nominais como variáveis indiciárias aceitáveis.

Em Portugal, embora de um modo geral tivéssemos encontrado valores de correlação significativos, apurámos valores mais altos para as taxas de correlação de ordem do que para as taxas de correlação linear (Porto, 1982, pp. 164-5), o que aponta igualmente no sentido de as taxas nominais serem um sucedâneo menos satisfatório quando, como acontecerá na generalidade dos casos, se pretende conhecer a extensão dos efeitos da proteção (não apenas como se ordenam os setores de acordo com a proteção conferida).

Por fim, a análise dos resultados apurados em Portugal (vistos há pouco, no número anterior) desfará as últimas dúvidas a este propósito, mostrando como são bem diferentes os valores efetivos e nominais e que pode ter mesmo sentidos opostos a evolução de uns e outros.

b) Procurando também pôr em causa a utilidade da medição da proteção efetiva, foi referido por outros autores (Ramaswami e Srinivasan, 1971) que o seu interesse seria irrelevante face ao reconhecimento, feito pela teoria das divergências domésticas, de que a intervenção alfandegária não constitui uma intervenção de primeiro ótimo nas economias dos países (conforme teremos ocasião de ver *infra*, em II.4).

Vimos contudo que, embora não se tratando de uma intervenção de primeiro ótimo, continua a ser feita (mesmo de modo crescente, em alguns perío-

---

[33] Recorde-se contudo o que dissemos na n. 28 p. 121.

dos recentes), importando saber por isso quanto representa; e, caminhando-se de facto na referida linha desejada, no sentido do seu afastamento, é importante saber a extensão exata da proteção conferida para saber em que medida os setores que deixam de ser protegidos sofrerão (terão de se ajustar) como consequência da abertura ao comércio internacional.

c) Numa terceira linha foi dito (ver Bhagwati e Srinivasan, 1973, Bruno, 1973 e Khang, 1973) que, verificando-se determinadas elasticidades de substituição dos fatores de produção, não pode ter-se a certeza de que a uma determinada diferença de valores da proteção efetiva corresponda uma variação esperada na utilização dos fatores. Trata-se todavia de elasticidades que de facto parece não serem as mais comuns nas economias[34], sendo por isso de esperar efeitos de afetação de recursos correspondendo às taxas de proteção efetiva (principalmente se houver uma alteração de determinadas taxas, subindo ou descendo, podendo talvez não se verificar a continuidade de efeitos face a taxas sem alteração); não sendo além disso de esperar os referidos efeitos de substituição enviesados (*biased*) em relação a fatores que estejam sub-utilizados (por ex. em relação ao fator trabalho, havendo desemprego ou sub-emprego), e sim uma maior participação sua na produção e na distribuição do rendimento, na sequência da proteção efetiva conferida ao setor em que são chamados a participar[35].

É de concluir, pois, que tem sentido e vantagem a medição da proteção efetiva, sendo antes de estranhar que, face à sua lógica e ao acréscimo de informação proporcionado, fosse necessário esperar pelas décadas de 50 e 60 para que se dispusesse desta fórmula de medição[36].

---

[34] Tal como resultou dos estudos empíricos de Humphrey e Wolkowitz (1972 e 1976).

[35] Por fim, é de notar ainda que a segunda e a terceira linhas de objeções referidas no texto (em b e c) não se limitariam a pôr em causa a utilidade da medição da proteção efetiva: poriam em causa igualmente a utilidade da medição das taxas nominais, que não haveria também interesse em conhecer face à falta de sentido da intervenção alfandegária (como via de intervenção de primeiro ótimo) ou face à eventual prevalência de efeitos de substituição enviesados: não devendo esperar-se também então, tal como em relação às taxas de proteção efetiva, efeitos de acordo com o seu escalonamento e/ou o seu valor.

[36] Depois de alguns elementos percursores (ver Porto, 1982, pp. 68-9), o conceito apareceu com toda a precisão em Barber (1955) e Meade (1955), tendo sido decisivos, na sua sequência, os desenvolvimentos teóricos de H. Johnson (1965a) e Corden (1966 e 1969) e os estudos empíricos pioneiros de Balassa (1965) e Basevi (1966).

3. EFEITOS

As restrições ao comércio têm efeitos em diversos domínios, que vamos analisar – mais uma vez – em relação aos impostos alfandegários, não sendo todavia de um modo geral diferentes (veja-se contudo o que diremos a propósito do efeito de receita fiscal) com outros meios de intervenção.

Trata-se de efeitos que podem ser melhor vistos através da figura II.3, continuando a considerar um modelo de equilíbrio parcial[37] e ainda, correspondendo à situação portuguesa, o caso de um 'país pequeno'[38].

3.1. Sobre o consumo

Na ausência de restrições, podendo os consumidores do país comprar o bem pelo preço do comércio livre, o consumo é de OB.

Era de qualquer modo já clara em décadas anteriores, para políticos envolvidos na definição de políticas alfandegárias ou em negociações comerciais, para homens de negócios e para economistas a noção dos efeitos contrários da tributação dos bens finais e dos bens intermediários. O que constituíu novidade foi o apuramento da noção de valor acrescentado e de uma fórmula para medir o acréscimo respetivo, podendo ter contribuído para o seu aparecimento tardio que só recentemente tenha ganho maior relevo o comércio internacional de bens intermediários (recorde-se a n. 61 p. 69) e que só nos anos 30-40, com o contributo de Leontief, pudesse passar a dispor-se de matrizes de relações inter-setoriais (recorde-se o Anexo I.B). A maior facilidade e o maior rigor da medição em 'países pequenos', para os quais o 'preço internacional' corresponde ao 'preço do comércio livre' (recorde-se a n. 18 p. 115 e veja-se Porto, 1982, pp. 141-5), poderá ter contribuído também para este atraso, podendo explicar ainda o papel muito especial que tiveram em toda a elaboração da teoria os autores de países deste tipo (além disso países desenvolvidos, abertos ao exterior, dispondo de matrizes e, o que é sem dúvida muito importante, com escolas económicas de valor: casos da Austrália, do Canadá e de Israel).

[37] Mais simples e, segundo julgamos, mostrando de um modo mais claro os efeitos da intervenção alfandegária: que todavia podem ser representados também em diagramas de equilíbrio geral, na linha do que exemplificamos no Anexo II.B.

Com as consequências da tributação também dos bens intermediários (num diagrama de equilíbrio parcial), tidas em conta na medição da proteção efetiva, ver o Anexo II.A.

[38] Podendo os efeitos no caso de um 'país grande' ser vistos a partir de um diagrama como o da fig. II.5, *infra* em II.3.7 (p. 135).

FIG. II.3

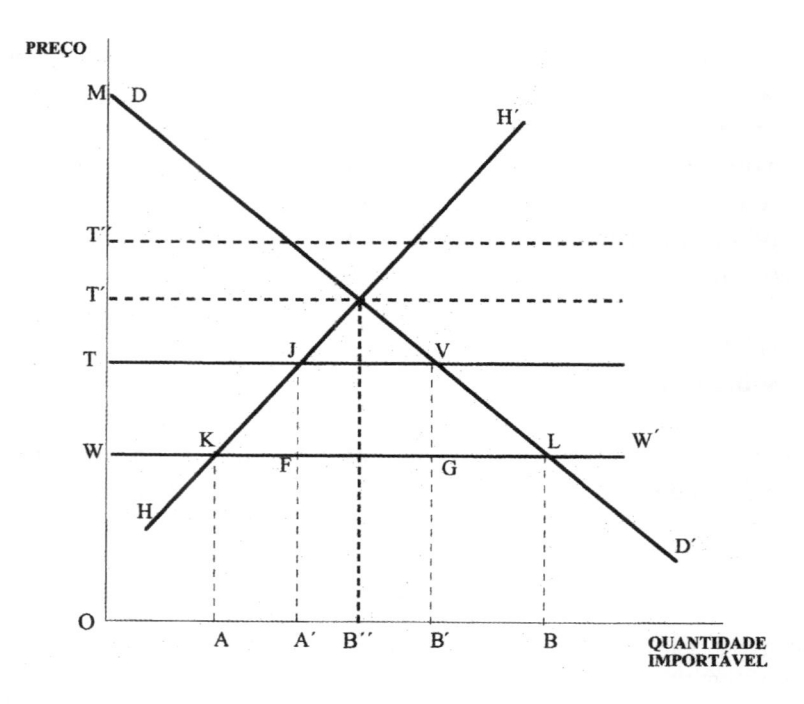

Levando a restrição (v.g. o imposto alfandegário) a um aumento de preço (de WO para TO), verifica-se uma diminuição do consumo, numa medida determinada pela elasticidade da curva da procura (DD'): para OB', sendo a redução de B'B o efeito sobre o consumo da restrição ao comércio.

3.2. Sobre a produção

Com a concorrência dos bens importáveis pelo preço WO a produção nacional tinha de circunscrever-se ao espaço em que o custo marginal das unidades produzidas no país (dado pela curva da oferta interna, HH') é inferior ao preço praticado (o preço internacional), WO: ou seja, até ao ponto da intersecção das duas curvas, em K, sendo a produção OA.

Com a subida do preço interno proporcionada pelo imposto TW/WO, passando a ser TO, as mesmas e outras empresas serão atraídas a produzir até ao ponto em que a curva do custo marginal intersecta este novo preço, o que acontece em J: há por consequência um aumento da produção, para OA', sendo AA' o efeito sobre a produção da restrição ao comércio.

3.3. Sobre a balança dos pagamentos

Antes da aplicação da restrição o volume das importações, onerando em tal montante a balança dos pagamentos, era de AB: sendo o consumo do país, OB, satisfeito nessa medida por bens importados e em OA através da oferta interna.

Levando o imposto, como vimos, a uma diminuição do consumo para OB' e a um aumento da oferta para OA', na medida da soma destas diferenças (B'B + AA') há uma diminuição das importações, que constitui o efeito (positivo) sobre a balança dos pagamentos.

Trata-se, de qualquer modo, de uma situação em que se mantem alguma importação (A'B'), ou seja, em que o imposto alfandegário não é proibitivo. Já o será por exemplo um imposto de T'W/WO, levando a que, pela diminuição do consumo, para OB", e pelo aumento da produção interna, até esse montante, deixe de ser importada qualquer quantidade[39].

Um imposto ainda mais elevado (por ex. de T"W/WO), determinado talvez por uma razão de precaução (admitindo que venha a verificar-se uma descida do preço internacional que leve a um novo movimento de importação), já nada acrescenta a este propósito, sendo redundante (tendo 'água') na medida do excesso T"T'[40].

3.4. De receita fiscal

Passando a haver importações de A'B', oneradas por um imposto alfandegário, há uma cobrança de receita para o Estado correspondente ao produto

---

[39] Trata-se da hipótese – de aplicação de um imposto alfandegário proibitivo – que consideramos no exemplo de equilíbrio geral do Anexo II.B (pp. 185-7).

[40] Sobre as implicações deste excesso na medição da proteção efetiva ver Porto (1982, pp. 145-7).
Em IV. 3.1 veremos as implicações que a fixação de um limiar de garantia de preços acima do nível de equilíbrio entre a procura e a oferta internas tem tido na política agrícola comum.

das unidades importadas (A'B') pelo imposto cobrado por cada uma delas, TW/WO: ou seja, um efeito de receita fiscal representado pelo quadrilátero FGVJ.

Trata-se, como é óbvio, de efeito que em princípio não se verifica com uma outra forma de restrição, v.g. com uma quota, que leve a uma redução das importações quiçá na mesma medida (para A'B'). Neste caso se há comerciantes que, sem contrapartida, beneficiam de vender por um preço mais alto (TO) os bens que importam por um preço mais baixo (WO), o quadrilátero em análise (FGVJ) representa a renda por eles conseguida. Como vimos (em II.1.2), teremos todavia uma situação equiparada à de um imposto alfandegário, constituindo FGVJ uma receita fiscal para o Estado, se a quota da importação é atribuída aos importadores em contrapartida de um pagamento equivalente (ou se forem tributados nesta medida).

3.5. De transferência de rendimento (para os produtores)

Além do efeito de transferência de rendimento que acabámos de ver, dos consumidores para o Estado (efeito de receita fiscal; ou, no caso da quota, de transferência – pelo menos imediata – para os importadores), com a intervenção alfandegária (através de um imposto ou, neste caso, também através de qualquer outra forma) há ainda um efeito de transferência de rendimento para os produtores: representado pelo quadrilátero WKJT e correspondendo ao ganho a mais que os produtores que vendiam OA passam a ter (vendendo por TO e já não por WO) e pelo ganho que passam a ter os que (os mesmos ou outros) vêm preencher agora o espaço (referido em II. 3.2) entre OA e OA', vendendo cada unidade por um preço (TO) superior ao custo marginal, até se chegar ao ponto de intersecção da curva da oferta (do custo marginal) com esse preço, em J.

3.6. De bem-estar

Com os retângulos FGVJ e WKJT acabados de analisar há já uma diminuição da renda dos consumidores, a qual, como se sabe, consiste no produto das unidades compradas pela diferença entre o preço por que cada consumidor admitiria comprar o produto e o preço pelo qual o consegue[41].

A aplicação do imposto TW leva à redução desta renda na medida do quadrilátero WLVT, ficando a renda dos consumidores restringida ao triângulo TVD.

Vimos contudo há pouco (em II. 3.4 e em II. 3.5) que parte desta renda é perdida pelos consumidores para o Estado (a receita fiscal FGVJ) e para os produtores (o retângulo WKJT) (de novo na fig. II. 3, p. 130): não sendo seguro, nestes casos, se haverá uma perda ou um ganho para a sociedade, face à difi-

---

[41] Trata-se da renda representada na fig. II.4:

FIG. II.4

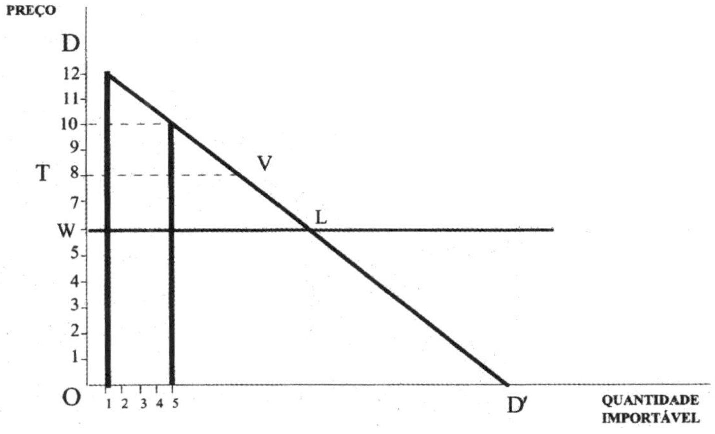

Por exemplo, quando compram a primeira unidade estariam dispostos a comprá-la por 12 mas conseguem-na por 6; ou, estando dispostos a comprar a quinta unidade por 10, conseguem-na pelos referidos 6. A renda dos consumidores é, pois, o somatório de todas estas rendas, representado pelo triângulo WLD.

Como se diz no texto, trata-se de renda que fica diminuída na medida de um imposto alfandegário que seja aplicado: por exemplo, um imposto de 2, fazendo subir o preço interno para 8, faz diminuir a renda dos consumidores na medida do quadrilátero WLVT.

Alternativamente, pode dizer-se que a renda dos consumidores é a diferença entre o gozo proporcionado pelo bem, representado pela totalidade do triângulo abaixo de DD' (OD'D), e o custo suportado para ter esse gozo, ou seja, o preço a pagar, representado pelo retângulo OD'LW: ficando diminuída na medida do aumento deste retângulo, v.g. para OD'VT, como consequência do encarecimento causado pelo imposto alfandegário TW/WO.

culdade (ou mesmo à impossibilidade) de fazer comparações interpessoais de utilidade, não podendo dizer-se (pelo menos com segurança), designadamente, que seja mais favorável que a renda WKJT caiba aos consumidores ou aos produtores (e podendo pôr-se como hipótese, em relação à renda FGVJ, que o Estado volte a distribuir a receita cobrada a favor dos consumidores onerados com a cobrança dos impostos alfandegários).

Acontece todavia que a renda perdida pelos consumidores é superior aos ganhos acabados de referir, favorecendo os produtores e o Estado (de imediato); numa medida que na figura é representada pelos triângulos KFJ e GLV, representando o primeiro o custo de distorção na produção (como consequência de se renunciar a uma produção que, em termos sociais, teria sido mais eficiente) e a segunda o custo de distorção no consumo (como consequência de os consumidores se verem forçados a comprar os bens mais caros)[42]. Tratando-se de prejuízos que a ninguém aproveitam, constituem perdas líquidas da intervenção alfandegária.

3.7. Sobre os termos do comércio

Por fim, podemos considerar os efeitos que a intervenção alfandegária pode ter sobre os termos do comércio, sendo um país capaz de os influenciar. A aplicação de uma restrição (v.g. um imposto) que faça diminuir as suas importações levará então a um abaixamento dos preços internacionais.

Trata-se de situação que não pode obviamente ser representada pela fig. II.3, aplicável ao caso de um 'país pequeno' (com uma oferta de importações infinitamente elástica) [43], mas sim por uma figura como a figura II.5.

---

[42] Seguindo a terminologia de Corden (cfr. 1997, p. 10), uma 'divergência marginal' (*marginal divergence*) resulta de um afastamento entre o custo marginal privado e o custo marginal social, ou entre a receita marginal privada e a receita marginal social, independentemente da sua causa (por ex. uma situação de monopólio ou uma economia externa); sendo uma 'distorção' (*distortion*) uma 'divergência' que seja causada por uma intervenção pública (por ex. através de um direito alfandegário ou de um outro imposto); e uma 'distorção derivada' (*by-product distortion*) uma distorção que seja o sub-produto de uma política governamental com o propósito de corrigir, total ou parcialmente, uma divergência existente. As distorções são, pois, espécies dentro das divergências.

[43] É esta a situação geral de Portugal, que não tem uma procura significativa de nenhum produto, capaz de provocar, com a sua alteração, uma alteração dos preços internacionais. Só do lado da oferta há uma exceção importante, no caso da cortiça, tendo nós mais de metade da

FIG. II.5

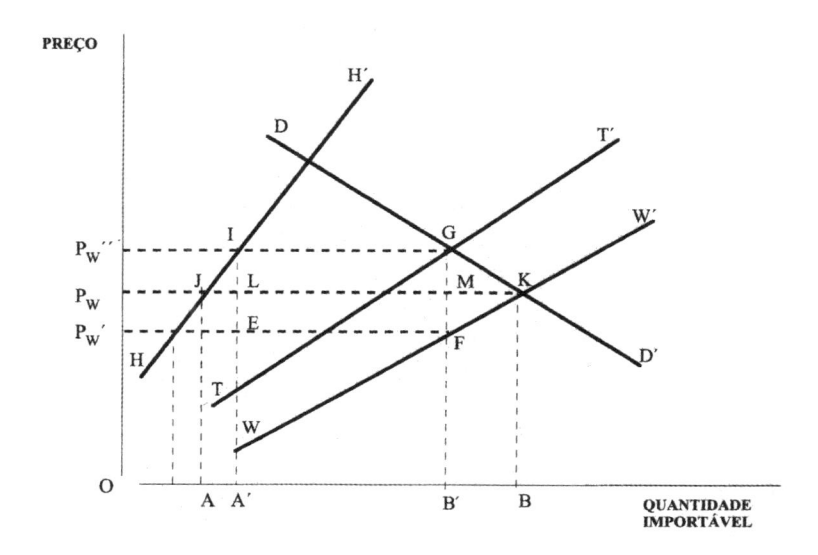

Sendo o país em análise um país com peso no mercado mundial, encontra neste caso uma curva da oferta que não é infinitamente elástica: mas sim uma curva como a curva WW'. Em comércio livre o preço internacional resulta, naturalmente, da intersecção desta curva com a curva da procura do 'país grande', estabelecendo-se o preço PWO.

Com a aplicação de um imposto alfandegário TW a referida curva da oferta internacional (WW') desloca-se para a esquerda, para TT', constatando-se, todavia, que o preço do bem importável não aumenta na medida do imposto. De facto, como consequência do peso da procura do país, com um preço maior (com imposto) há uma menor procura, que leva a que o preço internacional (sem imposto) desça para PW'O (sendo o preço interno, com imposto, PW"O). Há assim, pois, uma alteração dos termos do comércio, favorável ao país que aplica o imposto na medida do prejuízo dos demais.

Trata-se de consequência que leva, compreensivelmente, a que sejam diferentes os efeitos sobre o consumo, a produção, a balança dos pagamentos, a receita (em geral, a distribuição do rendimento) e o bem-estar. O consumo não se reduz em tão grande medida, pois não sobe tanto o preço a pagar pelos

oferta mundial (havendo ainda naturalmente exceções em espécies mais desagregadas dos produtos, como é o caso do vinho do Porto, dentro da categoria dos vinhos).

consumidores, e é menor o acréscimo da produção, em virtude de se elevar menos o preço por que os produtores poderão vender os bens, conjugando-se estas duas circunstâncias para ser menor o efeito sobre a balança dos pagamentos. A receita do imposto (EFGI) deixa de ser apenas à custa dos consumidores nacionais, passando a ser também (em PWPW' por unidade) à custa dos produtores estrangeiros (no quantitativo EFML). Por fim, é de sublinhar que do ponto de vista do país que estabelece a restrição esta última área, EFML, corresponde a um benefício de bem-estar, que deve ser comparado com os seus custos de distorção na produção, JLI, e no consumo, MKG. Sendo assim, se (EFML) > |(JLI) + (MKG)| o país está melhor como consequência da intervenção, estando pelo contrário pior se (EFML) < |(JLI) + (MKG)|. Trata-se pois de um ganho eventual que dependerá da sua capacidade para influenciar os termos do comércio (ou seja, da elasticidade da oferta internacional, sendo maior quando esta for menor e pelo contrário desaparecendo se esta for infinita).

4. APRECIAÇÃO

Vistos os efeitos da intervenção alfandegária, designadamente os efeitos negativos em termos de bem-estar, apontados em II. 3.6, é agora ocasião de vermos se não haverá modos mais adequados de intervir para atingir os objetivos em vista.

Para além disso, face à constatação do reaparecimento periódico da "tentação" da intervenção alfandegária (v.g. protecionista), não obstante os contributos teóricos que vieram mostrar de um modo ainda mais claro as maiores vantagens do livre-cambismo, será importante saber se nos terá falhado algum elemento ou, de qualquer modo, o que poderá explicar esse tipo de intervenção.

4.1. O juízo negativo da teoria das divergências domésticas

4.1.1. Ideia geral

Para apreciação dos modos de intervenção podemos beneficiar do contributo proporcionado pela teoria das divergências domésticas[44].

---

[44] Trata-se de uma teoria recente, no quadro da teoria do bem-estar, que deve muito da sua origem a Haberler (1950) e a Meade (1955), o primeiro dando um quadro geral de análise e o

ção, levando a que seja socialmente desejável uma produção maior ou menor, respetivamente, do que aquela que é feita; a segunda (TMS $_{LK}$M ≠ TMS $_{LK}$X) pode ocorrer por exemplo quando haja imobilidade ou rigidez dos preços dos fatores de produção ou externalidades geradas pela sua utilização; a terceira (TSD ≠ TTD = TTI), ou seja, a divergência resultante de a taxa marginal de substituição no consumo diferir das taxas marginais de transformação tanto no mercado doméstico como no mercado internacional, verifica-se quando há externalidades no consumo, podendo consistir em o consumo de facto feito ser maior ou menor do que o consumo socialmente desejável; referindo-se por fim a quarta hipótese (TTI ≠ TSD = TTD) aos casos em que o preço internacional não corresponde ao preço interno.

Em todas estas situações tem-se recorrido à intervenção alfandegária como modo de sanar a divergência existente. Veremos todavia no número seguinte que, com a exceção da última, a intervenção alfandegária só poderá sanar a divergência em causa com a criação de uma nova divergência (de uma distorção: recorde-se mais uma vez o que se disse na n. 42 p. 134) não se atingindo, pois, uma situação de ótimo de Pareto e não sendo seguro que passe a ficar-se numa situação de maior bem-estar.

A teoria das divergências domésticas, além de ter vindo mostrar deste modo a ineficiência da intervenção alfandegária, veio mostrar simultaneamente que há vias mais adequadas de intervenção, capazes de atingir o objetivo desejado sem que seja provocada nenhuma distorção (tendo-se então uma solução de primeiro ótimo) ou sendo provocadas distorções de menor monta (tendo-se, nestes casos, soluções de segundo ótimo).

4.1.2. Os custos de bem-estar e os meios alternativos de intervenção

Para mostrar os custos de bem-estar da intervenção alfandegária e a existência de meios mais adequados de intervenção não se justificará estar a analisar todos os casos que poderiam ser considerados em cada uma das situações. A título exemplificativo vamos analisar primeiro o caso (muito frequente) de se querer promover a produção (ainda aqui, dando maior atenção à hipótese de dever ser promovida no seu conjunto, independentemente da promoção específica de algum dos fatores de produção) e depois o caso de se pretender restringir o consumo de um determinado bem (v.g. o consumo de um bem que se julga prejudicial à saúde da população). Verificando-se, aliás com grande relevo ainda na história recente do nosso país (recorde-se o quadro II. 1, p. 104), que os impostos alfandegários podem ter uma função prevalecente de cobrança de receitas, veremos em terceiro lugar que a sua utilização constitui uma solução ineficiente também quando se visa este objetivo, havendo soluções mais adequadas para o efeito. E veremos, por fim, que a possibilidade de utilizar a via alfandegária como solução de primeiro ótimo acaba por ficar restringida à situação de haver diferença entre o preço nacional e o preço internacional.

4.1.2.1. A promoção da produção

Conforme se sublinhou há pouco, com muita frequência a intervenção no comércio internacional tem sido determinada pelo propósito de promoção da produção (no seu conjunto ou de determinados produtos). Em alguns casos a defesa tem sido feita no campo tradicionalmente considerado como 'económico', vendo-se no crescimento da produção uma forma de a curto ou longo prazo se conseguir um acréscimo do rendimento real e do bem-estar económico do país em causa, enquanto em outros casos têm sido invocadas razões 'não económicas', com particular destaque para a defesa nacional ou por qualquer motivo para a conquista de uma maior auto-suficiência[48].

Para que se consiga um aumento de produção poderá acontecer – será o caso que consideraremos primeiro, com mais atenção – que seja necessário atuar, independentemente de cada fator, sobre circunstâncias gerais que a condicionam, desde a melhoria da gestão a uma maior agressividade comercial; mas pode acontecer também que se verifiquem dificuldades apenas com a utilização de um dos fatores, justificando um tratamento próprio, tal como referiremos a seguir.

a) A promoção global da produção

Se a produção está aquém da que é socialmente desejável temos a situação de TTD ≠ TSD = TTI. Sabendo-se que o restabelecimento das condições de

---

[48] Como se disse, pode acontecer que o objetivo a atingir não seja o objetivo, sem dúvida mais frequente, de aumentar a produção, mas pelo contrário o objetivo de a reduzir, por resultarem dela deseconomias externas (efeitos indesejáveis, por ex. de poluição: ver *infra* IV. 3.6).

ótimo de Pareto só será conseguido se a correção de uma divergência não for feita à custa da criação de uma distorção, facilmente pode ver-se que a intervenção alfandegária não é o meio ajustado. Para o mostrar, bem como para mostrar que por outras vias pode ser feita a referida correção sem criar uma distorção, podemos utilizar o diagrama de equilíbrio parcial da fig. II.6 (na linha do diagrama da fig. II.3, p. 130).

FIG. II.6

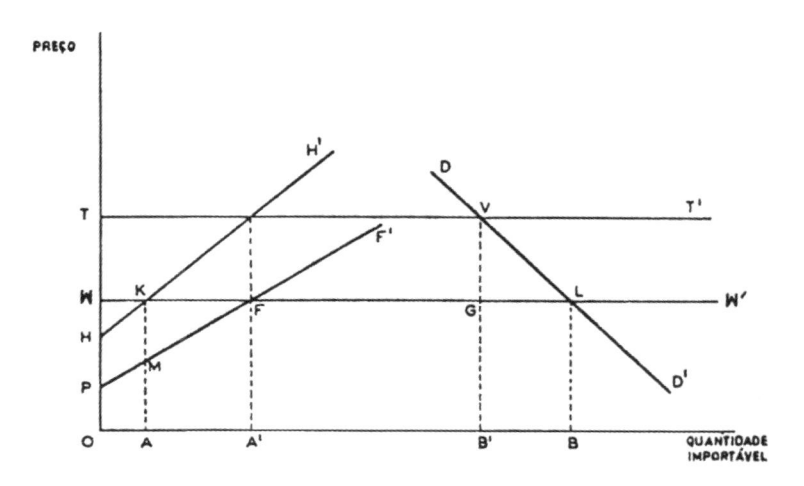

DD' representa simultaneamente a avaliação social e a avaliação privada da procura, que coincidem, mas já HH' representa apenas o custo marginal privado: sendo o custo social mais baixo, de PF', determinando-se por isso a produção socialmente desejável na intersecção desta curva com a curva da receita marginal (e do preço), WW'. Por outras palavras, por exemplo devido à existência de economias externas na produção, é socialmente desejável que esta aumente de OA para OA' (a hipótese inversa, de ser desejável uma oferta menor de um bem – por ex. por ser poluente – seria representada por uma curva da oferta à esquerda da curva HH').

Conforme vimos, um aumento da produção para este valor pode ser conseguido com um direito de importação TW/WO. Há assim um ganho social, de MFK, dado que o custo social de AA' é AA'FM (a área debaixo da curva do custo marginal social), enquanto o custo das importações que são substituídas seria de AA'FK. Todavia, em virtude de o preço do produto subir então para

OT, o consumo diminui para OB', com um custo de distorção no consumo (perda da renda dos consumidores, como vimos na fig. II.3) de GLV, o qual pode ser maior ou menor do que o ganho social de MFK. Verifica-se, pois, que a divergência TTD ≠ TSD = TTI é 'corrigida' à custa da criação da distorção TSD ≠ TTD = TTI, não sendo seguro se com vantagem ou com desvantagem[49].

Já se terá todavia uma solução de primeiro ótimo, restabelecendo-se as condições de Pareto, se se usar um subsídio de TW/WO. Tal como com o imposto alfandegário da mesma medida, a produção é aumentada para OA', com o ganho social de MFK; não havendo neste caso nenhuma alteração (distorção) no consumo, dado que os consumidores continuam a pagar WO por unidade. Sendo assim, permanece apenas o ganho referido, MFK.

b) A promoção de um fator de produção

Já estando em causa alguma ineficiência apenas na utilização de um dos fatores de produção (v.g. o trabalho ou o capital), por estar desempregado ou subaproveitado (no caso do trabalho, havendo desemprego ou subemprego), ou seja, verificando-se então, como vimos atrás, que $TMS_{LK}M \neq TMS_{LK}X$, pode provar-se que não constitui solução de primeiro ótimo promover indiscriminadamente a produção.

A título de exemplo, levantando-se apenas um problema de desemprego de mão-de-obra, a promoção indiscriminada da produção levará a uma uti-

---

[49] A utilização de impostos alfandegários já seria mais vantajosa do que qualquer outra via na hipótese de à economia externa no lado da produção corresponder exatamente (na mesma medida e no mesmo momento) uma deseconomia no lado do consumo: ou seja, na hipótese de ser desejável promover a produção no país de um bem cujo consumo é desejável que se reduza então de igual montante. Não será contudo provável ou pelo menos frequente que se verifique esta coincidência.

A utilização dos subsídios à produção com estratégias de promoção ou ajustamento tem dado origem a uma literatura vasta, tanto com abordagens de índole teórica como com abordagens de índole prática, procedendo-se à análise de setores: ver por exemplo, Corden e Fels, ed. (1976), OCDE (1975, 1978-9 e 1989, num quadro mais alargado), Wolf (1979), Trebilcock, Chandler e Howse (1990), Gerritse, ed. (1990) e Corden (1997). No seio da União Europeia põe-se com frequência a questão de saber se apoios estaduais (públicos em geral) ou comunitários (da União) na linha aqui defendida estarão de acordo com as regras da concorrência (vê-lo-emos em IV.2.1.3.). Sobre a problemática dos setores em crise, onde tal intervenção poderá ser sugerida na linha do 'argumento das indústrias senescentes', ver o que dizemos *infra*, em II.4.3.2.5 e em IV.3.3.4.

lização excessiva de capital no setor protegido, acrescendo esta distorção ao custo de distorção no consumo (com a elevação do preço resultante da intervenção protecionista) que temos vindo a considerar.

Compreende-se, pois, que nestes casos constitua política de primeiro ótimo atuar apenas sobre o fator ou os fatores em causa, promovendo a sua melhor utilização (v.g. afastando divergências nos seus preços e obstáculos à sua mobilidade) ou promovendo o seu aumento (designadamente o aumento de capital, com a utilização de aforro interno ou com a atração de investimento estrangeiro)[50].

4.1.2.2. A orientação (o incentivo à redução) do consumo

Haverá também interesse em intervir quando se verifique alguma divergência no consumo, sendo o consumo real maior ou menor do que o que é julgado desejável em termos sociais. Em qualquer dos casos, TSD ≠ TTD = TTI.

Aqui, a teoria das divergências domésticas mostra-nos que a intervenção alfandegária corrige esta divergência (economia ou deseconomia externa) à custa da criação de uma distorção derivada na produção. Para o efeito, bem como para mostrar que o mesmo objetivo pode ser atingido sem se criar nenhuma distorção, vejamos de novo um diagrama de equilíbrio parcial (fig. II.7).

FIG. II.7

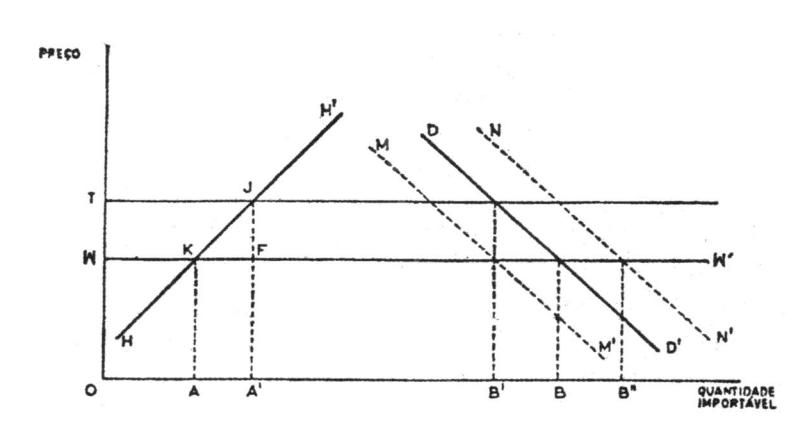

Na primeira linha, suponhamos que é socialmente desejável que seja menor o consumo de determinado bem, por exemplo de tabaco, dado o prejuízo que provoca na saúde das pessoas.

Sendo assim, enquanto HH' representa tanto o custo privado como o custo social da produção, que coincidem, DD' representa apenas a procura privada, por se tratar de um bem nocivo, sendo MM' a curva social da procura, aquém (correspondente a uma procura menor) de DD'. Havendo esta diferença entre a avaliação privada e a avaliação social pode compreender-se que o Estado pretenda a redução do consumo, na figura que o diminua de OB para OB' (a hipótese inversa, de ser socialmente desejável que determinado bem seja mais consumido, está representada na figura com a curva da procura NN').

Como vimos, o objetivo em causa pode ser atingido com um imposto alfandegário de TW/WO, mas ao mesmo tempo a produção doméstica é aumentada para OA', com um custo adicional de AA'JK: sendo a diferença sobre o preço internacional, KFJ, o custo da distorção derivada resultante da aplicação do imposto alfandegário (recorde-se a fig. II.3, p. 138). Havendo um ganho de bem-estar no consumo à custa desta perda na produção, ou seja, corrigindo-se TSD ≠ TTD = TTI à custa de se ficar com TTD ≠ TSD = TTI, não é seguro que se verifique uma melhoria social geral[51].

Diferentemente, já um imposto geral sobre o consumo também de TW/WO, ao tributar tanto os bens importados como os que são produzidos internamente, não leva ao aparecimento de nenhuma distorção derivada na produção: sendo portanto seguro que de um ponto de vista geral se verifica então um ganho de bem-estar.

As condições de ótimo de Pareto serão restabelecidas, pois, com um imposto interno sobre o consumo que, não afetando a produção, leve o consumo a situar-se no ponto ótimo, tendo-se então TSD = TTD = TTI.

4.1.2.3. A cobrança de receitas

Tendo a cobrança de receitas constituído um objetivo importante na aplicação de impostos alfandegários, designadamente em Portugal, compreende-se

---

[51] Não seria assim, transformando-se o imposto alfandegário em instrumento de primeiro ótimo, se à deseconomia externa do lado do consumo correspondesse exatamente uma economia do lado da produção. Trata-se todavia de uma possibilidade pouco provável, conforme referimos na n. 49 p. 142.

que procuremos ver também se se tratará do modo mais adequado de atingir tal propósito. Trata-se de preocupação que deveria estar especialmente presente alguns anos atrás, quando, conforme vimos no quadro II. 1 (p. 104), era muito maior o seu relevo a tal propósito.

Para vermos, igualmente aqui, não só que a intervenção alfandegária constitui um modo distorçor de intervenção, como também que é possível atingir o mesmo objetivo de um modo mais favorável, vamos compará-la com a aplicação de um imposto geral de consumo (um imposto de transações, como é o caso do IVA). Não se pretende dizer, com isto, que um imposto desta natureza seja o menos distorçor de todos, referindo-se aliás por vezes os economistas a um 'pacote ideal de impostos' (*minimum cost tax package*), incluindo por certo em grande medida impostos diretos, mais favoráveis a tal propósito. Mas a comparação com o imposto de transações tem razões que a justificam: foi a alternativa seguida em Portugal quando em 1966 se quis compensar (recorde-se de p. 105) a perda de receitas alfandegárias que então se acentuava (no quadro II. 1 é muito clara a evolução inversa do papel dos dois tipos de impostos na estrutura das receitas fiscais portuguesas); tendo custos de administração que podem considerar-se baixos, face à sua capacidade reditícia, conforme é evidenciado não só pela experiência portuguesa como pela experiência da generalidade dos demais países[52].

[52] É a conclusão a que se chega, designadamente, no cotejo com os impostos diretos principais, podendo pôr-se a dúvida, por seu turno, sobre se o IVA atual é de aplicação mais cara ou mais barata do que o imposto de transações anterior.

Aplicando-se a um número muito menor de contribuintes e sendo de aplicação muito menos complexa (na medida em que recai, num só estádio, sobre o valor bruto das vendas), é natural que numa fase de menor desenvolvimento dos países um imposto único sobre os grossistas tenha custos de administração mais baixos. Era esta a nossa opinião há mais de quatro décadas e meia (ver Porto, 1970, p. 332), tendo fundamentalmente em conta a situação portuguesa, mas sendo no mesmo sentido a opinião de autores consagrados (Gerelli, 1964, p. 533, Steve, 1964, p. 379 e Cosciani, 1968, p. 9).

Já então admitíamos, contudo, que não fosse assim em países mais desenvolvidos, com empresas e com uma máquina administrativa melhor organizadas, dispondo por isso de condições para que a aplicação do IVA não constituísse uma sobrecarga difícil de suportar; com a vantagem, muito relevante, de a sua própria aplicação ter na base o conhecimento cruzado das transações (no Preâmbulo do Código do IVA português atribui-se por outro lado ao sistema monofásico – sem distinguir – – uma "nítida" "incapacidade de crescimento das receitas para além de certos limites, traduzindo-se antes na subida das taxas e no aumento da evasão e fraude fiscais").

Face a estas circunstâncias e devendo obviamente o custo administrativo de aplicação de um imposto ser avaliado, não em termos absolutos, mas em relação à receita, conclui Basto (1991,

Perante esta alternativa, podemos ver que com um imposto geral sobre o consumo é possível cobrar o mesmo montante de receitas com custos menores de bem-estar.

Assim, no que respeita aos custos de distorção no consumo provocados pelos impostos alfandegários, vimos na fig. II.3 (p. 138) que podem medir-se pelo triângulo GLV. Tratando-se de um imposto com uma base mais ampla, permitindo por isso a cobrança do mesmo volume de receitas com uma taxa menor, compreende-se que esse custo seja menor. De facto, de acordo agora com a fig. II.8, para obter o mesmo volume de receitas, FGVJ, que se obtém com o imposto alfandegário, basta um imposto geral sobre o consumo de T"W/WO, dado que WG'V'T" = FGVJ; sendo o custo de distorção no consumo representado pelo triângulo G'LV', muito menor do que o triângulo GLV[53].

No que diz respeito ao custo de distorção na produção vimos que nas figs. II.3 e II.8 pode ser medido pelo triângulo KFJ. Ora, já uma tributação absolutamente geral do consumo, não favorecendo alguns produtores em, produtores de bens não importáveis com os impostos alfandegários), não leva a nenhum custo de distorção na produção.

p. 47) que "feitas assim as contas, o IVA aparece seguramente como solução superior": sendo de facto inigualável, hoje em dia, a sua capacidade reditícia (salvo naturalmente no cotejo com um imposto cumulativo, todavia inaceitável por outras razões).

É aliás esta capacidade que, sem prejuízo de outros méritos (ver Porto, 1970, pp. 289-388 e as referências já aqui feitas), explica em grande medida que o IVA passasse a ser preferido como imposto de transações na grande maioria dos países da OCDE (ver de novo Basto, 1991, p. 49).

[53] Uma tributação mais alta do consumo de bens importáveis seria desejável havendo divergências a corrigir e pretendendo-se onerar ou limitar precisamente apenas o consumo desses bens importáveis. Mas não será este por certo nunca o caso. Em qualquer país, designadamente em Portugal, são não importáveis muitos bens (v.g. serviços) que, pela sua não essencialidade ou mesmo superfluidade, nada justifica que fiquem favorecidos relativamente aos bens importáveis.

Pelo contrário, entre os bens importáveis há muitos bens essenciais, designadamente alimentares. Pode-se tê-los em conta, não os tributando. Mas então a base tributável fica ainda menor, exigindo a mesma receita a aplicação de taxas mais altas, o que agrava os custos de distorção e administração.

Fig. II.8

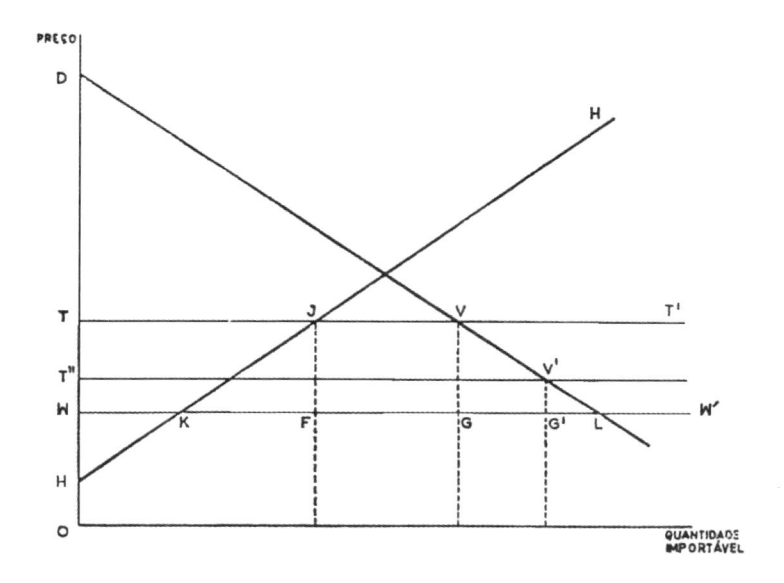

É certo que, como vimos, não tem estado nestas circunstâncias o imposto de transações português, quer no seu início, quer com o Decreto-Lei n. 374-D/79 quer ainda agora com o IVA[54]. Estando todavia em causa comparar o

---

[54] Naturalmente, o custo de distorção no consumo será tanto menor quanto maior for a generalidade da tributação. Na sua forma inicial (com o Decreto-Lein. 47066 de 1 de Junho de 1966) o imposto de transações português estava longe de ser geral, em virtude de não se aplicar à prestação de serviços e de estar isenta a generalidade dos bens de consumo de primeira necessidade. Com o Decreto-Lei n. 374-D/79, de 10 de Setembro, passou a abranger serviços, mas apenas uma pequena gama. E não era ainda absolutamente geral o IVA português, introduzido pelo Decreto-Lei n. 394-B/84, de 26 de Dezembro, admitindo a taxa 0 para "produtos alimentares" e "fatores de produção agrícola" e outros casos de isenção, num conjunto mais alargado (ver o cap. II) do que o que seria admitido pela 6.ª Diretiva (ver o cap. X da 6.ª Directiva do Conselho, 77/388/CEE, de 17 de Maio).

Face a estas circunstâncias poderia estimar-se que o IVA português tributasse cerca de 50% das despesas familiares (Basto, 1991, p. 4); quando já numa estimativa feita cerca de duas décadas antes se admitia que um imposto geral de consumo pudesse atingir 2/3 dessas despesas (McLure, 1972).

Algum maior alargamento veio a dar-se mais recentemente, v.g. passando a tributar-se também os produtos alimentares, com o afastamento da taxa 0, pela Lei n.º 2/92, de 9 de Março (atingindo-se a generalidade 'possível', com a tributação de cerca de 80% do consumo).

imposto de transações com os impostos alfandegários, não poderá deixar de concluir-se pela existência de maiores custos de distorção na produção com estes últimos. Desde logo, também com eles há isenções e outras diferenciações. Para além disso, os impostos alfandegários, dada a sua menor base, só podem proporcionar o mesmo montante de receitas à custa da aplicação de taxas mais altas, do que resultará serem maiores e de maior significado as distorções por eles ocasionadas, mesmo quando comparadas com as resultantes de nunca ser absolutamente geral a aplicação de um imposto de transações[55].

4.1.2.4. A alteração dos termos do comércio

Por fim, falta-nos ver a hipótese de haver divergência entre o preço internacional e os preços internos, ou seja, a hipótese em que TTI ≠ TSD = TTD.

Já neste caso, estando em causa uma divergência no plano externo, a intervenção alfandegária constitui intervenção de primeiro ótimo, não conduzindo a nenhuma nova divergência (distorção), ficando TTI = TSD = TTD.

Trata-se de ideia que podemos ver, por exclusão de partes, na sequência das figs. II.3 (p. 130) e II.5 (p. 135), permitindo concluir que só no caso de a curva da oferta internacional ser infinitamente elástica é que o país não teria vantagem em aplicar um imposto que o favoreça: ou seja, só no caso de se tratar de um país pequeno, incapaz de impor aos demais uma perda (como a de EFML, na fig. II.5)[56] que o favoreça[57].

---

[55] Também aqui uma tributação mais alta dos bens importáveis seria desejável se fosse conveniente proteger precisamente apenas a produção de bens suscetíveis de vir do estrangeiro. Mas igualmente neste caso não se verificará coincidência, havendo produções de bens não importáveis que devem por certo ser igualmente promovidas. São por outro lado importáveis bens de que não interessa estimular a produção no nosso país, e igualmente uma correção a este propósito, isentando os bens cuja produção interna não interessa promover, faria diminuir a base, requereria a aplicação de taxas mais altas nos casos remanescentes, enfim, agravaria distorções.
Por último, deve salientar-se que coincidências como as referidas, ainda que se verificassem, não seriam suficientes para justificar a utilização de impostos alfandegários, dado que muitas vezes os bens cujo consumo se pretende penalizar não são também aqueles cuja produção deve ser promovida, e vice-versa.

[56] Não sendo todavia este o único custo de bem-estar para os demais países (ver Nevin, 1991, pp. 88-89).

[57] Com uma demonstração algébrica ver de novo Nevin (ob. cit. pp. 96-7), mostrando que o imposto alfandegário ótimo será 0 se e só se for infinita a curva da oferta internacional (WW').

A figura mostra ainda claramente que o custo de bem-estar imposto aos outros países será tanto menor quanto maior for a elasticidade da curva da oferta internacional (WW'): ou seja, irá diminuindo na medida em que o país vá deixando de ser um 'país grande', e vice-versa.

Trata-se, pois, conforme tivemos ocasião de referir já mais do que uma vez (logo em I.2.2.), de intervenção ao alcance apenas de um país que tenha a possibilidade de influenciar os termos do comércio: ou seja, de uma intervenção de primeiro ótimo apenas na sua perspetiva, ficando, na mesma medida, prejudicados os demais, com os termos do comércio deteriorados.

Além disso, importa acrescentar que uma política desta índole levará provavelmente a atitudes de represália, conduzindo a uma guerra comercial (*beggar-my-neighbour tariff building*) que acabará por prejudicar todos (a experiência tem-no mostrado), mesmo o país que tome a iniciativa de alterar os termos do comércio a seu favor. Conforme conclui Nevin (loc. cit. p. 89), em tom jocoso, "competitive tariff wars, may achieve the *intelligent* result of leaving *everyone* worse off than when they started" (primeiro itálico nosso).

Compreende-se pois que esta razão contribua para que o livre-cambismo acabe por ser 'aceite' mesmo por autores com 'inclinação protecionista', como uma 'regra de conduta' a seguir. Assim acontece com Krugman (1987, pp. 104-5; sobre a sua posição de defesa do protecionismo ver *infra* II.4.2.1), concluindo que, dado que "it is very difficult to come up with any simple set of rules of the game that would be better", "there is a reasonable case for continuing to use free trade as a focal point for international agreement to prevent trade wars" (1987, pp. 104-5)[58].

4.2. A persistência (ou mesmo o aumento) das restrições ao comércio

Apesar do contributo acrescido que a teoria das divergências domésticas veio dar à defesa do comércio livre, mostrando que há meios mais adequados de intervenção para atingir objetivos desejáveis no plano interno, vimos já que têm continuado a verificar-se, por vezes mesmo aumentado, restrições ao comércio internacional.

[58] Não sendo todavia esta a única razão referida aí para matizar a defesa do protecionismo. Entre outras, entende que o comércio livre seria o modo de evitar a influência de grupos de pressão. Resultará todavia do que diremos em II.4.2.2 que não nos parece que seja bastante para o efeito, face às forças reais que são capazes de se impor nos mercados...

Sendo assim põe-se naturalmente a questão de saber se o que os economistas têm vindo a construir no plano científico estará errado ou baseado em pressupostos não realistas. Com especial relevo a este propósito, consideraremos: primeiro o caso de, sendo o mercado imperfeito, poder haver estratégias (v.g. em mercados de oligopólio) que levem os países a beneficiar com a intervenção; depois, a possibilidade de se verificar a prevalência dos interesses de determinados grupos sobre o interesse da generalidade dos cidadãos (em especial dos consumidores); e, por fim, a influência que podem ter os custos administrativos da intervenção, levando a que possa acabar por ser mais favorável uma intervenção (como a alfandegária) que, embora desfavorável do ponto de vista da teoria do bem-estar, seja de aplicação administrativamente menos custosa.

4.2.1. As estratégias em mercados imperfeitos

Nas últimas décadas alguns autores[59] vieram mostrar a possibilidade de em mercados destes tipos os países poderem desenvolver estratégias favoráveis aos seus empresários beneficiando-os com a aplicação de restrições ao comércio internacional, com base designadamente na 'teoria dos jogos estratégicos' (levando a exposições de alguma complexidade, que não se justifica que reproduzamos aqui)[60].

Trata-se de situações de mercado que podem resultar da existência de economias de escala internas às empresas, tendo todavia nós mostrado atrás (em I.3.1.3.2) que a existência de economias de escala (economias internas ou economias externas, mais frequentemente consideradas) pode ser precisamente a razão explicativa e justificativa do comércio internacional. Havendo no mercado interno situações de monopólio, oligopólio ou concorrência monopolista tem sido além disso sublinhado que a abertura de fronteiras é um fator que

---

[59] Casos de Krugman (1979 e 1980; cfr. 1995), Brander (1981), Spencer e Brander (1983), Helpman e Krugman (1985 e 1989) (ver ainda os artigos inseridos em Kierzkowski, ed. 1984 e em Krugman, ed. 1988, bem como um livro em que este autor, 1990a, faz uma síntese dos seus contributos, reconhecendo o muito que havia escrito até então...). Com exposições e apreciações destas posições ver por ex. Vousden (1990, parte II), Heffernan e Sinclair (1990, parte 4), Haberler (1991) e entre nós Fontoura (1989a, pp. 25-35 e 1989b).

[60] Sendo designadamente muito simples o exemplo que viremos a dar em III.5.3, pp. 222-3, a propósito da teoria das uniões aduaneiras (e de outras formas de integração).

leva à concorrência, obrigando as empresas desses mercados a ter de concorrer com empresas de outros países[61].

Mantendo-se todavia mesmo então situações de oligopólio ou concorrência monopolista no mercado internacional defendem os autores da nova perspetiva que poderá justificar-se a intervenção no comércio, como forma de manter para o país ganhos que não sendo assim reverteriam para um outro país[62].

Sem negar o interesse das análises feitas, verifica-se contudo que se trata de argumentações que, na linha do argumento dos termos do comércio, ficam confinadas a países com peso no mercado internacional e têm em conta apenas os interesses do país que beneficia da posição de 'força', ficando na mesma medida prejudicados os demais (havendo um ganho líquido apenas se forem absorvidas rendas indesejáveis: ver *infra* III.5.2, p. 221-2); com os riscos de quebras de rendimento e guerras comerciais mencionados há pouco.

Além destas limitações é possível provar que em princípio a exploração de situações do domínio por empresa(s) do país (ou de um outro espaço económico, por exemplo a União Europeia) deverá levar antes, na lógica da teoria das divergências domésticas (conforme vimos em II.4.1.2.1, tendo naturalmente em conta as especificidades aplicáveis aos casos agora em análise), a intervenções diretas de apoio e não ao protecionismo, com custos de distorção no consumo que podem ser evitados[63].

Curiosamente, são os próprios defensores da nova perspetiva a ilustrá-la com exemplos de intervenção com subsídios: assim faz Krugman no último

---

[61] Trata-se, na perspetiva de defensores do livre-cambismo, de um argumento importante a seu favor. Conforme sublinha Haberler (1991, p. 25), "free traders argue that the existence of local imperfectly competitive firms greatly strengthens the case for free trade. The reason is that the larger the market, the less scope there is for monopolies and oligopolies, and free trade greatly increases the size of the market. In fact, freer or free trade is a potent antimonopoly weapon".

[62] Entende por isso um destes autores, Krugman (no que não tem a concordância de Haberler, loc. cit.), que com a nova perspetiva se quebrou um 'credo' de cento e setenta anos de crença no livre-cambismo (recorde-se a n. 46 p. 137). Assim teria acontecido não como consequência das pressões políticas a favor do protecionismo, "which have triumphed in the past without shaking the intellectual foundations of comparative advantage theory. Rather, *it is because of the changes that have recently taken place in the theory of international trade itself*" (itálico nosso) (1987, p. 91).

[63] Concluem pois Heffernan e Sinclair (ob. cit. p. 133), depois de analisarem as 'novas teorias', que "the only key result worth stressing is that free trade remains the best, provided that the correct policies are applied to deal with the distortions to which market imperfections give rise. If you need an industrial policy to get rid of these distortions, have an industrial policy – not a policy of protection".

artigo referido (1987), quando dá um exemplo de 'luta comercial estratégica' no campo da aviação civil, no confronto entre os Estados Unidos, promovendo um modelo da Boeing, e a Comunidade Europeia, promovendo um modelo equivalente do consórcio produtor do Airbus[64].

Poderá concluir-se, pois, com as palavras do próprio Krugman, no final do artigo, dizendo que "free trade is nevertheless the right policy" (não deixando todavia de acrescentar que "free trade is not passé – but it is not what it was once").

4.2.2. A influência dos grupos de pressão

Também com uma elaboração recente, a teoria económica da política (ou *public choice*, na terminologia americana) tem vindo a proporcionar um quadro de referência para explicar a intervenção no comércio internacional, com a consideração da possibilidade de a política dos países ser determinada por grupos com interesses não coincidentes com o interesse geral.

Tradicionalmente a análise económica, positiva ou normativa, tem sido feita predominantemente sem considerar o Estado ou considerando-o como uma variável exógena ao sistema, portanto como uma variável não influenciada por ele, determinando-se pela prossecução do interesse geral, inquestionado pelos economistas. Trata-se do que foi designado por 'modelo de ordem política do déspota benevolente' (Tullock, 1976, p. 2)[65].

---

[64] Veja-se o que diremos em III.9.2.3 (v.g. p. 230), em IV.3.3.3 e em IV.3.4.2. Naturalmente, levantar-se-á sempre a dificuldade de escolher corretamente os setores 'de sucesso' a apoiar. Sobre esta dificuldade ver o que diremos já em II.4.3.2.4.

[65] Assim aconteceu designadamente com as posições keynesiana e post-keynesiana, defendendo, como se sabe, alguma intervenção estatal. Mas, conforme salienta expressivamente Buchanan (1978, p. 4) "Lord Keynes, along with [his] American counterparts, continued to proffer policy advice as if they were talking to a benevo-lent despot who stood at their beck and call" (ver ainda Buchanan e Wagner, 1977 e Buchanan, Burton e Wagner, 1978), acrescentando pouco depois que "durante a maior parte deste século os economistas britânicos e americanos continuaram a parecer cegos face ao que agora nos parece ser tão simples, que não existem déspotas benevolentes e que a política governamental emerge de uma estrutura institucional altamente complexa e intrincada, ocupada por homens e mulheres vulgares, muito pouco diferentes dos demais, incluindo nós próprios. Os cientistas foram se possível ainda mais ingénuos (*more naive*) do que os economistas e ainda hoje não aprenderam muito".
Numa perspetiva recente de defesa de que as autoridades prosseguem de facto o interesse geral, rejeitando a posição da 'teoria económica da política, ver Lewin (1991).

Ultrapassando esta perspetiva, a 'teoria económica da política' considera o Estado como uma entidade complexa, formada por indivíduos preocupados com a prossecução do seu interesse pessoal. Sendo assim, as posições das autoridades acabam por refletir os desejos de maiorias da população ou de grupos de interesse[66] de que os políticos e burocratas[67] dependem através do voto e de outras influências. Conforme salienta Downs (1957, p. 3), um dos pioneiros desta perspetiva, "em cada campo separado da economia, o pensamento científico concentrou-se com bons frutos no impacto do governo sobre a tomada de decisões privadas ou na participação do governo. Mas foi feito pouco progresso em direção à determinação de uma regra de comportamento

---

[66] Olson (1965) deu um contributo decisivo para a integração dos grupos na teoria, sem dúvida depois de importantes contributos anteriores, ainda numa perspetiva diferente, entre os quais podem salientar-se os de Bentley (1908) e Truman (1951 e 1971). No nosso país R. Soares (1969) e J.C.V. Andrade (1977) analisaram os grupos na perspetiva da ciência do direito público, procurando ver em que medida a sua existência, refletindo circunstâncias da sociedade atual, tem implicações na organização e no funcionamento do Estado (com uma apreciação do primeiro trabalho ver Queiró, 1970).

Apesar dos progressos já feitos deve todavia continuar a reconhecer-se, tal como reconhecia Wiseman (1978, p. 80; ver também Judge, 1978, p. 142), "que nos falta ainda um modelo satisfatoriamente *compreensivo* do comportamento dos grupos englobando empresas, burocracias, grupos de pressão, famílias, corporações estaduais, governos e sindicatos".

[67] O estudo do papel dos burocratas e das motivações que os determinam tem merecido uma grande atenção (ver por ex. Downs, 1967, Niskanen, 1971, 1973 e 1975, Tullock, 1965 e 1976, cap. IV, Peacock, 1977 e 1978, Van den Doel, 1979, n.os 1.2 e 6, Messerlin, 1981, Dunleavy, 1991 e entre nós A.C. Silva, 1978). Na expressão feliz de Buchanan (1978, p. 11), que transcrevemos no original, "the mythology of the faceless bureaucrat following orders from above, executing but not making policy choices and motivated only to forward the 'public interest', was not able to survive the logical onslaught. Bureaucrats could no longer be conceived as 'economic enuchs'. It became obligatory for analysts to look at bureaucratic structure and at individual behaviour within that structure".

Faz-se de qualquer modo, com esta análise da atividade dos burocratas, tal como dos políticos, uma análise positiva, não estando em causa apreciá-los, quiçá em termos negativos. Mais uma vez na redação expressiva de Buchanan (1978, pp. 156-7), "that is obvious, but I think it requires emphasizing. There is no presumption in these models or in this approach that politicians and bureaucrats are any different from the rest of us. It is not an 'evil man' assumption. There is no implication at all that politicians and bureaucrats behave any differently from other people. There is no implication that they are grabbing, self-interested, maximizing, squeezing, any more than you or I or anyone else".

Com uma posição interessante de defesa desejável da 'independência' e do prestígio da 'burocracia' ver Salazar (1940).

generalizada mas realista para um governo racional, semelhante às regras utilizadas tradicionalmente para os consumidores e os produtores racionais. Como consequência, o governo não tem sido integrado com sucesso, juntamente com os decisores privados, numa teoria de equilíbrio geral". Ora, a nova teoria económica da política veio precisamente procurar proceder à "análise do funcionamento do próprio governo, i.e. do processo através do qual o governo toma as decisões" (Tullock, 1976, loc. cit.)[68].

Trata-se de teoria cuja novidade básica não está, deve sublinhar-se, numa perspetiva eventualmente diferente acerca da natureza do Estado, remontando a épocas mais recuadas e com correntes de pensamento de índoles diversas a sua conceção como uma entidade refletora de interesses sociais. O que antes não havia sido feito é a análise intrínseca do processo decisional dos seus representantes, sendo o contributo original da nova teoria ter procedido a tal propósito a uma "aplicação e extensão da teoria económica ao cerne das escolhas políticas ou governamentais"[69]. Ao aplicar o modelo neo-clássico parte de uma conceção também não nova acerca do homem, segundo a qual em qualquer situação, quer de procura quer de oferta, ele atua com a preocupação de maximizar o seu interesse[70], e aplica na análise processos já consagrados

---

[68] Segundo Robbins (1978, pp. 26-7) "hoje em dia não procuramos tanto perguntar que luz lançou a política e a história sobre a economia, mas a questão inversa: em que sentido a análise económica lança luz sobre o problema que temos de investigar na esfera política"? Não discutindo o peso relativo das duas posições, pode sem dúvida salientar-se que a teoria económica da política veio dar uma nova abertura nesta segunda perspetiva (entre nós ver C.P. Correia, 1997; e sobre as possibilidades de um maior contributo académico europeu Schneider, 1995).

[69] Buchanan (1978, p. 3). A perspetiva marxista, referida por alguns autores mais representativos da 'teoria económica da política' (ver por ex. Olson, 1965, cap. IV, Tullock, 1976, p. 1 e Van den Doel, 1979, cap. 3), é muito agregada, não permitindo, como aqui, uma análise do processo decisional das pessoas e dos grupos. Mas esta é, naturalmente, uma análise aplicável, com as adaptações devidas, a todos os sistemas político-económicos.

[70] Como salienta Buchanan (1978, p. 17), depois de dizer que "we refuse to accept the Hobbesian scenario in which there are no means to bridle the passions of the sovereign", "toda a escolha pública ou teoria económica da política pode ser sumariada como a 'descoberta', ou 'redescoberta', de que as pessoas deveriam ser tratadas como maximizadoras racionais de utilidade em todas as suas capacidades de comportamento. Esta perspetiva central, em todas as suas elaborações, não leva à conclusão de que toda a ação coletiva, toda a ação governativa, é necessariamente indesejável. Leva antes à conclusão de que, em virtude de as pessoas tenderem a maximizar as suas próprias utilidades, as instituições têm de ser conformadas de maneira a que o comportamento individual prossiga os interesses do grupo, pequeno ou grande, local ou nacional".

na ciência económica. Mas em nenhum caso se havia procurado chegar antes, da mesma forma, ao apuramento das razões determinantes dos políticos[71].

Compreende-se que a este propósito tenha suscitado um interesse primordial o estudo do processo decisional conducente ao fornecimento dos bens públicos, cuja produção, pela sua própria natureza, cabe necessariamente ao Estado: estando entre esses bens públicos a intervenção alfandegária, em relação à qual deve pôr-se, pois, o problema de saber quais são os interesses que poderão determinar os políticos a fazê-la de determinado modo ou, pelo contrário, pura e simplesmente a não intervir[72].

Na escolha e na apreciação das variáveis a testar assume por seu turno uma grande importância o conhecimento da capacidade de intervenção das pessoas e dos grupos a quem interessa a intervenção alfandegária e daqueles a quem ela não interessa, ou entre as pessoas e grupos a quem ela interessa em

---

Convirá aliás sublinhar também que o "reconhecimento de que os políticos são pessoas normais, não sendo, nas suas motivações, diferentes dos consumidores, trabalhadores ou empresários", não significa que eles, "tal como os outros indivíduos, não tenham qualquer interesse pelo bem-estar dos outros ou pela sociedade, mas apenas que este interesse só influencia as suas decisões na medida em que faz parte da sua própria função de preferência i.e., em resultado da interdependência das funções de utilidade" (A.C. Silva, 1978, p. 492).

[71] Rowley (1978, p. 37) faz uma síntese particularmente feliz da nova teoria, que transcrevemos (tal como em casos anteriores) na língua original: "In essence, the public choice approach attempts to analyse the process of collective decision-making by reference to techniques which have proved successful in analysing private decision-making. Public policies are viewed as the outcome of the forces of demand and supply as they impinge on the political market-place. Individual citizens are assumed to make known the profile of their individual preferences over alternative social states to the extent that they deem to be economic. And they attempt to influence government to satisfy those preferences by resort to the instruments available, notably by voting, by pressure-group and social movement activities, by private provision, by migration or even by revolution. Political parties are viewed as coalitions which 'log-roll' on electoral platforms designed to satisfy a variety of objectives, such as power, patronage, ideology, private income and probability of election. The government is viewed as maximizing such objectives during its period of office subject to some constraint defined on the probability-of--election variable. A further important influence in the supply of public policies is seen to stem from bureaucracy, with senior bureaucrats as maximizing their utility in terms of the specific reward-cost structure which confronts them".

[72] Pois também o livre-cambismo, mesmo que justificável de um ponto de vista normativo, em cada caso concreto será o resultado da confluência de vários interesses em jogo.
Com exposições da 'economia política do protecionismo' ver Vousden (1990, cap. 8), Magee (1994) e Frey e Weck-Hannemann (1996).

termos diferentes[73]. Na resolução destes conflitos assumem relevo não só o peso dos interesses em causa como também os custos e as possibilidades de organização com vista à obtenção dos objetivos pretendidos.

Assim, seja grande ou pequeno o ganho ou o prejuízo resultantes de se introduzir ou afastar uma intervenção alfandegária, qualquer interessado ou grupo de interessados pugnará pelos seus interesses enquanto o custo marginal da luta travada não exceder o ganho marginal que espera conseguir, atingindo aí o seu limite (ver por ex. Breton, 1978, p. 57 e Anderson, 1980, p. 133). Isto pode levar naturalmente, a título de exemplo, a que haja um predomínio de

---

[73] Trata-se naturalmente de ponderação para que terá o maior relevo conhecer os diferentes efeitos da intervenção alfandegária, com uma desagregação muito maior do que a que considerámos em II.3.

Na elaboração dos modelos e nas escolhas das variáveis a testar importará ainda ter um bom conhecimento das realidades dos países em análise, só assim sendo possível chegar ao apuramento de resultados corretos. Sobre os modelos e as variáveis testados em outros países ver as referências em Porto (1982, v.g. pp. 237-49, com a menção de trabalhos que remontam à tese de Pincus, 1972; cfr. 1977) ou ainda por exemplo os estudos posteriores de Lavergne (1983), Findlay e Wellinz (1983), Frey (1984), Wagner (1987), Hillman (1989) e Magee, Brock e Young (1989; com a recensão em Bernholz, 1991). Procurando explicar a intervenção alfandegária em Portugal, com a preocupação que sublinhamos nesta nota, ver esse nosso estudo (1982, pp. 284-316) e Fontoura (1989a, pp. 276-321 e 1989b).

Magee, Brock e Young iniciam o seu livro (1989, Prefácio), onde incluem aliás muitos dos contributos dados antes, com uma curiosa 'afirmação de fé' no 'credo' da eficiência política, bem diferente do 'credo' convencional da eficiência económica, em termos que vale a pena transcrever: "We have tariffs and other economic policy distortions because they are efficient – that is, they are politically efficient. Because they are politically optimal, they are not aberrations, but a necessary part of any reasonable political equilibrium. We have regressive policies because income inequality is politically efficient; we have lobbies giving funds to parties because that is politically efficient; and we have politicians using these funds to educate voters who are underinformed, and this is politically efficient. For decades, economists have been stuck on the concept of economic efficiency, but this concept is too narrow to provide a proper understanding of economic policy formation. In this book we define and illustrate the concept of *political efficiency*. An action is politically efficient if it increases the chances of election of one of the political parties".

Acrescendo aos exemplos acabados de dar, pode bem acontecer que uma política agravadora de desequilíbrios regionais, por isso iníqua e ineficiente, seja 'politicamente eficiente' na medida em que se concentre nas áreas já mais favorecidas a maior parte dos eleitores (numa concentração aliás acentuada por essa mesma política): referindo esta situação no nosso país ver *infra* IV. 4.4.2, pp. 401-6 e Porto (1996a, 1998b e 2008).

lobbying[74] quando estão em causa grandes interesses, podendo obter-se grandes ganhos para fazer propaganda, corromper pessoas, etc., ou quando os custos são comparativamente pequenos[75]. Dentro desta lógica, compreende-se que o *lobbying* seja mais provável quando os interessados tenham já outro(s) motivo(s) para se associarem.

Por outro lado, dada a natureza de bem público da intervenção alfandegária, vigora o princípio da não exclusividade, pelo que quem pugna pela introdução, alteração ou extinção de uma intervenção alfandegária não pode ter a garantia de poder colher para si, em exclusivo ou pelo menos em termos compensatórios, os benefícios da medida tomada ou mantida[76]. Trata-se do conhecido problema de *free-riding* (beneficiar sem contribuir), de acordo com o qual acabam ao fim e ao cabo por beneficiar mais as pessoas e os grupos que, tendo exatamente os mesmos interesses, incorrem em menores custos de *lobbying*[77] e têm uma maior probabilidade de garantir a seu favor a utilização do 'investimento' feito.

Sendo assim, se forem idênticos os ganhos e os custos esperados, terão maior incentivo para pugnar pelos seus interesses as pessoas e os grupos que, pela sua posição monopolista ou por qualquer outra razão de dificuldade de difusão de inovações introduzidas com o protecionismo, estejam em melho-

---

[74] Embora nas nossas exposições procuremos sempre encontrar as expressões portuguesas adequadas, neste campo da teoria económica da política torna-se por vezes difícil consegui-lo, estando aliás as expressões anglo-saxónicas consagradas na generalidade dos países (cfr. Soares, 1969, p. 103).

[75] Tem sido salientado (ver por ex. Tullock, 1967, p. 228, Krueger, 1974, p. 302 e McCulloch, 1979, p. 83) que os custos de *lobbying* devem ser acrescentados aos custos de bem-estar resultantes da intervenção (recorde-se *supra* II.3.6), pelo que o prejuízo de bem-estar social passa a ser ainda maior (sendo o cálculo tradicional dos custos de proteção uma subavaliação do verdadeiro custo social). Bhagwati (1980), tendo em conta que a situação anterior podia ser já uma solução de segundo ótimo, procurou mostrar todavia que não tem de ser assim.

[76] Sobre a caraterização dos bens públicos ver por exemplo Garrett (1989, pp. 35-8), Franco (1992(9), pp. 25-41), J. T. Ribeiro (1994(7), pp. 19-28), Connolly e Munro (1999, cap. 4), M.O.Martins (2013, pp. 25ss.) ou Pereira *et al.* (2016, pp. 50-68).
É já totalmente diferente o caso de um subsídio que um empresário possa conseguir só para si, justificando-se na íntegra o dispêndio de recursos na sua procura (ver por ex. Rodrick, 1986 e Fontoura, 1992a, pp. 130-1).

[77] É o problema muito sensível que se põe por ex. a propósito do processo de 'aprendizagem fazendo' (*learning by doing*) que, como veremos em II.4.3, está no cerne do argumento das indústrias nascentes.

res condições para se apropriarem de um ganho compensador[78]. Um caso muito importante de dificuldade (ou mesmo impossibilidade) de organização e apropriação exclusiva dos ganhos (em princípio os ganhos da não intervenção) é o dos consumidores, que, conforme vimos (em II.3.6), acabam geralmente por ficar prejudicados com as restrições ao comércio internacional. Sendo em grande número (está em causa a generalidade dos cidadãos) e dispersos por todo o território não conseguem organizar-se, pelo menos em termos tão eficientes como aqueles em que os empresários e trabalhadores geralmente logram fazê-lo[79], sofrendo por isso com o problema de *free-riding* há pouco referido.

Ainda na perspetiva da procura deve sublinhar-se, por fim, que a probabilidade de êxito no sentido de se conseguir uma determinada política alfandegária dependerá em muito da conjugação ou da conflitualidade dos interesses em jogo, devidamente ponderados: encontrando-se aqui razões acrescidas para a prevalência dos interesses protecionistas. Assim acontece como consequência da conjugação de interesses que a tal propósito se verifica entre os empresários e os trabalhadores, beneficiados igualmente com o benefício proporcionado ao seu setor. Por certo a defesa dos interesses protecionistas não teria o êxito que tem se porventura um dos grandes grupos participantes na produção ficasse prejudicado, mobilizando apoios no sentido do comércio livre[80]. E acontece também em termos de influência sobre a opinião pública, conseguindo fazê-la julgar – iludindo-a – que o interesse nacional corresponde

---

[78] Como veremos (loc. cit. n. ant.), pôr-se-á todavia então o problema de saber se num caso destes se justifica a intervenção estadual.

[79] Olson (1965, pp. 165-6) inclui os consumidores entre os 'grupos esquecidos' (*forgotten groups*), "daqueles que sofrem em silêncio", salientando que "os consumidores são pelo menos tão numerosos como qualquer outro grupo da sociedade, mas não têm organização, para contrabalançar o peso dos produtores organizados ou monopolistas" (neste sentido ver já Schattschneider, 1935). No plano comunitário (da União Europeia)o caso mais significativo de falta de capacidade dos consumidores para se defenderem de produtores organizados será o caso da política agrícola comum (PAC), que tantos rios de tinta tem feito e continuará a fazer correr (ver *infra* IV.3.1). Sobre a temática da influência dos grupos de pressão na intervenção alfandegária ver ainda os trabalhos de Tumlir (1985), Bhagwati (1988), Pomfret (1991a, cap. 14) (ou, em relação ao processo decisório na União Europeia – não apenas em relação à política comercial – Sidjanski e Barroso, 1982, Schuknecht, 1992 e Greenwood, 1997, bem como algumas das obras que serão referidas na parte IV a propósito das políticas seguidas).

[80] Sobre a coincidência de interesses geralmente existente neste domínio ver os estudos empíricos de Magee (1980), considerando a realidade americana.

ao interesse do setor, em especial quando a concorrência vem de outros continentes (v.g. de determinados países da Ásia) com condições sociais (v.g. de trabalho) bem diferentes das nossas[81] (ver de qualquer modo o que diremos sobre o *dumping* social *infra* n. 23 pp. 253-4).

Passando para a perspetiva da oferta, compreende-se por seu turno que a probabilidade de intervenção de um modo determinado (ou de não intervenção) será fortemente acrescida ou reduzida consoante haja também a conjugação ou, pelo contrário, a oposição dos interesses dos políticos (e eventualmente dos burocratas), determinados por exemplo (no primeiro caso) por interesses eleitorais[82].

4.2.3. A consideração dos custos administrativos

A teoria das divergências domésticas foi elaborada – tal como tem acontecido aliás com grande parte da teoria económica, do comércio internacional às finanças públicas – no pressuposto da ausência de custos administrativos, tanto na atribuição dos subsídios e na utilização de outros meios mais diretos de intervenção como na cobrança dos meios de financiamento que para tal são necessários[83].

A realidade é todavia bem mais complexa, sendo muito grande o peso dos custos administrativos nestas duas vias indispensáveis de intervenção, tanto

---

[81] Anderson (1980, pp. 135-6) aponta razões para que seja assim, sublinhando que "sendo fortes o nacionalismo ou a xenofobia, pode haver menos oposição à assistência a uma indústria em declínio se os seus problemas forem devidos – ou pelo menos se se entender serem devidos – a uma crescente concorrência de importações ou deterioração nos mercados de exportação, e não a fatores domésticos presumivelmente mais previsíveis".

[82] Sobre as especificidades da intervenção protecionista dos burocratas ver de novo Messerlin (1981) e Fontoura (1992a, pp. 129-30).

[83] A este propósito tem-se verificado, entre os autores que deram contributos para a teoria das divergências domésticas, uma de três atitudes: ou omitem pura e simplesmente a dificuldade (casos de Haberler, 1950 e Bhagwati, 1971); ou negam expressamente o seu interesse dizendo que os custos administrativos são "de consequências práticas e não teóricas" (caso de H. Johnson, 1965b, p. 123); ou então julgam-na de "fácil solução, dado que pode conceber-se sempre um esquema de 'imposto com subsídio' [*tax-cum-subsidy*] que simultaneamente elimine a divergência estimada e promova a cobrança de impostos suficiente para pagar os subsídios", sendo por isso "falaciosa a argumentação de que o pagamento de subsídios envolveria a cobrança de impostos que na realidade não podem ser cobrados de um modo não distorçor" (caso de Bhagwati e Ramaswami, 1963, p. 50).

os custos suportados pela administração como os custos suportados pelos particulares (que são também, obviamente, custos para a sociedade). Em toda esta problemática assume um relevo muito grande o efeito 'cosmético'[84] ou 'anestesiante'[85] de alguns meios de intervenção que, fazendo diminuir a resistência dos onerados de facto faz diminuir também o respetivo custo administrativo para o Estado.

Trata-se sem dúvida de uma situação estranha, não parecendo aceitável mesmo o que fez Mieskowski (1966) a propósito dos custos de cobrança: embora reconhecendo a sua importância e que "o pressuposto de que estes custos são os mesmos com diferentes impostos pode constituir um grande afastamento da realidade em economias subdesenvolvidas", não considera a sua incorporação "na análise por falta de informação".

Na verdade, ainda que seja insuficiente a informação, há sempre algum conhecimento da realidade dos países que permite formular juízos ponderando o que os custos administrativos podem representar nas diferentes formas de intervenção. Parece-nos ser este o caso em Portugal, onde, com juízos simples feitos a partir de alguns indicadores, é possível chegar a conclusões bem mais próximas da realidade do que se nos satisfizéssemos com modelos teóricos que desconhecem ou menosprezam uma variável de tão grande importância[86].

Começando por comparar os custos administrativos da intervenção alfandegária com os de lançamento, liquidação e cobrança de um 'pacote ideal' dos impostos financiadores de medidas mais diretas de intervenção (o *ideal tax package* que referimos há pouco), constata-se haver indicações no sentido de que os primeiros são em princípio mais baixos, numa medida que pelo menos em parte compensará os seus custos mais elevados de bem-estar.

Entre as exceções, de autores que entraram em consideração com custos administrativos na análise da intervenção para corrigir divergências, contam-se Meade (1955), Due (1970), Keesing (1974) e Corden (1997).

[84] Expressão de Corden (1997, p. 43), aplicada precisamente aos impostos alfandegários.

[85] Expressão de Lauré (1956, pp. 281-91), distinguindo por esta característica os impostos indiretos dos diretos, qualificados por ele como 'irritantes'.

[86] Salienta Wolfson (1979, p. 250) que uma razão para a falta de atenção com os mecanismos da administração fiscal "na literatura académica é, sem dúvida, a de se tornar difícil dizer alguma coisa em geral sobre eles, sem ligação com o diferente quadro institucional de cada país".

Mas é precisamente este quadro institucional que importa procurar ter em conta, com o rigor que seja possível, tal como procuramos fazer no texto em relação a Portugal.

Verifica-se, em primeiro lugar, que tanto a cobrança dos impostos alfandegários como os controlos quantitativos e cambiais são feitos, ainda que depois ou antes de eventuais diligências a nível central, quando os bens atravessam os postos fronteiriços dos países. Mesmo que se trate de um país com muitos postos são decerto em menor número do que os serviços onde se lançam, liquidam e cobram os impostos fazendo parte da combinação ótima, os quais são aplicados por sua vez a contribuintes e factos tributáveis espalhados por todo o território. Por outro lado, as intervenções alfandegárias são em princípio de aplicação mais simples do que a da generalidade dos referidos impostos, por exemplo os que recaem sobre os rendimentos das pessoas singulares ou coletivas ou sobre o valor acrescentado no processo produtivo (seja qual for o processo de aplicação do IVA, ou seja, mesmo seguindo-se o processo comunitário – e português – de deduzir 'imposto do imposto'). É de sublinhar, por fim, que a resistência a estes impostos é maior do que a feita em relação a intervenções no comércio internacional, de um modo geral pouco sentidas pelas pessoas em última análise oneradas com elas (em princípio os consumidores). Além de uma (discutível) vantagem para os cidadãos, há assim uma resistência menor, que constitui uma incontestável vantagem política para as autoridades.

Pensando no caso português constata-se aliás que com o desaparecimento das fronteiras terrestres (rodoviárias e ferroviárias), com o 'mercado único de 1993' (ver *infra* IV. 5.2.1), ficámos reduzidos apenas a um número muito pequeno de delegações fronteiriças aéreas e marítimas; quando as repartições e tesourarias de finanças ou outros departamentos intervenientes no procedimento de lançamento, liquidação e cobrança são, em relação aos demais impostos, na casa das centenas e relativas a factos tributáveis e a sujeitos passivos espalhados por todo o país[87], sendo além disso as intervenções alfandegárias relativamente pouco sentidas pelos contribuintes de facto, fundamentalmente preocupados e sensíveis em relação aos impostos diretos sobre o rendimento, não obstante constituírem uma parcela que não chega a representar muito mais do que um quarto das receitas fiscais totais (conforme tivemos ocasião de ver no quadro II.1 p. 112). Em relação à estrutura da pauta até 1980-2 podia salien-

---

[87] Mesmo com a centralização permitida pela utilização de processos modernos de informatização e comunicação, tal como acontece com o lançamento e a liquidação do IVA, do IRS e do IRC, não pode deixar de haver uma grande dispersão geográfica no esclarecimento do público, na fiscalização e na cobrança: com reflexos na estrutura do Ministério das Finanças ou – o que vem dar o mesmo – na estrutura de outras entidades, casos dos bancos e dos correios, participando na atividade de cobrança.

tar-se ainda a circunstância de, sendo os impostos alfandegários específicos em mais do que 80% dos casos, estarem muito diminuídos os riscos de subavaliação.

Trata-se de vantagem administrativa importante, mesmo em relação a um imposto como o imposto de transações, quer como imposto monofásico quer como IVA: com custos que, de acordo com o que vimos em II.1.2.3, podem considerar-se comparativamente baixos, face à receita proporcionada[88].

Na análise dos custos não podemos limitar-nos, ainda, a comparar os meios de cobrança de receitas, dado que, enquanto com a própria intervenção alfandegária é atingido (em alternativa à cobrança de receitas) o objetivo de limitação das importações e com isso promovida a produção (como vimos em II.3.2), com os meios mais diretos de intervenção, na lógica da teoria das divergências domésticas, há que suportar os encargos respetivos, por certo significativos (atribuindo subsídios, formando pessoas, dando uma melhor informação no mercado dos capitais, promovendo melhor as vendas no estrangeiro, ou em quaisquer outras ações), simultaneamente com o custo da cobrança das receitas fiscais necessárias para levar a cabo estas ações.

Constata-se portanto que a intervenção alfandegária, embora ocasione custos de distorção no consumo e na produção, é feita com menores custos administrativos, se está em causa a cobrança de receitas, e ainda bem menores se contribui de facto para impedir importações e promover assim a produção do país (terá então apenas os encargos de instalação e manutenção da estrutura de restrição das importações, não chegando a verificar-se a atividade de aplicação dos impostos).

4.3. A permanência do relevo do argumento das indústrias nascentes

Curiosamente, toda a evolução científica, recuada e recente, acaba por sublinhar o relevo do 'velho'[89] argumento das indústrias nascentes, como argu-

---

[88] O baixo custo da intervenção alfandegária não tem de qualquer modo sido suficiente para evitar a sua quebra, sem paralelo no conjunto das receitas fiscais, conforme vimos também no quadro II.1, p. 104: estando todavia a razão para tal, não só no abaixamento relativo do custo da cobrança dos outros impostos, em especial do IVA, em fases mais avançadas de desenvolvimento (recorde-se a n. 52 p. 145), como fundamentalmente no reconhecimento das vantagens do comércio livre (levando aos compromissos internacionais que vimos em I.2.1), vantagens que ficariam em causa com essa intervenção.

[89] Como vimos em I.2.2, parece remontar aos séculos XVII e XVIII, estando estreitamente relacionado, tanto em princípio como na sua história, aos privilégios de monopólio dados a

mento justificativo de alguma intervenção: embora, como veremos, a evolução mais recente tenha vindo mostrar que em princípio tal intervenção não deverá consistir em restrições ao comércio, conforme se julgou durante bem mais de século e meio.

Justifica-se, pois, que dediquemos algumas páginas ao desenvolvimento da sua lógica, das condições de validade, das vias que devem ser seguidas e das cautelas a ter[90].

Trata-se aliás de argumento que tem conduzido a regimes especiais de que Portugal tem podido dispor, tal como aconteceu no seio da EFTA, com o Anexo G da Convenção de Estocolmo, bem como com disposições dos acordos comerciais de 1972 e 1976 e do tratado de adesão à CE; e que, conforme teremos ocasião de ver na parte IV destas lições[91], poderá justificar a intervenção comunitária, v.g. através das políticas estruturais.

4.3.1. Lógica do argumento

A ideia que está na base do argumento é a de que a indústria pode vir a revelar-se capaz de competir com as indústrias estrangeiras dentro de um espaço de tempo previsível, no mercado doméstico e mesmo no mercado internacional, mas não ser capaz de suportar um período inicial de implantação e desenvolvimento. Havendo vantagem na sua criação ou dinamização, justificar-se-á o estabelecimento de restrições ao comércio que a protejam até ao momento em que possa singrar por si[92].

companhias comerciais explorando negócios novos e arriscados e a invenções (*as patentes de monopólio*) (Viner, 1937, pp. 71-2, acrescentando várias referências a autores desses séculos com justificações da proteção das indústrias nascentes). Seguiram-se, depois, os contributos decisivos de autores protecionistas, como A. Hamilton (1791), Carey (1937-40) e List (1841), bem como mesmo de um consagrado autor livre-cambista, Mill (1848).

[90] Sobre estes vários pontos ver Porto (1979 e 1982, pp. 371-409, bem como as referências aqui feitas).

[91] E procurámos sublinhar em Porto (1989).

[92] O argumento tem sido geralmente formulado em relação à implantação de novo de um setor industrial (da indústria transformadora), ou da indústria em geral, mas deve ser alargado à expansão de indústria(s) já existente(s) e à implantação e desenvolvimento de outros setores económicos, v.g. da agricultura. Não há de facto diferença substancial na lógica do argumento, em especial no processo de aprendizagem e adaptação que lhe está no cerne, consoante se trate de uma indústria nova no país ou de uma indústria já instalada mas onde os empresários

Trata-se de ideia que pode ser representada num diagrama de equilíbrio parcial, tal como fazemos na fig. II.9, sendo mais uma vez DD' a curva da procura doméstica, HH' a curva da oferta doméstica e WW' a curva da oferta internacional.

Numa fase inicial, antes da aplicação do imposto alfandegário (ou de outra restrição às importações) toda a procura interna é satisfeita através de importações, no montante de OB.

FIG. II.9

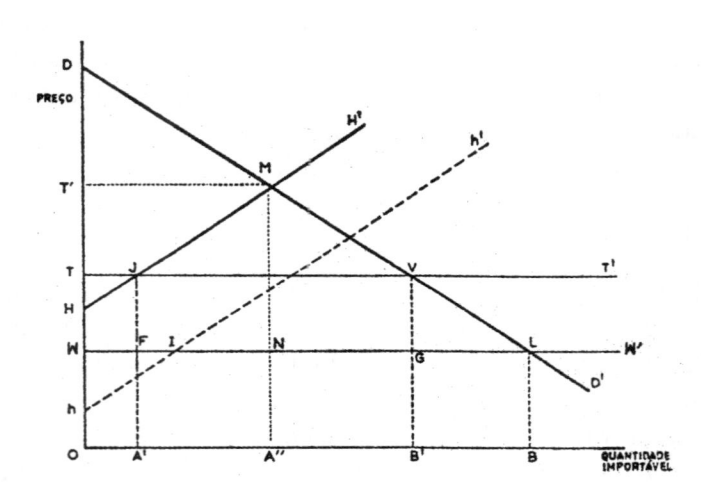

Pretendendo-se restringir as importações, com o objetivo de fazer desenvolver a indústria nacional, pode aplicar-se o imposto TW/WO. Em termos de ganhos ou perdas de bem-estar verifica-se, conforme vimos a propósito da fig. II.3 (p. 138), haver um custo de distorção no consumo, GLV, e um custo de distorção na produção, WFJH. Mas a proteção conferida é suficiente para

e outros participantes na produção têm de fazer um esforço temporário até se tornarem mais competitivos; bem como consoante se trate de setor(es) industrial(ais) ou de outros setores, v.g. da agricultura (a favor desta extensão ver por ex. Little, Scitovsky e Scott, 1970, pp. 118-9 e Corden, 1997, p. 154). O relevo dado tradicionalmente à indústria deve-se ao especial papel que costuma ser-lhe atribuído nos processos de desenvolvimento, descurando outros setores, em especial o setor agrícola (que seriam dinamizados depois por arrastamento, por exemplo na linha defendida por Hirschman, 1958; sobre a polémica surgida, entre seguir-se esta estratégia ou antes uma estratégia de crescimento equilibrado, ver por ex. já Gill, 1963, pp. 179-84).

que surja alguma produção nacional, no início OA', com a renda para os produtores de HJT.

Tendo êxito a política desencadeada desloca-se para a direita a curva da oferta interna e vai sendo maior a renda dos produtores, mantendo-se todavia, enquanto não é afastado o imposto alfandegário, um custo de distorção na produção, na medida em que há produção interna por mais alto custo do que aquele por que os bens poderiam ser obtidos através de importações, e um custo de distorção no consumo, na medida em que os consumidores têm de comprar os produtos mais caros do que se prevalecesse o preço internacional.

Passará a haver apenas renda dos produtores, sem a contrapartida de se verificarem custos de distorção na produção e no consumo, se o imposto alfandegário for afastado, podendo mesmo assim pelo menos parte da procura ser satisfeita através da oferta interna, em virtude de a respetiva curva ter descido abaixo do preço internacional. Trata-se da situação representada na figura pela curva da oferta hh'. Sendo o preço praticado internamente de novo WO, o ganho líquido é então expresso por hIW.

A ideia do argumento das indústrias nascentes pode ser vista também num diagrama de equilíbrio geral, agora na linha dos das figs. I.A.6 (do Anexo I.A) e II.B (do Anexo II.B), tal como fazemos na fig. II.10:

Fig. II.10

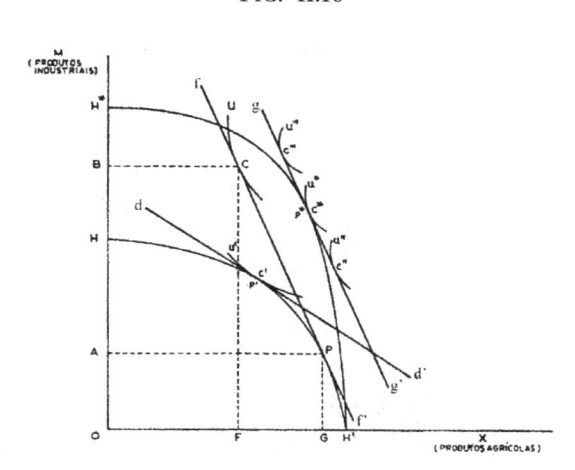

Pretendendo-se por exemplo promover toda a indústria em relação à agricultura, podemos representar a primeira no eixo vertical (M) e a segunda no eixo horizontal (X).

Tendo o país inicialmente a curva de possibilidades de produção HH', em comércio livre atinge-se a situação ótima produzindo P e consumindo C, num ponto de tangência à curva social de indiferença U. O país importa então AB de produtos industriais, exportando FG de produtos agrícolas.

Também tal como na fig. II.B podemos supor que a promoção da produção industrial seja feita com um imposto alfandegário que reduza as importações a zero (em muitos casos o objetivo em vista não fica prejudicado com a manutenção de algumas importações). Nesta situação de autarquia completa (não há também exportações de produtos agrícolas), com a relação de preços *dd'* coincidem a produção e o consumo internos tanto de produtos industriais como de produtos agrícolas, em P'C'. Há então uma diminuição de bem-estar, expressa pelo facto de se atingir apenas a curva social de indiferença U', a qual por sua vez pode ser decomposta, como mostramos no Anexo II.B (fig. II.B), num custo de distorção na produção e num custo de distorção no consumo.

O protecionismo é todavia feito na expetativa de que mais tarde a indústria venha a tornar-se competitiva, através de uma diminuição relativa dos custos de produção. Se tal acontecer, atingir-se-á uma curva de possibilidades de produção, na figura H*H', que no eixo vertical fica mais afastada da origem. Abrindo-se de novo o país ao comércio externo o ponto ótimo de produção P*, estará na tangência dessa curva com a relação de preços internacional, representada agora por *ff'*, e será possível atingir curvas sociais de indiferença também mais afastadas, tanto na posição de o país ser um exportador de produtos industriais (U"), como na de o ser de produtos agrícolas (U"') ou ainda na de ser auto-suficiente em ambos os setores (U*).

Está subjacente pois ao argumento das indústrias nascentes um elemento de temporariedade que permite distingui-lo de outros argumentos.

Pode de facto acontecer, como vimos em números anteriores, que a existência de economias externas ou de outros motivos de divergência entre o custo social e o custo privado pareça justificar a utilização de restrições ao comércio a título permanente (como primeiro ou segundo ótimo). Todavia, embora por vezes tenha havido confusões[93], não estamos neste caso perante

---

[93] Haberler em 1950 (pp. 227-8) reconhece, dando razão a Viner (1937, p. 482), não ter distinguido anteriormente os dois casos (em 1936, bem como aliás já num trabalho que o antecedeu).

o argumento das indústrias nascentes, que implica a existência de economias irreversíveis, capazes de dentro de um certo prazo assegurar a competitividade das empresas.

Não se tratará, por outro lado, de um ganho de competitividade resultante apenas da existência de economias de escala, quando existam. Sem dúvida um aumento de escala para o produto do país, conseguido com o encerramento do mercado interno a produtos estrangeiros, pode auxiliar o processo de ganho de eficiência[94]. Mas a criação e o desenvolvimento da indústria deverá depender (também) de um processo de aprendizagem (*learning by doing*), tanto dos empresários como dos trabalhadores. Tratando-se de tecnologias já usadas em outros países, para além de uma aprendizagem equivalente pode requerer-se uma adaptação às condições diferentes do país.

4.3.2. Condições de validade

Desde longa data foram estabelecidas condições que devem ser preenchidas para que se justifique a intervenção na linha do argumento das indústrias nascentes.

4.3.2.1. O 'teste de Mill'

Assim acontece com o teste de Mill, formulado por este autor clássico (1848, p. 922), sublinhando que "é essencial que a proteção se confine a casos em que haja a garantia de que a indústria por ela promovida possa dispensá-la passado algum tempo". Só então fica satisfeito o que, tendo sido referido por este autor, ficou consagrado por 'teste de Mill'.

É necessário, portanto, que com o aumento de eficiência o custo doméstico de produção, c', passe a estar abaixo do custo internacional, c. Se este está a descer claro que o custo interno deverá estar a descer mais acentuadamente. Mas pode acontecer que o custo internacional esteja a subir, bastando então que o custo da produção doméstica, embora suba também, suba em menor

---

[94] O contributo possível dos aumentos de escala é referido por ex. por Corden (1997, pp. 157-8). Com o argumento em mercados oligopolistas ver por ex. S. Martin (1993) e To (1994).

medida. Naturalmente, também nestes casos se justificará a intervenção[95], conforme pode ser visto na fig. II.11.

FIG. II.11

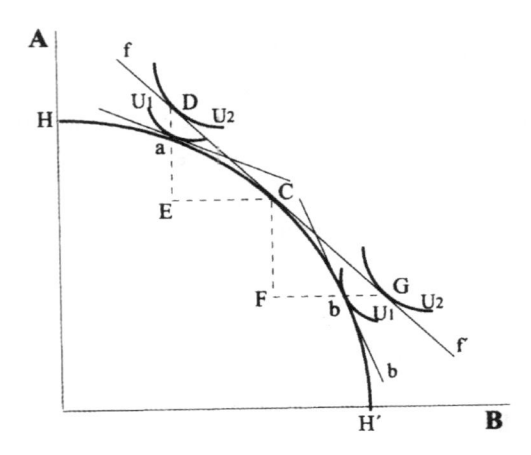

Na lógica das vantagens do comércio livre importa, pois, que passado algum tempo as restrições ao comércio sejam afastadas por completo. De outro modo manter-se-ão as distorções no consumo e na produção a que fizemos referência atrás. Tal não exclui todavia que, com o aumento de eficiência conseguido nas indústrias nascentes, mesmo com a manutenção das restrições se passe a estar numa situação mais vantajosa do que a existente no início, quando havia comércio livre. Podemos vê-lo na fig. II.10 em que, com o afastamento da curva de possibilidades da produção, se atinge com autarquia a curva de indiferença U^*, mais afastada do que a atingida inicialmente com comércio livre (U), mas provavelmente menos afastada do que deixando de haver de novo restrições ao comércio.

4.3.2.2. O 'teste de Bastable'

Compreende-se, em segundo lugar, que não baste que depois de um período de proteção a indústria passe a ser competitiva. Na verdade, havendo

---

[95] Trata-se de ponto tido em conta por ex. por Taussig (1924).

no início de um empreendimento um excesso dos custos sobre as receitas, a proteção só se justificará se à satisfação do teste de Mill se juntar a do 'teste de Bastable': que "a vantagem última exceda as perdas verificadas" (1921, p. 142).

Para avaliar se a proteção deve ou não ser conferida deverá aplicar-se, pois, um processo correto de *discounted cash flow*, entrando em conta com as perdas dos anos do começo (C_n) e com os ganhos obtidos mais tarde (G_{n+m}). Tendo presente a fórmula.

$$\frac{C_1}{1+i} + \frac{C_2}{(1+i)^2} + \dots + \frac{C_n}{(1+i)^n} < \frac{G_{n+1}}{(1+i)^{n+1}} + \frac{G_{n+2}}{(1+i)^{n+2}} + \dots + \frac{G_n}{(1+i)^{n+m}}$$

4.3.2.3. O 'teste de Kemp'

Além da passagem dos testes de Mill e de Bastable há quem invoque como indispensável[96] a passagem do que alguém[97] chamou o 'teste de Kemp'.

Lembra-se a tal propósito que a circunstância de ter de se passar uma fase inicial de prejuízos, com o investimento em aprendizagem, até se obterem remunerações compensadoras, é comum à generalidade das atividades empresariais. Geralmente um investidor conta com um período inicial de perda mas não deixará de fazer o investimento se, através de um processo de *discounted cash flow*, julgar vir a ter um saldo final positivo. Não se justifica, portanto, qualquer intervenção estadual, uma vez que investidores privados não deixarão de tomar as iniciativas sempre que sejam compensadoras. Se as não tomam é porque verificam, através da sua avaliação, que não são rentáveis ou pelo menos as mais favoráveis.

Só não será assim, acrescenta-se, quando haja economias externas, não apropriáveis, que levem a que um empreendimento não rentável ou pelo menos aconselhável na perspetiva dos empresários o seja na perspetiva social ou ainda quando haja imperfeições no mercado que levem a que os empresários não tomem iniciativas julgadas desejáveis. Compreender-se-á que então não haja iniciativa privada e se torne necessária a intervenção do Estado (ou de outras entidades públicas, v.g. da União Europeia), criando as economias

---

[96] Casos de Kemp (1964, p. 187) e Michaely (1977, pp. 82-3).
[97] Negishi (1968, p. 56). Ver também Robert Baldwin (1969).

externas que se tornam indispensáveis e afastando as imperfeições do mercado que impedem o seu aparecimento.

a) A criação de economias externas

Neste campo tem uma grande importância, ligada ao cerne do próprio argumento[98], a criação de economias externas com a investigação tecnológica (I&D) e com a formação profissional, face ao risco de poder beneficiar, mesmo em maior medida, quem não teve a iniciativa e não teve o custo de as promover.

Se o empresário for capaz de guardar só para si os conhecimentos adquiridos, poderá ressarcir-se mais tarde do investimento feito com a sua aquisição se a indústria tiver de facto condições para se tornar competitiva. Mas em muitos casos não acontecerá assim, não sendo possível manter em proveito exclusivo o investimento feito com a aquisição de conhecimentos, que podem aproveitar também a outros empresários. Ninguém se sentirá estimulado, por isso, a tomar a iniciativa[99]. Havendo todavia vantagens sociais que ultrapassem a vantagem para o empresário inovador justificar-se-á o protecionismo concedido a este como forma de conseguir aquelas.

O segundo caso referido é o da aprendizagem dos trabalhadores com a sua atividade numa produção nova ou promovida, podendo resultar também dela o aumento de eficiência capaz de tornar a indústria competitiva. Igualmente aqui não se justificará qualquer intervenção se os empresários que incorrerem nos custos iniciais de aprendizagem tiverem a garantia de beneficiarem suficientemente do acréscimo de produtividade. Na fase inicial os salários e

---

[98] Podendo todavia ter importância também, mesmo decisiva, outras economias externas, por exemplo as resultantes da implantação de infraestruturas (estradas, portos, telecomunicações, etc.), ou ainda, tal como refere Corden (1997, p. 150), a criação de uma atmosfera conducente a uma atividade económica organizada, especialmente no campo industrial, o desenvolvimento de "interesses mecânicos e científicos", ou economias externas de vendas (*selling externalities and goodwill*), através de uma maior aceitação daquilo que é produzido no país.

[99] É aliás a própria possibilidade de utilização por outras pessoas que poderá fazer subir os custos dos fatores (passando a ser mais procurados) e baixar o preço do produto (com uma oferta maior), tirando qualquer vantagem ou dando mesmo prejuízo a quem, sem estímulo exterior ou induzido pelo protecionismo, tome a iniciativa da produção.

Naturalmente, nestes casos poderá por outro lado faltar o estímulo para o *lobbying*, necessário para, nos termos que vimos em II.4.2.2, se fazer a pressão bastante no sentido de ser atribuído o protecionismo.

outros custos ligados à aprendizagem dos trabalhadores estarão acima da produtividade do trabalho, mas com o aumento desta e a possível manutenção dos salários haverá ganhos nos períodos posteriores: podendo tais benefícios ser suficientes, se a nova indústria se justificar, para cobrir os custos suportados[100].

Sendo assim, não haveria razão para intervenção se o empresário pudesse garantir a permanência dos trabalhadores na sua empresa. O investimento feito inicialmente na aprendizagem, com o custo de uma produtividade abaixo dos salários e outros encargos, seria compensado mais tarde com o contributo acrescido dado pelos trabalhadores.

Todavia, não podendo haver vínculo jurídico que prenda duradouramente um trabalhador ao mesmo emprego, a única hipótese em que um empresário poderá ambicionar ter um benefício compensador do trabalho de alguém por ele preparado será a de se tratar de trabalho que não possa ser útil em qualquer outra empresa (*completely specific training,* na expressão de Becker, *ibid.*): compreendendo-se que nestas circunstâncias não haja razão para uma intervenção estadual.

Tal intervenção também não se justificará, mas por uma razão bem diferente, na hipótese oposta de se tratar de treino geral (*general training,* de novo segundo Becker, *ibid.*), ou seja, treino que leve a um aumento de produtividade capaz de aproveitar também e em igual medida a outras empresas. Claro

---

[100] Usando notação de Becker (1962 e 1964), sendo W_o os salários, K os custos ligados à aprendizagem e MP_o a produtividade marginal, tudo na fase inicial, apesar de então W_o + K ser maior do que MP o justifica-se o investimento se

$$MP_o + \Sigma \frac{MPt}{(1+i)^t} > W_o + K + \Sigma \frac{Wt}{(1+i)^t}$$

(i) ou seja, se houver uma diferença positiva entre a produtividade marginal e os custos salariais, ao longo dos períodos seguintes (i é a taxa de juro e t os vários períodos).
Podemos designar tal diferença por

$$G = \left(\Sigma \frac{MPt - Wt}{(1 + i) t} \right) = 0$$

ficando a equação

$$MP_o + G > W_o + K$$

O excedente de receitas sobre despesas futuras, G, será portanto suficiente para compensar o empresário pelo prejuízo inicial.

que neste caso não poderá esperar-se um investimento de aprendizagem feito pelos empresários: pagariam no período de aprendizagem dos trabalhadores o salário corrente, acima da produtividade[101], e não poderiam depois mantê--lo abaixo da maior produtividade posteriormente conseguida, sob pena de os trabalhadores se transferirem para empresas pagando em função da sua produtividade marginal acrescida. Mas quem terá razão para intervir então serão os próprios trabalhadores, investindo em aprendizagem através da receção de salários mais baixos, correspondentes à produtividade marginal do trabalho, e ressarcindo-se mais tarde com os salários mais altos correspondentes à maior produtividade conseguida com o processo de aprendizagem[102]: não chegando a levantar-se, pois, problemas de divergências entre valores privados e sociais.

Alternativamente, se os trabalhadores não quiserem ou não puderem suportar na fase inicial de aprendizagem os salários abaixo da média correspondentes então à produtividade marginal, o processo mais adequado consistirá em financiarem o seu treino através do recurso ao mercado dos capitais. Se este não funcionar devidamente o problema deverá ser resolvido através do seu aperfeiçoamento.

Sendo assim, em que casos poderá justificar-se a proteção (ou o apoio) de indústrias nascentes? Poderá justificar-se em dois tipos de situações.

Por um lado, mesmo tratando-se de treino completamente específico, o empresário poderá não estar seguro de que o trabalhador permaneça na empresa durante um espaço de tempo suficiente. Embora o trabalho em que se qualificou não possa ser útil noutras empresas, o trabalhador pode eventualmente prescindir de continuar a exercer a mesma função e passar a exercer outra, ou mesmo deixar de trabalhar. Compreende-se, por isso, que o empresário não corra o risco com o seu treino.

---

[101] O pagamento de salários correspondendo à produtividade, portanto abaixo do corrente, corresponderia já a serem os trabalhadores a suportar os encargos de aprendizagem.

[102] Usando de novo notação de Becker (*ibid.*) verifica-se que MPt iguala Wt em todos os períodos, pelo que

$$G = \sum \frac{MPt - Wt}{(1 + i) t} = 0$$

ou seja, $\qquad MP_o = W_o + K$

ou $\qquad W_o = MP_o - K$

Por outro lado, na prática será mais frequente que a preparação do pessoal não seja absolutamente específica nem absolutamente geral. Tratar-se-á antes de treino específico (*specific training*, mais uma vez na terminologia de Becker, *ibid.*), o qual pode ser caraterizado por poder aproveitar também a outras empresas, mas em menor medida do que àquela em que é obtido. Sendo assim, o empresário poderá até certo ponto ter vantagem em promover a produção e consequentemente o aperfeiçoamento dos trabalhadores, para poder obter uma produtividade mais alta do que os demais. Mas tal estímulo poderá não ser suficiente, "justificando-se" o uso do protecionismo[103].

b) O afastamento de imperfeições no mercado

A existência de imperfeições no mercado pode levar também a que, embora através de um processo de aprendizagem transitório uma indústria viesse a mostrar-se competitiva, ninguém tome a iniciativa do empreendimento, justificando-se por isso o protecionismo, como modo de o promover.

Trata-se de situação que podemos exemplificar com dois casos.

---

[103] Será de chamar a atenção para que a autonomização do teste de Kemp só tem sentido entendendo o teste de Bastable exclusivamente na perspetiva privada dos produtores, e não na perspetiva de todos os custos e benefícios sociais. Foi daquele modo que o entendemos atrás, talvez seja esse o entendimento do próprio Bastable, não o sendo todavia de autores que entendem dever entrar-se em conta no processo de *discounted cash flow*, para averiguar se é passado o teste de Bastable, com perdas e ganhos de tipo social.

Na verdade, se já no teste de Bastable se atende a considerações de tipo social, entre os ganhos sociais não poderá deixar de atender-se, naturalmente, às economias externas. Sendo assim, o teste de Kemp deixa de ser necessário.

Mantendo o entendimento, por nós seguido, de que o teste de Bastable se refere apenas a receitas e custos privados dos produtores, claro que tem de haver o teste que estamos agora a considerar: só se justificando a intervenção do Estado (ou de outras entidades), para além dos casos de imperfeição do mercado, a considerar na alínea seguinte, se houver ganhos sociais que ultrapassem as perdas sociais.

Acresce que as economias externas consideradas no teste de Kemp não são talvez os únicos ganhos de tipo social e na fase inicial do empreendimento há custos sociais, consistentes na perda das rendas dos consumidores e dos produtores (recordem-se a fig. II.3 e o n. II.3.6) que não podem deixar de ser tidos em conta numa decisão política de proteger a indústria. Por isso a produção de economias externas, embora eventualmente requerida, não pode ser o único elemento a atender a este propósito, tornando-se necessária a extensão do teste de Kemp a todos os benefícios e custos sociais.

Um deles é o de haver imperfeições nos sistemas de informação e de expetativas. Pode acontecer que os empresários não tenham acerca de aumentos da procura e de reduções de custos a mesma visão que as autoridades, em virtude de não terem os mesmos conhecimentos sobre a evolução da economia, e que não tomem atitudes arrojadas em virtude de sobre eles pesar o risco de caírem na falência se as coisas não correrem conforme se espera. As empresas de grande dimensão, de um modo especial as multinacionais, terão em muitos casos acerca das perspetivas futuras uma informação mais precisa do que os técnicos governamentais, incluindo os planeadores, e qualquer falha num determinado ramo de produção não acarretará provavelmente a falência. Mas muitas vezes as produções capazes de competir com as dos produtores estrangeiros devem ser iniciadas e incrementadas em setores indicados para empresas médias ou mesmo pequenas, provavelmente sem as mesmas possibilidades de previsão que os técnicos governamentais e para as quais os efeitos de um erro podem ser desastrosos[104].

A proteção seria então um meio de induzir os empresários a iniciarem a produção, ultrapassando o obstáculo constituído pela ignorância e pelo receio.

Um outro caso muito citado é o das imperfeições no mercado dos capitais. Com grande frequência, em especial em países menos desenvolvidos, o mercado dos capitais não é perfeito. Assim, de um modo geral favorece as empresas existentes relativamente a empresas a criar, os setores mais dinâmicos relativamente aos de menor dinamismo, o investimento em bens físicos relativamente ao que é feito em capital humano e o investimento a curto prazo quando comparado com o investimento a longo prazo. Em Portugal todas estas diferenças têm algum relevo, sendo designadamente de salientar o melhor funcionamento do mercado bancário de curto prazo do que o do mercado financeiro. Ora, em muitos casos as empresas que poderiam tornar-se competitivas e deveriam ser promovidas são precisamente empresas novas, de setores entretanto ainda pouco dinâmicos mas com boas potencialidades, requerendo nos primeiros tempos investimentos a longo prazo, em especial na preparação de pessoas.

---

[104] Imperfeições da mesma natureza – nos campos da informação e das expetativas – existem também com frequência, v.g. no nosso país, no mercado do trabalho, não conhecendo os trabalhadores oportunidades existentes ou não estando estimulados para correr o risco de mudar de empresa. Naturalmente, também aqui o protecionismo pode ser visto como um modo de ultrapassar a dificuldade assim levantada à implantação e ao desenvolvimento de indústrias nascentes (recorde-se o que vimos em II.4.1.2.1.b).

Sendo assim, a utilização do protecionismo seria um modo de estimular o início da produção por empresários que de outro modo não ultrapassariam a dificuldade constituída pelas imperfeições existentes no mercado dos capitais.

4.3.3. As vias a seguir e as dificuldades a ter em conta

Pode haver razões, pois, que justifiquem que os empresários sejam estimulados a iniciar produções ou a aumentar produções existentes.

Todavia, continuando a não entrar em consideração com custos administrativos, deve concluir-se que a comparação é francamente desfavorável à utilização do protecionismo (restrições às importações) se, à luz da teoria das divergências domésticas, verificarmos o que se passa em termos de custos de distorção no consumo e na produção, sabendo-se que uma situação de ótimo de Pareto só será atingida se a correção da divergência em causa for feita sem se criar uma nova divergência (uma distorção derivada). Tratando-se de uma divergência indiscriminada a impedir o aparecimento e a consolidação da nova indústria deve promover-se diretamente a produção, v.g. com um subsídio. Tratando-se de uma divergência nos fatores de produção, será primeiro ótimo intervir diretamente junto do fator em causa, v.g. clareando o respetivo mercado (recorde-se de novo de II.4.1.2.1).

Não pode todavia deixar de ter-se presente, mais uma vez, que as conclusões desta análise podem ser postas em causa com a consideração dos custos administrativos, tal como fizemos em II.4.2.3.

Por outro lado, seja qual for a forma de intervenção, há que assegurar – o que, na prática, levanta grandes dificuldades – a escolha correta do setor ou dos setores a promover. Sendo a intervenção feita pela via alfandegária, protegendo indiscriminadamente, não pode evitar-se que sejam apoiadas unidades sem perspetivas, protelando ou agravando problemas[105]. Trata-se de

---

[105] Acontece, além disso, que utilizando-se a via protecionista ficam naturalmente prejudicados os setores não protegidos de bens importáveis, os setores de bens não importáveis e os setores de exportação.

Trata-se de consequências que deverão ser tidas particularmente em conta em Portugal. Sem podermos entrar na discussão do problema, exigindo uma análise aprofundada e desagregada setor a setor, é de referir por exemplo que as condições do nosso país apontam no sentido de o seu desenvolvimento dever basear-se em grande medida nos setores de exportação: com razões

inconveniente que pode ser evitado pela intervenção direta, no plano interno, escolhendo e apoiando apenas as empresas capazes de responder aos desafios da concorrência[106].

A lógica do argumento exige, ainda, que o apoio seja retirado o mais depressa possível, logo que deixe de ser necessário (estando assegurada a sua rentabilização); sob pena, aliás, de a manutenção de apoio levar a que não seja estimulada a eficiência na utilização dos recursos: passando o 'teste de Mill' e contribuindo também para a passagem do 'teste de Bastable'. Nesta linha, é de novo clara a vantagem oferecida pelos meios diretos de intervenção, exigindo encargos orçamentais apreciados anualmente, com base em impostos que os contribuintes têm dificuldade em aceitar; diferentemente do que se passa com a via alfandegária, não exigindo a mesma apreciação anual e sendo muito menos sentida pelos cidadãos. No primeiro caso serão os próprios cidadãos, através dos seus representantes eleitos, a ajuizar acerca do acerto das escolhas feitas[107].

Podendo atingir-se por esta via, pois, as soluções corretas, apoiando só o que deve ser apoiado e apenas durante o tempo indispensável para tal, não pode deixar de ter-se bem presente que se trata de soluções difíceis, exigindo que se 'adivinhe' antecipadamente o que justificará apoio ("picking the winners") e não o mantendo quando já não se justifique. Infelizmente são já também muitos e com altos custos para a sociedade os casos em que se escolheu mal e não se foi capaz (ou não se quis) parar a tempo: com prejuízos muito maiores do que se não tivesse havido nenhuma intervenção (voltaremos a este problema em III.9.2.1, IV.3.3.3 e IV.3.4.2).

acrescidas agora, face à desejável e irreversível inserção do país em espaços internacionais de comércio livre (sobre os efeitos positivos da concorrência das importações ver por ex. V.S. Santos, 1990).

[106] Podendo dizer-se todavia, pelo contrário, que a via protecionista é uma via que deixa mais em aberto o funcionamento do mercado, levando por isso a um estímulo maior da eficiência (trata-se de ideia que remonta a List, 1841, livro I, cap. V e foi retomada mais recentemente por Haberler, 1978, pp. 438-9 e Jeanneney, 1978, pp. 87-89, pondo aliás o problema não só no plano económico como também no plano político, apontando-se esta como uma via mais liberal, menos burocrática e mais responsável).

[107] No reverso da medalha pode acontecer, contudo, que os empresários não se sintam por isso suficientemente seguros e motivados a arriscar no 'novo' setor, tal como aconteceria pela via protecionista (ver Porto, 1982, pp. 406-407).

4.4. O argumento das indústrias senescentes

Por fim, valerá a pena referir que a argumentação acabada de referir se aplica igualmente ao argumento das indústrias senescentes: surgido, conforme referimos atrás (n. 34 p. 42), a propósito do 'novo protecionismo'.

Estando um setor em crise, não se verifica uma situação ótima, sendo TTD ≠ TSD = TTI. Mas, de acordo com o que vimos atrás, em particular em II.4.1.2.1, a intervenção alfandegária, ao procurar corrigir a referida divergência, leva a uma distorção que se traduz em TSD ≠ TTD ≠ TTI, mais custosa do que a divergência previamente existente[108].

Também aqui, não curando ainda dos custos administrativos, a política de primeiro ótimo consistirá em manter os rendimentos dos setores em crise através de um conjunto não distorçor de subsídios e impostos[109].

Resulta todavia do que já vimos (v.g. em II.4.3.2.4.) que não se justifica a manutenção de tal intervenção, pelas ineficiências causadas na economia, a menos que se verifique a possibilidade de o setor voltar a ser competitivo. Não sendo assim, devem ser tomadas de imediato medidas de reconversão e reemprego (*redeployment*), promovendo setores mais favoráveis e facilitando a transferência para eles dos fatores dos setores em crise que não possam encontrar aqui uma ocupação eficiente[110].

---

[108] Trata-se de conclusão salientada, impressa com cor diferente, num relatório do Banco Mundial (1981, p. 33), sob o título *Preço da Proteção*: "O protecionismo é um meio ineficiente de transferir rendimento. Eis um modo simples de exprimir uma verdade singela – se alguém ganha com a proteção um dólar, perde muito mais alguma outra pessoa no *mesmo país*. Por cada emprego de $20 000 por ano nos estaleiros suecos, os contribuintes suecos pagam um subsídio anual calculado em $50000. A proteção da indústria de confeções custa aos consumidores canadianos $500 milhões, para proporcionarem 135 milhões em salários. E quando os consumidores japoneses pagam pela carne oito vezes o preço mundial, os agricultores japoneses não ficam oito vezes melhor".

[109] Mostrando um total desconhecimento da teoria das divergências domésticas em 1973 Gray, um dos pioneiros do conceito de proteção das indústrias senescentes, defende para o efeito a utilização de impostos alfandegários e quotas, preocupando-se no seu artigo fundamentalmente com a determinação da extensão e da direção das medidas. Num *comentário* feito dois anos depois Wood (1975) coloca o problema na perspetiva correta; pretendendo Gray (1975) mostrar na resposta dada, segundo julgamos sem êxito, que a teoria das divergências só é válida para o caso, não considerado por ele, de uma análise estática e de longo prazo (ver ainda Hillman, 1977 e de novo Gray, 1985, bem como as reflexões de Magee, Brock e Young, 1989, pp. 242-56).

[110] Recordem-se as referências feitas na n. 49 p. 142.

A manutenção indefinida de apoios, seja por que forma for, acaba por prejudicar a maior parte dos cidadãos, sendo por isso necessário que, além do teste de Mill, seja passado o teste de Bastable; devendo haver ainda a coragem de não chegar a iniciar a concessão de apoio público a setores sem expetativas, sendo preferível apoiar diretamente as pessoas afetadas pela situação existente e promover setores alternativos capazes de competir no mercado internacional.

Agravando as coisas, pode acontecer aliás ainda que a manutenção injustificada de setores sem viabilidade leve a atitudes de represália de outros países, prejudicando setores com viabilidade que ficam por isso limitados nas suas possibilidades de exportação[111]: chegando por isso ao resultado "inteligente" de que fala Nevin[112], de deixar "toda a gente" pior.

[111] Trata-se de receio fundado sentido durante as negociações do Uruguai Round, sendo de esperar que como retaliação em relação à política agrícola comum terceiros países (v.g. os Estados Unidos) fechassem os seus mercados a produtos em que a Europa tem vantagem comparativa (ou alguns dos seus membros, como é o caso de Portugal no que respeita aos têxteis e confeções ou ainda por ex. aos produtos cerâmicos).

[112] Na referência feita já *supra* p. 149 (Nevin, 1991, p. 89).

Anexo II.A
Noção e significado da medição da proteção efetiva: representação diagramática

Uma melhor compreensão da noção e do significado da medição da proteção efetiva pode ser conseguida através de uma exposição diagramática como a que se segue (fig. II.A), com um diagrama de equilíbrio parcial e considerando o caso de um 'país pequeno' (que é, conforme já sublinhámos, o caso português)[113]. São por isso infinitamente elásticas não só a curva da oferta do bem final (WW') como a curva da oferta dos bens intermediários (GG'), sendo WO e GO os preços internacionais CIF (preços nominais) desses bens e WG o preço do valor acrescentado (a que, como dissemos, podemos chamar 'preço efetivo')[114].

[113] Com esta representação ver Corden (1971b, p. 30), Heller (1973, p. 177) e Henner (1975, p. 43). Com uma representação diferente, embora utilizando um diagrama da mesma índole, ver Snape (1972), Michaely (1977, pp. 105 e 114) e Krauss (1975, p. 91 e 1979, p. 49).
[114] Pincus (1977, p. 86) chama-lhe 'preço líquido'.

FIG. II.A

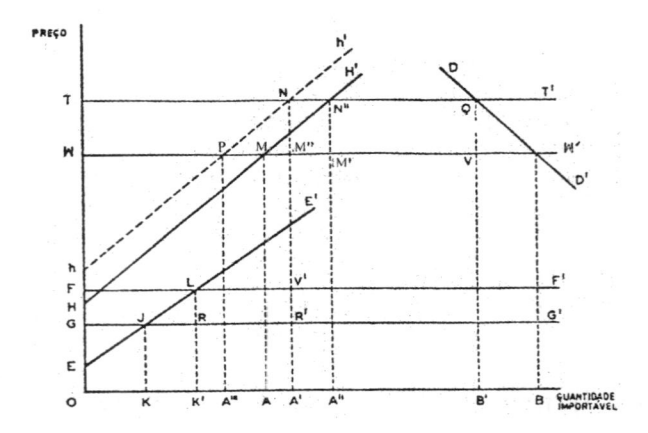

Aplicando-se um direito de importação sobre o bem final, de TW/WO, o seu preço efetivo passa para TG. Com esta subida há um acréscimo do valor acrescentado, numa percentagem, TW/WG, que é a taxa de proteção efetiva

$$Z = \frac{V' - V}{V} = \frac{TG - WG}{WG} = \frac{TW}{WG}$$

Se em vez do direito de importação sobre o bem final houver apenas um direito de importação sobre o bem intermediário, de FG/GO, o preço efetivo do bem final desce de WG para WF, sendo negativa a taxa de proteção efetiva:

$$Z = \frac{WF - WG}{WG} = -\frac{FG}{WG}$$

Aplicando-se os dois impostos, sobre o bem final e sobre o bem intermediário, o preço efetivo do bem final é de TF e a taxa de proteção efetiva (TF-WG)/WG. Aumentar ou diminuir o preço efetivo e consequentemente ser positiva ou negativa a taxa de proteção efetiva depende de TW ser maior ou menor do que FG.

Conhecida a taxa de proteção efetiva, podemos ver agora os seus efeitos sobre a produção, para o que temos de entrar em conta também com as curvas da oferta doméstica, tanto do bem intermediário como do bem final.

A curva da oferta doméstica do bem intermediário não requer explicação. Trata-se da curva EE', levando a que na ausência de tributação da importação deste bem a sua oferta doméstica seja de OK. Como de OK em diante a oferta do bem intermediário, com que os produtores dos bens finais podem contar, passa a ser feita com bens importados, ao preço de GO, temos que a sua oferta total é representada pela curva EJG'.

Para o apuramento da curva da oferta doméstica do bem final adiciona-se ao valor da oferta do bem intermediário, GG, a curva da oferta doméstica do valor acrescentado. Chega-se assim à curva HH'[115] levando a que na ausência também de tributação do bem final a sua oferta doméstica seja de OA, sendo a partir daí o consumo doméstico satisfeito com importações ao preço de WO.

Sendo a curva da procura doméstica DD', o consumo total é então de OB, satisfeito em AB através de importações.

Se for tributado apenas o bem final, com a aplicação do imposto alfandegário TW/WO a sua produção é determinada na vertical da intersecção de HH' com TT': é portanto OA".

Uma tributação mais pesada do bem intermediário do que do bem final, levando a uma taxa de proteção efetiva negativa, faz diminuir a produção do bem final. Para não complicar demasiado a figura podemos considerar o caso, já referido, de a taxa de proteção ser negativa em virtude de o bem final não ser tributado, ou seja, de a taxa de proteção efetiva ser − FG/WG. A tributação do bem intermediário faz aumentar o custo de produção do bem final, cuja curva de oferta sobe para hh' (aumenta FG por unidade), passando a produção do bem final a ser determinada na vertical da intersecção dessa curva com WW'. Ou seja, diminuindo, relativamente à situação em mercado livre, de OA para OA"'.

Por fim, sendo tributados tanto o bem final como o bem intermediário, mas mais o primeiro do que o segundo (TW/WO > FG/GO), a produção do bem final, determinada, como é óbvio, na vertical da intersecção da curva hh' com a curva TT', é menor do que no primeiro caso que considerámos, OA' em lugar de OA", mas maior do que em mercado livre, OA. Verifica-se por-

---

[115] Corden, Heller e Henner (locs. cits.) desenham esta curva com um ponto de inflexão na vertical de J (notando esse ponto com J'), o que se compreenderá se o bem intermediário oferecido pelos produtores domésticos não for exportável, pelo que até OK os produtores do bem final podem obtê-lo por um preço mais baixo do que o preço internacional, GO. Julgamos todavia mais realista considerá-lo exportável, pelo que na nossa figura a curva HH' é uma reta.

tanto que há um efeito de proteção positivo, o qual é todavia diminuído pela tributação do bem intermediário[116].

Por toda esta representação se vê ainda que a taxa de proteção efetiva do bem final em princípio tem influência apenas sobre a sua produção e não sobre a produção do bem intermediário, a qual depende apenas do imposto que sobre ele recai (bem como, naturalmente, da sua própria taxa de proteção efetiva e da elasticidade da oferta do seu valor acrescentado). Na verdade, a sua produção apenas cresce, de OK para OK', por efeito do imposto FG/GO com que é tributado. Por outro lado, um aumento da produção do bem final, para OA' ou OA", requer uma maior utilização do bem intermediário, mas que conduz apenas a uma sua maior importação, que passa, estando ele tributado com FG, para K'A' ou K'A", respetivamente; e uma redução da produção do bem final, para OA"', leva apenas a que se passe a requerer uma menor importação do bem intermediário, que passa a ser de K'A"'. Claro que já não é assim se a maior procura induzida do bem intermediário, ou a sua redução, se verificam na zona entre O e K ou O e K' (estando ele tributado), onde há lugar a um aumento ou a uma redução na sua produção.

Verifica-se por outro lado que, para além dos casos acabados de apontar, na medição da proteção efetiva não interessa ir a montante da produção dos bens intermediários utilizados diretamente na produção do bem final cuja proteção se quer medir. Trata-se mais uma vez de uma consequência do pressuposto do 'país pequeno' (o seu afastamento levantaria os problemas que referimos em II.3.7), o qual leva a que, seja o que for que se passe antes, os produtores do bem final tenham disponíveis os bens intermediários ao preço internacional, GO, eventualmente acrescido dos direitos de importação (recorde-se a n. 21 p. 117).

Passando agora para os efeitos de receita e em geral de redistribuição do rendimento podemos ver que em princípio também são diferentes dos que se verificam num modelo totalmente integrado.

Só são semelhantes no primeiro dos casos que temos vindo a considerar, de ser tributada apenas a importação do bem final: com o imposto TW/WO a produção desse bem passa de OA para OA", sendo proporcionada uma receita

---

[116] Complicando mais a figura poderia por sua vez ser visto que a variação da produção do bem final, além de depender da taxa de proteção efetiva, depende da elasticidade da oferta das várias curvas.

para o Estado de M"VQN" e verificando-se uma transferência de rendimento dos consumidores para os produtores de WMN"T.

No caso de ser tributado apenas o bem intermediário, com FG/GO, há uma transferência de GJLF dos consumidores para os produtores, nos termos vistos para o bem final. Mas já o efeito de receita acaba por ser afetado pelo menor volume de importações que é necessário para a produção de uma menor quantidade do bem final, OA"'.

No terceiro caso, de serem tributados simultaneamente o bem final e o bem intermediário mas sendo positivo o efeito global protecionista, relativamente a qualquer das hipóteses anteriores o aumento geral da produção faz aumentar os efeitos de receita do imposto sobre o bem intermediário (para RR'V'L) e do imposto sobre o bem final (para MVQN). O que é diminuído, relativamente à primeira hipótese, é o equivalente de subsídio para os produtores do bem final (diminui para WPNT), traduzindo a diminuição de proteção que a tributação do bem intermediário lhes acarreta (como vimos atrás, fica na mesma o equivalente de subsídio para os produtores do bem intermediário).

Por fim, resta salientar que a representação confirma a ausência de influência da proteção efetiva sobre o consumo, o qual depende apenas da taxa nominal sobre o bem final, TW/WO, e da inclinação da curva da procura, DD'. Nenhum outro elemento o afeta.

Anexo II.B
Os efeitos da intervenção alfandegária
num modelo de equilíbrio geral

1. A análise dos efeitos da intervenção alfandegária pode ser feita a partir da fig. I.A. 6, p. 94, com que ilustrámos, no Anexo I.A, o modelo de equilíbrio geral: mostrando as situações de maior bem-estar atingíveis em economia aberta.

Para vermos agora os efeitos da intervenção alfandegária temos de seguir os passos inversos dos dados então, passando de uma situação de comércio internacional para uma outra de menor abertura, podendo, a título de exemplo, considerar a hipótese de a intervenção levar de novo ao afastamento completo do comércio (fig. II.B).

Fig. II.B

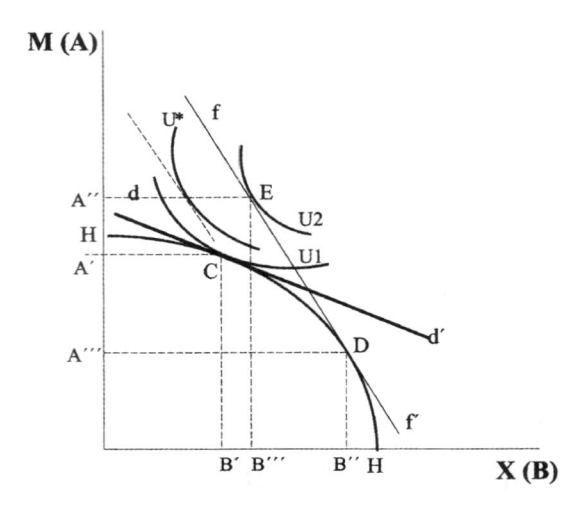

Na linha da fig. I.A.6, vemos que sem nenhuma restrição se transacionava de acordo com a relação dos preços internacionais *ff'*, produzindo-se por isso OB" de X, OB"' destinados ao consumo interno e B"'B" à exportação; e sendo o consumo doméstico satisfeito com OA" de M, OA"' produzidos internamente e A"'A" importados.

Por esta forma era possível atingir a situação de bem-estar correspondente à tangência da curva de indiferença U_2.

Aplicando-se uma restrição alfandegária impeditiva das importações voltamos a ter a situação de se produzir e consumir no ponto C: havendo pois em relação ao bem M uma redução do consumo de A"A' e um aumento da produção de A"'A'; e em relação ao bem X uma redução do consumo de B"'B' e da produção de B'B". Trata-se de consequências com as implicações correspondentes (acumuladas) na balança dos pagamentos.

Além destes efeitos, com um pequeno acrescento a fig. II.B permite-nos decompor os efeitos de bem-estar da intervenção alfandegária[117], com a passagem da curva de indiferença no consumo U_2 para a curva de indiferença no consumo U_1: distinguindo-se o custo de distorção na produção, correspon-

---

[117] Sobre o modo como os efeitos de transferência de rendimento podem ser representados num diagrama desta índole ver por ex. Porto (1982, pp. 42-6).

dente à perda da oportunidade de se produzir uma combinação de bens mais vantajosa em termos internacionais, com a passagem de U_2 para U^*; e o custo de distorção no consumo, correspondente à perda da oportunidade de trocar os bens produzidos por uma combinação mais atrativa do ponto de vista do consumo, com a passagem de U^* para U_1.

PARTE III

A TEORIA DA INTEGRAÇÃO

1. A INTEGRAÇÃO ECONÓMICA

Depois de vistas as teorias (e alguns aspetos da prática) do comércio internacional e da intervenção estamos em condições de abordar a temática da integração.

Seria possível considerar aliás em termos idênticos – no plano económico – a integração de diferentes espaços (v.g. regiões) de um mesmo país, quando haja antes entre eles obstáculos à concorrência; o mesmo não podendo dizer-se em relação à integração do conjunto da economia mundial, sendo precisamente o comércio livre geral a alternativa que, na perspetiva da teoria do primeiro ótimo, pode e deve pôr-se em relação à formação de espaços regionais de integração.

1.1. Breve evolução histórica

As experiências neste sentido não são naturalmente experiências só de agora, embora apenas em meados deste século a palavra 'integração' começasse a ser usada para referir a associação de várias áreas 'económicas'[1].

De facto, conforme assinala Robson (1998(0), p. 8), só entre 1812 e 1914 ter-se-ão verificado dezasseis casos de constituição de uniões aduaneiras, sendo

---

[1] A palavra 'integração' tem origem no latim *integratio*, significando 'renovação' ou 'restabelecimento'. Segundo o *Oxford English Dictionary*, a partir de 1629 começou a aparecer em 'letra de forma' com o significado, apontando já para o seu significado atual, de "combinação de partes num todo". No campo da economia começou por ser aplicada logo para referir a integração de diferentes áreas económicas (sobre esta evolução ver Machlup, ed., 1979, na sequência de estudos anteriores aqui referidos, dele e de outros autores).

de referir como mais significativo (antecipando aliás problemas institucionais importantes sentidos depois pela União Europeia) o da criação do *Zollverein* em 1833, com a abertura das fronteiras entre dezoito Estados alemães e o estabelecimento de uma pauta comum em relação ao exterior (cfr. P.P. Cunha, 1993, pp. 91 ss.).

Não obstante esta experiência positiva do século passado (o *Zollverein* manteve-se entre 1833 e 1871) pouco se avançou na primeira metade do século XX, não podendo por isso antever-se então a dinâmica de integração agora em curso na Europa, que tem contribuído por seu turno para o aparecimento de processos semelhantes em outros continentes. Bem pelo contrário, o período que decorreu até à 2.ª Guerra Mundial foi marcado em grande medida por atitudes protecionistas entre as nações, contribuindo para provocar os exacerbamentos que estiveram na base dos conflitos bélicos que deflagraram[2].

Compreensivelmente foi aliás a experiência dolorosa destas duas guerras, a par do reconhecimento da incapacidade das políticas protecionistas para dar resposta aos problemas económicos que se levantavam, a inspirar a iniciativa do processo de integração que estamos a viver presentemente.

Já aqui, com ensinamentos para este processo, vale por seu turno a pena ver a experiência comparada dos movimentos de integração que ocorreram na Europa, bem como, na própria União Europeia (v.g. na Comunidade Económica Europeia), a evolução verificada ao longo das suas quase quatro décadas de existência.

Em tal observação não valerá a pena determo-nos no movimento de integração dos países então socialistas que fizeram parte do Conselho de Auxílio Económico Mútuo (COMECOM)[3]: tendo-se alterado o sistema desses países e não se perspetivando um novo movimento de integração da mesma índole.

Justifica já reflexão – mesmo uma reflexão atenta – a experiência dos países da EFTA, formada pouco depois da CEE por países que não puderam ou não quiseram ter então a maior integração desta última.

É certo que a passagem subsequente (em momentos diferentes) da maior parte dos países da EFTA para a CEE (ainda que se verifique em dois dos demais, a Noruega e a Suíça, uma vontade neste sentido de políticos no poder

[2] Haberler qualifica o período de 1914 a 1945 como de "desintegration" (1964, pp. 6-10).
[3] Tal como fizeram vários autores em textos escritos até à década de 80 e mesmo em anos mais recentes: ver por exemplo A.N. Silva e Rego (1984), Robson (no cap. 12 da ed. de 1987, já não na ed. mais recente) ou El-Agraa (1996, pp. 178-9 e 1999, cap. 18, já não em El-Agraa, ed., 2007, bem como naturalmente em El-Agraa, ed., 2011).

– o que não é seguro... –, não é todavia sufragada em referendo pela população) apontam no sentido do reconhecimento dos maiores benefícios conseguidos com a União Europeia.

Pode acontecer todavia que tal vontade de mudança não resulte do reconhecimento das maiores vantagens deste tipo de organização, mas sim da circunstância de estarem na União os países mais poderosos e centrais da Europa, dos quais seria inconveniente ficarem afastados; havendo aliás mesmo aqui quem continue a mostrar preferência por formas menos aprofundadas de integração[4]. Neste quadro assumiu por sua vez uma configuração inovadora o Espaço Económico Europeu, composto pela União Europeia e alguns países da EFTA, com algumas das características essenciais de uma área (zona) de comércio livre (na medida em que a uma união aduaneira se juntam países cada um com a sua política comercial própria)[5].

Justifica-se pois que ao proceder à análise das uniões aduaneiras se estabeleça a comparação com as zonas de comércio livre.

Por seu turno a própria evolução verificada desde o início na Comunidade Europeia proporciona ensinamentos importantes que vale a pena considerar: tendo havido uma primeira fase em que se avançou rapidamente no afastamento das barreiras alfandegárias e pouco se avançou nos demais domínios (constituindo exceção a PAC, com os seus benefícios mas também com os seus enormes custos); uma segunda, de 1973 a 1985, em que se assistiu mesmo ao ressurgimento de atitudes protecionistas, não só em relação ao exterior como entre os países membros; e por fim uma última fase, iniciada na segunda metade da década de 80, em que tem vindo a avançar-se para o afastamento da generalidade dos obstáculos (não só alfandegários) à concorrência entre os

---

[4] Fora da União Europeia tem a configuração de uma área de comércio livre a Associação de Comércio Livre da América do Norte (NAFTA), com um grande significado no quadro mundial (e por seu turno as características de uma união aduaneira o Mercado Comum do Cone Sul: o MERCOSUL) (ver *infra* V.7.3.2 e V.7.3.3).

Sobre o 'efeito de dominó', querendo os países integrar-se à medida em que vão fazendo parte das áreas de integração os países que lhes estão mais próximos (com peças com os mesmos números...), ver Richard Baldwin (1993a e 1995) e *infra* IV. 8.4.

[5] Com a integração na UE da Áustria, da Finlândia e da Suécia e com o resultado negativo do referendo na Suíça o EEE engloba apenas, além da UE, a Noruega, a Islândia e o Lichtenstein. Trata-se pois de um espaço agora sem grande expressão mas que, além do interesse teórico que suscita, com a junção de duas formas de integração, poderá eventualmente (em circunstâncias diferentes das atuais) vir a interessar outros países da Europa que não queiram ou que não estejam em condições de integrar a UE.

países e se caminha no sentido da adoção de mais políticas comuns, incluindo a adoção de uma política monetária comum (com uma moeda única), na sequência do êxito da aproximação cambial proporcionada pelo SME.

Pode dizer-se que as duas primeiras fases, com os seus sucessos e os seus insucessos, constituíram antecedentes importantes em relação à fase seguinte, fornecendo indicações de grande interesse quando, nos termos do Tratado de Maastricht, se caminhou não só para a união económica como para a união monetária (embora com reticências e dúvidas da parte de alguns).

1.2. Formas. O caso da União Europeia

Nos movimentos de integração podem distinguir-se várias formas, consoante o maior ou menor aprofundamento verificado a diferentes propósitos: designadamente, zonas de comércio livre, uniões aduaneiras, mercados únicos (ou internos), mercados comuns e ainda formas mais avançadas de integração.

Antes disso podem apontar-se casos de concessão de preferências, como as concedidas por antigas potências colonizadoras a territórios que lhes ficaram ligados (v.g. o caso das 'preferências imperiais' britânicas) e o atual Sistema de Preferências Generalizadas (SPG), bem como casos de integração de apenas um ou outro sector, de que constitui um exemplo muito importante a Comunidade Europeia do Carvão e do Aço (CECA), por si própria e por ter aberto caminho ao movimento mais alargado de integração iniciado com a CEE.

Numa área (zona) de comércio livre há entre os países membros liberdade de movimentos da generalidade dos produtos (podendo tratar-se da generalidade dos produtos industriais, tal como acontece na EFTA), mantendo todavia cada um deles a possibilidade de seguir uma política comercial própria em relação ao exterior. Como zonas de comércio livre podem ser referidas a EFTA, de que Portugal foi membro fundador, a LAFTA (Área de Comércio Livre da América Latina) e agora a NAFTA (sobre as várias organizações ver *infra* V.7.3).

Numa união aduaneira além da liberdade de circulação das mercadorias há uma política comercial comum, traduzida designadamente na aplicação de uma pauta única face ao exterior e na negociação conjunta de qualquer acordo com países terceiros[6]. É como se sabe o caso da Comunidade Europeia.

---

[6] Costuma verificar-se também uma afetação comunitária das receitas alfandegárias: evitando-se que não sendo assim fossem especialmente favorecidos os países por onde entram mais bens

Entre as formas de integração poderá distinguir-se igualmente um mercado único (ou interno) caracterizado pelo afastamento não só das barreiras alfandegárias ao comércio como também pelo afastamento das 'barreiras não visíveis' (*invisible* ou *non-tariff barriers*, NTB, de novo na designação em inglês)[7] que impedem a concorrência plena entre as economias: na linha do que se pretendeu conseguir no 'mercado único de 1993'[8], com o afastamento de barreiras técnicas e fiscais (além das barreiras físicas que se mantinham no atravessamento das fronteiras) entre os países membros[9].

na união, independentemente de se destinarem a consumidores de outros países, e podendo proceder-se a uma utilização das verbas de acordo com critérios definidos em comum. Entre os seis países iniciais da Comunidade estariam naquelas circunstâncias – de especial "benefício" – a Holanda e a Bélgica, na medida em que entram pelos portos de Roterdão e Antuérpia muitas das mercadorias destinadas à Alemanha (trata-se de consequência refletida na capitação dos recursos próprios cobrados nesses dois países, como percentagem do respetivo PIB *per capita*: ver Coget, 1994, p. 83, Porto, 1996b, p. 44, 2006, p. 73 e *infra* IV.10.5.2, p. 503; ou ainda p. 510). Como alternativa a estes desequilíbrios inaceitáveis poderia proceder-se à distribuição das verbas pelos Estados membros com a aplicação de uma fórmula pré-estabelecida, ficando cada um com a possibilidade de as utilizar de acordo com os seus critérios próprios, tal como acontecia no *Zollverein*. Tratava-se, assim, de uma solução 'menos comunitária' (afastada naturalmente quando da unificação alemã em 1871, com a formação do Segundo Império).

[7] Veja-se o que referiremos *infra* em IV. 5.2.

[8] Embora habitualmente se fale no 'mercado único de 1992' será mais correto referi-lo a 1993, pois só no dia 31 de Dezembro de 1992, nos termos do Ato Único Europeu, deveria estar aprovada a generalidade das medidas visadas pelo Livro Branco e algumas (quando tal era requerido) só depois seriam incorporadas, apenas a partir de então se produzindo o conjunto dos seus efeitos.
Julgamos por outro lado que a designação de mercado 'único' (em tradução à letra da designação inglesa *single market*) é preferível à de mercado 'interno' na medida em que dá melhor a ideia, correta e desejável, de que não se visa um mercado fechado em relação ao exterior.

[9] Parece-nos que se justifica de facto a distinção desta forma de integração, com um significado muito especial agora na Comunidade. Não era geralmente feita, v.g. na distinção seguida já por Balassa em 1961 (1961a e 1961b), podendo julgar-se talvez que se estaria apenas perante um alargamento em relação ao afastamento das barreiras alfandegárias (e podendo entender-se que se tratava de objetivo já constante do Tratado de Roma na sua redação inicial: ver por exemplo Pescatore, 1986, bem como Porto, 1988). Veremos todavia que é em alguma medida diferente o significado económico do afastamento dos obstáculos 'não visíveis' às trocas e à concorrência. Dando uma grande autonomia à criação de um mercado único (por eles chamado 'interno') ver o livro de Nielsen, Heinrich e Hansen (1991; cfr. também Hitiris, 2003), que lhe dedicam um capítulo a par dos capítulos sobre as uniões aduaneiras e sobre os mercados comuns. Não pode deixar de notar-se, todavia, que muito do que aqui é exposto se aplica já – embora os efeitos

Tratando-se de um mercado comum há a liberdade de circulação dos fatores, designadamente do trabalho e do capital. A Comunidade Europeia visa ser não só uma união aduaneira e um mercado único como um mercado comum[10].

Por fim, numa fase de maior integração podemos ter a harmonização (maior ou menor) das políticas seguidas ou mesmo a prossecução de políticas comuns, envolvendo já alguma transferência de poderes para um âmbito supra-nacional: numa linha que, como se sabe, em boa medida está a ser seguida ainda pela União Europeia.

1.3. As medidas negativas e as medidas positivas de integração

Numa distinção que remonta a Tinbergen (cfr. 1965)[11] pode distinguir-se uma integração pela negativa de uma integração pela positiva.

---

possam ser menos sensíveis, por ser menor o nível de integração – às uniões aduaneiras: assim acontece com os efeitos de economias de escala e com os efeitos dinâmicos.

O que nos parece seguramente incorreto é confundir o afastamento desses obstáculos com a livre circulação dos fatores, considerando tal afastamento como elemento também definidor de um mercado comum, tal como fazem Nevin (1991, pp. 56-7) e McDonald (2005, p. 48). Pode conceber-se de facto um mercado único sem livre circulação dos fatores (não é o caso do 'mercado comunitário de 1993': visando igualmente este segundo objetivo) e vice-versa, tratando-se de situações distintas que, como veremos, requerem um tratamento analítico próprio.

[10] Faltando todavia alguns passos, mesmo agora, para que se verifique v.g. a liberdade total de circulação dos trabalhadores, assumindo-se plenamente como mercado comum.

Com o Espaço Económico Europeu (EEE) verifica-se a situação de haver aceitação da harmonização de legislação do *acquis communautaire* (acervo comunitário), caraterística de um mercado único, bem como a liberdade de circulação dos fatores, caraterística de um mercado comum, sem que haja uma política comercial comum, caraterística de uma união aduaneira (cfr. entre nós G.E.Ferreira, 1997).

[11] Trata-se da 2.ª edição de *International Economic Integration*, de 1954, que por seu turno veio na sequência de *International Economic Cooperation*, de 1945. A palavra 'integração' não foi ainda usada, pois, no título desta edição dos anos 40. Marcando a distinção entre integração pela negativa e integração pela positiva (ou em alguma medida liberal *versus* dirigista) ver por exemplo Pinder (1968) e Pelkmans (1980, 1984 e 2006) (podendo distinguir-se também uma *shallow* de uma *deep integration*, numa distinção de Lawrence 1990; ver também Cable, 1994, Snape, 1996 e Calvete, 1997; ou ainda pelo mercado ou pela política: cfr. Molle, 2006, pp. 8-10). Sobre as perspetivas 'funcionalistas' (e 'neofuncionalistas') nos processos de integração, v.g. a partir da intergovernamentalidade, ver por ex. Fernandes (1991), Sande (2000, pp. 26-8), Sandholtz (1996), Rosamond (2000, caps. 2 e 3 e 2007) e Stroby-Jensen (2007) (sobre a formação de blocos regionais pelo mercado ou pela política, *informais* ou *formais*, veja-se *infra* 5.6.1).

Com uma integração pela negativa há apenas um afastamento das barreiras ao comércio livre e a outros movimentos (v.g. dos fatores), esperando-se que com a abertura das economias se beneficie das virtualidades proporcionadas pela dinâmica do mercado.

Passada todavia uma primeira fase – foi claramente esta a experiência da Comunidade Europeia – começa a sentir-se a necessidade de tomar medidas positivas de integração.

Não está de tal forma em causa, hoje em dia, o reconhecimento das virtualidades do mercado. Atualmente não se levantarão dúvidas a este propósito, sabendo-se contudo que se trata de virtualidades que só poderão ser devidamente aproveitadas com medidas corretas de intervenção.

Assim acontece, desde logo, para afastar imperfeições existentes, ou seja, obstáculos ao seu pleno aproveitamento.

Trata-se, além disso, de aproveitamento pleno que só será conseguido com a criação de economias externas indispensáveis, por exemplo com a construção de infraestruturas de transportes e comunicações, com a investigação científica e tecnológica e com a formação profissional.

Como exemplo particularmente expressivo de uma atitude positiva de integração, sobre cujos benefícios económicos poucas dúvidas se levantarão, podemos apontar ainda a política monetária que está a ser seguida na União Europeia: vindo a moeda única a constituir, com passos conducentes à união económica, um meio capaz de permitir um melhor aproveitamento das condições que o mercado proporciona.

1.4. Justificação para a prioridade dada na lecionação à teoria das uniões aduaneiras

Compreende-se que se dê prevalência à exposição da teoria das uniões aduaneiras, não só por ter surgido primeiro na ciência económica como por ser uma união aduaneira (além de ter já hoje outras componentes de bem maior integração, como acabámos de referir) a instituição – a Comunidade Europeia, no seio da União Europeia – em que Portugal está agora inserido.

Com uma interessante aplicação da 'teoria económica da política' (*public choice*: recorde-se de II.4.2.2.) à formação de blocos regionais, procurando analisar os fatores de procura e oferta que a terão determinado em cada época histórica, ver Mattli (1999; ou ainda Faiña, 2000, numa análise do caso espanhol).

Aliás, mesmo do ponto de vista pedagógico poderá haver vantagem em proceder deste modo: partindo-se da exposição da teoria das uniões aduaneiras para, quando haja elementos distintivos, estabelecer a comparação com as áreas (zonas) de comércio livre[12] ou com formas mais aprofundadas de integração, desde logo com os mercados únicos e com os mercados comuns.

2. A TEORIA ESTÁTICA DAS UNIÕES ADUANEIRAS

A teoria estática das uniões aduaneiras[13] beneficiou do contributo que foi dado pela teoria das divergências domésticas: ou seja, da aplicação da teoria do bem-estar às intervenções no comércio (recorde-se *supra* II.3 e II.4).

2.1. Formulação básica

Na elaboração da teoria é de sublinhar o contributo de Viner em 1950[14]. Contudo, este autor considerou apenas os efeitos sobre a produção, sendo por isso de grande importância a extensão que depois autores como Meade (1956), Gehrels (1956/7) e Lipsey (1957, 1960 e 1970) fizeram, considerando igualmente os efeitos sobre o consumo[15].

---

[12] Ou ainda com a simples atribuição de preferências alfandegárias.

[13] É esta a designação consagrada para a perspetiva que vamos ver em primeiro lugar; sendo todavia difícil saber, em relação a algumas das explicações que veremos de seguida, onde acaba a perspetiva estática e começa a perspetiva dinâmica.

[14] Também de Byé, no mesmo ano, mas podendo encontrar-se antecedentes já em trabalhos anteriores (ver por exemplo o De Beers, 1941, que por seu turno menciona um contributo anterior de Viner, de 1931).

A ideia que prevalecia anteriormente era, sem a discutir, a ideia de que tanto as uniões aduaneiras como as zonas de comércio livre constituíam passos favoráveis no sentido do livre-cambismo.

[15] Que Viner (1965) diz estarem implícitos na sua argumentação, não sendo todavia essa a ideia nem nossa nem da generalidade dos seus intérpretes (ver por exemplo Krauss, 1972, p. 414 e mais recentemente Ferreira, Paiva e Patacão, 1997, pp. 84-6).

Com uma exposição considerando apenas efeitos sobre a produção ver o anexo III.A, pp. 265-6 (ou por exemplo Gowland, 1983, pp. 56-8); e com uma análise aprofundada das várias teorias das uniões aduaneiras ver Calvete (2001).

Nesta exposição como elemento adicional face ao que vimos atrás temos que considerar não só o que se passa em relação a um segundo país, no qual podemos simbolizar todos os demais que se integram na união aduaneira, como também o que se passa em relação a um terceiro país, representando todos os que ficam de fora. Mesmo tratando-se de um modelo muito simples, como o que vamos utilizar, não poderá deixar de considerar estes dois tipos de situações.

Com a finalidade pedagógica que nos move é aliás suficiente – e segundo julgamos mais esclarecedora – a utilização de um modelo de equilíbrio parcial: na linha da preferência pedagógica que ficou já refletida nas exposições anteriores[16]. Trata-se assim de um modelo de três países e um bem (podendo admitir-se, em relação a um modelo de dois ou mais bens, que a alteração da procura e da oferta do bem em análise não altere as condições da procura e da oferta dos demais).

Antes de seguirmos uma exposição diagramática, evidenciando melhor os aspetos básicos da teoria, podemos ver um exemplo numérico muito simples (quadro III.1) , em que I é o nosso país, II o país com que nos integramos na união aduaneira (por exemplo a França) e III o terceiro país (por exemplo os Estados Unidos).

QUADRO III.1

	I	II	III
Preço em cada país	50	40	30
Tributação geral de 50%	50	60	45
Integração de I com II numa união	50	40	45

[16] Trata-se de preferência que se verifica na generalidade das exposições da teoria das uniões aduaneiras (recorde-se o que dissemos já na n. 37 p. 129).
Seguir-se um modelo de equilíbrio geral não significa aliás a "rejection of the simple demand and supply curve tools of analysis, and in particular" a "rejection of the welfare measure associated with these" (El-Agraa e Jones, 1981, pp. 9-10; tendo já mostrado Arrow e Hahn, 1971, que "partial equilibrium can be regarded as a special case of general equilibrium analysis"). Constitui de facto uma forma de análise especialmente favorável para se evidenciarem e medirem os efeitos de transferência de rendimento e de bem-estar que se verificam com a formação das uniões aduaneiras (ver ainda por exemplo Molle, 2006, pp. 67 ss.).

Havendo uma tributação geral de 50% antes da formação da união aduaneira importamos do país III, chegando o bem aos consumidores por 45, menos do que o preço no mercado interno, de 50[17]. Passando os países I e II a fazer parte de uma união aduaneira deixa de haver a aplicação de restrições aos movimentos entre si. Sendo assim, apesar de o custo de produção ser menor em III, o nosso país passa a importar de II, chegando o bem aos consumidores pelo preço de 40.

Temos relativamente à situação anterior um ganho (efeito de criação de comércio) resultante da circunstância de se dispor do bem por 40 em vez de ser por 45; havendo todavia um prejuízo (efeito de desvio de comércio) por deixar de vir de onde era produzido em melhores condições, por 30[18].

Trata-se de efeitos – um e outro – que podem ser vistos numa exposição diagramática (fig. III.1):

FIG. III.1

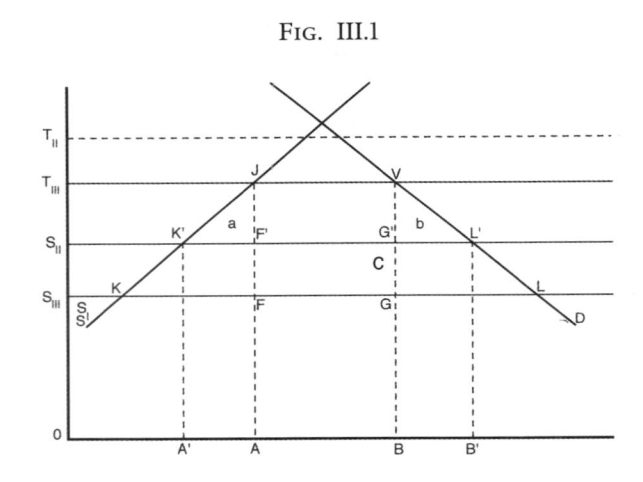

[17] Já com uma tributação geral de 100% o preço do bem vindo de III ficaria por 60, mais alto do que o nosso preço: pelo que ficaríamos em economia fechada, ou seja, a procura seria satisfeita integralmente com oferta interna (recorde-se de p. 129-30).
Como é óbvio o mesmo aconteceria se o nosso preço fosse o preço mais baixo a nível mundial, por exemplo um preço de 25.
[18] Conforme poderá ver-se melhor com a figura III. 2 (na n. 21 p. 203), a partir de uma situação de economia fechada (mais desfavorável em termos de bem-estar) o movimento de integração teria apenas um efeito (maior) de criação de comércio, não de desvio de comércio.

Tal como no exemplo numérico, continuamos a considerar que o país terceiro (III, os EUA) tenha um preço mais baixo (S_{III} O) do que o preço (S_{II} O) do país a que nos juntamos na união aduaneira (o país II, a França). Consideramos além disso para simplificar – mas com realismo no caso português – que o país em análise seja um 'país pequeno' face não só aos países terceiros como face aos países parceiros da união: ou seja, que tenha perante si curvas da oferta infinitamente elásticas de III e II[19].

Antes da constituição da união aplica-se a mesma tributação (por exemplo aqui de 80%) às importações vindas de todos os países, o que leva a que o preço no mercado interno seja o preço T_{III} O, resultante da aplicação desse imposto ao preço do bem onde é mais barato e de onde por isso é importado: o preço do país terceiro (os EUA, S_{III} O), sendo a procura interna, de OB, satisfeita em OA por oferta interna e em AB por oferta do país III. Como é óbvio, não tinha sentido importar então da França, onde o preço é de S_{II} O: ficando o preço interno (com imposto) em T_{II}O.

Trata-se todavia, como sabemos, de uma situação causadora de custos de bem-estar: um custo de distorção na produção, representado pelo triângulo KFJ, e um custo de distorção no consumo, representado pelo triângulo GLV (recorde-se de pp. 141-2).

Com a entrada do país II na união aduaneira deixam de ser-lhe aplicados impostos alfandegários (ou outras restrições), não deixando todavia de tributar-se (ou onerar-se de outro forma) o que vem de III. Passa por isso a importar-se do primeiro destes países, chegando o bem aos consumidores pelo preço S_{II} O, mais baixo do que T_{III} O: aumentando o consumo para OB', OA' satisfeito com oferta interna e A'B' com oferta do país II.

Há assim um ganho de bem-estar que não corresponde todavia ao somatório dos triângulos KFJ e GLV: ou seja, ao afastamento dos custos de bem--estar da intervenção alfandegária referidos há pouco.

De facto, descendo o preço para os consumidores de T_{III} O para S_{II} O os triângulos que representam os ganhos conseguidos são menores, os triângulos K'F'J e G'L'V (*a* e *b*, respetivamente): na medida em que o preço não chega a ser de S_{III} O, ficando em S_{II} O.

---

[19] A hipótese de não ser infinitamente elástica a oferta de II é considerada no Anexo III.B; sendo por seu turno a hipótese de uma oferta não infinitamente elástica de III, especialmente relevante para a teoria das uniões aduaneiras, considerada em III. 5.1.

Por outro lado, há que ter em conta que a par do ganho referido há um prejuízo de bem-estar, representado pelo retângulo FGG'F' (c).

Na verdade, conforme vimos, com a intervenção alfandegária sobre as importações de III a área FGVJ não representava uma perda social, na medida em que a perda da renda dos consumidores constituía receita fiscal do Estado, não podendo fazer-se um juízo de valor sobre se se tratava de uma situação mais ou menos favorável (podendo mesmo admitir-se, como hipótese, que o Estado utilizasse o dinheiro recebido para subsidiar os consumidores na exata medida do que haviam pago com a tributação alfandegária)[20].

Com a formação da união aduaneira, passando os consumidores a comprar pelo preço do país que dela também faz parte (o preço $S_{II}O$), há uma decomposição da realidade que era representada pelo retângulo FGVJ.

O sub-retângulo F'G'VJ continua a representar (agora por razões inversas) uma situação indiferente de bem-estar, na medida em que uma diminuição da receita fiscal é substituída, nessa mesma medida, por uma melhoria (uma recuperação) da renda dos consumidores, que passam a comprar o bem mais barato.

É todavia já bem diferente a situação representada pelo sub-retângulo FGG'F' (c). Vindo o bem de um país da união aduaneira não é obviamente cobrada receita nenhuma, mas em tal medida não há um benefício para os consumidores, obrigados a pagá-lo por $S_{II}O$. Trata-se, pois, de sub-retângulo que corresponde a uma situação que a ninguém aproveita: nem ao Estado, que deixa de ter qualquer receita cobrada nas alfândegas, nem aos consumidores, que suportam um preço mais alto do que $S_{III}O$.

Constata-se deste modo que com a formação de uma união aduaneira a par de um ganho, representado na fig. III.1 pelo somatório dos triângulos a e b, há uma perda, representada pelo retângulo c: constituindo o primeiro – o ganho – o chamado efeito de *criação de comércio* e a segunda – a perda – o chamado efeito de *desvio de comércio*[21].

---

[20] Podendo dizer-se algo de semelhante se se trata de uma quota, com a qual há um ganho (uma transferência) para os importadores (comerciantes), ou talvez também aqui para o Estado, se os importadores tiverem comprado em hasta pública o direito de importarem ou forem tributados na medida do ganho conseguido (recorde-se de novo *supra*, agora p. 132).

[21] No caso de se estar inicialmente em economia fechada (v.g. sendo a tributação impeditiva de qualquer importação) verifica-se apenas o efeito de criação de comércio, conforme pode ver-se na figura seguinte (fig. III.2):

Na análise de uma união aduaneira, procurando ver se com ela há uma melhoria ou não, há que contrapor, pois, o efeito de desvio de comércio (havendo-o) ao efeito de criação de comércio: só se verificando um ganho líquido se este segundo for maior do que o primeiro.

Na linha da exposição seguida compreende-se já que a probabilidade de haver vantagem líquida com uma união aduaneira deverá ser tanto maior: *a*) quanto maior for o nível dos direitos aplicados anteriormente entre os países membros; *b*) quanto menor for o nível dos impostos aplicados em relação a terceiros; *c*) quanto maior ou, mais concretamente, quanto mais relevante for a parcela do comércio internacional que se dá entre os países que a constituam; *d*) quanto maior for o comércio (e outras relações económicas) entre estes antes da integração; *e*) quanto mais concorrenciais (não complementares) forem as economias (v.g. entre países igualmente industrializados) e *f*) quanto maior for a proximidade geográfica (sendo mais baixos os custos de

FIG. III.2

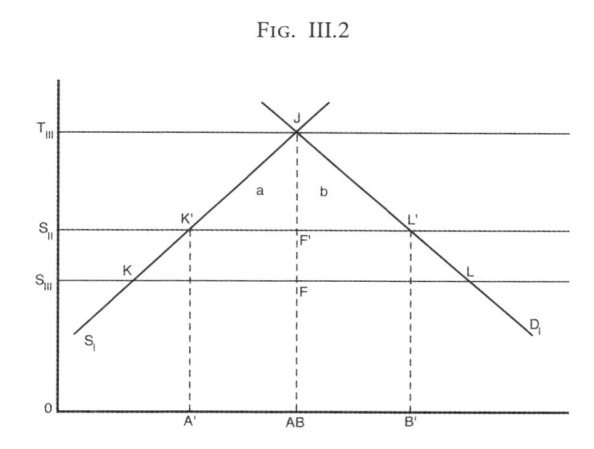

Dado que com o imposto $T_{III} O$ nada era importado, não era cobrada nenhuma receita. O ganho com a formação de uma união aduaneira com o país II é assim o resultado – na íntegra – do afastamento dos custos de distorção na produção e no consumo representados pelos triângulos (maiores) K'F'J e F'L'J (*a* e *b*, respetivamente).

Não resulta todavia daqui, como é óbvio, que se trata de uma situação de primeiro ótimo. Há uma vantagem mais sensível em relação à situação de partida, mais desfavorável, mas não pode esquecer-se – como se sublinhará em III. 4.1 – que seria mais vantajosa a situação de comércio livre, com a qual, no leque das hipóteses possíveis, a comparação não poder deixar de ser também feita.

transporte)[22] (numa lógica que será melhor compreendida com o que diremos em III. 4).

2.2. Extensões da teoria

2.2.1. À formação de um mercado único

Com um mercado único verifica-se também o afastamento de obstáculos não alfandegários (barreiras 'não visíveis') às trocas e à concorrência: obstáculos que foram aliás assumindo maior relevo nas décadas mais recentes, quando, como consequência de compromissos tomados (dentro da Comunidade pelos países que dela fazem parte ou, com um âmbito muito mais geral, por exemplo no seio do GATT), foi afastada ou atenuada a aplicação de impostos e restrições quantitativas à circulação dos bens, não deixando todavia de se manter e exprimir forças protecionistas nos vários países (em especial desde a primeira crise do petróleo, em 1973, com o 'novo protecionismo': recorde-se *supra* p. 35).

Trata-se de objetivo cuja prossecução o Ato Único visou atingir na Comunidade Europeia, com a fixação de uma data (início de 1993) e a flexibilização do processo legislativo de afastamento dos obstáculos que foram inventariados no Livro Branco de 1985[23].

Que significado terá o seu afastamento?

Recorrendo a uma figura na linha da figura III.1[24] temos (fig. III.3):

---

[22] Ver por exemplo Swann (2000, p. 123) ou Salvatore (2007, pp. 327-8), alargando o leque das circunstâncias em que são de prever ganhos maiores ao caso de haver proximidade geográfica entre os países (cfr. tb. B. Hamilton e Whalley 1985). Além disso, os efeitos dependem naturalmente das elasticidades-preço das importações e das exportações (sobre a medição ver *infra* III.6).
Mostrando que os ganhos ou as perdas de bem-estar não coincidem com as alterações dos movimentos comerciais ver Pelkmans e Gremmen (1983) ou Nielsen, Heinrich e Hansen (1991, pp. 33-4).

[23] Tratando-se sem dúvida em grande medida da reafirmação de propósitos já da redação original do Tratado de Roma (recorde-se da n. 9 p. 195 e veja-se *infra* IV. 5).

[24] Para simplificar continuamos a considerar aqui e nas figuras do mesmo tipo que se seguirão ofertas infinitamente elásticas do(s) país(es) parceiro(s) (II) no espaço de integração (como se disse há pouco, podendo a hipótese de uma oferta de II não infinitamente elástica ser vista no anexo III.B).

Fig. III.3

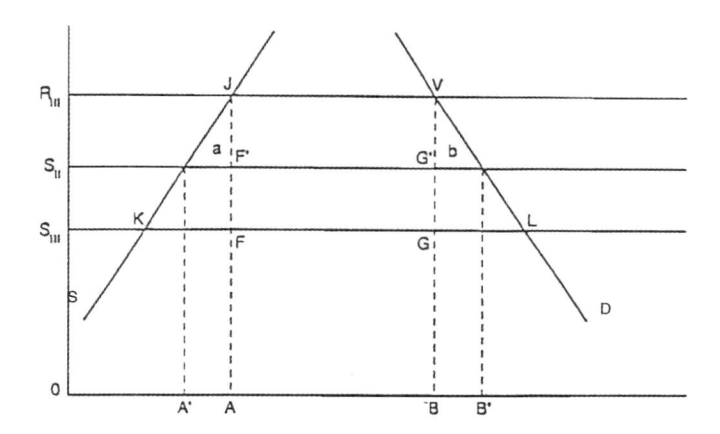

Neste caso o preço do bem está agravado na medida dos obstáculos ao comércio e à concorrência que estamos a analisar. Sendo comuns ao(s) país(es) parceiro(s) (II) e ao(s) país(es) terceiro(s) (III), é preferível importar deste(s) último(s) por um preço mais baixo, S_{III} O, chegando aos consumidores por R_{III} O.

Com o afastamento das barreiras em relação a II (como consequência do afastamento de obstáculos proporcionado por um mercado único) já se torna mais favorável importar deste país, passando os consumidores a dispor do bem pelo preço S_{II} O[25].

---

[25] Foi em grande medida no reconhecimento desta consequência, beneficiando naturalmente não só quem passa a importar como quem passa a exportar em melhores condições, que a previsão da formação do 'mercado de 1993' levou os países da EFTA a empenhar-se na formação do EEE (recorde-se a n. 10 p. 196): talvez simultaneamente com o receio – fundado ou não – de que a Comunidade se transformasse numa 'Europa Fortaleza'. Na sequência do afastamento das barreiras alfandegárias ocorrido nos anos 60 (e antecedendo a 'transferência' do Reino Unido e da Dinamarca da EFTA para a Comunidade) foram celebrados (em 1972) os acordos comerciais CEE-EFTA, capazes de salvaguardar então os seus interesses. Mas os passos no sentido do mercado único dados na sequência do Ato Único Europeu levaram a que esses países ficassem de novo numa posição desvantajosa, julgando preferível a aceitação do *acquis communautaire* (apesar de não terem participado e continuarem a não participar na sua formação), como forma de não serem vítimas da aplicação de normas diferentes (v.g. físicas, técnicas e fiscais) que prejudicariam o acesso dos seus bens aos países da Comunidade (e os interesses dos seus consumidores) (cfr. G. E. Ferreira, 1997).

Foi a este tipo de cálculo que se procedeu no relatório Chechini e em outras análises (ver *infra* IV. 5); sendo aliás os resultados mais sensíveis quando se entra em conta não só com os efeitos estáticos como com os efeitos dinâmicos.

Será de notar que aqui, diferentemente do que se passava na fig. III. 1, o retângulo F'G'VJ representa uma perda líquida de bem-estar (uma ineficiência) por não se dispor dos produtos nas melhores condições. Não há de facto neste caso uma transferência de recursos financeiros para o Estado, tal como quando as importações estão sujeitas a tributação (algo de semelhante podendo verificar-se, como vimos, quando se aplica uma quota)[26].

Sendo assim, a integração com o país II num mercado único leva a que F'G'VJ seja um ganho líquido a acrescer aos triângulos *a* e *b*. Por outro lado, não há efeito de desvio do comércio, porque antes não se importava de II em melhores condições (agravadas só internamente com a tributação, constituindo uma transferência para o Estado).

Conforme veremos melhor adiante seria obviamente maior o ganho se a integração fosse com o país III, podendo dispor-se então do bem pelo preço S_{III} O.

2.2.2. A formação de um mercado comum

Formando-se um mercado comum, podemos ver agora que também a livre circulação dos fatores deve levar a um aumento de bem-estar[27].

Podemos mostrá-lo com um exemplo relativo ao fator trabalho, numa demonstração aplicável igualmente ao fator capital[28] (fig. III.4).

---

[26] Ver Nielsen, Heinrich e Hansen (1991, pp. 50-1), que não tiram todavia depois as consequências desta diferença na exposição relativa à formação de um mercado único.

[27] Conforme refere Wooton (1988, p. 525), "there seems to have been no corresponding growth in the analytic discussion of the next stage in economic integration, the common market" (como exceções importantes podem indicar-se Kemp 1969, Brecher e Bhagwati, 1981 e Robson, 1998-0).

[28] Partindo-se então de uma situação de taxas de juro diferentes, neste caso provavelmente mais altas em I do que em II. Podem considerar-se, além disso, os efeitos conjugados da movimentação dos dois (ou mais) fatores.

FIG. III.4

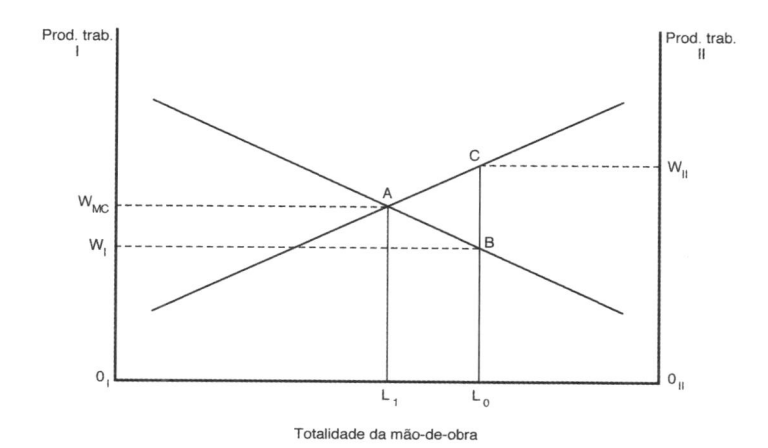

Totalidade da mão-de-obra

Estando representada no eixo horizontal a totalidade da mão-de-obra existente no mercado comum, temos uma situação inicial, sem a livre circulação dos fatores entre os países, em que essa mão-de-obra se reparte por O_I Lo no país I e Lo O_{II} no país II.

No eixo vertical da esquerda medimos a produtividade do trabalho do país I e no eixo vertical da direita a produtividade do trabalho no país II. Face à disponibilidade de mão-de-obra num e noutro país produz-se em I com o salário $W_I O_I$ e em II com o salário $W_{II} O_{II}$, ou seja, com um salário muito mais baixo no primeiro do que no segundo.

Abrindo-se o mercado à circulação dos fatores é natural que a mão-de-obra de I seja atraída pela remuneração mais elevada de II[29]. Há por isso uma deslocação (uma migração) em tal sentido até que se verifique a estabilização com a igualdade dos salários, em W_{MC}, ficando o país I com a mão-de-obra $O_I L_1$ e o país II com a mão-de-obra $L_1 O_{II}$.

---

[29] Como vimos atrás (em I.3.1.2), a diferença nas remunerações deveria levar aliás já, na linha do teorema de Heckscher-Ohlin, a um movimento comercial com a especialização do país I na produção de bens trabalho-intensivos (devendo o país II especializar-se por seu turno na produção de bens utilizando em maior medida o fator – v.g. o capital – nele mais abundante). Sobre os termos em que os dois tipos de movimentos podem substituir-se ver o 'clássico' Mundell (1957).
Com o exemplo do texto ver também Corden (1974, pp. 129 ss.).

Sendo até então o valor da produtividade do trabalho maior em II, vai-se obtendo um ganho que resulta de a mão-de-obra aí utilizada proporcionar produções com um valor que excede o valor da sua remuneração: sendo o ganho acumulado na produção das várias unidades representado pelo triângulo ABC. Trata-se de evolução com benefício para ambos os países: ganhando o país II mas ganhando também (ou podendo ganhar também) o país I com a melhor afetação dos recursos que é assim conseguida.

Haverá por certo é a necessidade de compensar os custos sociais dos movimentos dos fatores (caso dos trabalhadores), não só com a sua deslocação e a sua fixação no país de imigração como com a desertificação ocasionada em algumas áreas de emigração[30].

3. OUTRAS RAZÕES ECONÓMICAS APONTADAS PARA A FORMAÇÃO DE ESPAÇOS DE INTEGRAÇÃO

3.1. O aproveitamento de vantagens de especialização

Com o afastamento de barreiras ao comércio entre os países-membros há naturalmente um aumento do comércio, explicável pelas teorias que analisámos na primeira parte destas lições: constituindo aliás tal aumento o elemento-base do acréscimo de bem-estar considerado no número anterior[31].

Tivemos ocasião de ver aí que de um modo geral essas teorias, além de explicarem por que há comércio, também o justificam, mostrando o ganho geral com ele conseguido (repartido entre os países consoante os termos do comércio).

Há pois um ganho com a especialização proporcionada pelo comércio internacional[32] de que beneficiam os países que passam a fazer parte de uma união aduaneira.

---

[30] Ver a n. 2 p. 271, no Anexo III.B, e IV. 2.4.2 (bem como Mayes, 1983, e Nielsen, Heinrich e Hansen, 1991, pp. 75-6).
Segundo Wooton (1988, p. 536), "as long as a common external tariff is chosen correctly, a full common market would be better than a customs union alone".

[31] Mas distinguindo-se as duas situações (recorde-se da n. 22 p. 204).

[32] Tal como, conforme vimos, pode haver um ganho com a especialização no plano interno (ilustrámo-lo, a propósito da teoria da vantagem comparativa, na n. 41 p. 47).

3.2. O aproveitamento de economias de escala

Uma outra explicação para a criação de uma união aduaneira é a de poder conseguir-se com ela a dimensão suficiente para se produzir com custos médios mais baixos[33].

Trata-se de dar relevo assim, no quadro de uma união aduaneira, a uma das explicações para o comércio internacional: em lugar de cada país produzir todos os tipos de bens (dois bens, nos exemplos que demos atrás) com custos mais elevados, independentemente de qualquer fator de vantagem comparativa haverá um ganho geral se cada um se especializar na produção apenas de alguns (ou de um deles, no exemplo), podendo vender no mercado mais alargado que abrange o próprio país e os seus parceiros comerciais.

É uma situação que pode ser vista na figura seguinte (fig. III. 5), considerando todavia neste exemplo a existência de condições diferentes em cada um dos dois países, tendo um deles condições mais favoráveis para a produção de um determinado bem (mas menos favoráveis do que um país terceiro)[34].

Começando por admitir (para simplificar) que inicialmente se está em economia fechada (não havendo comércio nem entre os países que formam

---

[33] Nos termos e com as representações diagramáticas que vimos em I.3.1.3.2 (pp. 63-4).

Com a elaboração deste argumento ver Corden (1972). Já Viner o tinha considerado (1950, pp. 46-7), julgando todavia que as economias de escala seriam "small enough to be ignored".

Muitos autores distinguem as economias de escala estáticas das economias de escala dinâmicas, dando designadamente relevo, no segundo caso, aos efeitos de aprendizagem (*learning effects*) que a grande escala pode proporcionar.

É todavia duvidoso que seja particularmente a escala a proporcionar a dinamização da produção (através de uma aprendizagem ou por qualquer outro modo), a qual tanto pode ser proporcionada pela grande escala como, pelo contrário, pela concorrência verificada entre unidades de menor dimensão (vê-lo-emos no número seguinte). Em alguma medida pode comungar-se por isso da dúvida de Pomfret, para quem "why (...) scale economies are dynamic remains a mystery" (1991a, p. 51; ver também Porto, 1979, p. 17 e 1982, pp. 379-80, a propósito do argumento das indústrias nascentes).

[34] Condições de produção iguais eram consideradas nos exemplos que demos em I. 3.1.3.2.

Além das economias de escala que são conseguidas internamente nas empresas (levando necessariamente a situações de imperfeição do mercado), aqui consideradas, são de considerar as que resultam do conjunto das condições do mercado: ou seja, há que distinguir entre as economias de escala internas e as economias de escala externas.

a união nem entre eles e países terceiros)[35], bem como que não há lucros de monopólio, no país I (em 5.a) é produzida a quantidade $O_I A$ e no país II (em 5.b) a quantidade $O_{II} E$.

Com a participação dos dois países na união aduaneira há a possibilidade de ambos beneficiarem com a concentração de toda a produção num deles. Tendo custos de produção (custos médios) diferentes, é natural que a produção se concentre no país com custos médios mais baixos, no exemplo o país II.

Fig. III.5

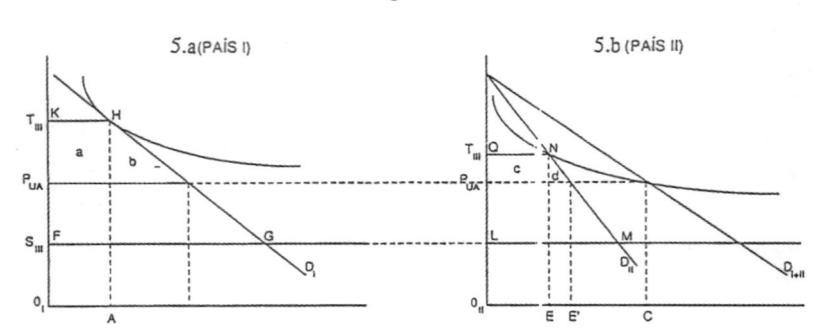

Também aqui com a abertura das economias não se fica pela situação correspondente ao custo médio por que se vendia antes (neste exemplo, no país com custo médio mais baixo, o país II), ou seja, pelo valor $T_{III} O_{II}$. Sendo maior a procura conjunta feita a II, de DI + II (a procura dos dois países), a produção que a satisfaz, $O_{II} C$, é conseguida com um custo médio mais baixo do que na situação de isolamento anterior, podendo ser praticado o preço P_{UA}.

Há assim ganhos de bem-estar de $a + b$ em I e de $c + d$ em II: correspondendo a redução dos custos de distorção na produção aos retângulos a e c e a reduções dos custos de distorção no consumo aos triângulos b e d. Em I o efeito favorável de produção resulta de se ir buscar a um país parceiro (II) onde a produção é mais eficiente, sendo b o ganho de consumo como consequência de os consumidores conseguirem o bem por um preço mais baixo. Em II o retângulo c corresponde a produzir-se aí de um modo mais econó-

---

[35] Se assim não fosse teriam de ter-se em conta também os efeitos de desvio do comércio (recordem-se *supra* as notas 18 p. 200 e 21 p. 202 e veja-se *infra* a n. 82 p. 238).

mico, correspondendo d ao aumento de bem-estar por poder consumir-se um bem mais barato.

Temos assim uma vantagem em relação à situação anterior que a participação numa união aduaneira pode proporcionar. A título de exemplo, não sendo o mercado português suficiente para justificar a indústria automóvel, mas tendo nós custos médios menores, já a justificará o mercado da União Europeia, muito mais vasto.

3.3. Efeitos dinâmicos

Passando agora para um outro plano, pode acontecer que com a criação de uma união aduaneira se verifiquem efeitos dinâmicos[36], levando a que se produza com custos médios mais baixos.

Trata-se de situação que pode ser vista na figura que se segue(fig. III.6):

Fig. III.6

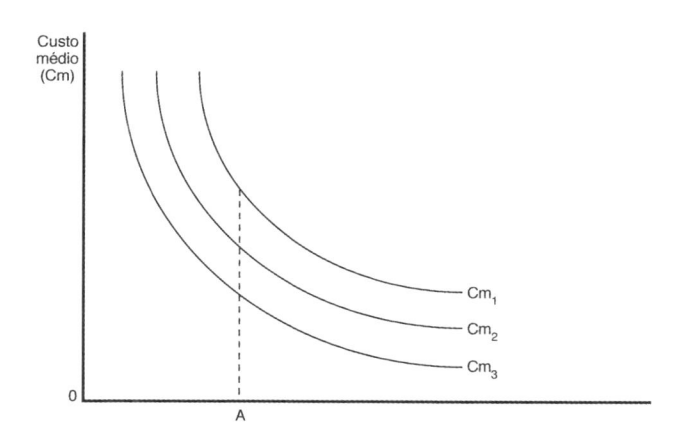

Tendo-se inicialmente o custo médio C_{m1}, nos períodos 2 e 3 poderá ser conseguida a produção das mesmas quantidades (por exemplo OA) com custos médios mais baixos (C_{m2} e C_{m3}, respetivamente)[37].

---

[36] Ligados ou não a economias de escala (recorde-se a n. 33 p. 209).

[37] Nielsen, Heinrich e Hansen (1991, p. 43) apresentam uma figura como a do texto para ilustrar o caso de haver economias de escala dinâmicas. É todavia uma evolução das curvas de custo

Importará saber que razões poderá haver para que se verifiquem tais reduções de custos.

3.3.1. Em alguns casos poderá tratar-se[38] de diminuição de custos resultante de se produzir com a maior escala proporcionada por uma união aduaneira: conseguindo-se designadamente então efeitos de aprendizagem que levam a uma maior eficiência.

3.3.2. Numa linha diferente tem-se sublinhado que com uma união aduaneira deixam de verificar-se situações de monopólio (ou outras de mercado não perfeito) existentes em cada país, geradoras de ineficiências[39].

Trata-se de ineficiências que desaparecem no mercado mais aberto de uma união, beneficiando-se da concorrência resultante de as empresas terem de passar a competir então com as empresas dos demais países membros.

Temos assim um argumento com relevo para o nosso país, que tinha monopólios estaduais que não puderam manter-se com a integração (cfr. *infra* IV. 2.1.5). Haverá por isso razões para que seja especialmente significativo o estímulo proporcionado pela integração de Portugal na União Europeia.

Poderá acontecer todavia, por outro lado, que com a integração acabem por se criar condições para a existência de monopólios (ou outras formas imperfeitas de mercado), já não ao nível de cada país mas ao nível comunitário: com ineficiências talvez maiores do que as dos primeiros.

médio na sequência de aumentos de eficiência que tanto podem resultar de haver economias de escala como de haver uma maior concorrência entre empresas de pequena e média dimensão: também então se verificando uma diminuição dos custos médios.

Trata-se de evolução que pode ser igualmente representada com um diagrama de equilíbrio geral, como o da fig. I.A.3, p. 88.

[38] Embora tendo-se presente o que se disse nas notas 33 p. 209 e 37 p. 211.

[39] Poderá acontecer todavia, pelo contrário, que a grande escala assim conseguida permita uma maior eficácia, com a integração vertical ou horizontal das fases de produção ou ainda por se tratar de uma forma de mercado (v.g. de monopólio) indispensável para que haja inovação, só com ela (ou com maior probabilidade com ela) havendo a garantia de se beneficiar do investimento feito em tal domínio. Poderá então vir a revelar-se mais favorável a formação de um monopólio, com custos acentuadamente mais baixos (ver J. T. Ribeiro, 1959, pp. 342-8 e 1992 ou, com a hipótese mais provável de os preços permanecerem mais altos, McDonald, 2005, p. 49; bem como o que se dirá em IV.2.1 a propósito da política de concorrência na União Europeia).

Trata-se de um perigo real ao qual, conforme veremos mais adiante (em IV.2.1.1), a Comunidade tem estado atenta desde o seu início, v.g. com base nos artigos 85.º e 86.º, depois renumerados como arts. 81.º e 82.º do Tratado de Roma, agora 101.º e 102.º no TFUE (Tratado de Lisboa), numa luta 'dia a dia' indispensável para que se consiga o aproveitamento máximo dos benefícios do mercado.

3.3.3. Numa terceira linha chama-se ainda a atenção diretamente para as vantagens de estímulo da concorrência que a integração numa união aduaneira pode proporcionar, independentemente do afastamento de situações de monopólio, oligopólio ou outras de imperfeição do mercado (podendo nem sequer existir inicialmente, com um mercado de pequenas empresas)[40].

Trata-se de benefício posto muito em destaque quando da adesão do Reino Unido à Comunidade Europeia, em especial pela voz de Harold MacMillan ao falar de um efeito de 'estimulante chuveiro-frio' (*cold shower effect*)[41]. Face a alguma letargia então existente admitiu-se que com a concorrência verificada no seio da Comunidade a indústria britânica teria um 'abanão' benéfico, obrigando-a a ser mais eficiente[42]. Deste tipo de estímulo se falou também muito quando da entrada de Portugal e da Espanha.

3.4. Efeitos de criação de rendimento

Numa perspetiva dinâmica é de dar relevo aos efeitos que uma união aduaneira pode ter no aumento do rendimento, no período inicial e nos períodos seguintes, designadamente como consequência dos efeitos do multiplicador do comércio externo[43].

Trata-se de linha de análise que, com algumas facetas próprias, pode reportar-se a Brown (1961) e Kreinin (1964), parecendo ser sensíveis os efeitos

---

[40] Será o caso da 'eficiência X' de Leibenstein (1966; ver também J. Martin, 1978 e Corden, 1997, pp. 120-6).

[41] Vindo a ideia já de Scitovsky (1958). Pode contudo ser, pelo contrário, efeito de 'banho turco' se houver perda de dinamismo resultante de proteção face a terceiros países.

[42] Com uma análise especialmente virada para o aumento de eficiência na Comunidade Europeia ver Pelkmans (1984).

[43] Com a sua noção ver J.T. Ribeiro (1962-3, pp. 165-71) ou qualquer manual de comércio internacional.

verificados[44], designadamente em cálculos mais recentes relativos ao mercado único de 1993[45].

4. AS LIMITAÇÕES DAS JUSTIFICAÇÕES APRESENTADAS

Foi fecundo o contributo das teorias referidas, mostrando a vantagem da formação de uniões aduaneiras relativamente a situações anteriores de não participação ou de menor participação dos países no comércio internacional.

Acontece, todavia, que em todos os casos a linha de argumentação seguida mostra que não se tem então a situação mais favorável possível, mais concretamente, que melhor do que a participação numa união aduaneira é a existência do comércio livre mundial.

4.1. As uniões aduaneiras como soluções de segundo ótimo

Trata-se de constatação feita a propósito da teoria estática das uniões aduaneiras, que está aliás ligada, na sua elaboração, à formulação da *teoria do segundo ótimo* (ver Lipsey e Lancaster, 1956/7). Dado que com a união aduaneira há

---

[44] Sublinha Gowland (1983, p. 63) que "the macroeconomic effects of customs unions are much more important than the resource allocation (microeconomic) effects discussed above" (ver também por exemplo Nevin, 1991).

Thirlwall (1979 e 1983) e Mendes (1986, 1987 e 1993), este último em relação a Portugal, procederam à medição dos efeitos do multiplicador do comércio externo com a condicionante da balança dos pagamentos.

Com uma perspetiva diferente Krugman (1987b, pp. 371-2), sem negar a importância dos efeitos macro-económicos acabados de referir, julga todavia que "problems of co-ordination could negate the macroeconomic benefits of expenditures integration" ("emphasis on trade multipliers is now seen to miss the most important point. What matters is not so much how much a given German policy affects France as the way that interdependence affects the policies pursued by both German and France"). Trata-se de problema a que voltaremos mais tarde (em III. 5.2 e 3).

[45] A seu propósito diz Richard Baldwin (1989, p. 269) que "by focusing exclusively on the static effects of 1992, previous studies of 1992 have seriously underestimated its economic impact. My analysis suggests that simply take account of the medium-run growth effect would roughly double the Chechini estimates of 1992's impact on EC income" (voltaremos a este ponto em IV. 5.3).

quem fique melhor, na medida dos efeitos de criação de comércio, mas quem fique pior, na medida dos efeitos de desvio de comércio, não se tem uma situação de ótimo de Pareto. Ainda que se fique melhor em relação à situação anterior, fica-se pior do que com comércio livre geral.

A exposição da teoria estática é de facto bem clara mostrando que só teremos uma situação de primeiro ótimo com o comércio livre mundial. Para tal devemos recorrer a uma figura (a fig. III.7) na linha da figura III. 1, mas neste caso admitindo que o preço mais baixo a nível mundial seja o preço de um dos países que integram a união aduaneira: o preço S_{II} O.

Fig. III.7

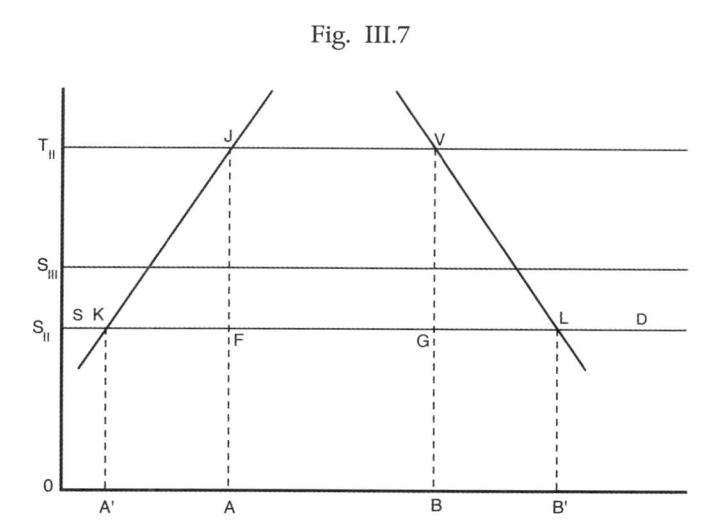

Sendo mais baixo, a nível mundial, o preço do país II, naturalmente que o bem em causa já era importado daí antes da formação da união aduaneira. Com a aplicação do imposto os consumidores podiam comprá-lo por T_{II} O, verificando-se os custos de bem-estar representados pelos triângulos KFJ e GLV.

Integrando-se o país na união aduaneira deixam de verificar-se estes custos, o que nos dá, como sabemos, a medida dos efeitos de criação de comércio.

Por outro lado, passando os consumidores a dispor do bem pelo preço S_{II} O, que é o preço mais baixo a nível mundial, não há nenhum efeito de desvio de comércio: dado que em toda a medida da redução da receita do Estado, de

FGVJ, há um aumento da renda dos consumidores, promovendo o seu bem--estar[46].

Ora, é óbvio que se estará nesta situação se houver comércio livre mundial, sendo seguro que se disporá então necessariamente – e só então – do bem pelo menor preço possível. É essa, pois, a solução de primeiro ótimo, sendo as soluções de formação de uniões aduaneiras apenas soluções menos favoráveis, de segundo ótimo, dado que pode sempre estar de fora algum país com um preço mais baixo[47].

Por outro lado, a mesma lógica mostra que melhores do que 'um' mercado único (como o de 1993) e do que um mercado comum são um 'mercado único mundial' e um 'mercado comum mundial', sem restrições entre os países, havendo entre todos eles concorrência perfeita e mobilidade plena dos fatores.

No caso do 'mercado único mundial' beneficiar-se-ia de ter dentro dele o país com os custos mais baixos (o país III, na fig. III.3 p. 230 TERÁ UMDADO...) sem que se tivesse os obstáculos que entretanto impediam a sua concorrência plena no país I: somando-se aqui o ganho dos triângulos KFJ e GLV ao ganho do retângulo FGVJ.

Por seu turno num mercado comum mundial estarão disponíveis todos os fatores de produção existentes[48], incluindo necessariamente os fatores dos países onde o seu preço for mais baixo. Com a livre transferibilidade para países onde é maior a produtividade marginal alargam-se ao máximo, no interesse geral, os ganhos representados pelo triângulo da fig. III. 4 (p. 224).

---

[46] Partindo-se de uma situação inicial (mais desfavorável) de economia fechada (recorde-se de novo a n. 21 p. 202) não haveria já esta transferência de rendimento do Estado para os consumidores. Mas o ganho de criação de comércio seria então maior, representado pelo somatório dos triângulos KFJ e FLJ da figura III.2.

[47] Chega-se naturalmente à mesma conclusão no caso, considerado no Anexo III.B, de não ser infinitamente elástica a oferta do país parceiro na união: pelas mesmas razões, sendo igualmente aqui melhor o comércio livre mundial. Na figura III.B (p. 237) seria o país III a estar na união (com uma curva da oferta infinitamente elástica, como na figura, ou eventualmente com alguma inclinação crescente): sendo a criação de comércio representada pelo somatório dos triângulos EFJ e GLV em a e de DEH e EIH em b, não havendo por seu turno nenhum efeito de desvio de comércio.

[48] Não só toda a mão-de-obra e todo o capital como algum outro fator, generalizando-se o modelo.

4.2. A possível vantagem das áreas (zonas) de comércio livre

Na mesma linha de exposição podemos notar agora que com uma zona de comércio livre pode dispor-se do preço proporcionado pelo país de nível de protecionismo mais baixo[49].

Tendo cada país uma política comercial própria e havendo comércio livre entre eles haverá vantagem em importar o bem por onde for mais barato fazê-lo, sendo este o valor que se estabelecerá no conjunto da zona (numa lógica que será apenas atenuada com os custos de transporte, de grande relevo se os países estiverem afastados entre si, mas com pouco significado se estiverem próximos: dois tipos de situações, bem distintos, que encontramos no seio da EFTA)[50].

É para evitar as situações de 'deflexão' (*deflection*) do comércio que assim se criariam que as zonas de comércio livre têm de ter regras de origem rigorosas[51]: só havendo comércio livre dentro do espaço se os bens forem integralmente produzidos num dos países membros.

4.3. Extensão da crítica às demais justificações

Por fim, será de sublinhar que o que dissemos em III. 4.1 é aplicável igualmente a todas as demais justificações apresentadas: evidenciando que mais favorável do que a formação de uma união aduaneira é indiscutivelmente a prática do comércio livre mundial.

Assim acontece com a justificação através das vantagens do comércio internacional e da especialização. Como é óbvio as oportunidades serão ainda mais alargadas (terão o alargamento máximo) com o comércio livre mundial, podendo haver uma maior produção com os mesmos custos ou a mesma pro-

---

[49] Comparando as uniões aduaneiras com as zonas de comércio livre ver, na sequência do artigo pioneiro de Shibata (1967), Price (1974) e Robson (1998(0), cap. 2).

[50] Numa união aduaneira não haverá a preocupação de fazer entrar o bem por onde a tributação alfandegária for mais baixa. Mas, naturalmente, dentro dela há também diferenças de preços determinadas pelos custos de transporte.

Sobre a probabilidade de os custos de bem-estar do *lobbying* serem maiores numa zona de comércio livre ver Panagariya e Findlay (1996).

[51] Tal como naturalmente estão também estabelecidas para o Espaço Económico Europeu (recorde-se da p. 193 e da n. 10 p. 196), como consequência de os países da EFTA manterem as suas políticas comerciais próprias em relação ao exterior.

dução com custos mais baixos. Uma união aduaneira fica necessariamente aquém do que então se consegue.

Também a justificação pelas economias de escala, que referimos a seguir, é fácil ver que não se limita a justificar uma união aduaneira, por maior que seja. Se o problema é um problema de escala, esta é ainda maior no mercado mundial, não se tendo então uma procura de 370 milhões de pessoas, mas sim uma procura de alguns milhares de milhões (tendo-se naturalmente em conta, infelizmente, a capacidade de compra muito fraca de grande parte desta população). Nos termos do que vimos na fig. III. 5 (p. 210) poderá beneficiar-se do preço $S_{III}O$, passando as figuras geométricas que representam o ganho de bem-estar a ser FGHK no país I e LMNQ no país II (distinguindo-se em cada um deles, nos termos vistos, os ganhos na produção dos ganhos no consumo)[52].

O mesmo tipo de constatação aplica-se ainda aos argumentos dinâmicos, sendo maior a escala ou, noutra perspetiva, sendo maior a concorrência com o comércio mundial. Na primeira linha dispõe-se da procura potencial do conjunto dos países. Na segunda temos já uma concorrência feita mesmo aos monopólios do espaço de integração (havendo todavia ainda então o risco de se formarem monopólios – ou oligopólios – a nível mundial, de que há aliás alguns exemplos)[53]. E, independentemente das estruturas do mercado, é então necessariamente maior a concorrência estimulante feita às empresas da área integrada: no caso da União Europeia vindo já não só do seu mercado como também dos Estados Unidos, do Japão ou de qualquer outro país, com o incentivo à eficiência, há pouco referido, promotor de um maior benefício geral (mas sempre com a dúvida de que uma grande concorrência leve a que ninguém arrisque na inovação).

Naturalmente que todas estas considerações se aplicam igualmente às zonas de comércio livre, a menos que se trate de uma zona de comércio livre sem regras de origem (ainda, onde os custos de transporte não sejam muito significativos) e onde um dos países tenha fronteiras totalmente abertas ao exterior. Não sendo assim o comércio livre é-lhes igualmente superior.

Por fim, também os efeitos macro-económicos de criação de rendimento (v.g. como consequência do efeito multiplicador do comércio externo) serão mais sensíveis a nível mundial do que a nível da união: mesmo que se concen-

---

[52] Sem que, pelo contrário, se verifiquem os efeitos de desvio de comércio que se verificavam antes caso não se estivesse em economia fechada.

[53] Pode pôr-se todavia aqui a reserva que referimos na n. 39 p. 212.

trem especialmente nestes espaços, há um acréscimo geral do rendimento que se refletirá em toda a parte, designadamente aí.

5. A PROMOÇÃO DOS TERMOS DO COMÉRCIO OU DO DOMÍNIO DE EMPRESAS EM MERCADOS IMPERFEITOS

5.1. A promoção dos termos do comércio

Novamente neste caso os autores procuraram justificar as uniões aduaneiras com base numa explicação do comércio internacional, aliás uma explicação com grande ancestralidade: o argumento dos termos do comércio[54].

Conforme vimos, tendo-se peso no comércio internacional é possível, v.g. com uma redução significativa da procura, alterar os termos do comércio de um modo favorável[55]. Trata-se contudo de uma possibilidade de que não pode dispor um 'país pequeno', ou seja, um país com um peso de tal forma reduzido que uma alteração da sua procura não leve a uma alteração dos preços mundiais. Não é preciso ir mais longe para o exemplificar, sendo este o caso de Portugal em relação à generalidade dos bens importados.

O que não está ao alcance de um país em tais condições poderá já estar todavia ao alcance de uma união aduaneira, com a política comercial comum, que constitui aliás, como vimos, um elemento definidor desta forma de integração. No caso da União Europeia, representando cerca de um quinto do comércio mundial, é evidente que uma diminuição da sua procura levará em princípio a uma descida dos preços mundiais (e vice-versa se se tratar de um aumento da procura)[56].

---

[54] Recordem-se *supra* os n.os I.2.2, II.3.7 e II.4.1.2.4. A ideia da sua aplicação na justificação de uniões aduaneiras foi avançada já por Viner (1950) e Meade (1955); sendo de referir depois, entre outros, os contributos de Mundell (1964) e Arndt (1968) (ver também, entre os livros de texto, Hitiris, 2003, p. 22).

[55] A noção de termos do comércio foi dada na n. 31 p. 39.

[56] Com o apuramento de ganhos para a UE através da melhoria dos termos do comércio, nos termos referidos no texto, ver Petith (1977): com resultados muito positivos que não se verificam todavia nos cálculos de Mendes (1986 e 1987, p. 106).

Já numa área (zona) de comércio livre o mesmo efeito não pode ser conseguido, ficando uma alteração dos termos do comércio dependente da eventual força de cada um dos seus membros (ou da conjugação das políticas dos vários países membros, verificando-se então por isso uma situação de facto semelhante à de uma união aduaneira).

Num exemplo que continua a ter grande atualidade e importância podemos considerar o caso do petróleo. A maior parte dos países da União Europeia – é o caso de Portugal – não tem uma procura significativa a nível mundial, de forma que a sua diminuição, v.g. como consequência de uma restrição alfandegária, não levará à descida do preço. Mas já o conjunto comunitário tem peso na procura mundial deste produto, cujo preço diminuirá se houver aqui alguma retração.

Em termos diagramáticos podemos recordar a figura II.5 (p. 151), sendo a oferta WW' a oferta dos países terceiros: uma oferta que não é infinitamente elástica.

Conforme vimos então um espaço com peso na procura – na hipótese que estamos a considerar agora, uma união aduaneira – poderá 'forçar', através da sua redução (v.g. como consequência de uma restrição alfandegária), uma redução do preço mundial: que na figura passa para PW'O.

Vimos todavia também já atrás que se trata de uma possibilidade que merece reparos, desde logo porque proporciona uma vantagem conseguida, nessa mesma medida, à custa do prejuízo do país ou dos países que ficam com os termos do comércio desfavorecidos (mostrando a teoria dos jogos estratégicos, conforme referiremos em III.5.3, que será mais vantajoso haver cooperação).

Não é pois um argumento numa perspetiva do bem-estar geral: o que não pode deixar de ser tido em conta numa organização como a União Europeia, dadas as suas responsabilidades e os seus interesses próprios a nível mundial.

A experiência mostra de facto, em relação a este segundo aspeto, que das intervenções nos termos do comércio, promovendo benefícios à custa dos interesses de outros, resultam guerras comerciais que por fim acabarão por prejudicar todos. São muitos os exemplos, mais recuados e mais recentes, que não deixam dúvidas a tal propósito[57].

Acrescendo à influência que um grande espaço pode ter sobre os termos do comércio, é de sublinhar que sendo grande é maior a possibilidade de se encontrar dentro dele o país com os preços mais baixos a nível mundial (recorde-se do final de III 2.1, p. 203).

Considerando também a alteração dos termos de comércio entre os países de uma união ver por exemplo Nielsen, Heinrich e Hansen, 1991, pp. 51 ss.: neste caso, naturalmente, mostrando como deixa de poder verificar-se com a sua formação.

[57] Recorde-se o que dissemos *supra* p. 149. Independentemente de medidas de retaliação, as exportações podem ficar prejudicadas também pela diminuição de rendimento ocorrida nos outros países como consequência da política seguida.

De um modo especialmente chocante, poderá acontecer que de tais guerras acabem por resultar prejuízos maiores para países da união aduaneira que nada ou pouco beneficiam com a alteração dos termos do comércio. A título de exemplo, valerá a pena sublinhar que a intervenção protecionista da PAC, com pouco interesse para Portugal (dado a 'filosofia' seguida)[58] pode prejudicar sectores industriais de grande relevo para nós, com a 'retaliação' de terceiros países (casos dos EUA e os países do grupo de Cairns, quando retardaram a conclusão do Uruguai Round)[59].

Poderá todavia acontecer também – sendo então desejável a intervenção – que a conjugação de esforços numa união aduaneira ou entre vários blocos 'obrigue' outro ou outros blocos a seguir as regras do comércio internacional, conseguindo-se assim que fiquem todos beneficiados (consideraremos este ponto, igualmente relevante para os números seguintes, em IV.7.6).

5.2. A política comercial estratégica

Na linha do que vimos em II.4.2.1, poderá haver justificação para intervir na medida em que, com mercados imperfeitos, seja seguida uma estratégia de obtenção de ganhos à custa dos demais.

Tal só pode acontecer, naturalmente, quando o espaço em causa tenha uma posição capaz de fazer ceder os outros: podendo estar aqui uma razão específica para a formação de uniões aduaneiras, conseguindo-se nelas a dimensão e a força que não seriam conseguidas por cada país individualmente.

Trata-se pois de um ganho apenas à custa dos demais países, salvo se, conforme foi sublinhado por Haberler (1991), forem absorvidas assim rendas de monopólios ou oligopólios de empresas estrangeiras sem que, por seu turno, venham as nossas próprias empresas a ficar depois com tais rendas: podendo haver então de facto um ganho geral.

Numa posição bem diferente, julgando despiciendos os riscos de retaliação, ver por exemplo Strange (1985, p. 252); cfr. ainda Batra (1993).

[58] Como veremos adiante, em IV.3.1.6, vem para Portugal apenas uma percentagem muito pequena do dinheiro do FEOGA-Garantia, agora do FEAGA (mesmo com a melhoria das reformas de 1992 e seguintes).

[59] Sendo sempre difícil conseguir as compensações adequadas entre os países (ver *infra* o final do Anexo IIII-B, p. 239).

Por fim, conforme veremos no número seguinte, há que ter em conta o risco de se entrar numa luta de represálias, com a qual podem ficar todos a perder[60].

5.3. O 'dilema do prisioneiro'

A ponderação dos riscos assim ocorridos (comuns à política comercial estratégica e à manipulação dos termos do comércio) contribuiu para que ganhasse divulgação neste domínio o 'dilema do prisioneiro'[61]. Para o efeito podemos reproduzir aliás um exemplo do próprio Krugman[62] considerando dois países, os Estados Unidos e o Japão (quadro III.2):

QUADRO III.2

Japão USA	Comércio livre	Proteção
Comércio livre	10 10	20 (-10)
Proteção	(-10) 20	(-5) (-5)

Em cada um dos retângulos da matriz no canto superior direito é representado o ganho ou o prejuízo do Japão e no canto inferior esquerdo o ganho ou a prejuízo dos EUA.

Assim, mostra-se que se o Japão se protege sem que os Estados Unidos reajam (retângulo superior direito) o primeiro tem um ganho de 20, sendo

---

[60] Havendo além disso as dificuldades de 'escolha de ganhadores' que referimos p. 193 e a que voltaremos em III.9.2.1, IV. 3.3.3 e IV.3.4.2.

[61] Com uma formulação que pode reportar-se a Von Neumann e Morgenstern (1944), ou, no campo da teoria política, a Axelmond (1981) (com a sua história ver Poundstone, 1992).

[62] Um dos grande entusiastas da nova perspetiva da política comercial estratégica, conforme temos vindo a assinalar. O exemplo é de uma edição anterior do seu livro de texto em colaboração com Obstfeld (3.ª ed., 1994, pp. 239-41; ver também Schuknecht, 1992, pp. 13-4, num livro sobre as estratégias comerciais na União Europeia, ou Guimarães, 1998, sobre as exigências institucionais).

de -10 o prejuízo dos EUA. Pelo contrário, invertem-se os papéis se forem os Estados Unidos a proteger-se e o Japão a manter-se livre-cambista (retângulo inferior esquerdo).

Não é todavia de esperar, conforme os autores têm vindo a lembrar, que com a intervenção de um dos países o outro não reaja[63].

E, reagindo, é de prever que ambos acabem por ter prejuízos, de -5 cada no exemplo dado (retângulo inferior direito). Já o comércio livre tacitamente aceite ou acordado dará no exemplo um ganho de 10 a cada um dos países (retângulo superior esquerdo).

6. A MEDIÇÃO DOS EFEITOS DE INTEGRAÇÃO

6.1. As dificuldades de medição

A sobreposição e algumas indefinições dos contributos teóricos explicam já por si as dificuldades de medição. Mas elas verificar-se-iam de qualquer modo, num mundo em que são inúmeras as interdependências e de um modo especial quando um juízo acerca dos ganhos e das perdas de um processo (de integração) terá de ser feito estabelecendo-se a comparação com o que teria acontecido se não tivesse tido lugar (*anti-monde*).

Quando se dá um movimento de integração são muitos os fatores que se conjugam, sendo difícil ou impossível tê-los todos em conta e distinguir apenas o que diz respeito à integração. E a comparação não pode ser feita com a situação de início, uma vez que algo (talvez muito) se teria alterado de qualquer modo: eventualmente de um modo mais favorável do que com a integração (considerando outros aspetos ver Flôres, 1996a).

---

[63] Pode ver-se aqui uma crítica ao argumento das indústrias nascentes, sem prejuízo do seu valor (a ele voltaremos ainda), na medida em que tem sido formulado pressupondo a ausência de reação dos demais países. Conforme lembra Stegemann (1996, p. 88) "as presented" "until the early 1980-5" "the theoretical argument for intervention did not depend on recognized policy rivalry or on anticipated reactions by foreign rival firms" (constituindo exceção a exposição de Richardson, 1980, pp. 291-4 ou ainda antes a de Grubel e Lloyd, 1975, pp. 150-3; veja-se depois já Krugman, 1984).

6.2. A escassez dos resultados apurados

São as dificuldades que se levantam que explicam o reduzido número das medições que têm vindo a ser feitas: deixando sempre uma sensação de insuficiência e incerteza, dependendo os resultados dos pressupostos de que se tenha partido.

Constata-se aliás curiosa e sintomaticamente que passados tantos anos são ainda em maior número as medições *ex-ante*, feitas antecipadamente em relação a um processo de integração, do que as medições *ex-post* (devendo todavia ter-se em conta que só decorrido um período razoável há uma base suficiente para uma medição desta segunda índole).

Para além disso, pode constatar-se que na maior parte dos casos não se tem ido além da medição dos efeitos estáticos, ainda assim considerando-se mais efeitos sobre os movimentos do comércio do que efeitos de bem-estar, nos termos vistos atrás.

Estará aí a explicação para os resultados positivos mas modestos a que geralmente se tem chegado, sendo de julgar (tem sido realmente constatado) que sejam muito mais favoráveis os resultados a que se chega com a consideração dos efeitos dinâmicos da integração.

6.3. As medições feitas na União Europeia e em Portugal

Estão nas circunstâncias acabadas de referir as medições dos efeitos da integração europeia, tendo havido uma quebra de 'entusiasmo' depois das iniciativas das primeiras décadas (cfr. Swann, 2000, p. 124).

Em traços gerais pode dizer-se que as análises apontam para efeitos de criação de comércio ligeiramente superiores aos efeitos de desvio de comércio, sendo os ganhos já mais significativos considerando-se efeitos dinâmicos e de rendimento[64]. Como seria de esperar (ver *infra* IV. 3.1), são de qualquer modo negativos os resultados apurados em relação ao setor agrícola (cfr. OMC, 1995, p. 45).

---

[64] Uma apreciação geral dos principais estudos realizados é feita por El-Agraa (1999, parte II; já antes por exemplo em 1996, p. 221, onde conclui que embora o trabalho empírico esteja "on par with the most sophisticated of econometric exercises" "it still does not merit ocrious consideration simply because the nature of the integration problem makes the exercise an impossible one"..., tendo sublinhado antes que "the problems of actual measurement are insurmountable").

Em Portugal podemos referir a elaboração de nove estudos de avaliação dos efeitos da integração, sete com medições *ex-ante*[65] e apenas dois com medições *ex-post*[66] (devendo todavia sublinhar-se que a integração de Portugal teve lugar há pouco mais de dez anos e que em vários domínios houve regimes transitórios).

Num estudo mais recente e mais abrangente (Moreira, 1995) é apurado um efeito de bem-estar positivo no período 1986-92 correspondente a 0,2% do PIB (considerando-se efeitos de criação de comércio, de desvio de comércio e de exportação). Já com a consideração acrescida de efeitos de transferências chega-se a 2,4% do PIB, valor a que há todavia que deduzir o efeito negativo verificado na balança comercial, que passou a estar desequilibrada na sequência da integração.

São sempre de esperar novos estudos, v.g. com a consideração dos efeitos dinâmicos da integração (considerando-se o 'mercado único de 1993' ver *infra* IV.5.3).

7. OS ESPAÇOS DE INTEGRAÇÃO VISANDO O FORNECIMENTO DE BENS PÚBLICOS

Face à limitação de explicações da natureza das apresentadas atrás, mostrando que a formação de um espaço de integração fica em princípio aquém do comércio livre mundial, avançou-se com outro tipo de explicações.

Assim aconteceu com a explicação considerando tal espaço como um meio de fornecimento de bens públicos, dando satisfação a funções de utilidade coletiva dos cidadãos: a sua industrialização ou ainda por exemplo a sua auto-suficiência em relação ao exterior.

Trata-se de explicação considerada por Cooper e Massell (1965) e ainda no mesmo ano por H. Johnson (1965c e 1965d)[67].

---

[65] De J. S. Lopes (1980), Donges (1981), Feitor *et al.* (1982), Berends (1983), Sousa e Alves (1985), Corado e Melo (1985) e Plummer (1991).

[66] Mendes e Coelho (1990) e Moreira (1995); podendo acrescentar-se a medição de efeitos de crescimento feita por Marques e Soukiazis (1999).

[67] Considera Krauss (1972; ver também Tovias, 1991) que se terá entrado então numa segunda fase da teoria das uniões aduaneiras, na procura da sua justificação (face às alternativas possíveis), depois de na primeira ter havido mais a preocupação de saber como poderiam medir-se os seus efeitos. Mas já Viner havia questionado o interesse geral das uniões aduaneiras...

Deve distinguir-se, contudo, consoante queiramos manter-nos no domínio económico ou passar para um outro domínio, v.g. para o domínio político.

De facto, se queremos manter-nos no domínio económico não pode deixar de ser feita à luz dos ensinamentos desta ciência a avaliação das razões para a formação de um espaço de integração.

Sendo assim, estando em causa por exemplo um objetivo de industrialização temos de ver se a sua formação é o modo adequado de a conseguir: com a passagem pelos 'crivos' já referidos, sendo necessário mostrar designadamente que um espaço de integração é superior ao comércio livre mundial, o que, como vimos, não se consegue face aos argumentos expostos atrás.

8. RAZÕES NÃO ECONÓMICAS PARA A CRIAÇÃO DE ESPAÇOS DE INTEGRAÇÃO

Para além disso é sem dúvida compreensível que espaços de integração sejam criados por razões políticas, sendo por exemplo claro que foram razões políticas a determinar em grande medida a criação da Comunidade Económica Europeia[68].

Mas é preferível que se diga claramente que são essas as razões – mais do que legítimas – devendo ser analisado à sua luz o acerto do caminho seguido.

Naturalmente, pode e deve ainda então fazer-se uma avaliação económica do espaço de integração: que será aliás útil mesmo como modo de racionalizar neste campo algo que tem um objetivo de outra natureza. Mas não devemos esperar que se encontre aí a sua justificação, v.g. como solução de primeiro ótimo para a resolução de problemas de índole económica.

---

[68] Sem prejuízo do seu conteúdo fundamentalmente económico, mantido nas revisões do Tratado de Roma (v.g. com o Tratado de Maastricht, com os novos pilares mas a determinação de fundo de se instituir uma moeda única), não obstante o alargamento importante (mas muito menos concretizado...) a outros domínios, nessa e nas demais revisões.

9. OS ESPAÇOS DE INTEGRAÇÃO COMO PASSOS NO SENTIDO DO COMÉRCIO LIVRE MUNDIAL

9.1. Lógica desta evolução

Podem ter-se em conta também aqui argumentos de índole política, na medida em que a abertura comercial e económica constitui um fator de aproximação entre os países[69]. No plano económico, a que fundamentalmente nos cingimos nestas lições, julgamos ter ficado claro na exposição anterior que só o comércio livre mundial constituirá solução geral de primeiro ótimo (com a exceção possível que vimos há pouco em relação a situações de mercados imperfeitos; ainda aí quanto ao objetivo a atingir e não, como veremos, quanto aos meios a utilizar).

Sendo assim os espaços de integração só poderão justificar-se na perspetiva de tal abertura; devendo perguntar-se se serão vias adequadas – ou as mais adequadas – para a ela chegarmos.

Trata-se de perspetiva que justificou aliás o art. 24.º do GATT, ao admitir no seu seio a existência de uniões aduaneiras e zonas de comércio livre[70].

9.2. A implantação de novos setores com perspetivas a nível mundial

9.2.1. Critérios a satisfazer

Numa primeira linha poderá dizer-se que os espaços de integração poderão ser vias de promoção da implantação de novos sectores, com a satisfação indispensável das condições de validade do argumento das indústrias nascentes (recorde-se de pp. 167-96).

---

[69] Posições de defesa do protecionismo põem contudo em causa mesmo esta vantagem política, dizendo por exemplo Strange que a "assertion, that restricted trade damages political relations is much more doubtful" (1985, p. 233; antes, p. 231, tinha afirmado que "trade experience in the early 1980's tells us that protection in fact poses no great threat to the world's trade system").

[70] Para tal terá contribuído contudo a convicção então existente (em 1948, antes do livro básico de Viner) de que tais formas de integração eram necessariamente promotoras do comércio livre e de maior bem-estar (não se tendo ainda em conta efeitos de desvio do comércio).

Sobre o sentido e o alcance do art. 24.º do GATT ver o número seguinte e *infra* V.3 e V.7.

Em primeiro lugar, como se sabe terá sentido intervir, mesmo no interesse geral, se os setores em causa puderem vir a competir em mercados abertos e se os benefícios conseguidos forem superiores aos custos suportados (testes de Mill e Bastable).

Teremos então uma situação bem diferente da verificada com o argumento dos termos do comércio e de um modo geral com a 'política comercial estratégica', de acordo com os quais o benefício de quem melhora os termos do comércio e as suas empresas tem a contrapartida (na mesma medida) em quem fica por isso prejudicado. Já com o argumento das indústrias nascentes há um ganho geral, de que todos podem beneficiar: tanto o país que implanta e consolida os novos setores como os demais, na medida em que poderão passar a dispor dos bens em melhores condições de preço.

Trata-se contudo, como se sabe, de via que tem as dificuldades referidas (*supra* pp. 175-6) de escolher os setores que justificam de facto apoio[71] e de o retirar logo que deixe de ser necessário[72].

9.2.2. Os meios mais adequados para intervir. As políticas internas em vez da política comercial

Nos termos da formulação mais recente do argumento das indústrias nascentes[73], com ensinamentos aplicáveis à política estratégica, sabe-se contudo

---

[71] "Identify real-world industries to which their policy prescriptions might apply", nas palavras de Stegemann (1996, p. 94).

[72] Pode acontecer ainda, na linha do que vimos *supra* pp. 152-9, que o argumento seja 'utilizado' em benefício de determinados grupos de pressão, não sendo esse o interesse geral. Nas palavras de Lawrence e Schultze (1990, p. 5), "political pressures would convert an initially well-meaning intervention policy into a boondoggle for special interests" (chamando Dixit e Grossman, 1986, p. 238, a atenção para casos em determinados domínios 'de ponta', em que "the real beneficiairies are the scientists whose wages rise"...).
É de esperar e desejar, em suma, que sem racionalidade económica a nova perspetiva não acabe por ter o efeito de "lend new ideological support to mercantilistic interventionism"; e de facto "the record might well serve to damper the enthousiasm of policy activity", sendo muito poucos os casos em que foram corretas as escolhas feitas pelas autoridades públicas (mesmo no Japão, país muitas vezes citado, têm sido fundamentalmente as empresas a fazer e a financiar os investimentos estratégicos de maior êxito; cfr. Bangemann, 1992, v.g. pp. 58-9). Voltaremos a estes pontos em IV. 3.3.3 e IV. 3.4.2.

[73] Recorde-se de II.4.3.2.4. No fundo, trata-se de aplicar à problemática das uniões aduaneiras, na linha dessa formulação, os contributos da teoria da intervenção no comércio (conforme é devidamente sublinhado e feito por El-Agraa e Jones, 1981).

que mesmo quando se justifica a intervenção pública para a implantação e a consolidação de um setor não é a via protecionista a via adequada para o efeito, sendo uma política de segundo ótimo, com os custos de bem-estar que assinalámos. Em lugar dessa via deve atuar-se diretamente no sentido de afastar as imperfeições que comprometem o seu aparecimento (ou a sua consolidação, no caso de se tratar de um setor já existente) e de criar as economias externas que se tornam necessárias para tal: subsidiando a produção ou, se for apenas o que estiver em causa, atuando de um modo ainda mais direto, a título de exemplo com o fornecimento de formação profissional ou de apoio tecnológico[74]. O mesmo se passa com a política estratégica, devendo ser uma política de apoio 'industrial' (interno) estratégico e não de apoio 'comercial' estratégico (conforme sublinhámos *supra* p. 162, reproduzindo as conclusões de Helffernan e Sinclair, 1990, p. 133 no sentido de nas circunstâncias em causa dever haver "an industrial policy – not a policy of protection"; cfr. de novo Bangemann, 1992).

9.2.3. A possível justificação para a intervenção dos espaços de integração

Perguntar-se-á, todavia, se mesmo então se justificará a intervenção dos espaços de integração, ou seja, se não deverão ser antes os países – numa linha que, com a sua consagração expressa e genérica no Tratado de Maastricht, o princípio da subsidiariedade veio agora reforçar na União Europeia – a proporcionar as condições indispensáveis para a implantação dos novos setores (ou a consolidação dos que já existam).

Serão de facto muitos os casos – a larga maioria – em que deverão ser os países, ou entidades mais próximas dentro deles (sempre na lógica do princípio da subsidiariedade), a criar as condições indispensáveis para o aparecimento e a consolidação dos sectores desejados, estando nas melhores condições para

---

[74] Não podendo perder-se de vista todavia os custos administrativos ou políticos (talvez mesmo psicológicos) que estes meios mais adequados de intervenção podem ter (recorde-se *supra* pp. 159-62).

Poderá dizer-se também que com eles será maior a pressão e o perigo de favoritismo de determinados grupos: vendo-se aqui um argumento a favor da via protecionista. É de julgar todavia, por outro lado, que se trata de intervenções mais diretamente dependentes de aprovações orçamentais anuais, sendo por isso mais difícil a sua manutenção quando não estejam a ser devidamente justificadas.

o afastamento das imperfeições do mercado e para a criação das economias externas que são necessários.

Acontece, todavia, que em alguns casos a dimensão e as caraterísticas do apoio a dar levam a que deva intervir-se em espaços mais alargados. Tratando--se de um projeto de grandes dimensão e risco não pode esperar-se por isso que uma empresa ou mesmo um país assumam sozinhos, na íntegra, a responsabilidade de o levar a cabo; estando em causa por exemplo (será um caso provável) uma investigação de grande folego poderia bem acontecer que um outro país (ou uma outra empresa do próprio país) viesse a conhecê-la e a colher os benefícios da sua utilização sem ter suportado os encargos inerentes.

Põe-se aqui, pois, um problema de escala e de externalidade que pode justificar a intervenção comunitária[75].

Trata-se de linha de intervenção que tem vindo a ser seguida já com êxito na União Europeia, sendo talvez o projeto Airbus o exemplo mais expressivo até agora ocorrido[76]. Durante duas ou três décadas os países da Europa não concorreram com o fabrico de aviões comerciais de médio e grande porte, sendo o mercado mundial preenchido na integra por empresas dos Estados Unidos da América: a Boeing, a McDonnell Douglas e durante algum tempo também a Lockhead. Tendo-se reconhecido todavia que a Europa teria vantagem comparativa na produção de aviões desta natureza foi lançado o projeto Airbus, com a preocupação, correta, de satisfazer os testes do argumento das indústrias nascentes.

Com a experiência já conhecida parece claro que os testes de Mill e Bastable estão a ser de facto satisfeitos, sendo os Airbus capazes de concorrer em todo o mundo, mesmo no mercado americano (ver em Porto, 2014a, p. 405, a ultrapassagem nas vendas verificada em 2003).

Trata-se pois de um caso em que se justificava a intervenção comunitária, devido ao custo do empreendimento e às suas externalidades. Não poderia

---

[75] Nas palavras de El-Agraa e Jones (1981, p. 84), pode haver então um "strong general case for economic integration" por haver "externalities and market imperfections which extend the boundaries of national states".

[76] Justificando-se por isso o relevo privilegiado que tem tido na literatura económica: entre outras ver as análises de Pomfret (1991b), Golish (1992), Neven e Seabright (1995), Stegemann (1996, pp. 96-7), Gabel e Neven (1996), Harrop (2000, pp. 135-41), Newhouse (2007) ou Krugman, Obstfeld e Melitz (2012, pp. 267-71). Sobre outros casos de maior ou menor êxito em que se apoiou a investigação que se julgava desejável ver *infra* IV. 3.4.2 (em especial a n. 174 p. 344).

de facto esperar-se, por estas duas razões, que houvesse a iniciativa indispensável da parte de um só dos países: com um grande ónus orçamental e havendo o risco de que outros beneficiassem igualmente com o apoio proporcionado (v.g. com a investigação feita) sem que tivessem suportado o custo inicial.

Além disso, no que respeita ao modo de intervenção não se seguiu a via protecionista. Teria sido fácil fazê-lo, estabelecendo impostos alfandegários muito altos ou restrições quantitativas à importação dos aviões americanos. Estar-se-ia todavia então a prejudicar os consumidores e toda a atividade económica da Comunidade, com a penalização (muito desvantajosa) de um modo de transporte de tanta importância (aliás já hoje mais caro na Europa por ser menor a concorrência na prestação dos serviços)[77].

Em lugar de se seguir tal via preferiu-se, nos termos do que se viu no número anterior, a promoção direta da produção, ajudando o projeto Airbus com apoios que se tornavam necessários, principalmente na investigação tecnológica.

Naturalmente, no futuro poderá vir a revelar-se por seu turno vantajosa ou mesmo necessária – há já alguma iniciativa em tal sentido – a cooperação da União e dos Estados Unidos (talvez também do Japão) em projetos de aviação comercial de tão grande dimensão que mesmo nenhum destes espaços correrá o risco de os levar a cabo isoladamente.

9.2.4. Implicações para as políticas estruturais (v.g. para a política regional)

Para além de casos como o acabado de referir, de projetos de grande dimensão, poderá acontecer que a União tenha competitividade, em economia aberta, em determinadas regiões até agora mais desfavorecidos.

Para além das razões políticas que poderão justificá-la, como veremos mais tarde na sua dimensão atual é em grande medida nesta lógica que se justi-

---

[77] Vê-lo-emos *infra* em IV. 2.2.2.1. Curiosamente, serão ou seriam os consumidores e a atividade económica americanos a ficar (também) prejudicados com a concentração da Boeing e da McDonnell Douglas e com o exclusivo na compra de aviões que a Comissão Europeia contestou (ver *infra* a n. 20 p. 252). 'Esquecendo-se' preocupações tradicionais nesse país (a Federal Trade Comission aprovou a *merger*...) parece ter prevalecido o desejo de 'vencer' o concorrente europeu...

fica a política regional: uma lógica de eficiência, face aos desafios mundiais, eficiência essa que é comprometida com os grandes desequilíbrios que se verificam (ver *infra* IV.4).

É também em tal lógica, e embora tendo em conta o princípio da subsidiariedade, que se justifica que no Tratado de Maastricht a indústria passasse a ser considerada num título do Tratado (ver já Richardson, 1980, pp. 338 ss.); justificando-se ainda, além disso, o reforço da política regional e a criação do Fundo de Coesão.

Naturalmente a intervenção regional deve seguir os crivos – a todos os propósitos – do argumento das indústrias nascentes: justificando-se como um 'argumento de regiões nascentes', apoiando numa primeira fase regiões que depois terão de ser competitivas em economia aberta. Por seu turno o apoio – como aliás está previsto – não deve ser dado com restrições ao comércio, que seriam distorçoras, mas sim dirigido diretamente ao afastamento de imperfeições a sanar e à criação de economias externas que se tornem necessárias.

Neste caso justifica-se pois a intervenção comunitária na medida em que a intervenção dos países seria insuficiente, face à dimensão da desigualdade e do esforço de aproximação a fazer: sendo aliás do interesse do conjunto comunitário e mesmo mundial que se dê tal aproximação.

9.3. Outras razões para a intervenção

9.3.1. Embora no reconhecimento das vantagens do comércio livre mundial, há como se disse sectores (ou fatores ou regiões) que terão dificuldades, pelo menos de imediato. A criação de uma união aduaneira ou de um espaço de integração com maior capacidade de intervenção pode revelar-se vantajosa a três propósitos.

a) Em primeiro lugar, cria de imediato oportunidades alternativas para esses sectores, não sendo tão grande a reação negativa de quem fica prejudicado. Nas palavras de Gowland (1983, p. 65), mesmo "in the France of the 1950's, no unilateral tariff cut was possible because no government that proposed it would have survived for more than few days".

Trata-se de oportunidades que já a Comunidade inicial oferecia, sendo bem maiores agora as oportunidades que o mercado interno dos quinze (ampliado ao EEE) pode proporcionar.

b) Em segundo lugar, já menos numa lógica de eficiência económica mas tendo em conta que há custos sociais e políticos de ajustamento que têm que ser suportados até se chegar à solução desejável (competitiva a nível internacional), os espaços de integração, beneficiando no seu conjunto, deverão ter a responsabilidade de assegurar as compensações indispensáveis. Estará em causa ultrapassar uma dificuldade social e política, mas não estamos a fugir do plano económico, por se tratar de via para se chegar a um objetivo desta natureza.

c) Em terceiro lugar, embora seja sabido que as vias mais diretas (de primeiro ótimo) não são as restrições comerciais, poderá justificar-se a sua utilização, face às dificuldades administrativas e políticas das primeiras.

Trata-se de possibilidade que se mantém na Organização Mundial do Comércio (nos termos do GATT) ao admitir no seu seio uniões aduaneiras e zonas de comércio livre (art. 24.º) (ver Pomfret, 1986, p. 65). Não se levanta assim um obstáculo jurídico a uma solução que não levanta as referidas dificuldades.

9.3.2. Numa outra perspetiva, para além do reconhecimento geral das vantagens do comércio livre há que reconhecer que há quem não o pratique em todos os casos, ocorrendo-nos logo a nós, europeus, os exemplos do Japão e em alguma medida dos EUA.

Trata-se de casos que não devem levar-nos a uma luta de represálias, com a qual todos perderemos: v.g. na linha do *managed trade* de Tyson (1990), abrindo caminho a soluções a *la carte* – de defesa do livre-cambismo para as exportações e de protecionismo para as importações – para que não conseguimos encontrar justificação na teoria e na experiência económicas.

O que pode e deve esperar-se, isso sim, é que um bloco que seja verdadeiramente defensor do livre-cambismo use a sua força para obrigar todos a encaminhar-se nesse sentido[78]. Nenhum dos países europeus, mesmo nenhum dos maiores, terá peso para tal; mas já o tem o conjunto comunitário, capaz de obrigar os demais ao afastamento de práticas desleais[79].

---

[78] Voltaremos e esta problemática em V. 6.5.

[79] Numa linha semelhante a moeda única europeia, 'fazendo frente' ao dólar, poderá ser um meio de promoção de uma maior disciplina e de uma maior cooperação no sistema monetário mundial, com vantagens gerais, mesmo para os americanos (ver *infra* IV.6.2.3.1.d).

10. CONCLUSÕES. AS DÚVIDAS LEVANTADAS PELO 'NOVO (SEGUNDO) REGIONALISMO'

Poderá haver um sentimento de frustração em relação à teoria das uniões aduaneiras, dizendo Pomfret (1986, loc. cit.) que "the theory of preferential trading has been one of the more disappointing branches of postwar economics". Mas, como acabámos de ver, pode encontrar-se alguma racionalidade – mesmo económica – para a sua criação.

Atualmente ganha relevo a situação nova de para além da Europa (v.g. na América do Norte e na América do Sul) estarem a organizar-se com uma consistência e uma ambição assinaláveis diferentes espaços regionais, liberalizando-se o comércio dentro deles mas sendo suscetíveis de constituir 'fortalezas' em relação aos demais[80].

Trata-se de situação que está a dar lugar a uma vasta e interessante literatura procurando, entre outros pontos, ver em que medida se caminha assim no sentido do protecionismo (com todas as implicações que vimos, v.g. em termos de disputas entre os espaços regionais) ou no sentido do comércio livre multilateral (mantendo-nos na lógica livre-cambista do art. 24.º do GATT): com as implicações favoráveis que foram apontados.

Trata-se de ponto a que voltaremos no final destas lições, neste caso em IV.7.7.

---

[80] A designação de 'Europa fortaleza' (*fortress Europe*) foi atribuida pelos americanos à Comunidade Europeia, quando do Ato Único. Terá havido contudo algum 'jogo estratégico' nesta designação, por parte de quem era e é mais fechado em grande parte dos setores...

Anexo III.A
A teoria estática das uniões aduaneiras considerando apenas efeitos sobre a produção

A situação de se considerarem apenas efeitos sobre a produção pode ser representada numa figura como a fig. A.III.1, em que a curva da procura, D, é absolutamente rígida (sendo portanto fixas as unidades consumidas)[81].

Fig. A.III.1.

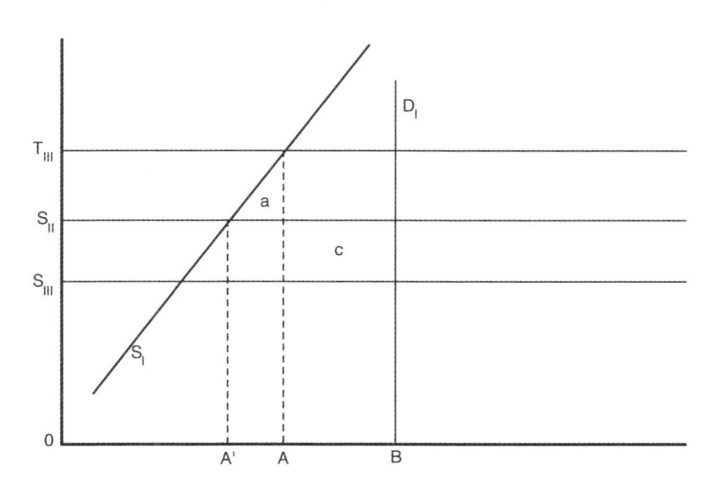

[81] Cfr. Gowland (1983, pp. 56-7).

Tal como na exposição feita no texto, também aqui se considera que o preço mundial ($S_{III}O$) é o preço mais baixo, sendo por seu turno $S_{II}O$ o preço do parceiro na união aduaneira.

Antes de esta estar formada, ou seja, sendo igualmente tributados (com T) os bens vindos do exterior, importa-se do país terceiro, chegando o bem ao consumidor por $T_{III}O$.

Com esta nova situação a produção diminui de OA para OA', sendo as importações de A'B.

Sendo assim, há um efeito de criação de comércio representado por *a* e um efeito de desvio de comércio representado por *c*; não havendo, por seu turno, face ao pressuposto de que se parte no que respeita à procura, nenhuma redução (nem custo de bem-estar) em relação ao consumo.

Anexo III.B
A teoria estática das uniões aduaneiras considerando a oferta não infinitamente elástica do(s) país(es) parceiro(s)

Nos exemplos dados no texto considerámos uma oferta infinitamente elástica do país (ou dos países) com que nos integramos na união aduaneira, não subindo o seu preço ($S_{II}O$) quando passa(m) a ocupar uma parcela do mercado que era ocupada antes pelo(s) país(es) terceiro(s) e pelo nosso país (só por este, se estávamos em economia fechada).

É todavia provável que em grande parte dos casos a sua curva da oferta seja crescente, nos termos da figura seguinte (fig. III.B), em que consideramos em *a* o que se passa no nosso país (I) e em *b* o que se passa no país com que nos integramos (II):

Fig. III.B

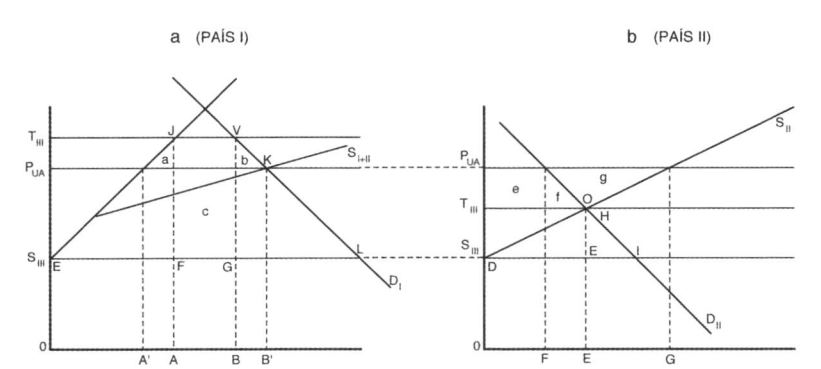

S_{III} continua a ser a curva da oferta mundial, mais uma vez infinitamente elástica e mais baixa do que as curvas da oferta dos países que se integram na união aduaneira. Entre estas continua por seu turno a ser mais baixa a curva da oferta de II, todavia agora – é o elemento novo em relação às figuras anteriores – com uma elasticidade não infinita (tendo, pois, uma inclinação crescente).

Antes da formação da união com o imposto de T_{III} o nosso país importava em alguma medida do país III, sendo o preço interno, com o acréscimo do imposto alfandegário, de $T_{III}O$. Mais precisamente, a nossa procura, de OB, era satisfeita em OA pela oferta interna e em AB pelas importações vindas de III. Tratava-se de situação mais favorável do que a de importarmos de II, com uma curva da oferta (S_{II}) mais elevada que S_{III}.

Deixando de haver restrições entre I e II passa a valer-nos já mais a pena importar de II, com um preço que – nos quantitativos que estamos a considerar – é inferior ao preço de III acrescido da tributação alfandegária.

Acontece todavia então que acrescendo à oferta que satisfaz o seu próprio mercado a oferta que satisfaz o nosso mercado é mais elevado por isso o preço praticado pelo país II, $P_{UA}O$; devendo passar a ser feita em relação a este a medição dos efeitos de criação e de desvio do comércio.

No nosso país, sendo a oferta constituída pelo somatório da oferta interna com o que importamos de II – ou seja, sendo a oferta representada pela curva S_{I+II} – a procura é satisfeita no ponto de intersecção K.

Temos assim um ganho de criação de comércio representado pelos triângulos *a* e *b*, sendo por seu turno o desvio de comércio representado pelo retângulo *c* .

A par do que se passa no país I podemos ver também o que se passa no país II. Admitindo agora aqui, para simplificar o exemplo, que este país nada importava de III (estava em economia fechada), há nele um ganho para os produtores de *e* + *f* + *g* e uma perda para os consumidores, por passarem a consumir menos e mais caro, de *e* + *f*: ficando consequentemente um ganho líquido de *g*.

Temos neste exemplo necessariamente um ganho no país II, em relação à situação anterior, porque estava em economia fechada[82]. Se assim não acontecesse também aqui poderia haver ganho ou perda líquidos, que deveriam ser comparados com o ganho ou a perda líquidos verificados em I.

---

[82] Conforme vimos nas notas 18 e 21, pp. 200 e 202, havendo então apenas o efeito de criação de comércio, mais sensível, mas sendo uma situação menos favorável do que a de haver comércio livre (como veremos adiante).

Podendo acontecer que haja um ganho líquido para o conjunto da união aduaneira mas que um dos países fique a perder, compreende-se que este só aceite integrá-la se beneficiar de alguma compensação, tornada possível – mas não deixando de suscitar sempre dificuldades – com o benefício geral conseguido[83].

---

[83] As perdas podem verificar-se também, em cada país, para um ou outro dos fatores, o que requer igualmente alguma compensação, do país ou da união aduaneira, ao fator prejudicado. Voltando à figura III.B, no país I ficam melhor os consumidores à custa dos produtores, dando--se o inverso no país II, onde os segundos ganham à custa dos primeiros (ver por exemplo McDonald, 2005, pp. 52-33).

PARTE IV

POLÍTICAS DA UNIÃO EUROPEIA

1. INTRODUÇÃO

Depois de conhecido o essencial da teoria da integração é ocasião de vermos por fim os traços fundamentais de algumas políticas da União Europeia[1].

Na exposição das políticas não nos preocupará entrar em pormenores, aos quais os leitores (v.g. os alunos) terão aliás um acesso fácil em muitas outras fontes[2]. O que importa aqui é dar os seus traços essenciais, em especial vendo como podem ser avaliadas à luz da teoria e da experiência conhecidas e abrindo caminho para as leituras complementares que sejam julgadas necessárias.

Procurando dar alguma sequência lógica à exposição agrupamos primeiro políticas que são em grande medida vias no sentido de permitir uma maior concorrência e uma melhor circulação (dos bens e dos fatores), depois políticas visando diretamente a promoção de determinados setores e por fim uma política (a política regional) que visa um maior equilíbrio espacial no seio da União.

Reconhecemos que não é um critério totalmente satisfatório, v.g. podendo ver-se na primeira perspetiva – de se conseguir uma concorrência mais favorável – políticas como a política industrial, a política de investigação e desenvolvimento tecnológico ou a política regional e não deixando por exemplo

---

[1] Conforme referimos na n. 17 p. 33, foi-se falando correntemente em políticas 'comunitárias', tratando-se de um modo geral de políticas das Comunidades Europeias: quase todas da Comunidade Europeia, a ex-Comunidade *Económica* Europeia, mas repartindo-se por exemplo a política energética também pela CECA (até à sua extinção) e pelo EURATOM.

[2] Também por razões de espaço e tal como acontece em quase todos os livros de texto da mesma índole não é mencionada a generalidade dos diplomas (regulamentos, diretivas e outros) em que se baseiam as políticas (constitui em boa medida exceção Moussis, 2015, e já nas edições anteriores), sendo além disso recomendada a consulta dos livros especializados sobre cada política: ver já por ex. *infra* a nota 6 em relação à política de concorrência).

os transportes de ser um setor com objetivos próprios a atingir, procurando corresponder aos interesses dos consumidores. Mas no quadro das hipóteses que poderiam abrir-se, incluindo a hipótese de não se seguir nenhum critério, parece-nos constituir uma ordenação com alguma justificação substancial e pedagógica[3].

---

[3] Uma hipótese também possível seria a de se seguir a ordenação do Tratado (agora, do TFUE), mas não nos parece que tivesse muito melhor justificação para além dessa mesma, não tendo por exemplo lógica, na parte III, intercalar a agricultura e as pescas (título III) entre a livre circulação de mercadorias (título II) e a livre circulação de pessoas, de serviços e de capitais (título IV) (algo de semelhante podia dizer-se acerca da ordenação feita por Swann em edição anterior do seu livro – não na mais recente, de 2000 – por exemplo intercalando os transportes, no capítulo 8, entre a agricultura e a energia, ou depois as pescas, no capítulo 10, entre as políticas industrial e do ambiente; mas podendo perguntar-se ainda agora porque junta no mesmo capítulo a agricultura, as pescas e os transportes).

Não nos parece de seguir também por exemplo a lógica de um livro de Nicoll e Salmon (2001), distinguindo políticas "comuns" (casos das políticas agrícola e comercial), políticas "chave" (*key economic policies*, casos do mercado único e das políticas de concorrência, fiscal e monetária) e "outras" (casos, entre várias mais, das políticas social, regional e de ambiente): não se sabendo como definir política chave e sendo de qualquer forma de estranhar o enquadramento de algumas políticas, por exemplo considerando-se comum a política de transportes e não a monetária, ou relegando-se para as "outras" as políticas estruturais.

Já nos pareceria mais justificável distinguir entre políticas micro e políticas macro-económicas, tal como fazem Nielsen, Heinrich e Hansen (1991), Healey ed. (1995) e El-Agraa ed., em edições anteriores (já não na de 2007, bem como nas seguintes, designadamente na de 2011). Além de outros reparos suscita todavia igualmente a dificuldade de integração de algumas políticas: a título de exemplo, pode perguntar-se com que rigor El-Agraa considera as políticas agrícola e industrial nas políticas micro-económicas e as políticas regional e social nas políticas macro--económicas.

Tem uma lógica da qual a nossa se aproxima já em alguma medida a ordenação de Molle (2006), considerando primeiro os movimentos de bens e fatores, depois vários setores (entre eles o dos transportes) e por fim, numa parte dedicada às condições para um crescimento equilibrado (numa linha apelidada pelo próprio, p. 6, de "musgraviana": cfr. por exemplo Musgrave e Musgrave, 1989), as políticas de afetação de recursos (onde inclui a política de concorrência), de estabilização (onde inclui a política monetária) e de redistribuição (com as políticas regional e social); acrescentando por fim um número sobre as relações externas. Não temos todavia também aqui um critério inteiramente satisfatório: a título de exemplo, todas as políticas setoriais (tratadas primeiro), não apenas a de concorrência, têm um propósito de melhoria da afetação dos recursos, propósito que por seu turno não deixa de ser igualmente uma justificação última para as políticas monetária e regional.

O critério por nós seguido acaba por se aproximar mais do seguido por Druesne (2006), que consagra a primeira parte das suas *lições* (intitulada "Regime Jurídico do Mercado Interior

Para além desta ordenação, embora com alguma repetição, consideramos seguidamente os passos recentes dados no sentido do mercado único, da união monetária e de um maior equilíbrio regional. Apesar de entretanto já se ter escrito a tal propósito, designadamente sobre a promoção da concorrência (em IV.2.1 e 2.2) e sobre a problemática monetária (em IV.2.3), julgamos justificar-se o relevo dado perto do final da parte IV à evolução mais recente, nesses domínios; acrescendo, como dissemos já na Introdução, números sobre a Estratégia de Lisboa e a Estratégia Europa 2020, os alargamentos, a Política Europeia de Vizinhança e a problemática orçamental.

2. POLÍTICAS MAIS DIRETAMENTE LIGADAS À PROMOÇÃO DA CONCORRÊNCIA E DA CIRCULAÇÃO

2.1. Política de concorrência

Logo quando da sua formação, em 1958, a CEE visou a promoção da concorrência com o afastamento das restrições tradicionais às trocas comerciais: os impostos alfandegários, as restrições quantitativas e as restrições cambiais.

Nos termos dos arts. 12.º a 17.º do Tratado de Roma os impostos alfandegários deviam ser progressivamente afastados até 1969, não podendo ser introduzidos "novos direitos aduaneiros de importação e de exportação ou encargos de efeito equivalente" (dispondo o atual art. 26.º do TFUE que *são proibidos*; cfr. Medeiros, 2012). Para se evitarem discriminações e estabelecendo-se desta forma um elemento essencial de uma união aduaneira os artigos seguintes (18.º a 29.º) dispunham acerca do "estabelecimento da pauta aduaneira comum" (de acordo com o art. 19.º, com os direitos "fixados ao nível da média aritmética dos direitos aplicados nos quatro territórios aduaneiros abrangidos" antes "pela Comunidade")[4].

Europeu") às liberdades de circulação, às regras de concorrência e às harmonizações da propriedade intelectual e da fiscalidade, seguindo-se, como primeiro título da segunda parte (dedicada às "Políticas da Comunidade Europeia"), as políticas económica e monetária; dedicando depois o título seguinte desta segunda parte às políticas setoriais (e o terceiro título às relações comerciais com os países terceiros). Há pois uma nítida semelhança no critério que seguimos, embora com diferenças de enquadramento (trata por exemplo da política dos transportes nas políticas setoriais).

[4] Quatro territórios porque os países do Benelux (Bélgica, Holanda e Luxemburgo) formavam desde 1938 um território aduaneiro único (recorde-se a n. 16 p. 33).

A abolição das restrições quantitativas e de medidas de efeito equivalente foi determinada, por seu turno, pelos arts. 30.º a 37.º do Tratado de Roma de (dispondo-se nos atuais arts. 28.º a 30.º do TFUE que são *proibidas*).

Fixaram-se assim metas prosseguidas sem hesitações, mesmo com antecipação em relação às datas previstas no Tratado de Roma, tendo desaparecido em Junho de 1968 os últimos entraves tributários ou quantitativos à circulação livre entre os países da Comunidade Económica Europeia[5].

Simultaneamente a multilateralização e a liberalização dos pagamentos proporcionadas na Europa pela União Europeia de Pagamentos (a que se seguiu o Acordo Monetário Europeu) e a nível mundial pelo Fundo Monetário Internacional levaram a que também as restrições cambiais deixassem de constituir obstáculos ao comércio livre.

Com o desaparecimento destes modos 'clássicos' de intervenção não deixaram todavia os países de por vezes continuar a proteger-se, com maior vigor em períodos de recessão. Não querendo contudo denunciar os compromissos internacionalmente assumidos que haviam levado ao seu desaparecimento passaram a ser utilizadas outras formas de restrições às trocas e à concorrência.

Algumas eram consideradas já no texto original do Tratado[6], começando por elas a nossa exposição.

---

[5] Com os prazos cumpridos ver o quadro em Swann (2000, p. 103).

[6] Vindo de facto muitas de longe, com o afastamento das formas de intervenção tradicionais passaram a assumir um relevo maior (relativo ou mesmo absoluto), constituindo um elemento caracterizador do 'novo protecionismo' (conforme referimos na n. 34 p. 42).
São de distinguir duas vertentes: uma relativa às empresas (casos das violações dos arts. 101º e 102º do TFUE, antes arts. 85.º e 86.º, que veremos em 2.1.1, e anteriormente do art. 91.º, sobre o *dumping*); e a outra relativa a intervenções do Estado (com violação do art. 107º do TFUE, antes art.87º, consideradas a seguir).
Sobre o direito da concorrência, entre uma literatura vastíssima, incluindo o direito processual, ver por exemplo, em outros países, Jacobs e Stewart-Clark (1991), Shapira (1994), Pitt (1995), Shapira, Le Tallec e Blaise (1996, Kovar (1996), Souty (1997), Flynn e Stratford (1999), Bishop e Walker (2002), Gavalda e Parleani (2002), Monti (2007), Amato e Ehlerman (2008), Grynfogel (2008), Cini e McGowan (2009), Van Bael e Belis (2009), Jones e Sufrin (2011), Whish e Bailey (2012), Bellamy e Child (2013), bem como capítulos em Constantinesco, Kovar, Jacqué e Simon, ed. (1192-4), Barav e Philip, ed. (1993), Tercinet, ed. (2000), Berry e Hergreaves (2007, caps. 12 a 14), Faull e Nikpay, ed. (2007), Hirsch, Montag e Säcker, ed. (2008), Craig e De Búrca (2011, cap. 26 a 29), Chalmers, Davies e Monti (2014, caps. 21 e 22), Moussis (2015, cap. 15), Schütze (2015, caps. 17 e 18) e Wallace, Pollack e Young, ed. (2015, cap. 6), e entre nós J.M.C. Alves (1989), J.F. Alves (1994), Antunes (1993, 1995a e 1995b), Marques (2002), Rodrigues (2005), Moncada (2007, pp. 485 ss.), Mateus e Moreira, ed. (2007), M. Silva (2008),

Mais tarde, em números próprios, justificar-se-á que demos relevo ao afastamento de outros tipos de restrições: v.g. a propósito das políticas de transportes (em 2.2) e de circulação dos fatores e serviços (em 2.4).

Em todos os casos tratou-se de afastamento promovido em grande parte pelo Ato Único Europeu (na linha do Livro Branco do Mercado Único), através de diplomas integrados num conjunto vasto de medidas visando o afastamento de barreiras físicas, técnicas e fiscais (conforme referiremos em IV.5).

2.1.1. Os acordos restritivos da concorrência e os abusos de posições dominantes

São estas as violações da concorrência que desde o início mais tinta têm feito correr às instituições comunitárias (da União Europeia), aos advogados e aos estudiosos em geral[7].

Num caso e no outro estão em causa situações distintas, no primeiro (do art. 101.º do TFUE) violações da concorrência resultantes de articulações entre duas ou mais empresas[8] e no segundo (do art. 102.º) práticas que poderão resultar da atuação apenas de uma empresa.

Morais (2009a), C. Gomes (2010), Campos, Pereira e Campos (2014, Livro III, 2.ª Parte, Título 3), J. Machado (2014, cap. 6) e Gorjão-Henriques (2014, cap. 15) (cfr. também as coletâneas de Serens e Maia, 1994, Vilaça e Gorjão-Henriques, 2004 e Porto e Anastácio, coord., 2009 e 2012). Trata-se de literatura com uma grande referência à jurisprudência, o que bem se compreende dado o papel de importância muito especial que esta teve sempre, designadamente no tempo da exigência generalizada da unanimidade e da prática da 'cadeira vazia' nos Conselhos, na 'formação' do direito comunitário (sendo também importante a prática de intervenção da Comissão, no âmbito da competência de que dispõe no domínio da concorrência). Não podendo haver ausência de tomada de posição e tendo que decidir-se num ou noutro sentido face a uma queixa apresentada, constata-se que se decidiu geralmente no sentido da concorrência (com reservas em relação à intervenção da Comissão v.g. no que respeita à sua legitimidade política e mesmo à coerência de decisões tomadas, ver McGowan, 1998, pp. 187-8, e as referências aqui feitas).

[7] Continuando a ter um relevo muito grande (ver os Relatórios Anuais da Concorrência – da Direcção Geral da Concorrência, D. G. Comp.)

[8] É difícil encontrar uma designação que com rigor considere conjuntamente os "acordos, associações e práticas concertadas" entre empresas: correspondente à designação francesa de *ententes*, que todavia é aplicada também especificamente ao terceiro caso do art. 101.º, o caso das práticas concertadas (J.M.C. Alves, 1989, 'adota' em itálico a designação francesa para considerar tanto o conjunto como o terceiro caso do artigo).

A designação de 'acordos restritivos da concorrência' (que 'adoptámos' no título de 2.1.1) tem sido utilizada em relatórios da Direcção Geral, podendo perguntar-se todavia se abrange

2.1.1.1. Os acordos, associações e práticas concertadas entre empresas

Nos termos do n. 1 do art. 101.º "são incompatíveis com o mercado comum e proibidos todos os acordos entre empresas, todas as decisões de associações de empresas e todas as práticas concertadas que sejam suscetíveis de afetar o comércio entre os Estados-Membros e que tenham por objetivo ou efeito impedir, restringir ou falsear a concorrência no mercado comum, designadamente as que consistam em: *a*) fixar, de forma direta ou indireta, os preços de compra ou de venda, ou quaisquer outras condições de transação, *b*) limitar ou controlar a produção, a distribuição, o desenvolvimento técnico ou os investimentos, *c*) repartir os mercados ou as fontes de abastecimento, *d*) aplicar, relativamente a parceiros comerciais, condições desiguais no caso de prestações equivalentes colocando-os, por esse facto, em desvantagem na concorrência ou *e*) subordinar a celebração de contratos à aceitação, por parte dos outros contraentes, de prestações suplementares que, pela sua natureza ou de acordo com os usos comerciais, não têm ligação com o objecto desses contratos".

Para que sejam proibidas é preciso pois que as práticas em análise preencham duas condições: que sejam suscetíveis de afetar o comércio entre os Estados-Membros[9] e, simultaneamente, que tenham como objetivo ou efeito impedir, restringir ou falsear a concorrência.

A sanção por estas violações é estabelecida no n. 2, onde se dispõe que "são nulos os acordos ou decisões proibidos pelo presente artigo".

O legislador não podia todavia deixar de ser sensível à necessidade de manter e promover a competitividade da economia da União, para o que poderá ser necessário um aumento de escala na intervenção empresarial: face, designadamente, à necessidade de concorrer com empresas ou grupos de grande dimensão de espaços igualmente ou mesmo mais desenvolvidos em alguns domínios, como são os casos dos Estados Unidos e do Japão[10].

---

devidamente todos os casos em apreço (foi o próprio legislador que 'sentiu' a necessidade de distinguir três situações).

[9] Com efeitos nos países da União, independentemente de poder intervir uma empresa estrangeira.

Uma atenção especial tem vindo a ser dada à definição de mercado relevante: ver recentemente Ferro (2015).

[10] Sobre as lógicas diferentes das políticas de concorrência na Europa e nos Estados Unidos, todavia sempre com a preocupação acabada de referir, ver, entre muitos outros, os livros de Scherer (1994), Souty (1995 e 1997) e Matos e Rodrigues (2000) (cfr. ainda a n. 54 p. 268).

Por isso se compreende que as disposições proibitivas do art. 101.º (n. 3) possam "ser declaradas inaplicáveis" aos acordos, associações ou práticas concertadas que "contribuam para melhorar a produção ou a distribuição dos produtos ou para promover o progresso técnico ou económico, contanto que aos utilizadores se reserve uma parte equitativa do lucro daí resultante, e que a) não imponham às empresas em causa quaisquer restrições que não sejam indispensáveis à consecução desses objetivos b) nem dêem a essas empresas a possibilidade de eliminar a concorrência relativamente a uma parte substancial dos produtos em causa" (sendo de distinguir entre acordos verticais e horizontais, como veremos em 2.1.5.1.a).

São permitidos os "acordos de importância menor" (regra *de minimis*), que "afectam o mercado apenas de um modo insignificante, tendo em conta a fraca posição ocupada pelos interessados no mercado dos produtos em causa"[11].

Têm ainda relevo, como voltaremos a referir adiante, as isenções por categoria, sendo imediatamente válidas as operações integráveis no seu âmbito. Assim acontece com isenções que foram admitidas nos domínios da propriedade industrial, da investigação e desenvolvimento, dos transportes aéreos, dos seguros e do transporte marítimo[12].

2.1.1.2. Os abusos de posições dominantes

O artigo 102.º do TFUE refere-se à hipótese de, mesmo sem haver articulação entre empresas (pode estar apenas uma empresa a operar), se explorar "de forma abusiva uma posição dominante no mercado comum ou numa parte substancial dele"[13], procedimento que é igualmente "incompatível com

---

Considerando por seu turno perspetivas teóricas que podem estar por detrás da política de concorrência ver por exemplo, em planos diferentes, Salin (1995) e Young e Metcalfe (1997, pp. 118ss.).

[11] Será o caso de produtos que não representem mais do que 5% numa parte substancial da Comunidade, não ultrapassando 300 milhões de ECU's o volume de negócios total das empresas envolvidas (estaremos então face a 'bagatelas': *Bagatellenverträge* na designação alemã).

[12] Os procedimentos a seguir desde 1 de Maio de 2004 constam do Regulamento (CE) n. 1/2003 de Conselho, que substituiu o 'Regulamento da Concorrência' de 6 de Fevereiro de 1962 (Regulamento do Conselho n. 17/62/CEE) (sobre as medidas cautelares ver Pego, 2006).

[13] Levanta-se naturalmente aqui a problemática das estruturas do mercado (ver por exemplo J. T. Ribeiro, 1959, pp. 340 ss. e 1992, ou de novo Salin, 1995; devendo recordar-se a n. 39 p. 212). Especificamente sobre o artigo 101º (antes, art. 81º do Tratado de Roma) podem ver-se

o mercado comum e proibido, na medida em que tal seja suscetível de afetar o comércio entre os Estados-Membros".

Mencionam-se depois, também a título indicativo, casos em que assim pode ocorrer: os casos referidos no art. 101.º com exceção do caso da al. *c*), de repartição de mercados ou de fontes de abastecimento, que não terá sentido tratando-se apenas de uma empresa. Diferentemente do que se passa com o art. 101.º, n. 3, não é admitida exceção para quando se esteja a melhorar a produção ou a distribuição ou a promover o progresso técnico ou económico.

Por outro lado, não basta haver a exploração abusiva de uma posição dominante, é preciso que seja suscetível de prejudicar o comércio entre os países; nesta medida sendo ultrapassado, pois, um âmbito geográfico nacional.

É de referir, por fim, que é comum ao art. 101.º o procedimento a seguir na invocação e na apreciação das violações alegadamente cometidas (cfr. Ruiz, 2012).

2.1.1.3. As concentrações de empresas (mergers)

A ausência no Tratado de um artigo sobre a concentração de empresas[14] (*mergers*, na designação inglesa) pode encontrar explicação na ideia especialmente sentida da vantagem ou mesmo da necessidade de se ganhar escala empresarial a nível mundial (cfr. já Frazer, 1992). Não se abusando de uma posição dominante nada haveria a objetar, pelo contrário, poderia ser o modo indispensável de se conseguir uma dimensão internacional competitiva.

Não deixou todavia a Comissão, logo nos anos 70, de ser sensível aos riscos que poderiam resultar de meras concentrações; mas um projeto de regulamento apresentado em 1973 foi rejeitado por vários países.

Face a casos negativos que foram aparecendo julgou-se primeiro que poderia ser aplicado o art. 82.º do Tratado da CEE (no caso Continental Can) e depois que poderia ser aplicado o artigo 81.º do Tratado da CEE (no caso Philip Morris)[15].

Odudu (2005), O'Donoghne e Padilla (2008), M.Silva (2009) e, mais recentemente, Anastácio (2012), Gonzalez-Dias e Snelders (2013) e Junqueiro (2013).

[14] Diferentemente do que acontecia no Tratado CECA (art. 66.º), com a preocupação de se evitar o domínio da Alemanha nos setores básicos do carvão e do aço...

[15] Ver por exemplo Afonso (1991, pp. 4-14), Gastinel (1993), Fine (1994), Antunes (1995b, pp. 107-8), Pais (1996, pp. 76-167 e 2006) e M.C.A. Santos (1999, pp. 74-89) ou Morais (2006,

Mas com as dificuldades encontradas não deixou de julgar-se que era necessário poder intervir em situações de meras concentrações (não se "fechar a cavalariça só depois de o cavalo ter fugido", na imagem de Swann, 1995, p. 153): tendo a base para tal sido finalmente estabelecida, culminando dezasseis anos de negociações, pelo Regulamento n. 4064, de 21 de Dezembro de 1989[16]. Através deste foi criada uma *task force* da Comissão para, independentemente de uma conduta lesiva, se impedirem operações de concentração (para além dos tradicionais agrupamentos de empresas, v.g. com absorções, pode tratar-se igualmente de participações nos ativos, com OPA's ou por qualquer outra via: ver por exemplo Gastinel, 1993). Atualmente está em vigor o Regulamento n.º 139/2004 de Conselho, de 20 de Janeiro de 2004.

Para que a concentração seja proibida é necessário que o volume de negócios total a nível mundial seja superior a 5 mil milhões de euros e que o volume de negócios de cada empresa (ou pelo menos de duas) a nível comunitário seja de mais de 250 milhões de euros (não sendo mais de 2/3 do volume dos negócios num só Estado).

Nos termos estabelecidos, até uma semana depois da conclusão de um acordo, da publicação da oferta de compra ou de troca ou da aquisição de uma participação de controlo as empresas devem notificar a Comissão das suas concentrações de 'dimensão comunitária'[17]. A Comissão tem três semanas ou para considerar a concentração compatível com o Mercado Comum ou para desencadear um procedimento que deverá estar concluído no prazo de três meses: não podendo as operações ser realizadas nem antes da notificação nem durante as três semanas que se seguem. A Comissão tem então um prazo de um a quatro meses para, em articulação com as autoridades competentes dos Estados-Membros, analisar a operação projetada; valendo como aceitação o seu silêncio em relação a uma 'concentração' devidamente comunicada.

Como seria de esperar, mesmo com os regulamentos aplicáveis levantam-se dúvidas sobre o critério a ser seguido na avaliação (voltaremos a este ponto

---

pp. 687-707), com descrições pormenorizadas destes casos (e em geral já também Cook e Kerse, 1996, e, mais recentemente, Kaczorowska, 2013, pp. 876 ss., Parr e Sander, 2013 e Varney, ed., 2013).

[16] O procedimento foi estabelecido primeiro pelo Regulamento da Comissão n. 2367/90/CEE, de 25 de Julho de 1990, revogado pelo Regulamento n. 802/2004, de 7 de Abril de 2004.

[17] Esta obrigatoriedade de notificação dá aliás uma garantia de controle de todas as concentrações que não era dada pela mera aplicação dos arts. 81.º ou 82.º do Tratado de Roma (cfr. Davison e Fitzpatrick, 1995, pp. 601, e entre nós C. Cunha, 2005).

em 2.1.5). Não pode de qualquer modo deixar de suscitar admiração que desde a entrada em vigor do primeiro regulamento, em Setembro de 1990, só em muito poucos casos tenham sido proibidas operações de concentração, entre as que foram notificadas (cfr. Moussis, 2015, p. 419 e Wilks, 2015, p. 152, com um quadro mostrando que entre 2003 e 2012, tendo havido 3003 notificações, só foram recusados 4 *mergers*). Num ano anterior tinha sido especialmente notória a proibição de compra da empresa canadiana De Havilland, uma subsidiária da Boeing, pela ATR, um consórcio franco-italiano composto por duas companhias estaduais, a Aero-spaciale da França e a Alenia da Itália (cf. C. Jones, 1996, Fitoussi, 2000, p. 62 ou Pelkmans, 2006, pp. 260). Tratou-se de decisão que foi tomada fundamentalmente devido ao empenhamento do Comissário Leon Britton (ver Ross, 1995 e McGowan, 2000, pp. 137-8)[18], ainda assim apenas com a maioria de um voto. No cerne do debate que teve lugar esteve a circunstância de que, embora, houvesse alguma concentração nos aviões de turbo-hélice[19], teria aumentado a capacidade de a Europa competir a nível mundial.

Tendo acabado por ser talvez o caso mais importante que foi proibido (ainda assim muito contestado) é de perguntar se o Regulamento das concentrações não será mais do que 'um tigre de papel'[20].

---

[18] Onde é inserido um quadro com a sequência dada às notificações feitas.

[19] A ATR aumentaria de 49 para 64% a sua participação nesse mercado, pondo em causa concorrentes como a Fokker e a British Aerospace (cfr. Ghannadian e V. Johnson, 1997).

[20] Cfr. Pitt (1995, pp. 25 ss.), onde dá especial relevo como *case study* ao *merger* da companhia das águas Perrier pela Nestlé. Um outro caso de concentração também muito discudo tido, culminando (mais uma vez) com a sua aprovação, foi o da compra da companhia Rover pela BMW (à British Aerospace). Passou assim a BMW a intervir em todas as gamas do mercado, incluindo o mercado dos veículos de menor dimensão e todo-o-terreno. Teve-se todavia em conta que só nas viaturas de alta gama a empresa ultrapassa 25% do mercado (no total das viaturas em 1993 a BMW e a Rover juntas não ultrapassavam 6,6%). Depois, suscitaram especial atenção as alianças entre a British Airways e a American Airlines, no tráfego aéreo, e entre a Boeing e a McDonnell Douglas na indústria aeronáutica, acrescendo acordos de exclusivo de compra com três das maiores transportadoras norte-americanas (recorde-se da n. 77 p. 231): tendo a Comissão Europeia tido êxito no 'contencioso' que culminou no final de Julho de 1997 com o afastamento destes últimos.

Sobre as dificuldades que é de esperar que continuem sempre a surgir ver já Neven, Nuttal e Seabright (1993) e Davison e Fitzpatrick (1995).

2.1.1.4. Aplicabilidade das regras de concorrência às empresas públicas

O Tratado de Roma (art. 86º, nº 1) não proibia a nacionalização de empresas (ou naturalmente a existência anterior de empresas públicas)[21], na medida em que não afetassem os princípios da concorrência nele estabelecidos. Mantendo-se um texto com o mesmo conteúdo, o art. 106.ºdo TFUE é bem claro a tal propósito, dispondo que "no que respeita às empresas públicas e às empresas a que concedam direitos especiais ou exclusivos, os Estados-Membros não tomarão nem manterão qualquer medida contrária ao disposto nos Tratados, designadamente ao disposto nos artigos 101.º a 109.º do TFUE, inclusive"[22].

Ou seja, por um lado admite-se expressamente a existência e por outro sublinha-se a preocupação de que sejam respeitadas – em condições de igualdade – as regras da concorrência. Nos termos do n. 2 do artigo trata-se de preocupação a ter também com as "empresas encarregadas da gestão de serviços de interesse económico geral ou que tenham a natureza de monopólio fiscal", sendo-lhes aplicado em princípio o mesmo regime.

Levanta-se todavia a dificuldade de, com o seu peso e a sua influência, ficar de facto salvaguardado o cumprimento de tais normas, não sendo violado designadamente o art. 107.º, que, como veremos dentro em pouco (em IV.2.1.2), proíbe auxílios públicos, ou ainda as disposições nos termos das quais não pode haver preferências em concursos de obras e de fornecimento de bens e serviços (IV.2.1.3).

E, na prática, com o peso e a influência das empresas em análise não deixarão de verificar-se abusos e dificuldades de apreciação, v.g. com subsídios compensatórios do cumprimento de obrigações de serviço público e quando de concursos disputados por propostas próximas entre si[23].

---

[21] Nos termos do art. 345.º do TFUE (anteriormente art. 295º), "os Tratados em nada prejudicam o regime da propriedade nos Estados-Membros"(cfr. J.N.C.Silva, 2012).

[22] No mesmo sentido dispunha, em relação ao carvão e ao aço, o art. 83.º do Tratado de Paris.

[23] Num artigo que foi afastado em Amesterdão (o art. 91.º) o Tratado de Roma referia depois o procedimento a seguir havendo práticas de *dumping*.

Tratava-se todavia de um artigo com relevo apenas transitório para os países membros (aplicável "durante o período de transição"; falando Flory, 1992, p. 485, num "interêt historique"). Deixa de relevar quando estão integrados num mesmo mercado, dado que não havendo fronteiras um bem vendido mais barato num outro país pode voltar de imediato por esse preço mais baixo (efeito de *boomerang*). O seu conteúdo voltou a ter sentido e aplicação (transitória) em relação a novos membros, nos casos português e espanhol através do art. 380.º do Tratado de Adesão (cfr. *Diário da República*, I Série, de 18.9.1985.

Estando depois as relações internas sujeitas às demais regras da concorrência, a problemática do *dumping* põe-se em relação a terceiros países, v.g. com a aplicação do regulamento (CE) n.º 384 do Conselho de 22.12.1995 (sobre esta temática ver por ex. Van Bael e Bellis, 1996; ou já antes Beseler e Williams, 1986 e Boudant, 1991)

Em cada caso levanta-se a questão de saber se se está face a uma verdadeira prática de *dumping*: só se estando perante tal situação quando um bem seja exportado por um preço inferior ao praticado internamente. Se se pratica um preço baixo que é todavia igual ao preço praticado no país está-se simplesmente perante um preço que resulta de uma vantagem comparativa de que se dispõe, como seja, na linha do teorema de Heckscher-Ohlin, de haver mão-de-obra abundante. Tal como ninguém põe em causa que um país beneficie no comércio internacional de vantagem relativa por ter muito capital e consequentemente juros baixos, também não pode pôr-se em causa a vantagem de um outro (mais pobre...) que, por ter muita oferta de trabalho, dispõe de salários baixos.

Nas relações da União Europeia com países terceiros menos desenvolvidos fala-se muito de '*dumping* social', na avaliação do qual não pode naturalmente deixar de ter-se em conta o que acabámos de dizer.

Sendo com frequência o *trade* uma forma de promoção mais favorável do que a *aid* (devendo pelo menos ser utilizado simultaneamente), é mesmo nossa obrigação abrir as portas às exportações mais trabalho-intensivas em que esses países têm vantagem comparativa, com o que se consegue um ganho de ordem geral, beneficiando não só os países exportadores como os nossos consumidores e os nossos produtores que utilizem na produção (como bens intermediários) bens importados mais baratos (e devendo naturalmente apoiar-se diretamente as reestruturações viáveis ou as reconversões dos que fiquem prejudicados com a concorrência).

O que não pode já aceitar-se é que qualquer país exportador seja beneficiado como consequência de não cumprir regras mínimas no domínio social, de horários e de segurança no trabalho, ou ainda de proibição da utilização de mão-de-obra infantil ou de prisioneiros não pagos...

É com esta lógica, procurando-se aliás 'forçar' assim esses países a cumprir regras que são do interesse dos seus próprios cidadãos (mesmo de salvaguarda da sua dignidade), que as instituições comunitárias, designadamente o Parlamento Europeu, exigem a inclusão de uma cláusula social em todos os acordos celebrados. Afastando a dúvida de que se trate de uma exigência protecionista da União Europeia remete-se de um modo geral para as normas da Organização Internacional do Trabalho (OIT).

Recentemente tem-se falado ainda de *dumping* ecológico, sendo mais baixos os custos das empresas dos países com menores exigências. A seu propósito pode dizer-se também que as exigências feitas serão do interesse dos cidadãos dos países que o praticam, obrigando-os às cautelas necessárias; acrescendo a possibilidade de a falta de cuidados ecológicos ter consequências negativas para além das próprias fronteiras, em relação às quais os 'vizinhos' devem legitimamente defender-se (devendo de qualquer modo as exigências que se fazem ter em conta as condições 'regionais': cfr. *infra* IV.3.5.3 e IV.3.6).

Sobre a utilização de medidas anti-*dumping* numa 'política comercial estratégica' da União Europeia ver Tharakan (1996; ou Tharakan e Waelbroeck, 1994, comparando com a prática

2.1.2. Os auxílios públicos

Trata-se de uma forma de distorção da concorrência que tem vindo a ter também um grande relevo[24] sendo de facto muito significativos os auxílios que os Estados (e outras entidades públicas) prestam, sob formas muito diversas[25], incluindo subvenções diretas, bonificações de juros, isenções ou reduções fiscais ou ainda por exemplo participações no capital de sociedades[26].

O art. 107.º (anteriormente art. 87º) proíbe tais auxílios, considerando-os "incompatíveis com o mercado comum na medida em que afetem as trocas comerciais entre os Estados-Membros" e "falseiem ou ameacem falsear a concorrência, favorecendo certas empresas ou certas produções"[27]. Temos aqui de novo estas condições, pois, para que se trate de uma prática não permitida (ver N. Almeida, 2012).

Não podem todavia deixar de admitir-se exceções em casos em que razões sociais ou económicas aconselhem a intervenção pública. O art. 107º admite--as em termos diferentes consoante se trata dos casos considerados no n. 2 ou no n. 3.

De acordo com o n. 2 *"são compatíveis* com o mercado comum" (itálico nosso), ou seja, trata-se de uma compatibilidade automática, que não requer uma apreciação caso a caso, *a)* "os auxílios de natureza social atribuídos a consumidores individuais com a condição de serem concedidos sem qualquer discriminação relacionada com a origem dos produtos" e *b)* "os auxílios destinados a remediar os danos causados por calamidades naturais ou por outros acontecimentos extraordinários"[28]. No primeiro caso compreende-se bem a

nos EUA); e num quadro mais vasto (da OMC, v.g. na sequência do Uruguai Round), Leidy (1994), Steele ed. (1996) e a bibliografia aqui citada.

[24] Setorialmente têm sobressaído os apoios à industria transformadora e aos transportes (o caso muito especial da agricultura é considerado em IV.3.1).

[25] Com uma análise comparativa da situação em vários países ver Nemitz, ed. (2007), sendo o artigo sobre Portugal de Porto e N.Almeida (2007) (ver tb. Martins, 2001, Maria, 2007, e recentemente Vilaça, 2014, parte IV, pp. 203-66).
E com uma análise do relevo da participação dos cidadãos nos procedimentos seguidos ver J. Mendes (2011, pp. 380-448, cap. 8)

[26] A menos que estas sejam feitas pelo valor real (do mercado) das ações ou quotas subscritas.

[27] Devendo ser restituídas quando não sejam concedidas nas condições do Tratado (cfr. já N. Almeida, 1997)

[28] A alínea c) admite igualmente, com relevo histórico (sendo de admirar que não tenha sido afastada numa revisão feita em 1997...), os auxílios atribuídos a regiões da Alemanha afetadas

ressalva feita no fim, não sendo por exemplo aceitável que um apoio alimentar à infância seja admitido tratando-se de um produto (por ex. leite) nacional mas não tratando-se de um produto de outro país da União.

Já os casos considerados no nº. 3 dependem de uma apreciação caso a caso, dizendo-se que *"podem* ser considerados compatíveis" (itálico nosso). Aqui se incluem, desde 1958, a) "os auxílios destinados a promover o desenvolvimento económico de regiões em que o nível de vida seja anormalmente baixo ou em que exista grave situação de subemprego"..., b) "os auxílios destinados a fomentar a realização de um projeto importante de interesse europeu comum, ou a sanar uma perturbação grave da economia de um Estado-Membro", bem como c) outros "auxílios destinados a facilitar o desenvolvimento de certas atividades ou regiões económicas, quando não alterem as condições das trocas comerciais de maneira que contrariem o interesse comum". O Tratado de Maastricht veio trazer uma nova alínea, a al. d), admitindo "os auxílios destinados a promover a cultura e a conservação do património, *quando não alterem as condi*ções das trocas comerciais e da concorrência na Comunidade (agora "na União") num sentido contrário ao interesse comum" (itálico nosso)[29]. Por fim, a atual alínea *e*) (ex-alínea *d*)) admite que o Conselho, deliberando por

pela divisão imposta a este país depois da 2.ª Guerra Mundial (com a formação da República Democrática Alemã).

Só agora o Tratado de Lisboa veio admitir, nos termos da alínea c) do número 2 do artigo 107º do TFUE, que "cinco anos após a entrada em vigor" "o Conselho, sob proposta da Comissão, pode adotar uma decisão que revogue a presente alínea". Assim "poderá" acontecer, pois, quase um quarto de século após a reunificação do país mais rico da Europa, no seu centro, tendo até lá um especial favorecimento regional...Mas estamos em 2016 e tal ainda não aconteceu...

[29] É assim bem claro que o próprio texto do Tratado não admite que deixem de ser cumpridas as regras gerais de defesa da concorrência: não podendo pois a promoção da cultura sobrepor--se a tais regras, v.g. ao cumprimento dos arts. 81.º e 82.º do Tratado da CE, atuais arts. 101º e 102º do TFUE, tal como foi sugerido num relatório do Parlamento Europeu (relatório Tongue), como modo de se apoiar o serviço público de informação. Tal como um apoio público poderá justificar-se para que sejam proporcionados programas socialmente relevantes mas não lucrativos (proporcionados por um serviço público ou por uma empresa privada que seja compensada nessa medida), por seu turno a concorrência assegurada pela intervenção privada é indispensável à independência e à pluralidade na informação: valores também socialmente (e politicamente) indispensáveis.

O Tratado de Lisboa veio todavia admitir, na alínea a) do número 2 do art. 107º do TFUE, uma consideração especial para as regiões periféricas insulares, casos dos Açores e da Madeira (regiões referidas no art. 349.º), "tendo em conta a sua situação estrutural, económica e social".

maioria qualificada sob proposta da Comissão, considere compatíveis ainda outras categorias de auxílios.

Sobre o modo de proceder em relação ao controle dos auxílios concedidos, designadamente sobre a intervenção do Tribunal das Comunidades, dispõem os arts. 108.º e 109.º do TFUE (anteriormente arts. 88º e 89º; cfr. Tenreiro, 2012 e Andrade, 2012).

Com especial relevo para Portugal são admitidos auxílios ao abrigo da alínea a) do número 3. Não poderia aliás deixar de ser assim, sob pena de não poder dispor-se de uma política regional que, como veremos em IV.4.2, é importante não só para os países mais carecidos (v.g. Portugal) como para o conjunto da União (cfr. A. Marques, 1999a).

Entre os casos passados justificando referência – casos com o nosso país que suscitaram polémica – contam-se o da não aceitação do Sistema Integrado de Incentivos ao Investimento (S-III), estabelecido pelo Decreto-Lei n. 194/80, de 19 de Junho, e o da aceitação das ajudas ao projeto Ford-Volkswagen (da Auto Europa, em Palmela).

No primeiro acabou por se dar a circunstância curiosa de o Sistema não ter sido considerado satisfatório pela Direcção Geral de Política Regional (DG-16, agora designada Regio), ou seja, em termos de promoção regional, não podendo por isso beneficiar de apoio do FEDER[30]; tendo passado contudo 'o crivo' da Direção Geral da Concorrência, que aceitou que, dado o propósito em vista, não havia violação das regras de concorrência do art. 92.º (depois art. 87.º e atual art. 107º do TFUE), podendo consequentemente funcionar com a utilização de verbas estaduais portuguesas (ou comunitárias).

No caso da Ford-Volkswagen estava em causa (além de uma alegada violação do então art. 81.º do Tratado de Roma, com a parcela de mercado que viria a ser ocupada), a distorção provocada pelos apoios financeiros nas condições de concorrência com as empresas fabricantes de veículos do mesmo tipo; tendo todavia a queixa apresentada por quem tinha entretanto a maior fatia do mercado, a MATRA, sido rejeitada pela Comissão, por maioria dos seus membros, e depois pelo Tribunal das Comunidades, para o qual foi interposto recurso, com base na consideração de que interesses da política regio-

---

[30] Tal veio a acontecer, como é sabido, com o SIBR, que veio a ser instituído em 1988 (através do Decreto-Lei n. 15-A/88, de 18 de Janeiro), face à premência de correspondermos à exigência da DG-16.

nal justificariam a intervenção pública (estadual e comunitária) pretendida pelo Governo português[31].

Tendo em conta circunstâncias de diferentes naturezas, designadamente a multiplicidade de casos em análise e a prossecução desejável dos objetivos a atingir, assumiu um relevo muito especial a publicação, em 1998, de um regulamento (o Regulamento nº 994/98, do Conselho, de 7.5.1998) a introduzir o princípio da isenção categorial (embora com certas limitações, limitada a algumas categorias de auxílios horizontais, aos auxílios com finalidade regional e aos auxílios *de minimis*).

Trata-se de um princípio a que pode ser apontada uma tripla vantagem (cfr. N. Almeida, 2012, p. 83): 1) simplificar o trabalho administrativo da Comissão; 2) dar uma relativa segurança aos Estados e às empresas, ao determinar os auxílios permitidos e os auxílios não permitidos; e 3) aumentar a eficácia da política de concorrência, levando os Estados a modificar os auxílios para melhor os adequar aos modelos permitidos.

Nos anos que se seguiram a Comissão publicou vários regulamentos de isenção categorial bem como instrumentos de *soft law*, no âmbito dos poderes que lhe foram conferidos; mas a experiência adquirida mostrou ser necessária uma simplificação do regime, por forma a assegurar-se a sua coerência e a garantir-se um controlo mais eficaz dos auxílios.

Foi neste quadro que em 2008 foi publicado um Regulamento Geral de Isenções por Categoria (o Regulamento 800/2008, de 6.8.2008). Foram fixadas aqui regras gerais, sendo os Estados obrigados a verificar a conformidade com o regulamento de todos os auxílios que concedessem, sendo o controlo do seu cumprimento assegurado *a posteriori* pela Comissão.

O termo da vigência deste regulamento, inicialmente previsto para 31 de Dezembro de 2013 mas posteriormente prorrogado para 30 de Junho de 2014 (pelo Regulamento nº 1224/2013, de 29.11.2013), abriu caminho para a aprovação de um novo Regulamento Geral de Isenção por Categoria: o Regulamento nº 651/2014, de 26.6.2014

Em termos mais significativos, trata-se de regulamento que veio conferir à Comissão poderes para alargar a isenção por categoria a novas categorias de auxílio, "...em relação às quais podem ser definidas condições de compa-

---

[31] Acórdão do Tribunal de 1.ª Instância de 15 de Julho de 1994 (ProcessoT-17/93, e anteriormente C-225/91 R).

tibilidade clara. Essas novas categorias de auxílio objeto de uma isenção por categoria"(ver N.Almeida, 2014, p.89).

Visou-se assim uma priorização das atividades relacionadas com a execução dos auxílios estatais e uma maior simplificação; devendo reforçar-se a transparência, a avaliação eficaz e o comtrolo da conformidade com as regras em matéria de auxílios estatais a nível nacional e da União, preservando as competência institucionais da Comissão e dos Estados-Membros".

2.1.3. As compras públicas[32]

Devem ser consideradas também formas de auxílio 'protecionista' as compras públicas favorecedoras de produtores nacionais. Embora não sejam referidas nos arts. 107.º a 109.º podem ser consideradas no espírito e mesmo na letra do Tratado, designadamente no art. 12.º (era o art. 7.º na redação de 1957), que proíbe "toda e qualquer discriminação em razão da nacionalidade", ou ainda nos artigos que impedem restrições ao comércio livre, à livre prestação de serviços e à livre circulação (entre outros nos arts. 28.º e 49.º)[33].

Constituem intervenções com um grande (e crescente) relevo, dado o que as despesas públicas (dos Estados, autarquias regionais e locais e empresas públicas) representam no conjunto das despesas: em 1998 14% do PIB dos quinze países membros (mais recentemente 15% do total: cfr. Moussis, 2008, p. 94, num montante de 1000 milhares de milhões de ECU's, ou seja, um valor correspondente então a mais de metade do PIB da Alemanha (era 11,1% de PIB da UE em 1994, correspondente ao conjunto dos PIB's da Bélgica, Dinamarca e Espanha), 277,15 euros (mais de 55,5 contos) por cidadão da União (Comissão Europeia, 2000a, p. 19). E não pode deixar de estranhar-se que em

---

[32] São os *public procurements* na designação inglesa (está próxima dela a designação que seguimos) ou os *marchés publiques* na designação francesa (com frequência traduzida à letra, 'mercados públicos', a par de 'contratos públicos', nas versões portuguesas dos documentos das instituições europeias). Poderá falar-se também em concursos públicos, que são o meio através do qual – como referiremos no texto, com os termos definidos a nível comunitário – devem ser feitas as compras em análise.

[33] Ver por ex. Gohon (1991, p. 11) e Swann (2000, pp. 166-9). Trata-se de reserva que se põe naturalmente em relação a preferências regionais, por exemplo a uma lei italiana que obrigava a atribuir pelo menos 3% dos fornecimentos a empresas do *Mezzogiorno* (havendo outros casos, no Reino Unido, na Alemanha e na Grécia, e uma tolerância admitida até 1993: cfr. Druesne, 1998, p. 77 da 3.ª ed. do seu livro de 2006).

98% dos casos (segundo estimativa anterior da Comissão) as compras fossem feitas a empresas nacionais, quando era bem diferente o procedimento dos privados, comprando em muito maior percentagem a empresas estrangeiras...[34]. Foi avaliado, quando os cálculos foram feitos, em cerca de 22 mil milhões de ECU's o custo da ausência de concorrência neste domínio, correspondendo a metade do valor do orçamento da União e a 0,6% do seu PIB[35].

Trata-se assim de custos que não são de forma alguma 'compensados' pelas 'vantagens' de se dar preferência a nacionais, numa linha 'protecionista' que se tem procurado 'justificar' em diferentes perspetivas, incluindo a preservação e a promoção de emprego, a 'segurança' proporcionada por não se depender de fornecedores estrangeiros, a valorização da investigação em centros nacionais, reforçando-se a capacidade de resposta da Europa em relação a outros espaços (v.g. em relação aos espaços americano e japonês) ou ainda a defesa da balança dos pagamentos.

Não se justificando estar e referir aqui os vários passos que foram sendo dados (ver locs. cits.) desde 1971, distintos em relação às compras de bens materiais, às compras de serviços e à adjudicação de obras, será de referir que durante vários anos ficaram excluídos setores de grande importância (os 'setores excluídos'), casos da energia, da água, dos transportes e das telecomunicações, que vieram a ser considerados apenas por diretivas aprovadas a partir de 1988 (revistas em 1993, quando da revisão também das demais).

Tratando-se de contratos acima de determinados montantes[36] as autoridades são obrigadas a publicar anúncio no *Jornal Oficial* da União, havendo

---

[34] Não sendo desde logo de crer que apenas em 2% dos casos fossem melhores as condições de qualidade e/ou preço oferecidas por empresas de outros países (cfr. Acquitter, 1993, p. 653, Dinan, 2001, pp. 345-6, R. Jones 2001, p. 175, Dinan, 2010 e Moussis, 2008, p. 94). Teve por exemplo grande "visibilidade" a denúncia em relação à construção do estádio onde em 1998 teve lugar a final do Campeonato do Mundo de Futebol, em França (cfr. *Financial Times* de 23.1.1997).

[35] Ver o Relatório Chechini e de novo Gohon e Acquitter (locs. cits.), bem como, sobre os progressos conseguidos com a legislação em vigor, Comissão Europeia (1996a, p. 5), Monti (1996, p. 34) ou Arrowsmith (2005); tendo o valor dos concursos públicos anunciados no *Jornal Oficial* (e na sua versão eletrónica) passado de 12000 euros em 1987 para 59000 em 1993 e para 137000 em 1998 (com uma previsão de 200000 dez anos depois), tendo sido sensível a percentagem de aumento das compras a empresas estrangeiras (cfr. também Comissão Europeia, 2000a).

[36] 200 000 euros para contratos de fornecimento de bens materiais e serviços (400 000 para os 'setores excluídos') e 5 milhões de euros para os contratos de obras.

ainda disposições de harmonização das regras dos concursos e de contestação no caso de não cumprimento (ver por ex. mais uma vez Acquitter, 1993, pp. 655-8 ou Bright, 1994)[37].

Em 1966 o "Livro Verde sobre os Mercados Públicos na União Europeia" (Comissão Europeia, 1996a) visou proporcionar "pistas de reflexão para o futuro" (nos termos do seu sub-título), no reconhecimento de que "uma política eficaz no domínio dos mercados públicos é fundamental para o sucesso do mercado único no seu conjunto" (p. 5).

2.1.4. Os monopólios nacionais

A intervenção protecionista tem-se verificado ainda tradicionalmente através de "monopólios nacionais de natureza comercial", referidos no art. 37.º do TFUE (anteriormente art. 31.º; cfr.M.Mendes, 2012), no capítulo sobre a proibição das restrições quantitativas entre os Estados-Membros.

Nos termos do artigo "os Estados-Membros adaptarão progressivamente os monopólios nacionais de natureza comercial, de modo a que esteja assegurada a exclusão de toda e qualquer discriminação entre nacionais dos Estados-Membros, quanto às condições de abastecimento e de comercialização"; acrescentando-se no parágrafo seguinte que o disposto no presente artigo é aplicável a qualquer organismo através do qual um Estado-Membro, *de jure* ou *de facto*, controle, dirija ou influencie sensivelmente, direta ou indiretamente, as importações ou as exportações entre os Estados-Membros", bem como "aos monopólios delegados pelo Estado"[38].

Trata-se de monopólios que podem aparecer como formas de estabilização dos mercados, assegurando as vendas ou as compras dos produtos: tal como

---

[37] Há além disso interesse em abrir reciprocamente os mercados públicos com países terceiros, numa linha de aproveitamento de vantagens comparativas diferentes a nível mundial. No quadro do Uruguai Round 22 países membros (os quinze membros da União Europeia, os Estados Unidos, o Canadá, o Japão, a Coreia, a Noruega, a Suíça e a Islândia) assinaram um novo Acordo de Compras Públicas (AGP, *Agreement on Government Procurement*) que entrou em vigor em 1.1.1996 (ver King e Graaf, 1994 e Mattoo, 1996, este com uma análise mais económica); seguindo-se o processo legislativo de adaptação das diretivas comunitárias a este compromisso. Em 1995 foi celebrado um acordo de compras públicas entre a União Europeia e os Estados Unidos, tendo o autor deste livro sido o relator do Parlamento Europeu, propondo o voto favorável (Porto, 1999a, pp. 135-8).

[38] Com mais desenvolvimentos ver por ex. Shapira, Tallec e Blaise (1996).

acontecia no nosso país com a Administração Geral do Açúcar e do Álcool (AGAA), v.g. assegurando o fornecimento deste produto aos produtores de licores[39], com a SACOR (PETROGAL), com o exclusivo da importação e da refinação dos produtos petrolíferos[40], ou ainda com a Empresa Pública de Abastecimento de Cereais (EPAC), assegurando a sua compra aos agricultores: havendo em qualquer dos casos discriminações contrárias à sã concorrência que se pretende assegurar[41].

Podendo tratar-se de 'monopólios' nacionais de natureza comercial há ainda casos em que o seu objetivo é a cobrança de receitas, sendo setores muito lucrativos: tal como acontece com a produção do tabaco ou dos fósforos[42]. Trata-se então de monopólios fiscais, sujeitos também como tais às regras gerais de concorrência estabelecidas pelo Tratado, nos termos do n. 2 do agora art. 106.º do TFUE (cfr. Morais e Cabral, 2012).

[39] Não tendo havido nenhuma liberalização gradual no decurso do período de transição estabelecido as Caves Neto Costa intentaram uma ação, que todavia perderam, contra o Ministro do Comércio e Turismo e o Secretário de Estado do Comércio Externo de Portugal (Processo C-76/91, com o Acórdão em 19.1.1993).
Sobre as 'organizações de mercado' de produtos agrícolas que tínhamos em Portugal ver M. E. Azevedo (1987b, pp. 237-378).

[40] Podendo acrescentar-se o caso da Comissão Reguladora do Comércio do Bacalhau, com o monopólio da importação para se 'garantir' o seu fornecimento aos consumidores.
O art. 208.º do Tratado de Adesão de Portugal (Tratado cit. *supra* n. 23 p. 253) estabeleceu uma adaptação progressiva do regime do art. 37.º (então art. 31.º; cfr. M. M. Mendes) até 1 de Janeiro de 1993. Sendo mais célere a adaptação para os produtos petrolíferos (e agrícolas), a PETROGAL beneficiou contudo de um período de adaptação mais alargado.

[41] Estando fora do âmbito de aplicação do art. 31.º os monopólios de serviços, v.g. das chamadas *public utilities* (ver já o 'velho' acórdão do Tribunal de Justiça no caso Costa c/ ENEL, de 15 de Julho de 1964: cfr. Jalles, 1979, pp. 18-21, Druesne e Kremlis, 1991, p. 103 e Swann, 2000, p. 169). Assim aconteceu com os monopólios dos setores dos transportes, gás, electricidade, água e informação, afastados, com outras bases jurídicas, com as políticas de liberalização que vieram a ser seguidas.
O art. 37.º tinha ainda um n.º 4, afastado em Amesterdão, dando uma consideração especial ao caso dos produtos agrícolas, com a preocupação de que devam "ser tomadas medidas para assegurar" "garantias equivalentes para o emprego e nível de vida dos produtores interessados tomando em consideração o ritmo das adaptações possíveis e das especializações necessárias". Também aqui, pois, a atividade agrícola suscitou uma atenção especial (ver *infra* o que diremos em IV.3.1).

[42] A natureza de monopólios comerciais não é excluída por haver igualmente uma atividade industrial.

2.1.5. A exigência de uma análise mais económica do direito da concorrência

Ao longo dos anos tem vido a ser reconhecida a necessidade de o direito da concorrência corresponder a novos desafios e a novas exigências, no plano externo e no plano interno: no primeiro caso em resposta a um processo de abertura das economias a que não pode nem deve fugir-se[43] e no segundo também como consequência da necessidade de racionalização dos gastos públicos.

Temos pois implicações em relação às empresas e em relação aos Estados (em relação às entidades públicas em geral), com uma exigência de realismo a que não se era sensível poucos anos atrás: quando se estava agarrado a tabus e ideias feitas que não tem sido fácil ultrapassar.

Sintomaticamente, em todos os casos as adaptações e os ajustamentos a que a constatação da realidade nos tem obrigado têm sido no sentido do que a ciência económica já nos ensinava várias décadas atrás. A ciência política, por seu turno, tem explicado em muitos casos a razão ou as razões que têm levado a soluções menos corretas (v.g. com políticas protecionistas: recorde-se de II.4.2.2). Mas a pressão dos factos tem acabado por levar de um modo geral a que se caminhe no sentido mais correto, tendo na conta devida todos os implicados no processo social, designadamente os destinatários últimos dos bens materiais e dos serviços proporcionados, os consumidores, de um modo mais sensível os mais desfavorecidos[44].

Trata-se de uma necessidade que exige uma reflexão aprofundada no domínio da economia, não podendo fugir-se a acolher os seus ensinamentos. Nas palavras de Kerber e Vezzoso (2005, p. 507), "since the end of the 90s, the

---

[43] Nas palavras de Monti (2003, pp. 1-2), então Comissário responsável pela concorrência, "we need to have a modern and effective competition policy able to cope with the new challenges of a globalised economy and an enlarged European Union" (ver também por exemplo Röller e Wey, 2002). Justificava-se pois bem o propósito que o determinou quando do início das suas funções: "When I was appointed Competition Commissioner four years ago, one of my main objectives was an increased economic approach in the interpretation and enforcement of European competition rules".
Trata-se de propósito claramente reafirmado pela Comissária que assumiu depois este pelouro, Neelie Kroes (ver por ex. 2005a e 2005b).

[44] Sobre a prevalência do interesse destes, ou de algum outro objetivo, ver em particular Van den Bergh e Camesasca (2006), com uma análise muito desenvolvida dos contributos teóricos que têm vindo a ser proporcionados.

EU competition policy has been subjected to a general reform, which is motivated by the need for a more economics-based approach to the assessment of competition issues"[45].

Com mais atenção, vamos debruçar-nos em primeiro lugar sobre o que tem vindo a verificar-se em relação às práticas entre empresas e de empresas, e depois em relação às ajudas públicas.

2.1.5.1. Nas práticas entre empresas e de empresas

Neste domínio tem-se verificado por um lado uma evolução e por outro lado uma linha de continuidade nos juízos feitos e nas decisões tomadas: num caso e no outro, significativamente, apontando no mesmo sentido.

---

[45] Na perspetiva destes dois autores (loc.cit.), "this 'new approach' of the Commission to apply more economic analysis, however, emphasises primarily welfare-economic reasonings, whereas innovation and dynamic efficiency still play only a minor and widely neglected role" .

Já segundo Röller (2005, p. 11), depois de reconhecer que "the role and scope of modern economic analysis in competition policy in Europe is changing", pode ser "misleading" "characterizing this change as one towards a 'more' economic approach", dado que "anti trust and merger analysis has been based on economics for a long time". Segundo ele, "the question for effective enforcement is not one of 'more' or 'less' economics, but rather what kind of economics and especially howthe economic analysis is used – or indeed sometimes may be abused – in the context of guidelines or cases. The change in the practice of European competition policy is all about the way in which economic principles and economic evidence are brought to bear in the context of decision making".

Acrescenta ainda: "However, there are also non-significant dangers and there is a clear potential to abuse economics, not least by various special interests. As a result, the proper and professional interpretation and generation of economic evidence is essential for the credibility of the process to work towards better decision making".

O essencial da sua mensagem é reforçado adiante (p. 17), com a afirmação de que "an effective economic analysis in the context of a case has to be based on empirical analysis, which in turn *needs to be rooted in solid economic principles"* (itálico nosso).

A acentuação da preocupação com uma maior racionalidade económica nos últimos anos está refletida na já referida nova edição de Van den Bergh e Camesasca (2006): "over the past five years, European competition law has undergone dramatic changes, largely inspired by the European Commission's move towards a more economics based approach" (Prefácio).

a) Uma maior preocupação com a eficiência conseguida na autorização das restrições verticais

Como vimos, vem da redação inicial do Tratado de Roma (da Comunidade Económica Europeia), constando do art. 85.º (depois numerado como artigo 81.º, sendo agora o art. 101º do TFUE), a proibição de "todos os acordos entre empresas, todas as decisões de associações de empresas e todas as práticas concertadas que sejam suscetíveis de afetar o comércio entre os Estados--membros e que tenham por objetivo ou efeito impedir, restringir ou falsear a concorrência no mercado comum" (seguindo-se, a título exemplificativo, vários casos em que tal acontecerá).

Durante décadas houve a preocupação básica de impedir esses tipos de acordos, defendendo-se pois em boa medida a concorrência pela concorrência[46].

Não deixava naturalmente de ter-se em conta o que também desde a redação inicial do Tratado se dispunha no número 3 do artigo em análise, admitindo-se a não aplicação da proibição sendo acordos, decisões de associação ou práticas concertadas "que contribuam para melhorar a produção ou a distribuição dos produtos ou para promover o progresso técnico", sendo cumpridos os requisitos indicados a seguir (designadamente, "que aos utilizadores se reserve uma parte equitativa do lucro daí resultante").

Vários acordos (e outros entendimentos) foram admitidos ao abrigo destas exceções, tanto acordos horizontais (*horizontal restraints*), entre empresas no mesmo estádio de laboração, como acordos verticais (*vertical restraints*), entre empresas nas várias fases dos circuitos de produção e comercialização. Mas a prática era em maior medida no sentido de os proibir.

A prática e a doutrina mais recentes têm vindo todavia a evoluir no sentido de haver uma maior aceitação de acordos, decisões de associação e práticas concertadas, com especial relevo para as restrições verticais[47]. É uma evolu-

---

[46] Embora em menor medida do que nos Estados Unidos, país onde tradicionalmente prevalecia a filosofia e a prática da *concorrência-condição*, intervindo-se ainda que só se verifique um dano potencial (estando-se na Europa mais na linha da *concorrência-meio*, só se intervindo se há um dano efetivo): cfr. Santos, Gonçalves e Marques (2014, pp. 306-9).

[47] O problema não se tem posto na mesma medida em relação às restrições horizontais, em relação às quais não são reconhecidas as virtualidades que são reconhecidas às restrições verticais, sendo por outro lado mais sentidos os seus inconvenientes. Como sublinha Mateus (2006, p. 103), "nas concentrações verticais verificam-se geralmente mais eficiências (reduções de custos) devido à integração de atividades e redução de custos de coordenação, e elimina-se

ção que foi refletindo contributos vários, como são os casos dos contributos da Escola de Chicago[48], das análises dos custos de transação e dos contratos económicos[49] ou das modernas teorias da organização e dos jogos[50].

São sem dúvida sempre relevantes os contributos da teoria. Mas tratando-se no caso em grande medida de contributos teóricos dados alguns anos antes, para a sua aplicação não pode ser menosprezado o contributo das pressões do mercado, com exigências de uma concorrência a que não pode nem deve fugir-se.

De facto, a eficiência máxima tanto pode ser conseguida com a concorrência como com alguma forma de associação, indispensável para que os empresários se sintam estimulados a investir em novas tecnologias, v.g. sem que corram o risco de que se verifique o efeito de *free-riding*, mas com os concorrentes a beneficiar com os investimentos feitos, ou ainda por exemplo sem que haja custos evitáveis de contratação.

o chamado efeito de 'margens duplas'" (acrescentando que este se verifica "porque o 'monopólio' otimiza em relação ao lucro conjunto de atividades e não em relação a duas atividades distintas").

Acentuando-se nos últimos anos, a evolução referida no texto poderá reportar-se contudo aos anos 80 (v.g. na Europa). Num artigo já de 1985 (p. 528) Comanor e Frech III começam por recordar (p. 528) que "for many years, there were few distinctions drawn between horizontal and vertical agreements. Both were considered anticompetitive and subject to per se condemnation under the antitrust laws". Mas já então referem que "recently, however, this approach has come under attack, and what was once the conventional wisdom is no longer so. Indeed, there is a growing acceptance of the view that vertical agreements can rarely have anticompetitive consequences". Trata-se de "analyses" que "have contributed to correct the former much less positive assessment of vertical restraints and has led to a considerable liberalisation in the interpretation of the rules for vertical restreints".

Com um juízo mais favorável das restrições verticais do que das restrições horizontais, com a análise do caso americano, pode aliás ver-se já Spengler (1950).

Com especiais reservas, ver a análise recente de Acconcia *et al.* (2006).

[48] Cfr. Telser (1960) e Posner (1976) (ver Bishop e Walker, 2002, pp. 210-8 e entre nós Gorjão--Henriques, 1998, pp. 84-94).

[49] Ver por exemplo Williamson (1979) e Grossman e Hart (1986), bem como entre nós Araújo (2007, pp. 147-272).

[50] Cfr. por exemplo Tirole (1988).

Odudu (2005) e Freire (2008) procederam a análises aprofundadas de toda a problemática das restrições verticais. Com análises anteriores podem recordar-se Rey e Tirole (1986), Rey e Stiglitz (1988), Dobson e Waterson (1996), Tan (2001) ou ainda Rey (2003).

Compreende-se pois que a literatura tenha vindo a dedicar-se à análise das circunstâncias várias a ter em conta[51]. Trata-se de análises económicas de grande complexidade, refletida na literatura que tem vindo a ser produzida: com o traço comum de em cada caso, com o maior realismo, se procurar saber como é conseguida uma eficiência maior.

Com o reconhecimento da dificuldade ou mesmo da impossibilidade de se ter em conta todos os casos a merecer a autorização prevista no n. 3 do artigo 101.º, vieram a ter um grande relevo as já referidas isenções por categoria (*block exemptions*): determinadas aliás, ao fim e ao cabo, pelo objetivo de, com realismo, se conseguirem situações de maior eficiência (e segurança). Um Regulamento Geral de Isenções por Categoria foi publicado em 1999, o Regulamento n.º 27901999, de 22 de Novembro (JO L 336/21, de 19 de Dezembro seguinte), tendo ainda relevo assinalável, sempre na mesma lógica, as Linhas de Orientação sobre Restrições Verticais (JO C n.º 291/1, de 3 de Dezembro de 2001)[52].

Sem se pôr em causa o progresso proporcionado pela possibilidade aberta, permitindo avanços significativos, não pode desconhecer-se que com ela não se verifica uma análise caso a caso, que poderá levar (só ela) às decisões corretas. Como em tantos outros domínios, alguma simplificação, sem dúvida proporcionando segurança, pode impedir um juízo e uma decisão que exigem uma análise aprofundada de cada caso: face a uma realidade que nunca poderá prefigurar-se em esquemas aplicáveis mecanicamente[53].

Em todos os casos está patente, não um "legal approach," mas uma "rule of reason". Nas palavras de Monti (2003, p. 1), a propósito destes acordos e dos acordos de cooperação horizontal, "we have shifted from a more legalistic approach to one based on several economic principles in line with current economic thinking".

---

[51] Podendo citar-se a título de exemplo Dobson e Waterson (1996) ou Mendelson e Rose (2002, v.g. pp. 192-9, com uma síntese dos aspetos negativos das restrições verticais).

[52] O Regulamento 1/2003 veio dispensar uma ratificação prévia pela Comissão, devendo as empresas, elas próprias, fazer um "balanço económico", apurando se se verificam as condições do n. 3 do art. 81.º (n. 3 do art. 101.º do TFUE).

[53] Segundo Röller (2005, p. 21), "the challenge to economics is to ensure that economic analysis does not come at the expense of legal certainty and predictability". É louvável ter este bom propósito, mas não pode deixar de reconhecer-se que em muitos casos a solução economicamente correta depende de uma análise de dados concretos, nem todos suscetíveis de estar prefigurados.

b) Uma linha de continuidade, na abertura em relação às concentrações

Aqui "a história" é outra, diferente, com o Tratado de Roma a não proibir expressamente as concentrações (os *mergers*) (recorde-se de 2.1.1.3); o que não pode deixar de ser sintomático, havendo desde sempre casos importantes de concentrações.

Depois, foi mais do que significativo o tempo que mediou entre a proposta da Comissão, de um regulamento sobre as concentrações, apresentado em 1973, e a sua aprovação, apenas dezasseis anos depois (o Regulamento n.º 4064, de 21 de Dezembro de 1989)

Houve assim uma demora muito grande, mostrando que era pequena a vontade na sua aprovação, ou pelo menos que eram importantes as dúvidas suscitadas.

Mas depois ainda, já com o regulamento aprovado, com mais de uma década e meia decorrida, é muito significativo que tivessem sido muito poucos os casos de concentrações notificadas que tinham acabado por ser proibidas: apenas 19 concentrações, 0,7% das 2593 notificadas e objeto de decisão final desde a entrada em vigor do Regulamento (em Setembro de 1990) até 2004[54], situação que tem continuado a verificar-se.

Tendo de procurar-se uma justificação para estas circunstâncias, ela está na constatação da necessidade de haver na Europa grupos de grande dimensão, num quadro mundial em que há grandes grupos em países de outros continentes, em particular nos Estados Unidos, no Japão e na China (ver por ex. Porto, 2014, pp. 160 e 161). Sendo a União Europeia o mais importante bloco económico do mundo (com o PIB mais elevado), bem como a área de maior atração de investimento estrangeiro, as suas empresas de maior dimensão

---

[54] Ver A.Marques (2006, pp. 280-1, e já 2000); ou Mateus (2006, pp. 128-9), referindo também os poucos casos impedidos em Portugal pela Autoridade da Concorrência, apenas 1,15 % do total, entre Março de 2003 e Dezembro de 2005. Com a referência a alguns dos casos mais "emblemáticos" (alguns deles já mencionados em IV.2.1.1.3), entre nós pode ver-se ainda Marques (locs. cits.); e na literatura estrangeira recente Utton (2006, pp. 79-88), Röller e Wey (2006, pp. 3-6, com a referência a casos entre a UE e os EUA) ou Lévêque (2007, mostrando um maior controle europeu do que americano). Uma outra proibição foi a da concentração da Rayanair com a Airlingus.
Considerando a experiência dos Estados Unidos podem ver-se Felasky e Dick (2003) e considerando a experiência do Canadá Ross e Winter (2004) (ver ainda Nusdeo, 2002).

estão todavia aquém da dimensão das maiores empresas americanas (bem como de outros países).

Compreende-se por isso a aceitação que geralmente tem havido na formação de *mergers*, na linha de se procurar ter em vários domínios uma dimensão empresarial maior.

Com a preocupação de que haja regras mais seguras, abrindo caminho para as soluções mais desejáveis, é de recordar a publicação do Livro Verde sobre a revisão do Regulamento n. 4064/89 (COM (2001) 745 final).

Na sua sequência, é de sublinhar a evolução verificada nos procedimentos estabelecidos: o Regulamento 4064 não fazia referência à análise de ganhos de eficiência (que não deixaram todavia de ir sendo considerados, em várias decisões, de modo explícito ou implícito); ganhos que todavia são já mencionados expressamente no novo regulamento, o Regulamento 139/2004, de 20.12.2004[55].

Mas também aqui a análise é difícil, quando se procura distinguir as concentrações promotoras de uma maior eficiência, com um maior benefício social, de concentrações negativas; com a exigência de uma análise económica 'cuidada', podendo exigir um conhecimento aprofundado das condições de cada caso[56].

2.1.5.2. Nas ajudas públicas

Vimos também já que a proibição de ajudas públicas vem da redação inicial do Tratado de Roma, estabelecida no artigo 91.º (depois 87.º, agora 107.º no TFUE), naturalmente com a admissão de exceções, visando-se objetivos sociais, a promoção regional ou ainda por exemplo o desenvolvimento de um projeto de interesse europeu.

Estamos também aqui num caso em que são da maior relevância, devendo naturalmente ser decisivos, os contributos da ciência económica: com os apoios

---

[55] Sobre esta evolução podem ver-se Navarro *et al.* (2005, cap. 11; cfr. a recensão de Stroux, 2006), Pais (2006, pp. 714ss.) e mais recentemente Gotts, ed.(2013).

[56] Entre nós podem ver-se Calvete (1998) ou Matos e Rodrigues (2000), considerando hipóteses várias; e na literatura estrangeira por exemplo Motta (1999), Ross e Winter (2004) bem como ainda Navarro *et al.* (2005, com as preocupações de eficiência refletidas no referido capítulo 11 da nova edição do seu livro). Com algumas reservas, chamando a atenção para cautelas a ter e medidas a tomar, ver por exemplo Christiansen (2006, não deixando de concluir que "a 'more economic approach' in EU merger control is an aim that is to be welcomed").

financeiros a poder ser instrumentos de distorção da concorrência, com favoritismos não justificados, ou modos de intervenção de primeiro ótimo, à luz dos ensinamentos da "teoria das divergências domésticas" (recorde-se de II.4.1).

A tentação de proporcionar apoios financeiros públicos é crescente quando, face aos compromissos internacionais, não é possível a utilização da via protecionista. E de facto os efeitos destes compromissos têm-se acentuados nos anos mais recentes. A tentação é especialmente grande quando estão em causa indústrias em crise, cuja falência acarrete vagas significativas de desemprego, com os consequentes custos humanos, sociais e políticos.

Cumprindo-se todavia com os requisitos do "velho" argumento das indústrias nascentes (aplicáveis às indústrias senescentes), há que apurar se se justifica uma intervenção pública, intervenção que poderá justificar-se que seja feita com apoios financeiros.

Estamos contudo também aqui num campo de análise delicado, com os apoios financeiros a poderem ser meios incorretos de distorção ou pelo contrário meios corretos, indispensáveis, com as economias externas geradas e em geral com o afastamento das falhas do mercado, para que se consiga um aproveitamento melhor (desejavelmente máximo) das suas potencialidades.

Compreende-se pois que igualmente neste domínio a Comissão, a par da doutrina, tenha procurado esclarecer princípios e estabelecer regras. Assim se justificou o Plano de Ação no Domínio das Ajudas Estatais (COM (2005) 107 final, de 7.6.2005).[57]

Nas palavras da então Comissária responsável pela concorrência, Neelie Kroes (2006a), "at the heart of the Action Plan is the principle of 'less and better targeted state aid' – the central objectives to encourage Member States to reduce their overall aid levels, whilst redirecting resources at objectives that are of common Community interest" (ver também 2006b).

No tempo presente, de grandes restrições orçamentais, na União Europeia e nos países, tem de ser naturalmente maior a exigência de rigor.

Acontece aliás que, face à escassez geral de recursos, está também aqui em causa um problema de concorrência, se forem beneficiadas as empresas dos países apesar de tudo financeiramente mais poderosos.

---

[57] Entre os contributos que foram sendo dados para uma análise correta de cada caso de ajudas públicas ver Garcia e Neven (2005), Nicolaides (2008) e Quiglen (2009), bem como, com a indicação de testes a ultrapassar, European E&M Consultants (2005) e recentemente Vilaça (2015).

Sendo assim, não pode deixar de suscitar preocupação a análise do elenco dos países que têm concedido ajudas ilegais:

QUADRO IV.1
Number of negative and positive decisions (2003-2005)

Negative decisions

	Total	Approved without objections	Other positive decisions	All negative decisions	Of which recovery ordered
EU-25	1884	1614	176	94	58
BE	67	48	13	94	58
CZ	21	15	6	–	–
DK	54	45	8	1	1
DE	301	235	44	22	19
EE	8	8	–	–	–
EL	38	35	1	2	2
ES	181	160	14	7	6
FR	216	183	22	11	9
IE	38	32	4	2	1
IT	456	401	27	28	14
CY	3	3	–	–	–
LV	10	10	–	–	–
LT	6	6	–	–	–
LU	6	6			
HU	4	4	–	–	–
NL	111	100	9	3	1
AT	48	41	4	3	1
PL	29	27	1	1	1
PT	25	21	4	–	–
SI	5	3	2	–	–
SK	15	15	–	–	–
FI	28	26	1	1	1
SE	43	40	2	1	1
UK	171	150	15	6	–

Fonte: Scoreboard of DG COMP

É impressionante que os prevaricadores sejam em maior medida os países maiores e em termos absolutos mais ricos. De facto, das 94 decisões negativas entre 2003 e 2005 (no exemplo do quadro) 74, ou seja, cerca de 80% do total, foram de "condenação" da Itália (28 decisões), da Alemanha (22), da França (11), da Espanha (71) e do Reino Unido (6, sendo também 6 da Bélgica).

Curiosamente, no mesmo período não houve nenhuma condenação de Portugal (onde foram apreciadas 25 situações); para o que terá contribuído, além das dificuldades orçamentais do país, a circunstância de em muitos casos as ajudas terem cobertura, v.g. nos termos do n. 2 do art. 87.º do Tratado da CE, por serem ajudas de índole regional (cfr. Porto e Almeida, 2007).

O problema das ajudas públicas põe-se com particular acuidade quando se atribuem apoios par compensar o cumprimento de obrigações de serviço público.

O entendimento acolhido, nos termos do Acórdão Altmark, que veio fazer doutrina a este propósito, é o entendimento de que os apoios têm de cingir-se à compensação pelos custos acrescidos suportados com o cumprimento dessas obrigações[58].

Estamos todavia mais uma vez aqui face à necessidade de aplicação, nem sempre fácil, dos ensinamentos da ciência económica, só assim sendo possível chegar às conclusões corretas.

Compreendem-se bem as preocupações a que os regulamentos de isenção por categoria, mencionados em IV.2.12, têm vindo a procurar dar resposta, conciliem os objetivos de aberta e segurança com o objetivo de intervenção correta e desejável em cada caso em concreto.

2.2. A política de transportes

2.2.1. Introdução

Assim como outras políticas são do interesse especial de outros países, por exemplo a livre concorrência do interesse da Alemanha e a política agrícola do interesse da França, a política de transportes tinha e tem um interesse muito

---

[58] Entre uma literatura muito vasta, sobre o Acórdão Altmark pode ver-se por exemplo Prosser (2005, pp. 141 ss.) ou Porto (2008b, considerando as suas implicações em apoios financeiros desiguais a transportes coletivos urbanos).

grande para a Holanda, com uma participação muito significativa no setor, acrescida ao longo dos anos[59].

Trata-se de política já considerada no Tratado de Roma na sua redação inicial, num título próprio, o título IV da parte III (sobre "as políticas da Comunidade"), abrangendo onze artigos (74.º a 84.º, depois arts. 70.º a 80.º, agora arts. 90.º a 100.º no TFUE: cfr. S. Rodrigues, 2012, M. Silva, 2012, Miranda e Esquível, 2012 e A. M. Mendes, 2012).

Aconteceu todavia que durante muito tempo nada ou quase nada se avançou neste domínio, tendo mesmo o Parlamento Europeu – num procedimento até agora único – acionado o Conselho junto do Tribunal das Comunidades, com ganho de causa, por não concretização das disposições do Tratado (apesar de algumas iniciativas da Comissão logo a partir do Memorando Schaus, de 1961, apresentado pelo Comissário responsável pelo setor, Lambert Schaus, e do consequente Programa de Ação de 1992).

Foi uma falta de intervenção que não pode encontrar justificação no articulado vigente, v.g. na circunstância de este limitar a política comunitária (nos termos do n.º 1 do primitivo art. 84.º) aos "transportes por caminho de ferro, por estrada e por via navegável". De facto nada foi feito mesmo em relação a estes modos de transporte e desde cedo foi entendido que a Comunidade podia intervir igualmente em relação aos demais, v.g. aos transportes aéreo e marítimo, caso se verificassem violações da concorrência, com base nas disposições gerais ou, independentemente disso, quando fosse julgado necessário, deliberando-se com base no art. 235.º, depois art. 308.º (por unanimidade, tratando-se de "uma ação" "considerada necessária para atingir, no curso de funcionamento do mercado comum, um dos objetivos da Comunidade"); dispondo agora o art. 100º do TFUE (cfr. Ferreira, 2012) que "o Parlamento Europeu e o Conselho, deliberando de acordo com o processo legislativo ordinário" (e "após consulta ao Comité Económico e Social e ao Comité das Regiões") "podem estabelecer disposições adequadas para os transportes marítimos e aéreos".[60]

---

[59] Com um relevo peculiar para o porto de Roterdão (um dos portos mundiais com maior volume de mercadorias), servindo vários países em articulação com diferentes modos de transporte (v.g. através do 'corredor' do Reno: cfr. Swann, 2000, p. 254). Sobre as implicações deste relevo na distribuição geográfica dos recursos próprios ver *infra* IV.10.6.2).

[60] Assim pode acontecer na sequência da redação dada pelo Ato Único ao n. 2 do art. 84.º (depois art. 80.º do TEE e agora art.100º do TFUE)

É de estranhar pois a omissão verificada, tendo em conta por um lado o papel básico dos transportes – instrumental em relação a toda a atividade económica e social comunitária[61] – e por outro a necessidade de intervenção, dados o grande peso dos ses custos e as distorções na concorrência verificadas entre os países (o que, além de criticável no plano da equidade, constitui uma ineficiência agravadora dos custos).

O inconveniente de haver preços de transporte elevados é especialmente sensível em relação a produtos de grande volume e/ou peso, chegando a representar uma percentagem significativa do seu preço. Compromete-se assim o pleno aproveitamento das potencialidades proporcionadas pelo mercado, não se instalando as empresas e as pessoas nos locais mais adequados e ficando por permutar bens que numa lógica económica correta deveriam sê-lo.

No que respeita aos desequilíbrios e falhas de concorrência, têm-se verificado em diferentes domínios, das exigências técnicas à fiscalidade.

Importava pois pôr em prática uma política comunitária de transportes, visando uma diminuição geral dos custos e em especial que os transportes não estivessem sujeitos a distorções, sendo muito grandes as diferenças de condições de país para país.

2.2.2. A liberalização e a harmonização de normas técnicas

Para a ultrapassagem destas dificuldades duas primeiras vias seriam a liberalização e a harmonização das normas aplicáveis.

---

[61] Sendo de acrescentar o seu relevo próprio como setor económico, representando por exemplo 8% do PIB na UE-15 (por exemplo com a agricultura a representar 5%), empregando 6 milhões de pessoas (ainda 2 milhões na produção de material de transporte, com 6 milhões em serviços conexos, reparação, seguros, etc.,) e consumindo mais de 30% da energia total na UE, bem como o efeito de dinamização sobre atividades que lhe dão apoio, incluindo a construção de infraestruturas, com verbas elevadíssimas (representando 40% do investimento público total nos países membros), ou serviços de seguros, apoio bancário, etc. (cfr. R. Jones, 2001, p. 333, Fonseca, 2006, pp. 239-40, Moussis, 2015, pp. 579-607 e Porto 2016a).

Estando aliás o crescimento dos transportes ligado ao crescimento das economias, constata-se que tem vindo a ultrapassá-lo: entre 1970 e 1990 o aumento médio anual do PIB da UE foi de 2,3%, tendo sido de 2,6% o aumento do transporte de mercadorias e de 3,1% o aumento do transporte de passageiros (Barnes e Barnes, 1995a, pp. 112-3).

2.2.2.1. A liberalização dos transportes

Não podendo entrar aqui em pormenores, podemos dar exemplos de intervenções impeditivas da livre concorrência, v.g. nos transportes rodoviários e aéreos[62]. Nos primeiros havia quotas estabelecendo o número máximo de veículos, a proibição de serviços de cabotagem[63], ou ainda por exemplo tarifas fixas ou com forquilhas de máximos e mínimos[64]. Nos transportes aéreos eram também muito limitadas as possibilidades de concorrência, com monopólios estaduais (ou de empresas apoiadas pelos Estados) na exploração das carreiras regulares[65], admitindo-se apenas a reciprocidade dos operadores congéneres dos países servidos, bem como ainda por exemplo com fixações de tarifas[66].

---

[62] Pela natureza das coisas seria menos sensível o que havia a fazer nos demais modos de transporte: fluvial, marítimo e ferroviário.

[63] Consistem no aproveitamento do retorno de um serviço para transportar pessoas e bens: a título de exemplo, a possibilidade de os transportadores portugueses, no regresso de uma entrega na Alemanha, trazerem alguma mercadoria deste país ou ainda por exemplo de França. Num estudo elaborado calculou-se que a proibição da cabotagem levava a um acréscimo de 20% no número dos veículos em circulação, com os consequentes custos privados e sociais (Ernst & Whitney, 1987, anexo III, cit. em Barrass e Madhavan, 1996, p. 230).

[64] Tendo os valores máximos o objetivo de impedir um ganho exagerado dos operadores, com o agravamento dos custos dos transportes, e os valores mínimos o objetivo de se impedir o aviltamento dos preços com uma concorrência predatória, especialmente fácil por no transporte rodoviário qualquer pessoa poder operar com um veículo velho e sem condições de segurança...

[65] Chegando-se à situação de estarem 'monopolizadas' por uma ou duas companhias de cada país 95% das 630 rotas internacionais da Europa (R. Jones, 1996, p. 212).
Como lembra Lee (1997, p. 226), "each state had its own flag-carrying airline, which was usually in public ownership. It was often expected to serve some non-commercial objectives, as part of its general remit, and was accustomed to receive state aid to assist in this".

[66] São circunstâncias, de menor concorrência e menor eficácia, que levaram a que na Europa as tarifas fossem (e sejam) muito mais elevadas do que nos Estados Unidos da América, por vezes 50% mais elevadas, calculando-se que tenhamos por isso linhas aéreas de um modo geral 20% menos competitivas (ver já o Relatório Paddio-Schioppa, 1987, p. 43, comparando as tarifas entre os dois espaços, e OCDE, 1988, pp. 9 e 54: sublinhando que "experience has demonstrated that deregulation and progressive liberalization produce substantial benefites for efficient air transport services and users"; e notando que mesmo no interior dos Estados Unidos uma eficiência maior foi conseguida em Estados onde era maior a desregulamentação). Alguma nova concentração na sequência da liberalização americana não levou contudo ao nível da concentração anterior (cfr. OCDE, 1997, p. 94; não se confirmando pois as reservas de Kahn, 1988) e um alegado menor cuidado com as normas de segurança pode e tem vindo a ser combatido com uma exigência maior no seu cumprimento. Não há de facto "empirical evidence

2.2.2.2. A harmonização de normas

Eram por seu turno grandes as diferenças nas normas de país para país, com os Estados a poderem favorecer por isso os seus transportadores. Assim acontecia desde os limites de dimensão dos veículos aos horários de trabalho ou à tributação: o que, como se disse, além de ser iníquo provocava distorções impeditivas do pleno aproveitamento dos recursos existentes. A título de exemplo, no transporte rodoviário era prejudicado na concorrência um país que concorresse nas mesmas estradas com veículos de menor dimensão, com condições sociais mais rígidas[67] ou ainda tributando de acordo com o princípio da nacionalidade quando os outros tributassem de acordo com o princípio da territorialidade[68].

---

in support of the view" de que "airline deregulation in the United States has led to a decrease in safety standards due to cost-cutting in airlines to gain a competitive advantage" (OCDE, 1988, p. 9). Pelo contrário, diminuiu o número de acidentes, sendo aliás uma empresa privada menos cuidadosa inexoravelmente 'condenada' por esse facto num mundo de concorrência (o mesmo não acontecendo, ou acontecendo em muito menor medida, com uma empresa pública que dispõe do monopólio dos serviços num país....).

Sobre estes e outros aspetos ligados à concorrência ver ainda McGowan e Seabright (1989), Bauchet e Rathery (1993), Comité dos 'Sábios' (1994), Adkins (1994), Davison (1995), Bauchet (1996), Kassim (1996), Goh (1997), Doganis (2003 e 2009), ou de novo OCDE (1997, onde se conclui que "d'après toutes les informations qui ont été recueillies, il est clair que les mécanismes de concorrence se sont renforcés et que, parallélement, *l'efficience économique s'est améliorée*. La situation que l'on peut observer sur le marché intérieur aux Etats Unis (Keeler, 1990) et sur plusieurs marchés internationaux intra-européens est donc tout à fait conforme aux notions de *concurrence praticable*" (pp. 91-2, com itálico nosso). Procurando perspetivar o futuro, a partir da realidade americana, ver Gourdin (1997).

[67] O cumprimento de horários máximos de trabalho passou a ser controlado com a obrigação de instalação de tacómetros.

[68] Sendo por isso os transportadores do primeiro duplamente tributados nos segundos (por exemplo com a tributação do combustível aqui consumido, não deixando de ter a oneração da tributação nacional, v.g. com um imposto como o nosso antigo 'imposto de compensação') e os dos segundos isentos quando circulassem no país seguidor do princípio da nacionalidade (cfr. Porto, 1972, mostrando o prejuízo que durante anos afetou assim os transportadores rodoviários portugueses). Trata-se de problema semelhante ao que veremos dentro em pouco, da imputação dos custos das infraestruturas, havendo países a custeá-las através dos orçamentos nacionais e outros com impostos sobre os combustíveis ou com taxas (portagens) pagas pela utilização das vias.

2.2.2.3. As medidas tomadas em relação aos diferentes modos de transporte

Tudo apontava, pois, no sentido de dever caminhar-se para a liberalização e para a harmonização, numa linha para a qual, em cumprimento do Livro Branco do Mercado Único (onde foi inventariada uma grande parte das distorções existentes) e nos termos do Ato Único, foi aprovado um conjunto significativo de regulamentos e diretivas[69].

Sem entrarmos em pormenores[70], podemos começar por sublinhar que no transporte rodoviário foram feitos progressos nos domínios da liberalização dos preços, do alargamento (ou afastamento) das quotas e da permissão da cabotagem. Não há todavia ainda liberalização completa. A título de exemplo, estão liberalizados os transportes entre países, mas não dentro de cada país; e nos transportes de passageiros a cabotagem ainda só é permitida em serviços não regulares.

No que respeita ao transporte aéreo, um primeiro impulso para a sua liberalização veio na sequência do caso 'Novas Fronteiras', concluído com a decisão do Tribunal de Justiça no sentido de serem aplicáveis ao transporte aéreo as regras dos arts. 85.º a 90.º, atuais arts. 101.º a 106.º do TFUE (política de *open skies*), num prazo de quatro anos. Depois, com muito maior significado e muito maior concretização foram aprovados três pacotes de medidas, em 1987, 1990 e 1992, que levaram a uma flexibilização progressiva das tarifas, da repartição da capacidade e da prestação dos serviços: tendo-se chegado em 1 de Abril de 1997 à liberalização total dos serviços, mesmo no interior de um outro país (intervindo a Comissão quando haja violações da concorrência)[71].

Não está já diretamente em causa a concorrência por exemplo quando se trata apenas de haver tributação diferente sobre os combustíveis se todos os países seguirem o princípio da territorialidade.

[69] O número de diplomas legislativos (regulamentos, diretivas e outros) no domínio dos transportes subiu de 46 em 1973 para 416 vinte anos depois (em 1993), numa progressão maior do que na generalidade dos demais setores (Grupo Tindemans, 1995, pp. 23-4).

[70] Sobre os passos dados nos diferentes modos de transporte ver por ex. Ayral (1995, pp. 81-2), Bauchet (1996, pp. 168-71), Garcia (1999, pp. 85-204), Dearden (2005, pp. 276-300), Button (2011, pp. 244-56), Delivet (2013, secção 4, pp. 173-178), Dony (2014, pp.552-561), Belotti (2015), Dubois e Blumann (2015, pp. 518-546), Moussis (2015, pp. 421-433) ou Porto (2016a e 2016c).

[71] Mas as tarifas europeias foram continuando a ser mais elevadas do que as norte-americanas (cfr. *Financial Times* de 1.4.1997).

Nos transportes marítimo e em águas interiores os passos principais foram dados no domínio da cabotagem; e no transporte ferroviário está a ser promovida a concorrência, acompanhando as privatizações, com a utilização comum das vias férreas (acrescendo a promoção de uma indispensável concorrência com os demais modos de transporte: ver já CEMT, 1995).

2.2.3. A construção e a melhoria de infraestruturas

Para a redução dos custos e o aumento da eficácia é indispensável também a existência de infraestruturas modernas e adequadas aos vários modos de transporte, incluindo os aeroportos e os meios de ajuda e controle no transporte aéreo, as linhas de alta velocidade (v.g. de TGV) no transporte ferroviário, as auto-estradas no transporte rodoviário ou os portos nos transportes marítimo e fluvial.

Trata-se de infraestruturas deixadas tradicionalmente à responsabilidade exclusiva dos orçamentos nacionais, com exceção das que, por razões aí enquadráveis, tinham apoio no âmbito da política regional com verbas do FEDER. Era assim uma lógica circunscrita aos países e regiões com acesso a este fundo, que deixava de fora grandes espaços da Comunidade onde, por razões de interesse geral, é também necessária uma intervenção no domínio dos transportes.

Constituiu pois novidade a iniciativa que a União, na sequência do Tratado de Maastricht, nos termos dos arts. 129-B a 129-D, depois arts. 154.º a 156.º, atuais arts. 170.º a 172.º no Tratado de Lisboa, TFUE (cfr. Andrade e Malheiro, 2012), passou a ter em relação a infraestruturas de interesse comunitário, concretizada na definição de Redes Transeuropeias de transportes rodoviários, ferroviários e de energia[72].

---

[72] Ver o COM (93) 700, pp. 90-1 e ainda por ex. Banister, Capello e Nijkamp (1995, Barras e Madhavan (1996, pp. 236-9), D. Johnson e Turner (1997) e Garcia (1999, pp. 207-17). No orçamento da União para 1997 foi já aprovado (por iniciativa do Parlamento Europeu, aqui, de uma Comissão da que fazíamos parte) um apoio de 100 milhões de ECU's às redes transeuropeias, custando todavia só as redes transeuropeias de transportes mais de 80 mil milhões... Tratou-se pois de um montante que teve um valor de indicação política, no caso mais concretamente para as ligações a leste, estando a verba na categoria 4 (a categoria das Políticas Externas).

Um problema de especial relevo é o da imputação dos custos das infraestruturas.

Olhando para os números globais foi constatado já que na União Europeia (com cálculos feitos para a então UE-15, tendo sido considerados 13 países) a tributação que recai sobre os utentes da infraestruturas rodoviárias (impostos sobre os combustíveis, impostos de circulação e portagens), correspondendo a 2% do PIB, é muito superior (em 65 mil milhões de ECU's) à despesa que com eles é feita, correspondente a 1% desse valor[73]. Era já diferente a situação na ferrovia (cobertura de 56%) e nas vias navegáveis (cobertura de 18%).

Numa linha de racionalização económica importa que cada modo de transporte seja pago pelos utilizadores. Mas nos cálculos a fazer não podem ser tidos em conta apenas os custos privados, têm de ser incluídos também os custos económicos e sociais em geral, v.g. com o congestionamento e com a poluição (ainda, com grande significado, custos de dependência em relação ao exterior, quando se utilizam combustíveis importados)[74]. Trata-se de situação que pode ser vista na figura seguinte (fig. IV.1), com a curva da oferta a considerar os custos sociais:

---

[73] Em Portugal por exemplo em 1987 a receita foi de 902 milhões de ECU's e a despesa de 749 (cfr. Comissão Europeia, 1996d, pp. 29-30 e 83). Sobre a prática de financiamento em cada país europeu ver ainda Farrell (1999).

[74] Incluindo o *greenhouse effect*, sendo os transportes, principalmente os transportes rodoviários, com 75% do total, responsáveis por mais de 30% da emissão de dióxido de carbono e por percentagens ainda maiores de outras fontes poluentes (cfr. Barrass e Madhavan, 1966, p. 241-2, Comissão Europeia, 1996d, p. 31, Fonseca, 2006, p. 240 e Moussis, 2015, p. 580). Sobre os vários custos dos transportes (v.g. sociais) e o modo de os ter em conta ver já CEMT (1994), OCDE (1994b), D. Maddison *et al.* (1996), de novo Comissão Europeia (1996d), Connolly e Munro (2000, pp. 470-5), Hitiris (2003, pp. 274-5) ou Moussis (2015, pp. 579-607). São impressionantes, não podendo deixar de ser conhecidas pelos decisores, as diferenças de emissão de CO_2 por passageiro tratando-se de um comboio rápido, um TGV (2,2 gramas), de um autocarro (30 gramas), de um veículo ligeiro (125 gramas) ou de um avião (153 gramas): cfr. Porto (2016a, pp. 800-1).

Fig. IV.1

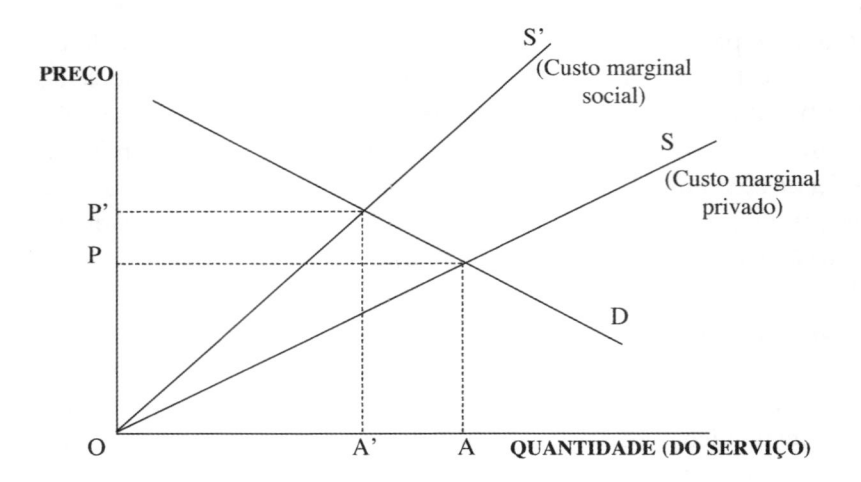

Estando em causa cobrir apenas os custos privados o preço é de PO e a oferta de serviços de OA.

Considerando-se todavia os custos sociais (as deseconomias externas) o preço deverá ser P'O, levando à redução da procura para OA'.

Ora, nesta linha há que ter em conta que são especialmente elevadas as deseconomias dos transportes rodoviários, com os custos sociais muito acima dos custos privados; devendo os preços refleti-los também[75] e promover-se a reorientação da procura num sentido mais desejáveliss[76].

---

[75] Se as pessoas com rendimentos mais baixos não puderem pagar preços tão elevados, com este ou com qualquer outro modo de transporte (socialmente mais favorável), a solução correta estará em dar-lhes apoio direto ao rendimento, não em subsidiar transportes que favoreçem igualmente (talvez em maior medida) pessoas com rendimentos mais elevados (cfr. Porto, 1990, p. 9).

[76] Trata-se de reorientação que é especialmente necessária nas grandes cidades, onde são insuportáveis os custos sociais da utilização dos automóveis individuais. Embora se trate de problema de cada país, de acordo com o princípio da subsidiariedade, dada a sua gravidade compreende-se que a Comissão Europeia (cfr. 1995a) tenha vindo a dar sugestões de solução, v.g. com transportes coletivos eficazes e não poluentes (casos dos elétricos rápidos, não se compreendendo demoras verificadas na sua instalação ou mesmo dúvidas sobre a manutenção do projeto, tal como está a acontecer em Coimbra). Estão de qualquer modo favorecidos os países com redes urbanas mais equilibradas (casos por ex. da Holanda, da Alemanha e da Suíça),

No quadro europeu tem vindo a levantar-se uma problemática delicada por haver países especialmente atravessados por transportadores de outros países (caso por exemplo da Alemanha, atravessada por transportadores da Holanda). Não havendo pagamento de portagens ou através dos combustíveis estão os contribuintes dos países atravessados a subsidiar os transportadores estrangeiros, que em nada contribuem para essas rodovias. Compreende-se pois também por esta razão que haja uma orientação geral no sentido de em maior medida os utilizadores pagarem os 'serviços' recebidos[77] (ver Comissão Europeia, 1998d, com o White Paper *Fair Payment for Infrastructure Use* e a Directiva n. 2004/52, de 30 de Abril de 2004, apontando para um sistema integrado de cobrança de portagens).

2.2.4. Uma mais racional utilização dos vários modos de transporte

A necessidade de passar a verificar-se uma mais eficiente utilização dos vários modos de transporte (v.g. com o 'transporte combinado') tem vindo a ser reforçada nos anos mais recentes.

sem grandes concentrações populacionais (sobre a iniquidade e a incorreção económica de ser toda a população dos países a suportar os défices financeiros dos transportes dos grandes centros, tal como acontece em Portugal apenas em relação às áres metropolitanas de Lisboa e do Porto, e sugerindo soluções, ver de novo Porto, 1990, 1996a e 2008b).

Os números são impressionantes: segundo cálculos da Comissão, na UE o congestionamento dos transportes nas zonas urbans e circundantes custa perto de 100 mil milhões de euros por ano, ou seja, 1% do PIB da União, resultantes de atrasos, gastos energéticos e poluição (em Portugal será um custo anual de 2 mil milhões de euros, 5,2 milhões de euros por dia: cfr. *Jornal de Notícias* de 1.10.2014; sendo de referir ainda que é em cidades um de cada três acidentes mortais na União Europeia).

Compreende-se pois bem, face à dimensão destes problemas e destes custos, que a União Europeia, sem ficar em causa o princípio da subsidiariedade, tenha vindo a dar uma grande atenção crescente à problemática dos transportes urbanos,designadamente com a publicação do Livro Verde *Por uma Nova Cultura de Mobilidade Urbana* (Comissão Europeia, 2007). o *Plano de Ação para a Mobilidade Urbana* (Comissão Europeia,2009), sendo de referir também um Relatório Especial do Tribunal Tribunal de Contas da União Europeia (2014), analisando a *Eficácia dos Projetos de Transportes Urbanos apoiados pela UE* (ver Porto, 2016a, pp. 820-3).

[77] Não sendo para tal adequado um sistema de vinheta, tal como existe por exemplo na Suíça, podendo ser muito grande a diferença entre o que se recebe e o que se paga (pagam o mesmo o utilizador diário e a pessoa que 'atravessa' o país num só dia).

A evolução ocorrida entre 1970 e 2000-2 (sem se considerar o transporte marítimo) pode ser vista nos dois quadros seguintes, o primeiro (IV.2) com os valores percentuais do transporte de mercadorias (toneladas/quilómetro) e o segundo (IV.3) com os valores do transporte de passageiros, passageiros/quilómetro (valores que se têm mantido em anos mais recentes):

QUADRO IV.2
Transporte de mercadorias (%)

Modo de Transporte	1970	1980	1990	2002
Rodoviário	50,6	60,6	69,9	72
Ferroviário	27,8	20,2	15,4	16
Fluvial (inclui canais)	13,6	10,8	9,2	6
Pipeline	8,0	8,4	5,5	6

Quadro IV.3
Transporte de passageiros (%)

Modo de Transporte	1970	1980	1990	2002
Carro individual	76,1	77,8	79,0	80,0
Autocarro	11,7	10,7	8,8	8,9
Ferroviário	10,0	8,0	6,6	6,3
Aéreo	2,2	3,5	5,6	5,8

Fonte dos dois quadros: Barnes e Barnes, (1995a, pp. 82-3), Stevens (2004, pp. 17 e 18) e Molle (2006, p. 227), com dados da Comissão Europeia. Stevens (loc. cit.) apresenta duas figuras, com as evoluções em valores absolutos de passageiros e carga.

Vê-se que o transporte de mercadorias por rodovia, que em 1970 representava pouco mais de metade do total (50,6%), em 2002 representava já 72%, reduzindo-se pelo contrário o relevo do caminho de ferro (de 27,8 para 16%, com uma redução mesmo em termos absolutos), por águas interiores (de 13,6 para 6%) e em *pipelines* (de 8 para 6%)[78].

---

[78] Mantem um grande relevo o transporte marítimo de mercadorias (não considerado no quadro), com 71% do tráfego extra-comunitário em termos de peso e 41% em termos de valores,

No que respeita ao transporte de passageiros, além de se terem reforçado os relevos do transporte em viatura individual (de 76,1 para 80% do total) e do transporte aéreo (de 2,2 para 5,8%), diminuiu o relevo do transporte por caminho de ferro (de 10 para 6,3%) e em autocarro (de 11,7 para 8,7%).

O acréscimo do transporte rodoviário está a causar enormes problemas não só nas ligações inter-urbanas como principalmente nos acessos aos grandes centros, com os congestionamentos e as ineficiências que referimos já na n. 76 p. 280[79]. Por seu turno o transporte aéreo, com ruídos e atrasos, tem também inconvenientes e limitações assinaláveis que apontam no sentido de dever ser diminuída ou pelo menos não aumentar muito a sua utilização[80].

cabendo 21% ao rodoviário, 25% ao aéreo, 2% ao ferroviário, 0,5% ao que é feito por água interiores e 11,5% aos demais (em particular o transporte por *pipeline*): cfr. Hitiris (2003, pp. 278-9) ou já por ex. Whitelegg (1988) ou Comissão Europeia (1996g e 1996h).

[79] Com perda para todos os demais transportes terrestres, aumentou pois o relevo relativo do modo de transporte mais poluente e mais congestionador, prevalecendo a comodidade e a vantagem individual que proporciona por ser um transporte 'porta a porta', quando com os demais na generalidade dos casos terá de utilizar-se um outro transporte até à estação, porto ou aeroporto e depois daqui até ao local do destino final. Só com o transporte rodoviário individual são evitados os incómodos e as perdas de tempo verificados com estas mudanças (sobre o *greenhouse effect* recorde-se a n. 74 p. 279).

[80] Depois de algum recuo no início dos anos 90 (cfr. OCDE, 1997, p. 43) as previsões do consórcio Airbus foram contudo no sentido de que o tráfego aéreo triplique nos vinte anos seguintes (cfr. *Financial Times* de 7.3.1997)...

A poluição sonora ocasionada (não obstante os progressos conseguidos) tem levado naturalmente a que os novos aeroportos sejam construídos longe dos grandes centros urbanos, o que porém agrava por seu turno os congestionamentos dos tráfegos de entrada e saída que ocorrem diariamente, prejudicando os utilizadores do transporte aéreo e todos os demais cidadãos. É por isso indispensável que os aeroportos sejam servidos diretamente – no seu interior – pelas principais linhas nacionais e internacionais de caminhos de ferro, com os bons resultados – valorisando-se reciprocamente os dois modos de transporte e servindo-se muito melhor os utentes – que se conhecem por ex. na Alemanha, na França, na Holanda e na Suíça (cfr. Porto 1992c e 2008b). Está em causa, no fundo, a ambição que se tem para o país, determinando que se trate de infraestruras nacionais (não esquecendo obviamente as grandes urbes) ou locais. É pois de lamentar o abandono da Ota, onde se atingia esse objetivo (não em Alcochete, caso volte a pôr-se a hipótese de ser aqui o novo aeroporto de Lisboa...); sendo todavia já atingido no aeroporto de Pedras Rubras, passando e parando aí o TGV Lisboa-Corunha (se vier algum dia a ser comcretizado...), com a captação de passageiros da Galiza. A Galiza é aliás de longe o maior mercado espanhol para as exportações portuguesas, por exemplo em 2008 com 23,0%, muito à frente da região de Madrid (com 16,8%) e da Catalunha (com 16,0%). São já mais significativas as importações da Catalunha (29,6% do total, no mêsmo ano), mesmo de Madrid

Hoje e no futuro tem de ter-se ainda em conta a dependência destes dois modos de transporte em relação ao petróleo.

Devem abrir-se por consequência perspetivas mais favoráveis para os transportes ferroviário[81], marítimo e fluvial, não (ou menos) congestionadores e

(com 16.4%), à frente da Galiza (com 14,8%) (dados do IACEP). Mas o que importa privilegiar: o mercado para onde exportamos mais, criando empregos no nosso país, ou os mercados de onde importamos mais, agravando as nossas dependências? Poderá haver dúvida a este propósito? Um eventual erro em Lisboa teria de "levar" a um erro no Porto (que passará a ter uma grande centralidade na orla atlântica da Península Ibérica, fortalecendo-a, assim haja vontade política nesse sentido)?

Os atrasos dos aviões na Europa têm vindo a resultar em grande medida de duas circunstâncias que têm de ser ultrapassadas a nível nacional, em áreas em que os países são muito ciosos das suas soberanias: a existência de poucos corredores aéreos, com a invocação de interesses militares (assim se explica, a título de exemplo, que 'tenha' de passar sobre Paris grande parte do tráfego entre o norte e o sul da Europa, prejudicando aliás talvez em maior medida os habitantes desta cidade, com uma sobrecarga desnecessária e prejudicial); e a existência de uma grande compartimentação por países dos sistemas de controlo aéreo.

[81] Em Portugal de pouco ou quase nada valendo "remendos" caríssimos feitos por exemplo na linha do norte, onde se gastou já cerca de metade do custo de um TGV, numa linha que não pode comportar mais comboios. Os combóios mais rápidos continuam pois inevitavelmente a fazer médias pouco acima de 100km/hora, tal como há mais de 60 anos, com o ´velho´ Foguete, mesmo antes o Flecha Dourada (...), num período em que houve melhorias muito sensíveis nos correspondentes transportes rodoviários (v.g. com a construção das auto-estradas): o que levou aliás a que muito mais pessoas de outras cidades passassem a ir regularmente a Lisboa e ao Porto em automóvel individual, agravando, com prejuízos gerais, os congestionamentos aí verificados (referidos na n. 76 p. 280). É sem dúvida desejável, mesmo indispensável, modernizar e aumentar a frota (cfr. entrevista do Presidente da CP, Manuel Queiró, ao *Jornal de Notícias* de 30.10.2016), mas a introdução de mais comboios está inevitavelmente limitada pela necessidade de outros comboios – inter-cidades, sub-regionais, etc. – continuarem a circular na mesma linha), designadamente na linha do Norte.

Sobre as perspetivas do setor, considerando já as experiências positivas de alguns países, ver de novo o já referido documento CEMT (1995); estando em particular as experiências de combóios rápidos (TGVs), todas bem sucedidas, mesmo em trajetos menores, a multiplicar--se, não se compreendendo que Portugal não seguisse na mesma linha. Face às pespetivas atuais, é de recear que sejamos só nós na Europa a não ter no século XXI um único comboio rápido a ligar as nossas cidades principais, em especial com os 300 quilómetros entre Lisboa e o Porto, mesmo com as inevitáveis demoras de embarque e desembarque, a serem percorridos mais rapidamente de avião (já não há aviões entre Paris e Bruxelas...) ou de automóvel, com os consequentes custos de congestionamento, ambientais e energéticos, com o dispêndia de energia (não de eltricidade) importada e não renovável. A única forma de atrair um número significativo de pessoas dos modos de transporte menos favoráveis, o avião e o automóvel, será

poluentes, podendo revelar-se ainda como mais baratos (seguramente o fluvial e marítimo); acrescendo, para os transportes sobre *rail,* com uma importância cada vez maior, poderem ser movidos a eletricidade, sem as dependências externas dos fornecedores de petróleo.

Para além disso, conforme se foi já adiantando importa promover o transporte combinado[82]. No caso da travessia do Canal da Mancha constitui uma necessidade técnica, não estando aberta ao transporte rodoviário (os operadores respetivos têm que 'combinar' o seu serviço com a ferrovia). Em outros casos, como nos atravessamentos da Suíça e da Áustria, será a única forma de se evitarem enormes custos ambientais[83]. Mas para além destes casos o transporte combinado permitirá o máximo aproveitamento das virtualidades de cada modo de transporte, por exemplo através da articulação do transporte marítimo e do transporte aéreo com os transportes terrestres (recordem-se a n. 59 p. 273 e a n. 80 p. 283).

2.3. A política monetária

2.3.1. Introdução

É este um outro domínio indispensável para a concorrência e a livre circulação[84]: constituindo as dificuldades cambiais e monetárias obstáculo de enorme monta[85] para que se atinja tal desiderato.

Trata-se todavia de domínio que não suscitou sempre a mesma preocupação e idêntica intervenção dos responsáveis comunitários, podendo a tal propósito distinguir-se três fases antes da instituição da moeda única europeia (sobre a qual falaremos em IV.6).

através de um modo de transporte, o comboio, que promova a viagem em menos tempo (cfr. Porto, 2008b e 2016a, ou já J.M.André, 2006, e recentement Carneiro, 2016, p.28).

[82] Com uma importância que triplicaria até ao ano 2005 (Dearden, 2005, pp. 282-3; cfr. também Garcia, 1999, pp. 149-53).

[83] Uma grande oneração do atravessamento rodoviário da Áustria foi contudo objeto recentemente do protesto de outros países da União Europeia, invocando-se que o país estava a lesar os princípios comunitários da livre circulação...

[84] Sendo além disso a estabilidade cambial e monetária também um valor em si dentro de cada país, ao evitar incertezas e os prejuízos consequentes, não só aos empresários como aos consumidores. Sobre as vantagens da moeda única a este propósito falaremos em IV.6.2.3.

[85] Sendo naturalmente uma restrição cambial mais drástica, como forma de impedimento do comércio, do que oscilações dos valores das moedas (recorde-se de II.1.3, pp. 112-3).

2.3.2. As três fases decorridas anteriormente

2.3.2.1. A primeira fase, de 1958 a 1969

Foi esta uma fase em que não havia motivo para grandes preocupações, dada a existência de mecanismos satisfatórios de multilateralização dos pagamentos.

Para a multilateralização conseguida na Europa contribuiu nos anos 50 a União Europeia de Pagamentos, substituída em 1959 pelo Acordo Monetário Europeu.[86]

Foi todavia já muito reduzido o relevo deste último, na medida em que entretanto se havia consolidado, com vocação mundial, o Fundo Monetário Internacional (FMI). Conseguindo-se aqui a multilateralização dos pagamentos com um âmbito muito mais vasto era natural que perdesse relevo uma instituição de âmbito mais restrito, abrangendo apenas alguns países europeus.

Acrescia aliás que o FMI assegurava de forma desejável a estabilidade cambial, tendo as várias moedas o valor fixado em relação ao dólar, por seu turno ligado a um peso determinado de ouro fino[87].

Não havia por isso necessidade ou vantagem em nenhuma intervenção no plano europeu.

2.3.2.2. A segunda fase, de 1969 a 1979

A crise do dólar em 1969 levou à alteração da sua paridade em relação ao ouro e à sua inconvertibilidade, desaparecendo a 'âncora' do dólar estável do sistema de Bretton Woods.

Ficou a nu, assim, a fragilidade de uma solução baseada na moeda de um determinado país, mais em concreto, a dependência em relação à sua política (v.g. em relação às suas debilidades e aos seus abusos...).

---

[86] Sobre a evolução que se foi verificando ver R.Gonçalves (2010, caps.I e II).

[87] O dólar tinha a paridade de $35 por onça/ouro, tendo a onça 31,1035 gr. de ouro fino (e tendo Portugal quando aderiu ao FMI, em 1960, declarado a paridade de $1=28$75: cfr. J. T. Ribeiro, 1962-3, p. 38).

Com a descrição da evolução ocorrida desde então ver por ex. J.S. Andrade (1989), M.J. Nunes (1993, pp. 57-63), Garcia Margallo e Méndez de Vigo (1998, pp. 73 ss.), Laranjeiro (2000, pp. 57 ss.), P.Cunha (2006, pp. 153ss.), Porto e Calvete (2010a, pp. 471 ss.) ou Mayes e El-Agraa (2011).

Compreende-se por isso que a partir de então os responsáveis europeus passassem a julgar que, no interesse próprio e mesmo no interesse geral, deveriam seguir a sua estratégia: iniciando-se um processo que, contudo, apesar da sua necessidade e da sua premência, depara ainda hoje com dificuldades e dúvidas.

Trata-se de processo com contornos que começaram a ser definidos na Cimeira de Haia, em Dezembro de 1970, na sequência de uma desvalorização do franco francês e de uma revalorização do marco alemão. Aqui se previu o estabelecimento de um mecanismo de consulta prévia para medidas de curto prazo, conforme definido no que ficou conhecido por 1.º Plano Barre; recomendando-se além disso aos bancos centrais que estabelecessem um mecanismo de apoio.

Verificando-se a ambição de se chegar a uma união monetária já então surgiram duas escolas, tal como depois com opiniões distintas sobre o modo como poderia e deveria seguir-se no que diz respeito à aproximação das economias; antecipando-se em vinte e cinco anos algo do que se discutiu recentemente em relação ao processo de Maastricht.

Para uns, da escola dos 'economistas' (em que se integravam a Alemanha, através da voz influente do seu Ministro da Economia e Finanças, Dr. Schiller, e a Holanda), a união monetária tinha que ser antecedida por passos nítidos no sentido da aproximação das economias. Só depois poderia ter-se a moeda única.

Para os 'monetaristas' – escola em que se integravam os franceses[88], os belgas e os luxemburgueses, bem como a Comissão – deveria caminhar-se rapidamente para a união monetária, constituindo ela própria um instrumento de aproximação das economias[89].

Visando-se a ultrapassagem desta diferença de opiniões foi nomeada uma Comissão, presidida pelo Primeiro Ministro do Luxemburgo, Pierre Werner,

---

[88] Encabeçados por Barre, dando lugar ao 2.º Plano Barre.
Apesar de se estar numa época em que a França se distinguia pela defesa intransigente da 'Europa das Pátrias', a estabilidade monetária era indispensável à estabilidade da PAC, em que este país era o interessado (o beneficiário...) principal (ver o que diremos *infra*, na n. 109 p. 302, sobre o sistema agro-alimentar).
[89] É patente pois a semelhança com defensores atuais da convergência nominal que julgam que com ela a convergência real será automaticamente conseguida (podendo haver boas razões para que assim aconteça mas não podendo deixar de se pôr reservas e de se tomar as medidas que referiremos em IV.6.2.3.3, IV. 6.3 e IV. 6.4).

encarregada de elaborar um relatório que veio a ficar conhecido pelo seu nome (o 'Relatório *Werner*').

Tratava-se de um relatório ambicioso, na perspetiva da instituição de uma união económica e monetária. As moedas seriam convertíveis livremente entre si e desejavelmente substituídas por uma moeda comunitária. Haveria além disso centralização das políticas monetária e creditícia (mesmo orçamental, em aspetos básicos) e uma política comum relativamente a terceiros.

De acordo com as propostas apresentadas a estabilidade das moedas, capaz de proporcionar o bom desenvolvimento das economias, seria conseguida com o estabelecimento de margens máximas de flutuações entre elas e em relação ao dólar. Estava-se assim na 'serpente', com uma distância máxima entre si de 2,25%, por seu turno dentro de um 'túnel' em que havia limites máximos de flutuação em relação ao dólar: 2,25% em cada sentido. Não se fixaram prazos para chegar à união monetária, mas pensava-se que viria a ser atingida no final da década que então se iniciava (a década de 70).

A prática veio mostrar todavia que a estabilidade não pode ser conseguida quando há pressões desequilibradoras no mercado. Em breve os países foram abandonando o túnel e a serpente, mantendo-se neles apenas os 'bem comportados' habituais: além da Alemanha, a Bélgica e a Holanda.

Não se conseguiu pois na generalidade dos países a estabilidade monetária, numa década em que, em especial na sequência da primeira crise do petróleo, em 1973, foram muito grandes as dificuldades verificadas[90].

2.3.2.3. A terceira fase, de 1979 a 1989

Tendo a década de 70 sido uma década de crise da economia e mesmo de incerteza sobre o futuro das Comunidades, veio a assumir um grande relevo, pelos seus efeitos económicos e pelo seu significado político, o estabeleci-

---

[90] Como seria de esperar, o Relatório Werner foi objeto de uma reapreciação crítica quando se previu de novo a implantação da moeda única. Tendo-se atribuído primeiro a falta de concretização a circunstâncias externas, reconhece-se agora – tirando-se ensinamentos para o caminho a seguir – que havia "intrinsic weaknesses in the Report", especialmente "insufficient constraints on national policies, institutional ambiguities, inappropriate policy conception and lack of internal momentum" (Baer e Padoa-Schioppa, 1989, pp. 56-7; ver também Taylor, 1995, pp. 13-15).

mento do Sistema Monetário Europeu (SME), na Cimeira de Paris, em 1979[91]: julgado capaz por si mesmo de proporcionar condições mais satisfatórias de estabilidade cambial entre as moedas europeias e constituindo além disso uma manifestação de confiança na continuação da construção europeia quando grassava uma vaga preocupante de 'Europessimismo'.

Como elemento de especial relevo foi instituído o ECU[92], o qual, não constituindo uma moeda, ou seja, um meio geral e definitivo de pagamentos, passou a desempenhar algumas funções que lhe são caraterísticas: como unidade de cálculo, de aplicação de valores e mesmo de regularização de contas através de transferências bancárias.

O seu êxito foi assinalável, podendo dizer-se por exemplo que além de serem estabelecidos em ECU's todos os orçamentos, programas e projetos da União Europeia e feitas em ECU's as transferências respetivas, passou a ser nesta unidade de conta uma percentagem significativa das aplicações em obrigações na União Europeia.

Trata-se assim de um êxito por si mesmo assinalável, que contribuiu além disso para que se julgasse em Maastricht que era possível caminhar agora no sentido da moeda única; com uma premência acrescida face à instabilidade que a situação europeia e mundial continuaria a ter, provavelmente de um modo crescente.

Vê-lo-emos adiante, em IV.6, a propósito das razões justificativas da caminhada que foi trilhado.

2.4. A liberdade de circulação dos fatores

2.4.1. Introdução

Constituindo não só uma união aduaneira e um mercado único, também um mercado comum, a União Europeia é ainda caraterizada na sua essência por ser um espaço em que deve haver liberdade de circulação dos fatores de produção e de prestação de serviços.

---

[91] No seguimento de iniciativas de Roy Jenkins, como presidente da Comissão, e de Helmuth Schmidt e Giscard d' Estaing, liderando o processo no seio do Conselho.

[92] Iniciais da designação em inglês *European Currency Unit*, mas reportando-se igualmente a palavra (não ao 'escudo' português...) a uma antiga moeda francesa com esse nome (cfr. M.L. Santos, 1991, Wils, 1993 e Descheemaekere, 1996).

O significado económico destes movimentos, levando a um aproveitamento ótimo dos recursos, foi referido em III.2.2.2. Aqui, além de o sublinharmos um pouco mais à luz da teoria do comércio internacional, vamos falar dos principais obstáculos a que se verifique a circulação livre e do tipo de medidas que tem sido ou pode ser tomado para os afastar (não das medidas concretas, o que exigiria um grau de pormenor que ultrapassaria o âmbito deste livro).

Como vimos em I.3.1.2 o teorema de Hecksher-Ohlin foi formulado tendo como pressuposto, entre outros, a não circulação dos fatores entre os diferentes países (seria livre apenas dentro de cada um deles).

Nos seus termos o comércio acaba assim por ser um modo de 'exportar' a vantagem proporcionada pela abundância de um determinado fator: por exemplo um país de mão-de-obra barata, face à diferença de salários, ao exportar produtos trabalho-intensivos está a exportar o contributo por ela proporcionado (nesta medida, a 'exportar' trabalho).

Como é óbvio trata-se de contributo, de mão-de-obra, que pode ser proporcionado igualmente, pela mesma razão e com consequências idênticas, através da emigração dos trabalhadores, caso se verifique o afastamento do referido pressuposto: ou seja, caso haja circulação internacional dos fatores.

Estes deslocar-se-ão então para onde forem mais eficazmente utilizados, atraídos pela sua consequente melhor remuneração, v.g. tendo os trabalhadores salários mais altos nos países de imigração (recorde-se o que vimos em III.2.2.2).

No caso da União Europeia trata-se de objetivo essencial, tendo a Comunidade Económica Europeia sido instituída – recordámo-lo há pouco – como mercado comum. Estando fixado já na redação inicial do Tratado de Roma, no título o III da parte II, depois parte III (arts. 48.º a 73.º-H, com os acrescentos do Tratado de Maastricht; com o Tratado de Amesterdão passaram a ser os arts. 39.º e 60.º e são agora os arts. 45º a 66º do TFUE, !!, devendo ser tomadas as medidas necessárias para afastar as imperfeições verificadas nessa desejável circulação.

2.4.2. A livre circulação da mão-de-obra

Começando pela circulação da mão-de-obra, que privilegiámos aliás nos exemplos dados[93], podem referir-se por um lado dificuldades impostas

---

[93] Foi considerada no Tratado de Roma nos arts. 48.º a 51.º (depois arts. 39.º a 42.º) e consta agora dos arts. 45.º a 48.º do TFUE (cfr. L.Duarte, 2012 e T.Mariz, 2012) . O disposto no art.

diretamente e por outro dificuldades que se levantam de facto, entre outros, nos domínios da informação, da qualificação profissional, da segurança social e da fiscalidade[94].

As dificuldades impostas diretamente ao trabalho prestado por nacionais de outros países têm vindo a ser afastadas, mantendo-se apenas em casos circunscritos, v.g. no exercício de funções públicas estando em causa tarefas de autoridade. Também dificuldades no estabelecimento de residência dos trabalhadores e dos seus familiares, limitando naturalmente a circulação da mão-de--obra, foram gradualmente removidas, mantendo-se agora apenas limitações de índole económica, de garantia dos meios de subsistência[95].

48º do Tratado de Roma, que "a livre circulação dos trabalhadores deve ficar assegurada, na Comunidade, o mais tardar no termo do período de transição", deixou naturalmente de ter semtido, podemdo apenas háver "limitações justificadas por razões de ordem pública, segurança pública e saúde pública" (n.º 3 do art. 45º do TFUE).

[94] Podem ser assinaladas ainda dificuldades no campo sindical, sendo os sindicatos com frequência defensores dos trabalhadores nacionais face à concorrência dos trabalhadores estrangeiros, pouco sensíveis a disputas ligadas às políticas partidárias internas e aceitando condições especialmente desfavoráveis face à premência de voltarem rapidamente aos seus países com o máximo de dinheiro ganho, mesmo à custa de horas extraordinárias, de trabalho noturno ou em fins de semana, por vezes talvez sem o cumprimento de regras estabelecidas...

[95] Um passo importante na deslocação das pessoas (não só dos trabalhadores), com o afastamento de qualquer controlo nas fronteiras, foi proporcionado pelo Acordo de Schengen (ver Hreblay, 1994, Gorjão-Henriques, 1996 e 1998 e F.L. Pires, 1997). Tratava-se todavia de um acordo que não era 'comunitário', mas sim o resultado de uma vontade de cooperação intergovernamental dos sete países signatários (Portugal, Espanha, França, Bélgica, Holanda, Luxemburgo e Alemanha). A abertura proporcionada tem exigências acrescidas, justificando formas mais aperfeiçoadas de cooperação e controlo: o que ajuda a explicar que só no Conselho Europeu de Amesterdão (16 e 17.6.1997), ainda aqui com limitações, as suas disposições tivessem sido incorporadas no Tratado da União (através de um Protocolo aprovado, que não incluiu todavia a Dinamarca e o Reino Unido; e tendo sido acrescentado à parte III do Tratado um novo título, o título IV – arts. 61.º a 69.º – sobre "Vistos, asilo, imigração e outras políticas relativas à livre circulação de pessoas"; sendo agora os arts. 77º a 79º do TFUE, num capítulo sobre "Políticas Relativas aos Controlos nas Fronteiras, ao Asilo e à Emigração": cfr. Piçarro, 2012). Sobre a circulação das pessoas no espaço da União, em especial sobre a circulação da mão--de-obra, ver, além dos capítulos de livros de âmbito mais geral (por exemplo Swann, 2000, pp. 172-81), Molle, 2006, cap. 7, Druesne, 2006, cap. 2, Barnard, 2007, pp. 249-527, Barry e Eichengreen, 2007, cap. 10, pp. 201-328, Craig e De Búrca (2011, cap. 21, pp. 715-63), Barnard (2013, pp. 272-3), Kaczorowsks (2013, cap. 23, pp. 654-81), Calmers, Davies e Marti (2014, cap. 19, pp. 848-891), Weiss e Kaups (2014, cap. 5, pp. 145-95, os livros de Handolt (1995), Lary (1996) e, com uma referência maior às normas de cada país, Gulbenkian e Badoux, ed. (1997)

Entre as dificuldades que se levantam de facto ('indiretas') será de referir em primeiro lugar que os trabalhadores, em especial os trabalhadores dos países com salários mais baixos (e pior qualificação), não têm de um modo geral informação precisa e atualizada sobre as oportunidades de emprego nos países com salários mais altos[96].

Por isso se justificou a formação, em 1968, do Sistema Europeu de Difusão de Ofertas e Procuras de Emprego e de Compensação Internacional (SEDOC): com uma codificação uniforme de empregos e remunerações e proporcionando uma informação acessível a todos os países da Comunidade. Um novo mecanismo, o Serviço de Emprego Europeu (EUROS), com uma rede de 400 conselheiros, veio mais recentemente proporcionar uma maior mobilidade e uma maior transparência. E de facto muito mais pode conseguir-se nos nossos dias, com sistemas muito mais aperfeiçoados de troca de informação.

No plano da integração profissional era necessário promover a formação de base e de adaptação a novas tarefas: para o que importava que se dispusesse dos mecanismos adequados, que não têm todavia de ser especificamente dirigidos a imigrantes (podendo dispor-se designadamente, no quadro comunitário, do apoio do Fundo Social Europeu).

Um terceiro plano em que urgia intervir era o da segurança social, havendo um desincentivo importante se não pudesse beneficiar-se no país de imigração do que se tivesse descontado no país de origem. Com a consciência deste problema já no âmbito da CECA havia sido assinada, em 1957, uma Convenção de Segurança Social dos Trabalhadores Migrantes, garantindo o objetivo em causa. Tendo o Tratado de Roma a mesma preocupação (ver o art. 51.º, depois art. 42.º, atualmente art 48.º do TFUE), as disposições da Convenção foram estendidas em 1959 a todos os trabalhadores. Depois o regime foi aperfeiçoado em 1971 e 1972 e estendido em 1981 aos trabalhadores não assalariados.

(ou já os relatórios do Congresso da FIDE, 1992, v.g. o relatório geral, de R.M. Moura Ramos, e o relatório português, de M. Luísa Duarte).

[96] A este propósito vale todavia a pena recordar o caso curioso português dos anos 60, quando (havendo aliás restrições legais à emigração) em muitas zonas havia melhor informação sobre empregos na França, na Alemanha ou no Luxemburgo do que em Lisboa. Com a deslocação dos primeiros trabalhadores foram eles os informadores dos que vieram a seguir, num processo cumulativo que explica por seu turno que os originários de determinadas áreas se concentrassem nos mesmos locais. Os emigrantes que foram primeiro cuidavam aliás ainda de proporcionar outros apoios, designadamente de alojamento, indispensáveis no período inicial da sua integração.

Por fim, pode discutir-se se será um problema a existência de regimes tributários diferentes (incluindo as contribuições para a segurança social), face designadamente à circunstância de não haver harmonização comunitária da tributação das pessoas (v.g. dos trabalhadores). Trata-se de problema já considerado no Relatório Neumark (1963; depois ver Sterdyniak *et al.*, 1991 e Comissão Europeia, 1996f) mas que tem sido desvalorizado, invocando-se a pouca mobilidade do fator trabalho, v.g. quando comparada com a do fator capital. Parece-nos contudo que mesmo não sendo a mobilidade tão grande é indispensável caminhar no sentido de uma maior aproximação tributária.

2.4.3. A livre circulação do capital

Na mesma lógica do teorema de Hecksher-Ohlin poderão explicar-se os movimentos de capitais, fluindo dos países de maior abundância e por isso juros mais baixos para os países onde são mais escassos e consequentemente os juros mais altos (trata-se de temática considerada agora nos arts. 63.º a 66.º do TFUE; cfr. Andrade, 2012).

Também aqui a lógica não é só esta, podendo haver outras motivações na atração dos capitais, incluindo (com grande relevo) a componente de segurança na sua aplicação.

Há por outro lado que ter em conta que, sem prejuízo do reconhecimento das vantagens gerais dos seus movimentos, pode haver reticências à livre circulação dos capitais não só nos países de onde saem como naqueles onde afluem[97].

---

[97] Justificava-se por isso a redação mais reticente do Tratado de Roma, dispondo no art. 67.º original que "os Estados-Membros suprimirão progressivamente entre si, durante o período de transição e *na medida em que tal for necessário ao bom funcionamento do mercado comum*, as restrições aos movimentos de capitais" (itálico nosso). Seria pois uma supressão progressiva e apenas na medida em que fosse necessária ao propósito em vista.
Atualmente, com a liberalização verificada, o art. 63.º do TFUE dispõe no nº 2 que "são proibidas todas as restrições aos movimentos de capitais entre Estados-Membros e entre Estados-Membros e países terceiros", sendo algumas medidas de salvaguarda admitidas *apenas* em relação a estes últimos (ver na literatura recente Craig e De Burca, 2011, cap. 20, pp. 693-712, Andrade, 2012, Barnard ed., 2013 parte IV, pp. 579-630 e Weiss, 2014, pp. 298-316, cap. 8).

Compreende-se que haja um juízo negativo nos países de onde saem, o 'sangue' das economias, o resultado do aforro feito (com sacrifícios) que acaba por ir beneficiar os cidadãos de outros países[98].

Mas também a entrada de capitais pode não ser bem acolhida, em determinadas circunstâncias.

Sendo países mais atrasados há o temor do domínio estrangeiro, com implicações na economia e na política.

Trata-se naturalmente de temor não sentido por nenhum país da União Europeia, assistindo-se aqui, pelo contrário, a um despique cerrado entre as autoridades para atraírem tal investimento[99].

Há todavia entradas de capitais que são suscetíveis de preocupar mesmo (ou fundamentalmente) os países mais poderosos – como é o caso da Alemanha – na medida em que, nos montantes em que se verificam, provocam tensões inflacionistas (e, antes do euro, valorizações da sua moeda), dificultando assim as exportações nacionais.

Claro que estas valorizações cambiais contribuíam por seu turno para a diminuição dos preços, embaratecendo os bens importados (bens de consumo e bens de produção). Mas os empresários nacionais são especialmente sensíveis à perda de competitividade resultante da valorização da moeda, num mundo aberto em que as possibilidades de competir se discutem em margens muito estreitas.

Assim se explica, pois, que por vezes países como a Alemanha ou a Suíça tenham estabelecido limites às entradas de capitais ou penalizado depósitos neles feitos.

Na evolução verificada valerá a pena recordar apenas que numa fase inicial se distinguiram quatro listas de movimentos de capitais, as listas A e B com movimentos que foram liberalizados sem condições, a lista C com movimentos liberalizados condicionalmente e a lista D com movimentos que não estavam

---

[98] Trata-se de circunstância especialmente sentida, como é natural, se os capitais saem para beneficiar países mais desenvolvidos; sendo diferente uma saída de capitais, como consequência de uma decisão política, para ajudar a promoção de países mais atrasados.

[99] Em Portugal haverá talvez alguma sensibilidade, com raízes históricas, em relação ao investimento espanhol, e aqui especialmente em relação ao investimento na banca, dado o papel que esta desempenha. Mas a experiência portuguesa mais comum, em particular em relação ao investimento na indústria e no turismo, é inclusive de competição entre as autoridades locais do país, que, independentemente da sua ideologia política, fazem o possível para atrair os investidores estrangeiros.

liberalizados: estando nas primeiras categorias os movimentos mais ligados a elementos essenciais de uma união aduaneira e de um mercado comum, como são os casos de pagamentos de transações de mercadorias e serviços e o repatriamento de remunerações de fatores. Diretivas de 1985 e 1988 vie--ram depois tornar não condicionados os movimentos que o estavam antes, podendo apenas a Grécia, a Irlanda, Portugal e a Espanha estabelecer medidas de salvaguarda durante mais alguns anos.

Antecipando-se todavia ao prazo mais dilatado de que poderíamos dispor em 1992 as autoridades portuguesas decidiram liberalizar todos os movimentos de capitais (com a evolução verificada ver Torres, 1993, pp. 13-5, Laranjeiro, 2000, pp. 121 ss., Hinojosa Martinez, 1997 e Barnard, 2007, pp. 531-67; considerando a problemática da tributação direta, Lavouras, 2008; e no sentido de uma aproximação global I.G. Martins, 2007).

O Tratado de Maastricht manteve contudo (as "Disposições Transitórias" – capítulo IV do título VII da parte III, relativo à política económica e monetária – arts. 116.º a 124.º), a possibilidade de serem estabelecidas medidas de salvaguarda ("de proteção necessária", nos termos do art. 120.º, ex. art. 109-I) sempre que, em circunstâncias excecionais, os movimentos de capitais deles provenientes ou a eles destinados causem ou ameacem causar graves dificuldades (v.g. na balança dos pagamentos). Mas são medidas que "devem provocar o mínimo de perturbações no funcionamento do mercado comum e não exceder o estritamente indispensável para sanar as dificuldades que se tenham manifestado" (art. cit.).

2.4.4. As liberdades de estabelecimento e de prestação de serviços

Por fim, também as liberdades de estabelecimento e de prestação de serviços constituem bases indispensáveis, além de outros aspetos, para um aproveitamento máximo dos recursos de que se dispõe e, de um modo mais directo, para uma satisfação máxima dos interesses dos consumidores[100].

---

[100] São assim mais duas (consideradas nos caps. II e III do referido título III da parte III do Tratado de Roma, nos arts. 43.º a 55.º) das 'sete liberdades consideradas por Lary (1996) a propósito da circulação das pessoas: de sair, entrar, estabelecer-se, prestar serviços, exercer uma atividade assalariada, residir tendo trabalho e residir não tendo nenhuma atividade (ver recentemente Barnard, 2013, sobre o direito de estabelecimento, pp. 304-364, e sobre os serviços, pp. 365--430, Kaczorowska, 2013, pp. 682-737 e Chalmers, Weiss e Kaupa, 2014, pp. 798-897.

No primeiro caso, da liberdade de estabelecimento (arts. 49.º a 55.º do Tratado de Lisboa, TFUE; cfr. M.Pinto, 2012), fixa-se uma base (com permanência) num outro país para se exercer uma atividade (v.g. industrial, comercial ou de prestação de serviços). No segundo caso (arts. 56.º a 62.º do TFUE; cfr. Donário, 2012) a atividade é exercida a partir do país de origem, não havendo um nexo duradouro com o país onde é prestada. A título de exemplo, estamos no primeiro caso quando uma companhia de seguros inglesa estabelece uma sucursal na Alemanha para proporcionar aqui os seus serviços; e no segundo quando estes são proporcionados a partir da sede em Londres.

A enorme importância desta temática está refletida no facto de os serviços representarem cerca de 60% do valor do PIB da UE, cobrindo uma enorme variedade de atividades, muitas delas aliás com expressão muito para além do quadro da União[101].

Problemas de especial delicadeza foram levantados em relação às atividades financeiras e dos profissionais liberais, neste caso com a intervenção 'corporativa' das organizações profissionais, v.g. dos arquitectos, dos médicos e dos advogados; podendo levantar-se, além da questão da equivalência dos diplomas, no caso dos médicos a questão do domínio da língua dos doentes e no caso dos advogados a questão do conhecimento do direito dos outros países[102].

---

[101] Importava pois que passassem a ser considerados numa 'extensão' do GATT (agora no seio da OMC), tal como veio a acontecer com o Uruguai Round, celebrando-se o GATS: *General Agreement on Tariffs and Services* (cfr. *infra* V.3.8). Sobre o comércio de serviços (e a liberdade de estabelecimento) ver por ex. Feketekuty (1988), Broadman (1994), Sapir e Winter (1994), Ciabrini (1996), Dyer *et al.* (1997), Smits (2000), Trebilcock e Howse (2005(7), cap. 11), Rubalcaba (2007) ou Marchetti e Roy (2008), e em particular sobre o comércio internacional de telecomunicações Cass e Haring (2000) (sobre as responsabilidades crescentes que têm de caber à OMC ver infra V.8).

[102] Com a descrição de alguns aspetos da evolução verificada ver Pertek (1994), Druesne (2006, pp. 125ss., considerando também os serviços financeiros) ou entre nós Salema (1991), J.F. Alves (1989) e Moniz (1993) (estes dois últimos especificamente sobre o exercício da advocacia: em relação ao qual se procurou dar um passo mais de liberalização na reunião do Conselho de 21.5.1997, no sentido de deixar de se exigir a prova de conhecimento do direito, substituída por um 'tempo de experiência de três anos', e de a atividade poder ser exercida no outro país por tempo indeterminado). Sobre a circulação dos médicos ver C. Abreu e Gorjão-Henriques (1998).

3. POLÍTICAS SETORIAIS

3.1. A política agrícola comum (PAC)

3.1.1. Introdução

Estamos aqui perante a principal política da União Europeia, face à dimensão das suas implicações em diferentes domínios: com grande atualidade e interesse, tanto no plano dos factos como no plano da teoria económica.

No caso da PAC foi o interesse da França a prevalecer, numa Comunidade em que, como já se disse atrás (em IV.2.2.1), outros países eram beneficiários principais de outras políticas.

Trata-se de política contemplada logo na redação inicial do Tratado de Roma, no título II da parte III, nos arts. 38.º a 47.º, constando agora dos arts. 38.º a 44.º do Tratado de Lisboa, TFUE: cfr. Cunha, 2012).

3.1.2. Os objetivos fixados no Tratado

Depois de no art. 38.º se estabelecer o seu âmbito, a definição dos objetivos da PAC é feita no art. 39.º, onde pode constatar-se, com implicações em relação à sua evolução, uma clara hesitação entre dois objetivos básicos: o objetivo de se promover uma agricultura eficiente e o objetivo de se assegurar o rendimento da população agrícola (mantendo-a no campo).

De facto, lendo as alíneas do artigo apontam no primeiro sentido a alínea a), ao falar no incremento da " produtividade da agricultura"[103], e a alínea e), ao falar na necessidade de se "assegurar preços razoáveis nos fornecimentos aos consumidores"; mas já as outras alíneas apontam no segundo sentido, falando-se em assegurar "um nível de vida equitativa à população agrícola"[104], em "estabilizar os mercados" e em "garantir a segurança dos abastecimentos" (estes dois últimos objetivos são determinados sem dúvida também pelos motivos expressados, mas com a preocupação protecionista de que seja a oferta interna a estabilizar os mercados e a assegurar os abastecimentos).

---

[103] "Fomentando o progresso técnico e assegurando o desenvolvimento racional da produção agrícola e a utilização ótima dos fatores, designadamente da mão-de-obra".

[104] "Designadamente pelo aumento do rendimento individual dos que trabalham na agricultura".

Temos assim objetivos alternativos e conflituantes, não podendo esperar--se que a máxima eficiência na produção e a redução dos preços para os consumidores permitissem a manutenção da população ativa na agricultura em níveis elevados; e vice-versa, que esta fosse compatível com os propósitos referidos primeiro.

3.1.3. A especial delicadeza do problema

Estava assim em causa uma opção de especial delicadeza, tendo em conta por um lado a necessidade de aumentar a eficácia da produção (sendo já assinalável a diferença dos preços em terceiros países, muito mais baixos) mas por outro que em 1957 era ainda muito grande a percentagem da população ativa na agricultura (cerca de 20% do total na 'Europa dos seis').

Ninguém defenderia como possível ou desejável a manutenção da situação existente, devendo esperar-se uma deslocação sensível de pessoas para outros setores[105]. Mas o que se queria, isso sim, era que a deslocação se desse sem convulsões ou outras consequências negativas. Agravando o quadro, em vários casos a ausência de intervenção não se limitaria a levar a uma redução da produção comunitária. Face às condições oferecidas em outros países do mundo a Europa deixaria por completo de produzir muitos produtos, dado que o custo das primeiras unidades (as unidades com custo marginal mais baixo) seria já superior aos preços dos bens importados. Não se estava pois na situação representada por exemplo nas figuras II.3 (p. 130) ou II.6 (p. 141), em que até OA a curva da oferta interna tem custos marginais abaixo do preço internacional, havendo por isso até então produção interna. Estávamos sim em vários casos na situação representada pela curva HH' da fig. II.9 (p. 164) e pelas figuras adiante (IV.2, p. 300 e IV.3, p. 301), com o custo da primeira unidade produzida domesticamente já acima do preço mundial. Ou seja, numa situação em que, em mercado livre, nada seria produzido na Comunidade[106].

---

[105] Face ao crescimento menor da procura de produtos agrícolas (apenas 0,5% ao ano na UE, como se referirá em IV.3.1.6) e à eficiência crescente na sua produção; remontando a Clark (1940) o reconhecimento de que com um maior desenvolvimento das economias há uma percentagem menor da população ativa no setor primário (considerando já a PAC ver A. N. Silva e Rego, 1984, pp. 125-8).

[106] Podendo por isso a ausência de qualquer intervenção ter como consequência o abandono completo ou quase completo de muitos dos campos, com consequências graves nos planos

3.1.4. Os princípios da PAC: unicidade do mercado, preferência comunitária e solidariedade financeira

Face aos dois grandes objetivos estabelecidos pelo art. 33.º do Tratado de Roma, desde o início avançou-se claramente no sentido do segundo – de assegurar o rendimento da população agrícola – com uma política determinada por três princípios.

De acordo com o primeiro, o princípio da *unicidade do mercado*, há um mercado único para os produtos agrícolas, que podem circular nos demais países como no próprio país sem estarem sujeitos a discriminações (v.g. como consequência de regulamentações administrativas, sanitárias ou veterinárias).

De acordo com o segundo, da *preferência comunitária*, havendo disputa de bens importáveis dá-se preferência à compra dos produtos domésticos, com uma tributação de bens importados que desmotiva a importação, na medida em que, conforme mostraremos melhor em IV.3.1.6, a importação de um produto por preço inferior ao europeu estará sujeita a uma tributação que 'anula' a diferença dos preços.

Por fim, de acordo com o terceiro princípio, da *solidariedade financeira*, é o Orçamento da União (o conjunto dos países) a garantir a política seguida, cobrindo todos os seus custos (na componente de preços e mercados, não na componente sócio-estrutural): designadamente em compras de apoio, armazenamento dos produtos (muitos deles perecíveis...) e subsídios à exportação.

3.1.5. A solução de primeiro ótimo seguida no Reino Unido antes da integração

Foi em aplicação dos princípios acabados de referir que, como veremos no próximo número, a PAC se consolidou ao longo dos anos.

Como forma de abrir caminho para o juízo que deve ser feito acerca desta consolidação valerá contudo a pena começar por expôr a política de intervenção direta que, em alternativa, poderia ter sido seguida: política seguida aliás pelo Reino Unido antes da integração na Comunidade.

Trata-se de política que pode ser melhor compreendida através de uma figura como a seguinte (fig. IV.2).

social, político e ambiental (plano a que, com toda a razão, passou a dar-se uma grande atenção nos anos mais recentes: ver *infra* IV.3.6).

Na linha da hipótese que tem vindo a ser considerada (recorde-se do final de IV.3.1.3), os preços internacionais são de tal forma mais baixos que sem intervenção não haveria lugar para nenhuma produção doméstica. Trata-se de situação que é ilustrada com o traçado da curva interna da oferta, HH', logo na origem já acima do preço internacional, WW'; sendo por isso sempre mais vantajoso importar pelo preço WO.

Fig. IV. 2

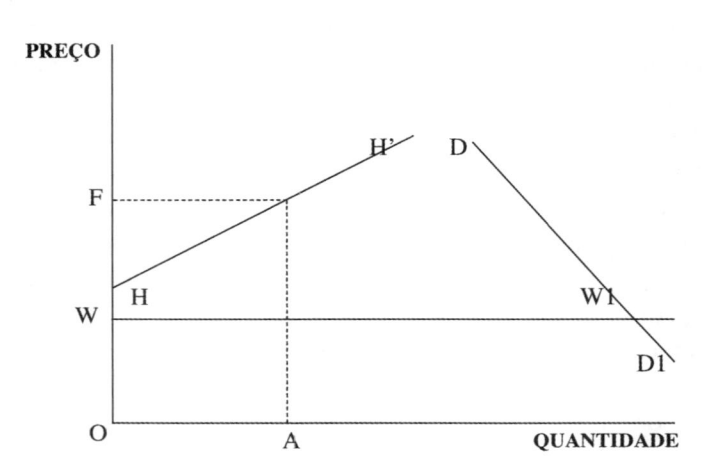

Compreende-se todavia que seja desejado ter alguma produção nacional, por exemplo a produção OA, por qualquer das razões apontadas (sociais, políticas ou ambientais) ou ainda por exemplo por uma razão de auto-abastecimento (razões em boa medida políticas), impedindo-se uma dependência total em relação ao exterior (com implicações especialmente delicadas no caso de se verificar um conflito bélico).

Para tal o Reino Unido optou por uma solução diferente da da PAC, a solução de subsidiar diretamente a produção, no caso em FW por unidade, o que levava igualmente os produtores a produzir a quantidade desejada, cobrindo o subsídio a diferença entre o custo e o preço (internacional) pelo qual se vendia cada unidade[107].

---

[107] Temos assim o sistema dos '*deficiency payments*' (ver M. E. Azevedo, 1996, pp. 261-3: ou já 1987b, pp. 132-5); aplicável aliás também aos Estados Unidos da América até à reforma aí feita em 1996 (lei FAIR, Federal Agriculture Improvement and Reform: cfr. Tracy, 1996, cap. 5).

Como vimos em II.4.1.2.1, tratava-se de uma solução de primeiro ótimo dado que, não havendo subida de preços para os consumidores, não havia qualquer efeito de distorção no consumo.

3.1.6. A via seguida pela política agrícola comum (PAC). Apreciação

Foi contudo outra a via seguida pela Comunidade Económica Europeia, tendo-se preferido uma via protecionista: com um sistema relativamente complexo, mas que procuraremos descrever, nos seus traços essenciais, com o recurso à figura IV.3[108].

FIG. IV.3

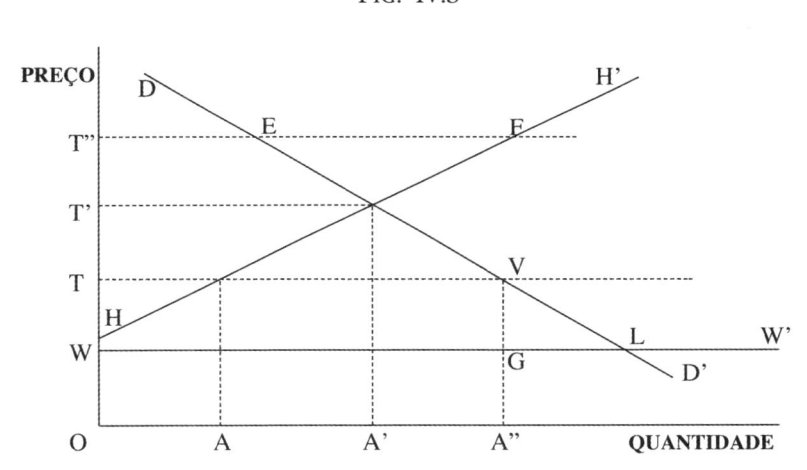

---

[108] Com especificidades que não importará desenvolver aqui, designadamente no que diz respeito aos preços considerados (e designações respetivas, variando para alguns produtos): com um 'preço indicativo', um 'preço base' ou de 'limiar' (*threeshold*) e um 'preço de intervenção', sendo o primeiro o preço que tem o produto no mercado internacional em circunstâncias normais (se for mais elevado deverá intervir-se para o estabilizar), o 'preço base' ou de 'limiar' o preço mínimo ao qual o produto poderá penetrar nas fronteiras e o 'preço de intervenção' o preço de compra (garantido) aos produtores (ver A.N. Silva e Rego, 1984, pp. 128-31 e M.E. Azevedo, 1996, anexos).

Assim acontece privilegiando-se determinados produtos, quase todos dos países do início da Comunidade, ou seja, produtos do centro e norte da Europa, com as implicações que veremos adiante.

Continuando a considerar a hipótese de não haver produção nenhuma se não houvesse intervenção, voltamos a desenhar a figura com a curva da oferta interna, HH', tendo início acima do preço internacional, WW'.

Em primeiro lugar podemos considerar a hipótese, considerada já há pouco, de se querer ficar pela produção OA. Trata-se de objetivo atingido com a aplicação do imposto alfandegário (ou outra restrição) TW, todavia com a consequência, que sabemos ser negativa (recorde-se de novo de II.4.1.2.1), de se ocasionar um custo de distorção no consumo, de GLV.

Assim acontece através de um sistema de garantia de preços de acordo com o qual os produtores comunitários estão protegidos nessa medida. Não se ficando todavia por um preço correspondente ao preço da maior eficiência (mais baixo) na União – por exemplo no caso do trigo fixou-se como indicativo o preço de Duisburgo, na Alemanha – dá-se um apoio maior às áreas mais eficientes, v.g. na França, que, produzindo com menores custos, ganham o correspondente ao diferencial (maior) em relação ao preço internacional. O diferencial a pagar – direito nivelador – na medida em que não se importa tem um efeito protecionista e na medida do que se importa constitui receita do Orçamento da Comunidade[109].

Não se limitou contudo a PAC a intervir nos termos indicados, com a fixação de um preço como o preço TO. Correspondendo a uma prevalência dada progressivamente ao objetivo de manutenção do rendimento dos agricultores, foram sendo fixados preços de garantia cada vez mais elevados (muito acima dos preços mundiais).

Nesta fixação não se ficou aliás sequer por um preço de garantia que levasse a um ajustamento da oferta à procura interna: o que aconteceria com o preço T'O (produzindo-se e consumindo-se OA'). De fato, a preocupação de manutenção e mesmo de aumento da produção da União (melhor, o *lobbying* dos agricultores dos países mais poderosos...) levou a que se fixassem preços muito acima do preço de equilíbrio, como é por exemplo o caso do preço

---

[109] Recorde-se de novo de II.1.1.1. O regime foi em boa medida alterada como exigência do Uruguai Round, com a conversão pautal dos direitos niveladores.
Sobre o sistema dos 'montantes compensatórios agro-monetários' (com a 'taxa de câmbio verde'), visando compensar as variações de preços para os produtores resultantes das variações cambiais, ver A. Cunha (1996, pp. 26-7, 2000, pp. 25-6 e 2004, pp. 50-1) ; podendo recordar-se de IV.2.3.2.2, p. 287, em especial da n. 88, a influência que as preocupações cambiais da França tiveram na sua posição em relação à integração monetária).

T"O, levando neste caso à produção do excedente (em relação ao consumo) medido pela distância EF.

Trata-se todavia de excedente que, diferentemente do que acontece em economias de mercado, não leva os produtores a retrairem a sua produção até que se verifique novo ajustamento[110]. De facto, e estamos aqui perante um outro elemento essencial da PAC, em cumprimento dos princípios da preferência comunitária e da solidariedade financeira a Comunidade procedia à sua compra, com as chamadas compras de apoio (ou de intervenção).

Estando a colocação das produções assim assegurada a preços convidativos, não admira que os produtores continuassem a expandir a sua produção: em muito maior medida do que o consumo, constatando-se que de um modo geral enquanto o consumo crescia 0,5% ao ano a produção crescia 2%[111]. Não sendo os preços europeus competitivos no mercado mundial, foi-se chegando a situações de grandes excedentes por exemplo no açúcar, na manteiga, nos cereais (excluindo o arroz), no vinho, na carne bovina e nos ovos.

Como elemento positivo desta política pode assinalar-se talvez, 'desconhecendo-se' a vantagem do comércio internacional, a auto-suficiência conseguida pela Europa. Trata-se todavia de vantagem que tem de encontrar justificação em domínios diferentes do económico, por exemplo da segurança e da defesa, ou ainda da preservação das comumidades rurais, com os valores e interesses assim assegurados

Neste plano, face às preocupações que a desertificação dos campos não pode deixar de suscitar nos domínios social, político e ambiental, é de admitir que tenha sido menor a fuga dos meios rurais de pessoas que de outro modo os teriam abandonado[112]. Não deixou contudo de haver um grande abandono

---

[110] Na linha do teorema da 'teia das aranha' (referindo este teorema a propósito da PAC ver Goodman, 1996, pp. 116 ss.; e em geral Porto, 2014a, pp. 134-5)

[111] Com uma figura mostrando o aumento da produção interna através da deslocação para a direita da curva da oferta ver Swann (2000, p. 235).

[112] Conjugando os dois argumentos acabados de referir pergunta Leygues (1994b, p. 29): "Après tout, est-ce trop cher payer – moins de 1000FF/an par citoyeneuropéen – lorsqu'on voit les drames alimentaires qui se développent au Sud et à l'Est de la Communautée, lorsqu'on sait que, pour notre alimentation, l'Europe ne dépend pas de cultures aléatoires des USA, de Nouvelle Zélande, d'Australie ou aujourd'hui de la Thailande et autre Brésil ou de l'arme alimentaire dont ils pouraient jouer contre nous et lorsqu'on voit enfin la nature, le paysage, que les agriculteurs nous laissent?"

dos campos[113], mantendo-se aliás de qualquer modo uma percentagem de mão-de-obra na agricultura (5,2%), muito acima da percentagem registado nos Estados Unidos (3%). Não se conseguindo assim a eficácia possível, com uma maior produtividade do trabalho, há que sublinhar muito claramente que o problema da desertificação só pode ser resolvido a contento por uma política correta de promoção rural, diversificada e não dependente de uma agricultura não competitiva: numa linha de multifuncionalidade[114].

Numa perspetiva também de grande relevo é de apontar em segundo lugar que os objetivos referidos têm vindo a ser atingidos com pesadíssimos custos de distorção no consumo. Conforme vimos atrás (em II.4.1.2.1.) tem custos desta natureza qualquer promoção da produção pela via protecionista: com uma perda de bem-estar que pode ser avaliada pela comparação do preço pelo qual consumimos com o preço por que poderiamos consumir os bens

[113] Conforme pode ver-se no quadro IV.4, apesar de se considerarem em 1996 já a Alemanha unificada e os três novos membros do U.E.

QUADRO IV.4

Ano	Mão-de-obra agrícola (milhões)
1957	22,000
1970	16,322
1980	11,896
1990	9,603
1996	7,005

Fonte: Ockenden e Franklin (1995, p. 11) e *Agromonde Service* (n. 463, de 23.5.1997)
[114] Com virtualidades que têm vindo a ser devidamente reconhecidas, pode caber um papel muito importante à agricultura em tempo parcial, feita por pessoas que têm também outro emprego: tal como acontecia já nos anos 90 com 30,1% dos agricultores na União Europeia, 38,2% em Portugal, 43% na Alemanha ou ainda por ex. 36,5% na Irlanda (cfr. Ockenden e Franklin, 1995, p. 9). Trata-se de agricultura com uma eficácia tornada possível pelas novas facilidades de comunicação e deslocação cidade-campo, feita por 'agricultores' que a experiência tem vindo a revelar como 'especialmente inovadores, investidores e conhecedores das oportunidades do mercado (sobre o relevo maior a dar ao desenvolvimento rural ver *infra*, v.g. pp. 326-9).

na ausência da PAC, importando-os pelos preços internacionais[115]. Trata-se aliás de uma consequência com efeitos regressivos, dado que as famílias mais pobres gastam com os produtos alimentares percentagens mais elevadas dos seus orçamentos (chamando a atenção para este ponto, com frequência 'esquecido', ver por ex. Swann, 2000, p. 239)[116].

A subida de preços dos bens agrícolas penaliza ainda naturalmente os produtores das indústrias que os transformam: constituindo um agravamento de preços de matérias-primas e bens intermediários que diminui a competitividade num mercado mundial cada vez mais difícil[117].

Trata-se por outro lado de política com um custo orçamental pesadíssimo. Como se referiu há pouco, leva a excedentes que são comprados com verbas do orçamento comunitário (da União). Depois, há despesas de armazenamento dos bens comprados, de muito maior monta tratando-se de bens perecíveis e sendo enormes os estoques que se foram acumulando[118]. Por fim, não podendo os excedentes de um ano ter colocação no mercado comunitário nos anos seguintes (pelo contrário, continuando a aumentar os excedentes com o funcionamento da PAC), não havia alternativa que não fosse[119] a sua exportação com preços muito subsidiados: na medida em que uma colocação no estrangeiro só seria obviamente possível por um preço abaixo do preço mundial. A título de exemplo, pode recordar-se que em Março de 1973 foi vendida à União Soviética manteiga comunitária por 17% do seu custo. Ou seja, em plena guerra fria, num período em que se considerava na Europa que a União Soviética constituía uma ameaça como potência expansionista, a Comunidade estava a apoiar a manutenção do regime

---

[115] O custo por cidadão no Reino Unido foi avaliado entre 60 libras (cerca de quinze contos) num estudo de 1988 e 250 libras (mais de cinquenta contos) num estudo da década seguinte (cfr. Ockendem e Franklin, 1995, p. 6 ou ainda, com a medição de todos os custos da PAC, Breckling *et al.*, 1987, bem como Koester e El Agraa, 2011, com uma figura p. 330 mostrando a evolução dos vários custos entre 1980 e 2008).

[116] Sobre uma 'regressividade' de índole espacial ver o que se dirá *infra*, v.g. n. 254 p. 407.

[117] Compreende-se assim que, tal como as organizações de defesa dos agricultores defendem uma PAC protecionista, seja já defendida pelos empresários das indústrias transformadoras de produtos agrícolas, por exemplo das indústrias alimentares, uma liberalização dos mercados internacionais.

[118] Foi referido em determinada ocasião que os estoques de carne de vaca 'gerados' pela PAC encheriam um combóio com o comprimento da distância entre Paris e Moscovo...

[119] Sendo socialmente 'chocante' a destruição de produtos alimentares.

à custa dos seus consumidores, de muitos dos seus empresários e dos seus contribuintes.

Chegaram desta forma os encargos do FEOGA-Garantia a representar percentagens altíssimas do orçamento comunitário: 91,8% do total em 1970, 71,2% em 1980, 61,5% em 1990 e ainda 44,5% em 2000, 39,8% excluindo--se o "desenvolvimento rural e medidas de acompanhamento" (percentagens ligeiramente inferiores considerando-se também as despesas fora do Orçamento, do Fundo Europeu de Desenvolvimento – FED – e da CECA). Assim aconteceu, importa sublinhá-lo, com verbas da componente Garantia do FEOGA, numa inversão grave do equilíbrio que deveria haver com a utilização deste fundo. Foi um fundo criado com duas secções bem distintas (substituído agora pelo FEADER e pelo FEAGA: ver *infra* p. 361), destinando-se o FEOGA-Garantia à prossecução da política de preços com as compras de apoio, as despesas de armazenamento e os subsídios à exportação e o FEOGA--Orientação ao apoio à reestruturação do setor agrícola. Tendo este já uma lógica económica correta, de intervenção de primeiro ótimo (recorde-se de novo de II.4.1.2.1), não pode deixar de estranhar-se que lhe fossem afectadas apenas menos de 5% das despesas (de qualquer modo com algum acréscimo de relevo ao longo dos anos): com as despesas de garantia ainda em 2006 a serem superiores às destinadas às ações estruturais. Trata-se de situação que só se inverteu com as Perspetivas Financeiras para 2007-2013 (ver *infra* IV.10)

Não acontecia, por outro lado, como veremos em IV.10, que se tratasse de encargos compensados com as receitas dos direitos nivelados agrícolas, que constituem recursos próprios da Comunidade: por exemplo ainda em 2006 com as despesas agrícolas a representarem 45,5% do total e os direitos agrícolas e quotizações sobre o açúcar apenas 1,2%.

Tem havido além disso uma enorme 'distância' entre o aumento do custo da PAC e os seus resultados, conforme pode ser visto na figura IV.4.

FIG. IV. 4

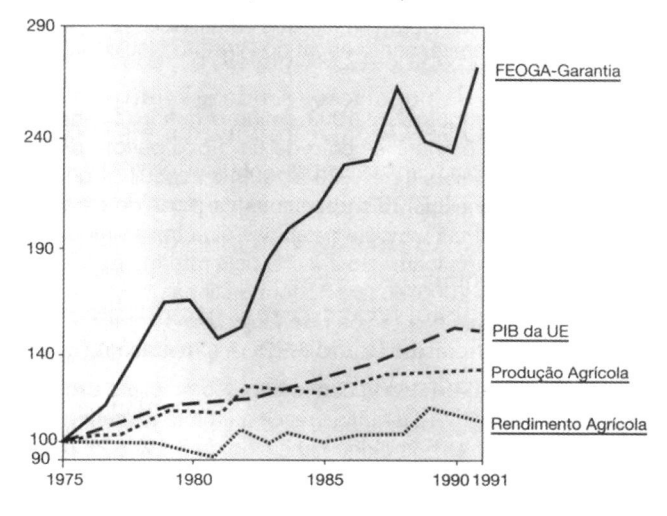

Base 100 em 1975 (Valor constante)

Fonte: Graal (1994; cfr. A. Cunha, 2004, p. 23)

Não tendo as demais atividades, representando 97,5% do total do PIB (a agricultura quedando-se pelos 2,5%), nada que se assemelhe às ajudas da PAC, constata-se que mesmo assim o PIB da União tem um crescimento claramente mais acentuado do que a produção ou o rendimento agrícola.

A par dos efeitos negativos que temos vindo a apontar são de referir os desequilíbrios resultantes da circunstância de as organizações comuns do mercado (OCM's) abrangerem preferencialmente determinados produtos, os cereais, a carne bovina e os laticínios, com mais de dois terços (67%) das verbas do FEOGA-Garantia[120]: beneficiando-se por isso os países, as regiões e os agricultores que os produzem em maior quantidade.

---

[120] Sendo chocantes, pelo contrário, as dificuldades levantadas por exemplo à criação e à manutenção de uma 'ténue' organização comum do mercado (OCM) da banana, em que têm interesse (modesto...) apenas três ou quatro países da União, em relação a territórios seus (caso da Madeira para Portugal e das Canárias para a Espanha) ou a países ACP's (América, Caraíbas e Pacífico) a que estão especialmente ligados (ver Porto, 1994a, pp. 119-21). Com uma descrição pormenorizada do processo seguido, refletindo os diferentes interesses em jogo, ver Stevens

Tem sido o 'peso' destes produtos a contribuir para o favorecimento maior de países mais ricos da União Europeia[121].

Por exemplo em 1998 a França recebeu 23,2% do total das verbas e a Alemanha 14,3%, ou seja, estes dois países dos mais ricos da União receberam 37,5% do total (haviam recebido 42,6% em 1996); com Portugal a receber 1,6%, quando tinha 2,7% da população (sendo já muito mais significativa a nossa participação no FEOGA-Orientação, por exemplo em 2000 com autorizações de pagamentos correspondentes a 9,6% do total). E num ano mais recente, em 2005, tendo a UE 25 membros, foi para França 20,5% e para a Alemanha 13,7% do FEOGA-Garantia, com estes dois beneficiários principais a receber 34,2% do total[122].

Trata-se de política que foi levando a que paradoxalmente países ricos tenham vindo a ser beneficiários líquidos do orçamento da União Europeia, como pode ser visto no quadro IV.5[123].

(1996; cfr. já Read, 1994); tendo havido uma nova afloração da oposição feita pelos países mais ricos na sessão plenária do Parlamento Europeu em Dezembro de 1996, a propósito do relatório Santini (e tendo havido uma divisão na votação do Conselho, que os Estados Unidos 'utilizaram' quando da sua retaliação na 'guerra das bananas': ver Porto, 1999a, p. 139). Sintomaticamente, o caso das bananas deu o mote a um livro sobre o *lobbying* na União Europeia, com o título sugestivo de *Bananen für Brüssel* (Angres, Hutter e Ribbe, 1999).

[121] Pela mesma razão, bem como por haver aí explorações de maior dimensão e produções maiores, em Portugal beneficia mais com a PAC a região do Alentejo, região que, tendo 13% do produto agrícola bruto (PAB), recebe 36% das verbas totais.

[122] Com a Espanha em 3.º lugar, a receber 13,2%. Para Portugal veio pouco mais de 1,8% do total (tendo nós 2,7 % da população).

[123] Ilustrando esta situação, com dados de 1992 a 2004 e em 2012, com o deve e o haver geral, não distinguindo a componente agrícola, ver *infra* as figuras IV.30 e IV.31, pp. 518 e 519.

Quadro IV.5

Partes dos Estados Membros no financiamento da UE e na despesa a título da PAC e das acções estruturais, 1997
(partes de percentagem total da UE nos fluxos de tesouraria)

	B	DK	D	GR	E	F	IRL	I	L	NL	A	P	FIN	S	UK
Financiamento															
Total	3,9	2,0	28,2	1,6	7,1	17,5	0,9	11,5	0,2	6,4	2,8	1,4	1,4	3,1	11,9
Despesa															
Total*	2,5	2,2	14,2	7,8	15,8	17,1	4,7	11,8	0,2	3,5	1,9	5,3	1,5	1,7	9,9
PAC	2,4	3,0	14,2	6,7	11,3	22,5	5,0	12,5	0,1	4,3	2,1	1,6	1,4	1,8	10,8
Operações Estruturais	1,4	0,7	14,0	10,2	24,5	9,4	4,7	11,1	0,1	1,6	1,4	11,3	1,5	0,9	7,4

* Total das despesas operacionais (com exclusão das despesas administrativas)
Fonte: COM (98) 560 final

Fonte: A. Cunha (2004, p. 116) e Comissão Europeia (1998a)

Vê-se pois que um país rico como a Dinamarca é beneficiário líquido do orçamento da União[124], que o Luxemburgo tem as contas 'saldadas' e que a França recebe quase tanto como aquilo que paga[125].

Por outro lado, com a filosofia de estímulo e apoio à produção a PAC tem favorecido quem mais produz, ou seja, os agricultores ricos: numa estimativa do Tribunal de Contas (198/C-401-01), 4% dos agricultores recebem 40% dos subsídios (anteriormente a Comissão Europeia havia estimado que 80% das verbas do FEOGA-Garantia revertiam a favor dos 20% dos agricultores mais ricos; havendo indicações no sentido de ser maior o desequilíbrio no nosso país)[126].

A correlação inaceitável entre os níveis de rendimento agrícola e os apoios da PAC pode ser vista na figura IV.5

---

[124] A ampla publicitação deste benefício terá sido determinante na mudança de voto dos dinamarqueses do *não* para o *sim* do primeiro para o segundo referendo sobre o Tratado de Maastricht; numa estratégia com maior êxito do que a distribuição de três milhões de exemplares do texto que havia sido feita antes da primeira votação (podendo admitir-se que para a mudança também tenham 'ajudado' as exceções admitidas à Dinamarca)... Mais recentemente, essa circunstância não foi contudo suficiente para evitar o *não* no referendo de 28 de Setembro de 2000, sobre a adesão ao euro (ver *infra* a n. 278 p. 420).

[125] A. Cunha (2000, p. 134) mostra a diferença entre os 11 países do Norte e os 4 países do Sul (Espanha, Grécia, Itália e Portugal): tendo os primeiros 79% das despesas de financiamento e 74% das 'ajudas' diretas das principais organizações comuns do mercado (OCM's).
É de notar todavia que entre os países do sul só Portugal é de facto prejudicado, tendo a Espanha como vimos 13,2%, a Itália 11,3% e a Grécia 3,7% (sobre a posição geralmente mais desfavorecida do nosso país na UE-15 ver A. Cunha, 2004, pág. 100).
Há pois um problema específico português que o nosso Governo foi procurando defender em Bruxelas, infelizmente com escassos resultados (cfr. A. Cunha, 2004 e 2007).

[126] Constata-se por outro lado (ver *infra* quadro IV.24, p. 503; bem como a fig. IV.29, p. 510) que são os cidadãos dos países menos prósperos a ter as capitações mais elevadas de tributação em relação aos seus rendimentos. Há de facto situações de desigualdade que importa afastar; não se compreendendo que sejam o resultado precisamente de políticas e critérios da União.

Fig. IV.5

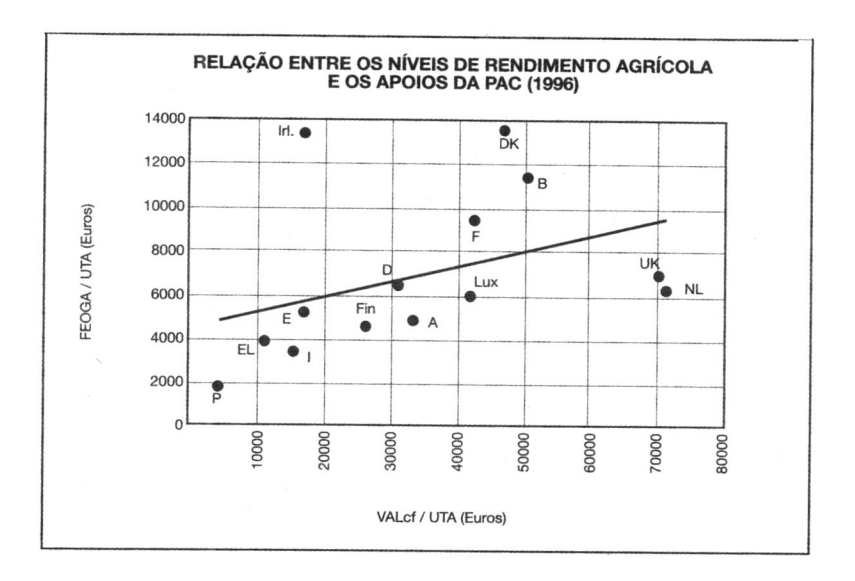

Fonte: Emerson e Gros (1998) e A. Cunha (2004, p. 113).

Assim se vê mais uma vez a situação especial de desfavor em que têm estdo os nossos agricultores. Tendo nós uma população ativa agrícola em percentagem muito superior à dos países mais ricos (9,7%, quando a média comunitária era de 3,4%), verifica-se a situação chocante de um agricultor dinamarquês receber em média do FEOGA 15 vezes mais do que um agricultor português, um agricultor sueco 6,5 vezes mais (e um grego 4 vezes mais).

Trata-se de iniquidade, por exemplo ainda em 2001, ilustrada pela figura IV.6.

FIG. IV.6

Agricultural expenditure per person employed in the sector
ans as direct payments to producers, in € in 2001

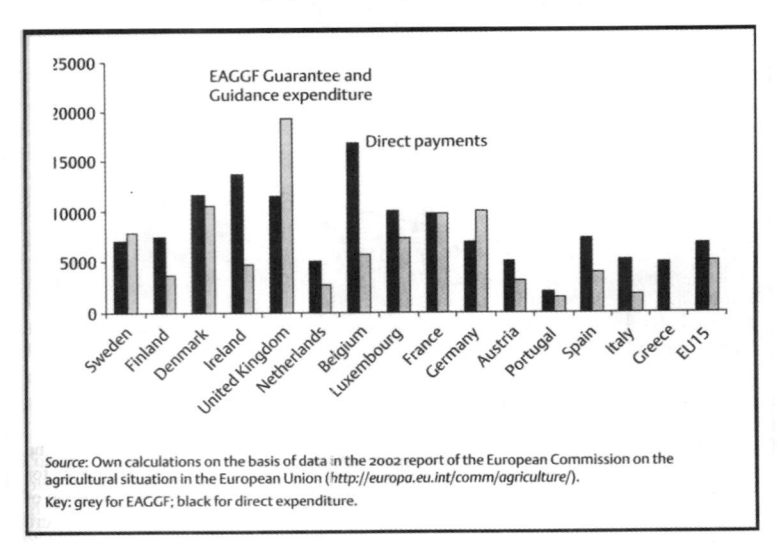

Fonte: Rieger (2005 (15), p. 173).

Por fim, é de referir que o protecionismo da PAC, tendo adiado e quase comprometido a conclusão do Uruguai Round, acaba por levar a que a Europa tenha que ceder em relação a possibilidades de exportação de setores em que temos condições mais favoráveis para concorrer nos mercados internacionais[127]. Chega-se aliás assim à situação paradoxal de uma política que beneficia os países mais ricos acabar por prejudicar a colocação de produtos de países menos ricos (caso de Portugal, tendo já visto comprometidas por exemplo exportações de confeções, calçado e produtos cerâmicos).

3.1.7. As reformas da PAC

Com esta mecânica (como se disse, exposta aqui de um modo muito simplificado), era urgente uma reforma que evitasse os custos ocasionados.

---

[127] Embora tenham 'telhados de vidro' alguns dos que se queixam de nós, como é o caso dos Estados Unidos, com grandes apoios, ainda que menos notórios.

Deverá aliás causar estranheza que tenham decorrido tantos anos até que começasse a caminhar-se no sentido de alguma reforma, sendo em muito maior número (e de um modo geral mais pobres) os prejudicados do que os beneficiados (com interesses sem dúvida a atender, mas por outras vias): em regimes democráticos, onde deveria prevalecer o interesse da maioria.

Trata-se de um caso bem expressivo do que, conforme vimos em II.4.2.2, é explicado pela teoria económica da política: sendo prejudicada a generalidade dos cidadãos – v.g. como consumidores e como contribuintes – e favorecida uma minoria *bem organizada* dos agricultores e países mais ricos[128].

Só assim pode compreender-se que não tenham chegado a concretizar-se as propostas de reforma que naturalmente foram sendo feitas, algumas mais através de mudanças estruturais[129] e outras mais pelo ajustamento dos preços ou, mais recentemente, com ajudas ao rendimento[130].

---

[128] Sobre o modo como se expressam diferentes interesses em jogo ver de novo Cunha (2004 e principalmente 2007); só mais recentemente tendo todavia sentido um título de Roederer (2015), "The Common Agricultural Policy: The Fortress Challenged"... .

[129] Era o caso da reforma proposta em 1968 pelo Comissário Sicco Mansholt, que apontava, tendo presente o 'modelo' norte-americano, para a obtenção de economias de escala julgadas indispensáveis: devendo as explorações ter 80 a 120 hectares no caso da produção de trigo, 40 a 60 vacas para a produção de leite e 150 a 200 cabeças para a produção de carne de vaca e de vitela (uma proposta na mesma linha foi feita para França pelo conhecido administrativista Georges Vedel, numa fase da sua vida em que se centrou noutros interesses...). Tratou-se de uma proposta de reforma conjugando todavia também a redução dos preços, bem como a reafetação de terras a fins florestais ou parques naturais, com uma lógica que acabou por ser retomada duas décadas depois, mas já em circunstâncias muito mais desfavoráveis. Conforme realça A. Cunha (2004, p. 18), "se tivesse havido coragem política em 1971 não se teriam desperdiçado inutilmente tantos recursos na compra, destruição ou na exportação subsidiada de excedentes que ninguém queria, não se teria atrasado o desenvolvimento de outras políticas por falta de recursos, não se teriam agravado as disparidades regionais. Seguramente, não teria sido necessário impor anos mais tarde tantos sacrifícios aos agricultores, especialmente àqueles que não tinham tido antes os proveitos do tempo das *vacas gordas*", como foi o caso dos portugueses e espanhóis que só integraram a UE em 1986...; sobre o 'fermento' do Plano Mansholt ver também M.E. Azevedo, 1996, pp. 88-90).

[130] Foi o caso da proposta Josling (1973), nos termos da qual havia um incentivo através dos preços, com compensações degressivas, para que se caminhasse para condições estruturais mais favoráveis.

Um início de reforma, visando a diminuição dos excedentes, teve lugar em 1984, com o estabelecimento de quotas, não sendo garantida a compra do que fosse produzido acima delas, e depois em 1988 (estando os recursos orçamentais de novo a esgotar-se...) com os 'estabilizadores' (deixando de se intervir também acima de determinadas quotas), acompanhados já de um primeiro sistema de pousio (voluntário e de fato quase não utilizado)[131]

3.1.7.1. A reforma de 1992

Uma verdadeira reforma só veio contudo a ter lugar em 1992, com a primeira presidência portuguesa (com Arlindo Cunha, como Ministro da Agricultura, a presidir aos Conselhos Agrícolas), num período decisivo em que era indispensável ultrapassar a pressão do Uruguai Round, feita por países que invocavam contra a União Europeia o protecionismo aqui seguido[132].

Deve sublinhar-se que também em outros espaços do mundo há um grande favorecimento da agricultura, mas de um modo mais facilmente aceitável e mais correto, sendo feito através de ajudas diretas aos produtores[133].

---

[131] Referindo estes primeiros passos ver por exemplo Bache *et al.*(2015, p. 353) ou Moussis (2015, pp.614-5)

[132] Sobre as dificuldades e o êxito da reforma, com frequência designada de Reforma Mc Sharry, nome do Comissário com o pelouro da agricultura, ver Swinbank (1993), Donà (1993), Seia (1994), Loyat e Petit (2008, pp. 18-25) ou ainda por ex. as referências de Magone (1997, pp. 166-7), numa apreciação dessa presidência portuguesa. Nas palavras da Agenda 2000 (1997, p. 17),"a reforma da política agrícola comum de 1992 foi um grande êxito".
Sobre esta e as duas reformas que se seguiram ver A.Cunha e Swinbank (2011).

[133] Os apoios na União Europeia como percentagem do 'valor ajustado' da produção são mais elevados do que os apoios nos Estados Unidos da América, mas estes por seu turno são mais elevados do que na Nova Zelândia, na Austrália e na Turquia: países que têm por isso em relação aos EUA as razões de queixa que estes dizem ter em relação a nós. Importa acrescentar além disso que os apoios americanos foram em anos recentes (não agora) mais elevados do que os europeus em valores *per capita* (por agricultor), tendo eles menos de 2 milhões e nós mais de 7 milhões de agricultores, que são significativos os seus subsídios bem como ainda que o protecionismo da Europa é mais baixo na generalidade dos setores não agrícolas (ver A. Cunha, 1996, pp. 113-5 e 2000, pp. 162-8).

Como seria de esperar, em confronto com o endurecimento da posição de países terceiros assistiu-se ao endurecimento da posição dos agricultores europeus, tendo contribuido, v.g. com manifestações de rua, em Bruxelas, onde decorriam as reuniões multilaterais "finais" do GATT visando chegar-se a esse acordo, para que o Uruguai Round não tivesse sido concluido no início de Dezembro de 1990; e tendo contestado depois os acordos de Blair House, pondo em causa a posição assumida pela Comissão, que teria alegadamente excedido o mandato de negociação conferido pelo Conselho.

Na reforma da PAC levada a cabo em 1992 são de distinguir alguns princípios e ações básicos:

1) Em primeiro lugar uma redução sensível nos preços de vários e importantes produtos agrícolas (v.g. 30% nos cereais e 15% na carne bovina), tendo em vista a redução da sua oferta. Trata-se de medida que teve de imediato consequências favoráveis, com a redução dos excedentes (quadro IV.6):

QUADRO IV.6
Evolução dos excedentes públicos (milhares de toneladas)

	1990	1991	1992	1993	1994	1995	1996	1997	1998	1999	2000	2001	2002	2003	2004	2005
Cereais	14 379	17 237	21 843	24 205	12 410	5 524	1 209	2 381	13 603	14 944	8 517	7 301	7 962	8 869	3 637	15 515
Leite em pó desnatado	333	416	47	37	73	14	125	142	205	229	1	0	19	129	182	42
Manteiga	252	266	173	161	59	20	39	28	4	46	72	34	139	226	225	157
Carne bovina	538	1 011	1 166	720	163	18	434	623	544	161	832	232	34	31	151	0,5

Fonte: A. Cunha (2007, p. 128, com dados da DG. Agri).

Vê-se assim que, depois de um acréscimo das existências ainda em 1991--92, começou a verificar-se uma redução significativa a partir de 1993-4[134], embora com alguns aumentos em anos seguintes, como consequência de circunstâncias conjunturais.

A reforma de 1992 não se limitou todavia à redução dos preços, tendo também tomado medidas estruturais que se tornavam necessárias.

2) Foi o caso, na sequência do que se começou em 1988, de se estabelecer um mecanismo mais amplo e obrigatório de pousio (*set-aside*) de terras nas explorações produzindo acima de 92 toneladas de culturas aráveis (cereais, oleaginosas ou proteaginosas), a menos que sejam destinadas a produções em que haja carência na União.

3) Numa outra linha com o maior relevo (para a União Europeia e muito especialmente para Portugal) foram estabelecidas medidas para a reconversão de terrenos para produções florestais: produções em que é grande o défice europeu, não se pondo de um modo geral problemas de colocação no mercado.

4) Em quarto lugar, visando o aparecimento de agricultores mais jovens e com melhores qualificações, veio promover-se a reforma antecipada dos agricultores, a partir dos 55 anos de idade.

5) Depois, é de sublinhar a criação de uma ajuda ao rendimento baseada nas áreas e nas cabeças de gado e, no caso das culturas aráveis, na produtividade (numa linha em que se marca o início do processo de separação do apoio ao rendimento relativamente à política de preços).

6) Por fim, assume também um grande relevo e a maior atualidade o apoio a medidas ambientais, com a redução de determinadas produções mais poluentes: na linha de *greening the CAP.*

Apesar do acerto inquestionável de todas estas medidas e dos resultados conseguidos (v.g. com a referida redução de excedentes), não pode dizer-se que se tenha chegado ao objetivo último a atingir, continuando designada-

---

[134] Com consequências favoráveis naturalmente não só na continução como mesmo na melhoria do cumprimento da 'linha diretriz' orçamental para as despesas agrícolas (Leygues, 1994a, p. 105 e 1994b, p. 25 e A. Cunha, 1996, p. 161); bem como, seria escusado repeti-lo, no bem--estar dos consumidores, nas produções a jusante e na capacidade negocial com terceiros países.

mente a ter-se um enorme custo orçamental; tendo sido necessário afetar à PAC por exemplo ainda em 2006 46,4% do total do Orçamento.

3.1.7.2. A reforma da Agenda 2000

Tornava-se pois necessária uma nova reforma, agora requerida não só pelo novo *round* da OMC (o Millenium Round, iniciado em Seattle, em Novembro de 1999) como também pela aproximação dos alargamentos que se seguiriam, com as implicações delicadíssimas que veremos em IV.8.

As linhas gerais de uma nova reforma foram definidas em 1997, na Agenda 2000 – a reforma é aliás conhecida como Reforma da Agenda 2000 –, na sequência da qual vieram o Conselho de Agricultura de 11 de Março de 1999, alterando algumas das propostas da Comissão, e por fim a Cimeira de Berlim, a 24 e 25 do mesmo mês, alterando por seu turno algumas das propostas do Conselho de Ministros.

Como primeiro elemento positivo, embora aquém do que era proposto pela Comissão mas na linha correta da reforma de 1992, verificou-se mais uma redução dos preços de intervenção, em 15% nos cereais, a realizar em duas campanhas, e em 20% no setor da carne bovina, a realizar em três campanhas. Para o setor leiteiro verificou-se uma descida de 15%, mas a realizar (em três etapas) só a partir da campanha de 2005-6[135].

Ficando-se aquém da proposta da Comissão, um outro reparo a fazer é que de qualquer modo só estes produtos continuam a ser substancialmente contemplados; não se passando das boas intenções, já na Agenda 2000, em relação aos produtos do sul (ver A. Cunha, 1998 e Porto, 1998a, pp. 27-9).

Até à posição final de Berlim estiveram também sobre a mesa duas propostas que acabaram por não ser aprovadas. Uma delas era no sentido do cofinanciamento pelos países, como forma de se aliviar o orçamento e de se responsabilizarem mais os Governos nacionais; mas a França opôs-se de forma intransigente a esta 'nacionalização' parcial da PAC. A outra proposta, deste país, era no sentido de alguma degressividade no FEOGA-Garantia, aplicando--se verbas que fossem libertadas (2 a 4%) no desenvolvimento rural; mas também esta proposta não passou.

---

[135] São de considerar também positivos algum alargamento da área plantada de vinha na UE-15, em cerca de 2%, bem como a alteração das regras de intervenção no mercado, no sentido de se favorecer a qualidade.

Numa linha correta e promissora não deixou contudo de ser reafirmada a ideia do desenvolvimento rural integrado, no caso da agricultura com a *multifuncionalidade*, ou seja, com a valorização de outras dimensões, casos da preservação do ambiente e do ordenamento do território, não apenas a dimensão produtiva. Passou a falar-se mesmo a este propósito de um 2.º pilar, ou de uma PARC, Política Agrícola *e Rural* Comum (cfr. Cunha, 2000, 2004 e 2005 e Avillez, 2004a e 2004b). Mas a exiguidade das verbas destinadas, 10,2% do total, não pode deixar de suscitar dúvidas sobre os bons propósitos afirmados.

Será de sublinhar ainda a reafirmação da preocupação ambiental, numa linha que vem também de trás e foi reforçada pela Comissão Europeia (2000c), com um relatório sobre *Indicadores da Integração das Preocupações de Carácter Ambiental na Política Agrícola Comum.*

A necessidade de se chegar a um acordo final, sentida de um modo muito especial pela presidência alemã (era um teste ao Chanceler Schröeder, na sua primeira presidência, e independentemente disso importava não protelar a aprovação das Perspetivas Financeiras para 2000-2006), levou a que houvesse condesendências em todos os domínios.

Ninguém terá considerado a reforma como um êxito. Mas distinguem-se as opiniões, afirmando alguns, e outros não, que valeu a pena tê-la feito, pelo menos pela reafirmação de que deveria continuar-se na linha iniciada com a reforma de 1992[136]. Já houve concordância, sintomaticamente, em que dentro de poucos anos seria necessária uma nova reforma.

3.1.7.3. A reforma de 2003

O próprio Conselho Europeu de Berlim de Março de 1999, no ponto 22 das Conclusões da Presidência, convidava "a Comissão a apresentar ao Con-

---

[136] Num sentido mais negativo pode referir-se Tangerman (1999), afirmando que "pouco adianta, quer para preparar a PAC para o próximo round da OMC, quer para o alargamento a leste" (ver ainda os textos de A. Sevinate Pinto, Francisco Avillez e J. Cabrita em Conselho Económico e Social, 1998, pp. 69-104, Massot Marti 1999, Swinbank 1999, e House of Lords (2000). Sublinhando em particular a sua insuficiência face às exigências de um 'modelo europeu', equilibrado e promotor do mundo rural, numa estratégia distinguindo ajudas permanentes, sócio-regionais, de ajudas transitórias aos setores em que há aproximações de preços, ver A. Cunha (2000, admitindo que de qualquer modo valeu a pena fazer a reforma).

selho, em 2002, um relatório sobre a evolução das despesas agrícolas, com a sugestão de proposições apropriadas, visando a tomada das decisões necessárias, no respeito dos objetivos da reforma".

Foi no cumprimento deste mandato que a Comissão apresentou o COM (2002) 394 (Comissão Europeia, 2002), com uma *Revisão intercalar da política agrícola comum*.

Eram feitas aqui propostas que, depois de um período de debate, vieram em boa medida a ser retomadas por um novo documento da Comissão (2003), o COM (2003) 023.

A reforma, depois da consideração do primeiro documento no Conselho da Agricultura de Julho de 2002, veio a ser aprovada no ano seguinte, na sequência do segundo documento, no Conselho da Agricultura de Junho de 2003, no Luxemburgo; depois de se ter fixado o quadro financeiro para o alargamento da União Europeia.

Com a sua aprovação tivemos uma nova reforma da PAC, referenciada também com frequência ao Comissário com a pasta do setor, o Comissário Fishler.

Num juízo geral, constata-se que vem na lógica das reformas de 1992 e 1999 (cfr. por ex. Barthe, 2006, p. 305). Tendo sido mais liberal a proposta inicial, ficou-se num plano mais moderado na segunda proposta da Comissão. Ficou-se designadamente pela manutenção dos preços dos cereais e prolongou-se o regime das quotas leiteiras, o que deixou insatisfeitos os que defendiam o fim das quotas (em especial dinamarqueses, holandeses e italianos). Avançou-se já mais na linha da degressividade das ajudas, traduzida numa redução de 5% das ajudas diretas aos agricultores que recebessem mais de 5.000 euros por ano. O Conselho aceitou ainda o elemento mais polémico do documento de 2002, a "dissociação", ou seja, o sistema de pagamento único desligado das produções efetivas; o que implica que, com raras exceções setoriais, os agricultores passaram a receber as suas ajudas diretas baseadas nos montantes históricos que já recebiam no período 2000-2002[137] sem ter, porém, a obrigação de produzir.

---

[137] Tendo todavia o sistema sido temperado com o "princípio da dissociação parcial", na linha de uma proposta do Parlamento Europeu (Relatório Cunha, PE 320.178 e A5-0197/2003). Assim se fez tendo-se em conta as especificidades de alguns setores e o receio de alguns Estados membros terem situações graves de abandono de produções, designadamente em áreas menos competitivas.

Além de alguma maior liberalização dos mercados agrícolas e desta dissociação das ajudas, tudo na linha do espírito da OMC, como o esbatimento, são de saudar igualmente na reforma:

a) uma transferência de meios financeiros, pela "modulação", para o desenvolvimento rural (habitualmente designado de "segundo pilar"), com o alargamento de apoios a preocupações sanitárias e de segurança alimentar, de qualidade e de bem-estar dos animais, devendo visar-se também uma melhor redistribuição entre regiões e setores;

b) a eco-condicionalidade, que pressupõe que os apoios só sejam concedidos se os agricultores respeitarem um conjunto de normativos relacionados com a prevação do ambiente, as boas práticas agrícolas, a saúde pública, animal e vegetal, e o bem-estar animal.

Com um significado também assinalável, dois anos depois o Regulamento n.º 1290/2005, de Julho deste ano, veio estabelecer um novo quadro legal para o financiamento da PAC, para o horizonte das Perspetivas Financeiras para 2007-2013.

O FEOGA, com as suas duas secções, foi substituído por dois novos Fundos: o Fundo Europeu Agrícola de Desenvolvimento Rural (FEADER), dirigido ao segundo pilar da PAC, e o Fundo Europeu Agrícola de Garantia (FEAGA), financiando a "velha" PAC, naturalmente acompanhando a evolução que vinha tendo lugar.

As alterações que fomos referindo foram tendo como consequência a diminuição do relevo das medidas de mercado, como é bem ilustrado pela figura seguinte (fig. IV.7).

Fig. IV.7
Estimates of CAP expenditure, 1990-2005

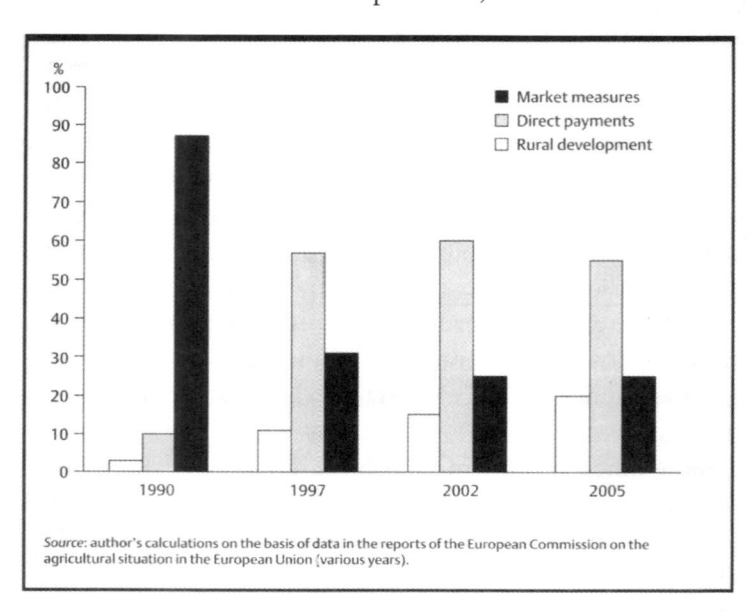

Source: author's calculations on the basis of data in the reports of the European Commission on the agricultural situation in the European Union (various years).

Fonte: Rieger (2005 (15), p. 178; e com propostas até 2020 ver Rieger, 2015, p. 215)

3.1.7.4. A reforma de 2008

Uma nova reforma da PAC veio a ter lugar em 2008, no que foi designado por "exame de saúde da PAC".

Trata-se de novo de uma reforma associada ao membro da Comissão responsável pelo pelouro da agricultura, neste caso à Comissária Mariann Fischer Boel; tendo sido aprovada no Conselho de Ministros de Outubro de 2008.

Mais uma vez numa linha de continuidade, avançou-se no sentido de, com a remoção de restrições aos agricultores, os ajudar a "reagir melhor aos sinais do mercado e a enfrentar novos desafios", bem como no sentido da promoção do desenvolvimento rural.

Entre as medidas tomadas assumem especial relevo[138]:

---

[138] Com uma apreciação crítica desta reforma ver Cunha (2008).

1) A supressão gradual das quotas leiteiras. Devendo acabar em Abril de 2015, visou-se uma "aterragem suave", com um aumento anual da capacidade produtiva de 1% entre 2009-10 e 2013-14 (com um imediato aumento maior na Itália).

2) A manutenção praticamente inalterada da dissociação das ajudas diretas aos agricultores decidida na reforma de 2003, continuando assim a deixar de estar ligadas à produção de um determinado produto; continuou também a dissociação total obrigatória para as ajudas às vacas aleitantes e a dissociação parcial para os ovinos e caprinos. Nos casos em que existiam outros pagamentos complementares específicos associados à produção, como nos bovinos machos, arroz ou proteaginosas, os países que assim o decidam podem mantê-los até 2012.

3) Uma maior flexibilidade no auxílio a setores com problemas especiais. Trata-se de um auxílio tornado possível com a afetação de um máximo de 10% da dotação orçamental para pagamentos diretos anuais, cuja aplicação deixa de ter de estar limitada ao mesmo setor em que foi gerado; isto porque os países que tomem a opção permitida por este artigo terão de reduzir as ajudas diretas aos agricultores no montante correspondente.

4) Outras medidas de índole financeira, designadamente a prorrogação do regime de pagamento único por superfície, um financiamento adicional para os agricultores da UE-12 e a autorização de utilização de determinados fundos não gastos em transferência para o Fundo de Desenvolvimento Rural (que pode ser reforçado também por outras disponibilidades).

5) Atribuição de maiores ajudas ao investimento a realizar por jovens agricultores.

6) Supressão da exigência de pousio, até agora de 10% das terras aráveis, podendo assim maximizar-se o potencial de produção.

7) Estabelecimento de novas regras de condicionalidade, designadamente com exigências de respeito do ambiente, do bem-estar dos animais e da qualidade dos alimentos, com simplificações, mas mantendo-se a indispensável exigência

8) Estabelecimento de novos mecanismos de intervenção, não devendo entravar a capacidade de resposta dos agricultores (v.g. com a abolição de intervenções em relação à carne de suíno, à cevada e ao sorgo)

3.1.7.5. A reforma de 2013

Trata-se de reforma que veio na sequência de uma nova Comissão, em 2010, com o novo Comissário, Dacian Ciolos, a anunciar um debate público alargado sobre o futuro a PAC (cfr. Ciolos, 2011)[139]; com a posição da Comissão a ser expressada no COM (2010/672), com o título "A PAC no horizonte 2000: Responder aos desafios do futuro em matéria de alimentação, recursos naturais e territoriais".

Na sua sequência, em 12 de Outubro de 2011 a Comissão apresentou várias propostas legislativas relativas aos quatro regulamentos base da PAC, sobre: 1) Pagamentos Diretos; 2) Organização Comum dos Mercados (COM); 3) Desenvolvimento Rural; e 4) Regulação Horizontal do Financiamento, da Gestão e do Acompanhamento da PAC:

Na sua preparação e na sua concretização, em Dezembro de 2013, estiveram presentes circunstâncias novas ou pelo menos acentuadas, no plano institucional e no planentro orçamental.

No plano institucional, de acordo com o Tratado de Lisboa a temática agrícola passou para o processo de co-decisão, abrindo novas formas de intervenção, pela via parlamentar; o que não deixou naturalmente de ter implicações no processo de negociações e nos resultados alcançados.[140]

Neste novo quadro institucional, tratou-se de negociações que foram correndo quando estava em discussão um novo quadro financeiro plurianual, para 2014-2020, em que era seguro que haveria cortes gerais especialmente acentuados (ver *infra* IV.10.3), sendo inevitável que o orçamento para a agricultura teria de fazer cedências.

Na sequência da votação no Parlamento Europeu (a 13 de Março de 2011) e do acordo entre os Minstros da Agricultura (a 19 de Março), o acordo político sobre a reforma da PAC foi alcançado a 26 de Junho, após intensas negociações entre o Parlamento Europeu e o Comselho.

Entre muitas outras medidas[141], o sistema de pagamentos diretos manteve as regras anteriores de ecocondicionalidade, mas verificou-se um afastamento

---

[139] Tendo o debate, que decorreu entre Abril e Julho de 2010, tido perto de 6000 contribuições individuais e coletivas.

[140] Tendo o eurodeputado Luis Capoulas Santos sido relator dos dossiers dos Pagamentos Diretos e do Desenvolvimento Rural.

[141] Sobre a reforma de 2013 ver entre nós Van Zeller (2012) e A.Cunha (2012),bem como Bache *et al.* (2015, pp. 359-61), Moussis (2015, pp.615-7) e Roederer-Rynning (2015, pp. 211-9).

em relação ao "histórico", fator em que se baseavam antes os pagamentos. Passou além disso a haver uma maior capaciade de decisão nacional na determinação dos pagamentos a fazer.

A vertente ecológica passou por seu turno a determinar a afetação de 30 % dos pagamentos diretos, que passaram a depender do cumprimento de determinadas práticas agrícolas benéficas para o clima e meio ambiente; com exigências designadamente em relação à diversificação de culturas, à manutenção de prados permanentes e à preservação de áreas de foco ecológico.

Assim aconteceu num quadro de redução de verbas no 1º pilar (dos pagamentos diretos), na casa dos 13 % entre 2013 e 2020.

No que diz respeito à organização comum dos mercados, cumprindo-se com a decisão de as quotas leiteiras terminarem em 2015, abriu-se a possibilidade de a Comissão ter alguma margem de intervenção, em caso de crise no setor. Em relação ao vinho, mantendo-se a decisão, da reforma de 2006, de abolição do regime de direitos de plantação da vinha no final de 2015, abriu-se a possibilidade de introdução de um sistema de autorização para novas plantações a partir d 2016. Foram ainda introduzias novas cláusulas de salvaguarda para todos os setores, para permitir à Comissão tomar medidas de emergência em caso de perturbação generalizada do mercado.

No que diz respeito às restituições à exportação, o sistema foi mantido, mas apenas como uma medida de crise.

Com especial significado, numa linha inequivocamente correta, no âmbito do desenvolvimento rural (2º pilar) foram destacadas seis prioridade (cfr. Van Zeller, 2013): 1) apoio para a transferência de conhecimento e inovação; 2) reforço da competitividade de todos os tipos de agricultura e gestão florestal sustentável; 3) promoção da organização e da gestão de riscos ao longo da cadeia alimentar; 4) proteção e valorização dos ecossistemas; 5) uso eficiente de recursos e transição para uma economia com baixas emissões de carbono; e 5) inclusão social, redução da pobreza e desenvolvimento económico das áeas rurais.

Assim aconteceu contudo num quadro de redução acentuada de verbas no 2º pilar (em maior medida do que no 1º), o que não pode deixar de ser preocupante: uma redução de 18 % entre 2013 e 2020.

Como elemento novo, ficou aberta a possibilidade de transferência de verbas entre os dois pilares, até 15 % entre o 1º e o 2º pilar e de 15% entre o 2º e o 1º pilar, podendo todavia esta última percentagem ir até 25 % em países com um nível de pagamentos diretos por hectar abaixo da média.

Com esta reforma houve também um acréscimo de preocupações redistributivas: entre agricultores e não agricultores ("farmers" e "non farmers"), entre agricultores dos "velhos" Estados membros e dos novos Estados (tendo em conta a distribuição dos pagamentos diretos), visando-se a chamada "convergência externa", e entre agricultores envolvidos em diferentes tipos de produções agrícolas (visando-se a chamada "convergência interna") (cfr. Roederer-Rynning, 2015, pp. 214-5).

Considerando o nosso país, numa apreciação geral conclui A.Cunha (2012, p. 7) que com a reforma de 2013 "Portugal perde pela falta de ambição do compromisso europeu em matéria de convergência e de redução do envelope do segundo pilar e só não perderá por via do *greening* porque esta medida foi substancialmente flexibilizada face à proposta inicial da Comissão"; mas "acabou por ter vencimento em importantes matérias que ao longo das negociações evoluíram no sentido dos seus interesses e reivindicações, como sejam a elegibilidade do regadio, uma margem maior para poder aplicar ajudas ligadas à produção, robustecimento da posição dos agricultores na cadeia de valor, manutenção de um regime de autorizações para plantações de vinha, ou a isenção da disciplina financeira para quem receba menos de 5.000 euros anuais".

As regras relativas "ao financiamento, à gestão e ao acompanhamento da Política Agrícola Comum" (revogando regulamentos anteriores) constam agora do Regulamento 1306/2013, de 17.12.2013: com as "disposições gerais dos fundos agrícolas no capítulo I do título II, dispondo o artigo 4º sobre as despesas que são cobertas pelo FEAGA e o artigo 5º sobre "os programas de desenvolvimento rural"a cobrir pelo FEADER.

Na linha das preocupações sentidas, diz-se no considerando (68) do diploma, que "todas as medidas do âmbito da PAC deverão ser vigiadas e avaliadas tendo em vista a melhoria da sua qualidade e a demonstração dos seus resultados", devendo para o efeito "ser estabelecida uma lista de indicadores".

3.1.9. Um "modelo europeu de agricultura"?

Por fim, valerá a pena pôr a questão de saber se tem sentido falar-se na existência e/ou na justificação de "um modelo europeu de agricultura".

Está fora de causa a desejabilidade e mesmo a possibilidade de "ressuscitar-se" a "velha PAC", com custos tão grandes, sublinhados atrás, para os consumidores (sacrificando naturalmente em muito maior medida os mais pobres), para os setores transformadores de produtos agrícolas e para o orçamento (para os contribuintes), fragilizando ainda a União Europeia nas relações internacionais.

Mas, com realismo, há que ter em conta as especificidades europeias, com uma dimensão média das explorações agrícolas, com predominância familiar, muito abaixo das dimensões dos nossos concorrentes principais[142], com áreas dependentes necessariamente de produtos que não são competitivos no quadro mundial e sendo mais de três quartos do território constituído por meios rurais.

De acordo com um estudo do Parlamento Europeu (1999), sendo o "mundo rural" constituído pelas NUT's III (sobre estas e as demais unidades espaciais ver *infra* a nota 229, p. 380) com uma densidade inferior a 100 habitantes por quilómetro quadrado e mais de 11% da população ativa na agricultura, constata-se que representava por exemplo então 76% do território e 31% da população total. Mas eram por seu turno muito sensíveis as diferenças no seio da União Europeia. Considerando-se no mesmo estudo três grandes blocos na UE-15, o bloco da Europa do Centro e Norte, o bloco da Europa do Sul (Espanha, Grécia, Itália e Portugal) e um espaço intermédio formado pela Irlanda e pela Finlândia, enquanto no primeiro caso o "mundo rural" representava 70% do território e 20% da população, no segundo representava 82 e 55% e no terceiro 91 e 63%, respetivamente.

O problema tem vindo a ser muito mais sensível, pois, nestas duas grandes áreas, onde o abandono do mundo rural teria, está a ter, custos humanos, sociais, ambientais e culturais especialmente pesados.

Nas palavras avisadas de A. Cunha (2004, pp. 273-4), há que ter todavia muito presente que "a mensagem do *modelo europeu de agricultura* não é nem deverá ser usada como um expediente protecionista, como os nossos concorrentes comerciais já tentam presumir"[143].

---

[142] Sendo na UE-15 de 18 hectares, era de 473 nos Estados Unidos, de 242 no Canadá, de 3.813 na Austrália e de 224 hectares na Nova Zelândia!

[143] Levando designadamente às iniquidades pessoais e por países que referimos atrás, com a utilização tão desigual do próprio FEOGA. O mesmo autor (loc. cit., pp. 261-2) sublinha ainda outra desigualdade gritante, a desigualdade que resulta de, diferentemente do que acontece com a política de preços e rendimentos, favorecedora dos ricos (países e agricultores), já nos desejáveis e bem mais justos apoios estruturais se exigir a corresponsabilização financeira dos países e regiões: "...não seria despiciendo tê-la aplicado também à componente de preços e

As primeiras "referências oficiais" a um modelo europeu de agricultura foram feitas em documentos preparatórios da Agenda 2000 (ver Comissão Europeia, 1997d e 1998a), dizendo-se neste segundo que "as propostas de reforma tinham como objeto dar um conteúdo concreto ao que deveria ser, nos anos vindouros, o Modelo Agrícola Europeu".

Trata-se de objetivo assumido no Conselho Europeu do Luxemburgo de Dezembro de 1997, bem como pelo Parlamento Europeu, com a aprovação de um relatório de iniciativa por uma larga maioria[144].

Na linha de racionalidade que fomos sublinhando, basicamente de multifuncionalidade[145], têm o maior relevo medidas várias, complementares entre si, tais como (cfr. Cunha, 2004, p. 255):

a) a valorização dos recursos locais, da agricultura, da floresta, da caça e da pesca, bem com complementarmente do turismo, com base na diferenciação cultural e patrimonial;

b) a criação e gestão correta de regiões demarcadas de produtos típicos regionais;

c) a preservação do ambiente e das paisagens rurais, grande base das vantagens comparativas destas zonas para o desenvolvimento do potencial turístico; e

---

mercados, que tem representado historicamente entre 90% e 95% do orçamento da PAC. Porque, na verdade, se isso tivesse acontecido, talvez os ministros da agricultura de alguns Estados-Membros não tivessem sido tão generosos na fixação anual dos preços. E a espiral de desequilíbrios criada com o *ciclo do desperdício* não se teria verificado, ou não teria ido tão longe. Convém, a este propósito, lembrar que as suas vítimas principais foram os agricultores das regiões periféricas, desfavorecidas e não produtivistas, que viram os recursos comunitários destinados a apoiar a agricultura serem continuamente exauridos por uma estratégia que todos sabiam não ter futuro e que apenas favorecia alguns..." (continua, sublinhando a injustiça desta constatação).

[144] Relatório Cunha – PE 226.544/def.. Veio depois na mesma linha um documento da COPA/COGECA (1999), sublinhando que "o modelo europeu de agricultura é sinónimo de agricultura multifuncional", sendo "uma agricultura multifuncional" "um meio durável para integrar os objetivos dos agricultores e da sociedade ao nível" das funções de produção, gestão do território e social (concretizando cada uma destas três funções).

[145] Nas palavras de Massot Marti (2002), a multifuncionalidade é a "pedra angular" do "modelo europeu de agricultura".

d) o apoio aos agricultores na diversificação das suas bases de rendimento[146].

3.2. A política de pescas

É de começar por referir que os produtos da pesca são considerados pelo art. 38º do TFUE (já assim no art. 32.º, na redação inicial do Tratado de Roma) como "produtos agrícolas", dispondo no n.1 que "por ´produtos agrícolas´ entendem-se os produtos do solo, da pecuária e da pesca..."(cfr. Cunha, 2012). Trata-se todavia de produtos em relação aos quais durante vários anos não foram tomadas medidas especiais de favorecimento, v.g. com organizações comuns de mercado como as que se estabeleceram para determinados produtos agrícolas (em sentido 'restrito', o sentido comum).

Numa primeira fase, para além de um relatório da Comissão, de 1966, sobre a "Situação do Setor das Pescas nos Estados-Membros da CEE e os Princípios Básicos para uma Política Comum", estabeleceram-se princípios em relação ao acesso aos mares[147] e à abertura do mercado. Mas foi preciso esperar-se por 1983 (com desenvolvimentos em 1992) para que fosse realmente estabelecida o que pode considerar-se uma 'política' de pescas[148].

Uma primeira ideia básica em que assenta é a do 'acesso igual' de todos os pescadores às águas dos países membros, numa área até 200 milhas. Trata-se de ideia que ganhou maior significado com os alargamentos que se foram dando a países com vastas orlas marítimas: assim aconteceu com o 'primeiro alargamento', ao Reino Unido, Irlanda e Dinamarca, depois com o 'segundo alargamento', à Grécia, Espanha e Portugal, e ainda com o 'terceiro alargamento', na medida em que incluiu a Suécia e a Finlândia.

Numa segunda linha, com a preocupação de se conservarem os recursos marítimos, foram estabelecidos 'totais admissíveis de captura' (TAC's, nas ini-

---

[146] Com a tendência para compensar os agricultores pelas externalidades positivas proporcionadas numa base contratual, em função do cumprimento de cadernos de encargos especificando esses contributos.
Estava-se, em boa medida, na linha da evolução das políticas agrícolas recomendadas pela OCDE.

[147] Regras internacionais gerais foram estabelecidas na 3.ª Conferência das Nações Unidas sobre o Direito do Mar, que decorreu de 1974 a 1976.

[148] Ver por exemplo Barnes e Barnes (1995a, cap. 5), Ardy e El Agraa (2007) e Mc Cormick (2008, p. 298).

ciais de *total allowable catches*), tendo a repartição das quotas em conta a pesca já afectuada por cada Estado-Membro.

Depois de desde tempos imemoriais os recursos piscícolas terem sido considerados inesgotáveis, causas biológicas mas sem dúvida também pescas excessivas e mal executadas levaram a que se coloque hoje um problema grave de redução de recursos, tanto junto às costas como no alto mar. Tal como em geral no mundo, tem sido grande a quebra nos últimos anos, na UE-25, de 18,3% entre 1993 e 2004, menos 24,6% em Portugal (cfr. Ardy e El-Agraa, 2007, pag. 412)[149].

Numa terceira linha de preocupação e intervenção foram estabelecidos preços de garantia e intervenção em relação a determinadas espécies: na linha da política de preços da PAC.

Numa quarta linha, também de grande relevo e numa lógica sem dúvida correta de intervenção, a União tem vindo a assumir a responsabilidade de apoiar a reestruturação da indústria pesqueira (v.g. a reestruturação da frota e outras medidas). Embora perdendo peso relativo, este apoio não deixou de crescer significativamente com a integração de Portugal e da Espanha[150], principalmente da Espanha, com uma das maiores frotas do mundo (representando 3/4 da frota de que dispunha a Europa dos 10)[151].

---

[149] Face às quebras dos recursos que se verificaram, suscitando grandes preocupações, são de compreender as reservas que os países 'marítimos' começaram a pôr (no caso da Noruega a 'partilha' das águas constituiu aliás um fator importante para que nos referendos de 1973 e 1994 fosse recusada a adesão à União Europeia), bem como, naturalmente, o apoio crescente à tarefa de controle das águas (da responsabilidade de cada país).

[150] Com a tradição piscatória e os hábitos de consumo dos países ibéricos aumentou de 90% o número de pescadores, de 65% a tonelagem das embarcações, de 80% a capacidade de pescas e de 50% o consumo de peixe, que passou a ter muito maior relevo nas dietas alimentares europeias (cfr. El-Agraa, 1998b, p. 244 e Nicoll e Salmon, 2001, p. 190. Em 2007 a Espanha tinha 24,3% da arqueação da UE-27, vindo Portugal em 6.º lugar com 5,5% (Comissão Europeia, 2008, p. 12).

[151] Curiosamente é maior o número de embarcações na Grécia (19,9% de total em 2007), sendo também muito grande em Portugal (9,8% de total); mas com uma tonelagem muito mais baixa, menos de um terço da espanhola. Trata-se de qualquer modo de países em que a pesca representa percentagens mais elevadas dos seus PIB's (1,023% na Grécia e 0,67% em Portugal, quando representa 0,518% em Espanha), estando além disso em causa com ela comunidades modestas de determinadas áreas (próximas dos portos de pesca) onde muito dificilmente os pescadores poderão encontrar ocupações alternativas (ver Barnes e Barnes, 1995a, p. 195). Em geral tem sido significativa a redução de embarcações ao longo dos últimos anos.

Por fim, numa última linha de intervenção a União Europeia tem vindo a estabelecer acordos de pesca com países terceiros, designadamente com países das costas africana, americana (caso da Argentina) e do norte da Europa ('acordos do norte': caso do celebrado com a Noruega); em especial no primeiro caso num quadro de cooperação e apoio a esses países, tratando-se de países menos desenvolvidos.

A importância crescente e relativa de cada um dos tipos de intervenção referidos nas décadas de 80 e 90 está refletida nas respetivas dotações orçamentais (quadro IV.7).

QUADRO IV.7

Despesas com a pesca (milhões de ECU's)

	1985	(%)	1989	(%)	1996	(%)
Apoio de mercado	24	(14)	37	(10)	48	(5)
Apoio estrutural	114	(65)	209	(54)	451	(52)
Acordos internacionais	35	(20)	129	(33)	280	(32)
Outras						
(incl. controlo marítimo)	2	(1)	12	(3)	96	(11)
Total	175	(100,0)	387	(100,0)	875	(100,1)

Fonte: Comissão Europeia (Direcção Geral das Pescas), *Pêche Information*, Junho de 1996

Tem sido pois sensível o aumento de dotações para a pesca[152], para o que, com o relevo referido atrás, muito contribuiram as entradas de Portugal e principalmente da Espanha[153].

A partir de 1 de Janeiro de 2007 o anterior Fundo Europeu de Pescas (FEP) foi substituído pelo Instrumento Financeiro de Orientação da Pesca (IFOP), com uma dotação global de 4,3 mil milhões de euros entre 2007 e

---

[152] Sem dúvida partindo-se de uma base muito baixa e estando-se bem longe das dotações da 'velha' PAC...

[153] Em correspondência com o seu relevo passou a ser a Espanha o país da União Europeia mais beneficiado com verbas para a reestruturação, a modernização e o desenvolvimento da indústria pesqueira (incluindo a aquacultura), com perto de 33% do total em 1987-1988 (tendo vindo então para Portugal 9,1%).

2013, cabendo a Portugal 5,2% do total (continuando a Espanha em primeiro lugar, com perto de 22%).

Na repartição por áreas de intervenção, além dos grandes relevos dos apoios que vão da reestruturação da frota aos equipamentos portuários ou à aquicultura, continuaram a ter relevo as verbas para os acordos internacionais de pesca (a terem por exemplo no Orçamento de 2009 uma dotação de 150,8 milhões de euros).

Atualmente, o apoio às pescas é proporcionado pelo Fundo Europeu de Assuntos Marítimos e de Pesca (FEAMP).

3.3. A política industrial

3.3.1. Introdução

É curioso verificar o contraste entre esta política – ou durante muito tempo a sua ausência – e a política agrícola, com o relevo sublinhado em IV.3.1.

Tal como havia outros países especialmente interessados em políticas já consideradas – como vimos, a Holanda na política dos transportes e a França na política agrícola – a Alemanha apresentava-se claramente como o país que mais poderia beneficiar com as oportunidades industriais proporcionadas pela CEE: no final dos anos 50 com a economia já recuperada da destruição da guerra, mesmo rejuvenescida com os investimentos massiços em equipamentos novos que lá foram feitos.

Apesar disso não foi inserido no Tratado de Roma nenhum título ou sequer nenhum artigo sobre a política industrial. Não se terá tratado todavia de um 'esquecimento', ter-se-á julgado que as regras da concorrência seriam a condição suficiente para o aproveitamento das potencialidades industriais dos países.

Assim acontecia, pois, com uma conceção liberal de crença no mercado, julgando-se que bastaria o seu funcionamento. Por outras palavras, a intervenção, da Comissão ou do Tribunal, seria necessária apenas para assegurar a concorrência, nos termos vistos em IV.2.1[154].

---

[154] Em meados dos anos 60 foi criada a Direcção Geral da Indústria (DG-III, atual ENTR), mas na linha do que se refere no texto com poucos poderes, continuando a ser bem maior a preocupação com a preservação e a promoção da concorrência, através da Direcção Geral respetiva (atual COMP).

A experiência histórica recente, de 'derrota' e transformação radical das economias de direção central, contribuiu por seu turno de um modo muito significativo para se reforçar esta convicção, em termos acrescidos com o alargamento de oportunidades proporcionado pelo mercado único europeu[155].

Poderá por isso constituir talvez surpresa que tenha vindo precisamente nos nossos dias o Tratado de Maastricht[156] introduzir no articulado da Comunidade Europeia um título sobre "a indústria", o título XIII da parte II:o atual título XVI da parte III do TFUE, com o art. 173º (cfr. F. Amaral, 2012).

Será de perguntar, pois, a que se deve esta primeira consideração no texto do Tratado quando menos seria de esperar, no início dos anos 90, depois do fracasso dos regimes de direção central e em plena 'vaga' liberal que chegou a todos os domínios, muito especialmente ao domínio económico[157].

3.3.2. Uma filosofia correta de atuação

Assim acontece como consequência de um entendimento (finalmente) correto do papel que a intervenção pública (comunitária ou a nível nacional) deve ter na economia.

De facto, a experiência conhecida não levou a dever julgar-se que os Estados (ou outras entidades públicas) deixavam de ser necessários; levou, isso sim, a reconhecer-se que devem ter um papel completamente diferente daquele que tiveram durante muito tempo.

---

[155] Representando mesmo o mercado alemão, o maior da União, apenas metade do mercado japonês e um quarto do mercado norte-americano. Muito havia a esperar, pois, do mercado único europeu (ver *infra* IV. 5).

[156] Em boa medida na sequência de um documento da Comissão, curiosamente da responsabilidade de um Comissário liberal, o alemão Martin Bangemann (ver o seu livro de 1992): sendo aliás curioso referir ainda que mesmo a defesa de alguma intervenção nos termos referidos não deixa de suscitar reservas ao Comissário Leon Britton (conservador inglês) no Prefácio que escreveu para o livro do seu colega.

Sobre as origens e os argumentos a favor de uma política industrial ver recentemente Defraigne (2015, pp. 250ss.).

[157] Houve de qualquer modo já anteriormente documentos apontando para a necessidade de alguma intervenção, começando com um memorando ambicioso do Comissário responsável, Guido Colonna, em 1970, a que se seguiu um outro relatório (Spinelli) em 1973; bem como iniciativas diversas em domínios promotores da competitividade da indústria, v.g. no domínio da investigação e desenvolvimento e da política regional.

Reconhece-se, designadamente, que não devem continuar a intervir como produtores, intervenção em que é possível e mais eficiente a iniciativa privada. Mas é a própria possibilidade de exploração plena das potencialiades do mercado que depende de alguma intervenção pública, criando economias externas indispensáveis e afastando imperfeições existentes. É preciso, pois, por um lado proporcionar por exemplo infraestruturas e serviços de transporte, investigação científica e tecnológica e formação profissional que os particulares não correm o risco ou não têm capacidade ou justificação (face às externalidadesverificadas) financeira para fazer e por outro lado afastar imperfeições (por exemplo de informação ou no mercado dos capitais) que impedem o aproveitamento possível das virtualidades do mercado: tarefas que, como é sabido, só entidades públicas poderão desempenhar[158].

A 'vaga liberal' que se vive atualmente (ou viveu, até há pouco tempo...) não aponta pois no sentido de a intervenção pública deixar de ser necessária, mas sim no sentido de se alterar a sua filosofia e o modo de atuação[159].

Trata-se de necessidade de intervenção que, sendo já desejável no mero quadro da economia europeia, se torna especialmente premente face à dificí-

---

[158] Recorde-se o que vimos em II.4.3.2.4 a propósito da justificação da intervenção pública para promover 'indústrias nascentes'(e veja-se o *survey* de Price, 1995, ou ainda Jovanovic, 2005, pp. 352 ss.).

[159] Tal como não aponta no sentido de poder deixar de haver uma regulação adequada, v.g. assegurando a concorrência e a defesa de valores ambientais e sociais, mas não deixando de ser promotora de iniciativas, em particular com a procura e a divulgação de oportunidades (ver, entre uma literatura crescente, por exemplo, Moderne e Marcou, 2001, Boyer e Saillard, dir., 2002, Marcou e Moderne, dir. 2004 e entre nós V. Moreira, 1997, P.Ferreira, 2001, pp. 391 e ss., D.Lopes, 2003,V. Moreira e Maçãs, 2003 V. Moreira, org., 2004, Albuquerque e M. Cordeiro, coord., 2005, M. Marques, Almeida e Forte, 2005, C. Branco, 2008, Marques e Moreira, 2008, J. N. C. Silva, 2008 e 2014, P. Ferreira, Morais e Anastácio, 2009, Santos, Gonçalves e Marques, 2014, pp. 207ss. e Azevedo, 2015, pp. 187-245). A seu propósito é aliás de sublinhar que, havendo sempre situações de dificuldade a atender, importa que o sistema económico seja o mais eficiente possível, com o aproveitamento pleno do mercado, para que sejam mais avultados os recursos de que poderá dispor-se para lhes fazer face.

Analisando diferentes perspetivas de promoção industrial com a preocupação de criação de emprego na Europa, nos Estados Unidos e no Japão, ver já a ed. de Michie e J. Smith (1996); privilegiando a necessidade de se promover a competitividade da Europa, a ed. de Lawton (1999); bem como, sobre o papel regulador da União Europeia, Majone (1996), Camisão e Lobo-Fernandes (2005), P. Cunha (2008) e J.N.C.Silva (2014 e 2015, tratando neste caso da regulação financeira).

lima concorrência de outros espaços do mundo, em relação aos quais estamos progressivamente mais abertos.

É ainda, na linha do que conhecemos já de trás (II.4.1.2.1), uma intervenção de apoio de primeiro ótimo, ou seja, com a qual não se verificam os efeitos indesejáveis (v.g. custos de distorção no consumo) que se verificariam com uma intervenção protecionista; podendo acrescentar-se que, também por uma razão de economia e racionalidade de meios, deve apoiar-se, promovendo-os, nos recursos já existentes nos mais diversos níveis, empresariais, universitários ou ainda por exemplo autárquicos.

Trata-se de filosofia e de preocupação que ficaram bem nítidas no modo como a 'política industrial' foi considerada no Tratado de Maastricht.

Desde logo, em termos sintomáticos, não se fala em "política", nem na epígrafe do título (fala-se apenas em "indústria", mas algo de semelhante se passa agora com os outros setores) nem no articulado, onde se fala em "ação" (quando na generalidade dos demais casos se fala em "políticas".

Depois, o texto do art. 173º é significativo do modo supletivo e racionalizado como está prevista a intervenção. Começa-se por dizer que "a União e os Estados-Membros zelarão por que sejam asseguradas as condições necessárias ao desenvolvimento da capacidade concorrencial da União " v.g. com o incentivo a um ambiente favorável à iniciativa e ao desenvolvimento das empresas, nomeadamente das pequenas e médias empresas no conjunto da Comunidade, bem como à cooperação entre elas[160].

Em terceiro lugar, é bem claro que deste modo 'subtil' e racionalizado se pretende promover a "capacidade concorrencial da indústria da Comunidade", não num espaço protegido, mas sim "no âmbito de um sistema de mercados abertos e concorrenciais", como se diz também expressamente no artigo[161].

Em dois domínios tem sido feito contudo um apelo maior à intervenção pública, designadamente à intervenção comunitária (da União Europeia).

---

[160] Estamos assim na lógica do princípio da subsidiariedade, generalizado e reforçado precisamente com o Tratado de Maastricht (ver Philip e Boutayer, 1993, Quadros, 1994 e 2015, pp. 102-4 e 107-11, Ruiz, 1996, Duarte, 1997, pp. 517-40 e 2000, M. Borges, 1997, A.G. Martins, 2000, pp. 148-56 e 2004, pp. 76-7 e 256-9, Vilhena, 2002, M.O. Martins, 2003, pp. 91-352, Camisão e Lobo Fernandes, 2005 ou Gorjão-Henriques, 2014, pp. 309-13, bem como a bibliografia indicada nestes estudos).

[161] Nas palavras de Bangemann (1992, p. 13): "I understand 'industrial policy' to mean creating industrial competitiveness" (cfr. M.I. Marques, 2000, pp. 147 ss., ou ainda, numa outra perspetiva, Maduro, 1998, pp. 162-6).

Um deles é o da promoção de setores 'de ponta' para se competir com terceiros espaços, como os Estados Unidos e o Japão[162] (v.g. com a afetação privilegiada de verbas avultadas à investigação científica e tecnológica: ver *infra* IV.3.4); e o outro o do apoio a setores em crise, onde se verificam situações graves de desemprego.

3.3.3. Os grandes projetos europeus

Um apelo para uma grande intervenção pública tem vindo de facto a ser feito com o reconhecimento da necessidade de se concorrer em setores de ponta com as outras economias mais desenvolvidas do mundo. Trata-se, conforme voltaremos a ver adiante (em IV.3.4.2.), de ideia que foi encabeçada na Comissão Santer pela Comissária responsável pela investigação e desenvolvimento tecnológico, Edith Cresson, defendendo uma estratégia que visa privilegiar um número muito reduzido de grandes projetos (como o 'carro do futuro' ou o 'avião do futuro')[163].

Deve ter-se todavia bem presente que se trata de um processo com grandes dificuldades, v.g. em fazer as escolhas corretas (*picking the winners*), com os riscos inerentes; não se provando aliás que tenha sido fundamentalmente devida a ações deste tipo que os países que concorrem connosco tiveram o seu desenvolvimento, devendo 'desmistificar-se' designadamente o papel do MITI (Ministério da Indústria e Tecnologia) no Japão, país onde tem sido incomparavelmente mais importante o papel das grandes empresas financiando a investigação necessária para as suas contínuas modernização e

---

[162] Na linha de as nossas empresas ganharem uma escala mais favorável – bem como de haver uma maior aproximação das condições sociais – aparece a ideia da 'sociedade europeia' (cfr. Swann, 2000, pp. 284 e 303 ou entre nós Santos, Gonçalves e Marques, 2014, pp. 271-3).

[163] O mesmo é dizer, projetos de um número reduzido de grandes empresas dos grandes países, designadamente da França (algumas com situações deficitárias...). Entra-se assim numa lógica de acentuação dos desequilíbrios (suscitando naturalmente a reação dos países mais pobres: cfr. *Expresso* de 1 de Novembro de 1996 a propósito da discussão que no seio da Comissão antecedeu a aprovação do 'relatório da coesão' – Comissão Europeia, 1997c – tendo levado a alguns 'acertos'). Mas, como veremos, Portugal está numa posição debilitada para contestar esta política, dada a enorme concentração de meios que se tem verificado e acentuado no nosso próprio território.

expansão[164]. E quando se verifica agora um grande entusiasmo com o MIT americano (o Massachussets Institute of Technology) há que lembrar que se trata de uma instituição puramente privada, diferentemente da imitação que se quer fazer na Europa...

Salvo um ou outro caso excecional, na sequência de uma grande ponderação[165], será mais seguro e provavelmente mais eficaz (com a dinamização de vários potenciais concorrentes, em diferentes países e regiões) seguir-se antes uma estratégia de tipo horizontal com a criação geral de economias externas (v.g. com uma política alargada de investigação e desenvolvimento tecnológico, nos termos que veremos em IV.3.4) e o afastamento das imperfeições que impedem o funcionamento pleno do mercado.

3.3.4. A problemática das indústrias em crise

O apelo a alguma intervenção no setor industrial tem sido feito também de um modo especial em relação a setores em crise, assim tendo acontecido com grande premência nos anos 70[166] e de novo em anos mais recentes.

Trata-se de intervenção que só pode encontrar justificação económica nos termos e com os 'pressupostos' do argumento das indústrias senescentes, que considerámos em II.6[167]: concluindo-se que só se justificará verificando-se as mesmas condições (a 'passagem' dos mesmos 'testes') que com o argumento

---

[164] Na constatação de Porter (1990, cit.), depois de citar exemplos (negativos) do Japão e da Coreia, "looking across nations, the industries in which government has been most heavily involved have, for the most part, been unsuccessful in international terms" (ver também Jovanovic, 2005, pp. 377-83).

[165] Sobre os méritos e as dificuldades desta forma de intervenção recorde-se o que se disse acerca do argumento das indústrias nascentes (em II.4.3.2.4).
Trata-se de qualquer modo de uma intervenção que o Tratado, nos termos da al. b) do n. 3 do art. 107.º do TFUE (anteriormente art. 87º) admite que tenha lugar através de auxílios públicos se se tratar de "um projeto importante de interesse europeu comum" (recorde-se de IV.2.1.2 p. 256).

[166] Principalmente a partir da crise iniciada em 1973 (recorde-se o que dissemos sobre o 'novo proteccionismo' em I.2.1, pp. 35-8). Mas vêm de mais atrás as crises de alguns dos setores mais sensíveis, como são os casos da indústria têxtil (já em 1971 foi publicado pela Comissão um "Quadro para a Ajuda à Indústria Têxtil"), do carvão e do aço: suscitando políticas de intervenção, mesmo protecionistas (ver Swann, 2000, pp. 308-15).

[167] Também neste caso a 'legalidade' de auxílios públicos a conceder terá que encontrar cabimento em alguma das excepções do referido art. 87.º (recorde-se mais uma vez de IV.2.1.2).

das indústrias nascentes; bem como que, justificando-se, deve ser feita de um modo directo, procurando-se que na medida possível seja uma intervenção de primeiro ótimo.

A União Europeia não tem deixado de ser sensível a este problema, nos últimos anos particularmente ligado à problemática do desemprego: com um enorme agravamento recente.

Na procura de soluções foi publicado o 'livro branco' *Crescimento, Competitividade e Emprego* (Comissão Europeia, 1993a); ganhando agora de novo relevo, com a crise recente, a defesa de estratégias de índole keynesiana (ainda que pouco seguidas, designadamente na UE, onde são mesmo impedidas...), com o aumento da despesa global para dinamizar as economias[168].

Não havendo nenhuma solução só por si satisfatória importa contudo ter bem presente que os progressos tecnológicos e de gestão dos nossos dias não poderiam deixar de levar a que muitos produtos passassem a ser produzidos com menos mão-de-obra: não tendo sentido produzir com 100 trabalhadores o que pode ser feito hoje com 50[169]. Não sendo por outro lado de esperar que aumente significativamente a procura da maior parte dos bens já produzidos, há que antecipar quais serão as novas necessidades que seguramente aparecerão, algumas aliás como consequência dos níveis mais elevados de rendimento e de tempo disponível de que se vai dispondo. Muito em especial, haverá aqui um largo espaço para produtos e serviços ligados à cultura, ao turismo e à recreação, todos eles requerendo a ocupação útil de muito mais mão-de-obra (em grande parte dos casos em regiões menos favorecidas, contribuindo-se por isso assim simultaneamente para um desejável maior equilíbrio espacial: ver *infra* IV.4).

---

[168] Eram em boa medida nesta linha o Relatório Paddoa-Schioppa (1987), bem como depois o relatório e documentos preparados para a Comissão Temporária do Emprego que funcionou no seio do Parlamento Europeu (cfr. o Relatório Coats, 1995, Barrell *et al.*, 1995 e Holland, 1995, analisando as consequências sobre o emprego do cumprimento dos critérios de Maastricht quando da 'caminhada' para o euro; ver ainda Comissão Europeia, 1997 d).

[169] O agravamento do desemprego não se confina por isso a fases de recessão, podendo verificar-se também (embora provavelmente em menor grau) quando há retoma e estabilidade das economias.
Exprimindo estas preocupações, entre uma vasta literatura ver de novo o livro de Michie e J. Smith ed. (1996).

3.4. A política de investigação e desenvolvimento tecnológico (I & D)

3.4.1. Introdução

Tal como a anterior, trata-se de política que não tinha lugar no articulado do Tratado de Roma.

Só com o Ato Único Europeu tal veio a acontecer, através da introdução de um título próprio sobre Investigação e Desenvolvimento Tecnológico (arts. 130-F a 130-Q) sendo agora, no Tratado de Lisboa, o título XIX do TFUE, com os artigos 179 a 190 (cfr. G.Andrade, 2012, G.Carvalho, 2012, Ferreira e Tourais, 2012)[170].

Algumas mudanças feitas já pelo Tratado de Maastricht visaram uma maior coordenação e uma maior exigência, de forma a que a União possa responder aos desafios que se levantam.

Uma preocupação fundamental pela competitividade ficou bem refletida no pacote Delors II (num dos três eixos distinguidos, sendo os outros dois o da coesão e o do acréscimo das responsabilidades internacionais). Tratava-se de preocupação justificável, nas palavras de Leygues (1994a, p. 140 e 1994b, p. 121), pela "degradação do saldo comunitário na balança dos produtos industriais", que desceu então de + 116 milhares de milhões de ECU's em 1985 para +50,5 milhares de milhões no início dos anos 90; podendo constatar-se que o esforço financeiro dedicado à investigação na União Europeia (1,9% do PIB, na UE-15 em 1995) era muito menor do que no Japão (3,5%) ou nos EUA (2,8%) e que as exportações de alta tecnologia representavam 31% do total nos EUA, 27% no Japão e apenas 17% na Europa[171].

---

[170] Sem preocupação de rigor, no Tratado o qualificativo 'tecnológico' está referido (no singular e no masculino) a 'desenvolvimento', não a 'investigação' (reproduzindo nós essa designação).

[171] Ver Barnes e Barnes (1995a, pp. 246-7) e de novo Leygues (locs. cits.). Estará assim em causa a nossa capacidade de concorrência no seio destes três espaços (desta 'tríade', numa designação que remonta a Ohmae), sobre a qual tem vindo a ser publicada uma extensa bibliografia (ver por exemplo Ohmae, 1985a e 1985b, Jackson, 1993, Thurow, 1994 ou ainda Dent, 1997, cap. 5; defendendo uma estratégia cooperativa entre eles ver o Group of Lisbon, 1995) e o quadro mundial será bem mais exigente no século XXI, v.g. com novos pólos, designadamente a China e a índia como sublinharemos na parte V.

Não ficaremos pois pela "battle among Japan, Europe and América" de que fala Thurow no livro com este título acabado de mencionar.

Os números da figura IV.8, de 2013, mantêm o quadro que vem de trás; tendo num ano anterior a percentagem dos PIB's afectada à I&D sido igualmente baixa em três dos países da coesão,

Trata-se de situação de grande desigualdade que ainda se mantém, como pode ser visto na figura seguinte.

FIG. IV.8

Dépenses de R&D dans les États de l'UE et comparaisons internationales (2013)

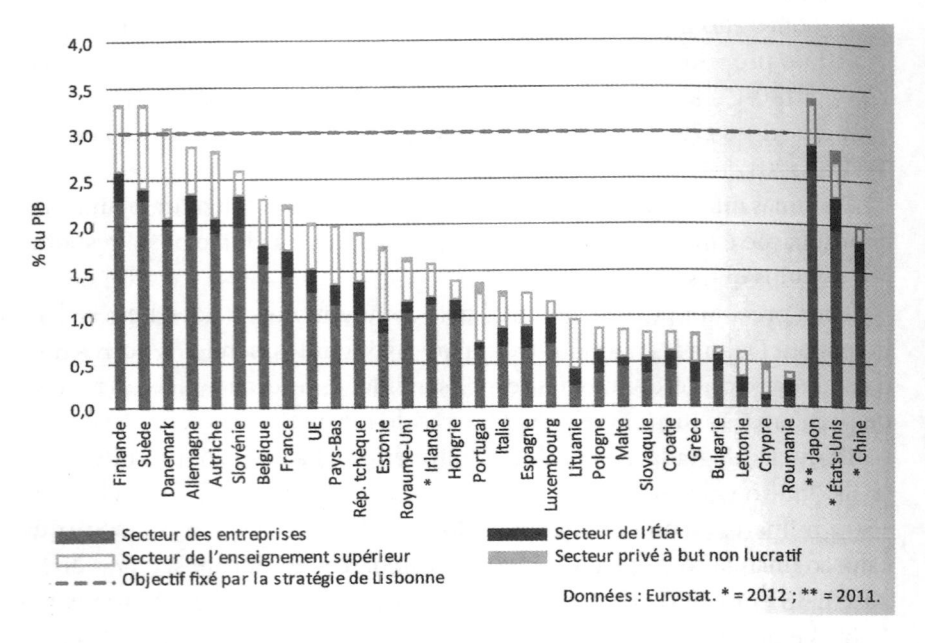

Fonte: Relatório Schuman (2016, p. 276)

É neste quadro de referência, pois, que se verifica uma preocupação acrescida com a política de investigação e desenvolvimento tecnológico.

na Grécia (0,48%), em Portugal (0,59%) e na Espanha (0,80%); sendo também baixa na Itália (1,04%), mas já mais elevada na Irlanda (1,41%), de qualquer modo abaixo da média da UE-15, de 1,97%: ver Comissão Europeia (1998b, pp. 95 e 217).

Hávendo estas diferenças na Europa, a figura IV.8 mostra por seu turno os valores elevados no Japão, nos Estados Unidos e na China.

Sobre a concorrência entre empresas multinacionais, fazendo perder relevo aos espaços nacionais, podem mencionar-se as posições de Holland (1976) ou também por ex. de Ohmae (1995).

3.4.2. A filosofia e as vias de atuação

Trata-se, tal como a 'política' industrial (à qual, como acabámos de ver, está aliás intimamente ligada), de política estabelecida numa lógica de abertura, com a afirmação de que "a União tem por objetivo reforçar as suas bases científicas e tecnológicas através da realização de um espaço europeu de investigação no qual os investigadores, os conhecimentos cietíficos e as tecnologias circulem livremente, fomentar o desenvolvimento da sua competitividade, incluindo o da sua indústria, bem como promover as ações de investigação comsideradas necessárias ao abrigo de outros capítulos dos Tratados" (nº 1 do art. 179º do TFUE, com alguma mudança em relação ao naterior nº 1 do art. 163, em que se falava em "fomentar o desenvolvimento da sua capacidade concorrencial internacional").

Na concretização deste objetivo o Pacote Delors I (1987)[172] havia sido bem expressivo ao perguntar, a propósito de "uma política económica externa comum e resoluta": "como proclamar que o progresso tecnológico é necessário para a nossa competitividade e o nosso emprego se não somos capazes de enfrentar as ameaças vindas do exterior"?

Não se segue pois com a investigação e a promoção tecnológica uma política protecionista de desenvolvimento autárquico. Numa linha correta, sabendo--se qual é a divergência existente no plano interno – no caso, uma insuficiência no domínio científico e tecnológico – importa actuar apenas em relação a ela, chegando-se assim ao resultado almejado e evitando-se os custos de distorção no consumo que de outro modo seriam provocados (recorde-se mais uma vez de II.4.1.2.1).

Nesta perspetiva compreende-se ainda (tal como em geral na 'política' industrial) que na União deva ter-se a preocupação de aproveitar do melhor modo possível os recursos nela existentes, em especial tendo na devida conta que – mesmo num efeito estimulante de competitividade – se trata de recursos dispersos por vários países e por várias regiões.

Assim se explica que se diga logo de seguida, no n. 2 do art. 179 do TFUE (anterior art. 163º), que "a União incentivará, *em todo o seu território*, as empresas, *incluindo as pequenas e médias empresas, os centros de investigação e as universidades* nos seus esforços de investigação e de desenvolvimento tecnológico *de*

---

[172] Foi o documento da Comissão – o COM (87) 100 – que veio concretizar o que ficou estabelecido no Ato Único Europeu.

elevada qualidade "(itálicos nossos). A necessidade de proporcionar as economias externas indispensáveis, *de elevada qualidade,* não leva pois à defesa da concentração de esforços, dando-se antes relevo, com toda a clareza, ao pleno aproveitamento dos recursos empresariais e de investigação existentes, localizados em pontos diversos dos países da União[173]. Trata-se de ideia reforçada num documento da Comissão Europeia (1997c, p. 128), em ter-

---

[173] Não está pois de acordo com esta perspetiva a concentração geográfica da investigação apoiada publicamente no nosso país, com um grande afastamento em relação ao tecido industrial: mais de 65% concentrada em Lisboa (82% da investigação do Estado em 1995, segundo o Observatório da Ciência e Tecnologia), distrito que tem 25% da produção industrial portuguesa, por seu turno já 'atraída' para aí por essa e outras vias (com a sua dimensão e as suas implicações, este desequilíbrio português é 'distinguido' nas críticas negativas de Leygues, 1994b, p. 54 e Torres, 1996, p. 17, chamando este a atenção para que "this concentration" – empresarial e geográfica – "of domestic resources prevents a faster real convergence with the EU"; cfr. ainda *infra* a n. 254 p. 407). Trata-se de situação que se reflete naturalmente no relativamente baixo nível de cobertura das despesas com receitas proporcionadas por serviços prestados a empresários privados pelos 'grandes laboratórios nacionais' (têm um significado diferente as prestações de serviços ao setor público, incluindo naturalmente as empresas públicas); sendo já pelo contrário significativa, em alguns casos mesmo superior a 100%, a cobertura que é conseguida pelos serviços proporcionados pelos centros tecnológicos localizados nas várias regiões, perto dos empresários a que dão apoio (a diminuta rentabilidade dos laboratórios do Estado é evidenciada em avaliações mandadas fazer pelo Ministério da Ciência, sendo todavia sempre de recear, na lógica do sistema, uma 'fuga para a frente', com o alargamento dos "orçamentos e recursos humanos", para além dos quase 30 milhões de contos já aí dispendidos então e dos 5.000 funcionários que aí trabalhavam: ver os *Diário de Notícias* de 5.5.1997 e, considerando especialmente o caso do LNETI, de 14.5.1997; bem como o *Expresso* de 12.7.1997).
Contrasta esta centralização de verbas de I & D com a iniciativa industrial do país, refletida ainda recentemente nos projetos aprovados pelo Programa Compete, como pode ver-se no mapa do Anexo IV-A (sem dúvida atraídos para outras regiões também por serem aí mais favorecidos nos apoios da UE).
Trata-se de centralismo que se procurou justificar recentemente com uma noção original portuguesa, a noção de "efeito de capitalidade" (noção "impensável" em países como a Alemanha, a Holanda ou a Suíça, conhecendo-se a dimensão (a "leveza"...) das suas capitais, o que não "impede" que tenham de longe os maiores superaves da Europa...), de acordo com a qual o que é feito na capital, em I & D ou em outros domínios, tem efeitos de *spill-over* que beneficiam em maior medida o país, quiçá mesmo as regiões mais desfavorecidas, do que sendo localizado aqui. Assim se "justificou" no anexo V do Quadro de Referência Estratégico Nacional (QREN), aprovado pela Resolução do Conselho de Ministros n.º 86/2007, de 28 de Junho, a violação de regulamentos comunitários, retirando-se verbas às regiões de "convergência" (ver Porto, 2008b e 2008d, Porto e Gorjão-Henriques, 2009, e Canotilho e Silva, 2010)

mos que vale a pena reproduzir aqui: "Relativamente à política de IDT da União, que tem como objetivo *promover a competitividade europeia através da excelência científica*, deverão prosseguir os esforços no sentido de desenvolver as capacidades e as atividades de investigação nas áreas mais desfavorecidas da União. A inovação, a mobilidade dos investigadores, bem como um aumento das parcerias e de redes entre instituições de IDT nos Estados-Membros são componentes particularmente valiosas para o desenvolvimento estrutural. *Também importantes são a ampla divulgação de resultados e a prossecução de esforços concertados de investigação ligada às potencialidades das regiões mais desfavorecidas* (itálico nosso).

Visa-se assim um máximo aproveitamento dos recursos, que poderá ser por seu turno ampliado através do mercado único e de políticas de coordenação e racionalização a levar a cabo. Ainda no mesmo n. 2 do art. 179º do TFUE,

Além de não estar a verificar-se pois o aproveitamento possível das capacidades de que dispomos,perdemos assim ainda força argumentativa quando contestamos a concentração verificada nos países do centro e norte da Europa.

Um outro aspeto que nos 'distingue' é em geral a pequena percentagem do setor privado português nas despesas de investigação e desenvolvimento, apenas 33%, estando abaixo apenas a Grécia, com 23%. Logo a seguir a nós estão a Espanha e a Áustria, já com 50%, tendo na Irlanda 74% e na Suécia 75% (Comissão Europeia, 2000a, p. 13).

O afastamento da despesa em I & D da realidade portuguesa, da realidade demográfica (veja-se *infra* o mapa da Fig. IV.16 p. 400) e da realidade empresarial (v.g. exportadora) do nosso país (refletidas no mapa do Anexo IV, p. 521) foi ilustrado pela OCDE (2008b, p. 48) com a figura que se segue (IV.9), mostrando, com os números totais, o desfasamento entre duas realidades (maior com a despesa pública, como vimos acima):

FIG. IV.9

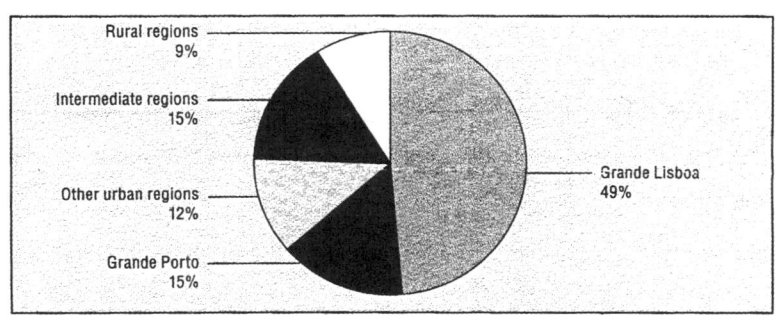

Source: Ministry for Science, Technology and Higher Education – Observatory for Science and Higher Education (inserido em OCDE, 2008b, p. 48)

depois da referência feita a entidades "em todo o seu território", dispõe-se que a União "apoiará os seus esforços de cooperação, tendo especialmente por objetivo dar aos investigadores a possibilidade de cooperarem livremente além-fronteiras e às empresas a possibilidade de explorarem plenamente as potencialidades do mercado interno"; indicado-se depois, nos artigos seguintes, o que pode e deve ser feito nos campos da coordenação e da racionalização, incluindo a adoção de programas-quadro, definindo objetivos científicos e técnicos e as prioridades a seguir, definindo-se as linhas gerais das ações a levar a cabo e fixando-se montantes e modos de financiamento; devendo incluir-se aqui, naturalmente, as ações a desenvolver em cada um dos países membros, numa linha de horizontalidade promotora de um maior equilíbrio, com um aproveitamento mais completo e eficaz dos recursos de que se dispõe.

Pelo contrário, não é sequer mencionada a promoção de grandes projetos, na linha que a Comissária Cresson quis privilegiar, afastando-se assim do disposto no Tratado e, o que é mais delicado, procurando um caminho que não seria o mais seguro e o mais correto (recorde-se o que referimos há pouco em IV.3.3.3 e já antes, em II.4.3.2.4, a propósito do argumento das indústrias nascentes)[174].

É inquestionável, por fim, que a promoção da investigação e do desenvolvimento tecnológico não poderá deixar de competir em medida assimalável a entidades públicas (sem prejuízo de ser desejável uma maior participação privada, como vimos há pouco). Resultando dela economias externas, trata-se de um bem cujos benefícios não podem ser apropriados por quem quer que seja. Não pode esperar-se, pois, que um empresário tome a inciativa de a promover, pelo menos em toda a medida necessária, correndo o risco de os seus concorrentes, sem terem suportado os mesmos encargos, virem a apro-

---

[174] Como se disse e importa repetir, trata-se contudo de estratégia que se justificará num ou noutro caso muito bem identificado e seguro (desejavelmente promotor de cinergias de diversas naturezas).

Um exemplo bem sucedido, de vários países membros com o apoio da União, é o do projeto Airbus, distinguido atrás (em III.9.2.3, p. 230) como exemplo justificativo da intervenção num espaço de integração; mas com maior ou menor sucesso poderão referir-se ainda projetos desenvolvidos nas áreas do telefone portátil, da genética ou aeroespacial (a par de casos claramente de insucesso, como são os casos da fusão nuclear e da TV de alta definição, a lembrar-nos a delicadeza de se dispenderem verbas avultadas neste tipo de intervenção...; sobre este último caso ver Dai, Lawson e Holmes, 1996 ou ainda Gabel e Cadot, 1996).

veitar em maior medida dos benefícios proporcionados (tenha-se presente mais uma vez o que dissemos em II.4.3.2.4)[175].

Num espaço aberto como a União Europeia o problema põe-se também em relação a cada um dos Estados, não podendo ter-se a segurança de que os investimentos feitos venham a beneficiar apenas as empresas dos seus nacionais. Tratando-se além disso de investimentos por vezes muito vultuosos (na concorrência mundial atrás assinalada), compreende-se que deva tratar-se de uma responsabilidade comunitária (da União), que o Ato Único veio justamente consagrar.

Ao longo dos tempos têm vindo a ser desenvolvidos Programas-Quadro, estando agora em concretização o oitavo Programa Quadro: na linha da preocupação de se melhorar a competitividade da Europa, tal como foi sublinhado recentemente na Estratégia de Lisboa (ver *infra* IV.7.1) e está agora bem patente na Estratégia Europa 2020 (ver *infra* IV.7.2).

Neste enquadamento temporal, compreende-se que este Programa-Quadro tenha a designação de Horizonte 2020[176].

Tem um oçamento de aproximadamente 70 mil mihões de euros, bem acima do orçamento do sétimo Programa, e está dividido em três pilares:

1) Pilar 1: Ciência Excelente ("Excelent Science"), dando apoio a"cutting-edge" projetos científicos;
2) Pilar 2: Liderança Industrial ("Industrial Leadership"), visando melhorar a competitividade industrial da Europa;
3) Desafios da Sociedade ("Societal Challenges"), cobrindo problemas de saúde e outros problemas sociais.

Na sua concretização têm sido aprovadas programações bi-anuais, primeiro com um Programa de Trabalho ("Work Programme) para 2014 e 2015 (Decisão da Comissão C(2015)7154, dE 23.10.2015, e o segundo para 2016-2017 (Decisão da Comissão C(2016)4614, de 25.7.20), com ações ("calls") designadamente em três domínios: 1) Iniciativas para reciclar, reutilizar e recu-

---

[175] Tem sido naturalmente discutido o grau de envolvimento público que deverá verificar-se em cada caso, v.g. comparando-se a situação europeia com a situação nos nossos 'adversários' (sobre tal intervenção nos Estados Unidos da América ver Best e Forrant, 1996).
Sobre a admissibilidade comunitária do apoio público recorde-se de novo de IV.1.2.3.

[176] No seio da Comissão Europeia sendo da responsbilidade do Comissário português Carlos Moedas.

perar matérias-primas; 2) Inovação na água: promovendo o seu valor para a Europa; 3) Promover uma economia com pouco carvão, eficiente em recursos com uma oferta sustentável de matérias-primas.

3.5. Política energética

3.5.1. Introdução

Trata-se agora de uma 'política' não considerada no Tratado da Comunidade Europeia e quase não nos Tratados seguintes que o alteraram, só agora tendo um título, com um artigo, no TFUE.

Não é todavia necessário sublinhar a importância do setor, sendo especialmente sentida em períodos de crise, como foram os casos da Guerra do Kuwait ou mais recentemente do conflito do gás entre a Rússia e a Ucrânia.

Esteve aliás na mesa do Conselho Europeu de Maastricht uma proposta de artigo sobre a energia[177] que todavia não chegou a ser aprovada, quedando-

---

[177] Esteve igualmente sobre a mesa, com um interesse muito especial para o nosso país (também para o conjunto da União Europeia, sendo já no fim do século XX o setor económico de maior relevo, com um crescimento médio anual de 7,2% entre 1980 e 1995; para além do seu relevo social, cultural e político), um artigo sobre o turismo (sobre o turismo na Europa ver por ex. Hollier e Subremon, 1992; e sobre o seu efeito na dinamização das economias por ex. Hazari e Sgro, 1995). Ficou-se todavia pela aprovação da alínea t) do art. 3.º (atualmente a alínea u) a que nos referimos a seguir no texto. E embora na Declaração n. 1 anexa ao Tratado de Maastricht se tenha declarado que a "introdução no Tratado que institui a Comunidade Europeia dos títulos relativos aos domínios referidos" nessa alínea "será examinada de acordo com o procedimento previsto no n.º 2 do artigo N) do Tratado da União Europeia, com base num relatório que a Comissão apresentará ao Conselho o mais tardar em 1996", não se avançou na Conferência Intergovernamental (CIG) e nada se aprovou no Conselho Europeu de Amesterdão (o mesmo tendo acontecido na CIG e na Cimeira de 2000, em Nice). Sendo assim, nos termos da mesma declaração a ação nestes domínios continuará a ser "prosseguida com base nas atuais disposições dos Tratados que instituem as Comunidades Europeias".

Como argumento contrário à consideração comunitária do turismo invocar-se-á o princípio da subsidiariedade, ou ainda que o que há a fazer em prol do turismo é integrável noutras políticas, desde a política dos transportes à política regional (através da qual, como é sabido, podem financiar-se equipamentos do setor).

Parece-nos contudo claro que há ações no domínio do turismo em que se justifica a intervenção da União, sem dúvida em estreita articulação (complementando ou sendo complementada) com ações nacionais. A título de exemplo, justifica-se que seja feita no âmbito da União uma ação de promoção em outros continentes, por exemplo na Asia, na Oceania ou mesmo na

-se o Tratado por no art. 3.º ter acrescentado, a par de outras, uma alínea dispondo que "para alcançar os fins enunciados no art. 2.º, a ação da Comunidade implica, nos termos do disposto e segundo o calendário previsto no presente Tratado", "*medidas nos domínios da energia, da proteção civil e do turismo*" (em itálico o que se dipõe na alínea *t*).

Só agora acabou por ser considerada, no Tratado de Lisboa, com o título XXI da parte III, art. 194.º do TFUE (cfr. Anastácio, 2012b, Porto, 2012b e Anastácio e Carvalho, 2016).

É todavia curioso e de ter em conta que vem de longe a preocupação 'comunitária' com "algumas" energias, sendo de recordar que lhes eram especialmente dedicadas (em exclusivo, no segundo caso) as outras duas Comunidades criadas. De facto a CECA, criada em 1951, veio cuidar (a par do aço) da fonte energética então dominante, o carvão (ainda hoje com relevo, que deverá continuar a ser assinalável no futuro)[178]; e depois o EURATOM, em 1958, veio a ser exclusivamente dirigido a uma energia então com relevo crescente, a energia atómica (devendo ficar para a CEE, embora sem menção no Tratado, responsabilidades em relação a todas as demais fontes, incluindo o petróleo e as energias renováveis...).

Trata-se por outro lado de 'política' desde o início com uma filosofia que vale a pena sublinhar, bem diferente da seguida com a política agrícola comum: justificando-se mostrar tal diferença, nem que fosse por razões pedagógicas.

3.5.2. A filosofia seguida

A evolução dos preços internos face aos preços internacionais pode ser vista no quadro seguinte, com os números do ano anterior à celebração do Tratado de Roma (1956) e depois já com números de meados da década de sessenta (quadro IV.8).

América, dado que quem vem dessas origens longínquas em princípio não limita a sua visita apenas a um país da União Europeia; justificando-se além disso por exemplo que haja a nível da União o estabelecimento de determinadas exigências de qualidade (podendo estar a opôr-se à 'comunitarização' desta política operadores que receiam maiores exigências...).
A política de turismo consta agora do Tratado de Lisboa, do título XXII da parte III, com o art. 195º do TFUE (ver D.Lopes, 2012).
[178] Na formação da CECA foi determinante o reconhecimento da importância estratégica dos dois setores (carvão e aço) dos pontos de vista económico e militar, devendo por isso ser colocados sob responsabilidade comunitária.

QUADRO VI.8

	Carvão CEE	Carvão USA	Petróleo importado
1956	12,53	21,60	20,30
1965	16,68	14,20	16,40

Fonte: Swann (ed. de 1995, p. 280), com preços (de tonelada de equivalente de petróleo: tep) na mesma base

Pode ver-se que em 1956 era ainda muito competitivo o preço do carvão comunitário, não se justificando a importação de carvão ou de petróleo.

Nos anos que se seguiram assistiu-se todavia a uma mudança radical da situação, com o petróleo a ser já mais barato (além de outras vantagens que proporciona, v.g. na maior facilidade do seu transporte e da sua utilização e sendo transformável em bens intermediários de procura crescente em diferentes indústrias, dos plásticos às fibras têxteis sintéticas)[179] e por seu turno a ser também mais barato o carvão importável de fora da Comunidade, dos EUA e de outras origens.

Passaram por isso a estar em crise as minas de carvão europeias, com efeitos muito negativos nas regiões onde se localizavam, muitas delas sem alternativas próximas para o seu desenvolvimento.

Caiu-se pois num problema idêntico ao existente em relação aos produtos agrícolas, também mais baratos, conforme vimos em IV.3.1.3, em países de outras áreas do mundo.

Sendo assim, podia ter-se seguido uma política como a política agrícola comum (PAC), estabelecendo-se preços de garantia para o carvão europeu (ou outros recursos energéticos), de tal forma que o carvão (ou outro recurso) vindo do exterior não pudesse chegar aos utilizadores por um preço mais baixo; ou então, mais diretamente, uma política de restrições quantitativas às importações de recursos energéticos vindos de fora. Em qualquer dos casos ficaria salvaguardada a manutenção das minas, v.g. do emprego aí existente e dos padrões de desenvolvimento das regiões onde se situavam.

---

[179] Sobre o aumento rápido das "descobertas" de petróleo a partir da segunda década do séc.XX ver a figura inserida em Porto (2012d, p. 793).

Nunca foi todavia esta a posição das autoridades comunitárias, tendo optado desde o início por uma posição livre-cambista em relação aos recursos energéticos, permitindo que a energia chegasse aos utilizadores comunitários (consumidores e empresários) sem restrições e pelo preço mais baixo possível (o preço mundial).

Não conhecemos estudos que tenham procedido a uma avaliação da política seguida comparando-a com a referida alternativa protecionista, mas estamos seguros de que a possibilidade de se dispor de energia em melhores condições – com o peso que tem nos processos produtivos e nos orçamentos domésticos da maior parte dos cidadãos – foi determinante para o nível de desenvolvimento e bem-estar a que se chegou na Europa.

3.5.3. A tributação da energia

Desvalorizando a vantagem de se dispor de energia barata, acabada de referir, e privilegiando antes os custos ecológicos da sua utilização excessiva, várias pessoas, dos meios ambientalistas, académicos e políticos, têm vindo a defender a sua tributação. Trata-se de defesa que se acentuou em anos recentes, face designadamente à descoberta do 'buraco' de ozónio, num âmbito mais amplo, e num âmbito mais localizado face aos problemas de poluição dos grandes centros urbanos (recorde-se a n. 76 p. 280); tendo voltado a ganhar atualidade[180] com uma nova proposta da Comissão, de "reestruturação do quadro comunitário para a tributação de produtos energéticos", através do COM (97)30 final, de 12.3.1997 (Comissão Europeia, 1997b), sem sequência, apesar do grande empenhamento da presidência holandesa no segundo semestre de 1997)[181]. Em relação ao petróleo e ao gás justifica-se ainda uma grande

---

[180] Depois de ter sido rejeitada por alguns países membros da União (constitui matéria em que se exige a unanimidade) uma proposta da tributação feita através do COM(92) 226.

[181] Trata-se de sugestão feita também em outros documentos da Comissão Europeia (ver por ex. 1996f, pp. 12-3 e 1997a pp. 61-2). Sobre a experiência anterior em alguns países cfr. OCDE (1993b); e entre nós, no quadro mais vasto da tributação ambiental, ver C. Soares (1999 e 2001) ou Araújo (2005, pp. 572 ss.); ou no Brasil Sebastião (2007).

No ECOFIN de 12.5.1997, embora considerando-se a proposta atual "a valuable basis for further discussion of the matter", foi julgado que aspetos essenciais "can be discussed by Ministers *only after appropriate preparation based on thourough economic and technical analysis*" (7806/97; Presse 142) (itálico nosso). Exprimiu-se esta reserva apesar dos termos cautelosos da proposta, com exceções e derrogações para diversos casos em que estariam em causa problemas de equidade

preocupação por razões geo-estratégicas, vinda basicamente de um número reduzido de países, alguns não dando garantias de estabilidade e continuidade nos fornecimentos.

Como é sabido, a via fiscal constituirá uma via de primeiro ótimo se com ela se atingir o objetivo em vista sem custos de distorção: ou seja, sem aumentos de preços indesejáveis. Pretendendo-se a redução do gasto de energia (no consumo e/ou na produção), importa por isso ver se os aumentos de preços ocasionados terão exatamente (apenas) o efeito pretendido[182], v.g. sem consequências inconvenientes nos planos da equidade ou económico.

Não sendo assim, com o aumento de preços estaremos caídos nos custos de distorção que referimos atrás (em II.4.1.2.1) a propósito da intervenção alfandegária; com a diferença, naturalmente, de que sendo uma tributação interna não se distinguem os bens comercializáveis dos não comercializáveis. E a via a seguir deverá ser antes uma via direta, v.g. com campanhas de esclarecimento e imposições de aperfeiçoamentos produtivos que, sem prejuízo dos utilizadores (v.g. dos consumidores e dos empresários), levem à racionalização na utilização da energia[183].

No plano da equidade é de sublinhar que, representando o gasto em energia percentagens maiores dos rendimentos das pessoas pobres do que dos rendimentos das pessoas ricas, se trata de uma tributação regressiva e por isso iníqua[184].

---

ou de competitividade (ver o que se diz a seguir no texto; bem como Porto e Figueiredo, 2008, ou ainda Basto, 2004).

[182] A dificuldade de se conseguir fixar a taxa de tributação ópima (o ótimo de Pigou, 1920), levando a que se chegue e não se vá além do efeito desejado de redução da utilização de energia, é aliás na prática uma dificuldade geral da intervenção.

[183] Ver as sínteses ponderadas de S. Smith (1995, pp. 75-84 e 1996).

[184] Ver Pearson (1992) e de novo S. Smith (1996, pp. 246-9).

Com base nos estudos já feitos conclui este autor (loc.cit., pp. 246-7) que "the pattern of tax payments associated with the use of environmental taxes and other revenue-raising market-based instruments raises particular concerns", designadamente dado que "the introduction of environmental taxes on energy is, in particular, likely to raise significant distributional concerns, reflecting the importance of energy expenditures in the budgets of poorer households" (cfr. também Dilnot e Helm, 1987, S. Smith, 1992, Dent, 1997, p. 415 Porto 1999a, p. 115 ou Lobo, 1995, p. 95, considerando ainda a dificuldade de políticas compensatórias).

A acrescentar às considerações do texto é de lembrar que numa intervenção correta – de acordo com o princípio do poluidor-pagador (cfr. *infra* IV.3.6.2.2) – deve tributar-se a poluição provocada pelo gasto energético, não o gasto de energia em si.

No plano económico, por seu turno, não pode estar-se preocupado apenas com o que se passa no próprio país, importando que se esteja especialmente atento aos problemas da competitividade internacional, v.g. da competitividade com os Estados Unidos da América, país que, além de outras vantagens em diferentes domínios, dispõe de energia muito barata[185]. Justifica-se pois

---

[185] Desvalorizando este receio costuma indicar-se o caso do Japão, país muito competitivo tendo energia cara, v.g. como consequência da tributação que sobre ela recai, estimulando a investigação e melhorias tecnológicas e de gestão (ver por ex. I. Rocha, 1996, pp. 178-92). Mas recentemente o Japão tem vindo a ter dificuldades competitivas por estar a perder na margem de vantagem que tinha em relação aos vizinhos asiáticos (na linha do que tem vindo a acontecer, em 2016 o Japão esteve a crescer 0,6%, quando a Índia crescia 7,6%, a China 6,6%, as Filipinas 6,4%, o Paquistão 5,7% e a Coreia do Sul 2,6% (cfr. *The Economist* de 29-10 a 4-11-2016, p. 76).

Em defesa da tributação da energia costuma dizer-se ainda que permite aliviar a tributação do trabalho (com uma lógica afirmada mas incorreta de 'neutralidade' fiscal, que de fato não existe se, embora mantendo-se o peso geral, se promove certa forma de produção em deterimento de outra...), podendo incentivar-se assim a colocação de mão-de-obra, com especial relevo agora, quando se registam níveis muito elevados de desemprego. Teríamos pois uma solução de '*double dividend*', ou, numa expressão tradicional portuguesa, com a qual 'se matariam dois coelhos com uma só cajadada' (cfr. De Mooij, 1996, Gregory, 1996 e S. Smith 1996, pp. 243-6): numa esperança renovada na nova proposta (Comissão Europeia, 1997b).

Há que perguntar todavia se a perda de competitividade com a carestia da energia não desincentiva os investimentos, sem os quais não são criados empregos.

Estudos mandados elaborar pela Comissão Europeia (cfr. *European Economy*, 1992a e 1992b) mostraram-se favoráveis a este propósito, de qualquer modo com a 'precaução' de serem tomadas medidas adequadas (e tendo em conta designadamente os problemas de equidade, sublinhados por S. Smith no artigo aí inserido). De acordo com eles a tributação proposta pelo COM (92) 226, levando a que o preço do carvão subisse 60% e o do 'fuel óleo' 40%, com uma subida de 10% para a indústria e 20% para o consumo (com vários tipos de isenções), acabaria por causar no conjunto da União Europeia apenas um acréscimo da inflação de 0,25% e uma redução do PIB de 0,07, com consequências ainda diminuídas se fossem tomadas medidas idênticas nos demais países da OCDE; admitindo-se aliás no COM que a tributação só seria generalizada na Europa se o fosse também em outros espaços (referi-lo-emos a seguir no texto). A proposta de 1997 (COM (97) 30, p. 10) veio referir ainda que "macro-economic simulations carried out by the Commission indicated that the proposal for a Directive would have a positive economic impact on economic growth and job-creation", se se verificar a 'neutralidade' fiscal. Trata-se de otimismo que não tem vindo contudo a ser confirmado em outros estudos, mostrando os inconvenientes económicos (de eficiência) da tributação da energia, v.g. quando comparada com impostos únicos sobre as pessoas singulares ou sobre as pessoas coletivas proporcionadores da mesma receita: ficando em aberto a questão de saber se "the environmental attraction of those taxes are large enough to offset their relatively higher nonenvironmental

também– tendo-se em conta ainda os efeitos planetários de alguma das intervenções – que se pretenda sempre o envolvimento do maior número possível de países, em especial dos países mais ricos, que são de longe os países que mais poluem. Compreende-se por isso que já na Conferência do Rio de Janeiro em 1992 se tenha querido a responsabilização de todos eles, tal como se compreende que no art. 1.º do COM (92) 226 a aplicação do sistema sugerido ficasse "condicionada à instituição por outros países membros da OCDE de um imposto semelhante ou de medidas com efeito semelhante" (não há uma disposição idêntica no COM(97)30).

A tributação mais elevada da energia não pode deixar de ser motivo de especial preocupação para os países ainda menos desenvolvidos da periferia da União Europeia. Tendo a sua população rendimentos mais baixos é maior a percentagem do gasto em energia, sendo por isso mais graves aqui as consequências iníquas da sua distribuição regressiva[186]. Por seu turno, tendo os empresários destes países equipamentos mais antiquados – a situação não

costs" (Goulder, 1994, p. 147) (ou se, sendo estes diminutos com taxas muito baixas, são conseguidos então efeitos ambientais significativos). Num outro estudo na mesma publicação Rotemberg e Woodford (1994, p. 159) mostram aliás que os prejuízos de rendimento são muito mais elevados em condições (mais realistas) de mercados imperfeitas (v.g. não tendo efeitos no emprego e na produção dos setores não energéticos).

É de sublinhar ainda que um acréscimo significativo de investimento e criação de emprego pode ser conseguido com as indústrias do ambiente, v.g. produtoras de equipamentos mais aperfeiçoados (com uma previsão de 266.000 novos empregos entre 1990 e o final da década). Trata-se de um setor com assinalável interesse para a Europa, exportando 20% da sua produção e tendo nele um grande superave comercial; designadamente para Portugal, com um crescimento anual previsto até ao ano 2000 (quando foram feitos os cálculos que estamos a referenciar) de 8,3%, muito acima dos valores europeu (média de 4,9%), norte-americano (5,0%) e mundial (5,5%) (Comissão Europeia, 1994 e Dent, 1997, pp. 408-15). Sobre o emprego proporcionado por estas indústrias nos vários países da UE ver ainda ECOTEC et al. (1997).

Mas a promoção desta produção, sem dúvida de grande importância, não tem de ser feita por uma via provavelmente distorçora, a via fiscal, podendo sê-lo, com igual benefício e sem nenhum inconveniente, por uma via direta, de primeiro ótimo, v.g. com o aumento do apoio estrutural aos países e empresários que dele careçam, na linha do que se diz no texto (com o apoio repetido a esta posição no Parlamento Europeu ver Porto, 1999a, pp. 112-5).

[186] Tanto o COM (92) 226 como o COM (97) 30 previram esta tributação como receita dos países membros, não da União. Teriam de qualquer modo os seus cidadãos reforçada uma regressividade para a qual contribui, a par de impostos internos, o sistema europeu de recursos próprios (veja-se o que diremos em IV.10, bem como Coget, 1994 e Porto, 1996b; podendo acrescentar-se que o problema seria muito mais delicado para os países da Europa Central e Oriental que que aderiram recentemente à UE).

pode mudar-se de um dia para o outro – é maior a dependência energética das atividades produtivas, ficando numa situação de desvantagem face aos que dispõem já agora de equipamentos mais modernos e mais perfeitos[187]. Por fim, não pode esquecer-se que o setor dos transportes é um setor necessariamente de grande exigência energética[188]: ficando em situação delicada de desvantagem os países da periferia, que não podem fugir a serem muito mais dependentes dos transportes para a importação dos bens de consumo e de produção de que carecem, vindos do centro da Europa, e para a colocação aqui dos seus produtos de exportação. A título de exemplo, não pode comparar-se o caso da Alemanha, junto (ou sendo ela mesma) dos grandes mercados de origem e colocação dos produtos, com o caso de Portugal, a dois mil quilómetros de distância desses mercados.

São razões que apontam, pois, para que uma utilização mais racional da energia seja promovida antes através de vias diretas de intervenção (v.g. com controles rigorosos dos equipamentos industriais e dos automóveis e com apoios à modernização), sem os custos de equidade e económicos que acabámos de referir: vias já de primeiro ótimo, embora, tal como foi mostrado igualmente em II.4.2.1, com dificuldades de aplicação[189] e custos de administração mais elevados.

Com um especial significado, face também aos dispêndios energéticos globais e às dependências externas do petróleo, importa aumentar o uso do transporte em *rail* (combóios, metropolitanos e elétricos) não havendo as mesmas dependências com a eletricidade (apontando no mesmo sentido razões urbanísticas, de ordenamento e ambientais).

Sendo os países com processos menos eficientes os países menos desenvolvidos da União Europeia, conjuga-se aliás esta circunstância para que a via

---

[187] Cfr. J.G. Santos (1992a) a propósito das reservas que o nosso país deve ter (acrescentando a dúvida sobre que o efeito de estufa esteja "total ou primordialmente ligado às emissões de CO_2, razão pela qual os Estados Unidos, nomeadamente, se recusam a introduzir um imposto deste tipo").

[188] Como vimos, despendendo mais de 30% da energia total da União Europeia (recorde-se a n. 61 p. 274).

[189] Como consequência designadamente da "asymmetry of information between regulators and their subjects" (cfr. S. Smith, 1996, pp. 222-3).
A propósito do imposto sugerido pela Comissão foi afirmado que a via administrativa seria capaz de reduzir os gastos num terço, ficando o restante a fazer pela via fiscal (do mercado). Há contudo bons exemplos de racionalização na utilização da energia sem ser através do seu encarecimento (v.g. pela via fiscal).

a seguir na política do ambiente deva ser antes a via do reforço e da utilização das ações estruturais: numa linha para a qual é em parte dirigido o Fundo de Coesão (ver *infra* p. 457), que pode ser utilizado pelos países abaixo de 90% de PIB *per capita* da União.

Acontece aliás que os grandes poluidores (da Europa e do mundo) são os países mais ricos, não os mais pobres, sendo significativas as diferenças que se verificam. Foi constatado que para uma emissão de dióxido de carbono (CO_2) de 3058 milhões de toneladas nos países da União Europeia (dados de 1997) só a Alemanha contribui com 831 milhões (27,17%), o Reino Unido com 530 milhões (17,33%), a Itália com 402 milhões (13,15%) e a França com 359 milhões (11,74%). Ou seja, estes quatro países de maior dimensão e maior atividade económica contribuem para essa poluição com uma percentagem de 69,4%, superior à percentagem representada pela sua população[190]. Tem relativamente pouco significado, pelo contrário, a poluição de um país como Portugal, com 48 milhões de toneladas (1,57% do total), tendo 2,66% da população (percentagens apuradas em relação à UE-15; estando aquém também na Grécia e em Espanha)[191]..

Tendo a maior parte dos países mais ricos e grandes poluidores já hoje tributação da energia, é de concluir que de imediato será pequena a redução global da poluição conseguida com a sua extensão a países menos desenvolvidos[192].

Não pode pôr-se em causa, como é óbvio, a necessidade de racionalização nestes últimos[193], desde logo protegendo-se a qualidade de vida dos seus

---

[190] Assim acontece em geral a nível mundial, com o 'contributo' esmagador também dos demais países industrializados: os Estados Unidos com 5188 milhões e o Japão com 1125 milhões de toneladas.

[191] Esta situação dos países mais pequenos é considerada por Lund (1996, p. 88): referindo que embora "a small nation may consider its own emission as negligible" há um desejável estímulo à investigação científica e tecnológica conducente a uma maior racionalização. Trata-se todavia de esforço desejável que pode ser promovido também por outras vias, não distorçoras.

[192] Acontecerá aliás que o seu empenho em que a tributação da energia se estenda a países mais pobres seja determinado não tanto por preocupações ecológicas como por um propósito de salvaguarda da competitividade das suas empresas, ou ainda pelo desejo de que se 'esqueça' que o modo mais correto de intervenção é com apoios estruturais que deverão ter o seu contributo (desde logo como maiores poluidores)...

[193] Onde todavia o preço da energia é já por si mesmo (muito mais do que nos países ricos) dissuasor da sua utilização, com o 'peso' que tem nos orçamentos das famílias e das empresas. Com muito mais relevo do que para os países europeus menos desenvolvidos a necessidade de racionalização é especialmente necessária e premente em alguns dos países (pobres) de maior

cidadãos, mas deve por todas as razões pugnar-se por que seja seguido um processo justo e não distorçor, que não comprometa a sua competitividade. Com a ajuda direta à reestruturação, através do reforço dos fundos estruturais, simultaneamente é protegido o ambiente e é promovida a competitividade.

E importa intervir com critério, não devendo considerar-se igualmente o que de facto não é igual[194].

3.5.4. A diversificação e a racionalização dos gastos energéticos

O que acabámos de ver está já ligado em alguma medida à problemática geral da disponibilidade dos recursos energéticos, que tem de ser considerada em termos amplos e de futuro pela União Europeia: na perspetiva da oferta, por um lado, e da racionalidade na sua utilização, por outro.

Num estudo apresentado a Comissão Europeia (1996c) encarou vários cenários (quatro) em relação ao futuro do setor (até 2020), considerando três 'pilares' da política energética: a competitividade, o ambiente e a segurança no aprovisionamento.

Entre as previsões diversas a que se chegou (que não se justificará reproduzir aqui) estão a de haver alguma melhoria pelo menos num dos cenários nos dois primeiros pilares, mas já aumento da dependência externa (terceiro pilar) em todos eles (ver o quadro IV. 9, com um dos cenários considerados):

dimensão do mundo, com taxas muito elevadas de crescimento das emissões de CO_2 (bem como de outros elementos poluidores): estimadas para o período que decorreu entre 1990 e 2005 em 3,5% ao ano na China e em 3,7% na Índia, quando se previa que fosse de 0,9% nos países da OCDE. Com esta diferente progressão o 'contributo' poluidor da China, com menos "resistências", subirá de 6 para 20% do total, ultrapassando qualquer outra área do mundo (Burniaux, Martin, Nicoletti e Martins, 1992 e Dent, 1997, pp. 391-2).

[194] E devendo compreender-se a resistência suscitada já pela primeira proposta da Comissão (o COM (92) 226), tendo razão as dúvidas de Swann (2000, p. 291) que, depois de referir que "in earlier days the idea of a Community imported energy-tax was considered but dismissed", acrescenta que "it will be interesting to see whether the idea of a tax designed to discriminate against energy sources which are heavy on carbon dioxed emissions has any greater success" (com a exigência de unanimidade do Conselho que se tem mantido na área fiscal).

QUADRO IV.9
Dependência das importações

Combustível	Ano	Volume (Mtep)*	Dependência %	(% do total)
Sólidos	1992	100	37	(14,7)
	2020	49	65	(5,6)
Petróleo	1992	484	85	(71,2)
	2020	550	94	(62,7)
Gás	1992	96	40	(14,1)
	2020	278	65	(31,7)

Fonte: Comissão Europeia (1996c, p. 16, com o cenário 'Forum')
* Milhões de toneladas de equivalente de petróleo

A comparação dos números do quadro mostra-nos ainda que (entre as fontes aí consideradas) deverá haver alguma diminuição da utilização relativa dos combustíveis sólidos (diminui de 14,7 para 5,6% do total, entre 1992 e 2020) e do petróleo (diminui de 71,2 para 62,7%), mas face a um aumento da utilização do gás (de 14,1 para 31,7%). Mantém-se pois uma perigosa dependência da Europa em relação a terceiros países, como ficou bem claro com a recente crise na passagem de gás russo através da Ucrânia[195].

Há uma grande dependência do petróleo, desigadamente em Portugal, sendo um dos países mais dependentes desta fonte energética. E é preocupação que não pode deixar de manter-se apesar da redução do seu preço nos tempos mais recentes (prejudicando aliás países que nos estão próximos...), conforme pode ver-se na fig. IV.12, mostrando também a evolução do preço do ouro e do cobre. Com a evolução que tem havido e previsões em relação a "descobertas" de petróleo ver Heinberg (2011, pp. 109 e 110, com figuras reproduzidas em Porto, 2012d, pp. 793-4).

---

[195] A dependênica energética da União Europeia é muito diferente de país para país, mas é geral e em vários casos muito grande; apenas com a Holanda a ter um grande superave no gás natural, o Reino Unido um superave substancial no petróleo e a Alemanha algum superave na eletricidade (quadro IV.10):

QUADRO IV.10
Importações líquidas das diferentes fontes energéticas
(Mtep em 1995)

	Carvão	Petróleo	Gás	Eletricidade
Alemanha	15,8	99,3	26	-5,8
Austria	3,5	10,6	4,9	0,6
Belgica	10,3	24,4	11,3	
Dinamarca	7	0,6		
Espanha	9,5	68,3	7,2	0,1
Finlândia	5,5	12,7	3,3	0,6
França	15,4	99,3	26	-5,8
Grécia	1,4	22,4	0,6	
Holanda	7,2	22,5	-27,9	0,8
Irlanda	2	6,3		
Itália	14	84,7	33,4	3
Luxemburgo	0,6	1,8	0,5	0,45
Portugal	3,4	13,2		0,2
Reino Unido	9,6	-12,7	7,4	1,1
Suécia	2,7	25,3	0,8	0,6

Fonte: Matláry (1996, p. 259; ver também McGowan, 1996, pp. 135-7 e Matláry, 1997).

Com uma imagem da dependência nos combustíveis sólidos pode ver-se a figura seguinte (IV.10):

FIG. IV.10

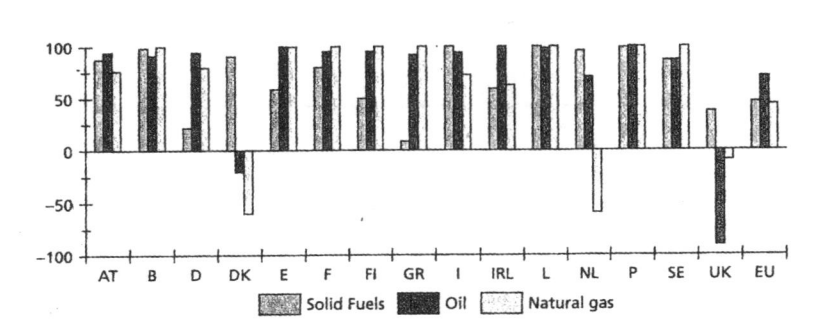

Fig. IV.12

Évolution des prix des matières premières (pétrole, or, cuivre) (2008-2015)

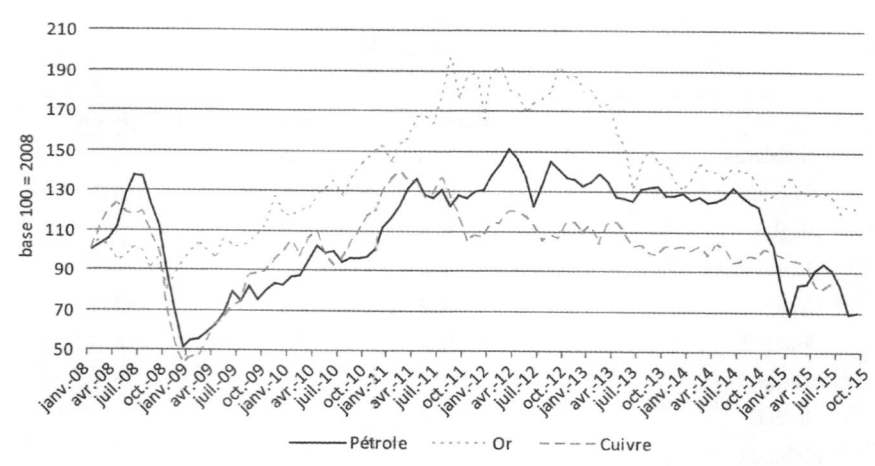

Données : BCE, World Gold Council, Banque mondiale

E é ainda significativa a figura que se segue (IV.11, com a composição energética em cada país:

Fig. IV.11

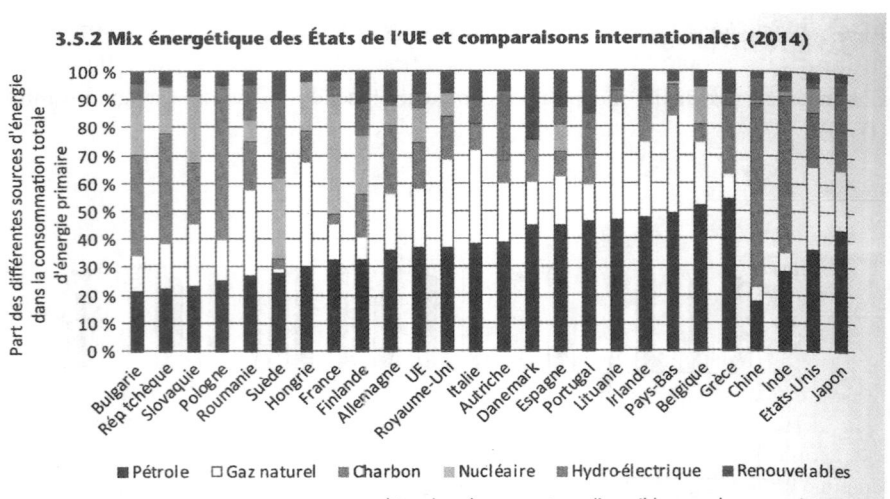

3.6. A política do ambiente

3.6.1. Introdução

Estamos aqui perante mais uma 'política' não considerada na versão original do Tratado de Roma mas introduzida pelo Ato Único Europeu e reforçada pelos Tratados de Maastricht e Amesterdão; constando agora, no Tratado de Lisboa, do título XX da parte III, arts. 191.º a 193.º do TFUE(cfr. Pimenta e Lemos, 2012 e Aragão, 2012)

Também a forma como os artigos estão redigidos e a evolução verificada são sintomáticas do modo como é encarada a problemática do ambiente.

Será de referir desde logo a forma como é designada a intervenção prevista. Enquanto em relação à indústria e à investigação e desenvolvimento tecnológico (inseridas também, como se disse, em revisões do Tratado a partir do Ato Único Europeu), marcando a ideia de subsidiariedade que se pretende fazer prevalecer, nunca se fala em 'política', apenas em "ações", "iniciativas" ou "programas"[196], em relação ao ambiente houve uma evolução que exprime bem o reconhecimento da preocupação crescente que ia sendo sentida: no Ato Único fala-se ainda em "ação" (n.os 1 e 2 do art. 130-R aprovado então) mas no Tratado de Maastricht e nos seguintes (cfr. o atual art. 191º do TFUE) fala-se em "**política** da União no domínio do ambiente"(negrito nosso)[197].

Depois, do alargamento geográfico de preocupações[198] é sintomático o acréscimo, em relação ao artigo original, de um novo travessão no n.º 1 do atual art. 191.º, responsabilizando-se a União pela "promoção, no plano internacional, de medidas destinadas a enfrentar os problemas regionais ou mundiais do ambiente, e designadamente a combater as alterações climáticas"[199].

---

[196] Ver por exemplo agora, no TFUE, os arts. 173º e 179º, respetivamente.

[197] Sintomaticamente, também se fala em "política" no que diz respeito à energia (recorde-se do art. 194º)

[198] De outras modificações com algum significado falaremos no número seguinte.

[199] O acréscimo de preocupações pela problemática do ambiente está refletido também na alteração da redação do n.º 2 deste artigo ocorrida entre o Ato Único e o Tratado de Maastricht, acrescentando-se (na redação atual, do Tratado de Lisboa) que "a política da União no domínio do ambiente terá por objetivo atingir um nível de proteção elevado, temdo em conta a diversidade das situações existentes nas diferentes regiões da União" (em geral sobre esta política ver Krämer, 2003).

É de estranhar aliás que sendo as lesões do ambiente algo que com frequência atravessa as fronteiras dos países[200], tenha sido neste domínio que tenha sido introduzido o princípio da subsidiariedade[201], com o Ato Único, através do n. 4 do art. 130.º-R então aprovado (só com o Tratado de Maastricht, através do novo art. 3.º-B, atual art. 5.º do TUE, veio a ser considerado em termos gerais: cfr. Quadros, 2012; e O. Martins, 2008). Ora, se há domínio em que se torna necessária a intervenção comunitária (da União), sendo insuficiente a intervenção nacional, é precisamente o domínio do ambiente.

A ausência anterior de consideração no Tratado de Roma não impediu todavia que a Comunidade fosse dando uma atenção crescente a esta problemática, v.g. através dos programas de ação plurianuais.

3.6.2. A filosofia e as vias de atuação

É interessante verificar a evolução verificada nos últimos anos, com a consideração crescente das implicações económicas da problemática e da política do ambiente.

3.6.2.1. Uma preocupação alargada e integrada pelo ambiente

Numa primeira fase os problemas eram localizados, podendo haver prejuízos individuais mas não se sentindo que houvesse implicações mais vastas; julgando-se que a natureza era abundante e regenerável, sem que ações dos homens pudessem pôr em causa a perpetuidade dos recursos.

Uma tomada de consciência da maior amplitude dos problemas foi assumida no que pode considerar-se um marco inicial da política do ambiente, a Conferência de Estocolmo de 1962, sendo também especialmente marcante,

---

[200] Nas palavras de Moussis, "in the mosaic of States called Europe the **common market in terms of pollution** was established before the common market in goods. Polluted air and water moved freely across borders well before the idea emerged to open them to foreign goods. Each European State was thus immediately concerned by wht was happening in its neighbouring countries with regard to the environment" (2015, pp. 434-435, acrescentando exemplos em relação a lagos e cursos de água, o Mediterrâneo e o Mar do Norte e voos de aves, com implicações e responsabilidades sentidas em comum por vários países...).

[201] Podendo dizer-se contudo que se tratava de princípio já subjacente ao Tratado de Roma na redação inicial (recorde-se ainda a n. 160 p. 335).

pela mesma época (1962), a publicação do relatório do Clube de Roma sobre "os limites do crescimento". Face à destruição e à escassez dos recursos começou a recear-se que não pudessem manter-se os níveis de crescimento atuais; e face a um *trade-off* desta natureza deveriam compreensivelmente pôr-se reservas a um crescimento que comprometia o futuro (perspetiva expressada no célebre relatório do Clube de Roma:cfr. Porto,2014a, p 458).

Passou a reconhecer-se pois que o ambiente não é algo de imperecível[202], o que justifica naturalmente que se dê uma atenção acrescida à sua problemática[203]. Mas a experiência tem vindo a mostrar que em geral não se trata de objetivos antagónicos, que levantariam problemas de opção delicados: verificando-se antes que uma política económica eficiente e sustentada (v.g. a médio e longo prazos) é aquela que considera devidamente a proteção e a promoção dos recursos e valores ambientais.

3.6.2.2. Objetivos, princípios e formas de atuação

Correspondendo a diferentes preocupações sentidas o Ato Único Europeu fixou como objetivos da intervenção no domínio do ambiente 1) preservar, proteger e melhorar a sua qualidade, 2) contribuir para a proteção da saúde das pessoas e 3) assegurar uma utilização prudente e racional dos recursos naturais (art. 130-R, n. 1, atual art. 191.º no Tratado de Lisboa, TFUE), tendo o Tratado de Maastricht, como se disse já, acrescentado um novo travessão com "a promoção, no plano internacional, de medidas destinadas a enfrentar os problemas regionais ou mundiais do ambiente"[204].

O número 2 do artigo, por seu turno, estabelece os princípios da ação comunitária: com um acréscimo e uma alteração introduzidos pelo Tratado de Maastricht.

---

[202] Nos termos felizes de um provérbio hindu de Kashmira "nós apenas pedimos o mundo emprestado aos nossos filhos – um dia vamos ter que lho devolver" (cfr. Aragão, 1997, p. 31 e Fouéré, 1990, p. 44); e com avaliações recentes da política de ambiente ver Lenschow, 2015 e Aragão, 2016).

[203] Tal não exclui, importa sublinhá-lo, a atenção que já antes deveria ser dada, estando por vezes em causa mesmo condições essenciais da vida das pessoas, não apenas da sua qualidade.

[204] Sobre o sentido destes objetivos e procurando hierarquizá-los ver Aragão (1996 e 1997). Reflete-se neles a distinção entre preocupações mais antropológicas ou mais naturalistas no domínio do ambiente. Dando especial relevo à avaliação do impato ambiental ver M.M. Rocha (2000).

Com o acréscimo foi incluido o primeiro dos princípios a considerar, o *princípio da precaução*, nos termos do qual se pretende que não venham a verificar-se sequer as condições que poderão permitir um dano ambiental. Nas palavras de Freestone (1992, p. 24; cfr. Aragão, 1997, p. 68), "enquanto a prevenção requer que os perigos comprovados sejam eliminados, o princípio da precaução determina que a ação para eliminar possíveis impatos danosos no ambiente seja tomada antes de um nexo causal ter sido estabelecido com uma evidência científica absoluta". Distingue-se assim do *princípio da prevenção* por exigir uma proteção antecipatória, ainda num momento anterior àquele em que este segundo princípio impõe que se intervenha.

Nos termos do *princípio da prevenção*, correspondendo ao aforismo popular de que 'mais vale prevenir do que remediar', visa-se evitar os custos maiores que resultarão da ocorrência do dano ambiental, verificando-se já as circunstâncias que poderão dar-lhe lugar (estando a consagrar-se assim um 'novo' PPP, exprimindo neste caso que *Pollution Prevention Pays*).

O terceiro princípio, *o princípio da correção na fonte*, começou por ser chamado, no Ato Único, princípio da *reparação* na fonte. A alteração feita pelo Tratado de Maastricht visou sublinhar mais uma vez que, mais do que reparar prejuízos, se pretende evitá-los, corrigindo-se as situações de base que podem abrir caminho à sua ocorrência.

Por fim, assume um grande relevo o *princípio do poluidor-pagador* (é o 'antigo' PPP: *Pollutor Pays Principle*), também ele visando em primeira linha que não cheguem a ter lugar as lesões ambientais. Caso ocorram é justo e economicamente correto que os poluidores ressarçam os lesados. Mas estando o princípio estabelecido será bastante para que em muitos casos não cheguem a verificar-se danos, dado que quem toma uma iniciativa é levado a ver, com toda a cautela, se os investimentos a fazer são de facto justificados, com um interesse económico superior aos custos ambientais: não chegando obviamente a fazê-los se estiver ciente de que será obrigado a compensar prejuízos numa medida superior à do ganho privado que espera obter.

Nestes custos, para além das lesões individualizadas há que ter na devida conta lesões sociais[205]: devendo o economista ser especialmente sensível a todas elas, v.g. alertando para o adensamento de factos consumados no campo ambiental[206].

---

[205] Em termos diagramáticos trata-se da situação representada já na fig. IV.1 (p. 280), sendo o custo social superior ao custo privado.

[206] Trata-se de cautela a ter de um modo muito especial com o congestionamento urbano e sub-urbano, que obriga mais tarde a enormes investimentos que levam a acréscimos nomi-

Determinando a forma de atuação, conforme se adiantou já tem vindo a verificar-se um reconhecimento crescente das complementaridades da promoção económica com a proteção e a promoção ambientais, conseguidas de um modo mais eficaz através de políticas de aproveitamento equilibrado e racional dos recursos disponíveis.

Assim se chega a um possível e desejável *desenvolvimento sustentável*, considerado no 5.º Programa de Ação (em termos semelhantes aos que haviam sido já definidos pela Comissão Mundial do Ambiente e Desenvolvimento): como um desenvolvimento que "satisfaz as necessidades do presente sem compre-

nais nos produtos internos brutos mas que ao fim e ao cabo, com grandes custos financeiros, vêm quando muito repor as condições ambientais (e mesmo económicas) que existiam antes do início da sucessão dos erros cometidos (caso de obras de alívio do congestionamento de centros que foram desnecessariamente promovidos): ver por ex. Porto (2016, pp. 820-3) e as referências aqui feitas, mostrando designadamente queo congestionamento dos transportes nas zonas urbans e circundantes custam na União Europeia 10 mil milhões de euros por ano....
Dadas a dimensão e as implicações dos problemas é de estranhar e lamentar aliás que não haja ainda uma política comunitária de ordenamento do território (ou pelo menos políticas eficazes a nível nacional, com as quais países como Portugal e a Grécia muito teriam a beneficiar...), havendo de facto "ainda muito a fazer em termos de *ordenamento do território*" (ver Comissão Europeia, 1997c, p. 125, já o Relatório *Europa 2000*, 1994 e Porto, 1996a e 2008b, considerando o nosso país e pondo o problema fundamentalmente numa perspetiva de competitividade internacional).
É de lamentar que o caso português seja na tão negativo, quando temos aliás na Europa dos melhores exemplos nacionais evidenciando os benefícios de um correto ordenamento do território (v.g. com a articulação dos modos de transporte), como são os casos da Alemanha, da Holanda e da Suíça, sintomaticamente, os países da Europa de longe com os maiores superaves comerciais de mercadorias e em geral nas balanças dos pagamentos aliás os maiores superaves da Europa; atualmente de 305,6, 59,7 e 66,1 milhares de milhões de dólares, respetivamente (cfr. *The Economist* de 29-10 a 4-11 de 2016, p. 76), contrastando com os défices de países com as suas grandes capitais, como são os casos do Reino Unido e mesmo da França (com as enormes metrópoles de Londres e Paris).
São pois de saudar iniciativas do Conselho (2007) e da Comissão Europeia (2008d), neste caso com o COM 8 2008 616, o *Livro Verde sobre a Coesão Territorial Europeia. Tirar Partido da Diversidade Territorial.*
Mas no nosso país de pouco ou nada valem as boas intenções do PNPOT, o Programa Nacional da Política de Ordenamento do Território (aprovado pela Lei n.º 58/2007, de 4 de Setembro), face à concentração dos fatores mais qualificantes (v.g. em I&D), a legislação e critérios desiguais, com discriminações a favor das áreas e populações mais favorecidas, por exemplo havendo só aí o financiamento dos transportes públicos urbanos ou (uns anos atrás) programas sociais de substituição de barracas, semdo de refer ainda a irracionalidade na implantação de infra-estruturas de transporte básicas, "fugindo" das pessoas e das ocupações já existentes e criando novas centralidades, levando à ocupação de terrenos que não deveriam ser ocupados.

meter a capacidade das gerações futuras de satisfazer as suas próprias necessidades". E de fato reconhece-se hoje em dia, estando na nossa mão seguir políticas corretas, que "the notion that respecting the environment is incompatible with a healthy economy is demonstrably wrong" (Tietenberg, 2000, p. 571; cfr. também Tietenberg e Lewis, 2008); numa linha bem sublinha pela Comissão Europeia (1997a, cit. p. 61), concluindo que "il existe même un certain nombre de signes convaincants qui tendent à montrer que *la croissance économique et une saine politique de l'environnement sont un atout l'une pour l'autre*" (sublinhado no original)[207].

Nesta linha possível e desejável de evolução é todavia indispensável, numa perspetiva horizontal, uma articulação estreita entre a política do ambiente e todas as demais políticas, que devem ter sempre presentes preocupações ambientais. Trata-se de ideia que ficou muito claramente consagrada no Tratado de Maastricht, através da última parte do referido n. 2 do art. 130.º-R, dizendo-se que "as exigências em matéria de proteção do ambiente devem ser *integradas* na definição das demais políticas da Comunidade" (itálico

---

[207] Esta desejável conjugação de circunstâncias dá-se na medida em que, "bien qu'une augmentation de la production de biens et de services conduise a priori à un accroissement de l'utilisation des ressources et de la pollution, um certain nombre de facteurs compensatoires – progrès technologique, changement struturel et souci accru de la propreté de l'environnement – y font contrepoids"; fatores que, acrescenta-se, são possibilitados pelo crescimento (loc. cit.). Assim se contribui também para que a promoção do ambiente se conjugue com a promoção do emprego (ver já o COM (86) 721, de 21 de Março de 1987, sublinhando o "potencial de criação de emprego de medidas a favor do ambiente"; sobre as indústrias do ambiente recorde-se do final da n. 185 pp. 351-2).

Recentemente tem suscitado ainda uma grande preocupação a compatibilização da defesa do ambiente com a promoção do comércio internacional, face à tentação de se explorarem países com menos exigências a tal propósito (sobre o *dumping* ecológico ver já a n. 23 p. 287). Estudos vários, v.g. estudos empíricos, desvalorizam contudo o relevo deste *dumping* nos padrões atuais do comércio (ver por ex. Tobey, 1990, Barrett, 1994, Esty, 1994, Motta e Thisse, 1994, Subramanian e Uimonen, 1994, Anderson, 1995, Bhagwati e Hudec, ed. 1996, parte II, ou ainda outras referências aqui feitas); o que não significa que deixem de ser feitas as exigências devidas (com a referência a diferentes casos sujeitos à apreciação do GATT, agora da Organização Mundial do Comércio, ver Trebilcock e Howse, 2005(7), cap. 16; bem como ainda, com a mesma preocupação, Fredriksson, ed. (1999).

Sobre a problemática do desenvolvimento sustentado num setor de especial relevo, o setor agrícola, ver OCDE (1995a) e o que dissemos atrás (em IV.6) sobre as recentes reformas da PAC; e sobre a temática geral, tendo designadamente em conta as problemáticas energética e migratória, um livro com os contributos da Global Jean Monnet Conference de 2007 (5 e 6 de Novembro), sobre *The European Union and World Sustainable Development* (Barroso *et al.*, 2008).

nosso)[208], sendo de estranhar o afastamento deste parágrafo no Conselho de Amesterdão.

Entre outras, a política regional constitui um campo privilegiado onde pode contribuir-se simultaneamente para a preservação e a melhoria do ambiente, ao evitar congestionamentos e localizações indevidos e ao promover um melhor aproveitamento dos recursos dos países, com especial relevo para o elemento humano; devendo por seu turno a Comunidade ter "em conta" "na elaboração da sua política no domínio do ambiente "o desenvolvimento económico e social da Comunidade no seu conjunto e o desenvolvimento equilibrado das suas regiões" (n. 3 do art. 174.º, n. 3 do art. 191.º do Tratado de Lisboa, TFUE; recorde-se o que vimos já *supra* no final de IV.3.5.3).

Ultrapassando os danos ambientais o âmbito geográfico da União, estando por vezes em causa mesmo o equilíbrio mundial, além da responsabilidade que de qualquer modo deveriamos sentir em relação a outros espaços, compreende-se que no n. 4 do art. 191.º do TFUE se estabeleça que "a União e os Estados-Membros cooperarão, no âmbito das respetivas atribuições, com os países terceiros e as organizações internacionais competentes" (cfr. Pimenta e Lemos, 2012, e Aragão, 2012). Não pode de fato deixar de haver uma responsabilidade comunitária e mundial verificando-se externalidades que só podem ser evitadas através de ações de uma dimensão semelhante[209].

Nos vários domínios de intervenção a Comissão recomenda ainda uma progressiva maior utilização dos mecanismos do mercado, sensibilizando "tanto os produtores como os consumidores para uma utilização responsável dos recursos naturais, para evitar a poluição e o desperdício, internalizando os custos externos"[210]. Não pode todavia deixar de haver em muitos casos exi-

---

[208] Na redação do Ato Único falava-se em serem "*uma componente* das outras políticas da Comunidade" (itálico nosso).
O cumprimento das regras ambientais tem vindo a condicionar progressivamente a possibilidade de se beneficiar de apoios financeiros da União (v.g. com o greening do Orçamento): devendo todavia exigir-se (procurámos fazê-lo no Parlamento Europeu, quando eramos membro desta istituição) que assim aconteça em relação a todas as políticas (incluindo cada vez mais a PAC), não apenas ou fundamentalmente em relação a políticas pouco relevantes para os países mais ricos...

[209] Os casos da catástrofe de Chernobil, de desflorestação de 'pulmões' do mundo ou de derrame de petroleiros, para não falar de novo nas emissões de CO_2, não podem deixar de estar sempre presentes nos nossos espíritos.

[210] Devendo contudo ver-se se a intervenção no mercado (v.g. pela via fiscal) não tem efeitos indesejáveis, não sendo por isso intervenção de primeiro ótimo (recorde-se o que dissemos em IV.3.5.3).

gências diretamente estabelecidos, com apoios estruturais ao esforço necessário para a sua satisfação[211].

Na intervenção da União têm um lugar privilegiado os programas de ação plurianuais, vindo aliás, como se disse, de muito antes do Ato Unico, na sequência da Cimeira de Paris, em 1972; tendo havido já seis programas e estando a decorrer agora o sétimo programa.

Do aumento de tomadas de posição neste domínio, em anos anteriores, é dada uma imagem pela figura seguinte (fig. IV.13):

Fig. IV.13
EU environmental policy, 1959-2004

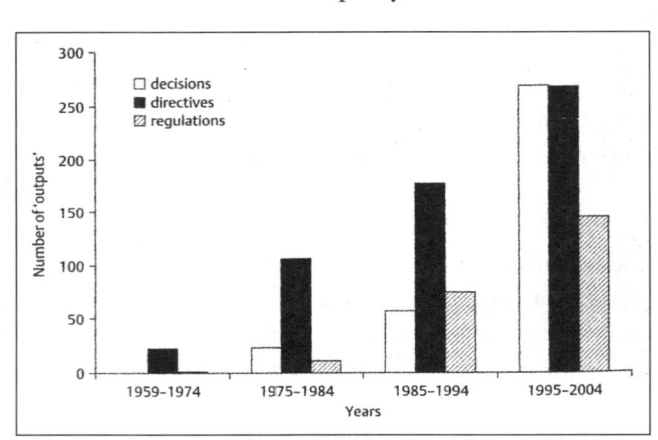

Fonte: Lenschow (2005, p. 308; e com os procedimentos por infrações até 2011 ver Lenshow, 2015, p. 335).

Na sequência de seis Programas de Ação anteriores, está a decorrer agora o 7º Programa, na sequência de Decisão de 20.11.2013.

Trata-se de um programa que estabelece objetivos prioritários até 2020, mas que tem 2050 como horizonte de longo prazo, sob o lema "viver bem, dentro dos limites do nosso planeta". Com a referência expressa a um movimento

---

[211] Tendo-se presentes as suas dificuldades e as suas limitações (ver de novo por ex. já S. Smith, 1996), ou mais recentemente Wennerai, 2007). O 5.º programa (1993-2000) teve o título significativo *Por um Desenvolvimento Sustentável*.

científico de definição dos chamados "limites do Planeta", denota a determinação europeia de contribuir para a preservação de um espaço seguro para a humanidade" (ver A.Aragão, 2016, pp.1109-10, onde acrescenta os objetivos atuais em matéria de ambiente).

4. A COESÃO ECONÓMICA E SOCIAL E A POLÍTICA REGIONAL

4.1. Introdução

Entramos aqui num domínio em que se expressa a preocupação pela componente espacial do desenvolvimento, estando aliás a evolução da ciência regional em grande medida ligada ao relevo que progressivamente passou a ser dado à necessidade de intervenção neste domínio.

Quando o Tratado de Roma foi celebrado, em 1957, não só não foi considerada como política como não lhe foi dedicado um mecanismo, um título ou sequer um artigo: apenas no preâmbulo e no art. 2.º se fazia referências à necessidade de um maior equilíbrio, no art. 92.º (mais tarde art. 87.º, agora |art. 101.º do Tratado de Lisboa, TFUE) o apoio regional era admitido como exceção à proibição de se concederem subsídios públicos (vimo-lo em IV.2.1.3) e no n. 2 do art. 80.º (atual art. 96.º do TFUE; cfr. (A. M. Mendes, 2012) se atendia a considerações regionais como exceção à concorrência na política de transportes.

Trata-se de ausência que, embora hoje possa causar-nos estranheza, se compreenderá (melhor) tendo em conta o momento em que se verificou, quatro décadas atrás.

Por um lado os desequilíbrios eram menores, designadamente na 'Comunidade dos seis', onde apenas o sul da Itália (o Mezzogiorno) era uma região especialmente desfavorecida.

Com a entrada de novos países, em 1973 com a entrada da Irlanda e do Reino Unido (era diferente o caso da Dinamarca, de muito maior equilíbrio), em 1981 da Grécia e em 1986 de Portugal e da Espanha passou a ser maior a diferença de desenvolvimento entre as regiões mais ricas e as regiões mais pobres da Comunidade[212]. Depois foram naturalmente ainda maiores, como

---

[212] O 'terceiro alargamento' (considerando no 'segundo', em conjunto, as entradas da Grécia e dos países da Península Ibérica) não levantou grandes problemas neste domínio, sendo a Áustria, a Suécia e a Finlândia países com níveis elevados de desenvolvimento (pondo-se

veremos também em IV.8, os problemas que se levantaram com a integração dos países da Europa Central e Oriental (os PECO's).

Simultaneamente, ao longo dos anos em que se acentuou a diferença houve melhoria nos processos estatísticos, permitindo um conhecimento mais correto da sua medida.

Para além destas circunstâncias, foi muito importante a evolução ocorrida na ciência económica com a interpretação dos desequilíbrios, conduzindo a que passasse a reconhecer-se a necessidade de lhes fazer face.

Recuando dois séculos atrás, é de recordar que a teoria económica foi construída a partir de uma perspetiva ahistórica e aespacial: sendo esta fundamentalmente a perspetiva do pensamento clássico, de acordo com a qual o livre jogo do mercado levaria, num sistema a que não se seguiria qualquer outro, à otimização na determinação dos bens a produzir, na utilização dos fatores de produção, na repartição dos rendimentos, no escalonamento temporal das decisões e na localização das atividades económicas (*a wonderland of no dimensions*, na expressão de Isard, 1956).

Trata-se de perspetiva aespacial que se manteve quase inalterada durante muito tempo, pode dizer-se que até aos meados do presente século, apesar de a economia internacional (v.g. a teoria do comércio internacional) ter constituído um dos ramos iniciais da ciência económica. Mas tanto nas formulações iniciais, em que se consideravam apenas transações de mercadorias, como em formulações mais recentes, considerando também transferências internacionais dos fatores, não se curava em princípio da localização dos países, abstraindo-se ainda dos custos de transporte.

E trata-se de perspetiva, explicando em grande medida a importância tardia conferida à economia regional, que curiosamente foi ainda deter-minante no pensamento de alguns dos seus promotores iniciais mais significativos, os autores das teorias do auto-equilíbrio regional ('*theories of regional self-balance*': casos de Weber, 1929, Ohlin, 1933, Lösch, 1939 e Isard 1956): entendendo fundamentalmente, com algumas reservas de Weber, que a otimização seria conseguida através do livre jogo das forças do mercado, levando os capitalistas a maximizar os seus ganhos e os trabalhadores os seus salários localizando-se onde as circunstâncias fossem mais favoráveis, tanto do ponto de vista indivi-

nestes dois países nórdicos fundamentalmente o problema da pequena densidade populacional e do grande afastamento – com invernos rigorosos – de algumas regiões setentrionais; e tendo apenas a Áustria uma região objetivo 1 (na designação naterior), Burgenland, onde vive todavia apenas 1,5% da população do país).

dual como social. Mais concretamente no que respeita ao capital, seria atraído das regiões com salários mais altos para as regiões com salários mais baixos, onde, por ser escasso, seria maior a sua produtividade marginal. Por seu turno a mão-de-obra mover-se-ia no sentido contrário, para as regiões mais desenvolvidas, onde a sua escassez teria como consequência ser mais alta a produtividade marginal do trabalho (sem dúvida, empobrecendo demograficamente as regiões de origem).

Havendo assim tendência para a otimização na utilização dos recursos e para o equilíbrio não se justificaria a intervenção pública.

Só nos anos mais recentes, com o reconhecimento da acentuação dos desequilíbrios e dos seus inconvenientes de ordem geral, apareceram as teorias do desequilíbrio regional (*theories of regional imbalance*), tendo como representantes mais significativos nos anos 50 Perroux (1955), Hirschman (1957 e 1958) e Myrdal (1957a e 1957b) e já nos anos 70 Kaldor (1970) e Friedmann (1966, 1972 e 1973): julgando todos eles que o livre jogo do mercado não tenderia para o equilíbrio[213].

Na lógica destes modelos compreende-se ainda que os problemas se tornem mais graves com os movimentos de integração internacional, dado que nos grande espaços podem ser mais sensíveis os efeitos de desequilíbrio referidos[214].

[213] Foram modelos com formulações diferentes, 'distinguindo' Perroux o papel dos 'polos de crescimento', Hirschman os efeitos de '*trickle down* ' e '*polarization*' (em tradução à letra 'dispersão' e 'polarização') e Myrdal os efeitos de '*spread*' e '*backwash*' ('difusão' e ' regressão'); vindo depois os modelos de 'causação cumulativa' ('*cumulative causation models*'), elaborado a partir de Kaldor, a dar lugar, em versões mais alargadas, aos modelos do 'centro-periferia' ('*core-periphery*') (além de Friedmann ver ainda Holland, 1976 e Aydallot, 1985; bem como outras referências bibliográficas em Porto, 1981); e numa avaliação recente ver Bache (2015).

[214] Conforme salienta A.S. Lopes, "a maioria das pessoas preocupadas com a economia e com o desenvolvimento regional têm chamado a atenção para o fato de ser elevada a probabilidade de os desequilíbrios regionais aumentarem com a integração económica. A abolição das restrições ao comércio e à mobilidade dos fatores permite o reforço da atração que as economias de aglomeração exercem em áreas altamente industrializadas, quer em relação ao trabalho quer em relação ao capital, e a tal ponto que algumas regiões podem efectivamente perder com a integração" (1979, p. 835). Estes riscos de que a integração seja agravadora dos desequilíbrios regionais são naturalmente reconhecidos na União Europeia, não se limitando a política regional a pretender reduzir os desequilíbrios existentes, pretendendo-se com ela também prevenir novos desequilíbrios resultantes das novas circunstâncias. Conforme antecipou P.P. Cunha (1980, p. 45) Portugal, com a sua posição periférica e as diferenças no grau de desenvolvimento, ficará de modo especial exposto "ao bem conhecido efeito de acentuação de disparidades regionais", sendo por isso premente que se dêem "passos efectivos de integração positiva".

Não podendo fazer-se aqui uma apreciação geral das duas correntes, do *'regional self-balance'* e do *'regional imbalance'*, pode concluir-se com três considerações.

Uma primeira é a de que a teoria do equilíbrio automático, cuja lógica é indiscutível, assenta em pressupostos que na sua pureza não se verificarão na realidade. Na formulação expressiva de Holland, "regional self-balance theory starts with a blindfold to the main feature of regional world, and introverts into an idealised, unrealistic analysis" (1976, p. 127). Designadamente o equilíbrio nas remunerações marginais dos fatores, com a sua plena utilização onde fosse mais conveniente, requereria uma completa perfeição no mercado que não se encontra, tal como a existência de economias de escala e externas impede que se atinjam situações de igualdade em todas as regiões. A título de exemplo, por estas razões será mais frequente que a produtividade marginal do capital, tal como a produtividade marginal do trabalho, seja mais alta na região mais desenvolvida, sendo atraídos para ela todos os fatores de produção. Recentemente tem tido especial relevo a posição de Krugman (ver *infra* IV.6.2.3.3).

Pode acontecer por isso que para se reduzirem as desigualdades tanto na produção como no rendimento e no bem-estar a intervenção pública seja indispensável, designadamente quando é preciso contrabalançar os *backwash effects* da integração internacional (sendo de esperar que se levantem dificuldades maiores para contrabalançar o relevo crescente das grandes concentrações de capital a nível mundial). Em muitos casos a intervenção deverá traduzir--se no afastamento de imperfeições do mercado que impedem que se atinja uma situação de maior equilíbrio.

Uma segunda consideração é a de que mesmo algo que venha a ser atingido a longo prazo pode não o ser a curto e médio prazos. Veremos dentro em pouco (n. 218 p. 373) que na própria União Europeia há tendência para o equilíbrio em épocas de maior crescimento (provavelmente de um modo acrescido com a moeda única). Mas não obstante poder ser assim importa que se verifique a intervenção regional para que vão sendo resolvidos os proble-

O problema vai-se tornando particularmente difícil com o relevo crescente do capital monopolista e multinacional, que faz perder efeito a qualquer medida que se tome apenas no âmbito nacional e torna indispensável, na opinião de Holland, que desenvolveu esta perspetiva (cfr. 1976), a criação de empresas públicas no setor *meso-económico*, como forma de estabelecer novos centros de crescimento nas "regiões-problema" e evitar os efeitos cumulativos do desequilíbrio. Segundo o mesmo autor, só assim poderá depois ser eficiente o planeamento micro-económico a nível regional e conseguir-se atrair unidades industriais de pequena dimensão para as áreas de desemprego persistente.

mas económicos e sociais do período de transição e para que se chegue mais depressa a uma situação que a todos beneficiará, com um aproveitamento melhor dos recursos de que se dispõe. De fato as "desigualdades tendem a diminuir lentamente ao longo do tempo", sendo a recuperação "um processo lento para o qual é necessário um compromisso a longo prazo".

Por fim, em terceiro lugar há que saber se a tendência para o reequilíbrio, mesmo a longo prazo, se verifica só entre grandes espaços – de um modo geral entre os países – ou também entre espaços regionais (v.g. ao nível das NUT's II), que importa igualmente aproximar, por razões de todas as naturezas.

4.2. A razão de ser da política regional

Face ao reconhecimento da existência e quiçá da possibilidade de agravamento dos desequilíbrios, razões de três índoles apontam no sentido de dever dar-se um grande relevo à política regional.

Uma delas é de índole ético-social e política, por não ser justo que as populações das regiões mais desfavorecidas vivam em condições muito abaixo do que se considera aceitável ou constitui a média do país ou do espaço em causa, verificando-se por consequência uma compreensível reação negativa a que importa dar resposta.

Uma outra, já de índole económica, tem em conta as deseconomias externas resultantes das excessivas concentrações verificadas nas regiões e áreas urbanas mais desenvolvidas, pondo em causa não só o crescimento como os níveis de satisfação social dos seus habitantes.

Em terceiro lugar reconhece-se atualmente, v.g. com as facilidades proporcionadas pelas novas tecnologias de comunicação e informação (v.g. com a informática), que a promoção regional pode constituir um modo de aumentar o crescimento global dos países, com um aproveitamento muito mais completo e eficiente dos recursos disseminados pelo seu território. Numa perspetiva de aproveitamento máximo dos recursos regionais e locais podemos remontar a experiências pioneiras de áreas integradas, como foi já o caso, nos anos 20, do projeto integrado da *Tennessee Valley Authority*, nos Estados Unidos, a que se seguiram realizações americanas e europeias da mesma índole. Só em anos recentes, contudo, se tornou mais claro que o desenvolvimento das regiões deprimidas pode conferir benefícios gerais, promovendo um crescimento mais elevado e não apenas uma redistribuição do rendimento. Trata-se de ideia reforçada no documento da Comissão Europeia referido há pouco (1997c,

p. 128): "A solidariedade com essas regiões[215] é uma base indispensável para o progresso não só por razões sociais, mas *também por forma a aumentar o potencial económico da União no seu todo* (itálico nosso)[216].

Não há de fato um *trade-off* entre crescimento e equilíbrio, como por vezes se julgou ou pretendeu fazer crer[217]. Tratar-se-ia de um *trade-off* representado pela 'curva' a tracejado, de inclinação negativa, da figura seguinte (figura IV.14; cfr. Porto, 1993a, pp. 2-5 e 1996a, pp. 6-7):

FIG. IV.14

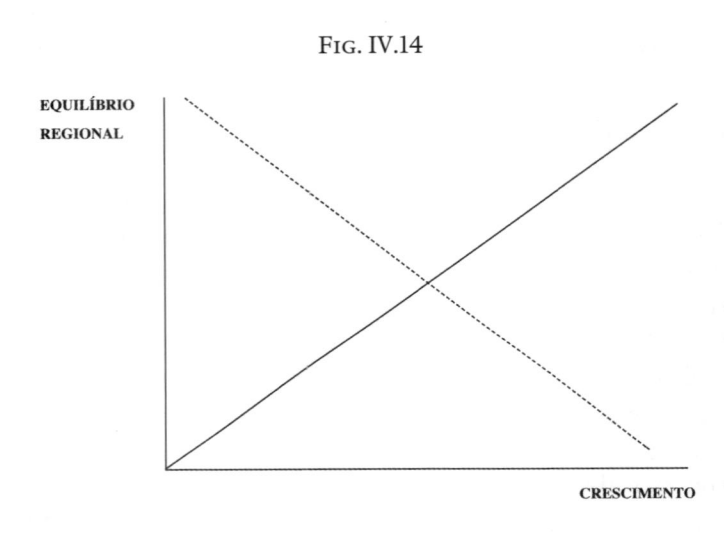

[215] Trata-se das regiões "objetivo 1", depois regiões de "convergênia" e agora regiões "menos desenvolvidas", a que nos referiremos em IV.4.3.2, pp. 377-90.

[216] Um fator importante para tal é o alargamento de oportunidades do mercado proporcionado por um maior equilíbrio. Nas palavras de Leygues (já em 1994a, p. 118 e 1994b, p. 59), depois de dizer que "l'effort de solidarité, notamment financier, en faveur des pays de la cohésion, ne correspond pas exclusivement à une démarche de pure generosité", há uma "redistribution en ricochet du Sud vers le Nord, puisque qu'on estime que par exemple pour 100 ECU de co--financements communautaires au Portugal, le taux de retour est de 46 ECU pour les autres pays de la Communauté, en particulier pour les plus gros contributeurs au budget communautaire". Veremos em IV.8 como alargamentos em curso (aos PECO'S) são especialmente favoráveis para os países mais ricos da União Europeia.

[217] Ver-se-á adiante (n. 228 p. 378) que uma afloração desta ideia aparece na defesa da promoção das regiões já mais favorecidas como 'motores" dos conjuntos das economias nacionais; e recentemente no Anexo V do QREN, reforçando a concentração nelas dos investimentos mais qualificantes, na linha de um alegado "fenómeno de capitalidade" (*spill-over effect*), de acordo com o qual seriam assim favorecidas, mesmo em maior medida, as regiões mais desfavorecidas (voltaremos a este ponto, referido já na n. 173 p. 342, na n. 246 p. 403).

A prossecução de um maior equilíbrio (medido no eixo vertical) comprometeria um maior crescimento (medido no eixo horizontal), o qual por seu turno só seria conseguido (v.g. na medida desejável) à custa de disparidades regionais.

Mas a situação real é antes configurável por uma 'curva' como a que está a cheio na figura, sendo um maior equilíbrio condição de um melhor aproveitamento geral dos recursos[218].

---

[218] E vice-versa, tendo correspondido de facto na Europa de um modo geral a um maior crescimento uma aproximação maior entre os países, podendo distinguir-se três períodos básicos: o primeiro, de convergência, nos anos de crescimento entre a formação da Comunidade e 1973; o segundo, de afastamento, até 1985, na sequência da recessão dos anos 70; e o terceiro, de manutenção dos desequilíbrios e mesmo de alguma convergência entre os países, na fase geral de retoma das economias que decorreu até perto dos nossos dias (cfr. Comissão Europeia, 1991, pp. 19 ss.; sobre estas três fases distintas de crescimento recordem-se o quadro I.2 e a fig. I.4, pp. 31 e 36, respetivamemte.

Entre outras razões contribui para a relação referida no texto a circunstância de os países e as regiões menos desenvolvidos estarem mais dependentes de produções que variam mais ao sabor de flutuações conjunturais, sofrendo por isso em maior medida com os abrandamentos e as recessões e tendo um crescimento mais rápido nos períodos de expansão das economias. Naturalmente, nestes períodos é também maior a possibilidade de orientar recursos para o desenvolvimento regional.

Trata-se de constatação de convergência que, sem prejuízo das cautelas e medidas que veremos de seguida (não podendo pensar-se que bastaria aguardar o crescimento, sendo desnecessária a política reigonal), contribui para o afastamento da ideia do alegado *trade-off* entre um maior crescimento e um maior equilíbrio que referimos no texto.

Duvidando ou discordando mesmo desta conjugação de interesses ver Neves e Rebelo (1996, pp. 161-6) e já antes Neves (1991, pp. 162 e 165: "Como se constata numa análise simples de questão, o desenvolvimento, em si, não está ligado necessariamente a maior igualdade. Pelo contrário, é normalmente na estagnação que se p*romove a equidade*" [itálico nosso]; estando a decisão sobre a promoção de um maior equilíbrio nos campos "político, cultural, espiritual", "fora da competência do teórico da economia". O texto é concluído com um verso de uma canção dos Beatles: "all you need is love"...).

Está em boa medida numa linha de aceitar a inevitabilidade (mesmo a desejabilidade) dos desequilíbrios, com a concentração e o aproveitamento aqui das sinergias de todos os elementos mais dinâmicos, um relatório muito recente do Banco Mundial (2009); devendo preocupar-nos antes com apoios sociais às zonas mais desfavorecidas, numa lógica de bem-estar, não de competitividade. Desconhece-se assim o exemplo tão claro da Europa, referido a seguir no texto, estando aliás no interior europeu, não no litoral, algumas (mesmo a maioria) das zonas mais dinâmicas do nosso continente, com as melhores empresas, as mais competitivas no plano mundial.

Trata-se de ausência de *trade-off* que pode constatar-se na Europa, onde de um modo geral têm tido um melhor desempenho económico os países com maior equilíbrio regional. Os números são aliás inequívocos, ao longo dos anos na Europa têm vindo a ter superaves muito significativos nas balanças comerciais e de pagamentos correntes apenas os países territorialmente mais equilibrados: a Alemanha, a Holanda e a Suíça (recorde-se da n. 206 p. 363), países sem nenhuma *megalopolis* (Berlim está "descentrada" e não é de forma alguma o centro económico da Alemanha, não estando lá nenhuma das 20 maiores empresas do país). Evitando-se assim as enormes deseconomias externas das grandes aglomerações e beneficiando-se das dinâmicas das várias regiões, confirma-se que num mundo de grande exigência importa promover antes a competitividade dos países, não podendo deixar de haver limitações com as ambicionadas competitividades de grandes urbes (ver Porto, 2008).

Mesmo no que respeita a problemas geralmente tidos como conjunturais, como a inflação e o desemprego, pode constatar-se a possibilidade de serem mais eficazmente (ou só serem) ultrapassados através da descentralização e da promoção regional, que não deverão por isso ser proteladas[219].

Numa lógica económica correta, dadas as deseconomias externas das grandes aglomerações e as potencialidades de um desenvolvimento mais equilibrado, têm pois plena justificação medidas de apoio de caráter transitório: nos termos do argumento das indústrias nascentes – reconduzido aqui a um 'argumento de regiões nascentes' (cfr. Denton e O'Cleireacain, 1972, p. 25

---

[219] Já num influente artigo publicado em 1973 Higgins parte da observação de casos reais para chegar à conclusão de que a curva de Philips é mais afastada da origem em países com maiores desigualdades regionais (sobre o significado da curva de Philips ver A.A. Nunes, 1993, pp. 14-73). Por essa razão "measures to reduce regional *gaps*, far from being a luxury to be afforded when things are otherwise going well in the country, are the essence of a policy to accelerate growth, reduce unemployment, and maintain price stability", numa constatação reforçada na atualidade (cfr. R. Martin, 1992, Armstrong, 1994, Armstrong, Taylor e William, 1997 ou ainda Bianchi, 1998). É aliás esta em boa medida a experiência portuguesa, não deixando a região mais rica de um país muito desequilibrado, a região de Lisboa e Vale do Tejo, de ter valores de desemprego relativamente elevados no quadro nacional (de 7,9%, quando a média era de 6,7%): sendo a promoção também de outras regiões (v.g. de centros-urbanos do interior) a forma de evitar ou pelo menos travar esta situação, com a criação de empregos capazes de reter a população (sendo especialmente necessária – na linha das teorias do desequilíbrio – a criação de empregos capazes de reter a população jovem mais qualificada). Sobre as implicações da conjugação de interesses aqui sublinhada no futuro das políticas estruturais ver *infra* IV.4.5.

e Porto, 1989, p. 325) –, de acordo com o qual valerá seguramente a pena, mesmo numa perspetiva puramente economicista, promover certas zonas e as empresas nelas instaladas durante um determinado período, usando para tal intervenções no mercado, se vierem a ter capacidade competitiva (podendo prescindir-se depois do apoio inicial necessário ao seu aparecimento ou crescimento) e se os benefícios proporcionados ultrapassarem os custos da fase intermediária[220].

4.3. A atenção crescente dada à problemática dos desequilíbrios espaciais

4.3.1. Passos mais importantes que foram sendo dados

É o reconhecimento dos inconvenientes gerais dos desequilíbrios e das vantagens também económicas do desenvolvimento regional que explica em grande medida a evolução verificada na União Europeia[221], sem dúvida a par da exigência política de países que de outro modo se sentiriam mais 'afastados' do processo de integração em curso[222].

---

[220] Como se viu (em II.4.3.2), trata-se dos testes de Mill e Bastable, aos quais acresce o teste de Kemp para que se justifique a intervenção (importando ainda que seja feita nos termos adequados).
É esta a razão de índole económica que pode levar a que não se dê preferência àquilo que à primeira vista seria a *people's prosperity* em relação à *place prosperity* (na distinção que remonta a Winnick, 1961). Sendo o homem o destinatário de toda a atividade económica e social, mais valeria o custo de transferir as pessoas das áreas menos favorecidas para as mais favorecidas. Mas é do interesse de todos que se promovam as primeiras, com a fixação das pessoas (v.g. das mais válidas), criando-se condições para que venham a ser competitivas a médio e longo prazos (além deste interesse económico preservam-se e promovem-se assim valores ambientais, culturais e sociais que ficam irremediavelmente comprometidos com a desertificação das áreas mais desfavorecidas).
Com a descrição desta evolução ver por ex. Bache (1998, pp. 31ss.).
[221] Procurando mostrar o relevo destas razões em Portugal, onde são especialmente sensíveis os custos das grandes aglomerações e especialmente favoráveis as oportunidades existentes a nível regional, ver Porto (1996a, 1996b e 2008).
[222] Sendo a promoção do seu desenvolvimento a contrapartida de um maior mercado que favorecerá a colocação dos produtos dos países mais desenvolvidos (vimo-lo há pouco na n. 216 p. 372). Trata-se de pressão política importante e desejável, capaz de, na ausência do reconhecimento (suficiente) de outras vantagens, levar a um maior equilíbrio de que todos poderão

Partindo-se praticamente do zero – como se disse, de uma quase ausência de consideração na redação inicial do Tratado de Roma – é de facto notável a evolução verificada deste então[223], podendo distinguir-se como passos mais marcantes a criação da DG-XVI (Direcção Geral do Desenvolvimento Regional, agora designada REGIO) em 1968, a criação do FEDER (Fundo Europeu de Desenvolvimento Regional) em 1975, a inclusão da política no Tratado através do Ato Único em 1986 (com a sua reafirmação no Tratado de Maastricht, bem como naturalmente nos seguintes)[224], e a aprovação dos regulamentos aplicáveis. Para além disso a importância crescente atribuída à política regional ficou bem expressada no crescimento dos recursos que lhe foram sendo destinados. Entre 1975 e 1988 os meios financeiros do FEDER aumentaram de 2,57 para 3684 milhões de ECU's (de uma percentagem de 4,8 para uma percentagem de 8,1% do Orçamento Comunitário). A afetação de fundos duplicou depois entre 1989 e 1993, com as primeiras Perspetivas Financeiras. Com as Perspetivas Financeiras seguintes (incluindo já o Fundo de Coesão[225]), aumentaram de 22192 milhões de ECU's em 1993 para 34596 em 1999, de uma percentagem de 30,8 para uma percentagem de 36,0% do Orçamento (com uma nova duplicação para os 'países da coesão', Grécia, Portugal, Espanha, e Irlanda)[226]. Depois de algum retrocesso percentual com as Perspetivas Financeiras para 2000-2006, há que saudar a evolução verificada

vir a beneficiar (sobre esta correta razão política ver M.Ramos, 1999, p. 195 e L. Pires, 1995, p. 116; não havendo uma desejável pressão política semelhante, no plano interno, nos países não regionalizados: ver *infra* a n. 245 p. 402, considerando o caso português).

[223] Com muito mais pormenores sobre esta evolução, ver por ex. R.H. Williams (1996, pp. 69ss.) e L. M. Pires (1998).

[224] Através de um título (o título V da parte III) sobre a "Coesão Económica e Social" (distinguido-se assim as cambiantes mais espaciais – com a coesão económica – das mais ligadas ao trabalho e às carências pessoais – tal como referiremos em IV.4.5). Trata-se agora do título XVII da parte III (título XVIII do Tratado de Lisboa, TFUE, arts. 174.º a 178.º: cfr.E. Ferreira, 2012 e P.Andrés, 2012).

[225] Conforme voltaremos a referir em IV.6.4, visando-se ajudar os países menos desenvolvidos da União no cumprimento das exigências de convergência nominal na caminhada para a moeda única, o Tratado de Maastricht, pelo Protocolo n. 15, veio criar um Fundo de Coesão, fornecendo "contribuições financeiras para projetos na área do ambiente e das redes transeuropeias de transportes nos Estados-Membros com um PIB *per capita* inferior a 90% da média comunitária que tenham definido um programa que lhes permite preencher os requisitos da convergência económica estabelecida no art. 104.º; 126.º no Tratado de Lisboa.

[226] Do relevo crescente que foram tendo os fundos estruturais é dada uma imagem pela figura seguinte (fig. IV.15):

com as Perspetivas Financeiras para 2007-2013 e, como veremos em IV.10.3.2, o primeuro lugar que passou a ocupar no Quadro Financeiro Plurianual (QFP) agora em aplicação, para 2014-2020.

4.3.2. Os princípios e os meios de apoio nos quadros anteriores

Com os regulamentos de 1988 a atribuição dos fundos estruturais passou a ser feita de acordo com os princípios seguintes: da concentração, do parte-nariado, da programação e da adicionalidade.

Nos termos do primeiro, deve verificar-se a *concentração* dos fundos, tendo em conta as caraterísticas das áreas e das ações a desenvolver.

O *partenariado* requer a cooperação mais estreita possível entre a Comis-são e as 'autoridades competentes' (a 'nível nacional, regional e local') de cada Estado-Membro em todos os estádios do processo, desde a preparação à execução das ações.

A *adicionalidade*, por seu turno, requer que os fundos da União não se subs-tituam a investimentos nacionais, devendo complementá-los e ampliá-los[227].

FIG. IV.15

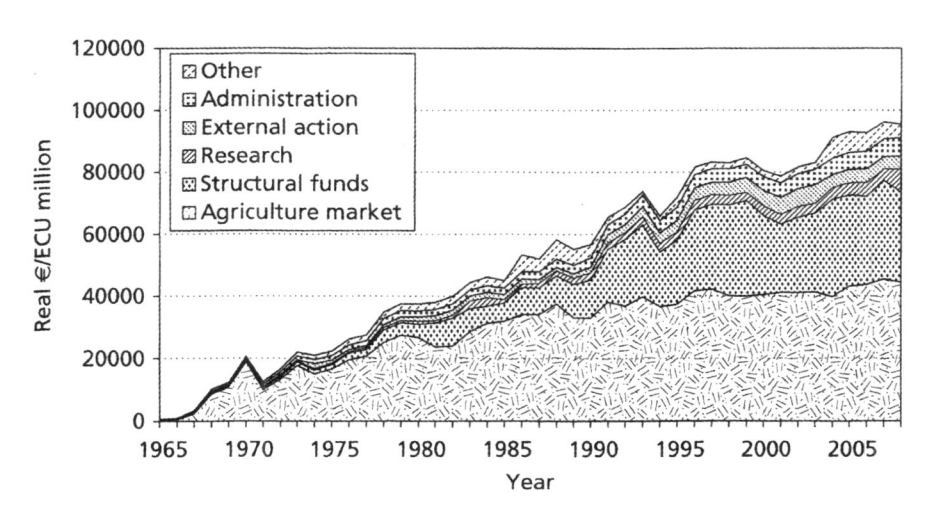

Fonte: Ardy e El-Agraa (2011, p. 295)

[227] Sobre este princípio e o princípio do partenariado ver recentemente Bache *et al.* (2015, pp. 255-8).

Por fim, com a *programação* deixa de se aceitar o financiamento de projetos isolados, devendo enquadrar-se todos eles em programas multi-anuais, pluri--setoriais e se possível inter-regionais.

Na linha das propostas da Agenda 2000, com os regulamentos de 1999 passou a haver uma maior concentração geográfica e dos instrumentos de intervenção.

Assim passou a acontecer não só em resposta a necessidades de racionalidade e eficiência como em antecipação a novas exigências orçamentais resultantes dos alargamentos (debruçar-nos-emos sobre este ponto em IV.8).

Com as regras anteriores era abrangida (nos objetivos regionais dos fundos estruturais) 51,6% da população da União Europeia, em territórios muito distintos (cfr. Porto, 1997, p. 383). Uma maior seletividade era pois condição para que se conseguisse um efeito mais rápido e sensível de aproximação das áreas mais carecidas. Mas sem dúvida o propósito de se libertarem disponibilidades para os alargamentos em perspetiva pesou significativamente para que se apontasse na Agenda 2000 para uma abrangência menor, entre 35 a 40% da população total.

Para tal decidiu-se que o limite máximo de 75% do PIB *per capita* para se ser considerado no objetivo 1 passasse a ser seguido rigidamente. Perdeu-se assim qualquer hipótese de a Região de Lisboa e Vale do Tejo ser mantida[228].

No que respeita aos critérios de intervenção, foi decidido que em vez de seis objetivos anteriormente estabelecidos passasse a haver apenas três: o objetivo

---

[228] Para o 2.º Quadro Comunitário de Apoio (1994-9) havia uma tolerância geral até 80%, mas as autoridades portuguesas conseguiram manter esta região, apesar de já ter (quando das negociações) um valor de 82%. Justifica-se a nossa preocupação, não só tendo em conta os problemas aqui existentes como porque o que deixa de vir para a Região de Lisboa não reverte para as demais regiões do país (apenas numa pequena medida, com a libertação geral de fundos na União Europeia).

Não o tendo feito antes, revelava-se infrutífero só agora apontar eventuais incorreções estatísticas, invocar argumentos de estratégia (a necessidade de um país como o nosso ter um 'motor' dinamizador: ver a crítica em Porto, 1996a, pp. 1-21 e 1998b, pp. 16-24), ou argumentar no sentido de passar a seguir-se um critério de produtividade (que já nos favoreceria, porque mesmo as nossas regiões mais favorecidas têm níveis de produtividade abaixo da média europeia...). A única hipótese realista era negociar o melhor possível um regime de transição (de *phasing out*), havendo já o precedente da Região de Abruzzo, na Itália (cfr. C. Costa, 1998, p. 51); tendo além disso havido a separação de alguns municípios da Região de Lisboa e Vale do Tejo, integrando-os nas regiões de "convergência", agora designadas de "menos desenvolvidas", do Centro e do Alentejo, e sendo assim beneficiados na candidatura aos fundos.

1 de *promoção do desenvolvimento e do ajustamento das regiões menos desenvolvidas*; o objetivo 2 de *apoio à reconversão económica e* social *das zonas com dificuldades estruturais*; e o objetivo 3 de *apoio à adaptação* e moder*nização das políticas e sistemas de educação, de formação e de emprego.*

A par dos fundos já referidos e a referir deve ser dado um grande relevo ao Banco Europeu de Investimento (BEI), criado já com o Tratado de Roma e sendo considerado agora no capítulo V do título I da parte VI do TFUE, arts. 308º e 309º(cfr. Costa, 2012), bem como num Protocolo.

Nos termos do art. 309º, "o Banco Europeu de Investimento tem por missão contribuir, recorrendo ao mercado de capitais e utilizando os seus próprios recursos, para o desenvolvimento equilibrado e harmonioso do mercado interno no interesse da União".

Entre os projetos a financiar são indicados em primeiro lugar "projetos para a valorização das regiões menos desenvolvidas", referindo-se na alínea seguinte "projetos de modernização ou reconversão de empresas, ou de criação de novas atividades induzidas pelo estabelecimento ou funcionamento do mercado interno que, pela sua amplitude ou natureza, não possam ser inteiramente financiados pelos diversos meios existentes em cada um dos Estados-Membros".

Dispondo de recursos muito avultados (é a maior das instituições financeiras multilatarais a nível mundial), tem concedido empréstimos que têm excedido o total dos apoios estruturais proporcionados pelo orçamento da União (ver Dinan, 2000, pp. 202-6 ou já Barav e Philip, 1993, pp. 133-8; e com quadros com valores entre 2004 e 2011, designadamente com os valores do apoio proporcionado a Portugal, C. Costa, 2012)

No período das Perspetivas Financeiras para 2007-2013 a política regional passou a ter um quadro de novas orientações, definidas basicamente no Regulamento (CE) n.º 1083/2006, do Conselho, de 11 de Junho, estabelecendo disposições gerais sobre o FEDER, o Fundo Social Europeu (FSE) e o Fundo de Coesão (FC).

Para ter acesso aos fundos disponibilizados cada Estado-Membro teve de proceder à elaboração de um QREN, Quadro de Referência Estratégico Nacional, figura que sucedeu aos QCA's (Quadros Comunitários de Apoio) anteriores; desdobrando-se, tal como acontecia com estes, em "programas operacionais".

Os novos regulamentos vieram estabelecer também três objetivos a atingir, que todavia só em alguma medida correspondiam aos anteriores: sendo o primeiro, este de facto semelhante ao anterior objetivo 1, um objetivo de "convergência", o segundo um objetivo de "competitividade regional e emprego", e o terceiro um objetivo de "cooperação territorial europeia".

a) O primeiro objetivo, de "convergência", visava acelerar a convergência económica das regiões e dos países menos desenvolvidos, através da melhoria das condições de crescimento e de emprego. No seu financiamento intervinham três fundos, o FEDER, o Fundo Social Europeu (FSE) e o Fundo de Coesão.

Eram elegíveis para terem financiamentos do FEDER e do FSE as regiões (NUT's II[229]) com um PIB *per capita* em paridade de poderes de compra (PPC) inferior a 75% da média da EU-25 (apurado no período 2000-2002). Além delas, eram elegíveis a título transitório, no regime chamado de *phasing out* (com um nível de financiamento mais baixo), as regiões que no mesmo período de referência (2000-2002) tivessem tido um PIB *per capita* inferior a 75% na UE-15, tivessem todavia na UE-25 um valor superior a 75%, pelo "efeito estatístico" resultante de a média da União ter baixado como consequência da entrada de países (os PECO's) com capitações muito mais baixas (ver *infra* IV.8).

Por fim, eram ainda elegíveis neste objetivo de "convergência", para efeitos de financiamento pelo Fundo de Coesão, Estados-Membros com um RNB *per capita* inferior a 90% da média da UE-25 registado no período 2001-2003, com a condição ainda de terem em aplicação um programa aceite pelas autoridades comunitárias para assegurar as condições de convergência nominal fixadas no Tratado (para se evitar um défice orçamental excessivo).Também este financiamento, pelo Fundo de Coesão, é mais baixo para os países com PIB's *per capita* acima de 75% da média da União.

b) O segundo objetivo, de "competitividade regional e emprego", visava o reforço da competitividade e da atratividade das regiões, bem como a criação de emprego, através da antecipação e da promoção de mutações económicas;

---

[229] Nas categorias estatísticas da União Europeia há três unidades geográficas: as NUT's I, correspondendo em princípio aos países, mas por ex. entre nós também (separadamente) aos Açores e à Madeira; as NUT's II, correspondendo às "regiões", 268 na União (UE-27), havendo cinco no Continente português (as áreas das Comissões de Coordenação e Desenvolvimento Regionais, Norte, Centro, Lisboa e Vale do Tejo, Alentejo e Algarve); e as NUT's III, correspondendo cá a 52 agrupamentos de municípios.

podendo ser financiado pelo FEDER e pelo FSE; semdo elegíveis neste objetivo todas as NUT's II não enquadradas no objetivo "convergência".

Ou seja, com estes dois objetivos a política de coesão da União Europeia era aplicável a todo o seu território, incluindo as regiões mais prósperas, naturalmente com uma afetação menor de verbas; mas não podendo deixar de ser-se sensível, como se sublinhará também por exemplo em IV.10, a que a Europa no seu conjunto, com o aproveitamento de todas as suas capacidades, tem de ser capaz de responder no século XXI aos dificílimos desafios da globalização (tendo-se ainda naturalmente em conta que também nas regiões mais ricas há delicados problemas económicos e sociais a que importa dar resposta.

Havia todavia um tratamento específico, mais favorável, para as regiões que, tendo estado no objetivo 1 no período 2000-2006, não podiam estar no objetivo de "convergência" por terem ultrapassado agora o limiar de 75% da média da EU-15 (em PIB *per capita*). Eram consideradas em regime de *phasing in* no objetivo "competitividade regional e emprego".

c) O terceiro objetivo, de "cooperação territorial europeia", financiado apenas pelo FEDER, visava três tipos de cooperação territorial: 1) cooperação transfronteiriça, sendo elegíveis NUT's III situadas ao longo das fronteiras terrestres internas e de certas fronteiras externas, bem como NUT's II de fronteiras marítimas a distâncias entre si inferiores a 150 quilómetros; dando-se assim de certo modo continuidade aos anteriores programas INTERREG; 2) cooperação transnacional, através do estabelecimento de redes de cooperação entre regiões; e, 3) podendo abranger todo o território da União, cooperação inter-regional com a troca de experiências e a realização de ações em matéria de estudos, recolha de informação, observação e análise de tendências de desenvolvimento no espaço comunitário.

No quadro seguinte (quadro IV.11) pode ver-se o modo como as 268 regiões da União Europeia (as NUT's II) se repartiam pelos dois primeiros objetivos. Não ficando nenhuma de fora (podendo ainda, como acabámos de ver, ser consideradas em alguma das hipóteses do terceiro objetivo), vemos que no primeiro acabavam por estar 100 regiões (84 no regime normal e 16 em *phasing out*) e no objetivo "competitividade regional e emprego" 168 (155 no regime normal e 13 em *phasing in*):

QUADRO IV.11

Tipo de Objectivo	Número de Regiões	% da popul. UE 27	PIB/hab. PPC % UE 25	Taxa desemp. 2004	Taxa de crescimento 1995-2002	% PIB UE 27 2002
Convergência	84	31,7	51,9	13,7	2,6	12,5
Convergência Phasing Out	16	3,4	79,2	12,2	2,3	2,6
Competitividade Reg. e Emprego (CRE)	155	61,0	119,7	6,9	2,4	81,6
CRE - Phasing In	13	3,9	89,9	8,8	3,4	3,3
Total UE 27	268	100	95,6	9,2	2,4	100

Regiões (*) elegíveis aos Fundos Estruturais no período de 2007-2013 na UE 27
Fonte: Comissão Europeia (2006a; cfr. A. Marques, 2006, p. 392)

Vê-se pois que as 84 regiões do regime normal de "convergência", com quase um terço da população da UE-27 (31,7%), tinham apenas 12,5% do PIB; quando por seu turno as 155 regiões do regime normal de "competitividade regional e emprego", com 61% da população da UE-27, tinham 81,6% do PIB.

Compreende-se pois que fosse bem maior a afetação de fundos às primeiras, conforme resulta do quadro IV.12, mostrando o modo como os meios financeiros eram repartidos pelos três objetivos assinalados nas Perspetivas Financeiras para 2007-2013:

QUADRO IV.12
Repartição dos recursos financeiro da política de coesão
(2007-2013) – milhões 3(*)

Países	Objectivo Convergência			Objectivo Competitiv. Regional e Emprego		Objectivo Cooperação Territorial Europeia	TOTAL
	Fundo de Coesão	Regime "normal"	Phasing out	Regime "normal"	Regime Phasing in		
Bélgica			579	1.268		173	2.019
Rp. Checa	7.830	15.149		373		346	23.697
Dinamarca				453		92	545
Alemanha		10.553	3.770	8.370		756	23.450
Estónia	1.019	1.992				47	3.058
Grécia	3.289	8.379	5.779		584	186	18.217
Espanha	3.250	18.727	1.434	3.133	4.495	497	31.536
França		2.838		9.123		775	12.736
Irlanda				261	420	134	815
Itália		18.867	388	4.761	879	752	25.647
Chipre	191				363	24	581
Letónia	1.363	2.647				80	4.090
Lituânia	2.034	3.965				97	6.097
Luxemburgo				45		13	58
Hungria	7.589	12.654			1.865	343	22.451
Malta	252	495				14	761
Holanda				1.477		220	1.696
Áustria			159	914	0	228	1.301
Polónia	19.562	39.486				650	59.698
Portugal	2.722	15.240	254	436	407	88	19.147
Eslovénia	1.239	2.407				93	3.739
Eslováquia	3.433	6.230		399		202	10.264
Finlândia				935	491	107	1.532
Suécia				1.446		236	1.682
Reino Unido		2.436	158	5.349	883	642	9.468
Bulgária	2.015	3.873				159	6.047
Roménia	5.769	11.143				404	17.317
Por atribuir						392	392
TOTAL	61.558	177.083	12.521	38.742	10.385	7.750	308.041

(*) Preços de 2004.

Fonte: CCE (2006a; cfr. A. Marques, 2006, p. 396)

Pode ver-se que, como resultado das grandes diferenças aqui verificadas, Portugal e a Espanha eram os únicos países da então UE-27 que tinham regiões em todos os objectivos. Assim, entre nós *a)* estavam no regime normal de convergência as regiões (NUT's II) do Norte, Centro e Alentejo, bem como a Região Autónoma dos Açores (que, como vimos, é NUT I); *b)* estava no regime de *phasing out* estatístico em relação ao objetivo de "convergência" a região do Algarve; *c)* a região de Lisboa integrava o objetivo "competitividade regional e emprego";d) e a Região Autónoma da Madeira estava integrada no regime transitório do objetivo "competitividade regional e emprego", na situação de *phasing in*.

Cabendo a Portugal um total de 19,147 milhares de milhões de euros, ao longo do período até 2013, constata-se que se tratava de 6,62% do total, tendo nós 2,08% da população da União.

No nosso país, por seu turno, cabia às regiões de "convergência" 81,3% dos três fundos estruturais[230], de um montante de 7.367 milhões de euros para os Programas Operacionais Regionais. Tinhamos além disso os Programas Operacionais Temáticos seguintes, com uma verba total muito superior, de 13.900 milhares[231]: a) o Programa Fatores de Competitividade, apoiado pelo FEDER; b) o Programa Potencial Humano, co-financiado pelo FSE;c) e o Programa Valorização do Território, financiado pelo FEDER e pelo Fundo de Coesão.

Comparando-se a situação deste quadro (QREN) com a anterior, pode apontar-se por exemplo que o Fundo Social Europeu (FSE) passou a representar 37% do conjunto dos fundos estruturais no continente (FSE e FEDER), 35,3% no conjunto do país: com um aumento de 10% em relação ao Quadro Comunitário de Apoio (III) de 2000 a 2006; ou ainda que os Programas Operacionais Regionais do continente exclusivamente cofinanciados pelo FEDER passaram a ter 55% do total das verbas do FEDER aplicado nesta área, com um aumento de 9% em relação ao QCA III.

4.3.3 O quadro de apoio agora em curso

Atualmente, a estratégia que está a ser seguida e os meios financeiros atribuidos estão a ser determinados pelas linhas estabelecidas para a União pela

---

[230] Em termos de capitação dos PO's regionais (com todos os valores absolutos ver a já referida naterior edição deste livro, 2009, pp. 425-30) estavam à frente os Açores, com 4.785,7 euros, seguindo-se a Madeira, com 1.816,2, e o Alentejo, com 1.119. Só depois vinham as Regiões Norte e Centro, com 735,5 e 724,7, respetivamente, apesar de serem mas regiões mais pobres do país (a Região Norte com pouco mais de metade do PIB *per capita* de Lisboa). A estes valores acresciam os valores dos PO's temáticos.
Com os valores absolutos ver também os quadros inseridos na edição anterior deste livro (2009, pp. 425-30).
[231] Acrescendo ainda 99 milhões para o Programa Operacional de Cooperação Territorial (bem como 3,175 milhares de milhões para o FEADER e o FEP).

Estratégia Europa 2020 (ver *infra* IV.7.2) e pelo Quadro Financeiro Pluria-nual (QFP) para 2014-2020 (ver *infra* IV.10.3.2).

Como veremos, trata-se de estratégia que procura fazer face a desafios da atualidade e do futuro, como são os casos, especialmente considerados, do envelhecimento da população, da escassez dos recursos e da globalização, através de um crescimento inteligente, sustentável e inclusivo, promovido com o apoio dos meios financeiros disponibilizados.

Com a terceira prioridade estabelecida, de um "crescimento inclusivo", está em causa "fomentar uma economia com níveis elevados de emprego que assegure a coesão social e territorial", apontando-se pois no sentido de um maior equilíbrio regional.

O Regulamento (UE) nº 1303/2013, do Parlamento Europeu e do Comse-lho, de 17 de Dezembro de 2013 (revogando o Regulamento (CE) 1083/2006 do Conselho), veio estabelecer "disposições comuns relativas ao Fundo Euro-peu de Desenvolvimento Regional (FEDER), ao Fundo Social Europeu (FSE), ao Fundo de Coesão (FdC), ao Fundo Europeu Agrícola de Desenvolvimento Rural (FEADER) e ao Fundo Europeu dos Assuntos Marítimos e das Pescas (FEAMP)", os "Fundos Europeus Estruturais e de Investimento – FEEI".

Conforme se diz logo no preâmbulo do diploma, em (3), "os FEEI deverão desempenhar um papel importante na consecução dos objetivos da estratégia da União para um crescimento inteligente, sustentável e inclusivo"; estando em causa, de acordo com o art. 1º, "a eficácia dos FEEI" e "a coordenação dos Fundos entre si e com os outros instrumentos da União".

Para a prossecução dos objetivos propostos, com a utilização dos fundos de que pode dispor-se, cada país tem de assinar um ´acordo de parceria´ com a Comissão Europeia: tendo Portugal apresentado e assinado o "Acordo de Parceria 2014-2020", com o propósito afirmado logo no início de que os fun-dos estruturais serão "o instrumento essencial de apoio ao desenvolvimento do país e à correção das assimetrias regionais que ainda persistem", acres-centando-se de imediato que "hoje o principal defice do País não é um défice de infraestruturas, mas sim de competitividade. Por isso, o primeiro objetivo para os fundos é a dinamização de uma economia aberta ao exterior, capaz de gerar riqueza de maneira sustentada".

É nesta lógica que temos a distribuição de verbas que consta da figura seguinte (fig. IV.16), em que é interessante fazer a comparação com a distri-buição de verbas no conjunto da UE-28:

FIG. IV.16

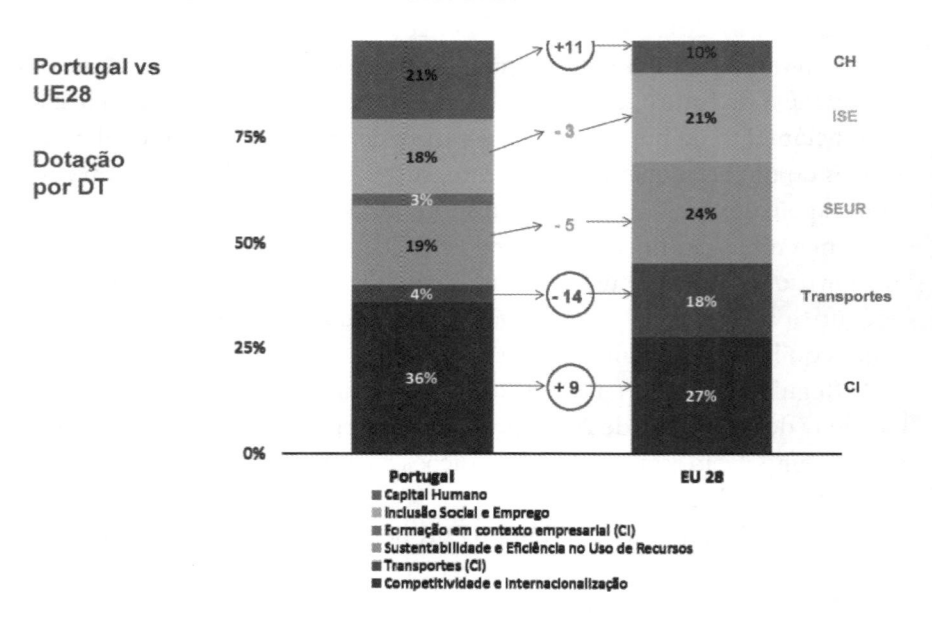

As diferenças mais notórias, no sentido de uma maior dotação em Portugal, estão pois na dotação para a formação do capital humano (com uma diferença de 11 %) e na promoção da competitividade e internacionalização (com uma diferença de 9 %). Não podendo estar em causa a importância destas rubricas, não pode todavia deixar de estranhar-se a diferença para menos, de 14%, na dotação para transportes, quando países com infraestruturas muito mais desenvolvidas e adequadas do que as nossas (alguns deles além disso de dimensão muito menor) sentem a necessidade de dedicar 18% das verbas totais a este setor, quedando-nos nós por um valor reduzidíssimo, de 4 %...

Como vimos em IV. 2.2, é especialmente criticável que fique comprometida assim a promoção de um indispensável incremento do transporte em *rail*, evitando-se os indesejáveis custos ambientais, de congestionamentos, energéticos e de segurança dos transortes rodoviário e aéreo. Portugal continuará a ser o único país da Europa de média ou grande dimensão a não ter um único comboio rápido. E os responsáveis portugueses têm de passar a preocupar-se, numa perspetiva nacional. com a promoção e a aproximaçao de todo o país.

No novo quadro estão estabelecidos como princípios básicos a ter em conta os princípios: a) da racionalidade económica, b) da concentração, c) da disciplina financeira, d) da integração orçamental, e) da desagregação das funções de gestão, f) da prevenção de conflitos de interesses e g) da transparência e prestação de contas.

As verbas chegam aos países com a concretização de Programas Operacionais.

Temos assim em Portugal os programas seguintes:

a) Quatro programas temáticos no Continente: 1) Competitividade e Internacionaliação, 2) Fomento do Capital Humano, 3) Inclusão Social e Emprego e 4) Sustentabilidade e Eficiência no Uso dos Recursos.
b) Cinco programas operacionais regionais no Continente: 1) Norte, 2) Centro, 3) Lisboa, 4) Alentejo e 5) Algarve
b) Dois programas nas Regiões Autónomas (Açores e Madeira)

Com a preocupação de se promover um maior equilíbrio regional tem-se em conta, com os referidos sete programas regionais (cinco no Continente e dois nas Regiões Autónomas), a existência de três tipos de regiões (com alguma correspondência com as classificações dos quadros anteriores):

1) "Regiões menos desenvolvidas", caraterizadas por terem menos de 75% do PIB *per capita*da União; estando aqui, em Portugal, as Regiões Norte, Centro, Alentejo e Açores;
2) "Regiões em transição", com o PIB *per capita* entre 75 e 90%, estando aqui a Região do Algarve;
3) "Regiões mais desenvolvidas", com o PIB *per capita* superior a 90%, estando aqui as Regiões de Lisboa e da Madeira.

Em termos financeiros, havendo para Portugal uma dotação de 21.182 milhares de milhões de euros dos fundos de coesão (estruturais), a que acrescem valores em especial para a agricultura, elevando o total dos FEEI para 25.632 milhares de milhões), a verba mais elevada, de 10.253 milhares de milhõesde euros, vem para o programa temático de Competitividade e Internacionalização (41% do total), tendo os demais programas temáticos as verbas seguintes: 6.259 milhares de milhões de euros para o programa de Sustentabilidade e Eficiência no Uso de Recursos (25%), 4.327 milhares de milhões para o programa de Fomento do Capital Humano (17%), 4.090 milhares de milhões para o programa de Inclusão Social e Emprego (17%).

Nos programas operacionais regionais a verba maior, de 3.321 milhares de milhões de euros, vem para a Região Norte, seguindo-se a Região Centro, com 2.117, a Região do Alentejo, com 1.215, a Região dos Açores com 1.140, a Região de Lisboa com 833, a Região da Madeira com 403 e a Região do Algarve com 319.

O mapa que se segue (fig. IV.17) dá-nos uma imagem do conjunto da União Europeia, com as regiões "menos desenvolvidas" localizadas em Portugal, em alguma medida em Espanha e no sul da Itália, na Grécia e em país do centro da Europa que estiveram anteriormente com regimes comunistas.

FIG. IV.17

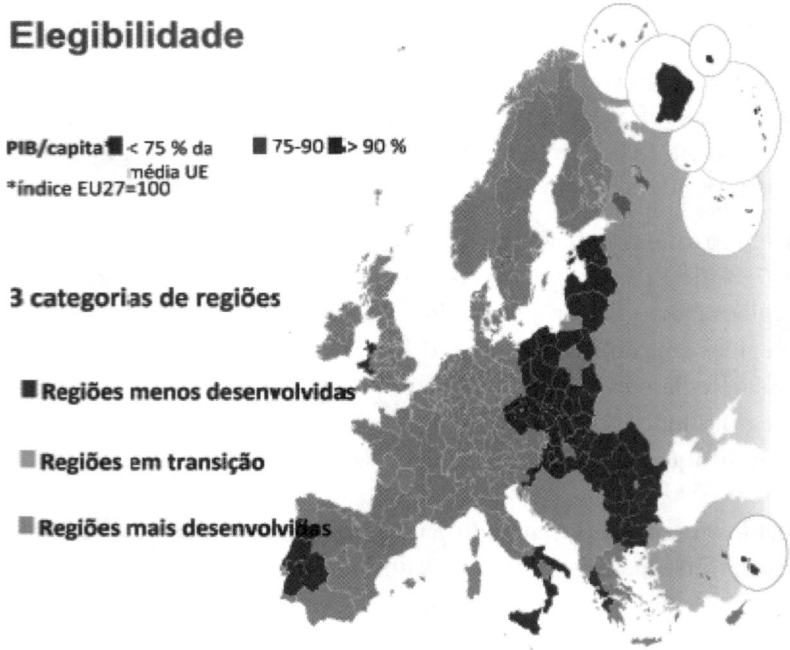

Corresponde naturalmente em boa medida a este mapa a localização das verbas afetadas à política regional e de coesão no quadro financeiro em curso (de 2014 a 2020):

FIG. IV.18
Montants alloués dans le cadre de la politique régionale et de cohésion,
2014-2020 (milliards d'euros)

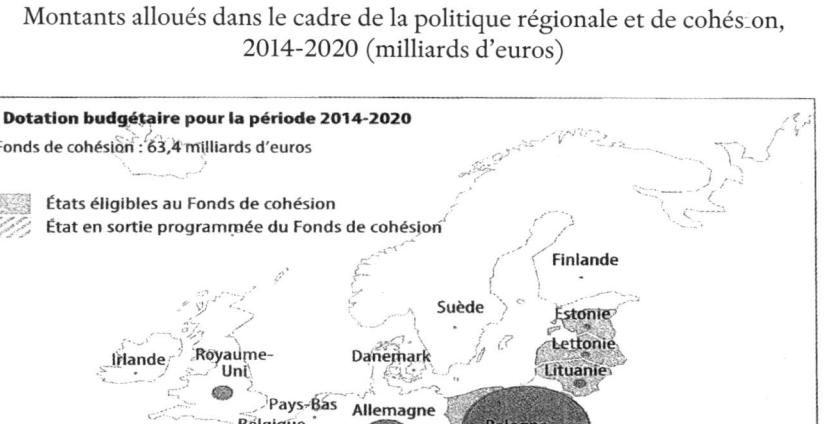

Fonte: Relatório Schuman (2016, p.304)

E, por fim, a figura que se segue (fig. IV.19) mostra, com os números em causa, o esforço especial que é representado pelo apoio dado às "regiões menos desenvolvidas" da União Europeia, com 182,1 milhares de milhões de euros, quase o triplo da rubrica seguinte, do Fundo de Coesão (que não deixa aliás de poder ser utilizado em todo o território):

Fig. IV.19
L'utilisation des fonds de cohésion

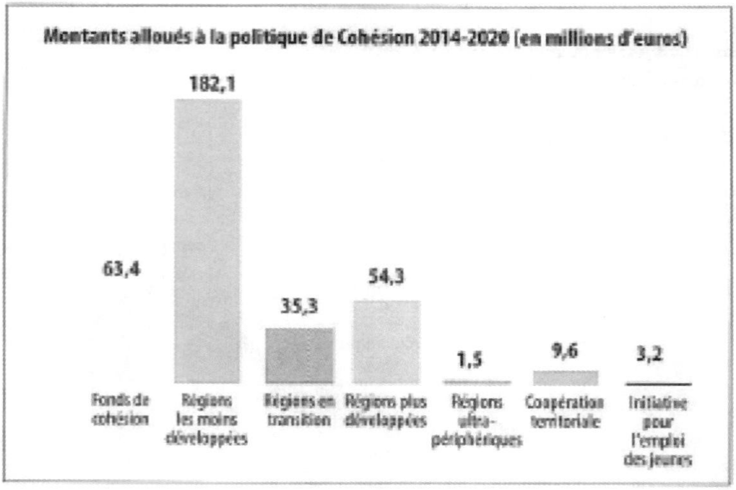

Fonte: Relatório Schuman (2016, p. 304)

4.4. Os resultados da política já seguida

4.4.1. No conjunto da União Europeia

Não é fácil ou mesmo possível em economia saber com segurança se determinados efeitos são a consequência (apenas) de determinadas medidas. Assim acontece a propósito da política regional comunitária (da União Europeia), acrescendo que a totalidade dos efeitos de uma política *estrutural* só pode ser conhecida alguns anos mais tarde, só então podendo ser integralmente medidos os efeitos económicos e sociais resultantes da melhoria da capacidade produtiva de um país ou de uma região.

As estatísticas mostram que houve uma aproximação dos quatro países da "coesão" (Portugal, Espanha, Grécia e Irlanda) na UE-15 em relação à média comunitária (quadro IV.13):

QUADRO IV.13
PIB/habitante nos "países da coesão", 1988-2004

Variação anual média do PIB em %	Ano	Grécia	Espanha	Irlanda	Portugal	UE 3 (1)	UE 15 (2)
	1988-1998 (3)	1,9	2,6	6,5	3,1	2,6	2,0
	1998-2004 (4)	4,0	3,3	7,3	2	3,1	2,2
PIB/habitante (em PPC) UE-15 = 100	1988	68,0	74,3	69,2	60,1	67,5	100
	1989	68,1	75,4	71,7	62,2	68,6	100
	1990	66,1	76,3	75,5	63,1	68,5	100
	1991	68,4	79,2	77,5	66,6	71,4	100
	1992	67,9	79,1	79,0	66,9	71,3	100
	1993	67,0	78,8	81,5	65,9	70,6	100
	1994	66,4	78,6	83,9	64,8	69,9	100
	1995	65,0	78,9	89,4	65,9	69,9	100
	1996	64,7	79,3	93,3	66,0	70	100
	1997	65,4	79,5	101,9	67,1	70,7	100
	1998	65,1	80,8	106,2	68,4	71,4	100
	1999	65,1	83,4	110,8	70,1	72,9	100
	2000	65,8	83,3	115,0	70,2	73,1	100
	2001	67,2	84,1	117,9	70,3	73,9	100
	2002	71,1	86,4	121,2	70,1	75,9	100
	2003	74,2	89,5	121,2	68,4	77,4	100
	2004	75,7	89,7	123,4	67,4	77,6	100

(1) Grécia + Espanha + Portugal; (2) Período 1988-98: sem os novos Länder alemães; (3) Taxa média anual; (4) Média das taxas anuais.

Fonte: CCE (2003: Anexo Estatístico, Quadro 1); CCE (2005d) (cfr. A. Marques, 2006, p. 369)

Não diminuiu a diferença em relação aos países antes já mais ricos, aumentou mesmo, tendo por exemplo o PIB *per capita* do Luxemburgo aumentado entre 1990 e 2004 (sempre em paridade de poderes de compra, PPC) de 150 para 223 da média da UE-15, ou ainda por exemplo o da Dinamarca de 104 para 122 e o da Holanda de 100 para 119.

Mas houve claramente uma aproximação da média dos quatro da "coesão", com um relevo muito especial para a Irlanda (com grandes problemas, mas já ultrapassados, quando se deu a crise mundial iniciada em 2008), país que, tendo em 1988 69,2% da média, 5,1% abaixo da Espanha, estava em 2004 no segundo lugar da UE-25, a seguir ao Luxemburgo, com 123,4%, 33,7 pontos percentuais acima da Espanha (de facto, a Irlanda não se aproximou da média: afastou-se da média, mas para cima...). E assim aconteceu apesar de o país nosso vizinho ter tido também uma aproximação clara, de 74,3% da média em 1988 para 89,7% em 2004 (sofrendo depois também gravemente com a crise).

Portugal e a Grécia tiveram evoluções distintas na última década do século XX e na primeira década do século XXI.

Tendo partido de uma situação mais desfavorável, com 60,1% da média da UE-15 em 1988, quando a Grécia tinha bem mais, tinha 68%, ultrapassámos claramente os gregos na década de 90, tendo em 2001 70,3% da média, com a Grécia a ter 67,2% (havia tido 64,7% em 1996).

Já na primera década do século XXI há uma nova inversão das posições, com Portugal a divergir da média da UE-15, tendo 67,4% em 2004, e a Grécia a convergir, com 75,7% neste mesmo ano (sobre o processo português ver Constância, 2008).

Estes quatro países da "coesão" na UE-15 foram naturalmente os destinos preferenciais dos fundos estruturais (as coisas mudaram naturalmente muito com os alargamentos aos PECO's, em 2004 e 2007, como veremos em IV.8), tendo representado percentagens significativas dos PIB's e das formações brutas de capital fixo (FBCF):

Quadro IV.14

Peso dos Fundos Estruturais no PIB e na FBCF dos "países da coesão"

	Grécia	Irlanda	Espanha	Portugal	UE4
	PIB (%)				
1989-1993	2,6	2,5	0,7	3,0	1,4
1994-1999	3,0	1,9	1,5	3,3	2,0
2000-2006	2,8	0,6	1,3	2,9	1,6
	FBCF (%)				
1989-1993	11,8	15,0	2,9	12,4	5,5
1994-1999	14,6	9,6	6,7	14,2	8,9
2000-2006	12,3	2,6	5,5	11,4	6,9

Fonte: CCE (2001: Parte III, Quadro 9).

Como não podia deixar de ser, Portugal foi dos países mais beneficiados, mesmo o mais beneficiado em termos de percentagens dos PIB's.

Tendo sido pois clara a aproximação geral dos países da União Europeia, mais concretamente a aproximação dos primeiros quatro países da "coesão" (na UE-15), tem de pôr-se a questão de saber se também houve aproximação entre as regiões, designadamente das NUT's II mais desfavorecidas. Os textos da União Europeia, desde logo os Tratados, e para além disso os interesses dos cidadãos e das economias em geral[232], exigem que não nos satisfaçamos com

---

[232] Na linha da justificação básica da política regional em geral, recordada há pouco (em IV.4.2).

um maior equilíbrio estatístico entre os países nos seus conjuntos, havendo grandes desequilíbrios dentro deles.

Os resultados que têm vindo a ser apurados, por vias diversas, v.g. comparando-se as situações das dez ou vinte e cinco regiões mais pobres com as dez ou vinte e cinco mais ricas, têm sido contraditórios ou não conclusivos.

Depois de parecer ter havido quando muito a manutenção da situação anterior, já nos anos 90 a Comissão Europeia (1999b, pp. 7 e 200) julgou ter havido aproximação entre as NUT's II[233]; ideia confirmada depois (Comissão, 2005), no COM (2005) 192, com a indicação de que "as disparidades regionais são mais acentuadas do que a nível nacional mas estão igualmente a diminuir.

Continua todavia a não ser seguro que assim aconteça, mantendo-se as dúvidas que vêm de trás; pelo contrário, havendo cálculos que apontam no sentido do seu agravamento, ainda que pequeno e mais sensível em alguns países[234].

Em relação aos casos de aproximação, importa por seu turno saber se a aproximação verificada ficou a dever-se à política regional ou se teria tido lugar mesmo sem ela, v.g. como mera consequência da dinâmica de um mercado mais concorrencial. Trata-se de questão de grande importância, dependendo naturalmente de uma resposta afirmativa a justificação da sua manutenção ou mesmo do seu reforço.

Conforme foi sublinhado pela Comissão (1999b, cap. 5), concluiram nesse sentido estudos levados a cabo[235], mostrando que a utilização dos fundos teria levado a um acréscimo do crescimento anual de 0,5%, em relação ao que teria acontecido sem eles, nas regiões objetivo 1 (1% em Portugal e na Grécia; cfr. Fitoussi, 2000, p. 174). De acordo com as estimativas feitas, em 1999 o efeito

---

[233] Com análises apontando no mesmo sentido podem ver-se R. Martin (1999), Button e Pentecost (1999) ou Fitoussi (2000, cap. 5).

[234] Ainda em relação aos anos 90 e sobre o início da década atual podem ver-se A. Marques e Soukiazis (1999), Pontes (2000; cfr. tb. 2005), Solanes e Ramon (2002), Amorim et al. (2004), bem como textos inseridos em Tumpel-Gugerell e Mooslechner (2003) ou já em Bliss e Macedo, ed. (1990). Perspetivando vários aspetos ver Von Schütz et al. (2008).

[235] Com análises anteriores e contemporâneas de um modo geral menos favoráveis ou indefinidas ver por exemplo Neven e Gouyette (1995), Fagerberg e Verspagen (1996), J. R. Silva e Lima (1997) e Magnini (1999) (cfr. já A. Marques, 1993).

acumulado dos fundos terá elevado em 10% os PIB's da Grécia, da Irlanda e de Portugal, e em 4% o PIB da Espanha[236].

Mesmo reconhecendo-se o contributo da política regional, mais concretamente dos fundos, para um crescimento maior dos países ou das regiões, importa ainda assim pôr a questão de saber se os recursos foram utilizados da forma mais eficiente possível: ou seja, a questão de saber se teria sido possível atingir o mesmo resultado com menos recursos ou melhores resultados com as mesmas verbas, em grande medida verbas do erário público.

Por fim, uma questão importante e de grande atualidade é a questão de saber que filosofias de atuação terão sido seguidas, eventualmente filosofias de atuação diversas.

Mais concretamente, em edição anterior deste livro (2001, 3ª ed., pp. 402-3) demos relevo à distinção entre estratégias pela via da procura e pela via da oferta, sendo Portugal acusado de, seguindo mais a primeira via, mais fácil e com resultados mais rápidos, pôr em causa a nossa competitividade no futuro; com a alegação explícita ou implícita de que estariam nas primeiras circunstâncias os investimentos em infraestruturas, comprometendo recursos que deveriam ser afetados antes a investimentos imateriais.

Ninguém poderá aliás ser mais sensível do que nós à necessidade da qualificação das pessoas em geral à promoção da eficácia nas produções, num mundo cada vez mais exigente, agora à escala global

Mas dados conhecidos não mostram que tenha havido tal privilegiamento, por si mesmo e no cotejo com as estratégias seguidas pelos outros países, designadamente pelos países que nos estão "mais próximos".

É o que resulta da observação do quadro IV.15, com dados também de outros países, não só dos países da "coesão" na UE-15:

[236] Com uma análise (positiva) da experiência espanhola de apoio estrutural ver De la Fuente e Vives (1995).

QUADRO IV.15

Peso dos Fundos Estruturais no PIB e na FBCF dos "países da coesão"

	Greece	Spain	Portugal	France	Italy	Ireland	UK	Germany	Belgium
1994-9									
Infrastructure	45.8	37.1	29.5	29.2	34.7	17.2	20.6	8.0	14.2
Human resources	23.5	24.4	26.6	27.8	14.2	35.7	30.7	26.7	13.3
Production	30.1	30.0	39.3	35.7	50.3	40.0	41.7	62.9	61.2
2000-6									
Infrastructure	43.2	42.4	22.5	29.5	37.2	45.8	22.9	22.7	14.1
Human resources	19.0	25.4	24.3	31.8	20.1	28.1	31.0	28.3	26.5
Production	25.5	28.1	38.1	33.8	39.6	22.6	44.2	44.9	52.4

Note: Remaining share of programmes goes to 'other measures', e.g. technical assistance.
Source: Author's calculations based on data from European Commission (2001).

Fonte: Tondl (2006, p. 186; ver também A. Marques, 2006, p. 385).

Aqui se vê que (com a exceção da Bélgica) mesmo em países com infraestruturas muito mais desenvolvidas foi maior a percentagem que lhes foi dedicada: por exemplo uma percentagem bem maior na Itália e claramente maior na Irlanda: país que depois de 2000 já não era país da "coesão" e onde pela sua dimensão poderiam ser muito menores as preocupações com determinados tipos de infraestruturas (no fundo, todas). Não deixou todavia de apostar nelas (e, como vimos atrás na fig. IV.16, p. 386, uma menor preocupação com os transportes está a acentur-se com o Quadro Financeiro Plurianual (QFP) agora em aplicação, para 2014-2020, apenas com 4% das verbas, quando há tanto a fazer na promoção de modos de transporte desejáveis, nos meio urbanos e "aproximando" o país...).

No nosso caso a aposta nos recursos humanos é maior do que na Grécia e na Itália (menor do que nos demais), estando além disso a aposta que tem vindo a ser feita na atividade produtiva, por exemplo entre 2000 e 2006, claramente acima da Irlanda, da Grécia e da Espanha (mesmo acima da França).

Não podendo de forma alguma desvalorizar-se a necessidade de afetar fundos à qualificação das pessoas, não podemos todavia desconhecer que Portugal, tendo os indicadores mais desfavoráveis da OCDE em educação e formação profissional (acesso a graus mais elevados, níveis de aproveitamento, abandono escolar, etc.), tem tido a percentagem mais elevada de gasto público com a educação em relação ao PIB, a seguir à Coreia do Sul (também no seio da UE: ver Eckaus, 2008).

É pois necessário, para além do aumento de verbas, um esforço muito grande para que haja um aproveitamento muito melhor do que temos e viremos a ter (referimos já o aumento sensível do apoio do Fundo Social Europeu nas Perspetivas Financeiras anteriores), muito em particular um esforço de todos os que, como é o caso do autor destas linhas, têm responsabilidades no ensino e na formação.

Por fim, importa tornar muito claro que uma política de fomento, com infraestruturas valorizadoras de um país, não é uma política keynesiana de curto ou médio prazo e meramente do lado da procura. Tal como um país é valorizado com medidas sérias de qualificação das pessoas, ou ainda por exemplo de investigação e desenvolvimento, também o é por exemplo com a melhoria dos transportes ferroviários, v.g. no nosso eixo principal diminuindo para muito menos de metade os tempos de deslocação entre os centros principais do país e uma importantíssima região espanhola, a Galiza (recorde-se já da nota 81, p. 284, e veja-se *infra* a nota 240). Assim se consegue, pelo lado da oferta, uma melhoria muito sensível das condições de competitividade[237].

4.4.2. No quadro português

Pondo-se as dúvidas já referidas em relação à aproximação entre as NUT's II no quadro europeu, trata-se de dúvidas que não se põem em Portugal: onde é muito clara e preocupante (pelo menos para nós, talvez não para os decisores políticos ...) a acentuação dos desequilíbrios regionais.

Em 1993, quando Portugal tinha 67,7% da média da UE-15, a região mais pobre era a Região dos Açores, com 49,2%, seguindo-se a da Madeira, com 50,5, a do Alentejo, com 54,4, a do Centro, com 55,2, a do Norte, com 59,6, a

---

[237] Não podendo deixar de considerar-se ainda os ganhos ambientais, energéticos, de ordenamento e de segurança, bem como uma maior aproximação da população portuguesa a ofertas culturais que não podem naturalmente multiplicar-se em todos os municípios (cfr. Porto, 2008b).
Mas, como vimos em IV.4.3.3 (recorde-se em particular a fig. IV.16, p. 386), a menor atenção dada a estes valores é agravada com o quadro atual, de 2014-2020.

do Algarve, com 70,6 e a de Lisboa e Vale do Tejo, com 87,4%. Ou seja, verificava-se uma diferença de 38,2 pontos percentuais nos PIB's *per capita* entre os dois extremos.

Em 2004, considerando-se agora já a UE-25, a região mais pobre passou a ser a Região Norte, com 58,8%, seguindo-se a Região Centro, com 64,3, os Açores, com 65,6, o Alentejo, com 70,3, o Algarve, com 77,1, a Madeira, com 90,8 e a Região de Lisboa, com 105,8% do PIB *per capita* da União. Constata-se pois que a diferença entre os valores extremos *per capita* passou a ser de 47% (cfr.R.Gonçalves, 2010, p. 807)

Ou seja, num espaço de tempo tão curto a distância agravou-se perto de dez pontos percentuais, tendo a região mais rica, a região de Lisboa, já quase o dobro do PIB *per capita* da região mais pobre, agora a Região Norte (também com a mais graves taxas de desemprego do país): sendo de 9900 euros *per capita* no Norte e de 18.200 na Região de Lisboa.

Mais recentemente, em 2013, na UE-28 a Região Norte aparece com o valor de 62% do PIB *per capita*da União, a Região Centro com 64%, o Alentejo com 70%, os Açores com 72%, o Algarve com 79%, a Madeira com 99% e Lisboa e Vale do Tejo com 107%; ou seja, havendo uma pequena atenuação, para 45 pontos percentuais, da diferença entre a região menos favorecida e a região mais favorecida[238].

O crescimento muito diferente das 'regiões' portuguesas ao longo de doze anos é ilustrado pela figura seguinte (IV.20), com a Madeira a crescer à média anual de 4% entre 1995 e 2007, seguindo-se os Açores, com 2,6%, e o Algarve e Lisboa, com 2,5%.

---

[238] Com um quadro com as 271 regiões (NUT's II) da UE-27 ver J.M. Fernandes (2013, pp. 84-7); e com a evolução que se foi verificando R.Gonçalves (2010, cap. V, pp. 513ss.)

FIG. IV.20

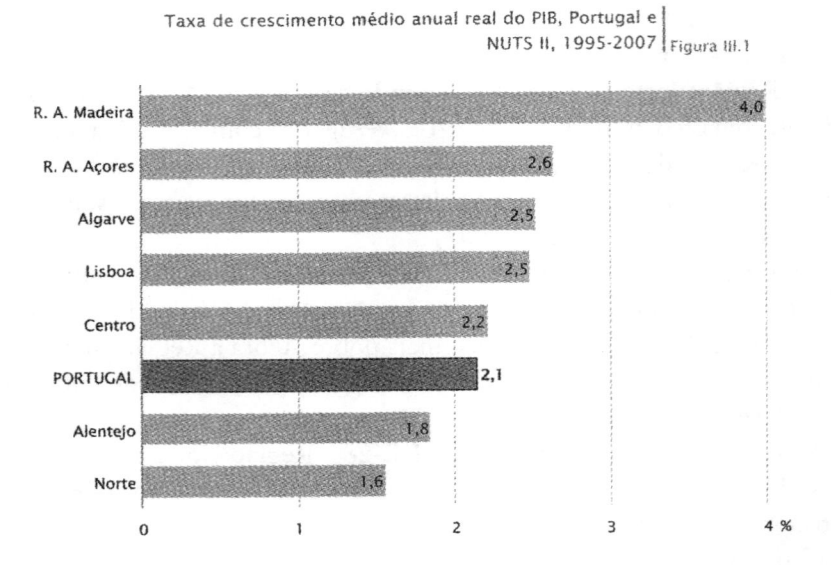

Taxa de crescimento médio anual real do PIB, Portugal e NUTS II, 1995-2007 [Figura III.1]

Fonte: INE, Contas Regionais.

As subidas da Madeira e dos Açores, apesar das dificuldades resultantes de serem regiões periféricas e marítimas, devem-se naturalmente em boa medida ao facto de terem a dinâmica própria das suas autonomias[239]; contrastando com a ausência de idêntico poder regional no norte e no centro do continente português. Tem pois menos relevo a localização destas áreas, muito mais favorável do que a de ilhas atlânticas distantes: v.g. a Região Norte confinando com a Galiza, uma região espanhola que com a autonomia tem tido um crescimento muito acentuado, estando já hoje algumas dezenas de pontos percentuais acima e constituindo um excelente mercado para o nosso país[240]. Trata-se de

---

[239] Sem dúvida com o benefício dos fluxos financeiros da República para as Regiões Autónomas, com capitações significativas, complementando os apoios comunitários; mas não podem ´desconhecer-se´ os favores, financeiros (v.g. de outras verbas comunitárias, como vimos há pouco) e de outras naturezas, de que goza também o continente, em especial a região de Lisboa.

[240] Tendo tido (o conjunto do país) um benefício enorme com a regionalização, são impressionantes as diferenças nos indicadores das regiões espanholas que confinam com a nossas regiões

perda de posição que não pode deixar de preocupar-nos, estando no norte e no centro mais de seis milhões de portugueses, tal como é evidenciado pelo mapa da fig IV.16 (com uma razoável presença no interior):[241]

mais pobres (recorde-se do mapa da Fig. IV.17 p. 388), com a Galiza a ter (em 2011) um PIB *per capita* de 87% da média da UE-27, 25% acima da Região Norte portuguesa (com 62%), ou Castela-Leão, com 95% (e sem estar no litoral...) a ter mais 33 % do que o nosso Norte e mais 31% do que a nossa Região Centro (com 64%). Os números falam por si... E agora, com a força das autonomias, o país não deixa de crescer mais do que nós, "indiferente" à não existência de um governo estável a nível central há mais de meio ano: com um crescimento em 2016 de 3%, o dobro da taxa de crescimento da área do euro, com 1,5% (e sendo inferior a este o nosso crescimento,com as "vantagens" do nosso centralismo, menos de metade do crescimento espanhol).

Com especial relevo, a Galiza, com o seu êxito, é de longe o maior mercado para o nosso país, com 23,0% das exportações para Espanha, muito acima da segunda região (Madrid, com 16,8%, e estando próxima a Catalunha): com um valor global superior ao das exportações para os Estados Unidos ou para a Itália.

[241] Ver em Castro, Martins e Silva (2015, pp. 27 e 29) um mapa e um quadro que importa ter presentes: um mapa distinguindo o que designa (pelas suas caraterísticas de atraso) por NUT's III de "interior" (várias delas no interior dos distritos do litoral), num espaço que representa cerca de quatro quintos do território continental; e um quadro mostrando que este espaço, que em 1864 tinha 42% da população (estando 50% no litoral e 9% nas ilhas) deverá ter em 2040 apenas 16% das pessoas do país, menos de 14% da população do continente (estando então 79% no litoral e 5% nas ilhas).

É bem diferente a situação por exemplo na Alemanha, com um terriório equilibrado e uma dinâmica especialmenet grande no interior. Dir-e-á que se trata de um interior mais perto dos mercados de destino das exportações. Mas os principais mercados para Portugal são a Espanha, com cerca de 25 %, seguindo-se a Alemanha e a França, mais perto do nosso interior do que do nosso litoral, com uma parte significativa dos transportes por via terrestres (em maior medida, desejavelmente, se houver bons transportes ferroviários)

E a economia da Alemanha não se ressente por ter muita atividade no interior do país, com o maior superave do mundo na sua balança dos pagamentos correntes: atualmente, como referimos já (n. 206 p. 363), de 305,6 milhares de milhões de dólares, muito acima do superave da China, de 260,9 milhares de milhões; seguindo-se na Europa os superaves da Suiça, de 66,1 milhares de milhões, e da Holanda, de 59,7 milhares de milhões, países também com territórios muito equilibrados, sem o "benefício" de terem sequer uma "grande área metropolitana" centralizadora, para poderem concorrer com os países com essas "megalópoles"...; sendo especialmente significativo o caso do Reino Unido, com a sua "grande Londres", todavia com o maior defice da Europa, de 161,2 milhares de milhões (cfr. de novo *The Economist* de 29-10 a 4-11 de 2016, p. 76, sendo o superave da zona euro de 383,9 milhares de milhões, contrastando com o défice dos EUA, com o "seu" dólar, o maior registado, de 488,2 milhares de milhões).

FIG. IV.16

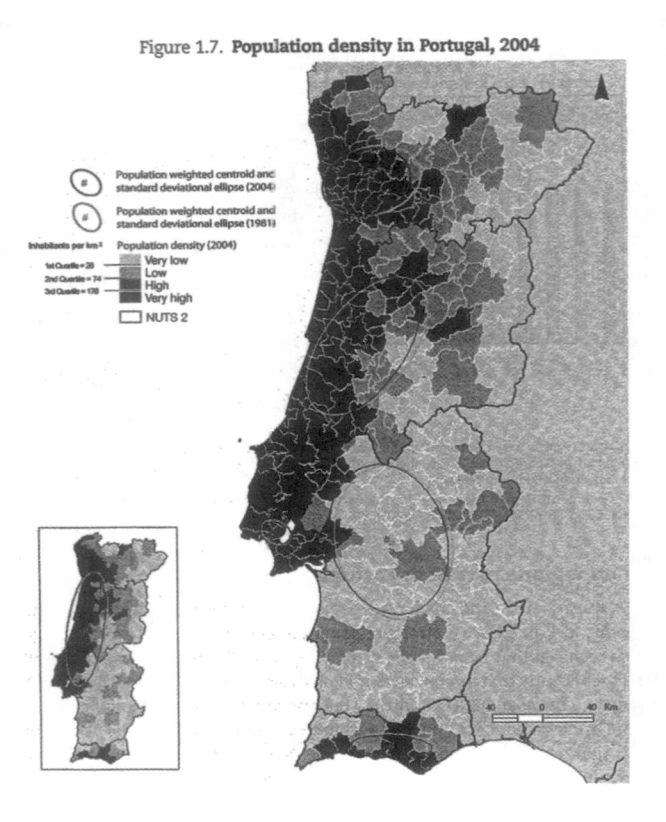

Figure 1.7. **Population density in Portugal, 2004**

Source: INE, *Retrato Territorial de Portugal 2004*, ed. 2005, p. 25 (cfr. OCDE, 2008b, p. 36). Ver também Castro, 2015, p.

No quadro demográfico, mais do que os movimentos gerais de pessoas tem de suscitar enorme preocupação a "fuga" das demais regiões dos quadros melhor qualificados, acontecendo que quase só no(s) centro(s) privilegiado(s) há empregos atrativos, em atividades mais dinamizadoras[242]. Temos por isso um empobrecimento grave dos meios urbanos de pequena e média dimensão, incapazes de fixar estes quadros (todos nós temos presentes exemplos a

---

[242] Sobre a concentração em Lisboa da atividade de investigação e desenvolvimento tecnológico (I&D) recorde-se a nota 173 (p. 342) e a figura IV.4 (p. 343).

este propósito); empobrecimento que é fator cumulativo do agravamento das assimetrias, na linha dos modelos do centro-periferia e da causação cumulativa (recorde-se da p. 369).

Trata-se de desequilíbrios que não encontram explicação nas condições de que dispomos no continente português, especialmente favoráveis para, com vantagem para todos, se seguir antes uma política promotora de um maior equilíbrio, v.g. com a valorização dos centros urbanos de média e pequena dimensão, alguns deles do interior, beneficiados com a aproximação da economia espanhola[243] (bem como com as oportunidades oferecidas hoje pelas telecomunicações, perdendo relevo o afastamento geográfico); havendo pelo contrário razões específicas para que sejam muito grandes (em comparação com os outros países) os custos económicos e sociais das concentrações de Lisboa e em menor medida do Porto (dependendo desde logo do seu alívio a possibilidade de se conseguir uma melhor qualidade de vida para as suas populações[244]): ver mais uma vez Porto (1996a, pp. 12-21), tendo os custos com os transportes urbanos sido referidos em IV.2.2, n. 36 de p. 280.

Não estando pois em condições naturais, sociais ou económicas a explicação para os desequilíbrios, esta encontra-se antes (na linha de uma tradição de centralização política e administrativa) na 'teoria económica da política', sendo 'politicamente' mais 'rentável' (mais 'eficiente') favorecer as zonas mais próximas do poder (incluindo a burocracia) e onde há mais votos, num pro-

---

[243] A Espanha é aliás mais um excelente exemplo, a juntar a tantos outros, da Alemanha à Suíça, da possibilidade de haver no interior centros urbanos de grande qualidade e dinamismo.

[244] Nas palavras de um documento do Ministério do Planeamento (1999, p. III-10), "*as áreas metropolitanas de Lisboa e do Porto* desenvolveram-se, a partir dos anos 60, numa lógica do tipo das metrópoles do Terceiro Mundo, onde um núcleo central, gerador de emprego qualificado, coexiste com amplas zonas de crescimento desarticulado, sem qualidade e sem identidade". Conforme sublinhámos num texto anterior (Porto, 1996a, p. 46), é aplicável a Portugal o modelo Harris-Todaro (1970), elaborado tendo em conta realidades africanas, sendo a expectativa entre remunerações altas e zero (com desemprego) nos grandes meios urbanos suficiente para atrair pessoas de regiões com menos desemprego. A solução estará, conforme se sublinha a seguir no referido documento do Ministério do Planeamento, não só em melhorar as condições dessas áreas como tendo "igualmente prioridade *o reforço e a consolidação de um sistema urbano equilibrado em termos nacionais, baseado na rede das cidades médias*" (itálicos do original). Mas serão estas boas intenções capazes de prevalecer sobre a lógica política a que nos referimos no próximo parágrafo do texto?

cesso cumulativo de concentração da riqueza e da população que deverá levar a que dentro de poucos anos esteja aí mais de metade dos portugueses[245].

[245] Calcula-se que os distritos das áreas metropolitanas (Lisboa, Setúbal e Porto, devendo juntar-se ainda por ex. os municípios do norte do distrito de Aveiro...), tinham já em 2007 (cálculos do INE) 46,21% da população portuguesa (48,44% da continental), num processo que se agravou nas últimas décadas (tinham 35,6% em 1961, 45,9% em 1981 e 45,44% em 2001), sendo daí 113 dos 230 deputados da Assembleia da República bem como, fundamentalmente de Lisboa, as figuras nacionais que encabeçam em muitos casos as listas distritais dos partidos (ainda seguramente os participantes de uma já sugerida lista única nacional). Concentrando-se ainda aí o poder governamental e quase todo o poder de decisão administrativa e financeira, não será possível 'fugir-se' ao que a 'teoria económica da política' nos ensina (tendo ainda relevo, por exemplo na implantação de uma grande infraestrutura, como um aeroporto, o modo como os interesses se concentram; sendo mais fácil a junção de poucos mas grandes interesses (assim aconteceu com a preferência de Alcochete face à proporsta anterior da Ota, que vamos referir a seguir no texto...) , sem os problemas de *free-riding*, do que de muitos interesses difusos e modestos, v.g. em pequenas propriedades: recorde-se de II.4.2.2, designadamente do final da n. 73, p. 156 (ainda a n. 79 p. 158).

Trata-se de situação que (só) poderia ser devidamente alterada com o 'peso' político de regiões (ou estruturas equivalentes) corretamente criadas, tendo-se aliás os bons exemplos da Madeira e dos Açores (ver todavia L. Pires, 1996, pp. 7-8); estando pelo contrário a situação portuguesa a ser agravada por haver estruturas institucionais influentes em Lisboa e Porto – as Juntas das Áreas Metropolitanas,no fundo estruturas "regionais" – sem que haja estruturas democráticas semelhantes nas demais áreas do país. São, a título de exemplo, ouvidas pelo Governo antes da aprovação do PIDAC, dispondo assim as suas Câmaras Municipais de uma oportunidade que não é aberta às Câmaras das outras áreas; e têm meios financeiros sem os quais não é possível competir (foi há anos noticiada a passagem, por esta razão, da organização do Rally de Portugal da Figueira da Foz para a Área Metropolitana do Porto).Trata-se de "força" que "explica" por exemplo que se perpetue a situação de os defices dos transportes urbanos dessas áreas sejam pagos à custa dos contribuintes da generalidade do país, incluindo naturalmente os pobres das áreas mais desfavorecidas, quando em todos os demais meios urbanos (Barreiro, Setúbal, Coimbra, Aveiro ou Braga...), tal acontece com recursos financeiros dos municípios respetivos (que farão falta a satisfazer outras necessidades, problema que não se põe nas áreas de Lisboa e do Porto...) ou/e à custa dos seus cidadãos, com o pagamento das deslocações a cobrir na totalidade ou em grande parte os custos dos serviços.

Mas infelizmente a lógica da situação criada, já agora com a concentração nestas áreas privilegiadas (para este efeito com muito maior relevo para a área de Lisboa) de um número muito significativo de votantes a quem não interessava a regionalização, conjugando-se com a circunstância de se ter apresentado um projeto não credível (ver Porto, 1998b), levou ao voto *não* no referendo; provavelmente de nada adiantando um novo referendo, com a concentração de votantes que não deixará de continuar a verificar-se.

Há que sublinhar aliás ainda que as diferenças nos níveis de vida e de poder de compra são muito mais acentuadas do que entre os PIB's, tendo a população da Grande Lisboa um poder

Ainda no QREN tivemos, como vimos, um favorecimento das regiões de convergência, com as verbas referidas[246]. Mas é bem de recear que não sejam de forma alguma bastantes para que se inverta a tendência para um desequilíbrio ainda maior.

Como sublinhámos, as verbas dos programas regionais não são todas as verbas que vêm para Portugal, sendo algumas das outras desequilibradoras.

Depois, um maior equilíbrio territorial não é conseguido devido à falta de apoios: sucedendo-se os encerramentos dos serviços mais qualificados fora de Lisboa, com a "emigração" dos seus funcionários. E o elemento humano será sempre o fator decisivo nos processos de desenvolvimento.

Mesmo em termos de verbas a experiência tem sido desanimadora. Impondo os regulamentos comunitários (da União Europeia) a referida concentração de esforços nas regiões mais desfavorecidas, agora nas regiões de "menos desenvolvidas", nas verbas nacionais tem prevalecido uma política deliberada de acentuação dos desequilíbrios, v.g. com as verbas internas.

Foi aliás logo anunciado, quando com o QCA II se constatou que a Região de Lisboa e Vale do Tejo não poderia continuar no objetivo I (com um grave inconveniente geral para o país, v.g. não revertendo as verbas que deixam de vir para aí para as outras regiões portuguesas) que seria compensada com verbas do PIDAC e do Fundo de Coesão[247].

Assim se "justifica" o especial favorecimento destas áreas, nas verbas nacionais e da União Europeia[248].

---

de compra *per capita* de 145,56 em relação à média nacional (de 216,04 no concelho de Lisboa) e a população do Grande Porto um poder de compra de 111,39 (sendo de 164,26 no concelho do Porto) (e por ex. de 47,25 em Resende: dados do IPCC, *Estudo sobre o Poder de Compra Concelhio,* ed. de 2007).

[246] Sendo de recordar o reparo já feito em relação ao Anexo V do QREN (recorde-se da n. 173 p. 342 e da n. 217 p. 372). Dir-se-á que no conjunto não se trata de montantes muito elevados. Mas mais do que a quantidade releva a "qualidade", tratando-se de verbas destinadas a poder-se corresponder a desafios tecnologicamente mais exigentes. E não foi nada esclarecedora, pelo contrário (teria sido melhor não ter respondido...), a resposta dada pela Comissão a uma pergunta escrita formulada pelo deputado europeu José Silva Peneda (P-4059/08PT, a 2.9.2009).

[247] A afirmação neste sentido foi noticiada pela imprensa diária de 3 de Outubro de 2000.

[248] Com as áreas com maior peso político a ser beneficiadas ainda com legislação e meios de intervenção que não são iguais para todo o país, com regimes excepcionais de favor, mesmo de constitucionalidade duvidosa, estando em causa interesses sociais básicos dos cidadãos; por exemplo, com programas de extinção de barracas apenas em Lisboa e no Porto, quando no resto

Nas verbas nacionais tem continuado a avultar o desequilíbrio provocado com o PIDAC: a título de exemplo em 2001 (não havendo grandes diferenças percentuais de ano para ano), com a concentração nos distritos das áreas metropolitanas (distritos de Lisboa, Setúbal e Porto) de 48,4% do total das verbas 'regionalizadas'[249], quando com as proximidades existentes poderiam 'esperar-se' economias externas e de escala, devendo os mesmos equipamentos e serviços ser capazes de prestar apoio a um número maior de pessoas.

Avulta ainda a circunstância de se concentrarem quase apenas nas áreas metropolitanas, em muito maior medida em Lisboa, os investimentos mais dinamizadores que são apoiados (grandes 'projetos nacionais' ou 'obras do regime', parques tecnológicos, equipamentos mais avançados ou outros), que, na lógica dos modelos referidos há pouco, são a causa básica dos desequilíbrios.

Em termos de grandes setores de intervenção, no I Quadro Comunitário de Apoio foi especialmente agravador dos desequilíbrios o apoio do Fundo Social Europeu, com uma capitação na Região de Lisboa e Vale do Tejo muito mais do que dupla das capitações das Regiões Norte, Centro e Algarve; tanto no 1.º como 2.º Quadro a concentração das verbas de investigação e desenvolvimento tecnológico (recorde-se a n. 168 p. 380); podendo recordar-se ainda a concentração total de verbas para renovação urbana que se verificou com o II Quadro Comunitário (procurando analisar a aplicação espacial dos fundos no nosso país ver CCRC, 1989 e em especial Porto, 1989 e 1996a)[250].

---

do país também há cidadãos sem alojamento condigno, ou só aí sendo apoiados pelo Estado os défices de exploração dos transportes urbanos de passageiros (ver Porto, 1996a, pp. 70-81, 1998b, pp. 63-71 e 2000c).

[249] Sendo de julgar que é muito maior a concentração das não regionalizadas.

A concentração é também muito grande (mesmo maior) em outros investimentos dependentes do Estado, por exemplo tendo sido destinado às duas áreas metropolitanas 69,6% do investimento em material circulante feita pela CP na programação até 2002, continuando adiada a aproximação do país que deveria ser feita com um modo de transporte de tanta importância (ver Porto, 1998a, p. 30 e *supra* a n. 81 p. 284).

[250] Sendo de lamentar que a generalidade dos estudos tenha 'desconhecido' a distribuição das verbas dentro do nosso país, limitando-se mesmo em alguns casos a considerar os seus efeitos sobre a balança dos pagamentos, esquecendo pois o objetivo de aproximação estrutural e espacial que determinou a sua instituição (ver a título de exemplo a generalidade dos textos inseridos em Ministério do Planeamento e da Administração do Território, 1992, no número de Janeiro de 1994 da revista *Economia,* e em Romão (org.), 2006; bem como, num plano mais teórico, Gaspar, 1998).

No III Quadro Comunitário de Apoio (2000-2006) um volume maior de verbas do eixo 4, que visava "promover o Desenvolvimento Sustentável das Regiões e a Coesão Nacional", foi para a Região Norte. Em termos de capitações, foram especialmente "beneficiadas" as regiões dos Açores e da Madeira (1032,8 e 918,9 contos, respetivamente), seguindo-se o Alentejo 728,2. O Algarve, apesar de ter o segundo PIB *per capita* mais elevado do país, veio a seguir, com 420,7 contos, seguindo-se a Região Centro, com 335,1, a Região Norte com 261,1[251] e a Região de Lisboa e Vale do Tejo (então no regime de *phasing out*) com 165,1. Estes números dizem todavia respeito apenas ao eixo 4, com 3062 milhões de euros, muito menos do que o conjunto dos outros três, com 4817 milhões de euros, a que acresciam as verbas do Fundo de Coesão. Tratando-se de verbas destinadas a ações de grande importância para uma eventual dinamização regional (caso dos 192 milhões de euros para a ciência, a tecnologia e a inovação e dos 56,6 milhões de euros para o emprego, a formação e o desenvolvimento social), a sua aplicação foi especialmente marcante no reforço do padrão espacial de desenvolvimento do nosso país.

Trata-se de agravamento das disparidades no continente português, com o empobrecimento do Norte e do Centro, que vai agravar-se com a previsão de só a Região de Lisboa e o Alentejo poderem vir a ser servidos pela ligação em comboios rápidos (TGV's) a Espanha (a Madrid) e aos demais países da Europa, "fugindo-se" pois da localização da maior parte da população (recorde-se o mapa da figura IV.16 p. 400) e de grande parte da atividade económica (v.g. exportadora) do país; que teriam sido tidas em conta, com os consequentes benefícios económicos, financeiros e sociais para a maior parte da população, com a solução em "T deitado" que tinha sido proposta antes (cfr. Porto, 2002b):além do mais com uma poupança enorme no investimento a fazer (com verbas inevitavelmente muito altas), sendo os troços Lisboa-Pombal (ou Entroncamento) e Porto-Pombal (ou Entroncamento) simultaneamente troços do trajeto Lisboa-Porto, o único seguramente rentável no nosso país[252].

---

[251] Estando quase na "cauda", pois, as duas regiões que, como vimos atrás, têm agora os valores mais baixos de PIB *per capita*.

[252] Mesmo o trajeto de Lisboa a Madrid seria mais curto, para benefício da nossa capital; "esquecendo-se" com frequência que o paralelo de Madrid está bem a norte do paralelo de Lisboa.
Trata-se de projeto que foi abandonado para se optar então por 4 TGV's de ligação a Espanha... E de momento nada está previsto em relação a haver comboios rápidos a ligar as cidades

Trata-se de "abandono" ainda injustificável por estarem em causa áreas em que têm sido inúmeros os bons exemplos de empreendedorismo, um fator imaterial decisivo em qualquer processo de desenvolvimento (veja-se o já referido mapa inserido no Anexo IV p. 521). Não é preciso recordar os nomes dos grupos empresariais aí aparecidos, sendo de recear que, sem acessibilidades similares e razoáveis (próprias do século XXI...), tal não continue a acontecer, com prejuízo grave para o nosso país.

principais do nosso país, num quadro em que se constata aliás que temos dos níveis mais baixos de investimento público em geral, com menos de 2 % do PIB, estando no antepenúltimo lugar, muito perto do último, entre os países da zona euro; estando nos lugares cimeiros, valores mais do que duplos, a Estónia, o Luxemburgo, a Finlândia e a Grécia (ver o *Expresso* de 10.9.2016, onde se noticia também que o primeiro grande projeto de investimento que Portugal vê aprovado no Fundo Europeu para Investimentos Estratégicos, o "Plano Junker", é um projeto de regeneração urbana de Lisboa, com o montante de 250 milhões de euros...).

E é de lamentar igualmente o já referido abandono da localização do novo aeroporto de Lisboa na Ota (cfr. Porto, 1992c e 2002b), servido no seu interior pela ligação em comboios rápidos Lisboa-Porto, com benefício para grande parte do país (na linha do que se passa em países do centro da Europa, podendo citar-se de novo os exemplos da Holanda, da Suiça e da Alemanha, em que os aeroportos principais não são aeroportos de serviço a determinadas cidades, neste sentido aeroportos "locais", mas sim aeroportos "nacionais", servindo na maior medida possível o conjunto dos países. Com este abandono passou a estar "na mesa" a construção do aeroporto em Alcochete, fora do eixo principal do país, tendo de ter serviços de acesso próprios, sempre deficitários....; e ficando com esta opção o espaço entre os rios Douro e Tejo, com o seu peso demográfico (tenha-se sempre presente o mapa da fig. IV.16 p. 400) e económico, sem nenhum aeroporto internacional, numa situação de grande desequilíbrio em relação à área mais a sul, com aeroportos internacionais em Alcochete, Faro e Beja (com uma aerogare de grande qualidade construída recentemente), distando entre si cerca de centena e meia de quilómetros, percorríveis em menos de hora e meia em automóvel...

Face a esta alternativa é bem preferível manter e promover o aeroporto da Portela (82% da procura do aeroporto de Lisboa está a norte do Tejo), próximo de uma estação de caminho de ferro, com o sonho de que um dia haja comboios rápidos entre Lisboa e o Porto, fazendo-se o trajeto mais rapidamente do que de automóvel, mesmo do que de avião, com as inevitáveis demoras de embarque e de desembarque (com uma distância semelhante, entre Bruxelas e Paris já não há voos, sendo mais rápido ir de comboio, com o embarque e o desembarque nos centros das cidades.

4.4.3. A política regional e o sentido contrário de outras políticas e intervenções da União Europeia

Por fim, há que considerar que a política regional é apenas uma entre várias políticas, importando ver se todas elas apontam no mesmo sentido[253].

Ora, vimos em IV.3.1.6 que a política agrícola tem sido muito desequilibradora, com os recursos muito mais poderosos de que dispôs ao longo de várias décadas a favorecer em maior medida os países e os agricultores mais ricos da União. Tendo até há poucos anos sido destinado à agricultura pelo menos 45% do orçamento comunitário (por seu turno 95% ao FEOGA-Garantia), ficamos com a noção clara do efeito desequilibrador dessa política, não compensado pelo efeito geralmente reequilibrador (entre os países) da política regional (bem como do FEOGA-Orientação)[254].

Por outro lado, numa perspetiva que não pode deixar de ser igualmente considerada, constata-se que, contrariando o efeito reequilibrador das políticas estruturais, se tem verificado desequilíbrio na incidência dos recursos próprios, dado o peso do IVA. Trata-se de ponto que sublinharemos em IV.10.

Importa pois, por razões de todas as naturezas, que sem demora se altere a situação atual, caminhando-se sem hesitação para uma União mais coesa e mais eficaz. Conforme se concluíu já no Primeiro Relatório sobre a Coesão Económica e Social (Comissão Europeia, 1997c, p. 127), *"as políticas estruturais da União visam diretamente a coesão, ao mesmo tempo que as suas outras políticas, não estruturais, poderão dar também um importante contributo"* (itálico nosso). Será bom que de facto assim passe a acontecer, não o inverso.

4.5. O futuro da política regional

Apesar do que se disse e da experiência positiva de que se dispõe haverá sempre quem revele insensibilidade aos problemas da coesão espacial, numa posição que tem um acolhimento maior em períodos de crise económica e

---

[253] Bem como naturalmente se a própria política 'regional' estará a contribuir para um maior equilíbrio dentro dos países (acabámos de ver as dúvidas que têm de pôr-se em Portugal).

[254] Referindo o efeito também desequilibrador – por ele chamado, em ambos os casos, de 'regressivo' – da política de ciência e tecnologia ver J.F. Amaral (1992, p. 68; em relação ao nosso país recordem-se mais uma vez as referências da n. 173, p. 342; e numa abordagem mais geral veja-se Seidel, 1994).

financeira. Havendo que cortar em algum lado os mais ricos procuram que se corte no que afeta os mais pobres...

Para além disso, dentro das preocupações com uma maior coesão económica e social, a primeira dizendo respeito à promoção de um maior equilíbrio regional e a segunda à luta contra o desemprego (ou outros problemas pessoais), é de esperar que ganhe então maior peso a segunda: por um lado com o compreensível apelo à ideia de que as pessoas estão acima dos espaços, e por outro porque têm problemas graves de desemprego alguns dos países mais ricos e poderosos da União Europeia, que se unirão obviamente com facilidade a esse propósito com alguns dos países menos favorecidos onde seja também elevado o número de pessoas sem trabalho.

A não coincidência dos problemas de desemprego com os problemas de atraso estrutural pode ser ilustrada aliás pelo nosso país: tendo mais desemprego não só países mais desenvolvidos como entre nós regiões mais ricas[255].

A tal propósito importará dizer todavia que, sendo o problema do desemprego sem dúvida um problema de gravidade primordial, a sua solução sustentada não está na concessão de apoios conjunturais, mas sim na criação de uma maior capacidade competitiva; e a experiência mostra, como vimos, que se trata de problema que será melhor resolvido com países e regiões mais equilibrados. A Comissão não deixou aliás de, logo no Primeiro Relatório sobre a Coesão Económica e Social (1997c, cit. p. 122), reconhecer o papel da promoção regional na desejável criação duradoura de emprego: sublinhando que "os Fundos Estruturais desempenham um papel importante na promoção do emprego", designadamente que, a par de ajudar a curto prazo, *"ajudam a promover a criação de empregos duráveis a longo prazo, principalmente através do aumento do potencial económico e da qualidade da mão-de-obra"* (itálico nosso).

---

[255] Sendo o desemprego menor do país na Região Centro, a segunda região menos favorecida, em termos de PIB *per capita*, mas uma região com um tecido urbano relativamente equilibrado...

A ideia de prevalência da problemática do desemprego tem vindo a ser progressivamente expressada nos relatórios sobre a coesão económica e social, tendo sido especialmente protagonizada pela Comissária responsável pela Política Regional na Comissão Santer, Martina Wulf-Mathias, com afirmações repetidas nesse sentido.

5. O ATO ÚNICO EUROPEU E O 'MERCADO ÚNICO DE 1993'

5.1. O procedimento seguido

As iniciativas legislativas que foram tomadas no quadro do Ato Único Europeu constituiram uma ação concertada no sentido de criar um mercado mais aberto e concorrencial, 'o mercado único de 1993'[256].

Logo quando da sua designação como Presidente da Comissão, no final de 1984, Jacques Delors sentiu a necessidade de se dar uma nova dinâmica à Comunidade[257]. Havendo ainda muitos obstáculos à livre circulação e à concorrência, o Comissário Cockfield foi encarregado de presidir a uma Comissão mandatada para elaborar um *Livro Branco do Mercado Único*[258].

Aqui se inventariou um conjunto de medidas legislativas (diretivas e regulamentos) capazes de afastar obstáculos físicos, técnicos e fiscais ao mercado único: um conjunto inicialmente previsto de 286 e que veio a ser de 267 diplomas. Simultaneamente reconhecia-se que o processo legislativo seguido – com a exigência de unanimidade na aprovação dos diplomas – era com frequência impedimento a que tal mercado fosse atingido, impondo-se por isso uma indispensável alteração: afastando-se assim a 'euroesclerose' existente[259].

Nos termos do art. 100.º inicial só por unanimidade (sobre proposta da Comissão e após consulta do Parlamento Europeu e do Comité Económico e Social) o Conselho podia adotar "diretivas para a aproximação das disposições legislativas, regulamentares e administrativas dos Estados-Membros" que tivessem "incidência directa no estabelecimento ou no funcionamento do mercado comum". Dada a delicadeza de muitos casos, com implicações dife-

---

[256] Sobre a nossa preferência em relação a esta designação e à indicação desta data recorde-se a n. 8 p. 195.

[257] Anunciada formalmente no 'discurso de investidura' no Parlamento Europeu, no dia 14 de Janeiro de 1984 (ver Delors, 1992, pp. 21-60), dando concretização a preocupações expressadas já nas Cimeiras de Copenhague (1982), Fontaineblau (1984), Dublin (1984) e Bruxelas (1985). Mas tal "depends upon deeds and not just words" (Swann, 2000, p. 127): designadamente das alterações legislativas que se referem a seguir no texto.

Com o seu êxito, ultrapassando o momento difícil que se atravessou, compreende-se bem que Delors (2004, p. 202) tenha considerado o Ato Único "mon traité favori".

[258] Também conhecido por 'Relatório Cockfield' (ver o seu livro, 1994).

[259] Contribuindo por seu turno para o 'europessimismo' em que se vivia: ver por exemplo, citando alguma literatura de que se dispunha já então, Porto (1988).

rentes de país para país, compreende-se a dificuldade ou mesmo a impossibilidade de com frequência se conseguir a unanimidade do Conselho.

Daí a importância do 'novo' art. 100.º-A (depois art. 95.º), admitindo em geral[260] que, "em derrogação do art. 100.º" (depois art. 94.º) e "de acordo com o procedimento previsto no art. 189.º-B" (depois art. 251.º), o Conselho adote as medidas relativas à aproximação das disposições legislativas, regulamentares e administrativas dos Estados-Membros visando "o estabelecimento e o funcionamento do mercado interno" (a conseguir até 31 de Dezembro de 1992, nos termos do art. 7.º-A, depois art. 14.º, onde se diz em termos gerai o que está agora no n.º 2 do art. 26º do TFUE (cfr. Porto, 2012e): que "o mercado internocompreende um espaço sem fronteiras interna no qual a livre circulação das mercadorias, das pessoas, dos serviços e dos capitais é assegurada de acordo com as disposições dos Tratados"[261].

Trata-se de objetivo mais facilmente (ou só) atingido na medida em que o procedimento desixou de exigir a unanimidade na aprovaçõ pelo Conselho[262].

Do êxito conseguido falam desde logo os números atingidos na aprovação e na incorporação de diplomas nos direitos nacionais, tendo sido adotadas mais de 95% das propostas legislativas do Livro Branco e mais de 90% das

---

[260] Ficaram excetuadas as áreas da fiscalidade, da livre circulação das pessoas e dos direitos e interesses dos trabalhadores assalariados, com as consequentes dificuldades para se conseguir legislar (e verificando-se de fato em muitos casos a tomada de medidas sem ousadia, só assim se conseguindo o consenso, pouca ousadia refletida aliás já com frequência nas iniciativas da Comissão, que ficava à espera de um 'sinal' prévio de 'aceitabilidade' da parte do Conselho...

[261] Com o art. 27º a "ter em conta a amplitude do esforço que certas economias que apresentam diferenças de desenvolvimento devem suportar tendo em vista o estabelecimento do mercado interno". .

[262] E estamos em boa medida perante o 'mercado comum' de que se falava já na redação original do Tratado de Roma. Mas não pode deixar de ser considerada excessiva e mesmo incorreta uma posição negativa protagonizada por exemplo por Pescatore (1986), ao dizer que o Ato Unico nada veio alterar: além de haver de fato algo de novo no domínio do afastamento das barreiras 'não alfandegárias' (non-tariff barriers) e da promoção da concorrência, o Ato Único foi muito importante, mesmo decisivo, com a reafirmação política da vontade de se cumprirem objetivos (havia boas razões para se duvidar de que se mantivesse, com as décadas já decorridas...), a indicação precisa das medidas legislativas a tomar, o estabelecimento de um prazo máximo para a sua aprovação e a modificação do processo legislativo referida no texto, reduzindo muito a exigência da unanimidade na aprovação dos diplomas (ver Porto, 1988 e ainda por ex. Dinan, 1999, pp. 109-126 e Craig e De Burca, 2011, cap. 17, pp. 583-610, mostrando a evolução que se foi dando

directivas incorporadas pelos Estados-Membros (sobre os resultados económicos ver *infra* 5.3[263].

5.2. As barreiras afastadas

5.2.1. As barreiras físicas

Como é sabido, o afastamento dos meios clássicos de intervenção – impostos alfandegários e restrições quantitativas e cambiais – não foi bastante para que deixasse de haver demoras e custos nas fronteiras, com a passagem de pessoas e bens.

Trata-se de custos elevados, com as demoras que se verificavam, calculando-se que só as demoras dos transportadores rodoviários tivessem um custo de cerca de 800 milhões de ECU's por ano (Monti, 1996, pp. 19-20). Em termos de entraves burocráricos, foi julgada possível a eliminação de 60 milhões de documentos por ano.

Compreende-se pois que o Livro Branco do Mercado Único tivesse inventariado um conjunto de 65 diplomas conducentes ao seu afastamento[264].

5.2.2. As barreiras técnicas

Foi neste domínio que se verificou a maior intervenção legislativa, com um conjunto de mais de 200 diplomas, estando em causa falhas de concorrência que teriam um custo de 60-70 mil milhões de ECU'S (cfr. Vickerman, 1992, p. 91).

---

[263] Distinguindo por setores é de referir que os resultados piores (diretivas não transpostas seis anos depois) se verificavam nas telecomunicações (66,7%), nas compras públicas (60,0%) e na propriedade intelectual e industrial (42,9%). Por países, há a assinalar a circunstância curiosa de terem então menos 'falhas' de incorporação, além de dois membros novos, a Finlândia (12) e a Suécia (18), a Dinamarca (20), talvez o menos 'europeista' dos países da União (a par do Reino Unido), estando Portugal abaixo do meio da tabela, com 74 (ver Nicoll e Salmon, 2001, p. 233).
Com ilustrações curiosas dos bemefícios do mercado único pode ver-se Corner (2015, cap. 4, pp. 93-121).

[264] Foi aliás também tendo em vista evitar paragens e controles nas fronteiras que se alterou o sistema do IVA, para já com um regime transitório, como se referirá em IV.5.2.3.

Trata-se de medidas que podem agrupar-se em diferentes domínios, entre os quais os das especificações técnicas (78), da harmonização sanitária e veterinária (67 medidas), dos serviços financeiros e controle dos capitais (26), do direito das sociedades (12), dos transportes (11), da propriedade intelectual (8), das compras públicas (6) ou das telecomunicações (5).

A algumas destas áreas de intervenção fomo-nos referindo já nos locais adequados, v.g. a propósito da política de concorrência (incluindo as compras públicas), da política de transportes ou da circulação dos fatores.

Por outro lado, muitos dos casos de harmonização são de grande especificidade técnica, não se justificando a sua consideração nestas lições.

5.2.3. Referência às barreiras fiscais

As medidas legislativas previstas no Livro Branco visavam dois domínios de intervenção: a tributação geral do consumo e a tributação específica (*excises* ou *accises*)[265].

Em relação ao IVA visava-se uma maior harmonização e caminhar na medida julgada possível no sentido do princípio da origem (evitando-se controles nas passagens nas fronteiras; que todavia, enquanto não se chegar à harmonização completa, v.g. das taxas, não podem deixar de ser feitos nas empresas)[266]. Uma nova iniciativa foi tomada recentemente pela Comissão,

---

[265] Sobre a temática em causa ver no nosso país Basto (1991, 1996a e 1996b), Alexandre (1992) e A.C. Santos 1993 (já antes Sampaio, 1984).
Sobre as perspetivas (perspetivas naturais de aproximação, ou desejáveis mas dificilmente atingíveis) em outras áreas da tributação ver Sterdyniak *et al.* (1991), J. G. Santos (1992b), de novo Basto (1996b, pp. 7-10), Comissão Europeia (1996f, com apreciação do Parlamento Europeu através do Relatório Secchi, Dourado (1998), Fourçans e Von Wogau, ed. (1998), Pinheiro (1998), Bordignon e Da Empoli (1999), Jiménez (1999), Porto (2000d), Eijffinger (2000) e Eijffinger e Haan (2000); ou as conclusões do Conselho Europeu da Feira, nos dias 19-20 de Junho de 2000.

[266] O princípio da origem levanta além disso o problema, de especial importância para Portugal, de ter de haver uma compensação financeira dos países com superave aos países que têm défice comercial: só assim se repartindo as receitas de acordo com a oneração dos consumidores de cada país, tal como deve acontecer com uma tributação sobre o consumo (na linha das compensações que se fazem em Portugal entre a República e as Regiões Autónomas) (cfr. Basto, 1996b, pp. 25-6 e Porto, 2000d).
Mostrando as diferenças entre as taxas, de país para país, que têm vindo a manter-se, ver Nello (2013, p. 133)

através do COM (96) 328, final de 22.7.1996 (cfr. entre nós Lemos, 1996 e A. Correia, 1997), apreciada também no Parlamento Europeu (Relatório Randzio-Plath): estando fundamentalmente em causa saber se deve avançar-se mais rapidamente para o princípio da origem ou prorrogar-se o regime transitório de aplicação do princípio do destino que está atualmente em vigor.

Para além disso, visava-se conseguir uma maior harmonização em três áreas de tributação específica (*'accises'*, ou *'excises'*): as áreas das bebidas alcoólicas, dos tabacos e dos óleos minerais[267].

5.3. Os resultados alcançados

Procurou-se antecipar o impacto quantitativo do mercado único num extenso estudo mandado elaborar logo em 1985, o relatório Chechini, medindo o 'custo da não-Europa'.

Este estudo, constante de 16 grossos volumes[268], além dos ganhos imediatos conseguidos com o afastamento de barreiras e a harmonização de especificações técnicas considerou os efeitos de economias de escala e de competitividade proporcionados por um mercado mais alargado e exigente. Com algum otimismo, de acordo com diferentes pressupostos alternativos os ganhos micro-económicos foram computados em 6,4% do PIB comunitário e os ganhos macro-económicos (sem ou com outras medidas) entre 4,5 e 7,5%:

---

[267] Ver entre nós M.E. Azevedo (1987a), Basto (1991, pp. 41-2), Clímaco (1994; ver tb. 2000) e, com a crítica a algumas das soluções propostas ou adotadas, Porto (1994a, pp. 40-2 e 2000d): chamando designadamente a atenção para a falta de sentido e a iniquidade de nas bebidas alcoólicas se fazer uma 'harmonização' estabelecendo-se valores mínimos mas não valores máximos (podendo pois aumentar as diferenças na sequência de um pacote de 'harmonização'...) e de nos tabacos se manter alguma tributação específica (não *ad valorem*), sendo por isso maior o agravamento percentual – regressivo – sobre as pessoas mais pobres que consomem tabaco mais barato: recorde-se *supra* pp. 121-4). Embora sejam em maior número os fumadores pobres do que os fumadores ricos, conseguindo-se pois a vantagem social e económica de haver um maior número de pessoas a deixar de fumar (ou a fumar menos), há assim uma preocupação maior pela saúde dos pobres do que pela saúde dos ricos que não é fácil de justificar em termos comunitários.... (com uma análise da tributação dos óleos minerais, em especial dos combustíveis, ver P.P. Cunha, 1995).

[268] Uma síntese foi publicada num número especial da *European Economy*, o n. 35, e sintetizada por seu turno em Chechini (1988; ver também Emerson *et al.* 1988, Nicoll e Salmon, 2001, p. 230, bem como, com um quadro de referência para a avaliação dos resultados, Mc Donald, 2005, pp. 43-7 e 60-74).

num efeito conjugado de 7%, proporcionador de 1,8 a 5,7 milhões de postos de trabalho e de uma redução de 6,1 a 4,3% na inflação[269].

Apesar do êxito referido que se conseguiu na aprovação e na transposição dos diplomas e de terem decorrido tantos anos desde 1 de Janeiro de 1993 (tendo aliás muitos dos diplomas sido aprovados e incorporados já nos anos anteriores), mantem-se a dificuldade de se fazer uma avaliação *ex-post* capaz de nos dar a medida global dos resultados conseguidos: v.g. confirmando ou infirmando as previsões do relatório Chechini. Será de recear pois que aconteça aqui o que tem acontecido com a generalidade das medições dos movimentos de integração (recorde-se de III.6), neste caso com as dificuldades sublinhadas por Alasdair Smith ao afirmar que "the margins of error associated with the quantification of the effects of '1992' seem particularly large" (1992, p. 98).

A Comissão não deixou todavia de proceder recentemente a algumas avaliações[270], mas com margens de diferença (resultantes da aplicação de modelos distintos) que mostram bem as dificuldades que se levantam: apontando, já a partir de valores anteriores a 1993, para que tenha havido um aumento suplementar do rendimento da União entre 1,1% e 1,5%, a criação de 300000 a 900000 novos postos de trabalho, uma redução da taxa de inflação entre 1 e 1,5% e o reforço da coesão entre as regiões (recorde-se todavia o que vimos a este propósito em IV.4.4).

São assim resultados muito abaixo das previsões do relatório Chechini. Mas, além de se considerarem anos anteriores ao 'mercado de 1993', quando as previsões foram feitas não podiam prever-se a abertura a leste (com os seus custos) e a recessão do início dos anos 90. Prevalece de qualquer modo a convicção de que o mercado único foi um fator de dinamização das economias, estando-se agora melhor do que se estaria sem a liberalização e a harmonização verificadas (*anti-monde*).

Compreende-se por isso que, na linha de sugestões que foram sendo feitas (ver por ex. Caiger e Floudas ed. 1996), o Conselho Europeu de Amesterdão, em 16-17 de Junho de 1997, tenha aprovado a iniciativa da Comissão de

---

[269] Com um ganho de 200.000 milhões de ECU's, ou seja, cerca de 40.000 milhões de contos na moeda portuguesa de então. Logo no momento da divulgação a avaliação suscitou contudo acesa controvérsia, designadamente dada a circunstância de os cálculos terem sido feitos apenas em relação a sete países e extrapolados para o conjunto da Comunidade.

[270] Comissão Europeia (1996e) e Monti (1996). Com a análise de investigações que foram sendo feitas ver por ex. Hine (1994, pp. 257-60), McDonald (2005, pp. 60-71) ou Staab (2013, pp. 96-102)..

um 'Plano de Ação para o Mercado Único' (1997), visando quatro objetivos estratégicos: "aumentar a eficácia das regras existentes, "eliminar as principais distorções do mercado", "suprimir os entraves setoriais à integração do mercado" e "colocar o mercado único ao serviço de todos os cidadãos". De um modo pragmático, a Comissão fez o elenco de um determinado número de *ações específicas* "a tomar", "*destinadas a melhorar o funcionamento do mercado único, até 1 de Janeiro de 1999*" (cfr. p. 2, com itálico no original, e o Anexo 2, pp. 21-44; ou ainda McDonald, 2005, pp. 70-1).

Mais recentemente, e como veremos em IV.7, é de sublinhar o impulso que a Estratégia de Lisboa quis dar ao aprofundamento de mercado único, em particular no domínio dos serviços, numa linha seguida depois com a Estratéga Europa 20-20.

6. OS PASSOS NO SENTIDO DA UNIÃO MONETÁRIA

6.1. Introdução

A reafirmação de que se caminharia para uma União Económica e Monetária (UEM), feita em Maastricht, teve uma concretização muito especial e de enorme relevo no domínio monetário[271].

A importância do Tratado foi muito grande também em outros domínios, designadamente com a criação da União Europeia, integrando as três Comunidades anteriores e considerando dois novos pilares, o pilar da 'política externa e segurança comum' e o pilar da 'justiça e assuntos internos' (atualmente da 'cooperação policial e judiciária em matéria penal')[272].

Trata-se sem dúvida de passos de grande significado. Mas estão longe de ter tido a mesma concretização (sendo de esperar que se vá bem mais além da mera cooperação intergovernamental). Não são de qualquer modo objeto de análise neste livro, em que, preocupados em primeira linha com proble-

---

[271] Sobre a definição bem mais imprecisa do que deve considerar-se uma 'união económica' ver Swann (2000, pp. 192-7).
Sobre os jogos de forças que levaram à criação da moeda única ver Dyson e Festherstone (1999).

[272] Mesmo no primeiro pilar a mudança do nome da Comunidade, passando a ser Comunidade Europeia (recorde-se da n. 17 p. 33), refletiu a circunstância de passarem a visar-se fins de natureza mais ampla, para além da economia.

mas económicos, consideramos principalmente as evoluções verificadas com a Comunidade (Económica) Europeia, agora com a União Europeia.

6.2. A adoção da moeda única

No plano económico, por seu turno, o passo de maior significado e de maior concretização foi indiscutivelmente a determinação de se adotar uma moeda única o mais tardar até 1999.

6.2.1. Os antecedentes em relação à união monetária

Tal como acontecia em boa medida com a criação de um mercado único (recorde-se a n. 262 p. 410), a criação de uma moeda única é um objetivo (ou um sonho) muito mais antigo: remontando pelo menos aos anos 70, com o Relatório Werner[273].

Seguiram-se as dificuldades que referimos, bem como o passo de grande importância da criação do Sistema Monetário Europeu: mostrando, numa época de dificuldades no processo de integração, as virtualidades de uma maior estabilidade cambial, e criando uma unidade de conta, o ECU, que em boa medida foi precursor da moeda a instituir, o euro[274].

---

[273] Recorde-se de IV.2.3 e vejam-se ainda por ex. Raymond (1996), M.A.S. Andrade (1996), V. Maior (1999, cap. I) e Laranjeiro (2000, caps. II e III).

[274] Estando os europeus (mesmo os agentes económicos de outras áreas do mundo) já 'habituados' ao ECU (estabelecendo-se em ECU's o Orçamento da União, sendo em ECU's os apoios estruturais ou subscrevendo-se obrigações em ECU's: cfr. M.L. Santos, 1991) julgámos que teria havido vantagem em que tivesse sido esta a designação da nova moeda. Trata-se aliás de designação dada pelo Tratado de Maastricht, podendo perguntar-se se uma cimeira poderia modificar algo aí consagrado (ver por exemplo os arts. 105.º a 124.º). Entendeu-se todavia na Cimeira de Edimburgo (mais concretamente, entendeu o Chanceler alemão...) que deveria dar-se à nova moeda uma designação ainda não usada, conseguindo-se assim uma maior credibilidade (ou, como refere Descheemaekere, 1996, p. 9, fugindo-se à circunstância de que "phonétiquement, écu [kuh]... ressamble à 'une vache' en allemand"...). E no sentido de que podia de fato adaptar-se outro nome pode argumentar-se que a designação de ECU era apenas a designação genérica – em iniciais – de European Currency Unit (recorde-se de p. 289) independentemente da designação que pudesse vir a ter.

6.2.2. Os passos dados na sequência do Tratado de Maastricht

A determinação na instituição da moeda única ficou bem expressada na fixação de uma data e no modo concretizado – sem paralelo na generalidade dos demais casos – como o Tratado de Maastricht fixou elementos essenciais da estrutura institucional a criar e do processo a seguir (nos arts. 105.º a 109.º).

Foram estabelecidas três fases[275]: uma primeira, que decorreu entre 1992 e 1994, em que se instalou o Instituto Monetário Europeu; uma segunda, em que os países que quisessem aderir teriam de cumprir os critérios de convergência nominal (de inflação, taxas de juro, défice orçamental e dívida pública, bem como a estabilidade cambial; e uma terceira, iniciada em 1999 em que há já a adoção da moeda única pelos primeiros onze países participantes.

A segunda fase já de especial delicadeza, dada a grande exigência dos critérios de convergência nominal, que teriam de estar cumpridos no final de 1997. Além de terem de estar no mecanismo de câmbios do SME pelo menos desde dois anos antes, era exigido (arts. 104-C e 109-J, atuais 104.º e 121.º, e Protocolos n.os 5 e 6) que a taxa de inflação não fosse superior em 1,5% à taxa dos três países com inflação mais baixa, que as taxas de juro de longo prazo (calculadas com base em obrigações do Estado a longo prazo ou outros títulos semelhantes) não fosse superior em 2% à média dos três países com melhores resultados (em termos de estabilidade dos preços), que o défice orçamental não fosse superior a 3% e que a dívida pública não fosse superior a 60% do PIB.

Admitiam-se todavia valores maiores em casos excecionais ou quando houvesse uma aproximação substancial e contínua, no caso do défice orçamental, bem como "uma diminuição significativa", com aproximação "de forma satisfatória do valor de referência", no caso da dívida pública.

Assim se fugiu em especial ao embaraço, previsto desde o início, de poucos países poderem cumprir com a meta de 60%, designadamente países – como a Bélgica, ainda hoje com 126,7% de dívida – que se julgava 'à partida' que 'teriam' de estar entre os primeiros participantes da moeda única....

No tempo que foi decorrendo contrastou a posição de vários autores, que foram defendendo alguma tolerância no cumprimento da convergência nominal[276], com a posição oficial dos responsáveis políticos, de não abandono de exigên-

---

[275] Com uma análise muito mais pormenorizada de toda esta matéria ver Laranjeiro (1994 e 2000, caps. VII e VIII).

[276] Pondo em causa mesmo a justificação técnica dos valores fixados em Maastricht ver por ex. Begg, Giavazzi, Spaventa e Wyplosz, 1991 e Constâncio, 1992, pp. 112-5 e 1997, p. 32; ou a sua aplicação indiferenciada aos diferentes países Cadilhe, 1997, p. 22).

cia, sob pena de se abrir a porta ao abrandamento do esforço a fazer (assim se pronunciou por exemplo num momento crítico o Conselho dos Ministros das Finanças – o ECOFIN – do dia 5 de Abril 1997, em Noordwijk, na Holanda: cfr. Franco, 1997, p. 52).

No final de 1997 verificava-se a situação dos dois quadros seguintes (quadros IV.16 e IV.17), mostrando também a evolução verificada nos anos anteriores.

QUADRO IV.16
Défice público e dívida pública na União Europeia

PAÍSES	Taxa de inflação média1 média de 12 meses			Taxa de juro de longo prazo		
	1995	1996	1997	1995	1996	1997
Alemanha	1,8	1,2	1,5	6,9	6,2	5,6
Áustria	2,2	1,8	1,2	7,1	6,3	5,7
Bélgica	1,5	1,8	1,5	7,5	6,5	5,8
Dinamarca	2,1	1,9	2,0	8,3	7,2	6,3
Espanha	4,7	3,6	1,9	11,3	8,7	6,4
Finlândia	1,0	1,1	1,2	8,8	7,1	6,0
França	1,8	2,1	1,3	7,5	6,3	5,6
Grécia	9,3	7,9	5,4	17,4	14,4	9,9
Holanda	1,9	1,4	1,9	6,9	6,2	5,6
Irlanda	2,6	2,2	1,2	8,3	7,3	6,3
Itália	5,4	4,0	1,9	12,2	9,4	6,9
Luxemburgo	1.9	1,2	1,4	7,2	6,3	5,6
Portugal	3,8	2,9	1,9	11,5	8,6	6,4
Reino Unido	3,4	2,5	1,9	8,3	7,9	7,2
Suécia	2,5	0,8	1,9	10,2	8,0	6,6
União Europeia	3,1	2,4	1,7	8,5	7,3	6,2
Valor de referência	2,922	2,52	2,72	9,73	9,13	8,03

1 Os valores de 1995 referem-se aos índices nacionais de preços no consumidor e os de 1996 e 1997 aos índices de preços no consumidor harmonizados.
2 Média aritmética dos três melhores resultados em termos de estabilidade de preços mais 1,5 pontos percentuais.
3 Média aritmética das taxas de juro dos três Estados membros com melhores resultados em termos de estabilidade de preços mais 2 pontos percentuais

Fonte: A.C. Silva (1999, p. 33, com base em dados da Comissão Europeia e do Banco de Portugal)

QUADRO IV.17
Défice público e dívida pública na União Europeia
(em percentagem do PIB)

	Saldo do Setor Público Administrativo[1]				Dívida Pública			
	1994	1995	1996	1997	1994	1995	1996	1997
Alemanha	-2,4	-3,3	-3,4	-2,7	50,2	58,0	60,4	61,3
Áustria	-5,0	-5,2	-4,0	-2,5	65,4	69,2	69,5	66,1
Bélgica	-4,9	-3,9	-3,2	-2,1	133,5	131,3	126,9	122,2
Dinamarca	-2,8	-2,4	-0,7	0,7	78,1	73,3	70,6	65,1
Espanha	-6,3	-7,3	-4,6	-2,6	62,6	65,5	70,1	68,8
Finlândia	-6,4	-4,7	-3,3	-0,9	59,6	58,1	57,6	55,8
França	-5,8	-4,9	-4,1	-3,0	48,5	52,7	55,7	58,0
Grécia	-10,0	-10,3	-7,5	-4,0	109,3	110,1	111,6	108,7
Holanda	-3,8	-4,0	-2,3	-1,4	77,9	79,1	77,2	72,1
Irlanda	-1,7	-2,2	-0,4	0,9	89,1	82,3	72,7	66,3
Itália	-9,2	-7,7	-6,7	-2,7	124,9	124,2	124,0	121,6
Luxemburgo	2,8	1,9	2,5	1,7	5,7	5,9	6,6	6,7
Portugal	-6,0	-5,7	-3,2	-2,5	63,8	65,9	65,0	62,0
Reino Unido	6,8	-5,5	-4,8	-1,9	50,5	53,9	54,7	53,4
Suécia	2,5	0,8	1,9	10,2	8,0	6,6		
União Europeia	5,4	-5,0	-4,2	-2,4	68,0	71,0	73,0	72,1

[1] Sinal positivo indica um excedente

Fonte: A.C. Silva (1999, p. 37, com base em dados da Comissão Europeia)

Foi com base nestes valores que em Março de 1998 a Comissão, tendo em conta um relatório do Instituto Monetário Europeu, 'distinguiu' os países que satisfaziam as exigências necessárias para a adesão à moeda única; vindo a decisão definitiva a ser tomada em 2 de Maio, em Bruxelas, pelos Chefes de Estado e dos Governos da União Europeia (o ECOFIN reunira na véspera), depois de ter sido aprovado de manhã o parecer do Parlamento Europeu[277].

[277] Interviemos nesta sessão plenária congratulando-nos com o resultado conseguido (ver Porto, 1999a, pp. 38-9); e em sessões anteriores não admitindo que houvesse duplicidade de

Foram assim 'fundadores' do euro, passando a formar a UE-11, ou 'eurolândia': a Alemanha, a Áustria, a Bélgica, a Espanha, a Finlândia, a França, a Holanda, a Irlanda, a Itália, o Luxemburgo e Portugal; grupo a que se juntou a Grécia a 1 de Janeiro de 2001[278].

Faltando alguns meses até ao começo do euro, em 1 de Janeiro de 1999, havia o receio natural de desvalorizações de última hora, fruto de circunstâncias não desejadas ou da procura de ganhos de competitividade. Assim se explica que também em Maio de 1998 os países se tenham obrigado a indicar as paridades bilaterais entre as suas moedas[279].

---

critérios na escolha final, com *parti pris* – positivo ou negativo – em relação a determinados países (loc. cit., pp. 35-8)....

[278] O Reino Unido e a Dinamarca 'conseguiram' no Tratado de Maastricht uma cláusula de *opting out*, desobrigando-os de integrar o euro (mesmo satisfazendo os critérios de convergência). Não tendo tido a mesma iniciativa mas não 'querendo' integrar o euro, a Suécia, que a tal estaria obrigada (com o cumprimento dos critérios), invocou uma incompatibilidade constitucional. Já a Grécia, querendo de facto entrar desde o início, não cumpria os critérios em 1997, não estando por isso entre os 'primeiros'; mas tendo passado a cumpri-los, a sua adesão ao euro foi decidida no Conselho Europeu da Feira, em Junho de 2000. Um referendo na Dinamarca, em 28 de Setembro de 2000 (recorde-se da n. 124 p. 310), apesar do empenhamento dos políticos, dos empresários e dos sindicatos voltou a ter uma resposta negativa da população do país; influenciada por certo pelo mau momento do euro, perdendo então valor em relação ao dólar e a outras moedas (cfr. OCDE, 2000; começou a recuperá-lo no final de de 2001). Com uma perspetiva britânica recente ver Baimbridge e Whiman (2008).

[279] Alguns autores, exprimindo este receio, sugeriram o encurtamento da segunda fase. Nas palavras de Macedo, na "transição para a união monetária, os principais custos macroeconómicos surgem no início, ao passo que os principais benefícios microeconómicos surgem no fim – pelo que só uma transição rápida para a moeda única evitará ataques especulativos contra paridades cambiais mais avançadas. Por causa deste perfil intemporal desfavorável é que a mudança de regime é urgente" (1991, p. 137); e nas palavras de Begg, Giavazzi, Spaventa e Wyplosz "the best Stage two is the shortest possible" (1991, p. 66), sendo o que estava previsto, nas palavras de Cobham (1996, p. 599), "too long, therefore lacking n credibility and inviting speculative attack" (ver ainda Torres, 1995).

A defesa da posição inversa, de protelamento da adoção do euro, esteve então em alguma medida ligada à experiência da República Federal da Alemanha, 'obrigada', por razões políticas, a fazer circular imediatamente a moeda única (o marco do ocidente) nos *länder* do leste que passaram a integrá-la. Tendo em conta os custos elevados que o país teve de suportar, afirmou-se que seria perigoso que a Comunidade seguisse um caminho idêntico.

Assim pensou por exemplo Spencer (1991, p. 189), defendendo que "while there will be benefits from a single currency, and while changes in a region's welfare cannot be measured from unemployment changes alone, the current example of German Economic and Monetary Union

Em 1 de Janeiro de 1999 começou a funcionar o euro, com os valores que constam do quadro seguinte (quadro IV.18):

QUADRO IV.18
Taxas de conversão do EURO

		1 Euro=
Alemanha	marco	1,95583
Bélgica/Luxemburgo	franco belga	40,3399
Espanha	peseta	166,386
França	franco francês	6,55957
Irlanda	libra irlandesa	0,787564
Itália	lira	1936,27
Holanda	florim	2,20371
Áustria	xelim	13,7603
Portugal	escudo	200,482
Finlândia	markka	5,94573

illustrates how serious the unemployment costs can be, at least in the short run, even in a case like East Germany where there is a mobile and well-trained labour force. For a region in a country which already has high unemployment and low mobility, the costs could be large and persistent in the long run".

Eram todavia exagerados os termos da comparação, tanto no que diz respeito ao bom treino da mão-de-obra dos novos *länder* (face a exigências novas dos processos produtivos em economias de mercado mais competitivas) como no que diz respeito à alegada baixa mobilidade dos trabalhadores entre os diferentes países comunitários.

Acresce que estes países viviam havia muito tempo com os mesmos sistemas económicos, abertos entre si, além disso com diferenças de desenvolvimento muito menores e muitos deles com uma experiência já duradoura de estabilidade cambial em relação aos mais significativos dos demais (v.g. em relação à Alemanha). A boa experiência de estabilização não se circunscrevia aliás aos países que faziam parte do mecanismo de câmbios do SME, sendo partilhada designadamente pelo nosso país, que o integrou apenas em Abril de 1992.

Eram de facto bem menores as dificuldades de adoção da moeda única europeia: podendo n+aturalmente estas dificuldades ser minoradas tomando-se as medidas corretas (nos planos comunitário e nacional) de apoio aos países e às regiões mais carecidos, só assim podendo fugir-se às dificuldades de instabilidade – essas sim insuperáveis – a que podia dar lugar a situação monetária existente.

Até ao início de 2002 não houve notas nem moedas metálicas de euros em circulação, continuando a ser utilizadas as moedas nacionais, então como divisões do euro: sendo o uso da 'nova moeda' já possivel mas facultativo nos câmbios, nas operações bancárias, nas aplicações financeiras e nas contas públicas e das empresas.

As notas e as moedas de euro foram introduzidas entre 1 de Janeiro e 1 de Julho de 2002, substituindo gradualmente as moedas nacionais, que deixaram por completo de circular em 1 de Julho de 2002. Tendo sido ponderada uma antecipação, para antes do Natal de 2001, para a entrada em circulação das novas moedas (designadamente nos Relatórios Metten e H. Torres Marques do Parlamento Europeu), a hipótese foi afastada, por impossibilidade de se terem muito antes as moedas requeridas pela circulação e não sendo o período pre-natalício, com o seu movimento, o mais adequado para uma troca de moedas (tendo-se ponderado ainda que houvesse um período mais curto para a troca das moedas em 2002)[280].

6.2.3. Os benefícios e os custos da moeda única

Depois das referências breves feitas aos antecedentes da união monetária e às disposições do Tratado e Protocolos respetivos (v.g. quanto às fases a percorrer), importa ver o que pode esperar-se dela, em termos de benefícios e custos, de um modo particular para um país como Portugal[281].

Trata-se de análise a que procederam a Comissão e vários autores, com resultados de um modo geral favoráveis[282]: que naturalmente muito contri-

---

[280] As orientações nacionais para a introdução física do euro no nosso país foram fixadas pela Resolução do Conselho de Ministros 170/2000, no *Diário da República*, I série, de 7 de Dezembro.

[281] Com as implicações que veremos em IV.6.4.

A matéria dos números que se seguem consta em grande medida de Porto (1994-6). Entre nós podem ser vistas as claras exposições de Mateus, Brito e Martins (1995, pp. 55-63), Neves e Rebelo (1996, pp. 193-223), Neves (1997), Anastácio (1998c), J.S. Lopes (1999) e A.C. Silva (1997 e 1999).

[282] São-no logo os resultados de um estudo inicial da Comissão, da responsabilidade de uma equipa chefiada por Michael Emerson, que foram publicados no n. 44 da *European Economy* (1990) (e alguns trabalhos de base numa edição especial da mesma revista, em 1991), com uma versão abreviada de Emerson e Huhne (1991), sendo daqui, quando não se indica outra fonte, as páginas que referenciamos. Com uma apreciação também sintética da problemática em causa ver os livros de Crawford (1996) C. Johnson (1996) e CER (1997), nestes dois últi-

buiram para a aceitação de algo que há alguns anos pareceria impossível, por razões não só económicas como políticas, receando-se que a moeda única poria em causa a soberania dos países[283].

Para além desses resultados globalmente positivos importará todavia saber se se tratará de resultados que favorecerão todos os espaços da União, designadamente o nosso país e as nossas regiões; bem como se bastará ficar-se numa atitude passiva, aguardando os efeitos benéficos da união monetária, ou se não será necessária uma atitude ativa da Comunidade e dos Estados-Membros, com uma política de coesão que atenue os riscos de fato existentes e leve a um mais rápido e melhor aproveitamento das oportunidades que vem criar.

---

mos visando-se especialmente a defesa da adesão do Reino Unido (com a sua rejeição, dando grande peso a considerações políticas, ver por ex. Redwood, 1997; e com uma conside-ração recente da questão), ou ainda um capítulo do livro do Comissário responsável pela preparação da introdução da moeda única, Tierry de Silguy (1996, cap. X).

Deve chamar-se a atenção, contudo, para que embora com a análise feita não fiquem dúvidas sobre as vantagens gerais da moeda única, os autores reconhecem que "in the present state of economic theory in general, and of theory about EMU in particular, there is thus simply no point in trying to reach an overall quantitative evaluation of the costs and benefits of EMU" (...) "The best we can attempt to do is to indicate orders of magnitude for particular effects. Even this is not always easy..." (Emerson e Huhne, 1991, pp. 22-3).

[283] Embora nestas lições nos limitemos fundamentalmente ao domínio económico, não deixaremos de referir que com a união monetária haverá, em relação à situação atual, um protagonismo mais relevante do nosso país e uma maior segurança, num sistema monetário internacional a que não podemos ser alheios e onde na situação presente são muito grandes (e prejudiciais) a nossa dependência e a nossa vulnerabilidade (ver por exemplo C. Costa, 1990, p. 27, A.C.B. Borges, 1991, pp. 368-8, Gaspar, 1992, pp. 196-197, Constâncio, 1992, pp. 108-9, Neves e Rebelo, 1996, p. 202, B. Azevedo, 1997, pp. 11-2, ou Porto, 2016b).

A este propósito (da moeda) são de recordar as palavras de Jean Monnet chamando a atenção para que "la souveraineté dépérit quand on la fige dans les formes du passé. Pour qu'elle vive, il est nécessaire de la transférer, à mesure que les cadres de l'action s'épanouissent, dans un espace plus grand où elle se fusionne avec d'autres appelées à la même évolution. Aucune ne se perd dans ce transfert, toutes se retrouvent au contraire renforcées" (1976, p. 742).

Estamos afinal numa situação semelhante à verificada numa área bem mais nobre e determinante da soberania dos países, a da defesa nacional, em que não pode permanecer-se isolado. Com uma posição de reserva, em particular neste domínio, ver P.P. Cunha (1994 e 1996). Numa outra perspetiva, J. F. Amaral (cfr. 1997) defende que o êxito da moeda única dependeria de uma prévia maior integração política (antecipando por seu turno uma evolução natural neste sentido cfr. por ex. R.H. Alves, 2000a).

Lá fora é de referir a posição muito negativa de Feldstein (1997, 1998 e 2012) e muito recentemente as renovadas dúvidas de Stiglitz (2016).

6.2.3.1. Benefícios e custos gerais

Procurando alinhar os argumentos que podem ser aduzidos, podemos ver primeiro os benefícios e os custos de ordem geral, vendo depois em que medida serão mais ou menos sensíveis para um país (ou para países) nas circunstâncias do nosso.

a) Em primeiro lugar, num plano em que não se levantarão dúvidas acerca dos benefícios líquidos que poderão ser conseguidos, serão de referir os efeitos de eficiência resultantes da existência de uma moeda única: com diferenças apreciáveis mesmo em relação ao estabelecimento de paridades fixas, mantendo cada país a sua própria moeda.

Começamos por colocar-nos, assim, num plano micro-económico, constatando que serão de facto de grande relevância os benefícios resultantes de deixar de ser necessário cambiar espécies monetárias e divisas para a concretização de todos os tipos de relações económicas entre os países da União, com os *custos de transação* inerentes[284], de deixar de haver imprevisibilidade em relação a possíveis variações cambiais, com *custos de incerteza*[285] e de haver um conhecimento imediato (transparência), sem a necessidade de se estar sempre a consultar e a calcular câmbios para se saberem os preços dos bens e dos fatores nos vários países, evitando-se pois *custos de informação e de cálculo*[286].

---

[284] Incluindo, além das perdas diretas com as trocas, os custos resultantes de haver por isso maiores demoras, v.g. com as transferências inter-bancárias (são por exemplo muito maiores na Europa do que nos Estados Unidos).

Para ilustrar as perdas diretas com as trocas foi dado o exemplo de um turista que, saindo do seu país com um montante determinado e trocando o dinheiro de país para país, se percorresse todos os demais países que faziam então parte da Comunidade (tendo a Bélgica e o Luxemburgo a mêsma moeda, o franco belgo-luxemburguês) sem comprar nada chegaria ao final da viagem com menos de metade do valor com que havia saído (ver em Schor, 1999, p. 59, um quadro exemplificativo, não considerando todavia a passagem pela Irlanda...).

Nas palavras de De Grauwe, "eliminating the costs of exchanging one currency into another is certainly the most visible (and most easily quantifiable) gain from a monetary union" (2014, p.53, num livro em que, pp. 91-8,analisa as hipóteses ou situações de uniões monetárias em outros continentes).

[285] Também estes custos se manteriam em medida assinalável com o estabelecimento de paridades fixas, ficando qualquer país com a possibilidade, que desaparecerá só com a moeda única, de em alguma ocasião se afastar do compromisso assumido.

[286] Schor (1995, p. 59 e 1999, p. 56) refere ainda *custos de incómodos* ("dérangements"), tendo de procurar-se as divisas, e *de detenção*, guardando-se no cofre ou na carteira as espécies monetárias necessárias para os pagamentos correntes.

Não é fácil quantificar com exatidão todos os custos que serão assim evitados, mas é seguro que serão muito significativos, bem maiores, do ponto de vista geral, do que o ganho que os bancos e os cambistas têm atualmente com a troca de moedas e os especuladores com as variações imprevistas das cotações cambiais[287]; aliás, a moeda única deverá vir a proporcionar um acréscimo da procura dos serviços bancários que em boa parte compensará – poderá ultrapassar mesmo – a perda das percentagens agora obtidas com a troca de moedas e divisas[288].

Mesmo sem o quantificar, compreende-se naturalmente que o afastamento de tais custos tenha por seu turno um impacto muito positivo na taxa de crescimento das economias[289]. A par do juízo que os economistas podem fazer deve ter-se aliás em conta a perceção que os próprios empresários têm das vantagens micro-económicas da união monetária. Ora, tal como se apurou num inquérito lançado por Ernst & Young[290], aumenta de 10 para 45% a opinião "muito favorável" quando essa união monetária complementa o mercado

Tal como os custos de informação e de cálculo trata-se de custos que poderão ser tidos em conta como uma componente dos custos de transação, considerando-os num sentido mais amplo.

Como vantagem da moeda única pode referir-se também o alargamento que proporciona ao mercado dos títulos, beneficiando tanto os compradores como quem os emite (empresas ou entidades públicas).

[287] Os especuladores são aliás grandes ocasionadores das crises cambiais internacionais, com efeitos negativos de enorme monta.

Não sendo desejável voltar atrás na possibilidade de os capitais circularem livremente entre os países (foi um êxito do 'mercado único de 1993': recorde-se de IV.5.2, bem como de III.2.2.2 e IV.2.4.3), a especulação entre as moedas europeias só poderia ser evitada com a moeda única, contribuindo aliás simultaneamente (como veremos em c) para uma indispensável maior estabilidade a nível mundial, só assim se evitando também ou atenuando movimentos especulativos com as demais moedas.

[288] Na estimativa da Comissão só os custos de transação representavam cerca de 0,4% do PIB comunitário (15 mil milhões de ECU's por ano), quando, segundo o relatório Chechini, eram de 0,3% do PIB os custos das restrições alfandegárias por não haver o 'mercado único de 1993' (cfr. Chechini, 1988, p. 27; com De Grauwe, 2014, p. 53, a mencionar ganhos entre 13 e 20 mil milhões, entre 0,25 e 0,5 % do PIB da Comunidade).

Há naturalmente custos importantes de adaptação à moeda única da banca e dos demais operadores económicos, justificando os apoios que estão a ser dados pela Comissão Europeia.

[289] Estimando-se por exemplo que só uma redução de 0,5% no prémio de risco possa levar a um acréscimo do rendimento comunitário de 5 a 10%.

[290] Referido em Emerson e Huhne (1992, pp. 16 e 53), com os resultados apresentados na fig. IV.21:

único. Trata-se de ideia confirmada nas sondagens feitas quando nos vários países era discutida a ratificação do Tratado de Maastricht (designadamente em França, quando do referendo), sendo muito mais favorável a opinião das pessoas ligadas ao mundo dos negócios[291].

b) Num outro plano, já claramente macro-económico, tem sido apontada a estabilidade de preços proporcionada pela união monetária a instituir, com preços mais baixos e com menores variações[292].

FIG. IV.21

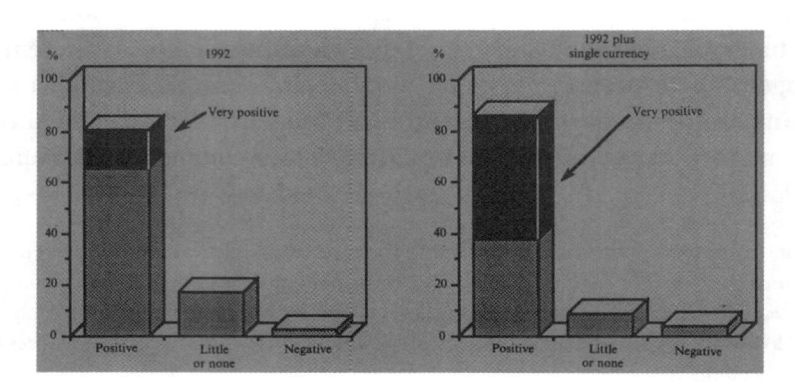

[291] Sobre as opiniões dos empresários portugueses ver *infra* a n. 314 p. 426. No Reino Unido foi sintomático o receio expressado em artigos do *Financial Times*, com a perspetiva de o país não integrar a moeda única que se aproximava, receando-se que Londres perdesse a favor de Frankfurt boa parte do papel que tem desempenhado como centro financeiro. Trata-se de receio não confirmado, perdendo relevo o espaço de circulação de cada moeda. E alguma perda possível de posição bancária por parte da Suíça poderá constituir preocupação dos responsáveis deste país (fora da UE), não partilhada todavia pela maior parte dos cidadãos.
A perspetiva teórica de animação dos negócios, num quadro dinâmico, foi desenvolvida por Richard Baldwin (1991).
Estimando-se que o ganho global com a formação do mercado único se situaria entre 2,5 e 6,5% e tendo conjugadamente em conta os ganhos (v.g. de crescimento) proporcionados pela moeda única poderia esperar-se "an impact of the combined economic and monetary union worth between 3.6 per cent and 16.3 per cent of GDP, with a central estimate of 9.8 per cent"(Emerson e Huhne, 1991, p. 50).
[292] Correspondendo geralmente a níveis mais elevados de inflação variações maiores de preços, tal como se confirmou nos testes econométricos do estudo da Comissão (cit.): levando uma subida de 1% na taxa média de inflação a um acréscimo de 1,3% na sua variação (sendo de concluir, pois, que "if inflation is high, it is also more variable and hence more unpredictable").

Trata-se de estabilidade que é formalmente fixada como objetivo a prosseguir pelo Sistema Europeu de Bancos Centrais (SEBC), o qual, nos termos do que foi acordado em Maastricht, tem como "objetivo primordial" a "estabilidade dos preços" (arts. 4.º n.º 3, ex. art. 3.º n.º 3, art. 105.º do texto básico do Tratado e art. 2.º dos Estatutos do SEBC); com a reafirmação agora, no n.2 do art. 282º do TFUE (cfr. A.Mateus, 2012), de que "o objetivo primordial doSEBC é a manutenção da estabilidade dos preços". A acrescer à dificuldade ou mesmo à impossibilidade de identificar outro objetivo comummente aceite, face à experiência conhecida almejava-se (e almeja-se...) prosseguir assim no êxito reconhecido aos países com estabilidade monetária.

Além de dever cumprir-se essa determinação formal, a estabilidade será mais provável como consequência de a política monetária ser conduzida por uma entidade independente, imune às pressões políticas; menores já agora nos países em que é maior a independência dos bancos centrais[293] e por certo ainda menores com uma instituição supra-nacional, totalmente afastada das políticas internas, aliás com objetivos diferentes e talvez contraditórios entre os vários países[294].

Com a aceitação desse objetivo verificava-se a renúncia dos Estados e da Comunidade a recorrerem à via monetária e cambial para resolverem problemas de índole conjuntural (v.g. de inflação, levando a perdas de compe-

---

[293] Tal como se confirmou em estudos econométricos de Alesina (1989), Eijffinger e Schaling (1993) e Fischer (1994) (cfr. Harrison e Healey, 1995 e C. Taylor, 1995, pp. 49-51; cfr. ainda Cukierman e Webb, 1995), podendo levantar-se já dúvidas em relação aos efeitos positivos sobre a taxa de crescimento (Alesina e Summers, 1988, Grilli, Masciandaro e Tabellini, 1991 e Cukierman, Kalaitsidakis, Summers e Webb, 1993). Com uma análise – que suscita também dúvidas – considerando igualmente países menos desenvolvidos ver Cukierman, Webb e Neypti, 1992.

[294] Numa posição de reticência em relação à estabilidade proporcionada pela moeda única houve contudo quem dissesse, pelo contrário, que enquanto então era assegurada pela responsabilização de um país (da Alemanha), com a moeda única deixaria de haver a mesma 'âncora' de estabilidade (ver, entre vários outros, Sinclair e Stewart-Roper 1991, procurando justificar assim a proposta do *hard ECU*; bem como De Grauwe, 2000, p. 53).

Está desta forma em causa, em grande medida, o problema da credibilidade das políticas (neste caso da política de estabilidade de preços), importando saber se aumenta ou diminui com um banco central da União Europeia. Na primeira linha pode dizer-se que a existência de uma única moeda será por si mesma um fator de credibilidade.

Compreensivelmente, era esperado que o Banco Central Europeu tivesse o mesmo nível de independência política e económica que o Banco Central Alemão (cfr. Alesina e Grilli, 1991 e Harrison e Healey, 1995, com a indicação dos critérios a ter em conta).

titividade, e de desemprego) ou mesmo de crescimento[295]. A renúncia por parte dos Estados estava obviamente ligada à circunstância de deixarem de ter moeda própria, cuja oferta e cujo valor pudessem influenciar. No que respeita à Comunidade, são bem claros os mencionados arts. 4.º (ex. 3.ºA), depois 105.º, agora o art. 127.º do TFUE (cfr. F.Gomes, 2012), onde, além do objetivo básico proposto, já referido, se precisa que o apoio que o SEBC deverá dar às "políticas económicas gerais na União", "tendo em vista contribuir para a realização dos objetivos da União tal como se encontram definidos no art. 3.º do Tratado da União Europeia", deverá ter lugar "sem prejuízo do objetivo da estabilidade dos preços"[296].

Tal renúncia exprime, naturalmente, uma mudança de atitude importante em relação à perspetiva antes dominante no que respeita à utilização da via cambial como modo de recuperar a competitividade das economias, bem como em relação ao reconhecimento de um papel favorável da inflação promovendo o investimento, a produção e a criação de emprego.

Na primeira linha julgava-se que se tratava de uma via não só eficaz como com menores custos sociais, evitando-se os sacrifícios que a via orçamental necessariamente provoca, com aumentos de impostos e reduções de despesas, podendo apontar-se vários casos em que uma desvalorização (ou um sistema de *crawling-peg*, com uma depreciação regular e previamente aununciada da moeda) se revelou como um modo satisfatório de ajustamento[297].

Mas a par destes casos podem apontar-se muitos outros em que, na ausência de perfeitas flexibilidade salarial ou mobilidade de mão-de-obra (pressupostos de facto geralmente não verificados), acabou por se cair numa espiral inflacionista, com a desvalorização a alimentar de novo a inflação (com a taxa

---

[295] Ficando as autoridades dos países limitadas à utilização da política financeira (orçamental), não deixa aliás mesmo aqui de se verificar um estímulo forte no sentido da racionalidade na cobrança das receitas e na realização das despesas, sob pena de os cidadãos 'votarem com os pés' (*vote with their feet*), fugindo dos países (v.g. levando o capital) onde é maior a tributação comparada com o benefício proporcionado (havendo ainda a proibição formal, no acordo de Maastricht, de entidades públicas se financiarem no sistema monetário: antes arts. 101.º e 102.º, agora arts. 123.º e 124.º no Tratado de Lisboa, TFUE; cfr. P.Machado, 2012 e G.Cabo, 2012).

[296] Pondo em dúvida o acerto do privilegiamento da estabilização dos preços, pelo menos no *timing* 'apressado' em que é feita (tendo a convergência real 'de ceder o passo' à convergência *nominal*), ver as reservas muito especiais de Cadilhe (1990 e 1992).

[297] Ver De Grauwe (2009, pp. 33 ss), dando como exemplo a desvalorização belga do início da década de 80 (1982-3); podendo referir-se também o papel do sistema de *crawling-peg*, com alguma desvalorização quando necessária, que foi seguido em Portugal (ver infra IV.6.2.3.2).

de câmbio *efetiva* a não acompanhar a taxa de câmbio *nominal*); não se tendo por outro lado em conta que melhor do que ter havido a necessidade de recorrer a tal via teria sido a possibilidade de, com estabilidade, não se terem verificado desajustamentos e quebras de competitividade.

No que diz respeito ao papel da inflação, a experiência mais recente levou ao abandono, v.g. a médio e longo prazos, da sugestão da curva de Philips, de acordo com a qual uma maior taxa de inflação seria condição para se conseguir um maior nível de emprego (e de expansão económica), sendo pelo contrário necessário aceitar uma maior taxa de desemprego (e menor atividade) se se quisesse diminuir a inflação (cfr. Porto, 2014a, p. 340)

A tal propósito foi muito importante a experiência dos anos 70, com a persistência simultânea de taxas de inflação e de desemprego muito elevadas, tendo pelo contrário sido conseguidos resultados mais favoráveis em países com estabilidade monetária[298].

Por outro lado, estudos feitos mostram também que não há relação positiva entre inflação e crescimento, sendo igualmente aqui no sentido contrário a indicação que parece colher-se dos dados apurados[299].

Em todo este processo foi naturalmente de especial relevo a experiência da própria Comunidade, com os melhores resultados conseguidos pelos países desde que aderiram ao mecanismo de câmbios do SME; deixando de recorrer à desvalorização cambial para ajustar as economias e tendo conseguido, com estabilidade de preços, níveis apreciáveis de atividade económica e emprego[300].

---

[298] Ver a figura da p. 58 de Emerson e Hunne (1991), mostrando bem que nos países da OCDE (não foram consideradas a Jugoslávia e a Irlanda) no período entre 1970 e 1985 níveis mais elevados de inflação não estiveram ligados a níveis mais baixos de desemprego: os dados apurados apontam antes no sentido contrário (com uma crítica à 'desinflação competitiva' ver todavia por ex. Fitoussi, 1997 (5), cap. VII).

[299] Ver agora a figura da p. 59 loc. cit., com os valores de inflação e de crescimento do PIB *per capita* em todos os países da OCDE entre 1955 e 1985.

[300] Pondo em causa esta conclusão acerca das virtudes do mecanismo de câmbios do SME De Grauwe (1997, p. 63) compara num quadro os resultados apurados em países que dele faziam parte (v.g. a Bélgica, a Dinamarca, a Alemanha, a França, a Irlanda, a Itália ou a Holanda) com os verificados em países não membros (v.g. Portugal, a Espanha até 1989, o Reino Unido, os Estados Unidos ou o Japão): podendo ver-se que entre 1981 e 1993 as taxas de crescimento do PIB e do investimento foram de um modo geral menores no primeiro destes grupos.

Trata-se todavia de países com condições muito diferentes, parecendo-nos claro que há outras razões para que os valores de crescimento do PIB e do investimento tenham sido mais elevados por exemplo na Península Ibérica e no Japão.

Será de sublinhar por fim, para além de todas as considerações acabadas de fazer, que o próprio grau de integração já hoje verificado entre as economias da União veio tornar muito mais difícil ou mesmo afastar a possibilidade de se manterem políticas monetárias independentes, ainda que antes pudesse julgar-se desejável a sua existência. De um modo muito particular, a partir do momento em que, com o mercado único de 1993, há entre os países da União liberdade de circulação dos capitais e de prestação dos serviços financeiros (recorde-se de II.2.4.3), a possibilidade de um país desvalorizar a sua moeda poderia ser motivo para, independentemente de razões reais, se verificarem fugas de capitais com graves implicações[301].

Trata-se de risco que ficou já bem patente na instabilidade que se viveu na semana anterior ao referendo francês de Setembro de 1992, tendo levado então ao afastamento da libra esterlina e da lira italiana do mecanismo de câmbios do SME. Será de concluir, pois, que independentemente da opinião que se tivesse antes acerca da implantação da moeda única esta se tornou uma necessidade a partir do 'ponto de não retorno' a que já se chegou,

O próprio De Grauwe reconhece aliás que "it is not implied here that the greater exchange rate stability observed in the EMS has not been beneficial for the EMS countries", mas não deixa de acrescentar que "what is implied is that this greater exchange rate stability does not seem to have had much beneficial effect on the growth rates of output and investment" (1997, p. 63).

Em reforço da sua tese acrescenta ainda De Grauwe que se a instabilidade monetária fosse inconveniente, deveriam estar pior os países de dimensão pequena, por isso com uma maior dependência em relação ao exterior; não resultando todavia da figura da p. 64 (ob.cit.) que esses países tivessem tido taxas de crescimento mais baixas no período entre 1965 e 1987.

A sua apreciação é concluída dizendo que "we should not expect too much additional economic growth from a monetary union", cujos benefícios "are to be found elsewhere than in its alleged growth stimulating effects" (1997, p. 68).

[301] Conforme sublinha A.C. Silva (1992, p. 10; tb. 1997, p. 91) "o Ato Único Europeu, ao criar o Mercado Interno e, em particular, ao consagrar a criação de um mercado financeiro integrado justaposto à disciplina cambial do SME, tornou inevitável o caminho para a União Económica e Monetária Europeia"; ver ainda Beleza (1990, pp. 36-7), A.C.B. Borges (1991, pp. 382-6), C. Costa (1991, pp. 405-6) e Constâncio (1997, p. 30) ou Anastácio (1998, pp. 67-9).

A acrescentar ao relevo deste circunstancialismo novo é de sublinhar que em geral os benefícios de uma união monetária aumentam com a abertura das economias. Nas palavras de De Grauwe (2000, p. 72), "we can also derive a relationship between the *benefits* of a monetary union and the openness of a country. The welfare gains [...] are likely to increase with the degree of openness of an economy" (ver também Torres, 1997, p. 103).

como única forma de se evitarem situações de instabilidade que talvez não se verificassem nas circunstâncias anteriores (pelo menos com tanta probabilidade)[302].

Para além dos problemas da economia real, a facilidade de atuação dos especuladores tem sido aliás a maior causa das crises recentes que se têm verificado: facilidade que só desaparecerá de facto (a menos que, com pesados custos, se recue vários anos na possibilidade de se verificarem movimentos monetários) com a moeda única europeia, levando à estabilidade cooperativa com outra(s) grande(s) moeda(s) do mundo a que nos referimos em *d*)[303].

c) Em terceiro lugar serão de referir vantagens no plano financeiro, sendo muito reduzida a necessidade de reservas com uma única moeda no conjunto comunitário[304].

No reverso da medalha poderá dizer-se que deixando os países de cunhar e emitir a sua própria moeda pelo menos alguns deles perderão uma importante fonte de receita, os 'ganhos de emissão' (ou de 'senhoriagem'). Não pode dizer-se, todavia, que se trata necessariamente de uma vantagem para a sociedade em geral, podendo ser uma forma de tributação que, na medida em que agrava os preços, penaliza a atividade económica dos países e o conjunto dos cidadãos.

d) Com uma moeda única passa ainda a Europa a poder ter um papel de maior relevo no contexto mundial. Será possível diminuir assim o peso do dolar e fazer frente ao *yen*, aparecendo o nosso continente com um papel

---

[302] Parece-nos de facto só ser correta e realista esta conclusão (ver Steinherr, 1994; com uma análise das causas e efeitos da crise cfr. Cobham, 1996), não aquela para que se orientaram então alguns analistas: no sentido de que a crise de 1992 seria antes um indicador da impossibilidade de se caminhar (pelo menos para já) para a moeda única.

Aliás, a contrapôr aos sacrifícios impostos às pessoas e à convergência real, a exigência feita com o cumprimento dos critérios de Maastricht era um fator de estabilidade, sendo graves os inconvenientes de qualquer recuo ou atraso.

[303] É por isso interessante ver o especulador mais famoso do mundo, Georges Soros, defender (1996) uma maior estabilidade cambial e outros bons princípios...

[304] Acrescendo as poupanças que estrangeiros aplicarão em reservas de ECU's temos um ganho por pessoa de 700 dólares, ou seja de cerca de 126 contos na "velha" moeda portuguesa; em valores absolutos, a poupança de reservas de 200 mil milhões de dólares e a receita das aplicações feitas por outros de 35 mil milhões.

importante, com uma moeda que poderá figurar entre as mais utilizadas nas relações económicas internacionais[305].

Há assim um ganho para a União, reduzindo-se os custos de transação, de incerteza e de informação e cálculo na medida do acréscimo dos pagamentos de transações comerciais com países terceiros que são feitos em euros (num valor estimado, só os primeiros representarão 0,05% do PIB comunitário) e passando a ser maior a capacidade de influência da União. Mas poderá esperar--se também um ganho geral (mundial), na linha dos entendimentos expressos ou tácitos dos mercados oligopolistas, havendo duas ou três grandes moedas (ou quatro, se for o caso): com a inerente responsabilização de cada uma das partes, designadamente das autoridades dos Estados Unidos da América, na política monetária e cambial[306].

Em relação à situação anterior perderam as autoridades a possibilidade de continuarem a seguir políticas do menor rigor, mesmo tendo uma atitude de não intervenção nos mercados cambiais (*benign neglect*, 'negligência benigna' em tradução à letra)[307]. Passou a ser exigido de fato um maior rigor que ao fim e ao cabo deveria acabar por beneficiar também os próprios EUA[308].

---

[305] O dólar tinha então uma posição muito acima do relevo dos EUA no comércio mundial: sendo feitos em dólares 42% dos pagamentos mundiais, quando era apenas de 19,6% a participação do país no comércio internacional (Comissão Europeia, 1997e).
Na União Europeia só o marco tinha uma utilização que se aproximava do volume do comércio da Alemanha (mesmo excedendo-o); estando a utilização das moedas dos demais países muito abaixo do relevo do respetivo comércio.
Sublinhando a referida ambição desejável em relação ao dólar ver Franco (1997, p. 52 e 2000, pp. 46 ss.), A.C. Silva (1997, pp. 95-6 e 1999, pp. 69-771) ou o autor (1999b, na sequência de um relatório que elaborou no Parlamento Europeu: doc. 222-655, de 12.7.1997); e numa análise mais recente Roy e Gomis-Porquerdi, ed. (2007).
Estranhamente, só em anos posteriores as implicações externas do euro começaram a ter a atenção devida (designadamente com Comissão Europeia, 1997a e com o livro de Masson, Krueger e Turtelboom, ed., 1997; cfr. Porto, 1999b).
[306] Havendo todavia razões para poder recear-se que, pelo menos a curto e médio prazos, houvesse de facto uma maior volatilidade entre o euro e outras moedas (ver Bénassy-Quéré, Mojon e Pisani-Ferry, 1997, Porto, 1999b, ou outros autores aqui mencionados).
[307] Podendo os americanos dizer, como disse o Secretário de Estado do Tesouro John Connally a um alto funcionário europeu: "Le dollar, c'est notre monaie, mais c'est votre problème" (cfr. Schor, 1995, p. 7 e Silguy, 1996, p. 204).
[308] Na linha de se considerar antes o papel estabilizador que só poderia ser desempenhado por uma potência 'hegemónica' no âmbito monetário ver já Kindleberger (1973), sublinhando "the need for the leading currency to act in the capacity of the international 'lender of the last

Como dissemos há pouco, também só assim seria possível evitar os movimentos especulativos que se manteriam entre as grandes moedas do mundo.

e) Embora numa apreciação global deva fazer-se pois um juízo económico positivo acerca da moeda única, não pode deixar de sublinhar-se por fim a razão política que, com maior ou menor peso e podendo corresponder a diferentes modelos de integração, está também por detrás da sua instituição. Nas palavras de Paul Krugman, "economic efficiency is not everything. A unified currency is almost surely a necessary adjustment of European political unification, and that is a more important goal than the loss of some flexibility in adjustment" (1990b, p. 63). Mesmo não se pretendendo uma 'unificação' política total, será sem dúvida fator de uma desejada maior 'dimensão' política (ver por ex. Dattani, 1996, pp. 206-7, Delors, 1997, Sutherland, 1997 Fishman e Messina, ed., 2006 e entre nós A.C. Silva, 1997 e F.S. Costa, 1997).

Mantinha atualidade, pois, a afirmação de Jacques Rueff segundo a qual "l'Europe se fera par la monnaie ou ne se fera pas" (cfr. Robson, 1998 (2000), p. 217)[309].

6.2.3.2. Benefícios e custos para Portugal

Referidos os planos em que podem considerar-se os benefícios e os custos gerais da união monetária, podemos passar a ver em que medida se verificarão em Portugal, com um nível mais baixo de desenvolvimento: refletido na circunstância, vista atrás (recorde-se o quadro IV.12, p. 392), de se calcular que o país tenha tido (em 1999) um PIB *per capita* (em paridade de poderes de compra) de 71,8% da média comunitária (não obstante a aproximação verificada no conjunto dos últimos catorze anos).

1) Como primeira hipótese poderá pensar-se que uma maior aproximação real entre os países será a consequência natural de um maior crescimento glo-

---

resort'" (cfr. Dent, 1997, p. 95). Poderá dizer-se todavia que "this is only tenable when that leading currency is supported by symmetrical global market power, which is certainly no longer as applicable with respect to the US economy" (cfr. também Eichengreen, 1990).

[309] Sobre alguns problemas e dúvidas recentes ou renovadas podem ver-se por exemplo Van Overtveldt (2011), Kupchan *et al.* (2012), Lapavitsas *et al.* (2012), Bootle (2015, secção 4 do cap.II, pp.112-44) e Stiglitz (2016).

bal, induzido pelo acréscimo de eficiência proporcionado pela união monetária. Não haveria pois razões para preocupação com algo que promoveria o conjunto e, em maior medida, as áreas mais desfavorecidas.

É este o resultado da experiência conhecida da própria Comunidade, com mais de três décadas e meia (referimo-lo já na n. 191p. 375), tendo os anos de maior crescimento sido anos de convergência real e pelo contrário os anos de abrandamento – incluindo alguns de recessão – sido anos de agravamento dos desequilíbrios regionais (v.g. entre os países).

Sendo de prever, pelas razões vistas há pouco, que a moeda única viesse a promover um maior crescimento da União, seria pois de esperar que, repetindo-se mais uma vez a experiência, se verificasse uma nova aproximação dos países e regiões mais desfavorecidos (da periferia): não havendo razões para preocupação, designadamente em Portugal.

2) Mas há além disso razões para julgar que os referidos benefícios diretos da moeda única, superiores aos custos, terão uma expressão mais sensível precisamente nestes países (e regiões).

a) Quanto aos ganhos de eficiência, como consequência do afastamento dos custos de transação, incerteza e cálculo, parece-nos claro que se tratará de ganhos que beneficiarão em maior medida os países menos desenvolvidos da Europa comunitária.

Sendo países onde há um grande predomínio de pequenas e médias empresas com problemas maiores de informação e de qualificação técnica para a consideração das flutuações e das diferenças cambiais, serão por isso mais sensíveis os custos atuais da ausência de moeda única (designadamente os custos de incerteza e cálculo)[310].

---

[310] Representando 15% dos lucros obtidos no conjunto das exportações entre os países comunitários e sendo duplos para as PME's, especialmente de países fora do mecanismo de câmbios do SME. Estando tais custos estimados em 0,4% do PIB para o conjunto comunitário, conforme vimos atrás (n. 288 p. 425), chegarão a 1% em países como o nosso (sendo de 0,1 a 0,2% nos países de maior dimensão).

Não são aliás só as empresas a beneficiar diretamente, nas suas operações e nos seus cálculos, com a existência da moeda única: também os consumidores, por exemplo os turistas, terão com ela um enorme ganho.

Tendo um interesse muito especial para Portugal, no Parlamento Europeu sugerimos mais do que uma vez que a Comissão procedesse ao estudo do impacto da moeda única no setor do turismo; com um relevo devidamente sublinhado num relatório de iniciativa do próprio Parlamento, o relatório H. Torres Marques (A4-0078/98).

No reverso da medalha poderá dizer-se que os países mais ricos beneficiarão mais das economias de escala proporcionadas pela união económica e monetária (estando à partida melhor preparados para tal); mas não tem de ser necessariamente assim, compreendendo-se bem que sejam os países mais pequenos a beneficiar de um modo mais sensível dessas economias de que os maiores podem dispor mesmo sem a abertura de fronteiras (tendo já no mercado doméstico a dimensão bastante).

Por outro lado os ganhos em análise serão mais sensíveis em países mais abertos ao exterior: para os quais, como é óbvio, são relativamente mais relevantes os pagamentos e os recebimentos em moeda estrangeira, representando por isso mais os ganhos resultantes de não ser necessário transacionar moedas e de não haver incertezas e necessidades de cálculo (no limite, não haverá problema nenhum para um país totalmente fechado ao exterior).

Trata-se de circunstância especialmente relevante para Portugal, com um grau de abertura grande no quadro da União Europeia, tal como vimos no quadro I.1 (p. 22).

Concluem por tudo isto Emerson e Huhne (1991, p. 37) que "small open economies with 'small' currencies like Belgium, Luxembourg, Ireland and the Netherlands, or countries with as yet unsophisticated financial markets like Greece, Portugal and Spain, will benefit relatively more than countries like Germany and France whose currencies belong to the ERM and are also a well-accepted means of international settlement"[311].

b) Conforme vimos, podem levantar-se já dúvidas de caráter geral no plano da intervenção conjuntural, representando a moeda única a renúncia a um instrumento a que os países têm tradicionalmente recorrido: v.g. em casos de inflação ou de desemprego. Por exemplo no primeiro caso a desvalorização e a redução da oferta da moeda (a restrição do crédito) seriam meios de recuperação da competitividade das economias nacionais, face a países com maior estabilidade de preços[312].

---

[311] Trata-se de prognóstico que não tem vindo a ser comfirmado nos últimos anos, tem vindo mesmo em alguma medida a ser contraditado (ver por exemplo, em De Grauwe, 2014, p. 14, um quadro com as taxas de crescimento de 11 países da zona euro entre 2008 e 2013, com crescimentos positivos de 4, em primeiro lugar da Alemanha, seguindo-se a Austria, a Bélgica e a França, e decréscimos dos demais, estando em último lugar a Grécia, em penúltimo Portugal, em antepenúltimo a Itália e imediatamente antes a Espanha.

[312] Recorde-se o que dissemos no texto em IV.6.2.3.1.b, bem como as dúvidas suscitadas por De Grauwe que mencionamos nas notas 297 p. 428 e principalmente 300 p. 429.

Acresce, com relevo para a análise que estamos a fazer agora, que se trata de problema especialmente sentido nos países menos desenvolvidos e da periferia da União, v.g. tradicionalmente com níveis de inflação mais elevados. Assim aconteceu em Portugal, onde o sistema de *crawling-peg* seguido em anos recentes teve o propósito e o resultado de atenuar em alguma medida os efeitos da diferença de inflação em relação à generalidade dos demais países da OCDE (reforçado, se necessário, com uma desvalorização adicional: tal como aconteceu em 1993, como resposta – mesmo assim só numa segunda ocasião e em menor medida – a uma desvalorização da Espanha, comprometendo a competitividade das nossas empresas)[313].

São pois razões acrescidas para que se procurem aqui modos de atuação com menores custos sociais, tratando-se aliás de países com problemas especialmente delicados neste domínio.

Não parece, contudo, que para os países da periferia deva ser diferente o juízo acerca da intervenção cambial e monetária, com os seus méritos mas também com os seus custos.

Em contraposição, é de sublinhar que serão especialmente beneficiados com a estabilidade de preços e a redução de juros proporcionadas pela moeda única, com vantagens que poderão ultrapassar em grande medida os eventuais custos da renúncia à via cambial e monetária: sendo de esperar, muito em concreto, que a diminuição dos encargos financeiros que a moeda única virá a proporcionar compensará largamente os custos de renúncia à utilização (de eficácia e mérito aliás duvidosos, como se disse) da via monetária e cambial para ajustar as economias[314].

---

[313] Cfr. de novo a n. 297 p. 428. Nas palavras de O'Donnell, "it is clear that, to some extent, the issue of whether monetary union would impose costs on weaker regions turns on the question of whether exchange rate devaluation can address the real problem of these regions" (1992, p. 26). Sobre a evolução da política cambial em Portugal ver por ex. Torres (1995 e 1996) e Macedo (1996).

[314] Um estudo sobre a Irlanda (Baker, Fitzerald e Honohan, 1996, distinguindo diferentes setores; cf. também Kavanagh *et al.* 1996) mostrou que designadamente por estas razões o país ganharia com a moeda única mesmo sem a adesão do Reino Unido. Numa edição anterior destas lições (1997, p. 428) sugerimos que se fizesse um estudo semelhante para Portugal, v.g. considerando a hipótese de não integração da Espanha; hipótese nada desejável sob pena de poder ficar prejudicada a competitividade das nossas empresas, mas com algum realismo económico – não político... – dado que os nossos vizinhos estavam mais longe de cumprir os critérios de Maastricht. Será curioso – e significativo – recordar que de acordo com um painel

De um modo muito significativo, a importância da redução dos encargos financeiros ficou reconhecida num inquérito lançado a 9000 empresários: tendo os empresários das regiões com atraso estrutural (*lagging regions*: as regiões objetivo 1, em que, como se viu, se inclui a totalidade do nosso país) distinguido, entre um número avultado de fatores, o "custo do crédito" como o fator negativo mais relevante condicionando o seu desenvolvimento (IFO, 1987 e Emerson e Huhne, 1991, pp. 157-61).

Sublinhando a diversidade dos interesses em jogo conclui Cadilhe que "ao fim e ao cabo, a UEM vai arrastar para Portugal, como para outros Estados membros, a redução de poderes nacionais e o acréscimo da *eficiência microeconómica*. Na perspetiva desses efeitos e na ausência de efeitos perversos (...), a UEM é bem capaz de vir a ser um *mau* evento para os políticos de governação central e um *bom* evento para os *agentes económicos*, empresários e trabalhadores" (1992, p. 205)[315]. Verificando-se esta alternativa, não deveriam levantar-se dúvidas sobre o objetivo a privilegiar.

Em relação ao abandono da capacidade de intervenção podia aliás dizer-se, como disse Borges (1991, p. 395), que se tratava de um abandono com custos que "podem também ser interpretados como benefícios. De facto, é evidente que o principal problema que a UEM levanta é a redução ou eliminação do privilégio de atuar de forma imprudente ou incompetente, privilégio que hoje ainda existe, quer para as autoridades, quer para as empresas portuguesas. A integração na União Económica e Monetária traduzir-se-á por uma disciplina férrea que nos será aplicada na sequência de restrições que nos

da Euro-Expansão divulgado no *Expresso* de 5.4.1994 73,6% dos empresários portugueses inquiridos afirmou que mesmo nessa hipótese desejaria a adoção imediata do euro.
Apesar do êxito da aproximação portuguesa, haveria muito de '*wishfull thinking*' na 'convicção' expressada por 67% dos inquiridos de que Portugal integraria o primeiro grupo dos aderentes ao euro; um 'crer' que no 'entendimento' da pergunta formulada poderia ter estado ligado a um 'querer' que tal acontecesse; sendo aliás de fato neste sentido a opinião geral dos empresários portugueses (bem representada por B. Azevedo, 1997).
Curiosamente, já num inquérito lançado a pessoas indiferenciadas pela mesma entidade e publicado no mesmo jornal uma semana depois era expressada em 63% dos casos preferência pela manutenção da moeda nacional. Nota-se pois aqui, tal como em França e em outros países, uma diferença nítida de sensibilidades entre os participantes no 'mundo dos negócios' e os 'cidadãos comuns', mais agarrados ao seu meio tradicional de pagamentos.
[315] Nas palavras de Schor, "les principaux avantages sont micro-économiques alors que les coûts sont surtout macro-économiques" (1999, p. 55).

ultrapassam, disciplina quer para a política económica quer para a gestão das empresas"[316].

c) Por fim, no plano financeiro é de ter em conta a referida perda de ganhos de emissão (senhoriagem), com algum relevo para Portugal, onde ainda em 1994 representavam 1,63% do PIB, mais do que em qualquer outro país da União (Harrison e Healey, 1995, p. 115; cfr. também Beleza e Gaspar, 1994, pp. 110-2 e R.H. Alves, 2000b, pp. 84-6).

Tratava-se contudo de ganhos que estavam a perder rapidamente relevo. Sendo ainda de 2,23% do PIB em 1998, era de esperar que se aproximassem dos ganhos dos outros países, com valores abaixo de 0,5% em quatro e abaixo de 1% em outros quatro países da União (antes do último alargamento) (cfr. Gros, 1993 e Schor, 1995, pp. 80-2).

Para além disso, há que ter em conta que com a emissão de euros há ganhos de emissão para o Banco Central Europeu, que não são receitas do orçamento da União, mas sim dos países participantes. Ora acontece que nos termos definidos a distribuição por estes é feita de acordo com a dimensão das economias. Trata-se por isso de distribuição que favorece Portugal em relação à utilização atual do escudo, abaixo do nosso movimento económico; des-favorecendo já pelo contrário a Alemanha, com uma moeda (o marco) que atualmente tem uma utilização acima da dimensão da economia desse país. Numa primeira estimativa calculou-se que Portugal tivesse no início um ganho de 100 milhões de contos[317].

d) Ponderando todas as circunstâncias Emerson e Huhne, depois de terem mostrado alguma dúvida sobre os benefícios da UEM do ponto de vista da

---

[316] Apesar da sua posição reticente sobre o euro, atenuada nas eds. de 2000, 2009 e 2014, já na ed. de 1997 (p. 51) De Grauwe não deixa de reconhecer, face à experiência conhecida, que "the argument that exchange rate changes are *dangerous instruments* in the hands of politicians is important" (itálico nosso); acrescentando contudo que "the fact that such an instrument can be misused is not sufficient reason to throw it away, when it can also be put to good use, when countries face extraordinary circumstances".

[317] Pode acontecer ainda, embora seja de esperar que tal não aconteça com o euro (recorde-se de IV.6.2.3.1.b, pp. 426-31), que a emissão de moeda tenha consequências inflacionistas, com custos a contrapor aos ganhos de emissão. Uma moeda que assegure a estabilidade monetária, por seu turno, poderá ter para um país como Portugal um grande benefício com o abaixamento de encargos financeiros, com especiais reflexos na dívida pública (recorde-se agora das duas páginas anteriores). Trata-se de benefício conseguido já aliás agora na 'caminhada' para o euro.

equidade (e grande certeza sobre os benefícios de eficiência e de estabilidade), concluiram que "it would be surprising if EMU did not deliver equity as well" (loc. cit. p. 31). Era esta a convicção da Comissão Europeia, nos termos da análise do capítulo 9 de *One Market, One Money* (*European Economy*, 1990), numa linha aplicável especialmente ao nosso país[318].

6.2.3.3. Os riscos e as exigências de equilíbrio e competitividade

Não pode ficar-se todavia apenas por esta análise otimista quando se pretende formar uma união monetária. Por um lado há os referidos problemas de ajustamento a ter em conta, face à falta de flexibilidade salarial e de movimentação fácil dos trabalhadores[319]. Por outro lado há problemas de competitividade de base, v.g. estando em confronto países tão diferentes como a Alemanha e Portugal (ou a Grécia).

a) Não é de facto seguro que venham a prevalecer os fatores de convergência há pouco mencionados, havendo circunstâncias que, pelo contrário, apontam no sentido de a maior abertura dos mercados e a moeda única poderem levar a uma acentuação dos desequilíbrios. Conforme chama a atenção P.P. Cunha (1994, p. 53) "não existe, na verdade, qualquer garantia de que, só

---

[318] Ver por ex. Torres (1995), considerando que a economia portuguesa seria "uma das economias europeias que, pelas suas características, mais teria a beneficiar com a moeda única, tão rápido quanto possível"; na lógica de que "a small open economy tends to lose less (gain more) than a larger closed economy by giving up its monetary autonomy and joining in a monetary union with its trading partners" (1996, p. 15 e 1997, p. 103; ver tb. Lourenço, 1997). Com uma posição muito negativa ver pelo contrário S. Ribeiro (1997), ou com reservas em relação à entrada na primeira linha J. F. Amaral (1999).
Sendo sempre sugestiva a comparação com esse grande território com moeda única, é de assinalar que as desigualdades regionais (v.g. inter-estaduais) são menores nos EUA do que na Europa (ver Boltho, 1994, mostrando que são também menores as desigualdades nas taxas de desemprego; ver ainda Allan Williams, 1994, pp. 168-9).

[319] Não se estando face ao que 'tradicionalmente' se considera uma 'área monetária ótima' (cfr. Mundell, 1961 e McKinnon, 1963), mas havendo uma aproximação nesse sentido (cfr. Bayomi e Eichengreen, 1993, estabelecendo também uma comparação com a situação dos EUA).
Face ao circunstancialismo existente, autores como A. Marques (1998), P.P. Cunha (1999 e 2000a) ou ainda Anastácio (2001) apontam para um maior federalismo financeiro (pelo menos uma maior responsabilização).

por si, os benefícios da integração económica e monetária venham a repartir-se igualmente entre os países membros"[320].

Na realidade, em grande parte na sequência de tendências já existentes, "nuns casos poderá ocorrer uma maior convergência real entre as economias dos Estados-Membros por força de um melhor aproveitamento das vantagens e oportunidades resultantes; noutros casos poderá assistir-se a uma crescente divergência de desenvolvimento entre regiões" (C. Costa, 1991, p. 418).

Trata-se de perspetiva que Krugman, tendo na sua base textos (1980 e 1991) em que procurou mostrar os efeitos dos desequilíbrios do comércio internacional, em grande medida como consequência da existência de economias de escala, desenvolveu, tendo já presente a introdução da moeda única, num artigo com o título sugestivo "lições de Massachussets para a UEM" (1993)[321].

Sem pôr em causa que seria vantajosa a criação da moeda única, afastou-se da crença da Comissão Europeia (ver Relatório Delors, 1990) de que viria a ser equilibradora (recorde-se o que dissemos em IV.6.2.3.2).

Para tal baseia-se na ideia intuitiva de que a integração levaria à especialização, que por seu turno acentuaria desequilíbrios; socorrendo-se para ilustrar a sua preocupação de exemplos de especialização regional nos Estados Unidos da América, com a sua moeda única.

Mostrando todavia as estatísticas americanas que "a especialização regional tem diminuido desde a 2.ª Guerra Mundial", Krugman 'suspeita' estranhamente de que tal se deva a uma "ilusão estatística[322]. Não pode além disso deixar de causar estranheza que não mencione que a essa alegada especialização não corresponde um maior desequilíbrio; pelo contrário, é claro que são mais aproximados os PIB's *per capita* nas diferentes áreas desse país. Por fim, é de estranhar ainda que Krugman 'desconheça' por completo a aproxima-

---

[320] Acrescentando haver "boas razões para se temer o incurso em círculos virtuosos e círculos viciosos de desenvolvimento, envolvendo efeitos de atração para as zonas centrais do espaço económico integrado (ligados ao aproveitamento das vantagens das economias de escala, à existência de infra-estruturas de transportes e telecomunicações, à abundância de mão-de-obra qualificada, à proximidade de centros de investigação e dos grandes pólos financeiros), e efeitos de repulsão afectando as zonas periféricas e comparativamente menos desenvolvidas" (na linha das teorias do desequilíbrio regional que referimos atrás, em IV.4.2) (ver também Sousa, 1996).

[321] Com a exposição e a apreciação desta perspetiva ver por ex. Comissão Europeia (1998b, pp. 196-205).

[322] Nas suas palavras: "I suspect, however that this is largely statistical illusion, specialization may have become more difficult to measure, but not necessarily less in fact" (p. 260).

ção intra-setorial que tem vindo a verificar-se na Europa (ainda sem a moeda única; mas deveria ter sido já o mercado interno, na sua lógica, a levar pelo contrário a uma especialização inter-setorial: recorde-se de I.3.3).

Trata-se de qualquer modo de um texto útil, que chama a atenção para a necessidade de se manterem e reforçarem as medidas estruturais: até porque são desta natureza os desequilíbrios existentes, mais entre as regiões dos países do que entre os países no seu conjunto[323].

b) Não pode deixar de ter-se em conta além disso, importa recordá-lo (de IV.4.4.1), que a convergência que se terá verificado em épocas mais favoráveis (designadamente duas décadas atrás, mas não mais recentemente...) terá sido uma convergência entre os países no seu conjunto mas já não entre as regiões, mesmo entre regiões de dimensão apreciável (as NUT's II)[324].

Ora, na mesma lógica em que importa atenuar os desequilíbrios entre os países importa atenuar os desequilíbrios dentro dos países: não só por razões éticas, sociais e políticas – que por si mesmas deveriam ser decisivas – como por razões económicas de interesse geral, reforçadas com a criação de uma união económica e monetária (recorde-se de IV.4.2.).

c) Em terceiro lugar, mesmo que tenha razão a Comissão na convicção que exprime acerca da prevalência das forças de convergência não pode perder--se de vista a dimensão dos desequilíbrios entre os países (e entre as regiões), sendo muito grande o caminho a percorrer até que haja uma proximidade razoável.

A título de exemplo, partindo-se de 1988 como ano-base, para que em 2007 Portugal viesse a chegar a um produto *per capita* de 90% da média comunitária (da União) a sua economia teria de crescer por ano 2,6% mais do que a média

---

[323] Ver Porto e Laranjeiro (2000). Seriam de menor préstimo um fundo ou fundos para acudir a choques assimétricos de índole conjuntural, na linha de mecanismos que vieram a ser criados (e referiremos em 6.5). E a circunstância de se tratar de problemas estruturais de *determinadas regiões* afasta o 'sonho' de que tudo seria resolvido com a manutenção das moedas nacionais, seguindo cada país a sua própria política (evidenciando a coincidência clara dos cálculos dos vários países e do conjunto da União Europeia ver por ex. Fatás, 1997 e Ministério das Finanças, 1999, ou, sobre a convergência que em geral está a verificar-se, Tavéra, ed., 1999).

[324] Como vimos (em IV.4.4.2), é pelo menos duvidoso que esteja a verificar-se uma aproximação entre as NUT'S II. Continuam infelizmente a afastar-se em Portugal, devendo a moeda única, para se evitarem riscos e para se aproveitarem melhor as suas potencialidades, ser acompanhada de um esforço acrescido de desenvolvimento regional, especialmente necessário no nosso país.

dos países[325]; o que não seria de esperar e de facto ficou longe de acontecer (nesta década houve mesmo afastamento), sendo além disso maior a distância entre as regiões.

É muito longo pois o caminho a percorrer, o que leva igualmente a que algo teria de ser feito para atenuar os riscos e promover mais rápida e eficazmente o aproveitamento das novas oportunidades que a união monetária veio proporcionar (evitando-se simultaneamente os riscos de agravamento dos desequilíbrios que com ela podem verificar-se)[326].

---

[325] Cfr. Grahl & Teague (1990, p. 226) e Porto (1992b, pp. 230-1), onde são referidas também outras hipóteses em relação à aproximação da economia portuguesa e das economias dos outros três países da 'cauda' da União (a Grécia, a Irlanda e a Espanha) (sobre a aproximação de todos os PECO's entre 2000 e 2004 ver *infra* IV.8.1, quadro IV.20, p. 471, num processo que para alguns deles se acentuou nos anos mais recentes.).

[326] É de recordar ainda que mesmo que se julgasse que a médio ou longo prazo viria a dar-se uma maior aproximação entre os países e as regiões, o esforço de convergência nominal exigido pelo Tratado de Maastricht era uma razão específica para que os anos da fase dois, até se chegar ao euro, fossem de acentuação das divergências, sendo de um modo geral maiores as dificuldades para os países da periferia.

Partindo de valores mais afastados, eram obrigados a um esforço maior de contenção orçamental (de aumento de tributação e principalmente de redução de despesas) que a curto e médio prazos limitava as possibilidades de aproximação real das economias, com implicações também no agravamento dos níveis de desemprego.

Nas palavras de Macedo, não haveria "conflito entre desinflação, cumprimento do calendário da UEM e condições de integração social e política, por um lado, e o objetivo de progresso económico e social por outro (...). Longe de sacrificar a convergência real, a convergência nominal é condição a sustentabilidade daquela" (1992b, p. 96).

Mas tal não excluía, naturalmente, o reconhecimento das dificuldades do período de transição e da necessidade de serem tomadas medidas de promoção da convergência: na linha do que estava estabelecido no Tratado de Maastricht e no Pacote Delors II (1992; ver infra IV.6.3 e IV.6.4 e Constâncio, 1992, pp. 116-7).

Acresce aliás que ainda que não houvesse esta imposição de convergência nominal podiam esperar-se especiais dificuldades a curto prazo, até que viessem a prevalecer as forças conducentes a um maior equilíbrio: em muitos casos sem a possibilidade de se terem afirmado antes. Foi convicção sublinhada por exemplo por O'Donnell (1992, p. 23), julgando que nos primeiros anos as forças de convergência real, "while they will certainly be at work, will not be sufficiently strtong, nor sufficiently convergence generating, to overcome the forces for concentration". Tem de dar-se pois o relevo devido ao êxito conseguido por vários países, designadamente por Portugal, com o cumprimento dos critérios de convergência nominal (recorde-se dos quadros IV.16 e IV.17, pp.418-9), num período em que se verificou simultaneamente uma clara aproximação real (quadro IV.13, p. 391) com níveis comparativamente baixos de desemprego; podendo

6.3. O Pacto de Estabilidade e Crescimento

Para além das dificuldades e dos desafios acabados de apontar, acontece que a exigência de rigor tem vindo a acentuar-se, desde logo com o Pacto de Estabilidade e Crescimento, proposto ao Conselho Europeu de Dublin e aprovado no Conselho Europeu de Amesterdão.

Compreende-se que tenha sido proposto e acordado, não podendo admitir--se que a estabilidade e a credibilidade do euro ficassem em causa com políticas menos rigorosas; tal como se compreende que esta preocupação fosse particularmente sentida e que a proposta tivesse sido feita pela Alemanha, país com especiais responsabilidades, com uma boa experiência recente de estabilidade e com uma muito má experiência histórica de inflação (designadamente em 1923, quando a hiperinflação verificada contribuiu para que fosse aberto caminho ao nazismo).

Trata-se de Pacto nos termos do qual a exigência de se manter o défice orçamental aquém dos 3% continuou com a moeda única, com penas pesadas para quem não a cumpra[327]. Compreende-se que se tenha restrinjido a este objetivo, perdendo sentido (pelo menos em grande medida) as outras exigências de Maastricht, dependendo a inflação e as taxas de juro da política monetária, que deixou de ser da responsabilidade dos países (passou basicamente para o BCE, em Frankfurt), e estando a redução do défice público ligada ao cumprimento anual da meta do défice orçamental.

Nos seus termos, são estabelecidas multas pesadas para os países que ultrapassem o máximo fixado (estando em aberto as condições excecionais em que tal será admitido) e que não façam depois um esforço reconhecido de recuperação. Não seria todavia desejável que em algum caso um país chegasse ao ponto de ser sancionado, devendo ser-lhe dadas oportunidades de correção (o valor em causa começa aliás por ser apenas depositado no Banco Central durante um prazo de dois anos) e o 'peso' das multas previstas (por isso dissuasoras), no início com uma parte fixa, de 0,2% do PIB, e a outra variável, de

recordar-se que ainda em 1991-1995 os números eram de 7.6% para a inflação (de 22,2% em 1974-85) e de 5,6% para o défice orçamental (sendo a dívida pública de 71,7% em 1995).

[327] Com a sua análise e a sua crítica ver Cabral (1999 e 2001), Beleza (1999), P.P. Cunha (2000b, receando que possa ter consequências deflacionistas) e Anastácio (2001). Impondo alguma limitação adicional nos períodos de maior crescimento económico, Constâncio julga que com o Pacto de Estabilidade e Crescimento há um agravamento de rigor em relação ao Tratado de Maastricht (1997, p. 33) (considerando a sua revisão ver Tanzi, 2008).

0,1% do PIB, por cada ponto percentual acima do referido tecto de défice, até a um máximo de 0,5% do PIB[328].

6.4. Exigências mais recentes

Nos anos mais recentes têm-se sucedido, tendo grande atualidade, até pelas polémicas que suscitam, iniciativas exigindo um rigor maior nas contas públicas dos países da União Europeia, em especial nas comtas dos países que adotaram o euro[329].

a) O *SixPack*

Assim aconteceu em Março de 2010, na sequência de um Conselho da União Europeia que apontou para uma agenda de reformas do sistema de governação orçamental dos países da união económca e monetária.

Trata-se de medidas concretizadas em seis diplomas, num conjunto conhecido por isso por *six pack*: cinco regulamentos (1173/2011 a 1177/2011), três dos quais aplicáveis aliás a todos o Estados-membros, não apenas aos países da

---

[328] Tendo a Alemanha no ECOFIN de Noordwijk no dia 5 de Abril de 1997, através do Ministro das Finanças Theo Weigel, pressionado no sentido do endurecimento das sanções (v.g. com a aplicação de uma outra sanção nas mesmas proporções a um país com défice excessivo que após um ano não tenha retificado a situação), chegou-se ao compromisso de no segundo ano a sanção só se aplicar à parte variável, sendo de 0,1% do PIB por cada ponto acima do tecto de 3%.

Suscitou um reparo especial (também em outros planos, não só no plano orçamental) que se tivesse proposto que as multas pagas pelos países faltosos constituíssem receita dos países cumpridores. Seria todavia bem mais chocante, entendeu-se, que revertendo para o orçamento da União pudessem beneficiar também países não membros do euro, quiça por não o quererem (casos do Reino Unido, da Dinamarca e da Suécia) e talvez com défices orçamentais ainda maiores...

Face à reação gerada o Conselho de Amesterdão veio determinar que fossem receita do orçamento da UE (ultrapassando-se assim desde logo a dificuldade jurídico-orçamental), mas consignada, não podendo de forma alguma reverter a favor de um não membro (podendo admitir-se ainda, julgamos nós, que seja utilizada na ajuda a algum país não cumpridor que faça contudo todo o esforço que lhe seja exigível).

[329] Sobre estas novas exigências ver entre nós V. Freire (2013, pp. 282 e ss.), D. Feio (2014, pp. 231-40), P. ferreira (2016, pp. 129-40) e G. Soares (2016, pp. 125-59).

zona euro, e uma diretiva: visando de um modo conjugado reforçar o Pacto de Estabilidade nas suas vertentes preventiva e corretiva: com medidas que os Estados-membros se comprometem a adotar para atingir o objetivo do equilíbrio orçamental no longo prazo.

Como exigência nova, não constando, como se referiu há pouco, do Pacto de Estbilidade e Crescimento, fixou-se o limite máximo de 60 % do PIB para a dívida pública dos Estados-membros, com a previsão de procedimentos no caso de incumprimento desta exigência. Concretamente, um dos instrumentos legislativos adotados impõe a redução do montante excedentário ao ritmo de um vigésimo por ano[330].

Na linha de exigência estabelecida, foi criada a obrigação de um depósito de 0,2 % do PIB para os Estados, a par de recomendações várias dirigidas à redução do defice.

b) O Semestre Europeu

Como forma de se reforçar a influência da União Europeia na política orçamental dos Estados-membros, foi instituída uma forma de interligação designada por "Semestre Europeu".

Nos seus termos, no início de cada ano a Comissão envia recomendações aos governos nacionais, visando a correção dos desequilíbrios económicos e orçamentais. Por seu turno em Abril os Estados devem apresentar em Bruxelas os seus planos nacionais de estabilidade e crescimento.

Segue-se o "Semestre Nacional", o segundo semestre de cada ano, em que os Estados-membros deverão ter em conta as recomendações europeias que lhes são dirigidas: nas várias fazes de apresentação e aprovação dos orçamentos, designadamente nos seus Parlamentos. Os países da Zona Euro devem ainda apresentar os seus projetos de orçamento à Comissão Europeia e ao Eurogrupo.

---

[330] Num exemplo com realismo para o nosso país, dada a situação atual, um país com uma dívida pública de 130%, excedendo pois em 70% os 60%, deve reduzir a dívida pública a um ritmo de 3,5% do PIB ao ano.

c) O Tratado Orçamental

Em Março de 2012, por seu turno, procedeu-se à assinatura do "Tratado sobre Estabilidade, Coordenação e Governação na União Económica e Monetária", conhecido de um modo abreviado por "Tratado Orçamental" (TO).

Assim aconteceu no termo de um processo negocial muito rápido, de apenas três semanas, iniciado pouco antes do Natal de 2011 e com a conclusão alcançada no final de Janeiro de 2012, numa cimeira dos chefes de Governo. [331]

Trata.-se de tratado que obrigou os países do euro a introduzir nas suas Constituições, ou em leis de valor reforçado, a regra-travão de um defice estrutural no valor de 0,5 % do PIB (art. 3º, n.º 1 b): uma exigência bem maior, pois, do que os 3 % do Pacto de Estabilidade[332]; sendo este o elemento novo e de maior relevo do Tratado, que além disso procura reforçar exigências já feitas, designadamente no *Six Pack*.[333]

d) O *Two Pack*

Tendo as suas propostas sido apresentadas pela Comissão Europeia já em Novembro de 2011, em Março de 2013 foram aprovados, pelos dois ramos do poder legislativo, dois regulamentos (472 e 473/2013) que ficaram comhecidos como o *Two Pack*.

Assim aconteceu porque, no entendimento da Comissão ao fazer as propostas, o potencial de efeitos colaterais das políticas orçamentais num espaço como a União Europeia implica a adoção para a Zona Euro de mecanismos

---

[331] Trata-se de tratado cuja entrada em vigor se verificaria com a aprovação por pelo menos doze países da zona euro (art. 14º, n.º 2 do TO); e sendo vinculativo apenas para os países desta zona, não estando os demais países adstritos ao cumprimento das suas disposições.

[332] Podendo a falta de incorporação do novo limite no direito interno ser sancionada pelo Tribunal de Justiça da União Europeia com uma multa de valor até 0,1 % do PIB (art. 8º, n.º 2).

[333] Sabendo-se que o crescendo ou a reafirmação de exigências resultou da iniciativa e do empenho da Alemanha, refere G. Soares (2016, p. 141) que "em abono de Merkel tem sido referido que o pacto orçamental terá sido sobretudo um estratagema para amainar a contestação doméstica que vinha sofrendo, em virtude das cedências a que havia sido forçada no plano europeu para apoiar os Estados com dificuldades de financiamento" (v.g. com os mecanismos referidos em 6.4.5).

específicos mais robustos do que os mecanismos do *Six Pack*e e do Tratado Orçamental.

Com um dos regulamentos (o Regulamento 473/2013, tendo como objeto a "avaliação dos projetos orçamentais", bem como a "correção dos defices excessivos"), há o propósito de reforçar o que estava estabelecido, designadamente com o aumento da capacidade de a Comissão Europeia intervir nos procedmentos orçamentais dos países.

Já o outro regulamento deste *pack* (o Regulamento 472/2013), nos termos do objeto que lhe está atribuido, visa a "supervisão dos Estados-membros com dificuldades".

Não estando excluido que se tenha ficado por aqui neste "frenesim" legislativo, levando a exigências cada vez maiores em relação aos orçamentos dos países, compreende-se que se vão sucedendo opiniõea críticas, em alguns casos de concordância e em muitos casos de discordância em relação aos diplomas (mesmo de ordem política, com a intervenção de instituições da União Europeia, designadamente da Comissão, em competências tradicionais dos Estados) e em relação aos procediemento já ocorridos nos países; mesmo em anos anterores aos diplomas mais recentes, tal como acontece em relação à intervenção da *Troika* em Portugal.[334]

6.5. A necessidade de reforçar as políticas estruturais

Face às dificuldades a ultrapassar e aos objetivos a atingir haveria que considerar a intervenção conjugada de ações em diferentes planos (cfr. o Pacote Delors II, 1992): da coordenação macro-económica, da adequação da generalidade das políticas comunitárias (da União), das transferências orçamentais com objetivos de ajustamento conjuntural e das políticas estruturais.

---

[334] A par de outros, com abordagens naturalmenet diversas de caso para caso, ver por exemplo, com críticas às exigências atuais de austeridade, Blyth (2013) e Holland (2016), bem como, tendo naturalmente em maior medida (ou em alguma medida) o caso português, designadamente as exigências da *troika* em Portugal, P. Ferreira (2014), P.Ferreira, coord. (2014), P. Jorge (2014), B. Teixeira (2014), M. Torres (2014), A. Nunes (2015) e R. Cartaxo (2016); com F.Amaral (2013) a reiterar a sua posição de saída do euro (desde o início tendo defendido que não entrássemos).

No que diz respeito ao primeiro plano, entendeu-se que se trata de coordenação que não poderia deixar de acompanhar a política monetária com a instituição da moeda única, tendo em vista designadamente assegurar-se a estabilidade dos preços (ver por ex. Schor, 1999, cap. 2 ou R.H. Alves, 2000).

Importava em segundo lugar (sublinhámo-lo já em IV.4.4.3) que passasse a haver uma aplicação coerente das outras políticas. Trata-se de consideração especialmente relevante para a política agrícola (a PAC)[335]: que pelo contrário ao longo das décadas, conforme vimos em IV.3.1.6, além dos custos gravosíssimos com que tem penalizado os consumidores, os empresários transformadores de produtos agrícolas e o orçamento da União (prejudicando ainda a nossa capacidade de negociação internacional), tem sido um fator fortemente agravador dos desequilíbrios entre os países e as regiões.

Como elementos adicionais poderiam considerar-se a criação de mecanismo financeiros que tivessem em conta as necessidades de ajustamentos conjunturais e o reforço das políticas estruturais, atenuando-se os riscos e garantindo-se um melhor aproveitamento das oportunidades proporcionadas pela moeda únic+a.

É na primeir linha que, quando da recente crise, apareceram mecanismos como, em 2010, o Mecanismo Europeu de Estabilização Financeira, MEEF (European Financial Stabilization Mechanism) e a Facilidade Europeia de Estabilidade Financeira, FEEF (European Financial StabilityFacility), e em 2012 o Mecanismo Europeu de Estabilidade, MEE (European Stability Mechanism) (cfr. V. Freire, 2013, pp. 286-91 e Hodson, 2015, pp. 172-180).

Trata-se contudo de via, de intervenções cojunturais, que não havia sido considerada na cimeira e na sequência da cimeira de Maastricht[336], seguindo-se apenas a via das políticas estruturais. Fez-se assim uma opção no sentido de a Comunidade se responsabilizar só pelo apoio ao reforço das condições

---

[335] O'Donnell (1992, p. 29) menciona também a 'política do mercado interno'. Constitui de fato preocupação que tem de ser extensiva a todas as políticas comunitárias.

[336] Não se seguiram portanto ao longo de alguns anos sugestões feitas já em 1977 no Relatório Mc Dougall e em determinado momento, em relação ao processo agora em curso, pelas autoridades espanholas (ficando de qualquer modo em aberto a possibilidade de serem concedidos os apoios excepcionais previstos no art. 109-H, atual incluindo a concessão de "assistência mútua" a algum Estado-Membro que se encontre "em dificuldades, ou sob grave ameaça de dificuldades relativamente à sua balança de pagamentos").

de competitividade, devendo cada país cuidar dos ajustamentos conjunturais (que se esperava aliás que fossem depois menos ou não necessários com o funcionamento da moeda única)[337-338].

Compreende-se pois também por isso o relevo acrescido que o Tratado de Maastricht veio dar à intervenção estrutural. No art. 2.º do Tratado da CE passou a dispor-se (num acrescento) que a Comunidade deve promover "a coesão económica e social e a solidariedade entre os Estados-Membros" e no art. 3.º que para alcançar os fins mencionados no art. 2.º a ação da Comunidade implica, entre outras coisas, "o reforço da coesão económica e social" (al. j). Já no título relativo à Coesão Económica e Social (passou a ser o título XVII da parte III: recorde-se da n. 217 p. 417) são significativas determinadas mudanças de redação e acrescentos, como falar-se em "reforçar" e já não em "ações *tendentes* ao reforço" (itálico nosso) ou estabelecer-se a exigência de apresentação regular de relatórios "sobre os progressos registados".

---

[337] Além de uma razão de filosofia de atuação tratava-se de uma opção condicionada pela limitação de meios de uma Comunidade cujo orçamento representa uma percentagem muito pequena do seu PIB (ver infra IV.10).

Continua a prevalecer assim uma preocupação básica de contenção do orçamento comunitário (nos anos também já decorridos tem ficado mesmo aquém dos valores estabelecidos), que está aliás de acordo – será de o reconhecer – com o relevo (com uma expressão generalizada em Maastricht) que é dado ao princípio da subsidiariedade: devendo passar para o nível comunitário apenas o que não possa ser melhor desempenhado a nível nacional (recorde-se da nota 160 p. 335).

É de perguntar contudo se será possível uma união monetária com uma intervenção tão reduzida (em princípio nula no que respeita a ajustamentos conjunturais) do orçamento comunitário: tendo-se designadamente presente que "in nation states the public tax and expenditure system accounts for between around 20-40 per cent of national income and acts as a major redistributor of incomes form the rich to the poor, both in terms of households and regions" (Britton e Mayes, 1992, p. 64; ver também Eichengreen, 1990, com uma comparação entre as situações nos EUA e na Europa, Berthelot, 1997, defendendo que a moeda única não será possível sem um 'mínimo' de 'federalismo orçamental' e mais recentemente P.P. Cunha, 2000, chamando a atenção para a falta de lógica de se avançar num domínio mas não no outro).

Trata-se de problema agravado com os alargamentos, como se verá em IV.8.

[338] As transferências com finalidade estrutural não deixaram de qualquer modo de ter um impacto económico importante.

Sobre a desejabilidade de se definirem novos mecanismos de ajustamento estrutural ver já Cabral (1991; cfr. também 1996, com uma análise do processo então em curso, ou 2001); sendo de facto de índole estrutural os desequilíbrios referidos por Krugman no seu artigo de 1993 (recorde-se do final de IV.6.2.3.3 e veja-se de novo Porto e Laranjeiro, 2000; cfr. ainda J.Reis, 2000).

Mais concretamente no que respeita aos meios financeiros, justifica-se por seu turno que no "Protocolo Relativo à Coesão Económica e Social" (Protocolo n. 15) se "tivesse reafirmado" a "convicção de que os Fundos Estruturais devem continuar a desempenhar um papel considerável na realização dos objetivos da Comunidade no domínio da coesão" (adicionando-se-lhes "a maior parte" dos recursos do BEI); acrescendo a criação do "Fundo de Coesão".

Os termos da concretização destas políticas foram por seu turno definidos no Pacote Delors II (1992). Na parte II, ao falar-se nas "ambições de Maastricht", a par das "ações externas" e da "criação de um ambiente favorável à competitividade externa" distinguiu-se "a coesão económica e social"; prevendo-se, no que respeitava aos meios financeiros, que o conjunto das regiões objetivo I viesse a ter, incluindo os fundos estruturais já existentes e o novo Fundo de Coesão, um aumento de 100% até 1997.

Trata-se de meta financeira que, depois das incertezas que se arrastaram até ao próprio dia, veio a ser consagrada em 12 de Dezembro de 1992 no Conselho Europeu de Edimburgo (embora com uma dilatação do prazo – previsto primeiro para 1997 – até 1999)[339].

Face a um projeto desejável mas com riscos e incertezas compreende-se aliás que a necessidade do reforço estrutural fosse determinada também por razões políticas, de adesão de todos os países: com uma exigência acrescida tendo-se em conta os países então da periferia, em especial a Grécia, Portugal, a Irlanda e a Espanha, que só se sentiriam verdadeiramente empenhados num processo em que fossem assegurados os seus anseios naturais de desenvolvimento (dissemo-lo já a propósito da política regional no início de IV.4.3.1, p. 375).

Trata-se de justificação – de índole política – para a promoção de uma maior coesão a que alguns autores têm dado um relevo quase exclusivo ou mesmo exclusivo. Assim fazem Begg e Mayes, dizendo que "from a technical perspective, both a single market and an EMU can function in a perfectly satisfactory manner without any policies to promote cohesion. It follows that it is political imperatives which are central to a search for cohesion, rather than economic

---

[339] Continuam a ser de qualquer modo valores muito baixos, contrastando com as despesas da mesma índole feitas nos Estados Unidos (2,7% do PIB) ou ainda por exemplo na Austrália (7% do PIB) (ver Mazier, 1991, pp. 760-63); bem como na própria Comunidade Europeia com as despesas da PAC, não suscitando todavia reparos (v.g. em França) de pessoas preocupadas com alegadas tendências federalistas...

necessity. Indeed, without cohesion, the policy may not be able to agree to proceed down the road to monetary union" (1992, p. 222).

Julgamos que a afirmação é exagerada, sendo a coesão necessária também por razões económicas. É aliás com a consciência da importância simultaneamente económica e política de um maior equilíbrio que logo no Relatório Delors sobre a *União Económica e Monetária* (1990, p. 22) se sublinhou a importância da coesão, sendo "essencial assegurar que os efeitos benéficos da união económica e monetária se façam sentir no conjunto da Comunidade": no reconhecimento de que "desequilíbrios regionais excessivos constituiriam uma ameaça, tanto económica como política, para a União".

Não pode desvalorizar-se sem dúvida a importância política de um maior equilíbrio. Mas sendo "a matter of equity as much as it is a matter of economic efficiency", tal como é devidamente sublinhado por Britton e Mayes (1992, p. 45), constitui para o conjunto e mesmo para os países mais ricos – não só para os mais pobres... – uma condição indispensável para um melhor aproveitamento dos recursos de que se dispõe.

Os apoios acabados de referir foram especialmente necessários no período de transição para a moeda única, por seu turno em maior medida para os países da periferia que – como se disse – partiram de um modo geral de valores mais afastados dos valores nominais estabelecidos em Maastricht e não podem deixar de dar resposta simultaneamente à necessidade de convergência real, exigindo um crescimento que, ao depender do aumento dos gastos, será naturalmente agravador de tensões inflacionistas e de défices públicos[340].

Explica-se, nesta linha, que o Tratado de Maastricht tenha vindo prever uma muito menor exigência de participação financeira dos países, com a declaração "da vontade de ajustar os níveis de participação comunitária no âmbito dos programas e dos projetos dos fundos estruturais com o objetivo de evitar um aumento excessivo das despesas orçamentais nos Estados-Membros menos prósperos"(com a afirmação de que não chega a haver a aplicação de um 'princípio de adicionalidade'); prevendo-se por seu turno no Pacote Delors II que

---

[340] Compreende-se por isso que nos termos do Pacote Delors II o Fundo de Coesão tenha aparecido justificado simultaneamente pelos desejos de contribuir para "a promoção da coesão económica e social" e de ajudar a "dar resposta, oportunamente, aos critérios de convergência exigidos para a passagem para a terceira fase da União Económica e Monetária".

a intervenção comunitária com o Fundo de Coesão viesse a ser de 85 a 90%, valores reduzidos para 80 e 85% na Cimeira de Edimburgo[341].

As circunstâncias dos países da coesão justificam aliás que tenham continuado a beneficiar do Fundo depois da adoção do euro, em 1999.

Não podia logo por isso ter acolhimento a sugestão feita por responsáveis de países mais ricos, de que fossem afastados os países que tivessem entrado na eurolândia. Em alguns casos continua a ser grande o seu atraso, sendo por isso indispensável promover a sua aproximação (no interesse da própria moeda única), continuando a haver uma grande exigência de rigor orçamental, imposta agora, como vimos atrás, designadamente pelo Pacto de Estabilidade e Crescimento, pelo Semestre Europeu, pelos *Six Pack* e *Two Pack* e pelo Tratado Orçamental

O afastamento do Fundo teria aliás a consequência paradoxal de castigar quem tivesse cumprido e pelo contrário premiar quem, com uma política de menor rigor, não tivesse preenchido as condições de passagem ao euro...

De nada adiantava dizer que é um mecanismo temporário. De facto é-o, mas na medida – única que faz sentido – de que deixa de se aplicar quando um país chega aos 90% da média comunitária (tal como já aconteceu com a Irlanda).

Por fim, para além destas razões substanciais é só por si decisivo *ler* o que está no Tratado, que diz que um país tem direito desde que esteja abaixo do 90% e cumpra as exigências de promoção da estabilidade, sem abrir nenhuma exceção. E o que está num Tratado é para cumprir, mesmo que num momento dado não seja do interesse e do agrado dos países mais poderosos (ver Porto, 1999a, pp. 46-7).

7. DESAFIOS E ESTRATÉGIAS DE MÉDIO E LONGO PRAZO

O processo de integração europeia tem vindo a verificar-se em grande medida em resposta e desafios que se foram sentindo ao longo das décadas.

Em termos gerais, pode recordar-se que no seu início a criação das Comunidades foi em grande medida determinada pela necessidade de se garantir a paz, com o afastamento de motivos que pudesem contribuir para um ter-

---

[341] Sobre o papel do Parlamento Europeu procurando que fossem repostos valores mais elevados ver Porto (1994-6, p. 86).

ceiro conflito[342]. Como sublinha Adriano Moreira (2002, p. 222), as "guerras de 1914-1918 e 1939" são "chamadas mundiais pelos efeitos, mas" são "europeias pelos interesses, pelos projetos, pelos intervenientes principais". E vale a pena ter por seu turno presente a afirmação de Eduardo Lourenço (2001, p. 239) de que"a utopia europeia em marcha foi, é, a resposta que se nos impôs às nações pilotos dessa mesma Europa para domesticar, e desta vez, de mútuo acordo, a sua intrínseca barbárie, a sua demoníaca inquietude que fez delas (e de nós) o Fausto da história mundial".

Sendo este um sonho básico dos Pais Fundadores (sem dúvida a par de objetivos de promoção das condições económicas, sociais e políticas dos cidadãos), pode dizer-se que foi cumprido, estando afastada qualquer hipótese de guerra entre países europeus, tal como se verificou no passado. Algumas tensões de facto existentes são tensões localizadas, e não nos países fundadoes.

Depois, com alargamentos que se foram dando, a países menos desenvolvidos e com maiores desequilíbrios internos (a política regional não era sequer mencionada na redação inicial do Tratado de Roma...), surgiu o desafio da coesão económica (territorial, não só social), com o reconhecimento dos inconvenientes de diferentes naturezas daí resultantes. E embora haja ainda muito a fazer, há que reconhecer o mérito do que tem vindo a ser feito, com a política de coesão a ter agora a fatia maior dos recursos orçamentais (recorde-se de IV.4 e ver *infra* IV.10.3).

---

[342] Foi desde logo assim com a criação em 1951 da Comumidade Europeia do Carvão e do Aço (a CECA), pondo em comum uma fonte energética então com o maior relevo e disputada e um bem que está na base da indústria, designadamente da indústria bélica. Depois, não podendo naturalmente avançar-se de imediato para uma maior integração político-militar, com feridas da guerra ainda por sarar, poucos anos depois de ter terminado (compreende-se pois bem que não se temha conseguido a crição de uma proposta Comunidade Europeia de Defesa), a integração das economia era uma forma de aproximação e afastamento de tensões (sem dúvida, para além do bemefícios de bem-estar daí resultantes).E só com o Tratado de Maatricht se passou da Comunidade "Económica" Europeia para a Comunidade Europeia, com o alargamento a novas áreas, de índole não económica....

Trata-se de propósito básico, de se assegurar a paz na Europa (e no mundo), que é sempre devidamente assinalado (ver por exemplo entre nós Soares, 2006, pp. 12ss., C. Gomes, 2009, pp. 75ss., Silveira, 2009, pp. 18ss., M. Silva, 2010, pp. 17-51, J. Machado, 2014, pp. 13ss., M.L. Duarte, 2011, pp. 400 ss., Campos, Pereira e Campos (2014, pp.23ss., Gorjão-Henriques, 2014, pp. 137ss., Ribeiro, Rollo, Valente e Cunha, coord., 2014, F. Quadros, 2015, pp. 36 ss. e Valente, 2015, pp. 101-28).

Os êxitos que têm vindo a ser conseguidos não podem contudo fazer esqucer a situação vivida nos anos setenta, quando esteve mesmo em alguma medida em causa a continuidade do processo de construção europeia; com um desafio de "europessimismo" bem como de "euroesclerose", com o reconhecimento de que não se avançava em grande medida devido a dificuldades no plano institucional, particularmente com a exigência de unanimidade nas decisões do Conselho, dificultando ou impedindo mesmo a aprovação de normas que eram indispensáveis para se avançar com o processo.

Também neste domínio havendo sempre mais a fazer, foi importante a fixação de metas a atingir com o afastamento de barreiras que impediam que se comseguisse um "mercado único" e com a abertura da possibilidade de se aprovar legislação sem a exigência de unanimidade no Coselho, verificada com a aprovação do Ato Único Europeu (recorde-se de IV.5).

Depois, no final dos anos oitenta e basicamente nos anos noventa as preocupações da União Europeia (então, da Comumidade Europeia) estiveram em grande medida concentradas na problemática dos alargamentos.

Tinha hávido vários alargamentos anteriores, mas eram muito diferentes os desafios dos alargamentos agora em perspetiva: nunca tinha sido tão grande a expressão do número de países a entrar, agora doze, em relação a uma União que tinha quinze membros; e tratava-se em dez dos casos de países que vinham de sistemas e situações económicos e políticas umito diferentes, mesmo de sistemas diferentes [343] (ver *infra*, em IV.8, alguns desafios principais que se levantavam, como se procurou responder-lhes e uma primeira avaliação de resultados alcançados).

Mais recentemente, tendo-se também em conta novos desafios que têm vindo a surgir, é de referir primeiro a Estratégia de Lisboa e depois a Estratégia Europa 2020, em que estamos agora inseridos.

7.1. A Estratégia de Lisboa

A Estratégia de Lisboa foi aprovada no Conselho Europeu que teve lugar nesta cidade, quando da segunda presidência portuguesa, nos dias 23 e 24 de Março de 2000.

---

[343] Nunca esqueceremos uma afirmação então feita por Jacques Delors numa sessão plenária do Parlamento Europeu, em Estrasburgo (sendo nós membro desta instituição), alertando para que "um alargamento mal feito poderia ser o fim das Comuidades".

7.1.1. Razão de ser e objetivo geral

A iniciativa foi determinada pelo reconhecimento do atraso que a Europa tinha então em relação aos Estados Unidos nas taxas de crescimento e de emprego, em grande medida com a "nova economia", baseada nas tecnologias de informação e comunicação.

Naturalmente, para além da concorrência dos Estados Unidos tinham-se já então bem presentes todos os demais desafios da globalização, com deslocalizações e fornecimentos de bens materiais e serviços (*outsourcing*) por países emergentes, com mão-de-obra mais barata e uma progressiva maior capacidade tecnológica.

Procurando fixar-se um objetivo e uma meta, com a Estratégia de Lisboa foi estabelecido que a União Europeia deveria tornar-se, em 2010, "na economia baseada no conhecimento mais competitiva e dinâmica do mundo, capaz de garantir um crescimento económico duradouro acompanhado de uma melhoria quantitativa e qualitativa do emprego e de uma maior coesão social, com respeito pelo ambiente".

7.1. 2. Os compromissos assumidos e as vias a seguir

A Estratégia assentou na assunção simultânea de determinados compromissos, com base em várias vias de intervenção; cuja prossecução deveria ser acompanhada através de indicadores estabelecidos.

Foram assumidos os seguintes cinco compromissos[344]:

a) Realizar a sociedade do conhecimento (sociedade da informaçãoinvestigação e desenvolvimento, educação e capital humano).

b) Concretizar com sucesso o mercado único (assegurar uma transposição eficaz do direito comunitário, eliminar os entraves à livre circulação dos serviços na União, realizar o mercado único das indústrias de rede, realizar o mercado único dos serviços financeiros, assegurar uma aplicação justa e uniforme das regras relativas à concorrência e às ajudas públicas).

---

[344] Sobre a Estratégia de Lisboa podem ver-se M.J. Rodrigues (2004), Ardy (2007), C. Lopes (2007), M.J. Rodrigues *et al.*,ed.(2009) e Barthé (2011, pp. 97-105).
Na concretização dos compromissos assumidos foram estabelecidos 28 objetivos e 120 sub--objetivos, com 117 indicadores de acompanhamento.

c) Criar um ambiente favorável para as empresas (no que respeita ao investimento, à inovação, ao empreendorismo e às formalidades administrativas).

d) Estabelecer um mercado do trabalho inclusivo para reforçar a coesão social (com o aumento das taxas de emprego, em especial das mulheres e dos trabalhadores idosos, v.g. com a formação ao longo da vida).

e) Garantir um futuro duradouro no plano ambiental (fazendo-se face às mudanças climáticas, ao aumento dos volumes de tráfego, de congestionamento, de ruído e de poluição).

A par dos demais, poderá sublinhar-se a atenção dada com a Estratégia de Lisboa a um domínio em que eram ainda claramente menores os progressos feitos no "mercado único europeu": o domínio dos serviços, aqui em particular o domínio dos serviços financeiros.

Tratando-se todavia em quase todos os casos de reforçar e conjugar políticas que já vinham de trás, pode em boa medida dizer-se, nas palavras de Ardy (2007, p. 277), que "what Lisbon achieved was to bring them together into a high-profile package which would demonstrate the Union's determination to embrace a radical and comprehensive reform agenda to meet callenges posed by globalization, the e-revolution and the demographic shift in Europe's population".

7.1.3. O Método Aberto de Coordenação (MAC)[345]

Fomos vendo já a diversidade de domínios da Estratégia de Lisboa; acontecendo que vários deles não são da competência comunitária (agora da UE), estão na esfera da competência dos Estados.

Sendo difícil em muitos casos avançar-se no campo comunitário, em termos legislativos e de intervenção, haveria pois já assim uma dificuldade provavelmente intransponível para se atingirem os objetivos em vista; sendo de recear em cada caso reservas de algum ou alguns países.

Mas para além disso haveria naturalmente dificuldades acrescidas nos domínios das competências nacionais.

---

[345] OMC, nas iniciais inglesas de Open Method os Coordination.

A Estratégia de Lisboa distinguiu-se pois também pelo estabelecimento de um processo maleável para se avançar, no que é frequentemente designado por "geometria variável". Em cada caso avançam os países empenhados, em processos que se espera que sejam depois trilhados igualmente pelos demais

Trata-se de via seguida também em boa medida com o acordo de Shengen e em relação ao euro (como vimos em IV.5, já com o Ato Único Europeu se tinha verificado alguma cedência em relação ao abandono da exigência de unanimidade nas decisões do Conselho), sob pena de nada se avançar, um risco muito acrescido com um número muito maior de países membros. Dava-se sequência, pois, a precedentes conhecidos e testados de conjugação da unidade com um realismo indispensável [346].

7.1.4. O Relatório Kok e o relançamento da Estratégia

A "meio caminho" houve uma avaliação do processo em curso, feita por uma comissão presidida pelo ex-Primeiro Ministro da Holanda Wim Kok.

O relatório elaborado é bastante crítico (Kok, 2004, v.g. p. 16), criticando designadamente a dispersão dos objetivos e meios ("Lisbon is about everything and therefore nothinhg")[347] e chamando a atenção para que "il reste beaucoup a accomplir pour que Lisbonne devienne synonime d'objectifs manqués et de promesses non ténues".

Assim se justifica que, na sequência do Relatório Kok, o Conselho Europeu de Bruxelas dos dias 22 e 23 de Março de 2005 tenha aprovado um relançamento da Estrtégia, com base no COM(2005)24 (Comissão Europeia, 2005).

Tratou-se de um relançamento com base em três eixos: a) O conhecimento e a inovação como motores de um crescimento duradouro; b) Conclusão do

---

[346] Sobre processos de flexibilização que têm vindo a ser seguidos, de "geometria variável", "*multy speed*" ou "*a la carte*", distinguindo-se em cada um deles caraterísticas próprias, ver Stubb (1996), Ehlerman (1997), Tuytschaever (1999), De Búrca (2000), Ziller (2000), Warleigh (2002), Thym (2006), Schimmelfennig, Leuffen e Rittberger (2011) e G.E. Ferreira (2016). Trata-se de literatura com a maior atualidade, podendo dar sugestões relevantes para o difícil processo a seguir (estando as cooperações reforçadas consideradas agora, no Tratado de Lisboa, nos arts. 20º do TUE e 326º a 334º do TFUE: ver Freire, 2012 e Palma, 2012, bem como a bibliografia indicada aqui).

[347] Especialmente negativo é Sapir (2007), por seu turno responsável por um relatório (Sapir, 2004) estabelecendo *An Agenda for a Growing Europe*.

mercado único, oferecendo um espaço atraente de investimento e trabalho; c) O crescimento e o emprego ao serviço da coesão social.

7.1.5. Avaliação geral

Para além dos méritos e limitações de que se deu alguma nota (ver ainda por exemplo Gros, 2005 ou Wanlin, 2006), poderá se feita uma avaliação comparando os dados da economia europeia com os dados dos nossos concorrentes principais, casos do Japão, dos Estados Unidos ou ainda de outras economias, tal como faz Ardy (2007, pp. 276-7) comparando as taxas de crescimento.

Trata-se de dados que não evidenciam melhoria europeia até ao ano considerado, 2004, tal como, a esse e a outros propósitos, não seria evidenciada nos nos mais recentes (com a crise que se seguiu a impedir aliás um resultado mais favorável).

Tal não significa todavia que deva deixar de se seguir nas linhas apontadas; pelo contrário, dificuldades que continuarão a verificar-se obrigam a um esforço acrescido de racionalização e competitividade no nosso continente.

7.2. A Estratégia Europa 2020

Poucos anos depois não poderiam ser muito diferentes os desafios a defrontar; embora com a exigência acrescida de ter de se ultrapassar a crise que nos assolou (e em medida assinalável continua a ser sentida em alguns países).

Muito em particular, com esta crise, sem paralelo desde a "grande depressão" dos anos 29-33 do século XX, deveria haver a curiosidade de saber se não haveria uma reação de índole protecionista, entre os países membros e dos espaços de integração em relação ao exterior, em especial da União Europeia, onde a crise foi e continua a ser especialmente sentida.

7.2.1. Os desafios de longo prazo

Nas palavras do COM(2010)2020, depois de se reconhecer que "o mundo está a mudar", afirma-se que se tornaram "mais prementes" "os desafios de longo prazo": a globalização, a pressão sobre os recursos e o envelhecimento da população.

Com o século XXI fica para trás um período longo de predomínio mundial da Europa. Embora se tratasse de um predomínio por vezes partilhado, em boa parte do século XX mesmo ultrapassado nos domínios militar e político (pelos Estados Unidos e a União Soviética), não eram sentidas ameaças globais nos domínios económico e ambiental.

No domínio económico [348] é seguro que teremos no século XXI um mundo multipolar, em que a Europa continuará a ter por certo um papel de grande relevo, mas em que à "tríade" (incluindo, além da Europa, os Estados Unidos e o Japão) se juntarão os BRIC's (o Brasil, a Rússia, a Índia e a China, os dois primeiros a atravessar todavia agora tempos difíceis) e outras potências emergentes[349].

No que diz respeito aos recursos naturais, tem havido uma evolução curiosa. Depois de ultrapassado o pessimismo malthusiano (apesar do crescimento enorme da população ao longo do último século[350]), com a consciência de que a população mundial tenderá para a estabilização, na casa dos 9 mil milhões de habitantes, deixou de haver uma preocupação predominante ou mesmo exclusiva com a suficiência geral dos recursos (serão casos muito especiais o caso do petróleo, com a dependência desta fonte energética[351], e de alguns recursos alimentares e matérias-primas). Em grande medida, as preocupações foram deslocadas para a delapidação dos recursos, sucedendo-se as cimeiras mundiais visando a limitação de emissões de CO_2 e de outras consequências do "progresso" económico.

No quadro referido de abrandamento do crescimento da população, tendendo talvez para a sua estabilização geral, aparece por seu turno o problema, de enorme gravidade, do seu envelhecimento em algumas áreas do mundo,

---

[348] Com a evolução curiosa ocorrida ao longo dos século ver *infra* V.1.b), referindo designadamente a posição cimeira a nível mundial, no plano económico, que é recuperada pela China e pela Índia (cfr. Shenkar, 2006, Clark, 2008(7) e Smith, 2008).Tratando-se além disso de países com "velhas" culturas e pioneiros em diferentes áreas científicas, não pode deixar de causar estranheza, apesar das justificações que têm vindo a ser dadas, que durante séculos tenham sido "dominados" por países europeus (ver a título de exemplo Ringmar, 2007).

[349] Entre uma literatura muito extensa podem ver-se Dicken (2003), Friedman (2006), Gnesotto e Grevi (2006), Shapiro (2010) ou ainda Khanna (2009), sobre o que designa de "segundo mundo".

[350] Só para recordar alguns números, pode referir-se que depois de terem sido necessários três séculos, entre 1500 e 1800, para que a população do mundo duplicasse (e de ter aumentado de forma regular mas lenta ao longo dos séculos anteriores), mais do que duplicou no século XX.

[351] Sublinhámo-lo atrás, em IV.3.5.

muito em particular na Europa[352] (com vários países a terem uma diminuição do seu quantitativo global).

7.2.2. Prioridades e objetivos

É tendo em conta estas preocupações que a Estratégia Europa 2020 estabelece "três prioridades que se reforçam mutuamente": 1) crescimento inteligente, 2) crescimento sustentável e 3) crescimento inclusivo.

No primeiro caso, trata-se de "desenvolver uma economia baseada no conhecimento e na inovação"; sendo de acrescentar que não podemos estar mais à espera de outros motivos de vantagem, da localização geográfica à dotação de capital (para não falar do custo da mão-de-obra...).

No segundo caso, trata-se de "promover uma economia mais eficiente em termos de utilização dos recursos, mais ecológica e mais competitiva"; dando-se pois uma atenção crescente às preocupações ambientais.

No terceiro caso, trata-se de "fomentar uma economia com níveis elevados de emprego que assegure a coesão social e territorial; não se perdendo pois de vista, corretamente, as preocupações sociais e regionais" (sendo além disso a "inclusão" dos cidadãos uma forma de lhes assegurar realizações pessoais e de se conseguirem resultados gerais de muito maior relevo).

É neste quadro que o documento estabelece 5 grandes objetivos para a UE (referimos que eram 28 com a Estratégia de Lisboa) :1) estar empregada 75% da população entre 20 e 64 anos, 2) ser investido em I&D 3% do PIB da UE, 3) em matéria de clima/energia, reduzirem-se em pelo menos 20% (desejavelmente em 30%) as emissões de gases com efeitos de estufa relativamente aos níveis de 1990 e aumentar em 20% as quotas de energias renováveis no consumo final e a eficiência energética, 4) ter-se menos de 10 % de abandono escolar e pelo menos 40% da população jovem com um diploma de ensino superior e 5) deixarem de estar em risco de pobreza 20 milhões de pessoas.

Trata-se de metas que constam do quadro seguinte (IV.19), também com os valores em 2013:

---

[352] O problema é também especialmente sério na China, na sequência de políticas de limitação da natalidade (com a população total a ser ultrapassada dentro de poucos anos pela população da Índia): com a consequência igualmente aí de ser muito custoso o peso a suportar pela população ativa (ver por ex. Shapiro, 2010, pp. 77-8 e 89-90).

QUADRO IV.19

PT 2020: metas

Objetivo	Indicadores	2013 (PNR 2014)	Meta PT 2020
Reforço da I&D e da Inovação	Investimento em I&D em % do PIB	1,5% (1)	Entre 2,7% e 3,3%
Mais e Melhor Educação	Taxa de abandono escolar precoce e formação na população entre 18-24 anos	19,2%	10,0%
	% de diplomados entre os 30 e os 34 anos que tenham completado o ensino superior ou equivalente	29,2%	40,0%
Clima e Energia	Emissões de Gases de Efeito de Estufa (variação % face a 2005 em emissões não CELE)	-12,0% (2)	+1,0%
	% Energias renováveis no consumo de energia final	24,6% (2)	31,0%
	Eficiência Energética (ganho % no consumo de energia primária face a 2005)	24,6% (2)	20,0%
Aumentar o Emprego	Taxa de emprego (população 20-64 anos)	65,6%	75,0%
Combate à Pobreza e às Desigualdades Sociais	Pessoas em risco pobreza /exclusão social (variação face a 2008)	-92 mil (3)	- 200 mil

Legenda:
(1) Dados provisórios, com base no IPCTN de 2012; (2) Dados referentes a 2012; (3) Rendimentos de 2011

São apresentados depois (p. 7) "sete iniciativas emblemáticas que visam estimular os progressos no âmbito de cada tema prioritário".

7.2.3. Razões para uma esperança realista ?

Numa outra secção, com o título *A Europa pode ter êxito* (p. 11), são referidos alegados trunfos da União Europeia. Assim acontece na sequência do que é sublinhado na Introdução ao documento, escrita pelo então Presidente da Comissão, Durão Barroso, falando numa "mão –de-obra com talento", de "uma poderosa base industrial e tecnológica", "de um mercado interno e de uma moeda única que nos ajudaram a resistir aos piores efeitos da crise" e "de uma economia social de mercado que já deu as suas provas"[353].

---

[353] Curiosamente, só no texto do documento vem a referência a "um setor agrícola dinâmico e de grande qualidade"; podendo contudo perguntar-se porque é que, sendo assim, temos tido preços especialmente elevados, ao "serviço" de uma política protecionista, tão penalizadora dos consumidores e dos setores económicos a jusante que utilizam produtos da agricultura, e com custos orçamentais tão elevados. E ainda só no texto se fala de uma forte tradição marítima, sendo todavia infelizmente tão claro para todos nós que muito mais há a fazer neste domínio (em especial no nosso país).

Mas mesmo com o reconhecimento geral de trunfos de que dispomos, o que nos garante, ou pelo menos dá esperanças, de que os objetivos fixados sejam atingidos ? Não haverá o risco de acontecer o mesmo que com a Estratégia de Lisboa ?

Recolhendo em alguma medida as lições da experiência, podemos sublinhar três vias estabelecidas que procuram ter em conta e evitar tal risco.

a) Uma primeira via é a da concentração de atenções e meios, em lugar de se pretender atuar em todos os domínios.

Assim acontece, em relação à Estratégia de Lisboa, com a diminuição do número de objetivos de 28 para 5, numa linha de concentração que é sublinhada depois no documento.

Trata-se de concentração que tem que decorrer aliás de, como sublinharemos criticamente, não serem avultados os meios financeiros disponibilizados pela União: o que obriga a uma grande seletividade nas ações a apoiar.

Com esta concentração não há dispersão de esforços, que se diluiriam, esperando-se antes que haja efeitos de difusão dos programas que se concretizam.

b) Uma segunda via é de um muito maior compromisso institucional, com o envolvimento de todas as entidades, da UE e nacionais, com a indicação de responsabilidades a assumir e trabalhos a desenvolver.

Nas palavras bem expressivas do COM(2010)2020 (p. 6), "o Conselho Europeu deverá assumir plenamente a nova estratégia, de que será o elemento essencial. A Comissão irá acompanhar os progressos relativamente aos objetivos, facilitará a interação política e apresentará as propostas necessárias para orientar a ação e fazer avançar as iniciativas emblemáticas. O Parlamento Europeu será uma força de mobilização dos cidadãos e atuará como co-legislador nas principais iniciativas. Esta abordagem de parceria deve ser alargada aos comités da UE, aos parlamentos nacionais e às autoridades nacionais, locais e regionais, aos parceiros sociais e partes interessadas e à sociedade civil, de forma a assegurar a participação de todos na concretização desta visão". E uma concretização maior, instituição a instituição (e outras entidades) da União Europeia, bem como das responsabilidades das autoridades nacionais, regionais e locais, é feita mais adiante, numa secção, 5.2, com o título *Quem faz o quê ?* (pp. 32-5)[354].

---

[354] Começando-se por dizer aqui que "é essencial trabalharmos juntos para atingirmos estes objetivos. Nas nossas economias interligadas, só se poderá assistir à retoma do crescimento e

O COM(2010)2020 é pois bem explícito, chamando a atenção para as responsabilidades de cada instituição da União Europeia e dos países (curiosamente, com a própria Comissão a atribuir um papel de liderança ao Conselho Europeu, por esta via aos responsáveis máximos dos países, que o integram: nas suas palavras, p. 33, com o negrito nosso, "contrariamente à situação atual, em que o Conselho Europeu é o último elo do processo decisório da estratégia, esta deveria ser dirigida pelo Comselho Europeu, que é responsável pela integração das políticas e pela gestão da interdependência entre os Estados-Membros e a UE").

São concretizados dois caminhos de compromisso e avaliação, a "abordagem temática", "que combina as prioridades com os objetivos", e os "relatórios por país, que ajudam os Estados-Membros a definirem as suas estratégias de retorno a um crescimento e finanças públicas sustentáveis" (p. 6).

Trata-se de caminhos particularizados depois (p. 31), adiantando-se: em relação ao primeiro, da abordagem temática, centrada nos 5 grandes objetivos estabelecidos, que deverá revelar "claramente a interdependência das economias dos Estados-Membros" e permitir "uma maior seletividade das iniciativas concretas"; e em relação ao segundo caminho que os relatórios por país "incidirão na política orçamental, mas abordarão também as principais questões macro-económicas relacionadas com o crescimento e a competitividade"[355].

c) Um terceira via afirmada é de haver meios orçamentais adequados e dirigidos especialmente aos objetivos a atingir; não estando todavia em causa, importa sublinhá-lo, haver aumentos globais de verbas, que no quadro financeiro de 2014-2020 representarão menos de 1% do RNB da União. Trata-se de questão que veremos em IV.10.4, a propósito do Orçamento.

---

do emprego se todos os Estados-Membros avançarem na mesma direcção, tendo em consideração as suas circunstâncias específicas" (devendo "igualmente ser reforçada a contribuição dos intervenientes a nível" "regional e dos parceiros sociais"; mas dando-se depois naturalmente um relevo especial ao que tem de caber a cada uma das instituições da União Europeia.

[355] Acrescentando-se que "deverão assegurar uma abordagem integrada relativamente à conceção e execução das políticas, que se revela essencial para apoiar os Estados Membros nas opções que têm de tomar, dadas as restrições que pesam sobre as finanças públicas"(sendo "dada especial atenção ao funcionamento da área do euro e à interdependência entre os Estados-Membros").

7.2.4. O reforço da confiança nos mercados (internos e externos)

Uma questão básica de reflexão estaria em saber se a crise por que passámos e que tem de continuar a preocupar-nos, bem como os desafios de longo prazo do século XXI, deveriam (deverão) levar-nos, com reflexos na Estratégia Europa 20-20, a repensar os ensinamentos da teoria e da prática, em relação à abertura das economias, com uma maior exploração das potencialidades dos mercados.

É sabido que em épocas de crise há geralmente um recrudescimento do protecionismo, evitando-se de imediato perdas de empregos.

Por seu turno, há que reconhecer que no já referido mundo multipolar do século XXI (e a ele voltaremos *infra*, em V), com a concorrência não só de potências também desde há décadas muito evoluídas tecnologicamente como igualmente de potências emergentes, com custos salariais muito mais baixos e com rapidíssimos progressos tecnológicos recentes[356], o protecionismo seria a via de evitar a entrada de produtos desses países, dando alguma margem de manobra às nossas empresas.

Não é todavia nesta linha que se orienta o COM (2010)2020, distinguindo antes no n.3 (com o título *Elementos em falta e estrangulamentos*) a necessidade de "reforçar as principais políticas e instrumentos, tais como o mercado único, o orçamento[357] e a agenda económica externa da UE".

7.2.4.1. Um mercado único para o século XXI

É exatamente este o título do nº 3.1 do COM em análise, não podendo ser mais expressivo o início do texto (p.23), com a afirmação de que "um mercado único mais sólido, mais aprofundado e alargado, é vital para gerar crescimento e criar emprego"[358].

---

[356] Mesmo em relação a soluções ecologicamente mais avançadas, para as quais não pode deixar de se avançar nos tempos modernos, o COM(2010)2020 sublinha bem (p. 17) que "a UE foi claramente pioneira das soluções "verdes", mas este avanço está a ser disputado pelos seus principais concorrentes, nomeadamente a China e a América do Norte".

[357] Questão de que, como se disse já, cuidaremos em IV.10.4

[358] Tendo nós dúvidas sobre o realismo da afirmação negativa que se segue (ainda p. 23), de que "as tendência atuais parece apontarem para sinais de cansaço e desencanto em relação à participação no mercado único" (ou mesmo do realismo da "constatação" que vem depois, de que "a crise reavivou as tentações de nacionalismo económico").

Em tal perspetiva, tendo-se bem presentes os resultados já conseguidos na sequência do "mercado único de 1993"(lembrados atrás, em 2.3), foram sendo dados passos no sentido do reforço do mercado único.

Estão nesta linha, em 1997 a iniciativa da Comissão de um *Plano de Ação para o Mercado Único*, em 2000 a Estratégia de Lisboa e em 2010 o Relatório Monti, *Uma Nova Estratégia para o Mercado Único* (cit.; com o Presidente Barroso a afirmar, na carta em que solicitou o relatório, que "o mercado único foi, e continua a ser, a pedra angular da integração da Europa e do crescimento sustentável").

No COM(2010)2020 não deixa todavia de se ser sensível a que há ainda muito a fazer. Depois da afirmação inicial referida há pouco (do início de 3.1), sublinha-se que "é necessário um novo impulso – um comprometimento político genuíno – para relançar o mercado único", com "medidas destinadas a suprir as lacunas do mercado único".

Assim deverá acontecer com a constatação de que "frequentemente, as empresas e os cidadãos ainda continuam a ter de fazer face a 27 (de momento, agora, 28, mas sendo 27 com a saída do Reino Unido...) ordens jurídicas diferentes para realizar uma única transação" (a situação ficou agravada com os alargamentos mais recentes, a países que vinham de quadros jurídicos e económicos muito diferentes); acrescentando-se, com preocupação agora agra-

---

Trata-se de pessimismo verificado já no Relatório Monti, *Uma Nova estratégia para o Mercado Único*...(2010, cit.), com a afirmação (p. 13) de que "nos últimos anos, têm-se verificado duas tendências: um ´cansaço de integração´, que diminui o desejo de mais Europa e de um mercado *único*, e mais recentemente, um ´cansaço do mercado ´, que se traduz numa menor confiança no papel do *mercado*. Ao reforçarem-se mutuamente, estas tendências têm comprometido a aceitação, em cada uma destas duas componentes, do mercado único"(acrescentando-se a referência a " alheamento da opinião pública").

A propósito da avaliação feita neste documento (e no COM(2010)2020) fazemos porém nossas as palavras de Pelkmans (2010, p. 3): "with due respect to this approach, Monti´s reflections about the unpopularity of the single market are, in my view, too sombre. Looking back to the period 2003 to 2007 – the origin of most of these preoccupations – the EU witnessed an unbelievable coincidence of derailed or conflictual internal market dossiers, most of which have meanwhile been resolved or at least appeased. A good deal of these issues combined fears, often unsubstantiated fears, about seemingly radical new EU regulations or problems of adjustment that turned out to be not nearly as dramatic as they had been portrayed in fierceful lobbying" (dá de seguida alguns exemplos do que tem vindo a ser conseguido).

No que respeita às referidas tentações de nacionalismo económico, tem de reconhecer-se que felizmente de um modo geral não se terá passado de facto das "tentações" (se as houve) à prática.

vada, que "enquanto as nossas empresas ainda continuam a confrontar-se com a realidade quotidiana da fragmentação e das diferenças entre as normas, os seus concorrentes da China, dos EUA ou do Japão podem tirar plenamente partido dos seus vastos mercados internos".

E é claramente na linha apontada, de reconhecimento da necessidade de manutenção e mesmo de reforço do mercado único, que estão não só o COM82010)2020, como documentos subsequentes, dando concretização à mesma ideia: casos de *The Economic Impact of a European Digital Single Market*, de 16.3.2010, e de *Towards a Single Market Act. For a highly competitve social market economy. 50 proposals for improving our work, business and exchanges with one another* (COM(2010)608 final, de 27.10.2010).

Dá-se designadamente relevo às novas oportunidades oferecidas com a "chegada da internet", e em particular à necessidade de se "criar um mercado único aberto dos serviços, com base na Diretiva ´Serviços´; acrescentando-se que "a aplicação integral desta directiva poderá intensificar o comércio de serviços em 45% e o investimento directo estrangeiro em 25%, proporcionando um aumento do PIB entre 0,5 e 1,5 %".

7.2.4.2. Uma estratégia externa

Por fim, o n. 3.3 do COM(2010)2020 [359], com o título *Mobilizar os nossos instrumentos de política externa*, exprime bem o sentido da resposta da União Europeia aos novos desafios da globalização.

Face a concorrências novas ou acrescidas, com dificuldades maiores do que as de tempos anteriores, haveria a curiosidade de saber o sentido da resposta da União Europeia: eventualmente uma resposta protecionista, defendendo a nossa economia de concorrências tão difíceis.

É todavia bem diferente a resposta dada na Estratégia Europa 2020, não se vendo a globalização como uma ameaça, mas sim como um alargamento de oportunidades.

O começo do n. 3.3 (p. 26) não poderia ser mais significativo, sublinhando que "o crescimento global abrirá novas oportunidades para as empresa exportadoras e um acesso concorrencial às importações essenciais".

---

[359] O n. 3.2 do COM em análise trata da componente orçamental, que, volta a referir-se, é considerada neste livro *infra*, em IV.10.

Já antes (p.17), depois de se recordar que "a UE prosperou graças ao comércio, exportando para todo o mundo e importando tanto matérias-primas como produtos acabados", se havia sublinhado, na linha mais correta, que "confrontados com uma intensa pressão sobre os mercados de exportação e sobre um número crescente de matérias-primas, temos de melhorar a nossa competitividade em relação aos nossos principais parceiros comerciais através do aumento da produtividade"[360].

Nesta perspetiva, acrescenta-se no número 3.3 (p. 26) que "todos os instrumentos da política económica externa devem ser mobilizados para promover o crescimento da Europa através da nossa participação em mercados globais abertos e competitivos". Trata-se de ideia reforçada ainda dois parágrafos adiante, com a afirmação de que "uma Europa aberta, a funcionar num enquadramento internacional baseado em regras, constitui a melhor forma de explorar os benefícios da globalização que irão estimular o crescimento e o emprego".

Não poderia ser-se mais claro no reconhecimento da globalização muito mais como uma oportunidade do que como um risco.

Nesta linha, quando muitas vezes se vê o crescimento das economias emergentes apenas como fonte de concorrência para as nossas empresas, tirando-nos oportunidades e empregos, é curioso que o COM (2010)2020 sublinhe antes (ainda p. 26) que essas economias, "cujas classes médias se estão a desenvolver e a importar bens e serviços em que a Europa dispõe de uma vantagem comparativa", "serão a fonte de uma parte do crescimento que a Europa precisa de gerar na próxima década. Enquanto maior bloco comercial do mundo, a prosperidade da UE depende da sua abertura ao mundo e da sua capacidade para acompanhar de perto a evolução noutras economias desenvolvidas ou emergentes no sentido de antecipar e adaptar-se às futuras tendências"[361].

Não se fala pois de forma alguma em fugir dos mercados internacionais, mas sim em participar deles; naturalmente com a exigência de que se trate de mercados equitativos, com regras corretas.

Com toda a lógica, refere-se depois no documento em análise o papel que tem da caber à União Europeia a tal propósito, no estabelecimento e no cum-

---

[360] Acrescentando-se que "temos de abordar a questão da competitividade relativa na área do euro e no contexto mais alargado da UE no seu conjunto".

[361] Não podendo sem dúvida desconhecer-se as dificuldades sentidas em vários setores, em Portugal e nos demais países, podem recordar-se os dados recentes sobre o aumento da exportação de automóveis alemães para a China, a par de muitos outros casos de êxito neste mercado.

primento de regras exigentes no comércio mundial: tendo de "afirmar-se mais eficazmente na cena internacional, exercendo a sua liderança no processo de definição da futura ordem económica global no âmbito do G20 e afirmando o interesse europeu através da mobilização ativa de todos os instrumentos à nossa disposição".

Concretizando, diz-se seguidamente que um objetivo-chave "deve ser a ação desenvolvida no âmbito da OMC (ver infra V.8) e a nível bilateral, para assegurar um melhor acesso aos mercados para as empresas da UE, incluindo as PME, e a igualdade das condições de concorrência relativamente aos nossos concorrentes externos".

Fica pois bem claro que a atitude de abertura da União Europeia é no sentido de um comércio aberto mas com regras, cada vez mais exigentes e cumpridas.

Costumamos sublinhar aliás que a exigência feita aos demais países, no sentido do cumprimento das regras do jogo, tem de ser feita não só para garantir condições de trabalho e produção aos nossos trabalhadores e empresários; trata-se de exigência do interesse igualmente dos trabalhadores e em geral dos cidadãos dos demais países, talvez só assim sendo forçados a respeitar regras mínimas, em particular nos domínios laboral e ambiental.

7.2.5. Conclusões

Pode constatar-se, pois, que apesar da crise e de haver novos desafios de longo prazo, na Estratégia Europa 2020, que visa dar um contributo importante para a melhoria do nosso futuro coletivo, continuam a prevalecer os ensinamentos da teoria, elaborada em boa medida na 2ª parte do séc. XX[362], bem como da experiência, mostrando inequivocamente as vantagens gerais da abertura interna e externa das economias[363].

Compreende-se pois o conteúdo dos números 3.1 e 3.4 do COM(2010)2020, incluindo a chamada de atenção para que tem de se tratar de abertura com regras muito exigentes, de respeito da concorrência e de uma disputa leal no comércio internacional.

---

[362] Recordem-se por exemplo as referências feitas em II.4.1.
[363] Recordem-se, da n. 23 p. 35, as referências a estudos realizados por reputadas organizações internacionais; e ver ainda por exemplo Van den Berg e Lewer (2007).

Mas o próprio documento, também na linha dos ensinamentos da melhor teoria e da experiência bem conhecida e inequívoca, fala na necessidade de haver políticas ativas de promoção da competitividade: dando às nossas empresas condições de igualdade no quadro mundial.

Para tal, pode esperar-se muito da iniciativa empresarial, com tão boas provas dadas. Mas há além disso uma intervenção pública indispensável, não só removendo imperfeições do mercado com criando economias externas: a título de exemplo, na formação das pessoas, na investigação científica e tecnológica ou na implantação de infraestruturas. Como se sublinha devidamente no COM(2010)2020, além de ser necessária "a prevenção dos abusos de mercado e dos acordos concorrenciais entre empresas", "a política de auxílios estatais pode contribuir igualmente de forma ativa e positiva para os objetivos da estratégia Europa 2020, promovendo e apoiando iniciativas a favor de tecnologias mais inovadoras, eficientes e ecológicas, facilitando simultaneamente o acesso aos apoios públicos ao investimento, ao capital de risco e ao financiamento da investigação e desenvolvimento".

Nestas intervenções, de ´primeiro ótimo´, deve naturalmente contar-se não só com recursos nacionais, também com recursos da União Europeia: face a desafios que nos tocam a todos e não podendo deixar de ter-se em conta que há externalidades para além dos países.

8. OS ALARGAMENTOS RECENTES

A análise das políticas da União Europeia tem de ter agora em conta os alargamentos recentemente ocorridos (não sendo de prever para breve novos alargamentos, designadamente à Turquia...). .

Tratou-se de alargamentos sem precedentes, não só pelo número como pelas características da generalidade dos países em causa: sem hábitos recentes de democracia política e de economia de mercado e com níveis de desenvolvimento claramente aquém dos níveis dos que entraram antes (incluindo a Grécia e Portugal).

Foram sendo sublinhadas alegadas dificuldades institucionais, defendendo-se que com as caraterísticas atuais as instituições da União não estariam preparadas para um número tão grande de membros: podendo assistir-se por isso a uma paralisia no seu funcionamento.

Já assim se havia argumentado aliás antes, v.g. quando do alargamento à Áustria, Finlândia e Suécia, tendo sido em especial muito grande a pressão dos países de maior dimensão no sentido de que tivesse sido precedido por uma reforma das instituições, visando a recomposição do seu protagonismo. E compreende-se que a pressão tenha sido maior agora, quando se perspetivavam alargamentos mais vastos, fundamentalmente também a países de pequena e média dimensão com a exceção da Polónia e em alguma medida da Roménia (a Turquia se entrasse, viria a ser o segundo país mais populoso da União, a seguir à Alemanha, e mais populoso dentro de pucos anos...).

Os pontos selecionados para a Conferência Intergovernamental que decorreu até à Cimeira de Nice, a 7-9 de Dezembro de 2000, eram de facto em grande medida nesta linha de preocupação[364], casos da reponderação dos votos do Conselho, da redução do número de comissários e da rotatividade das presidênciais; tendo-se ficado por uma alteração do peso dos votos e pela manutenção de um comissário por país até se chegar aos 27 membros.

São questões de grande delicadeza[365], real ou ampliada por quem exagera as suas dificuldades como 'argumento' a favor de alguma modificação que favoreça o seu país. Nestas lições continuamos contudo a cuidar em maior medida dos problemas económicos, assim acontecendo mais uma vez neste número.

8.1. Os números dos alargamentos

Entraram primeiro, em 2004 e 2006, dez países da Europa Central e Oriental, geralmente conhecidos por PECO's (trata-se: dos três Estados bálticos, a Estónia, a Letónia e a Lituânia, que faziam parte da União Soviética; dos quatro países de Visegrado, a Polónia, a Hungria, a República Checa e a Eslováquia, e de dois países já balcânicos, a Roménia e a Bulgária, que constituíam antes

---

[364] Já a CIG anterior, de 1996-7, havia sido determinada basicamente pela preocupação de se dar resposta institucional ao alargamento a leste, mas nada ou quase nada se avançou a tal propósito (ver, entre muitos outros, o texto de Sedelmeier, 2000).

[365] Manteve-se (corretamente!) sem alteração a questão das línguas de trabalho, ficando prejudicado de um modo muito especial no processo legislativo um país cuja língua deixasse de ser língua oficial (ou ainda prejudicado na candidatura ao Parlamento Europeu alguém com menores oportunidades para ter tido a aprendizagem de outras línguas).

Com vários ensaios de reponderação dos votos no Conselho ver V. Maior e N.C. Marques (2000); ou, com uma análise geral das consequências institucionais do alargamento, Best, Gray e Stubb, ed. (2000, cap. II).

– a República Checa e a Eslováquia como um só país – repúblicas populares, também sob domínio soviético; e ainda da Eslovénia, que era uma república da Federação Jugoslava). E em 2004 entraram também Chipre e Malta, suscitando muito menos problemas económicos, dados o seu desenvolvimento e pincipalmente a sua dimensão. Mais recentemente, em 2010, entrou a Croácia. E dentro de algum tempo voltar-se-á a 27 membros, com a saida do Reino Unido.

Os números dos doze primeiros países agora entrados podem ser vistos no quadro seguinte (IV.20)

QUADRO IV.20

	Área (1.000km2)	População (1000/hab.)	Densidade (hab./km2)	Desemprego (%)	PIB per capita (%) 2000	2004
Estónia	45	1,4	32	4,0	43	51
Letónia	65	2,4	37	7,1	35	43
Lituânia	65	3,7	57	6,0	38	48
Polónia	313	38,7	124	11,5	46	47
Hungria	93	10,1	109	9,0	53	61
Rep.Checa	79	10,3	130	6,0	65	70
Eslováquia	49	5,4	110	14,0	47	52
Bulgária	111	8,3	75	19,0	23	29
Roménia	238	22,5	94	9,0	27	30
Eslovénia	20	2,0	100	14,0	73	78
Chipre	9	0,7	78	3,3	86	82
Malta	0,3	0,4	1333	5,1	77	71
Total	1.087,3	103,7	91			
UE –15	3.191,0	369,7	111	9,2	100	100

Fonte: Molle (2006, p. 296), Schroder (2001, p. 202) e Barnes e Barnes (2007, p. 425); estes últimos com os valores *per capita* da Bulgária e da Roménia, sendo de 1999 os valores da penúltima coluna.

8.2. As razões determinantes

A integração na União Europeia foi desejada em grande medida por uma razão política, vendo-se nela uma âncora de estabilidade e segurança que os pôs a salvo do regresso a um regime totalitário e de menor bem-estar das populações. Trata-se de uma razão que havia sido importante também para as integrações da Grécia, da Espanha e de Portugal, nestes casos saídos de ditaduras de direita

Além de serem maiores a estabilidade e a segurança políticas conseguidas com a integração, só com ela os países são participantes no processo legislativo que define o quadro por que estão quase totalmente determinados[366], bem como ainda no processo jurisdicional quando haja alguma violação. Não se satisfaziam pois com a celebração de acordos de cooperação, como é o caso dos "acordos europeus[367].

A democratização política não corresponde todavia a um desiderato apenas da população dos países candidatos; qualquer cidadão da União Europeia sonhava antes com a possibilidade da abertura dos PECO's, no interesse destes[368] e no interesse próprio, como fator de estabilidade e segurança europeias.

A Europa não pode além disso deixar de ser sensível ao reforço da sua posição geoestratégica, acrescida com o alargamento e o aprofundamento de um bloco formal onde há já um pilar dedicado à política externa e de segurança. Trata-se de razão que terá sido determinante na decisão então inesperada de se dar início a negociações para a entrada da Turquia.

---

[366] Mais de 70% do comércio é feito com países da UE, para não falar dos demais tipos de ligações.

[367] Trata-se de razão que pesou também naturalmente nos pedidos de adesão de outros países, mesmo de países mais desenvolvidos, como é o caso dos que vieram da EFTA (e à qual são naturalmente sensíveis os quadros políticos e empresariais da Suiça, país igualmente muito ligado à UE, não conseguindo todavia convencer a generalidade da população quando dos referendos; algo semelhante tendo acontecido agora no Reino Unido, com o voto negativo no referendo sobre o Brexit...).

Sobre a insatisfação em relação a acordos de associação ver o livro de Phinnemore (1999), com o título sugestivo, deixando adivinhar o seu conteúdo, de "association: stepping-stone or alternative to EU membership?"

[368] Costumamos dizer que seriamos julgados perante a história se por falta de solidariedade nossa houvesse uma reversão em países cujas populações estiveram durante meio século sujeitas a regimes ditatoriais.

A estabilidade europeia não pode aliás desconhecer a situação dos países a leste, dos PECO's (da ex-União Soviética), com dificuldades de diferentes naturezas. Não podendo pôr-se (pelo menos para já) a hipótese de integração, visa-se contribuir agora para a sua estabilidade, o seu desenvolvimento e a sua aproximação com a Política Europeia de Vizinhança, de que falaremos em IV.9.

Às razões políticas acresciam todavia razões económicas, também no interesse tanto dos países candidatos como no interesse do conjunto da União Europeia.

Por mais abrangentes que sejam os acordos de cooperação celebrados, há um acréscimo de oportunidades com a integração: em termos de acesso ao mercado, com o consequente estímulo à eficiência, em termos de atração de investimentos públicos e privados, ou ainda por exemplo em termos de atração turística, setor que poderá ser muito relevante em alguns dos países em causa. Assim acontece designadamente porque só com a integração podem ter a certeza de que não haverá recuos na abertura do comércio e dispor-se de instâncias de defesa da concorrência, de toda a segurança, onde são participantes de pleno direito (casos da Comissão e dos Tribunais do Luxemburgo)[369].

Mas para a União a ampliação do seu espaço é também um acréscimo de oportunidades, em termos de colocação de produtos, serviços e inovação tecnológica, de relocalização de empresas, podendo investir-se em países mais próximos com mão-de-obra barata e razoavelmente qualificada, ou mesmo ainda em termos de obtenção de novas fontes de fluxos turísticos.

Deve sublinhar-se, além disso, que o mero efeito de estímulo à concorrência provocado por um mercado maior será um fator de fortalecimento da Europa, na linha da experiência tão favorável do mercado único de 1993. Trata-se naturalmente de efeito positivo tanto para os que são já hoje membros deste mercado como para os que a ele acedem.

Em particular, com a integração as autoridades podem 'resistir' melhor a pressões de grupos de interesse ou do eleitorado para não intervirem no sentido de reformas desejáveis mas com custos sociais. A experiência portuguesa mostra bem como a União Europeia é uma 'boa desculpa', dando-nos cober-

---

[369] Não podendo ainda a União usar contra eles os seus mecanismos de defesa, v.g. dos direitos de propriedade intelectual.
Como fator de confiança, pode dizer-se igualmente que só então os países associados "poderão contar com a permanência de um ambiente comercial similar ao da Comunidade" (ver Mayhew, 1998-9, p. 189 e S. Sousa, 2000, p. 92).

tura em políticas impopulares que devemos seguir (por exemplo no domínio orçamental, com o rigor que é exigido).

Alguns estudos foram elaborados antecipando as vantagens gerais do alargamento: naturalmente com muito maior expressão, em relação aos PIB's respetivos, para os PECO's do que para os membros da União. O mais completo foi um estudo de Richard Baldwin *et al.* (1997), com um modelo de equilíbrio geral, apontando para que o ganho dos PECO's seria de 18,8% e o ganho da UE seria de 0,2% do seu produto. Já um estudo de Brocker (1998), dando resultados nulos ou ligeiramente favoráveis para os países da UE, só deu resultados favoráveis para os quatro países de Visegrado, não para os outros seis PECO's, que perderiam nas várias hipóteses consideradas de redução das barreiras às importações. Será de sublinhar ainda que o ganho geral para os países da União, constatado também em estudos de Gasiorek, Smith e Venables (1994) e do Office Français de Conjonctures Economiques (1997; cfr. Jesus, Silva e Barros, 1998, pp. 2-10), não havia sido apurado num estudo anterior, de Rollo e Smith (1993).

Para além do reconhecimento de uma vantagem geral era importante saber como se repartiriam os ganhos (ou as perdas, caso se verificassem) entre os países da União Europeia, o que deveria (...) ter consequências na distribuição dos encargos com o alargamento. Sendo grandes as oportunidades de mercado, constatou-se que das exportações para os PECO's 50% eram da Alemanha, 18% da Itália, 8% da França e apenas 0,34% de Portugal, valor muito abaixo do que nos cabia no conjunto das exportações da União: 1,22% (ver a fig. A.3 em Porto, 2006, p. 99). Em termos de investimento privado, determinado obviamente por melhores perspetivas de remuneração, constatava-se também a participação privilegiada dos países mais ricos da União Europeia (cfr. de novo Jesus, Silva e Barros, 1998, p. IV.11). Por fim, seriam ainda naturalmente esses países do centro da União Europeia a atrair a maior parte dos fluxos turísticos que cresciam nos PECO's.

No cálculo de Baldwin *et al.* há pouco referido (1997) por si só a Alemanha teria um ganho de 33,8%, seguindo-se a França com 19,3% e o Reino Unido com 14,1%; ou seja, estes três países ricos teriam 67,2% (mais de dois terços) do ganho com a integração dos PECO's. Devido basicamente à concorrência acrescida no setor têxtil e de confecções (no estudo procedeu-se também a uma análise setorial), o único país da União Europeia que ficaria a perder seria Portugal, com uma perda 0,06% do seu PNB: sendo pelo contrário países mais ricos os que mais ganhariam em relação aos seus PNB's (0,29% a Suécia,

0,24% a Alemanha, 0,22% o Reino Unido, 0,21% a França e 0,20% a Holanda). Nos demais estudos levados a cabo apurou-se que Portugal só perderia menos que a Grécia e a Irlanda, ficando a par da Irlanda (Rollo e Smith, 1993), que é o único país que nada ganharia (Brocker, 1998), ou ainda que teria ganhos reduzidos, embora não sendo os ganhos menores (Gasiorek e Venables, 1994; analisando o impato nos padrões de especialização dos países do Sul da Europa, com especiais dificuldades para Portugal, ver Coelho, 1999).

8.3. As maiores dificuldade nas duas políticas principais

Os alargamentos teriam naturalmente implicações em todas as políticas, podendo distinguir-se, além da PAC e da política regional, por exemplo a política ambiental, dada a pouca atenção que lhe era dada nos países socialistas. A exigência imediata dos nossos padrões levantaria dificuldades enormes à sua competitividade, mas por outro lado a manutenção da situação atual, além de prejudicar os seus cidadãos, constituiria motivo de queixa para os nossos empresários, obrigados a despesas muito superiores (trata-se do *dumping ecológico* a que nos referimos na n. 23 das pp. 253-4). Haveria pois que avançar aos poucos, com os apoios financeiros indispensáveis.

Curiosamente, apesar das diferenças entre os níveis salariais não se esperou que se levantassem problemas muito difíceis com a livre circulação de pessoas para os países da União Europeia. Segundo estimativas de Baldwin (1994, pp. 190-92), deslocar-se-iam dos quatro países de Visegrado (Polónia, República Checa, Eslováquia e Hungria) entre 3,2 e 6,4 milhões de pessoas, para um espaço com cerca de 370 milhões. Levantar-se-iam apenas problemas localizados se estas pessoas se concentrassem em zonas urbanas sobrepovoadas de dois ou três países[370].

---

[370] A este propósito será interessante lembrar a experiência da emigração portuguesa. Nas décadas de 60 e 70, quando o país não era membro e havia obstáculos legais à emigração, deslocou-se mais de um milhão e meio de pessoas para os países da Comunidade Europeia. Mas um movimento sensível de deslocação já não teve lugar depois da integração, com a melhoria das condições económicas do país (não obstante os salários continuarem muito mais baixos) e sem dúvida como consequência de haver agora uma procura muito menor de mão-de-obra (*pull effect*) por parte dos principais países da Europa (v.g. da França e da Alemanha), com níveis elevados de desemprego.

E a experiência conhecida já de mais de uma dezena de nãosamostra que tem sido de fato pequena a imigração dos países que se tornaram membros, sendo muito maior de outros países de leste (o que será considerado em 10.9).

As maiores dificuldades levantam-se, como se esperava, nas áreas da agricultura e do desenvolvimento regional.

Para além de, no caso da PAC, poder haver consequências sociais negativas com os "preços europeus" mais elevados, num caso e no outro os cálculos feitos, ainda que alguns com a melhor boa vontade, evidenciaram que a aplicação de qualquer das políticas com as regras vigentes teria um custo talvez tão grande ou mesmo maior do que o custo dessas políticas na UE-15[371].

Absorvendo a PAC e a política regional já cerca de 80% do orçamento comunitário, só por isso era óbvio que não seria possível ir buscar as verbas requeridas a outras rubricas. E era também claro que ainda que se julgasse desejável algum aumento do orçamento[372], seria sempre numa medida limitada; e, mesmo assim, não aceite pelos países membros, como ficou bem claro na discussão e na aprovação das Perspetivas Financeiras para 2007-2013.

Por fim, ainda que se entendesse, e bem, que a PAC deveria ser radicalmente reformulada, passando a ter custos orçamentais muito mais baixos, tal não poderia ser atingido de imediato. E a política regional, por seu turno, é uma política correta, que deveria e deve ser continuada, mesmo reforçada, com aplicação não só nos novos membros, também nos membros anteriores ainda com graves problemas de desequilíbrios espaciais.

Mas o problema não seria só para a União Europeia, estando em causa, em relação aos novos membros, não só o requisito (desejável, que importa manter!) de adicionalidade, com uma contrapartida elevada de recursos nacionais, como mesmo, se não houvesse tal exigência, a sua capacidade para absorver verbas tão avultadas.

---

[371] Sobre os custos da aplicação da PAC podem ver-se os cálculos de Brenton e Gros (1992), Anderon e Tyers (1995), Comissão Europeia (1996), Rehn (1996), Baldwin *et al.* (1997), Rollo (1997) ou S. Sousa (2000); e sobre os custos da aplicação da política regional os calculos de Courchene (1993), Baldwin (1994), Slater e Atkinson (1995), Baldwin *et al.* (1997), Grabbe e Hughes (1998); tendo nós procurado (na ed. anterior, 2001, pp. 476-7 e 479-90) fazer uma breve exposição e avaliação de alguns deles.

[372] Ver por exemplo as posições no Parlamento Europeu de Cólom i Naval e Porto (1999a pp. 101-2). Não era de facto possível conseguir-se a "quadratura do círculo" que o então Diretor-Geral dos Orçamentos, Mingasson (1998, p. 13), julgou ter conseguido.

O quadro que se segue (IV.21) evidencia bem esta dificuldade, mesmo impossibilidade, tendo em conta a dimensão das economias:

QUADRO IV.21

	Fundos Estruturais	Transferências da PAC	Total	%PIB
Polónia	12 555	9 600	22 155	22
Rep. Checa	3 398	2 100	5 498	18
Eslováquia	1 749	700	2 499	24
Hungria	3 339	2 200	5 339	17
Roménia	7 482	6 200	13 682	56
Bulgária	2 929	1 700	4 692	29

Fonte: Rollo (1997, p. 265). Considerando apenas os fundos estruturais, num quadro com os dez PECO's, ver Grabbe e Hughes (1997, p. 41)

Trata-se obviamente de situações incomportáveis, que não podem comparar-se – nem seria preciso dizê-lo – à dos novos *länder* quando da unificação alemã. Houve aqui uma afetação de verbas correspondente a 40% do seu PNB, mas num quadro de apoio nacional, de um país riquíssimo e mesmo assim com enormes custos sociais, situação que não pode repetir-se em relação aos países candidatos à adesão.

Só seria pois realista considerar soluções intermédias, não tendo designadamente os PECO's, dadas as suas circunstâncias de atraso estrutural e falta de tradição de integração em economias de mercado e abertas, a capacidade de absorção dos quatro 'países da coesão' da UE-15: que absorveram, como vimos no quadro IV.14, p. 392, quando muito 3,3% dos seus PIB's.

Trata-se naturalmente de capacidade que vai aumentando ano a ano, com o crescimento e com a adaptação estrutural das suas economias.

É no quadro referido que, com realismo, durante as Perspetivas Financeiras em aplicação se verifica a repartição das despesas agrícolas entre a EU-15 e os novos membros que é ilustrada pela figura IV.22:

FIG. IV.22

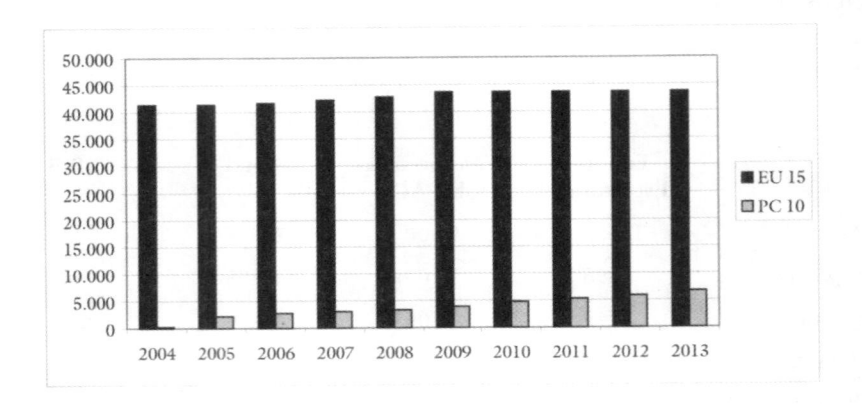

Fonte: A.C.Lopes (2005, p. 85). Sobre as hipóteses que se levantavam pode ver-se Allen (2005, pp. 232-4)

No que respeita aos recursos para a política de coesão pode ver-se no quadro IV.12 (*supra*, p. 383) que os novos membros absorviam 51,23% dos recursos de uma rubrica que em 2013 representaria 35,7% do total do orçamento (voltaremos a este ponto em IV.10). Trata-se de um valor importante, mas realista, face à falta de abertura dos países em relação a um orçamento que fosse muito maior, e que de fato não é mesmo desejável que seja muito maior.

Com a sua dimensão e o seu nível de desenvolvimento, compreende-se que a fatia maior caiba à Polónia, estando todavia a seguir países da "velha" UE-15, a Espanha e a Itália.

9. A POLÍTICA EUROPEIA DE VIZINHANÇA (PEV)

9.1. Razão de ser

Compreende-se bem que a União Europeia sinta uma responsabilidade especial (em alguma medida e a alguns propósitos também preocupação...) com os seus vizinhos, a leste e a sul (vai já, com países ricos, até ao norte habitável do planeta, e a oeste está o Atlântico...), constituindo uma prioridade na sua política externa.

Está em causa um conjunto de 16 países, a leste a Bielorrússia, a Ucrânia, a Moldávia, a Geórgia, a Arménia e o Azerbaijão[373] e a sul (ou sudeste) Marrocos, a Argélia, a Tunísia, a Líbia, o Egipto, a Jordânia, Israel, a Síria, os Territórios Palestinianos e o Líbano. São países com níveis de vida muito abaixo da média comunitária (mais perto deste nível está apenas Israel), muitos dos quais, ou mesmo todos, desejariam aderir à União.

Trata-se todavia de desejo que, com realismo não é concretizável, pelo menos a médio prazo.

Em muitos casos há uma dificuldade política, intransponível, não se tratando de regimes democráticos: tendo a exigência a este propósito sido acrescida com os Critérios de Copenhague[374].

Com a sua população total, de mais de 255 milhões de habitantes[375], com níveis de vida muito abaixo dos nossos, a sua entrada, com as exigências da política regional (mas havendo grandes exigências também em outras políticas, v.g. na política agrícola), obrigaria a disponibilidades orçamentais inatingíveis (não podendo comparar-se esta dificuldade com a verificada com os que aderiram entretanto: recorde-se de IV.8).

Uma ilustração esclarecedora desta diferença é dada pelos PIB's *per capita*: quando a EU-27 tinha uma média de 23.633 e a UE-15 de 30.965, os países da PEV tinham uma capitação média (média aritmética) de 5.992 euros/*per capita*. Assim acontecia aliás com o peso mais favorável do PIB *per capita* de Israel, de 19.000, próximo do PIB por exemplo de Portugal e muito acima da generalidade dos PIB's *per capita* dos membros mais recentes (era de 13.667 nos 10 PECO's). Excluindo esse país, tínhamos uma média de 4.023.

Trata-se pois de valor mesmo bem abaixo dos PECO's, por seu turno com uma média muito abaixo da da UE-15, como havimos visto já no quadro IV.20, p. 471.

Por fim, ainda que com a aprovação do Tratado de Lisboa a estrutura institucional temha ficado melhor adequada a uma União com cerca de três

---

[373] Com a consideração especial dos "vizinhos" do leste da Europa ver Hillon (2008). Não sendo "formalmente" membro do grupo da PEV, com frequência a Rússia é considerada nas estatísticas e nas ações em curso (cfr. por exemplo Van Elsweg, 2008)- E sobre os limites da UE ver por exemplo, entre muitos, Drevet (2001).

[374] Estabelecidos no Conselho Europeu de Copenhague de 21-22 de Junho de 1993: um critério político (de democracia), um critério económico (de economia de mercado) e um critério de aceitação do acervo (*acquis*) comunitário.

[375] A que acresciam mais de 144 milhões, considerando-se a Rússia.

dezenas de países (os atuais mais um ou outro), estará longe de poder dar uma resposta adequada a uma União que seria então de mais de quatro dezenas e meia de países.

Tratando-se todavia de países, com níveis de vida muito mais baixos do que os nossos, na nossa vizinhança, é natural que haja com eles uma atenção muito especial.

Mas não são só razões de solidariedade que justificam as iniciativas tomadas e a tomar.

Havendo relações de vizinhança, de contiguidade terrestre ou de afastamento apenas pelo mar Mediterrâneo (o *Mare Nostrum*, que nos aproximou em tantos períodos da história...), importa evitar ou pelo menos atenuar uma inevitável pressão migratória, com custos sociais, económicos e mesmo políticos nos nossos territórios a que não podemos deixar de ser sensíveis.

Por outro lado, com o desenvolvimento desses países vizinhos aumentam para nós as oportunidades de mercado, sendo seguro que farão aqui a grande maioria das suas compras (talvez em menor escala, teremos com a sua promoção o que se passou com a integração dos PECO's, alargando-se enormemente as oportunidades de mercado para alguns dos países que já eram membros, especialmente para países mais ricos do centro da Europa: ao caso da Alemanha pode juntar-se por exemplo o da Itália (recorde-se da p. 474).

Ainda na linha do que dissemos a propósito das adesões verificadas, num mundo aberto em que a Europa tem de dar resposta aos desafios, com um crescimento enorme de países de grande dimensão (ainda inseridos em associações regionais), importa que a Europa ganhe peso: acrescendo ao bloco formal da União, ou ainda do Espaço Económico Europeu. Temos assim um espaço[376], o bloco informal que inclui também os países com os quais há a Política Europeia de Vizinhança, com 744,8 milhões de habitantes, podendo recuar-se na história para se ver que se trata afinal de reavivar "velhas" ligações, no leste da Europa e na bacia do Mediterrâneo. Podendo haver fatores culturais diversos, podem ver-se também neste domínio fatores de aproximação.

Por fim, não pode deixar de sublinhar-se que tem origem ou passa por países da PEV uma percentagem enorme do petróleo e do gás consumidos na União Europeia. Poderá haver dúvidas, pois, sobre a vantagem de termos com eles uma "boa política de vizinhança"?

---

[376] "Acrescendo" 7.091,2 milhares de quilómetros quadrados aos 3.332,2 da UE-27 (não se considerando a Rússia, com os seus 17.075 milhares de quilómetros quadrados...).

9.2. A iniciativa tomada

A iniciativa tem naturalmente antecedentes em iniciativas anteriores em relação aos países do leste europeu e do norte de África.

No primeiro caso havia os "acordos europeus", bem como os meios financeiros disponibilizados, designadamente pelo programa Tacis.

Em relação ao norte de África havia já a parceria mediterrânica, com uma dinâmica muito especial dada pelo Processo de Barcelona.

Numa linha integradora, a iniciativa da Política Europeia de Vizinhança foi dinamizada através do *Strategic Paper* do COM (2004) 373 final (Comissão Europeia, 2004b); com antecedentes em dois documentos do ano anterior: o COM (2003) 104 final, de 11.3.2003 e o COM (2003) 303 final, de 1.7.2003.

Os objetivos são diversos, com maior ou menor dificuldade, indo da cooperação para o desenvolvimento à promoção do mercado (uma "integração económica e comercial profunda com a UE, muito para além do comércio livre de bens e serviços"), aos transportes, à energia, ao ambiente, à pesquisa e desenvolvimento, ao diálogo político ou à política de vistos.

Trata-se todavia de uma política, designadamente na sua concretização com o Programa de Ação, em grande medida de "geometria variável", conforme ficou bem patenteado no "setoral progress report" (Comissão Europeia, 2008e) sobre a "Implementation of the European Neighbourhood Policy in 2007": distinguindo-se país a país, ou por grupos de países, o que foi sendo feito.

9.3. Meios financeiros

Foi de saudar que nas Perspetivas Financeiras para 2007-2013 tenha havido um aumento percentualmente significativo de verbas, um aumento de 32%, para a Política Europeia de Vizinhança.

Tratou-se todavia de 12 mil milhões de euros, verba que pode ser comparada com a que foi atribuída aos países membros através da política de coesão (recorde-se *supra* o quadro IV.12, p. 383): não chegando o total por exemplo a 62,7% do que correspondeu a Portugal.

Visando-se um acréscimo significativo, com a criação de um Fundo de Investimento, com contributos dos países e da UE, passou contudo a ser possível multiplicar empréstimos adicionais concedidos pelo Banco Europeu de

Investimento (BEI), pelo Banco Europeu para a Reconstrução e o Desenvolvimento (BERD) e por outros bancos para o desenvolvimento.

A figura que se segue (fig. IV.23) mostra-nos como em 2015 se repartiram as verbas da União em resposta às suas responsabilidades mundiais:

FIGURA IV.23
L'UE en tant qu'acteur mondial (2015)

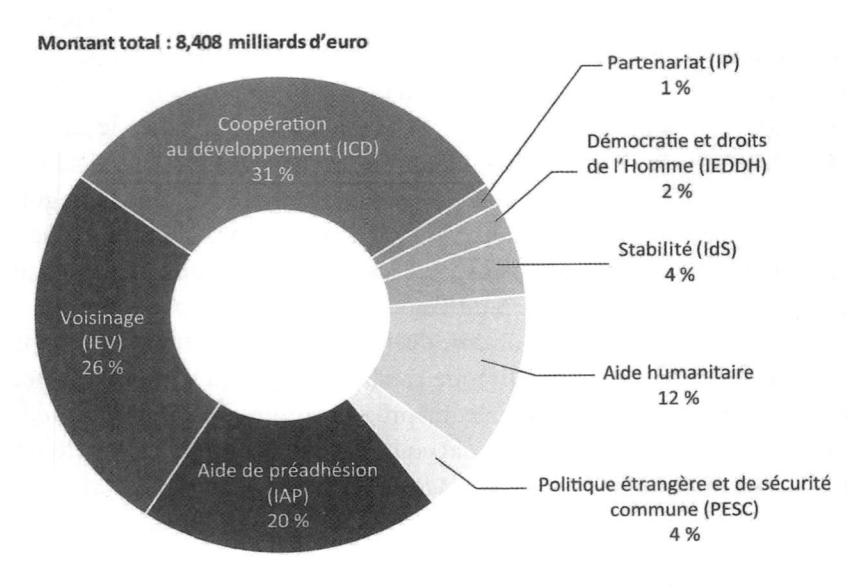

Données : Commission européenne

Fonte: Relatório Schuman (2016, p. 301)

Estando em causa neste ano um montante total de 8,408 milhares de milhões de euros, é de sublinhar contudo o relevo relativo dado à Política Europeia de Vizinhança, mais do que um quarto do total, apenas 5% menos do que o que é destinado à política de cooperação para o desenvolvimento (beneficiada porém em medida assinalável pelos contributos nacionais dos países membros, como veremos em V.6, em particular com as figuras V.3 e V.4, pp. 550 e 551).

10. A PROBLEMÁTICA ORÇAMENTAL

10.1. Caraterização do orçamento

Compreende-se que o orçamento da União Europeia tenha caraterísticas que o distinguem de um orçamento de um país, por um lado, e, por outro lado, de um orçamento de uma mera organização internacional.

A sua distinção em relação ao orçamento de um país resulta, além de outras circunstâncias (apontadas mais adiante), da sua dimensão, que o impede de prosseguir em grande medida as funções geralmente atribuídas a um orçamento nacional. Trata-se de ponto que sublinharemos e ilustraremos no número que se segue.

Dadas as caraterísticas da União Europeia, justificava-se por seu turno que se fosse afastando das caraterísticas de um orçamento de uma mera organização internacional: neste caso sem recursos próprios ou, independentemente disso, sem nenhuma preocupação com a repartição do ónus ou com a ligação dos impostos com que são financiadas as contribuições nacionais à sua atividade.

Veremos adiante, designadamente, que se compreende que numa organização como a UE se deseje que haja recursos próprios, pelo menos que haja preocupação com a distribuição dos encargos e que se pretenda caminhar, embora reconhecendo-se as dificuldades, numa linha de identificação do que se paga e de exigência correlativa em relação aos responsáveis comunitários; ou seja, que haja aqui preocupações de equidade e de *accountability* (responsabilizadora e racionalizadora dos recursos).

Estava num quadro puramente intergovernamental o financiamento inicial das Comunidades criadas em 1957 (com início do funcionamento em 1958), a Comunidade Económica Europeia (CEE) e a Comunidade Europeia de Energia Atómica (CEEA)[377].

Curiosamente, era diferente o caso da Comunidade Europeia do Carvão e do Aço (a CECA), embora criada antes, em 1951 (com início de funcionamento em 1952). Esta, numa linha comunitária, tinha um "recurso próprio" (*prélèvement*), um imposto sobre certas categorias de produtos do carvão e do aço.

---

[377] Sobre a lógica e a prática de então, mostrando também a evolução depois ocorrida, podem ver-se por exemplo S. Franco *et al.* (1994, pp. 19-47) ou Strasser (1990, pp. 18ss.).

Estávamos contudo no domínio da mera intergovernamentalidade na Comunidade Económica Europeia (CEE) e na Comumidade Europeia de Energoa Atómica (CEEA), com a preocupação inicial apenas de se cobrirem as despesas das organizações, sem se cuidar da origem dos recursos. O seu financiamento era feito na íntegra através de contributos nacionais, decididos anualmente pelos Parlamentos respetivos[378]. A autoridade "parlamentar" das Comunidades, a Assembleia Parlamentar, tinha uma intervenção meramente consultiva.

Trata-se de uma filosofia, de não ligação dos impostos proporcionadores das receitas à atividade desenvolvida pelas Comunidades, que tem vindo a pretender-se mudar; sem dúvida sem o êxito desejável.

Foi de qualquer modo muito significativo o estabelecimento de "recursos próprios", a partir de 1970 (após os acordos do Luxemburgo), apesar das críticas de que são passíveis alguns ou todos eles, como veremos.

10.2. As funções desempenhadas

Como se sabe, na distinção consagrada, que remonta a Richard Musgrave[379], um orçamento estadual pode ou deve desempenhar três funções: de afetação (*allocation*) de recursos, de estabilização das economias e de redistribuição do rendimento e da riqueza.

Ainda que tal fosse desejado, acontece que duas destas funções não devem ou não podem mesmo ser desempenhadas em nenhuma medida relevante pelo orçamento da União Europeia.

Assim acontece desde logo por razões de princípio, apontando para que não seja possível ou desejável que todas ou algumas delas sejam desempenhadas no âmbito comunitário: razões de índoles institucional, política e económica.

---

[378] O Tratado de Roma, no número 1 do artigo 200.º, estabelecia todavia como deviam ser repartidas as contribuições financeiras para o orçamento em geral: cabendo 28% a cada um dos países maiores (Alemanha, França e Itália), 7,9% a cada um dos dois seguintes (Bélgica e Países-Baixos) e 0,2% ao Luxemburgo. Curiosamente, era já diferente, sem ter tanto em conta diferenças populacionais (em alguma medida mais a riqueza), a repartição dos encargos com o Fundo Social Europeu: cabendo contribuições maiores e iguais apenas à Alemanha e à França, de 32%, 20% à Itália, 8,8% à Bélgica, 7% aos Países-Baixos e também 0,2% ao Luxemburgo. Havia pois, em ambos os casos, uma preocupação de "justiça" na repartição entre os países (diferentemente do que tem vindo a acontecer desde então...).

[379] Já no seu manual de 1959 e depois no manual em co-autoria com Peggy Musgrave (1989).

No plano institucional, está em causa saber quais são os limites possíveis e desejáveis da intervenção da União. Não podendo entrar aqui nesta temática, objeto de análise noutra ou noutras disciplinas, é de recordar que nas revisões dos Tratados se vem reforçando o princípio da subsidiariedade, de acordo com o qual só deve ou pode passar para o âmbito comunitário (da União) o que não possa ser melhor desempenhado num âmbito mais próximo dos cidadãos, no âmbito nacional ou mesmo nos âmbitos regional e local. Estando já na mente dos "Pais Fundadores"[380], foi considerado expressamente através do Ato Único Europeu, no articulado da política de ambiente (no número 1 do artigo 130.º-R) e em termos gerais com o Tratado de Maastricht, através do artigo 5.º do Tratado da Comunidade Europeia (TCE); constando agora, com o Tratado de Lisboa, do art. 5º do TUE (cfr. Quadros, 2012), bem como do Protocolo nº 2

É pois claro que continuarão nestes âmbitos várias e importantíssimas políticas de afetação de recursos, bem como ainda por exemplo as políticas sociais de redistribuição (a questão da passagem para o âmbito comunitário nunca se levantou ou levantará, sequer como hipótese, em relação à função de estabilização, agora aliás com contornos novos, com grandes limitações mesmo no plano nacional, como vimos em IV.6.3).

A tendência tem vindo a ser inclusivamente no sentido de haver uma afirmação maior e um controle maior do respeito pelo princípio da subsidiariedade,[381] alvo já da apreciação do Tribunal de Justiça das Comunidades.

Justifica-se por consequência que não seja muito grande o orçamento da União.

Numa linha mais política, ou político-institucional, e sem dúvida de grande relevo, é de sublinhar a maior aceitabilidade do projeto de construção europeia tratando-se de um projeto que está muito longe de apagar ou diminuir sensivelmente o papel dos Estados (a muitos propósitos consegue-se, pelo contrário, que seja assim aumentado). Com a tradição e a força de muitos dos Estados nacionais, trata-se de um projeto que, se tal acontecesse, em muitos países não seria aceite pela generalidade da população.

---

[380] Recorde-se o que se disse em 3.3.2 sobre a da filosofia de atuação em relação à indústria.

[381] Assim acontece agora com o Tratado de Lisboa, nos termos do *Protocolo Relativo à Aplicação dos Princípios da Subsidiariedade e da Proporcionalidade*, v.g. levando à intervenção dos Parlamentos nacionais no controle do cumprimento do princípio.

No plano da ciência económica, por seu turno, está em causa o problema da máxima racionalidade na utilização dos recursos. Mesmo admitindo que não houvesse limitações orçamentais, a teoria, corroborada com a experiência conhecida, é bem clara mostrando que se consegue descentralizadamente uma racionalidade maior, com um conhecimento mais próximo dos problemas e dos recursos, uma flexibilidade maior, uma maior concorrência e um maior empenhamento, com a responsabilização e a participação de um número muitíssimo maior de cidadãos (correspondendo-se deste modo a anseios desejáveis e louváveis de realização pessoal, com iniciativas que em muito comtribuem para o bem comum). Assim acontece no plano nacional[382] e naturalmente também, mesmo por maioria de razão, no plano internacional.

Razões de índoles institucional, política e económica apontam pois para que não deva ser muito grande a intervenção no âmbito comunitário, o que deverá refletir-se naturalmente na dimensão do seu orçamento[383].

Sendo de facto assim, veremos todavia adiante que está a exagerar-se, por "parcimónia" ou como consequência de egoísmos nacionais, em relação à necessidade de intervenção em determinados domínios indispensáveis ao êxito do processo de integração (para além do desequilíbrio injustificável que se tem verificado com os favorecimentos orçamentais proporcionados pela PAC, a política agrícola comum).

É esta a situação presente, de um orçamento da União com dotações de pagamento[384] que correspondem a menos de 1% do PIB da UE. Trata-se aliás

---

[382] Por todos podem ver-se já Stigler (1957), Oates (1972), Gaspar e Antunes (1986) ou mais recentemente Pereira *et al.* (2016, pp. 319-48).

[383] Acaba por ser comparativamente muito mais significativa a função *reguladora* das Comunidades (da União Europeia), com uma parte importante da atividade e das legislações nacionais, em vários setores, a ser determinada e conformada por normas (v.g. regulamentos e diretivas) aí aprovadas (cfr. Majone, 1996 ou entre nós Camisão e Lobo-Fernandes, 2005, pp. 44-8, P. Cunha, 2008, e J.N.C. Silva, 2014 e 2015, cuidando neste caso da regulação financeira). Nas palavras de Laffan e Lindner (2005, p. 194), "the expansion of regulatory policies was an alternative to establishing extensive fiscal resources at EU level, and refleted a view which limited the role of public finance in integration" (com referências mais gerais à função de regulação recorde-se a n. 159 p. 334).

[384] No orçamento distinguem-se as "dotações de autorização" das "dotações de pagamento". No primeiro caso consideram-se as circunstâncias que dão lugar a obrigações de pagamentos, que podem todavia não ter lugar no período orçamental em causa. No segundo caso prevê-se o que deve e pode ser pago de neste período, naturalmente verbas em princípio mais baixas (cfr. Porto, 2006, p. 12).

de percentagem que tem vindo a decrescer, sem que, com realismo, possa esperar-se uma alteração significativa da tendência, conforme ficou eloquentemente documentado com as recentes discussões e os resultados a que se chegou com as Perspetivas Financeiras para 2007-2013 (ver Porto, 2006, p. 13) e com o Quadro Financeiro Purianual (QFP) para 2014-2020 (vamos referi--lo a seguir).

A escassez dos recursos junta-se pois às razões de princípio determinando as funções que podem ser desempenhadas pelo orçamento da União.

10.2.1. A função de afetação

Mesmo com esta exiguidade, mas sem dúvida na prossecução de objetivos desejáveis, o orçamento da União Europeia tem tido já e poderá continuar a ter uma importante função de afetação (*allocation*), promovendo uma maior racionalização na utilização de todos os recursos de que pode dispor-se.

Pelas razões referidas há pouco, trata-se de função que não deixará nunca de caber igualmente aos Estados e a outras entidades dentro deles, na linha correta do princípio da subsidiariedade. Mas mesmo sendo assim tem todo o sentido que haja intervenção comunitária (da União), intervenção que, como vimos (recorde-se de III.9.2.3) está aliás na própria base da justificação económica da formação de espaços (blocos) de integração, face à inevitabilidade e mesmo à desejabilidade do comércio internacional (em geral, da abertura das economias). Os espaços de integração são a única forma de se conseguirem a escala e as economias externas indispensáveis à concretização de projetos competitivos, com benefício para quem está dentro e para quem está fora destes espaços, na lógica do argumento das indústrias e das regiões nascentes[385].

Importa é que, tal como se tem procurado sempre que aconteça, haja uma articulação muito estreita entre a utilização dos recursos da União (no caso da Europa) e a utilização dos recursos dos países. Não se trata apenas de haver adicionalidade nos investimentos comunitários, com relevo maior importa que as medidas apoiadas se integrem em programas devidamente articulados, com as externalidades e as sinergias indispensáveis para que sejam atingidos os objetivos almejados.

---

[385] Como vimos a propósito das políticas estruturais da União Europeia, em particular da política regional (em IV.4).

10.2.2. A função de estabilização

De um orçamento aquém de 1% do PIB da União Europeia não pode naturalmente ser esperado nada para a prossecução de uma política de estabilização: numa linha keynesiana, de luta contra a recessão nas fases negativas dos ciclos e de luta contra a inflação nas fases de expansão[386].

Mas à constatação do valor global das verbas há que acrescer a análise do seu destino, como se ilustrará melhor adiante. Com maior relevo, mais de 40% (40,31% em 2016, tendo sido de 45,5% em 2006) das despesas tem vindo a ser reservado a uma política agrícola rígida (a PAC), insensível a questões conjunturais. Dos perto de 33% destinados às políticas estruturais (32,79% em 2016, tendo sido de 31,6% em 2006), por seu turno, também não pode esperar-se uma lógica de política anti-cíclica, embora reconhecendo-se o papel de dinamização das economias verificado com os investimentos feitos, em particular com a política regional. Nos demais casos, por exemplo com as políticas de investigação e desenvolvimento ou de cooperação externa, também não se verificam efeitos desta índole, aliás sempre de pequeníssimo significado, dada a exiguidade das verbas envolvidas. E em relação às verbas com a administração acresce ainda a sua incompressibilidade, estando pois também por isso fora de questão qualquer lógica de intervenção conjuntural.

Como última nota, há que ter presente o relevo menor que atualmente é dado, também no plano interno, às políticas de intervenção conjuntural, não só pela via monetária como pela via orçamental.

Num mundo aberto e de grande exigência, pretende-se que as condições de competitividade sejam conseguidas com melhorias significativas do lado da oferta.

É esta a tendência geral, na Europa e no mundo. E na Europa do euro, na *Eurolândia*, além de um país não poder ter políticas monetária e cambial próprias, está determinado que o euro não seja utilizado em tal sentido, estando os países limitados ainda nas suas políticas orçamentais nacionais com a exigência de cumprimento do Pacto de Estabilidade e Crescimento, com um

---

[386] Ver por ex. T. Ribeiro (1997, pp. 426-41), S. Franco (1992 (03), vol. 2, pp. 243-93) ou Pereira *et al.* (2016, pp. 469-512).

rigor acrescido recentemente, designadamente com o Tratado Orçamental, como sublinhámos em IV.6.4[387].

10.2.3. A função de redistribuição

Por fim, são razões de princípio e de realismo, mais uma vez face à inevitável pequena dimensão do orçamento da UE, que levam a que não possa haver nenhuma ilusão quanto à possibilidade de se ter com ele uma função redistributiva minimamente significativa (cfr. Molle, 2008).

Poderá alguém julgar que desempenham esta função a política regional ou a política social; a primeira, como se disse há pouco, dotada com cerca de 33% das verbas do orçamento da União ainda em 2016 e representando as despesas sociais perto de 10% do total (boa parte delas inseridas todavia nas despesas estruturais).

É preciso notar, porém, que mesmo os referidos 33% não vão além de 0,3% do PIB total da União, uma "gota de água" num conjunto em que há tão grandes desigualdades entre os espaços e entre as pessoas, muitas delas com graves carências básicas; e, como se disse, boa parte das despesas sociais estão incluídas nas percentagens acabadas de referir.

Não podem pois deixar de ser os orçamentos públicos nacionais, representando mais de 44,5% dos PIB's na União Europeia (considerando-se também os orçamentos da segurança social e das autarquias), a financiar a luta contra estas situações; e uma política redistributiva deverá utilizar simultaneamente a via das receitas, com uma distribuição tanto quanto possível progressiva dos impostos (pelo menos não muito regressiva...). Com um peso enorme, mantêm-se e manter-se-ão além disso sempre nos âmbitos nacionais os sistemas de segurança social, com um relevo muito especial para o impacto redistributivo das políticas e das medidas de satisfação de carências básicas dos cidadãos.

---

[387] A ausência ou diminuição da intervenção conjuntural na União Europeia está pois, como se sublinhou já, na linha do que tem vindo a acontecer nos planos nacionais. De novo nas palavras de Laffan e Lindner (2015, p. 224), "the view that there could be no strong Community government, with limited financial resources, gained ground in the 1980s, as Keynesian economic policies were discredited in favour of monetarist approaches. The Keynesian economic paradigm privileged the role of budgets in macro-economic management, whereas monetarist paradigms did not accord a central role of public finance" (com uma interessante análise das perpetivas de intervanção ao longo dos tempos ver C. Nunes, 2013).
Trata-se de perspetiva que reganhou agora algum novo alento, com a crise que atravessamos.

Neste quadro, tanto o Fundo Europeu de Desenvolvimento Regional (o FEDER) como o Fundo Social Europeu (FSE), o Fundo Europeu Agrícola de Desenvolvimento Rural (FEADER), o Fundo Europeu dos Assuntos Europeus e das Pescas (FEAMP) e o Fundo de Coesão (FdC), bem como outros instrumentos orçamentais, só podem almejar a promoção de melhorias estruturais, conducentes a uma afetação mais eficaz dos recursos da União; não qualquer outro objetivo, designadamente um objetivo de redistribuição, que, com um mínimo de seriedade, exigiria recursos muito mais avultados.

10.3. As componentes básicas da despesa

Antes de se fazer uma apreciação do que está em curso com o Quadro Financeiro Plurianual (QFP) para 2014-2020, valerá a pena referir o que tem vindo a acontecer (com mudanças de algum significado) ao longo das décadas.

10.3.1. Os antecedentes

A realidade de décadas é a realidade de um orçamento em que perto de 80% do total (em anos anteriores mesmo mais) tem sido afetado à política agrícola (PAC) e à política regional, com todas as demais políticas e a cobertura dos custos da administração a ficar em pouco mais do que um quinto do orçamento. Era mais uma vez esta a situação em 2006, no ano antes do começo da aplicação das Perspetivas Financeiras para 2007-2013, com as despesas agrícolas a absorver 45,5% do total, as ações estruturais 31,6%, (referimo-lo há pouco), destinando-se 7,9% às políticas internas, 4,8% às ações externas e 5,9% à administração.

Com a evolução verificada até 2005 recorde-se *supra* a figura IV.15, p. 377; e com a situação em 2006 veja-se a figura IV.24:

Fig. IV.24
Repartição de despesas no orçamento de 2006 (dotações de autorização)

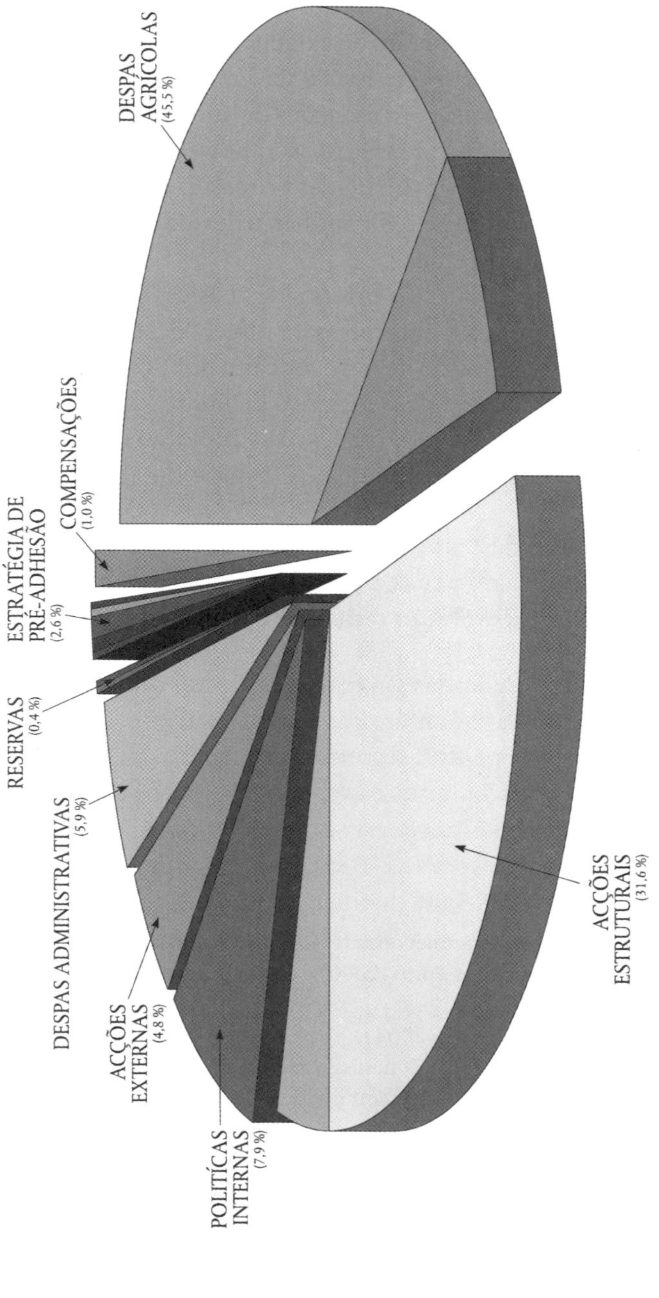

A discussão das Perpetivas Financeiras para 2007-2013 teve em conta novos desafios ou desafios com contornos novos a que importava dar resposta[388]. Assim aconteceu num quadro de exigência da diminuição dos valores globais a fixar. Depois de a proposta inicial da Comissão ter sido de 1025,04 miha-res de milhões de euros para dotações de autorização (928,70 para dotações de pagamento, 1,15 % em relação ao rendimento nacional bruto, RNB, da União)[389], foram sendo apresentadas propostas cada vez mais baixas, ficando--se pelo valor global de 864,316 milhares de milhões de euros para o total das dotações para autorizações.

Foram fixadas então três prioridades básicas para 2007-2013: 1) a reali-zação plena do mercado interno, para poder "desempenhar integralmente o seu papel"; 2) a efetivação de um "conceito político de cidadania", articulado "em torno da realização de um espaço de liberdade, justiça e segurança e de acesso aos bens públicos de base" e 3) a projeção de uma imagem coerente da Europa como parceiro mundial, "inspirando-se nos seus valores funda-mentais".

Foi em torno destes valores que se estabeleceu o quadro financeiro para 2007-2013, que vale a pena continuar a referir (quadro IV.22), mostrando-se designadamente a evolução verificada em relação a 2006.

---

[388] Com referências mais pormenorizadas ao desenvolvimento do processo de negociações e ao que foi fixado podem ver-se Porto (2006) e a edição anterior deste livro (2009), em particulr as referências aqui feitas.

[389] Nas palavres de Durand (2004), "the Communication on the next financial perspec-ties presented by the (Prodi) Commission on 10 February 2004" (ver Comissão Europeia, 2004c) "is the single most important political statement put forward in the last year of its mandate".

Será curioso referir que a manutenção de um período de vigência de sete anos para o quadro financeiro contrariou então uma posição do Parlamento Europeu a favor de cinco anos (cfr. Colom I Naval, 2005a, p. 74 e 2005b, p. 20); instituição que se pronunciou por uma esmagadora maioria, com considerações várias, em relação a uma proposta anterior à que acabou por ser aprovada (ver Porto, 2009, 4ª ed. deste livro, pp.523-4).

QUADRO IV.22

DOTAÇÕES DE AUTORIZAÇÃO	2006 (a)	2007	2008	2009	2010	2011	2012	2013	TOTAL 2007/13
1. Crescimento sustentável	**47.582**	**51.267**	**52.415**	**53.616**	**54.294**	**545.368**	**56.876**	**58.303**	**382.139**
1.a Competitividade para o crescimento e para o emprego	8.791	8.404	9.097	9.754	10.434	11.295	12.153	12.961	74.098
1.b Coesão para o crescimento e para o emprego	38.791	42.863	43.2318	43.862	43.860	44.073	44.723	45.342	308.041
2. Gestão sustentável e protecção dos recursos naturais	**56.015**	**54.985**	**54.322**	**53.666**	**53.035**	**52.400**	**51.775**	**51.161**	**371.344**
dos quais: despesas ligadas ao mercado e pagamentos directos	43.735	43.120	42.697	42.279	41.864	41.453	41.047	40.645	293.105
3. Cidadania, liberdade, segurança e justiça	**1.381**	**1.199**	**1.258**	**1.380**	**1.503**	**1.645**	**1.797**	**1.988**	**10.770**
3.a Liberdade, Segurança e Justiça		600	690	790	910	1.050	1.200	1.390	6.630
3.b Cidadania		599	568	590	593	595	597	598	4.140
4. A EU enquanto parceiro mundial (c)	**11.232**	**6.199**	**6.469**	**6.739**	**7.009**	**7.339**	**7.679**	**8.029**	**49.463**
5. Administração (d)	**3.436**	**6.633**	**6.818**	**6.973**	**7.111**	**7.255**	**7.400**	**7.610**	**49.800**
6. Compensações	**1.041**	**419**	**191**	**190**					**800**
Total dotações para autorizações	**120.687**	**120.702**	**121.473**	**122.564**	**122.952**	**124.007**	**125.527**	**127.091**	**864.316**
Total dotações para autorizações como percentagem do RNB	1,09%	1,10%	1,08%	1,07%	1,04%	1,03%	1,02%	1,01%	1,048%
Total dotações para pagamentos (b) (c)	**114.740**	**116.650**	**119.620**	**111.990**	**118.280**	**115.860**	**119.410**	**118.970**	**820.780**
Total dotações para pagamentos como percentagem do RNB	1,09%	1,06%	1,06%	0,97%	1,00%	0,96%	0,97%	0,94%	1,00%
Margem disponível	0,15%	0,18%	0,18%	0,27%	0,24%	0,28%	0,27%	0,30%	0,24%
Tecto de recursos próprios em percentagem do RNB	1,24%	1,24%	1,24%	1,24%	1,24%	1,24%	1,24%	1,24%	1,24%

Fonte: Council of the European Union, *Final Comprehensive Proposal from the Presidency on the Financial Perspectives 2007-2013*, Doc. 15915/05, p. 33

(a) As despesas de 2006 no âmbito das actuais perspectivas financeiras foram discriminadas de acordo com a nova nomenclatura proposta para referência e para facilitar as comparações.

(b) Inclui as despesas para o Fundo de Solidariedade (mil milhões de euros em 2004 a preços correntes) a partir de 2006. No entanto, os pagamentos correspondentes são calculados apenas a partir de 2007.

c) Parte-se do princípio que a integração do FED no orçamento da UE terá efeito em 2008. As autorizações para 2006 e 2007 são incluídas apenas para efeitos de comparação. Os pagamentos relativos a autorizações anteriores a 2008 não são tidos em conta nos números relativos ao pagamento.

(d) Inclui as despesas administrativas para outras instituições que não a Comissão, pensões e escolas europeias. As despesas administrativas da Comissão estão integradas nas primeiras quatro rubricas de despesas.

(1) As despesas das pensões incluídas abaixo do limite máximo desta rubrica são calculadas líquidas das contribuições do pessoal para o respectivo regime, dentro do limite de 500 milhões de

Constata-se que ainda em 2013 uma parcela muito importante do orçamento continuou a ser destinado à "velha" PAC, com 32,0 % do total das dotações de autorização. Mas constituiu um facto novo, de saudar[390], que as verbas que lhe foram atribuídas (40,645 milhares de milhões de euros em 2013, portanto menos do que em 2006, quando foram 43,735) tenham sido ultrapassadas pelas verbas destinadas ao "crescimento sustentável", no capítulo 1 (58,303), numa linha indispensável de melhoria de competitividade da UE.

Por seu turno neste capítulo a "coesão para o crescimento e para o emprego" teve um aumento de 16,9% em relação a 2006, representando 35,7% do orçamento total (acima da percentagem de 2006, que era de 32,1%). Aumentou pois o relevo da política regional (e social), que se justifica não só por razões de justiça como de garantia e reforço sustentado das condições de concorrência[391]; não podendo todavia deixar de notar-se que enquanto a rubrica 1b, preocupada com a coesão, teve um crescimento de 16,9% em relação a 2006, a rubrica 1a, preocupada pura e simplesmente com a competitividade (sem cuidar de fatores regionais), teve um crescimento de 47,4% em relação a 2006. Assim aconteceu numa linha de preocupação em geral com a competitividade, expressada na Estratégia de Lisboa[392].

Tendo havido de qualquer forma "ganho de causa" para a política regional, pelo menos uma perda menor do que o que chegou a recear-se, com vantagem designadamente para Portugal, passou a haver uma responsabilidade acrescida, exigindo uma boa aplicação dos recursos através da qual seja possível que com um maior equilíbrio espacial haja, no interesse de todos, um reforço da competitividade da União Europeia.

Ainda que continuasse no final das Perspetivas (em 2013) a beneficiar de uma percentagem muito pequena do orçamento da UE (1,5% do total), com uma quebra muito grande em relação à proposta inicial da Comissão, justifica-se igualmente que tenha havido aumento das verbas para a "cidadania, liberdade, segurança e justiça", de 1,381 em 2006 para 1,988 milhares de milhões

---

[390] É de sublinhar que as reservas que vamos pondo em relação à PAC são apenas em relação à "velha" PAC, com os custos sociais, económcos e financeiros (ainda políticos, nas relações externas) que vimos em IV.3.1; não em relação a uma política de promoção estrutural, além do mais beneficiando a ocupação do território (cfr. Begg, 2004, p. 5).

[391] Seguindo-se ao documento em análise, em 18 de Fevereiro de 2004 a Comissão Europeia publicou, nesta linha, um documento com o título significativo de *Uma Nova Parceria para a Coesão: Convergência, Competitividade, Coesão* (2004a).

[392] Bem como no Relatório Sapir (Sapir *et al.*, 2004).

de euros em 2013, ou seja, de 44,0%: face a problemas de grande delicadeza e atualidade, que vão da integração dos imigrantes ao combate à criminalidade e ao terrorismo.

Por fim, não podendo a União Europeia deixar de ter enormes responsabilidades e interesses no plano mundial, acrescidos com o processo de globalização que está em curso, não pode deixar de lamentar-se a redução verificada na secção 4, "A UE enquanto parceiro mundial", não só em relação ao inicialmente proposto pela Comissão, 15,740 milhares de milhões de euros (haveria um acréscimo de 40,1%), como mesmo em relação ao que já se verificava: descendo-se de 11,232 milhares de milhões de euros em 2006 para 8,029 em 2013 (uma diminuição, pois, de 28,5%). Ficou-se assim com cerca de 6,4% do total[393].

10.3.2. O Quadro Financeiro Plurianual (QFP) para 2014-2020

Trata-se de quadro (quadro IV.23) que, como se disse já, está na linha da Estratégia Europa 2020; tendo, também em termos agregados, os valores seguintes:

---

[393] Não podendo todavia esquecer-se, como voltaremos a sublinhar em V.6, que são europeus os países do mundo que (num plano bilateral) fazem um esforço maior na ajuda ao desenvolvimento.

QUADRO XV.23
Quadro Financeiro Plurianual (UE-28)

(milhões de EUR – preços de 2011)

DOTAÇÕES DE AUTORIZAÇÃO	2014	2015	2016	2017	2018	2019	2020	Total 2014-2020
1. Crescimento inteligente e inclusivo	60 283	61 725	62 771	64 238	65 528	67 214	69 004	450 763
1a: Competitividade para o crescimento e o emprego	15 605	16 321	16 726	17 693	18 490	19 700	21 079	125 614
1b: Coesão económica, social e territorial	44 678	45 404	46 045	46 545	47 038	47 514	47 925	325 149
2. Crescimento sustentável: Recursos naturais	55 883	55 060	54 261	53 448	52 466	51 503	50 558	373 179
das quais: Despesas de mercado e pagamentos diretos	41 585	40 989	40 421	39 837	39 079	38 335	37 605	277 851
3. Segurança e cidadania	2 053	2 075	2 154	2 232	2 312	2 391	2 469	15 686
4. Europa global	7 854	8 083	8 281	8 375	8 553	8 764	8 794	58 704
5. Administração	8 218	8 385	8 589	8 807	9 007	9 206	9 417	61 629
das quais: despesas administrativas das instituições	6 649	6 791	6 955	7 110	7 278	7 425	7 590	49 798
6. Compensações	27	0	0	0	0	0	0	27
TOTAL DAS DOTAÇÕES DE AUTORIZAÇÃO	134 318	135 328	136 056	137 100	137 866	139 078	140 242	959 988
em percentagem do RNB	1,03 %	1,02 %	1,00 %	1,00 %	0,99 %	0,98 %	0,98 %	1,00 %
TOTAL DAS DOTAÇÕES DE PAGAMENTO	128 030	131 095	131 046	126 777	129 778	130 893	130 781	908 400
em percentagem do RNB	0,98 %	0,98 %	0,97 %	0,92 %	0,93 %	0,93 %	0,91 %	0,95 %
Margem disponível	0,25 %	0,25 %	0,26 %	0,31 %	0,30 %	0,30 %	0,32 %	0,28 %
Limite máximo dos recursos próprios em percentagem do RNB	1,23 %	1,23 %	1,23 %	1,23 %	1,23 %	1,23 %	1,23 %	1,23 %

A primeira e a terceira prioridades da Estratégia Europa 2020 vêm em conjunto, numa secção sobre *Crescimento Inteligente e Inclusivo:* com a afetação de 450,906 milhares de milhões de euros ao longo dos sete anos, 47,0% do total.

Aqui, a parcela de longe maior (de 325,149 milhares de milhões de euros, quase 72,1 % do subtotal desta primeira secção) vai para a *Política de Coesão,* dentro dela por seu turno a maior fatia para a *Convergência Regional,* com 164,279 milhares de milhões de euros (50,5% do subtotal da *Política de Coesão)* a serem afetados às regiões (NUT's II) com PIB's *per capita* abaixo de 75% da média da União (regiões que poderão além disso, para além das verbas a que têm direito por este via, participar de outros recursos, como é o caso do Fundo de Coesão).

A segunda secção, com o título de *Crescimento Sustentado: Recursos Naturais,* tem uma afetação de 373,179 milhares de milhões de euros, 38,9 % do total do orçamento da União.

Na linha do tradicional relevo da PAC, referido atrás, ainda lhe são destinados, em pagamentos diretos e despesas de mercado, 277,851 milhares de milhões de euros; sendo todavia de saudar que ao desenvolvimento rural sejam destinados 84,936 milhares de milhões, perto de 22,8% deste subconjunto.

Está-se ainda muito aquém do que será desejável, em intervenções de "primeiro ótimo", numa linha de melhorias estruturais (com a promoção do desenvolvimento rural), não se agravando preços, tal como foi acontecendo com a PAC ao longo de décadas, com os já referidos prejuízos sociais (v.g. com os preços dos alimentos), económicos (perdendo-se competitividade nas indústrias transformadoras). Mas é bem mais do que o que era destinado ao antigo FEOGA-Orientação (ao longo de vários anos menos de 5 % do que era destinado à agricultura).

São depois muito menores os valores das outras três secções: a secção da *Segurança e Cidadania,* com 15,686 milhares de milhões de euros, 1,6% do total do orçamento da UE, uma secção designada de *Europa Global,* com 58,704 milhares de milhões, 6,1% desse total, e por fim a secção de *Administração* com 61,629 milhares de milhões de euros, que representam pouco mais de 6,4%.

Com este último valor são mais uma vez contrariadas as críticas de que a União Europeia terá uma estrutura administrativa muito pesada. Haverá seguramente casos de peso excessivo, mas o conjunto é um bom exemplo para vários Estados nacionais, como é o caso da nossa administração central[394].

10.4. A exiguidade do orçamento

Estando fora de causa a defesa de orçamentos "pesados" (o autor deste livro nunca a fará), há que perguntar com seriedade se no caso da União Europeia não se estará todavia aquém do mínimo indispensável para que se corresponda aos objetivos mínimos a atingir. Não se trata de ir para os valores de 5 a 7% dos PIB's propostos no Relatório Mc Dougal nos anos 70 (1977, e cfr. S. Lopes, 2008). Mas já Jacques Delors anos antes, quando do Pacote Delors I, muito antes das novas exigências dos últimos alargamentos, havia proposto com realismo um valor entre 1,34 e 1,37% do PIB, mais do que os 1,27% que vieram a ser então estabelecidos.

Vale aliás a pena comparar o orçamento da União Europeia com os orçamentos dos Estados-Membros (figura IV.25), aliás num ano, 2000, em que o se peso (então das Comunidades) era mais significativo do que nos anos mais recentes:

---

[394] Em Portugal é pelo contrário especialmente baixa, v.g. no quadro europeu, a percentagem da despesa pública feita a nível local, de 14,7%, estando abaixo de nós apenas Malta, Chipre e a Grécia; tendo percentagens muito mais elevadas, com uma descentralização muito maior, países da nossa e mesmo de muito menor dimensão, mas em grande medida precisamente por isso muito mais eficientes: casos da Bélgica, com 41,7%, da Finlândia, com 40,6%, ou da Dinamarca, com 63,9% da despesa pública a ser feita a nível regional e local (havendo uma correlação significativa entre os níveis de descentralizalção e de desenvolvimento dos países).

FIG. IV.25

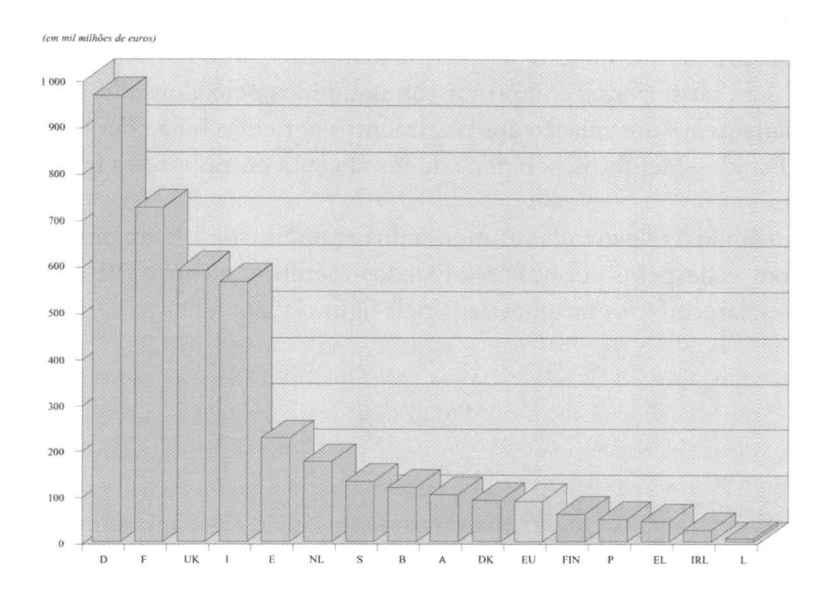

Fonte: Comissão Europeia (2000e, p. 41)

Constata-se que a situação era então de, por exemplo, o orçamento português ser apenas 25% menor do que o orçamento da União Europeia, apesar de estarmos aqui face ao maior espaço económico do mundo, com responsabilidades talvez sem paralelo[395].

[395] Steckel-Montes compara o orçamento da UE com os orçamentos da França e dos Estados Unidos (2005, p. 10), Colom I Naval sublinha a sua 'localização' entre os orçamentos da Dinamarca e da Finlândia, sendo dois terços do espanhol (2005a, p. 61 e 2005b, p. 19), e S. Lopes compara-o com os de vários Estados federais (2008, p. 266).
São ainda curiosas as comparações das despesas das instituições europeias (com frequência acusadas de despesistas; havendo sem dúvida casos em que poderá haver uma maior eficácia) com os orçamentos de autarquias: tendo a Comissão um orçamento menor do que o do *Mayor* de Londres e o conjunto das instituições menor do que o do *Maire* de Paris (Begg, 2004, p. 1). Colom I Naval, por seu turno, sublinha que "el presupuesto para los más de 450 millones de europeos que la U.E. tiene en 2005 sólo es unas once veces el de la Xunta" da Galiza (2005a, loc. cit.).
De um modo mais sugestivo, este autor acrescenta ainda que "los aproximadamente 240 euros *per capita* que representa el presupuesto europeo de los últimos años difícilmente permitirían

É aliás a própria Comissão (2004e, p. 30), depois de falar em "compromissos" que "não podem ser ignorados" (em relação aos objetivos referidos atrás), a afirmar que um teto de aproximadamente 1% do RNB não seria suficiente para satisfazer os compromissos assumidos pelo Conselho Europeu, designadamente em relação aos pagamentos agrícolas ou à coesão nos dez novos Estados-Membros, sob pena de renunciar a outras tarefas igualmente básicas.

Mostrando o relevo cada vez menor do orçamento da UE, quando comparado com as despesas públicas dos Estados-Membros e com o PIB da União, é bem esclarecedora a imagem dada pela figura IV.26:

FIG. IV.26

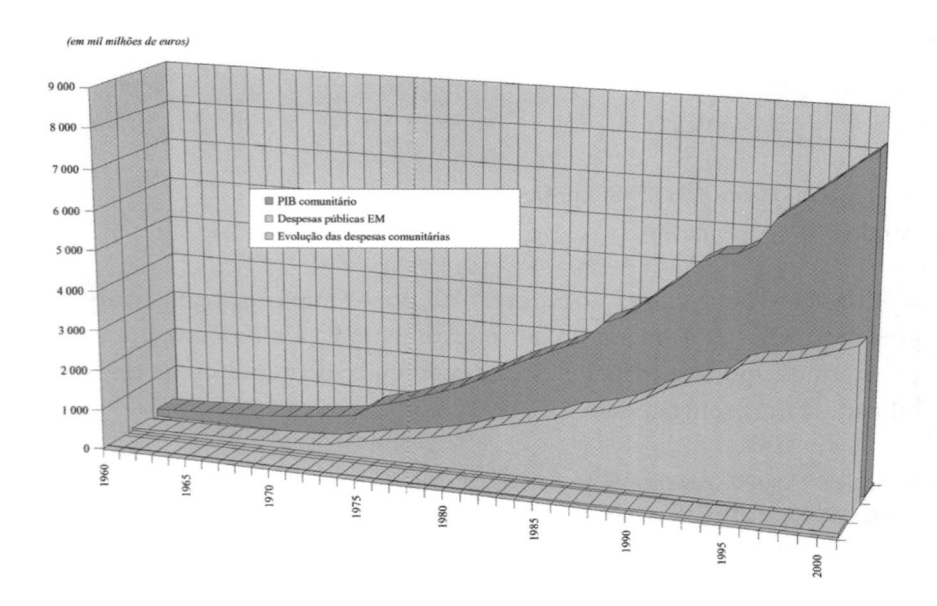

Fonte: Comissão Europeia (2000e, p. 41)

ahora pagar un café al día a cada uno de los ciudadanos europeos en la mayoría de los estados miembros, a diferencia de lo que escribí a mediados de los años noventa".

10.5. As receitas da União

10.5.1. Os antecedentes e o financiamento com recursos próprios

Vimos já atrás que, depois de a CECA ter tido um financiamento numa lógica comunitária, com um imposto sobre produtos do carvão e do aço, as Comunidades criadas em 1957, a CEE e a CEEA, foram financiadas até 1970 com recursos nacionais.

Só então, a partir de 1971, por força de Decisão do Conselho de 21 de Abril de 1970, na sequência dos acordos de Luxemburgo, se caminhou no sentido de os custos serem cobertos com "recursos próprios"[396]: os "recursos próprios tradicionais" (RPT), constituídos pelos impostos alfandegários da Pauta Exterior Comum e pelos direitos niveladores da PAC (recorde-se da p. 340), e o recurso IVA, recaindo sobre a matéria coletável deste imposto, até a um montante determinado[397]. Mais tarde, em 1988, face às iniquidades resultantes de um sistema dependente exclusivamente de impostos indiretos (ilustrá-lo-emos no próximo número), foi estabelecido um novo meio de financiamento, o 4.º recurso: uma participação nos PNB's dos países.

A evolução verificada é ilustrada pela figura que se segue (figura IV.27), sendo nítido o aumento do relevo do "recurso RNB" ("substituindo" o PNB):

---

[396] Sobre a oposição de Charles de Gaulle, enquanto Presidente da França, a esta e a outras vias de maior integração pode ver-se V. Maior (1999, pp. 342-3).

[397] Com uma taxa primeiro de 1% e depois de 1,4%; determinando-se todavia mais recentemente, para diminuir a regressividade, que a base do imposto ficasse limitada a 55% ou a 50% do PNB (a preços do mercado) de cada Estado-Membro (mecanismo de nivelamento), bem como ainda reduções da taxa, para 0,5% a partir de 2004.

A instituição do "recurso IVA" como recurso comunitário exigiu a harmonização da sua base (não sendo assim, pagar-se-ia menos tendo-se uma base menor...), com especial relevo para a 6.ª Directiva, de 1977.

A acrescer aos recursos referidos no texto tem havido, continuando a haver, recursos específicos que têm um significado global muito pequeno: como são os casos dos impostos sobre as remunerações dos funcionários comunitários e dos descontos para o Fundo de Pensões.

FIG. IV.27

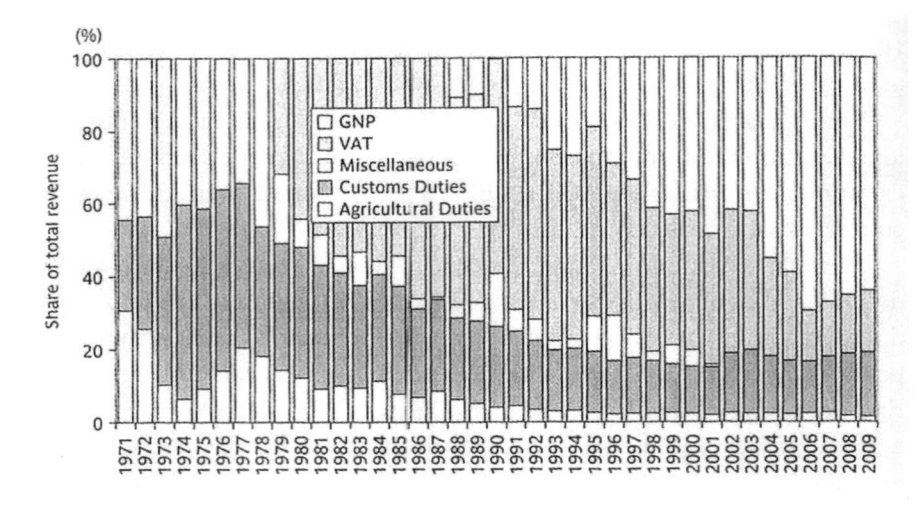

Fonte: Baldwin e Wyplosz (2012, p.83)

10.5.2. Os recursos próprios: análise crítica

Grande parte da experiência anterior é de facto muito negativa do ponto de vista da equidade, sendo todavia de registar uma melhoria nítida a partir de meados dos anos 90.

Sendo durante vários anos o orçamento financiado em muito maior medida (no início mesmo em exclusivo) através de impostos indiretos (casos dos impostos alfandegários, dos direitos niveladores agrícolas e do "recurso IVA"), chegou-se à situação documentada pelo quadro IV.24, relacionando o contributo por habitante de cada país com o seu rendimento pessoal:

QUADRO IV.24

Recursos Próprios/PIB *per capita*

	1993	1997
Alemanha	1,18	1,20
Bélgica	1,45	1,41
Dinamarca	1,09	1,07
Espanha	1,14	1,13
França	1,11	1,12
Grécia	1,37	1,09
Holanda	1,59	1,5
Irlanda	1,49	1,08
Itália	0,99	0,96
Luxemburgo	1,13	1,22
Portugal	1,40	1,17
Reino Unido	0,87	0,77

Fonte: Coget (1994, p. 83) e Haug (1999, p. 25)

Tratava-se pois de uma situação de inaceitável regressividade, de um modo geral com uma oneração maior dos cidadãos dos países mais pobres (casos da Grécia e de Portugal) do que a dos cidadãos dos países mais ricos (casos da Alemanha, da Dinamarca, do Luxemburgo ou do Reino Unido)[398].

A situação melhorou já de 1993 para 1997, com a diminuição do "recurso IVA" e o aumento do relevo do "recurso PNB" (cfr. Quelhas, 1998); continuando todavia um português a pagar 1,17% do seu rendimento pessoal, quando um dinamarquês pagou 1,07% e um francês 1,12%.

Não temos cálculos mais recentes, mas é seguro que a regressividade se atenuou ou terá desaparecido mesmo a partir de meados dos anos 90, com o peso maior que passou a ter o "quarto recurso" (PNB ou RNB). Podemos vê-lo no quadro IV.25, com os números mais recentes a confirmar a evolução ilustrada pela figura IV.27.

---

[398] Os valores mais elevados da Holanda e da Bélgica resultam do papel desempenhado pelos portos de Roterdão e Antuérpia, havendo aí uma grande cobrança de impostos alfandegários, de diferenciais agrícolas e do recurso IVA sobre produtos que vêm a ser consumidos (onerando--os) por cidadãos de outros países (por exemplo do Luxemburgo, da Alemanha ou da França).

QUADRO XV.25
Composição dos recursos próprios da EU
(em percentagem do total dos recursos próprios)

	1996	1997	1998	1999	2000	2001	2002[1]	2003	2004[2]	2005[3]	2006[4]	2007[5]	2008[6]	2009[7]
RPT	19,1%	18,8%	17,2%	16,8%	17,4%	18,1%	11,9%	13,0%	11,50%	11,75%	12,85%	15,14%	15,77%	16,74%
IVA	51,3%	45,5%	40,3%	37,8%	39,9%	38,7%	28,8%	25,4%	14,48%	14,55%	14,35%	15,60%	16,06%	17,10%
PNB/RNB	29,6%	35,7%	42,5%	45,4%	42,7%	43,2%	59,3%	61,6%	74,02%	73,71%	72,79%	69,26%	68,18%	66,16%
Total de recursos próprios (mil milhões de euros)	71,1	75,3	82,2	82,5	88,0	80,7	77,7	83,6	98,91	105,25	110,67	114,28	118,92	114,73

Fonte: Comissão Europeia

[1] A partir de 2002, a percentagem dos RPT retida pelos Estados-Membros enquanto compensação pelos custos de cobrança foi aumentada de 10% para 25%. Esta diferença representou cerca de 2,2 mil milhões de euros em 2002 e 2003.

[2] Anteprojecto do orçamento rectificativo n.º 8/2004 (UE-25).

[3] Anteprojecto do orçamento 2005.

Reduzindo-se a participação da tributação indireta (recursos próprios tradicionais e IVA) de 70,4% em 1996 para 25,5% em 2009 e 22,5 % em 2013 (11,8 % dos primeiros e 10,7 % do recurso IVA), tendo por seu turno o recurso PNB/RNB passado de 29,6% em 1996 para 74,5% em 2009 e 70,3 % em 2013, deu-se um passo importante no sentido de uma maior justiça.

10.5.3. A procura de recursos mais adequados

São várias as sugestões anteriores de modos de financiamento mais adequados, apresentadas por instituições, responsáveis políticos e académicos. A situação em 2015 pode ser vista na figura seguinte (fig. IV.28):

Fig. IV.28
Répartition du financement du budget européen par type de recettes (2015)

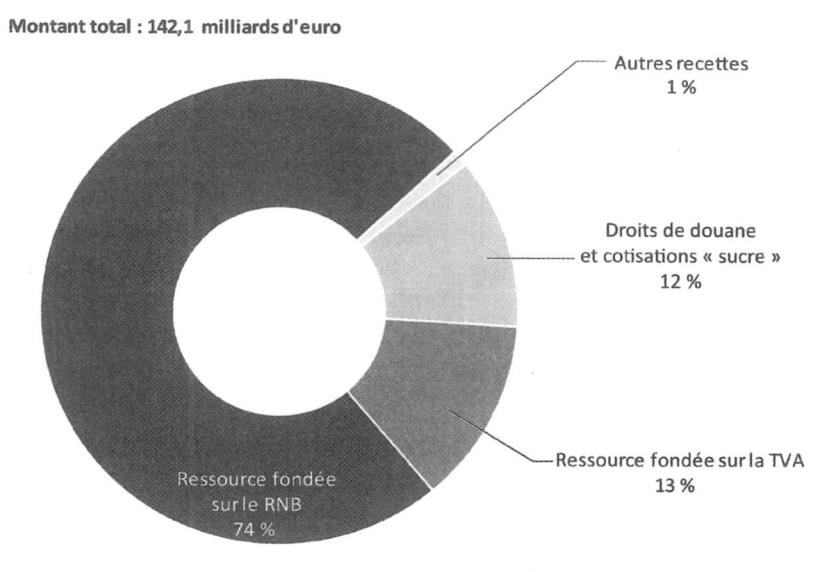

Montant total : 142,1 milliards d'euro

Autres recettes
1 %

Droits de douane
et cotisations « sucre »
12 %

Ressource fondée sur la TVA
13 %

Ressource fondée
sur le RNB
74 %

Données : Commission européenne

Fonte: Relatório Schuman (2016, p. 297)

a) Uma sugestão da Comissão.na década passada, consta do COM (2004) 501[399], apontando (Comissão Europeia, 2004e, pp. 40-1), para que o "sistema de recursos próprios da União" passasse "de um sistema de financiamento predominantemente baseado em contribuições nacionais para um sistema de financiamento que reflectiria melhor uma União de Estados-Membros e as populações da Europa".

Assim deveria ser em resposta a alegadas críticas de "falta de transparência para os cidadãos da União Europeia", de "autonomia financeira limitada" e de "complexidade e opacidade"[400].

Sugere-se por isso a substituição parcial das contribuições RNB por "recursos fiscais relativamente importantes e visíveis, a pagar pelos cidadãos da UE e/ou pelos operadores económicos", sendo apontados como "candidatos principais" "1) um imposto sobre o rendimento das sociedades, 2) um verdadeiro recurso IVA e 3) um imposto sobre a energia".

---

[399] Nos anos 90 é de recordar uma proposta da Espanha, apoiada por Portugal e pela Grécia, visando introduzir um elemento de progressividade no sistema de recursos próprios. Nas duas hipóteses consideradas, não suprimindo ou suprimindo o recurso IVA, seriam substancialmente reduzidas as contribuições desses países e da Irlanda, e corretamente aumentadas as contribuições dos países com populações maias ricas, casos do Luxemburgo e da Dinamarca (ainda por exemplo da Alemanha: ver Porto, pp. 409-12 da 3ª ed. deste livro, de 2001, em especial o quadro da p. 410, com os resultados a que se teria chegado).

Dado o peso maior dos países mais ricos, não é de admirar que não tivesse tido acolhimento; não podendo deixar de reagir-se de um modo muito particular aos argumentos, ainda que não sendo originais, apresentados pela Comissão (1998) no seu *Relatório sobre o funcionamento do sistema de recursos próprios* (levando Colom I Naval, 2000a, a afirmar que "poças veces la Comisión se habia alineado de modo tan descarado con la posición de los países más ricos").

Não se aceitando o que é dado adquirido a nível dos países (a nível geral, como conquista das democracias!), que deve haver preocupações de justiça tanto nas despesas como nas receitas (v.g. nos recursos tributários), procurando corro-borar esta filosofia a Comissão Europeia faz a afirmação extraordinária (loc. cit., pp. 21 e 198) de que a proposta da Espanha "ignora a importância e a virtude de práticas solidárias na Comunidade através do lado das despesas do Orçamento da UE...".

Mas a "ignorância" grave não estará antes em a Comissão "desconhecer" que de facto o orçamento da despesa também tem sido desequilibrador, com as iniquidades nacionais e pessoais provocadas pala PAC, de longe com a maior fatia do orçamento (lembrámo-lo em IV.3.1).

[400] Acrescentando-se todavia logo no parágrafo seguinte que "o sistema atual de financiamento funciona relativamente bem de um ponto de vista financeiro, na medida em que assegurou um bom financiamento e manteve os custos administrativos do sistema a um nível bastante baixo". Sendo ainda justo e não penalizador da competitividade, quando comparado com o que se propõe (vê-lo-emos a seguir), há que ponderar seriamente se se justificará a sua alteração.

Se se quer privilegiar a *accountability* e a transparência para os cidadãos, exigindo 'contrapartida' do que sentem que estão a pagar, trata-se de propósito que não se atinge todavia obviamente com o IVA, que como se sabe recai sobre os consumidores, sem que dele se apercebam (assim acontecerá também em grande medida com a tributação das sociedades e mesmo da energia).

Por outro lado, há mais valores a ter em conta, o primeiro dos quais é o valor da justiça na tributação, sendo também de grande importância assegurar a competitividade da União Europeia, valores que ficam gravemente prejudicados com as propostas feitas (não sendo já preocupante que se trate de uma Europa *de países...*).

É aliás especialmente chocante que entre os sete critérios de avaliação considerados pelo COM (2004f) 505 (Comissão Europeia, 2004, p. 4) para apreciar o sistema de recursos próprios não esteja um critério de equidade. São tidos em conta os critérios de "visibilidade e simplicidade", "autonomia financeira", "contribuição para uma afetação eficiente dos recursos económicos", "suficiência", "despesas administrativas eficazes", "receitas-estabilidade" e "igualdade na contribuição bruta". Mas não se cuida de saber se se trata de receitas com uma distribuição justa entre os cidadãos (não é esta a preocupação quando se fala em "igualdade na contribuição bruta").

Estamos a assistir aliás ao espetáculo de os países da União Europeia estarem preocupados apenas com a ideia do "justo retorno"[401].. Foi nesta linha a exigência e a aceitação do "cheque" britânico (embora para esta causa pudesse haver no início alguma compreensão, com o Reino Unido pagando muito pelo recurso IVA e recebendo pouco do FEOGA-Garantia: ver Porto, 2006, p. 36), estendida a outros países ricos, tendo a "preocupação" da comparação entre o que os países pagam e recebem suscitado a atenção quase exclusiva, com vários cálculos, dos dois documentos da Comissão Europeia que temos vindo a analisar.

Trata-se de uma lógica nacional, de forma alguma comunitária. Poderá todavia haver quem concorde com que o seja. Mas o que ninguém pode compreender é que o que é exigível a nível nacional, uma repartição justa dos encargos entre os cidadãos, deixe de se verificar no seio da União Europeia,

---

[401] Cfr. Begg (2004, p. 3), Colom I Naval (2000a, 2000b e 2005b, p. 21), Le Cacheux (2005) ou de novo Porto (1999a, pp. 103-4).

onde, seja qual for o modelo político para que se caminhe, importa que os cidadãos sejam tratados com justiça[402].

É pois inaceitável que se volte à situação do início dos anos 90, de uma distribuição regressiva como consequência do peso do IVA.

Trata-se de proposta que vem sempre apresentada com "sedução" de se tratar de um "IVA modulado", com uma modulação que, com taxas 0 ou reduzidas, evitaria iniquidades e distorções (sentindo-se talvez cada potencial lesado com a tributação aliviado com a exceção que o contemplaria...). Seria todavia sempre muito difícil ou mesmo impossível, com o mínimo de realismo, em sociedades tão complexas, modulações que contemplassem todos e apenas os casos verdadeiramente merecedores de contemplação[403].

Um peso exagerado da tributação das sociedades e da energia põe por sua vez em causa a competitividade da União Europeia, num mundo aberto em que temos que dar atenção a todos os fatores que possam prejudicar-nos (a tributação da energia leva ainda a um aumento da regressividade sendo abrangidos consumos domésticos, dado que percentualmente gastam mais em energia os pobres do que os ricos, bem como a uma oneração maior dos países da periferia, mais dependentes dos custos de transportes: ver Porto, 2002).

De nada adianta dizer, em termos sedutores (Comissão Europeia, 2004e, p. 41), que "em cada caso, a pressão fiscal sobre os cidadãos, não tem de aumentar, uma vez que a taxa do imposto da UE poderia ser contrabalançada por uma diminuição da parte do mesmo imposto, ou de outros impostos, que reverte a favor do orçamento nacional". Fica todavia por resolver satisfatoriamente

---

[402] Na Agenda 2000 a Comissão Europeia (1998a) veio defender que a preocupação de equidade não tem de verificar-se no lado das receitas, apenas no lado das despesas. Será de repetir que se trata de separação inaceitável, de um modo especial na União Europeia, que, como sublinhámos já, tem acentuado desigualdades também pelo lado das despesas (com a PAC). Tendo a preocupação de justiça de ser uma preocupação básica em qualquer sociedade, não pode deixar de o ser numa entidade com os valores e as responsabilidades da União Europeia.

[403] É por isso que já anteriormente nos congratulámos com que não tenha tido acolhimento a sugestão de IVA modulado feita pelo Parlamento Europeu em 1994 (Relatório Langes: cfr. Porto, 3ª ed. deste livro, 2001, pp. 411-2); congratulando-nos depois com que se tenha afastado desta linha a deputada Jute Haug, que nos sucedeu como relatora do *dossier* dos recursos próprios (bem como da ideia de "justo retorno" a que nos referimos no texto.

Será de acrescentar que para a posição a tomar pouco ou nada ajudou um relatório encomendado então pelo Parlamento Europe (Begg, Grimwade e Price, 1997), considerando oito hipóteses mas nenhuma convincente, não tendo designadamente em conta juízos de equidade (ver Porto, 1998a, pp. 36-7).

(ainda que se mencione) a questão da distribuição pelos países, com os impostos indiretos a recair mais sobre os países pobres, quando o recurso RNB recai sobre os países ricos. A quebra de receita nacional não pode por outro lado deixar de ser compensada em todos os países por tributação indireta, face à falta de margem de manobra com a tributação direta, com consequências no agravamento da regressividade que já se sublinhou.

b) Em 2005 o Grupo de Estudo para as Políticas Europeias (ver Parlamento Europeu, 2007) identificou quatro "candidatos" principais ao financiamento da União: o IVA, um imposto especial sobre os combustíveis, um imposto especial sobre o consumo de tabaco e álcool e um imposto sobre os lucros.

O Parlamento Europeu solicitou à empresa Delloite que coligisse informação quantitativa sobre as receitas destes quatro impostos, visando-se apurar: a) a parcela do imposto que seria requerida para o financiamento, b) a sua suficiência e c) a sua estabilidade.

Concluindo-se (ver Parlamento Europeu, loc. cit., 2007) que o imposto especial sobre o consumo de tabaco e álcool não satisfaz do ponto de vista da suficiência e o imposto sobre os lucros das sociedades do ponto de vista da estabilidade, aceita-se que o imposto especial sobre os combustíveis satisfaz "parcialmente" destes dois pontos de vista, já satisfeitos (fazendo o "pleno") com o IVA.

Podendo dizer-se acerca da tributação dos combustíveis o que dissemos (em IV.3.5.3) sobre a tributação da energia (com um gravame muito especial para os países da periferia), com um relevo especial para a avaliação do IVA não pode deixar de estranhar-se que também nesta avaliação haja o "desconhecimento", aqui mesmo total, de critérios de equidade: havendo preocupações apenas com critérios de suficiência e estabilidade.

E não pode deixar de chocar que assim aconteça num estudo que inclui uma figura com o cálculo do que os recursos próprios representam em relação aos PIB's, valendo a pena reproduzi-la aqui (figura IV.29).

Conforme é devidamente sublinhado no texto, "as contribuições variam entre 0,96% do PIB, no caso de Portugal, e 0,54% no caso do Reino Unido": ou seja, com um valor que em termos percentuais se aproxima de metade, seguindo-se como menos onerados o Luxemburgo e em quarto lugar a Alemanha (estando de permeio a Estónia).

À luz de que princípio ou princípios pode aceitar-se esta situação?

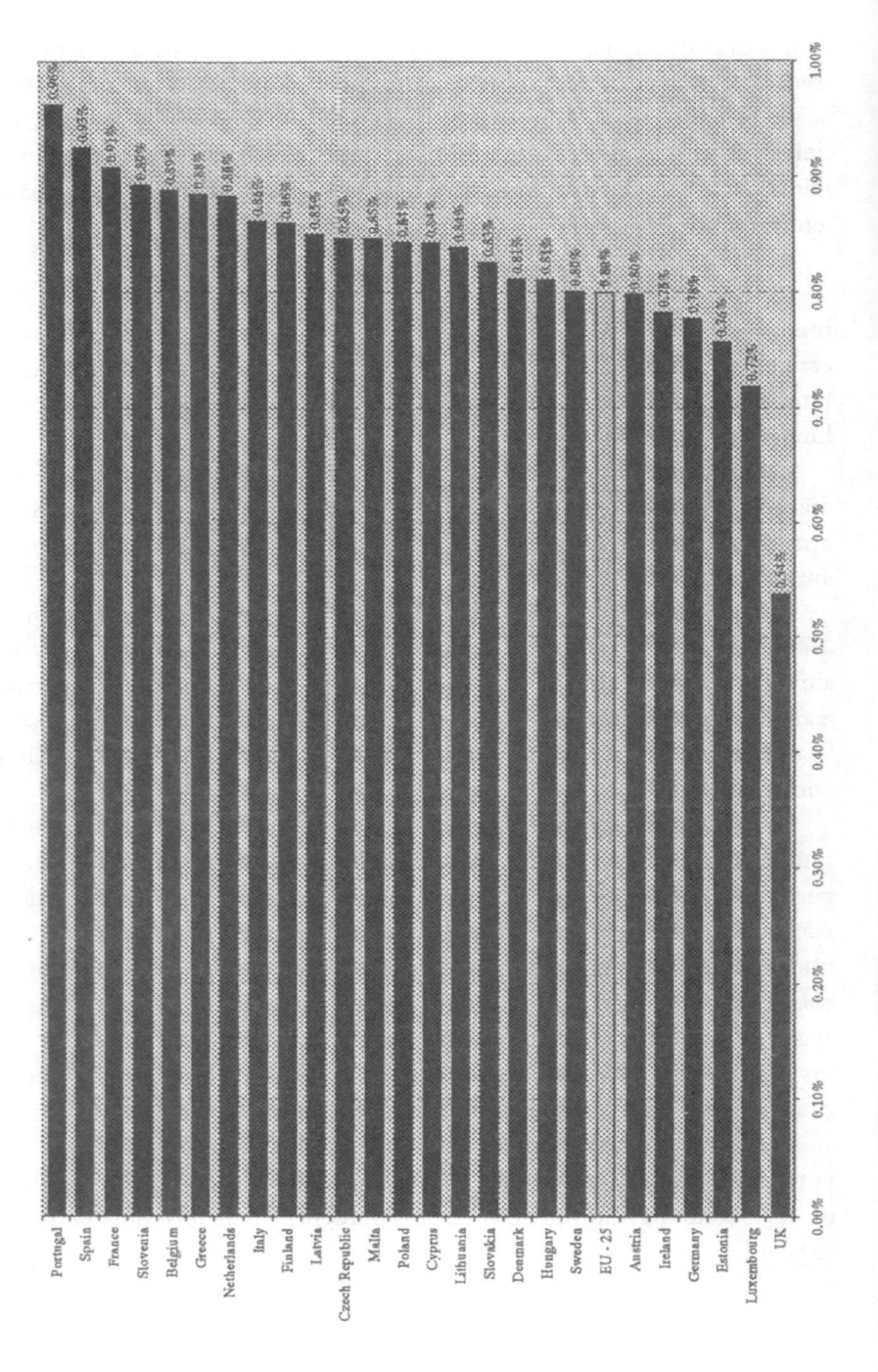

Fig. IV.29

c) Na presidência austríaca da União, no primeiro semestre de 2006, assumiu relevo uma nova proposta, apresentada pelo Chanceler Wolfgang Schüssel logo no discurso de apresentação do Programa da Presidência, no dia 18 de Janeiro: com base também na ideia de que "Europe needs more self-financing", de que "we cannot continue to carve everything that we need for Europe out of the national budgets".

Como sugestões avançou duas, a tributação de movimentos de capitais especulativos e a tributação de transportes aéreos e aquáticos: "we cannot have a situation where short-term financial speculation is entirely exempt from taxation, or where air or ship transport are entirely exempt from taxation". Solicita consequentemente à Comissão "to include these topics in its review", bem como o apoio do Parlamento Europeu.

Trata-se todavia de atividades que poderão estar sujeitas aos impostos gerais, designadamente aos impostos sobre os lucros e outros ganhos; estando os transportes mencionados sujeitos ainda por exemplo aos impostos sobre os combustíveis e a outros encargos (v. g. aeroportuários e portuários).

Em relação aos transportes põem-se por seu turno também problemas de regressividade e ainda o problema muito delicado da maior oneração dos países da periferia (não dos países ricos do centro da Europa...), muito mais afastados, na casa dos milhares de quilómetros, dos centros principais de abastecimento e de colocação dos seus produtos.

Em ambos os casos tem de perguntar-se aliás se uma oneração exagerada das circulações (de capitais[404], bens e pessoas) não limitará a capacidade competitiva da Europa, num mundo globalizado que não se compadece com ineficiências.

Não se vê além disso que com estes impostos se consiga a tão desejada maior responsabilização dos cidadãos, com o conhecimento do que estão a pagar.

De acordo com as palavras proferidas, o (então) Presidente do Conselho Schüssel estava preocupado por haver uma "uncomfortable tension between net payers and net recipients". Mas não pode deixar de haver alguma contra

---

[404] O problema tem sido muito discutido a propósito da "taxa Tobin" (cfr. Economist, 1999, Pires, 2001, Jégourel, 2002 ou ainda a crítica mesmo do então Comissário responsável pela Fiscalidade, Laszlo Kovacs: *Diário Económico* de 27 de Fevereiro de 2006, p. 11).

-dição nos propósitos, a tensão será menor com participações nacionais (v.g. dos PNB's ou dos RNB's), não sentindo os contribuintes que estão a contribuir para a União Europeia... [405]

Poderão sem dúvida analisar os montantes assim transferidos, com os alemães a constatar que a Alemanha paga muito mais do que qualquer outro país (na linha aliás criticável, como veremos em 10.5.3, do "justo retorno").

Mas os juízos corretos a fazer terão de ser sempre sobre as consequência económicas e sociais das várias formas de intervenção, tendo de ter obviamente um relevo primordial o modo como os encargos se repartem entre os cidadãos. São eles ao fim e ao cabo os onerados, não podendo haver cidadãos "de primeira" e "de segunda", com uma oneração maior dos cidadãos europeus de rendimentos mais modestos...

d) Veio no sentido de haver um novo recurso IVA, bem como no sentido da tributação das transações financeiras (permitindo a redução das contribuições nacionais) a proposta mais recente da Comissão, com o COM(2011)510 final, de 29.6.2011: *Proposal for a Council Decision on the System of Own Resources of the European Union.*

Trata-se de proposta que está considerada no quadro que se segue (quadro IV.26), comparando as verbas e as percentagens constantes do projeto de orçamento para 2012 com a antevisão para 2020, de acordo com o que se propõe:

QUADRO IV.26
Evolução estimada da estrutura do financiamento da UE (2012-2020)

	Projecto de orçamento de 2012		2020	
	Mil milhões de EUR	% de recursos próprios	Mil milhões de EUR	% de recursos próprios
Recursos próprios tradicionais	**19,3**	**14,7**	**30,7**	**18,9**
Actuais contribuições nacionais	**111,8**	**85,3**	**65,6**	**40,3**
das quais				
Recurso próprio baseado no IVA	14,5	11,1	-	-
Recurso próprio baseado no RNB	97,3	74,2	65,6	40,3
Novos recursos próprios	-	-	**66,3**	**40,8**
dos quais				
Novo recurso IVA	-	-	29,4	18,1
Imposto da UE sobre as operações financeiras	-	-	37,0	22,7
Total dos recursos próprios	**131,1**	**100,0**	**162,7**	**100,0**

Aqui se aponta para que em 2020 os recursos próprios tradicionais proporcionassem 18,9 % do total das receitas do orçamento da União, o novo recurso IVA 18,1 %, a tributação das transações financeiras 22,7 % e o contributo RNB 40,3 %%.

Este último recurso teria pois ainda um relevo assinalável, mas que não seria bastante para que se evitasse um distribuição geralmente regressiva com o conjunto das receitas (havendo aliás até 2020, nos termos do artigo 4º da proposta, um "abatimento" no contributo RNB para quatro dos países mais ricos: o Reino Unido, a Alemanha, a Holanda e a Suécia).

Trata-se pois de proposta a merecer uma profunda reflexão, tendo-se ainda em conta as cautelas que tem de haver sempre com as transações financeiras, num mundo aberto em que não pode deixar de se ter a concorrência de espaços especialmente favorecidos[406].

A atratividade por recursos próprios, em relação a transferências orçamentais, não podia estar expressada de um modo mais claro quando se afirma (p. 2)

---

[406] Na linha das preocupações que vêm da discussão da "taxa Tobin".

que "consequentemente as contribuições dos Estados-membros para o orçamento da EU irão diminuir, pelo que estes passarão a dispor de uma maior margem de manobra na gestão e recursos nacionais escassos".

Trata-se de facto de algo atraente, em especial no período de crise que atravessamos; não podendo todavia deixar de continuar a pôr-se a questão de saber se tal vantagem ultrapassará os inconvenientes de menor equidade e perda de competitividade que foram apontados.

e) Uma distribuição justa, mesmo progressiva, que satisfaria simultaneamente os requisitos de transparência e *accountability*, seria conseguida com uma tributação ligada aos impostos pessoais sobre os rendimentos das pessoas, os IRS's[407]. Compreende-se todavia a dificuldade desta solução, obrigando a uma harmonização das bases tributárias que os países não aceitarão[408].

Sendo assim, o sucedâneo mais próximo, mais justo e menos penalizador da competitividade da União Europeia (ainda de administração mais fácil e barata), acaba por ser o recurso PNB (ou RNB).

Não poderá aliás deixar de lembrar-se que a preocupação com a regressividade do sistema, ausente de documentos mais recentes, havia ficado bem sublinhada no Protocolo n.º 15 do Tratado de Maastricht, em 1992 (ver C. Silva, 2004, p. 201). Na sequência correta desta preocupação a Agenda 2000 (Comissão Europeia, 1998a), em contradição com o que se referiu há pouco, veio alertar para que "a introdução de um novo recurso próprio, qualquer que seja a sua natureza, tornará provavelmente o sistema de financiamento menos equitativo, dado a repartição do rendimento do novo recurso entre os Estados-Membros não corresponder provavelmente à repartição do PNB". Pergunta consequentemente "se não seria mais eficaz passar a um sistema inteiramente baseado nas contribuições do PNB" (agora do RNB), solução que além disso é de aplicação muito fácil e barata e garante sempre a suficiência de recursos[409].

---

[407] Referimo-lo num relatório que elaborámos no Parlamento Europeu, onde desempenhámos a função de Vice-Presidente da Comissão dos Orçamentos, BUDG (Porto, 1999a, pp. 103-104).

[408] Na linha do que aconteceu para o "recurso IVA" (recorde-se da n. 397, p. 501.

[409] A preocupação com a regressividade do sistema e alguma sugestão no sentido de "o sistema de financiamento ser baseado na capacidade contributiva que deriva da riqueza relativa dos Estados-Membros expressa principalmente em termos de PNB" foi manifestada também nos trabalhos da Convenção, mas não ficou consagrada no texto proposto para a Constituição Europeia, que se limita a remeter, no artigo I-53, número 4, para "uma lei europeia do Conselho de Ministros", "após aprovação do Parlamento Europeu" (cfr. G. O. Martins, 2004, pp. 84-6), nem no Tratado de Lisboa (cfr. o art. 311.º do TFUE).

Será pois inaceitável que se caminhe num sentido que não trará nada de melhor, pelo contrário, que nos afastará do caminho mais justo e mais favorável dos pontos de vista económico e financeiro que está a ser seguido agora (recorde-se a n. 9, p. 366).

f) Atualmente vão decorrendo os trabalhos de um "High Level Group on Own Resources", constituído no contexto das negociações do Quadro Financeiro Plurianual para 2014-2020 (presidido por Mario Monti, desde Fevereiro de 2014)[410]

Assim acontece quando uma Decisão tomada a 26 de Maio de 2014 (Decisão do Conselho 2014/335/EU, Euratom), sobre o "sistema de recursos próprios da União Europeia: OJ L 168, 7.62014. p. 105) "broadly prolongs the existing arrangements governing the financing side of the EU budget for the duration of the upcoming financial programming period"-

Um "First Assessment Report" do "High Level Group" foi publicado a 17 de Dezembro de 2014, em que, a par de ouros pontos se faz uma análise da situação atual, se procura saber o que está errado com ela, se analisam propostas de reforma anteriores e se procura equacionar as questões relevantes para o trabalho futiro do grupo; com o reconhecimento, expressado logo na primeira página do documento, de que "reforms have been blocked for decades"...

10.6 O "deve" e o "haver" de cada país

Julgamos ter sublinhado já devidamente que o projeto de integração europeia tem de ser um projeto ambicioso. Assim o exigem os nossos interesses e as nossas responsabilidades.

Neste quadro, compreende-se, é mesmo desejável, que cada país se empenhe na defesa dos seus interesses. Um progresso maior da Europa dependerá do pleno aproveitamento de todos os recursos, beneficiando pois com a riqueza das diversidades nacionais e regionais, bem como com as dinâmicas aqui verificadas.

Um maior equilíbrio não é aliás apenas no interesse dos países e das regiões menos favorecidos, justificado apenas por eles (sublinhámo-lo bem atrás, em IV.4, a propósito da política regional). São também beneficiados os países

---

[410] Com as palavras de introdução de uma publicação recente, com as comunicações de um seminário realizado no European University Institute (ver De Feo e Laffan, ed., 2016).

e as regiões mais ricos, sem os encargos sociais e financeiros de imigrações desnecessárias e com alargamentos muito significativos das oportunidades de mercado.

Trata-se de benefícios que, a par de muitos outros casos, podem ser ilustrados pelas adesões de Portugal e da Espanha, em 1986, e pelos alargamentos mais recentes, em 2004 e 2007.

Dando o exemplo do nosso país, valerá a pena recordar que tínhamos em 1985 superave comercial com o conjunto dos dez países que já eram membros das Comunidades, tendo defice apenas com a Alemanha, a Itália e a Bélgica. Nos anos que se seguiram à adesão foram muito sensíveis os progressos verificados, com crescimentos anuais do PIB que chegaram a estar acima de 5%, do investimento acima de 10% e do investimento estrangeiro acima de 100%. Aconteceu contudo que passou a haver defice comercial com o conjunto dos referidos dez países (acentuou-se além disso o defice comercial com a Espanha), explicado pelo efeito indutor que se verificou, com compras de bens de consumo pelos consumidores portugueses (com o aumento dos rendimentos pessoais) e de bens de equipamento pelos nossos empresários (com o aumento do investimento). Num caso e no outro foram em muito maior medida empresários dos países e das regiões mais ricas a corresponder ao aumento das importações portuguesas, determinado pela nossa dinâmica e pela nossa convergência em relação à média comunitária.

A Comissão Europeia estimou que cada 100 ECU's de apoio dos fundos estruturais aos países da Península Ibérica terá tido um retorno de 46 ECU's para os países mais ricos. E, de facto, não nos consta que alguém tenha alguma vez afirmado que a nossa entrada tenha sido penalizadora para esses países mais favorecidos e em geral para a União Europeia; pelo contrário, foram muito positivas as avaliações gerais que foram feitas.

Depois, vimos atrás (em IV.8) o benefício esperado (v.g. de acordo com o estudo de Baldwin *et al.*, 1997) para os países mais ricos com a integração dos PECO's.

Apesar dos desequilíbrios espaciais (e pessoais) provocados pela PAC e pelo "cheque" britânico, as figuras IV.30 e IV.31 (nas pp. 518 e 519) mostram os balanços geralmente justificáveis dos países da União Europeia: a primeira com os valores entre 1992 e 2004 e a segunda com os valores em 2012[411]:

---

[411] Trata-se obviamente de indicações com muito mais significado do que a mera indicação das participações financeiras dos países, tal como consta da figura que se segue (figura IV.32):

Compreende-se bem que, apesar das consequências negativas de outras políticas e medidas (como as referidas há pouco), tenham saldos líquidos positivos (sejam beneficiários líquidos) os países mais "pobres", como são os casos de Portugal e da Grécia. Não são todavia valores muito significativos em termos gerais, ficando as verbas totais destinadas às políticas estruturais aquém de 0,3% do PIB da União Europeia.

O seu papel é todavia relevante no desenvolvimento das áreas de destino, com impactos mais alargados (sublinhámo-lo em IV.4); e assim tem acontecido apesar de estarem muito abaixo de 4% dos PIB's nacionais (recorde-se o quadro IV.14, p. 392).

FIG. IV.32
Contribuição nacional para o orçamento da UE por Estado-Membro em 2004
(milhões de EUR)

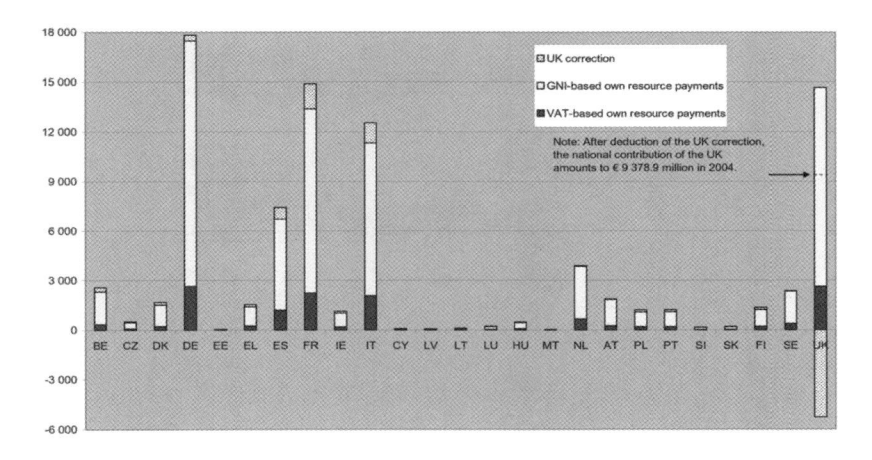

Fonte: Comissão Europeia (2005c p. 113)

É óbvio que um país com mais de 80 milhões de habitantes deve pagar mais do que países de 10 millhões ou 400 mil habitantes; devendo além disso ser óbvio que entre países com a mesma população deverão pagar mais os que sejam mais ricos.

Fig. IV.30
O "haver" e o "dever" de cada país (em % do PIB nacional)

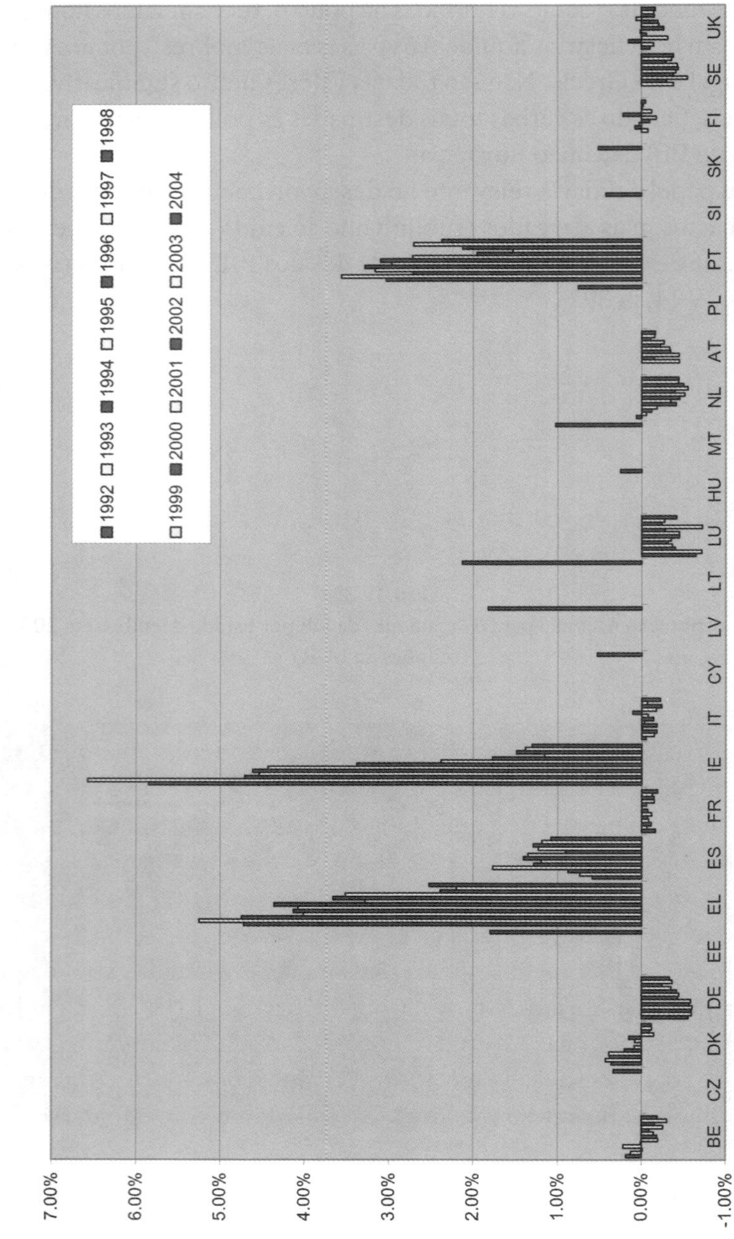

Fonte: Comissão Europeia (2005c p. 113)

FIG. IV.31
Budgetary balances by member state, 2012 (% of GNI)

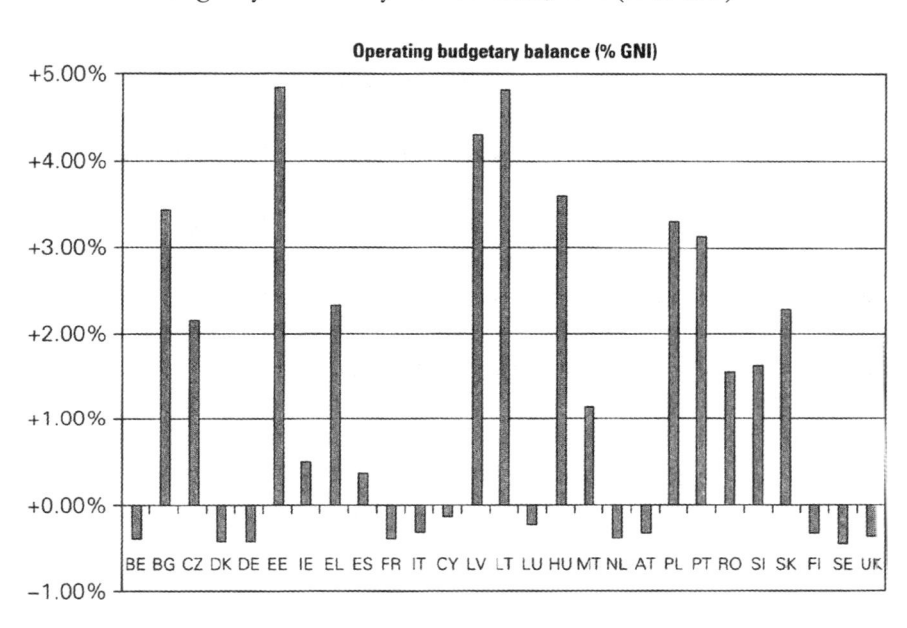

Source: Commission (2013*h*). © European Union, 2013.

Nos países com saldos financeiros negativos (os contribuintes líquidos), por seu turno, não pode deixar de impressionar o que esses saldos significam. Tendo vindo em geral a descer ao longo dos anos, em nenhum caso chegam a 1% dos PIB's nacionais. Estão mesmo quase todos muito abaixo deste valor e tem havido em vários anos saldos positivos a favorecer países muito ricos (o caso da Dinamarca será o caso mais "escandaloso").

Sendo além disso os países mais ricos muito favorecidos com o aumento das oportunidades de mercado (v.g. com o alargamento da UE) e com a diminuição de deseconomias externas e tensões conseguida com um desenvolvimento mais equilibrado, não são aceitáveis as reservas que continuam a pôr a um orçamento suficientemente dotado e financiado com equidade.

Anexo IV
Investimentos aprovados pelo Programa Compete

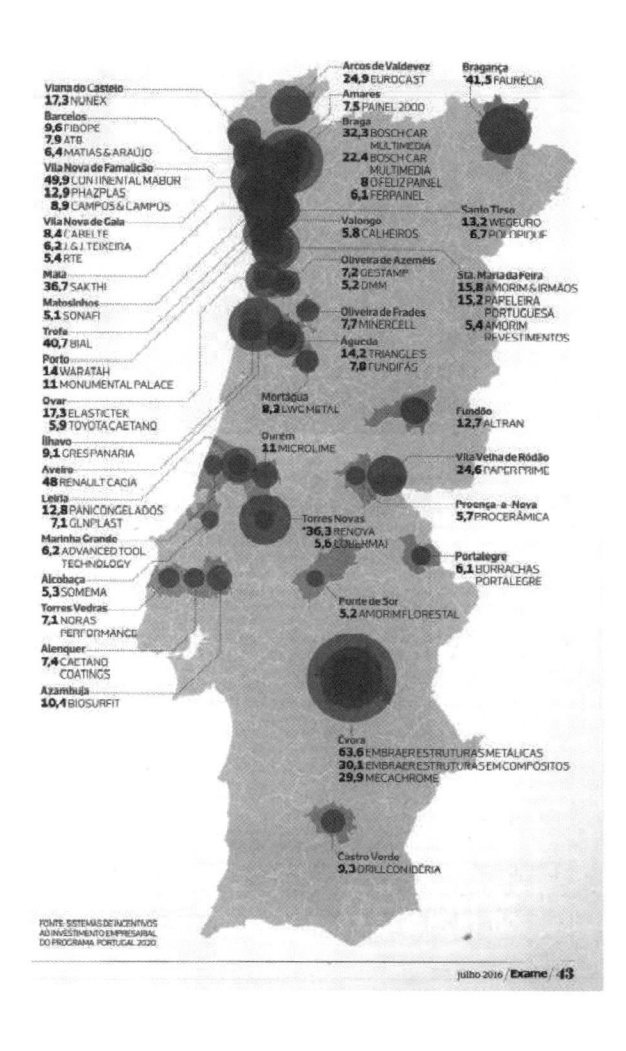

PARTE V

A UNIÃO EUROPEIA FACE À GLOBALIZAÇÃO

Num tempo de abertura crescente das economias, com a globalização, designadamente com as deslocalizações e o *outsourcing*, é interessante ver em que medida teremos algo de novo para a teoria económica e para as políticas a serem seguidas.

1. UM NOVO OU RENOVADO MAPA DO MUNDO, COM A GLOBA-LIZAÇÃO

Na avaliação destas evoluções é interessante constatar que têm lugar no início de um século, o século XXI, em que teremos um novo ou renovado mapa do mundo.

a) Não podendo dispor-se de dados com toda a exatidão, sabe-se contudo que até ao século XV países da Ásia, em especial a China e a Índia, eram dos países mais desenvolvidos do mundo: com padrões culturais muito elevados[1]

---

[1] Uma ilustração recente e aprofundada desta situação pode ser vista em Sen (2005) e em Baru (2006), mostrando também as boas relações seculares de vizinhança entre a China e a Índia. Agora, com uma recente e progressiva aproximação das economias, acompanhada por uma maior aproximação política entre os dois países, tem vindo com frequência a falar-se de "Cindia" (Rampini, 2005-7) ou "Chindia" (Engardio, ed., 2007). E sucedem-se também os artigos e livros comparando os modelos e as vias seguidos num caso e no outro: ver por exemplo Smith (2008), Eichengreen, Gupta e Kumar, ed. (2010) ou Naidu, Chen e Narayanan (2015, neste caso mostrando ainda em particular o papel dos dois países na "emerging dynamics of East Asia"). Entre uma literatura muito vasta, considerando naturalmente aspetos diversos, em especial sobre a China podem ver-se por exemplo Shenkar (2006), Wu, ed. (2009), Gerth (2010), Angang (2011), Whalley ed. (2011), Chow (2012), Dodson (2012), Gang (2012), Cheung

e economias fortes e diversificadas, produzindo não só produtos primários, também produtos industriais com a mais elevada qualidade na época (por exemplo nos setores cerâmico e têxtil). Era obviamente o conhecimento destes produtos (não só especiarias, e em caso algum matérias-primas), com a sua qualidade mais elevada, que atraía o interesse dos europeus, no seu empenho de chegar à Índia (num segundo momento à China), ou pelo oriente (como fez Vasco da Gama) ou pelo ocidente (como tentou Cristóvão Colombo, julgando que o território da América era território da Índia...).

b) Foi muito sensível a alteração verificada com o movimento dos descobrimentos, iniciado por navegadores portugueses, a que se seguiram navegadores de outros países europeus.

Em séculos anteriores as ligações entre os continentes eram muito perigosas, caras e incertas, por isso pouco frequentes. Um conhecimento seguro do modo de se viajar pelo mar constituiu pois um ponto de partida indispensável para a globalização, só assim tendo passado a haver a possibilidade de se alcançarem com segurança e regularidade os outros continentes[2].

É aliás difícil explicar por que razão ou razões a Europa conseguiu manter ao longo de quatro séculos uma supremacia real sobre os demais continentes: em vários casos sobre territórios que eram não só muito mais populosos, também mais ricos do que a Europa, gozando além disso de culturas milenares[3].

---

e Háan, ed. (2013) e Pomeranz (2013), e em especial sobre a Índia Kamdar (2007), Dossani (2008), Panagariya (2008), Rai e Simon (2009), Subramanian (2009), Ahmed, Kundu e Peet (2011) e Chandler e Zainulbhai, ed. (2013).

[2] O contributo de Portugal para a abertura da economia mundial está bem expressado nos títulos (e nos conteúdos) de quatro livros: de Charles Vindt, *Globalisation, from Vasco da Gama to Bill Gates* (1999), de Martin Page, *The First Global Village. How Portugal Changed the World* (2002), de Rodrigues e Devezas, *Portugal. O Pioneiro da Globalização* (2007) e de Newitt, *Portugal na História da Europa e do Mundo* (2013, no original *Portugal in European and World History*).

[3] Mesmo tendo em conta os argumentos frequentes, de que dispunhamos de melhor tecnologia, designadamente para a navegação, e de melhores armas: que poderiam ser imitadas, sem nenhuma dificuldade, por países asiáticos tão desenvolvidos...

Não nos convencendo também (pelo menos por completo) argumentos religiosos ou de filosofia de vida, já acompanhamos o argumento de que terá sido a ausência de mercados e concorrência, em sociedades centralizadas e fechadas, a estiolar a iniciativa, indispensável em qualquer processo de desenvolvimento (ver recentemente Clark, 2008(7), pp. 368 ss., Morris, 2011 e aspetos da análise de Pomeranz; 2013).

Pode lembrar-se, vale a pena fazê-lo, que ainda em 1820 a China tinha 28,7% e a Índia 13,4% do PIB mundial, os dois juntos 42,1%[4]. Tratava-se então de situação bem diferente da verificada em territórios de países ou em que vieram a instituir-se países muito mais ricos, como eram os casos da França, com 5,5% do total, da União Soviética, com 5,5%, do Reino Unido, com 5,0%, do Japão, com 3,1%, da Alemanha, com 2,4%, da Espanha, com 1,9%, dos Estados Unidos, com 1,8%, da Indonésia, com 1,6%, ou do Paquistão, 1,0%[5]. Os efeitos da revolução industrial, com origem na Inglaterra no século XVIII, não podem explicar o domínio já anterior da Europa, nem o domínio que se manteve nos séculos seguintes.

c) O século XX veio a ser um século bipolar ou tripolar.

Foi aqui de enorme relevância, desde as primeiras décadas, a ascensão dos Estados Unidos da América, como uma potência política e económica.

Na cena política tivemos um mundo bipolar, desde a 1.ª Guerra Mundial, com a "guerra fria" entre o capitalismo e o comunismo: o "bloco" capitalista liderado pelos Estados Unidos e o "bloco" comunista liderado pela União Soviética.

Trata-se de situação que desapareceu com a queda do comunismo, perto do final do século: tendo aliás essa queda sido a consequência (para além dos problemas de estratificação social, com os privilégios dos aparelhos partidários, v.g. com frequentes transferências "hereditárias" do poder, e de privação das liberdades) da incapacidade do sistema para, pelo menos a partir de determinada fase, dar resposta às exigências dos processos de desenvolvimento.

No domínio económico, na disputa dos mercados mundiais, o século XX foi por seu turno caraterizado por haver um mercado tripolar, com a "tríade",

---

[4] Em séculos anteriores terão tido 60% da riqueza mundial (assim aconteceria há dois mil anos, segundo referência de Smith, 2008; podendo ver-se em Shenkar, 2006, p. 36, uma figura que mostra a evolução dos PIB's *per capita* da China e da Europa Ocidental ao longo dos dois últimos milénios, ou em Clark, 2008(7), p. 361, uma figura que mostra o afastamento do PIB's *per capita* de países como os Estados Unidos e a Inglaterra em relação ao valor da Índia, a partir de 1800, quando os valores eram semelhantes. Procurando mostrar *Why Europe was First* nos últimos séculos pode ver-se Ringmar (2007), e procurando mostrar *Why the West Rules for Now* o há pouco refeido livro de Morris (2011)(ver ainda Acemoglu e Robinson, 2013, procurando mostrar *Why Nations Fail...*).

[5] Cfr. Maddison, 1995, anexo C, autor que procedeu a este apuramento de dados (ou Wei, 2006, pp. 55-6).

formada pelos Estados Unidos da América, a União Europeia (um espaço que se foi integrando, formal e informalmente) e o Japão.

Trata-se de situação de que nos é dada uma imagem pelo mapa seguinte (V.1):

Mapa V.1

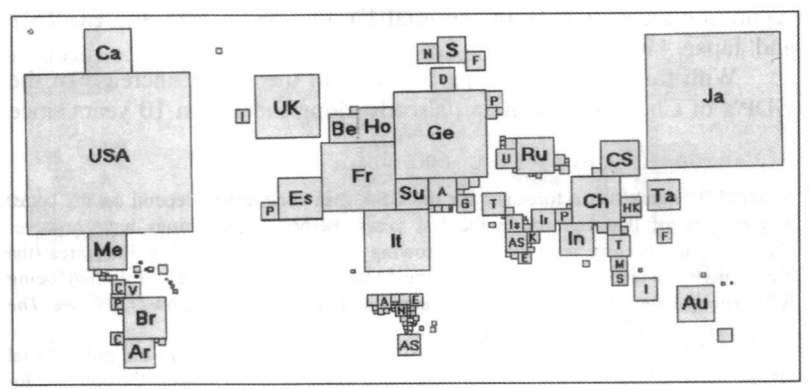

Source: *L'Etat du Monde 96*   Scale: 100 billion US dollars

d) É contudo seguro que teremos no século XXI um novo ou renovado mapa do mundo, com um mundo multipolar, no qual se manterá a "tríade" mas em que, talvez ainda a par de outros parceiros, a China e a Índia serão de novo potências mundiais.

Depois de terem tido em séculos anteriores os valores referidos há pouco, ainda em 2004, apesar de estarem já na atual fase ascendente, a China tinha 4% e a Índia 2% do produto mundial, quando a União Europeia tinha 34%, os Estados Unidos 28% e o Japão 12%[6].

Foram então previstos para 2015 valores que em boa medida se confirmaram: com a China a ter neste ano (em paridade de poderes de compra) 17% do PIB mundial, o mesmo valor que a União Europeia, os Estados Unidos 16%, a Índia 7%, e o Brasil, a Rússia e o Japão 3% cada (ver Relatório Schuman,

---

[6] A União Europeia é além disso de longe o maior espaço comercial do mundo (sendo os seus países mais abertos ao exterior que os EUA e o Japão: recorde-se do quadro I.1, p. 24) e de maior atração de investimento direto estrangeiro nos últimos anos, como pode ser visto no quadro (V.1) que se segue (ou ainda no mapa no Anexo V.A, p. 577):

2016, p. 225). E de acordo com previsões feitas por exemplo para 2050 (por Keystone Índia, divulgadas pela *Business Week* de 22-29 de Agosto de 2005), a China terá então 28% do produto mundial e a Índia 17% (os dois países em conjunto 45% do total![7]), os EUA 26%[8], a UE 15% e o Japão 4% (ver a figura reproduzida em Porto, 2007a, p. 12).

QUADRO V.1

Table (with percentages)

Région	1986-1990	1991-1992	1993-1998	1999-2000	2001-2004	2005-2006	2008-2009	2010-2011
Pays développés	83,12	70,37	64,30	79,91	65,92	66,86	54,40	48,23
Union européenne	37,52	49,39	35,19	48,32	42,41	44,29	30,08	26,08
PECO	0,11	1,92	2,87	1,73	3,65	5,77	3,03	2,16
Japon	0,21	1,26	0,32	0,85	1,08	0,41	1,22	–
États-Unis	34,31	13,13	21,49	24,01	15,37	13,38	15,06	14,99
Pays en développement	16,88	29,04	34,30	19,47	31,49	29,25	39,12	45,92
Amérique latine et Caraïbes	4,70	8,68	11,60	8,11	10,18	7,35	12,01	14,27
MERCOSUR	1,43	3,21	4,32	3,88	2,86	1,97	2,97	4,75
NAFTA*	39,92	18,37	26,72	28,97	20,85	19,18	19,13	18,69
Asie-Pacifique	10,13	17,86	20,77	10,46	18,43	18,39	19,96	27,16
Afrique	1,87	2,29	1,82	0,88	2,84	3,45	3,70	3,03
Pays les moins développés	0,40	0,97	0,65	0,40	1,48	1,35	1,23	1,13

* *North America Free Trade Agreement.*

Source : UNCTAD database.

[7] Nas palavras de um autor indiano (Baru, 2006, pp. 26-7), "in the pre-colonial world, India, China and Europe were the three poles of equal power. European colonization weakened India and China. The history of the 20th century has been the history of recovering this process. In the 21st century India and China will regain their place in a new 'multipolar', or 'poli-centric' world in which the United States will continue to be the pre-eminent power but will have to accommodate the aspirations of many other nations, including India".

São agora frequentes as notícias de empresas dos BRIC's (também do Brasil e da Rússia) a adquirir posições empresariais nos mercados mundiais mais exigentes, designadamente na Europa e nos Estados Unidos; notícias que não eram pensáveis há 20 ou mesmo há 10 anos... Antecipando algumas das realidades do século XXI ver também por exemplo Dicken (2003) ou Gnesotto e Grevi (2006).

[8] Com perspetivas pessimistas acerca da evolução deste país no século XXI (principalmente na área política), curiosamente sendo mais otimistas acerca das perspetivas para a União Europeia, ver, com abordagens de níveis diferentes, Kupchan (2002), Rifkin (2005), Leonard (2005) ou McCormick (2007). Mas já por exemplo Luce (2006) dá relevo basicamente a uma "tríade" formada pela Índia, a China e os Estados Unidos, dedicando o capítulo 7 do seu livro a uma "Triangular Dance: Why India's relations with the United States and China will shape the world in the twenty-first century".

O mapa com os PIB's (o mapa V.1) aproximar-se-á pois nas próximas décadas (está já a aproximar-se...) do mapa das populações, que se segue (V.2):

Mapa V.2

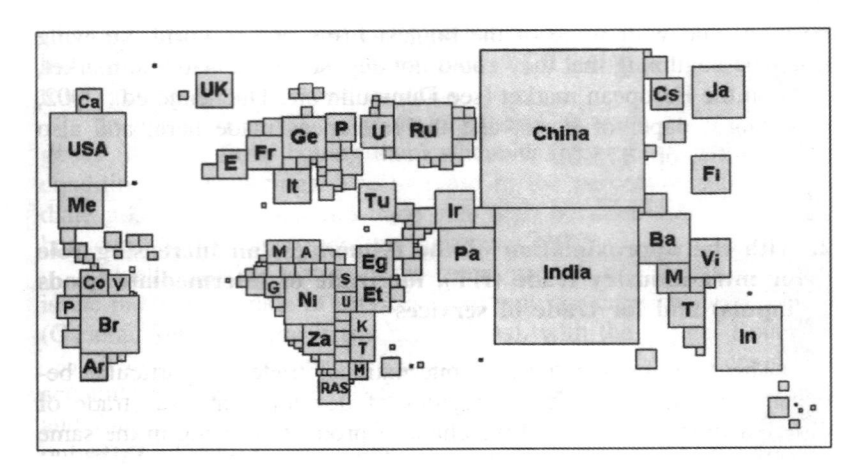

Não é naturalmente seguro que os números mencionados se confirmem, podendo designadamente surgir dificuldades nos processos de crescimento da China e da Índia. Podem além disso esperar-se (ou pelo menos desejar-se...) também taxas de crescimento elevadas nos outros dois dos BRIC's iniciais[9], o Brasil (com uma agro-pecuária muito rica, enormes recursos mineiros e sectores industriais muito desenvolvidos, por exemplo na produção de aviões) e a Rússia (com enormes recursos energéticos e o mais vasto território do mundo, que se estende da Europa ao extremo continental da Ásia....), de qualquer forma claramente aquém das taxas de crescimento da China e da Índia[10]; infelizmente agora, designadamente em 2016, mesmo com taxas de crescimento negativas.

Sobre a posição e as relações da União Europeia no mundo ver ainda por exemplo Hill e Smith (2011), Erixon e Srinivasan, ed. (2015) ou Gréciano, dir. (2015).

[9] Também naturalmente no "novo" BRIC(S), a África do Sul.

[10] Sobre a economia dos BRIC's (dos quatro iniciais, não considerando pois ainda a África do Sul) pode ver-se Goldstein e Lemoine (2013)

Com reservas acerca dos êxitos e dos modelos da China e da Índia (bem como de outros países) pode ver-se Amin (2006); e sobre a transformação recente da Rússia Connor e Milford (2008).

Será todavia oportuno lembrar aqui o papel que tem sido e pode ser desempenhado por países pequenos, na Europa e nos outros continentes. Entre os casos de sucesso contam-se os dos "tigres asiáticos". Mas o caso europeu, incluindo naturalmente países membros da UE, é também muito significativo, com o enorme sucesso de vários países mais pequenos, vários deles com os PIB *per capita* mais elevados (os seis países com PIB *per capita* mais elevados da UE-28 são países pequenos, vindo a Alemanha em 8.º lugar: cfr. *Economist*, 2015, p. 28) e sendo deles uma percentagem assinalável das empresas de maior dimensão. Sabendo desde o início que não teriam internamente dimensão bastante para o desenvolvimento dos seus projetos de maior ambição, com as indispensáveis economias de escala, seguiram sempre estratégias competitivas no mercado mundial (ver Dumoulin e Duchenne, 2002, incluindo um artigo de Porto, 2002a, e as referências aqui feitas).

2. A "APROXIMAÇÃO" DAS ECONOMIAS

O padrão tradicional do comércio internacional, em particular entre países com graus diversos de desenvolvimento, era um padrão de comércio de bens finais diferentes, com as cadeias de produção integralmente nos países respetivos (dos países mais atrasados só sendo importadas as matérias-pri-

---

Face às evoluções em curso, pode dizer-se que alguns autores estão mais "preocupados" "com os ricos", tendo de facto aumentado muitíssimo as desigualdades (era pequena a diferença entre quem morria de fome – apontando-se para 30 milhões na China, com Mao Tse-tung – e a generalidade da população, que vivia pobremente, mesmo na miséria: cfr. Luce, 2006, pp. 80-1; ou Gu, 2005, p. 52), enquanto outros são mais sensibilizados (preocupados) com a situação dos pobres, sublinhando antes que ano a ano dezenas de milhões de chineses e indianos têm deixado de viver na miséria absoluta (em países onde vive mais de um terço da humanidade: cfr. por ex. Norberg, 2003).

Com análises e previsões da evolução das economias nas várias áreas do mundo ver Banco Mundial (2007). É mostrada aqui (por exemplo p. 41) a aproximação geral que tem vindo a verificar-se entre os países ricos e os países pobres (sendo a subida dos salários particularmente sensível na China: ver p. XXI), todavia com exceções dramáticas, em especial na África Sub--Sahariana (o mapa apresentado é reproduzido em Porto, 2007a, p. 30). Mas mesmo aqui tem havido crescimentos assinaláveis, como foi o caso de Angola, tendo crescido 24% em 2004 e 15% em 2008, mas infelizmente não agora, sofrendo particularmente com a descida do preço do petróleo.

mas). Grande parte dos livros de texto de economia internacional continua a reproduzir o famoso exemplo de Ricardo (1817), com a Inglaterra a exportar produtos têxteis para Portugal e Portugal a exportar vinho para a Inglaterra (vimo-lo atrás, em I.3.1).

A aproximação entre as economias dos países, com o seu desenvolvimento, um acesso mais fácil a inovações e melhorias tecnológicas, uma melhoria geral da qualificação das pessoas e naturalmente também melhorias muito importantes nos sistemas de transportes e comunicações levaram nas últimas décadas do século XX a um novo padrão de especialização no comércio internacional, não previsível algumas décadas antes.

Muitos países menos desenvolvidos já não são especializados apenas na exportação de matérias-primas e produtos primários; em muitos casos têm vindo a afirmar-se na produção e na exportação de produtos industriais e serviços sofisticados (afastando-se já aliás alguns deles da "categoria" de países menos desenvolvidos...).

Com esta evolução, vemos um número crescente de países a exportar e importar produtos dos mesmos setores.

Trata-se de evolução do comércio intra-setorial (IIT) que tem vindo a ser muito clara na Europa a partir dos anos 60, tal como vimos em I.3.3. Mas durante mais tempo eram de esperar níveis diversos de IIT no comércio da União Europeia com países terceiros: com valores altos em relação aos países de rendimento elevado e valores baixos em relação aos países de rendimento baixo (estando naturalmente de permeio os valores em relação aos países "high-intermediate" e "low-intermediate")[11].

Agora é todavia clara a evolução no IIT em relação a países até há pouco tempo (de um modo geral ainda) menos desenvolvidos.

E assim acontece tanto no comércio de bens finais como no comércio de bens intermediários (*inputs*), com as empresas a comprá-los onde são fornecidos em condições mais favoráveis (*outsourcing*).

Por fim, outra caraterística da evolução recente do comércio internacional é o aumento do comércio de serviços, justificando a instituição do GATS (General Agreement on Trade in Services), com o Uruguai Round (já referida na n. 101 p. 296).

---

[11] São diferenças representadas numa figura em Belessiotis *et al.* (2006, p. 39, com dados da Comissão Europeia, 2005a).

Trata-se de evolução que seria de esperar. O setor dos serviços representa atualmente mais do que 70% do PIB nas economias mais desenvolvidas e do que 50% nos países em desenvolvimento, não sendo de esperar que se mantivesse a situação de só serem comercializados internacionalmente 10% dos serviços, num contraste marcante com a comercialização de 50% dos produtos industriais. Com condições muito favoráveis que se vão afirmando (em particular com o acesso a novas tecnologias), tal como voltaremos a sublinhar adiante, há inquestionavelmente "a clear potential for continued rapid expansion" (Belessiotis *et al.*, 2006, p. 42): com a previsão de que se verificasse um crescimento de 30% entre 2003 e 2008, de acordo com McKinsey & Company, 2005, pp. 17-8).

Também com os serviços, num número crescente de casos não se trata de comércio de bens (serviços) finais, mas sim de serviços que constituem *inputs* para diferentes atividades, na prestação de outros serviços (por exemplo médicos, bancários ou de turismo) ou na produção de bens materiais[12].

E igualmente no fornecimento de serviços podemos ver uma aproximação nítida entre as economias, com países até agora menos desenvolvidos a fornecerem serviços cada vez mais qualificados e sofisticados. Os *call centers,* por exemplo na Índia, não se limitam a fornecer mera informação: cada vez mais constituem *back offices* habilitados por exemplo a programar documentos de apuramento de impostos para escritórios nos EUA, a fazer diagnósti-

---

[12] No quadro mundial, cabe já à Índia o papel de maior relevo no fornecimento externo de serviços (*outsourcing*), com 12,2% do total, seguida pela Irlanda (um bom exemplo para outros países europeus, também com salários elevados), com 8,6% (ver McKinsey & Company, 2005, p. 13; ou ainda Banco Mundial, 2007, p. XX, mostrando em geral os crescimentos maiores nas exportações de serviços, também aqui com a Índia à frente, seguida pela Estónia...).
Exemplos muito interessantes da Índia podem ser vistos em Varma (2006), em Luce (2006), em Friedman (2006) e em Sheshabalaya (2006), bem como em autores citados na p. 526, sublinhando a conhecida e já famosa especialização de Bengalore; registando-se também alguma evolução na China, embora com um significado muito menor, ainda recentemente com 3.4% do total: por exemplo com Dallian a especializar-se no fornecimento em *outsourcing* a empresas japonesas.
A par dos demais, têm vindo a ser também crescentes os fornecimentos em *outsourcing* a departamentos das administrações públicas (McKinsey & Company, 2005, cit., p. 55).
As especializações diferentes da China e da Índia, a China em muito maior medida em produtos manufacturados e a Índia em tecnologia e serviços, é bem ilustrada pela figura seguinte (fig. V.1), com projeções até 2010:

cos médicos, a elaborar projetos e cálculos de arquitetura e engenharia ou a fazer pesquisa científica e tecnológica (R & D)[13].

Trata-se de evoluções que explicam a rápida mudança de atitude dos trabalhadores qualificados (*white collar*, de "colarinho branco") dos países desenvolvidos em relação à globalização. Anteriormente uma atitude negativa verificava-se em muito maior medida entre trabalhadores não qualificados (*blue collar*), prejudicados com as importações de bens de menor qualidade de países menos desenvolvidos (v.g. com deslocalizações para estes países e com o *outsourcing* feito a partir deles). Não admira que agora, com a referida

Fig. V.1
Índia v. China

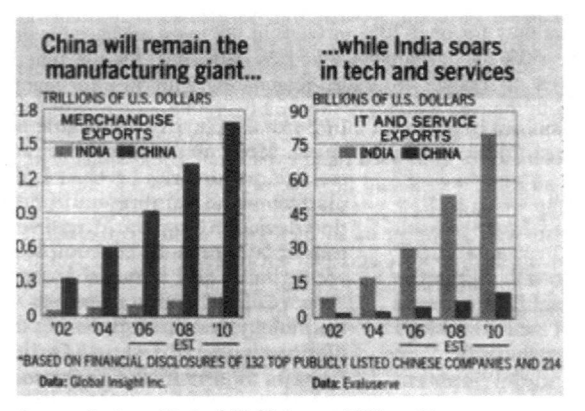

Source: *Business Week* of 22-29 August 2005, p. 34

Trata-se de especializações diferentes, que levam a que em 2012 a China já tivesse a percentagem maior de exportações de bens materiais (começando a ter também um relevo assinalável na exportação de serviços), com 11,2% do total mundial (seguindo-se os Estados Unidos, com 8,4%, a Alemanha, com 7,7%, e em quarto lugar a Holanda, com 3,6%, à frente, pois, de países de muito maior dimensão, como é o caso do Reino Unido, com 2,6% : cfr. A.Marques, 2015, p. 36).
[13] Estamos bem longe do juízo de Myrdal apenas duas décadas antes da década de 90 (1968, vol. III, p. 703), numa obra em que considera, a par de outros, o caso da Índia: "The underdeveloped countries cannot possibly realize their aspirations in the same way, except in very limited, indeed insignificant fields. Modern science and technology is for them a force emanating almost entirely from outside. And these countries are not afforded the opportunity for gradualness in development that typified the now developed countries..." (são também especialmente curiosos os capítulos 18 e 19, no volume II, sobre "o planeamento" e "os controles operacionais do setor privado").

concorrência de mercadorias e serviços fornecidos por estes países com a participação de pessoas mais qualificadas, por exemplo um inquérito feito nos Estados Unidos (pela Universidade de Maryland: ver Fontagné, 2005, p. 9) tenha mostrado que enquanto em 1999 57% dos trabalhadores com salários acima de 100.000 dólares era a favor da globalização, em 2004 tal percentagem tinha descido para 28%[14].

3. A REAFIRMAÇÃO DAS VANTAGENS DA ABERTURA

A experiência bem conhecida das últimas décadas, mesmo dos dois últimos séculos, é por seu turno muito clara mostrando os resultados muito melhores conseguidos com políticas de abertura comercial, quando comparados com os resultados verificados com políticas protecionistas: corroborando o que a teoria ensina e ficou bem confirmado pelos estudos individuais e de instituições que referimos atrás (recorde-se da n. 23 p. 35).

E entre os exemplos mais recentes estão precisamente a China e a Índia, com maus resultados económicos até aos anos 80 do século XX e desde então

---

[14] Este novo tipo de preocupação está expressado no título e no conteúdo do artigo mencionado na capa (e na *cover story*) da *Business Week* de 3 de Fevereiro de 2003: "Is your job next?". É um aumento de preocupação, em particular junto de pessoas com qualificações mais elevadas (em maior medida leitores do orgão ou da via de informação que vamos mencionar a seguir), que ajuda a explicar o crescimento exponencial de referências à globalização e à anti-globalização feitas no *New York Times* e na *internet*: "During the 1970's the word 'globalization' was never mentioned in the pages of the *New York Times*. In the 1980's the word cropped up less than once a week; in the first half of the 1990's, less than twice a week; and in the later half of the decade, no more than three times a week. In 2000 there were 514 stories in the paper that made references to 'globalization'; there were 364 stories in 2001, and 393 references in 2002. Based on stories in *The New York Times*, the idea of being 'anti-globalization' was not one that existed before about 1999. Turning from the newspaper to the internet, 'globalization' brings up 1.6 million links through the use of the Goole search engine, and typing in 'anti-globalization' brings up 80,000 links" (Fischer, 2003, p. 2; ver também Draxler, 2006, p. 11).

Sublinhamos todavia no texto que o fenómeno da globalização, crescente nos últimos anos, começou há séculos, ainda que com outras designações.

Com uma perspetiva que poderá ter ganho agora novo apoio, com a crise que atravessamos, é interessante ver o livro de Harold James (2003), com o título *The End of Globalization. Lessons from the Great Depression...*

com taxas de crescimento que se contam entre as mais elevadas do mundo[15], como consequência (naturalmente a par de outros fatores) de uma mudança de atitude radical em relação à abertura das economias (ver contudo Stiglitz e Charlton, 2005, p. 38 ou também por exemplo Amin, 2006, pp. 26-7).

Recentemente, sobre os efeitos da abertura na China, distinguindo o papel do comércio em diferentes áreas geográficas, pode ver-se Jin (2004). Com abordagens mais alargadas e menos técnicas, também sobre a China, e para além de autores já mencionados atrás, podem ver-se Domenach (2002), Gu (2006), Hutton (2007) Hoffmann e Enright, ed. (2008), Fishman (2009-7) ou Frankopan (2016, considerando não só a China) (ainda, com um juízo menos favorável, Harney, 2009) e sobre a Índia Das (2002), Acharya (2003, capts. 21-3), Dyson, Cassen e Visaria, ed. (2005, cap. 10), Luce (2006, cap. 1 e por ex. pp. 198-9), Coissoró (2007), Dossani (2008), Nobrega e Sinha (2008), Rai (2008) ou Adiga, (2009). Estamos bem longe das análises com poucas esperanças (pelo menos com muitas dúvidas...) que autores como Gill (1963) ou Myrdal (1968) faziam acerca das perspetivas de desenvolvimento destes países nos anos 60; pondo o acento tónico na necessidade de regimes "férreos" ou de apoio dos países mais ricos (Gill chega a falar na necessidade de "compaixão" destes países...), não nas suas próprias capacidades, que têm sido de facto o fator determinante (só ele!) do enorme crescimento que têm vindo a registar nas duas últimas décadas.

Importa lembrar aliás que já alguns anos antes o êxito dos "tigres asiáticos" tinha ficado a dever-se às políticas de abertura das suas autoridades. Os países grandes (assim aconteceu por exemplo também com o Brasil, na linha sul-americana da CEPAL) julgavam que tinham mercados bastantes, assegurando as economias de escala requeridas, mercados nacionais mais vastos do que o somatório dos mercados de muitos países pequenos e mesmo médios... Por isso se caminhou para as políticas de substituição de importações, querendo-se fazer nos países tudo ou quase tudo...

A experiência foi todavia muito negativa, com tremendos custos económicos e sociais, em países que assim não eram "forçados" a ser competitivos.

---

[15] Entre ao 34 países, incluindo os países mais importantes do mundo, considerados semanalmente na revista *The Economist*, ao longo dos últimos tempos têm sido sempre a China e a India a ter as taxas de crescimento mais altas: conforme referimos já com a Índia (cfr. o número de 29-10 a 4-11 de 2016, p. 76) a ter a taxa mais elevada entre esses 34 países, de 7,6%, e estando em segundo lugar a China, a crescer 6,6% (em terceiro lugar as Filipinas, com 6,4%, e em quarto o Paquistão, com 5,7%).

Hoje ninguém tem dúvidas sobre as vantagens e mesmo a necessidade da concorrência internacional, mesmo para países de grande dimensão.

Trata-se de evolução que obriga a repensar teorias como as teorias estruturalistas, designadamente a teoria da dependência. Com contributos de origens diferentes, com raízes marxistas ou não, são teorias que tiveram uma apreciável aceitação nas décadas de 60 a 80 do século XX[16]: apontando em geral para a inevitabilidade das situações de dependência, na lógica da expansão do sistema capitalista[17].

Na sua lógica, ficam por explicar as evoluções não esperadas que estão em curso, curiosamente causando agora enormes preocupações aos "velhos colonizadores". Não é preciso recordar de novo os números da China ou da Índia, ou já antes dos "tigres asiáticos".[18]

Na constatação de Todaro e Smith (2009, p. 127), "dependence theories have two major weaknesses. First, although they offer no appealing explanation of why many poor countries remain underdeveloped, they offer little formal or informal explanation on how countries initiate and sustain development. Second and perhaps more important, the actual economic experience of LDC's that have pursued revolutionary campaigns of industrial nationalization and state-run production has been mostly negative".[19]

---

[16] Com um *survey* pode ver-se Guimarães (2005, pp. 99-114). Entre os inúmeros contributos proporcionados podem recordar-se por exemplo, para além dos "clássicos" (remontando a Marx e a Lenine) e em linhas diferentes (e com outras obras, para além das mencionadas), Baran (1957), Emmanuel (1974), Wallerstein (1974), Amin (1974 e 2006), Furtado (1961), Cardoso e Falleto (1970), Prebish (1970), Santos (1970) ou Frank (1975).
Será de fazer uma referência especial à perspetiva estruturalista da "teoria do sistema mundo" de Wallerstein (1974), com a distinção de casos bem distintos, entre os vários continentes.

[17] Ou, designadamente na Índia e na América Latina, para uma política de substituição de importações (no primeiro caso com os governos de Nehru e Indira Gandhi e no segundo com a forte "inspiração" da CEPAL, presidida e influenciada por Raul Prebish). Era também naturalmente de encerramento de fronteiras a política de Mao Tse-Tung.

[18] Verificando-se assim uma "vingança das nações, expressão que ficou celebrada num outro contexto...

[19] Como escrevemos já (Porto, 2007a e 2007b), independentemente dos erros em que se caiu, com os economistas e os políticos de espírito aberto a rever naturalmente as suas posições, o que não pode aceitar-se é que em vários casos, com a proclamação de valores de solidariedade (mesmo de fraternidade), se tenha persistido com políticas de opressão e de defesa de interesses pessoais (incluindo formas inadmissíveis de cultos da personalidade e as já referidas transmissões "hereditárias" de poder...) e partidários, em relação às populações que antes eram vítimas do colonialismo...

Mais recentemente, entre uma extensa literatura, apenas a título de exemplo, a favor da globalização (v.g. tendo em conta os movimentos de deslocalização e *outsourcing*) é de fazer uma referência especial a Bhagwati (2004) e a Bhagwati, Panagariya e Srinivasan (2004) e, suscitando dúvidas, a Samuelson (2004)[20] e a Stiglitz (2002-4)[21].

É de perguntar se não teremos todavia deste modo a consequência seguinte: um aumento da lucratividade de empresas de países menos desenvolvidos, todavia à custa da perda de empregos nos países até agora mais ricos (provavelmente com consequências especialmente desfavoráveis em determinados países e regiões, sofrendo em maior medida, pelo menos de imediato, com este novo impacto da concorrência internacional).

Os estudos já feitos não são definitivos. Apontam contudo para que não sejam muito elevadas as consequências negativas, havendo mesmo um ganho geral, designadamente para os países até agora mais desenvolvidos.

Uma pesquisa de grande relevo, feita por Catherine Mann (2003), veio mostrar que o *outsourcing* levará a um aumento de 0.3% do PIB dos Estados Unidos[22]. Outros estudos chegaram de um modo geral a conclusões no mesmo

---

[20] As dúvidas de Samuelson foram rebatidas por Bhagwati, Panagariya e Srinivasan (2004; ver também por exemplo Fontagné, 2005, pp. 12-4, e mais recentemente Zacharie, 2013).
Como vimos atrás (em II.4.1), Bhagwati conta-se entre os autores que deram contributos do maior relevo para a teoria das divergências domésticas. É aliás curioso o papel desempenhado a este propósito por economistas indianos (naturalmente, a par de outros colegas, v.g. americanos) todos eles professores nas melhores universidades dos Estados Unidos, defendendo o livre-cambismo já décadas atrás, quando não podia antecipar-se que o seu país de origem viria a ser agora um claro beneficiário da abertura das economias, desde logo da sua (ver ainda por ex. Bhagwati, 2002 e 2004).

[21] Stiglitz tem sido talvez o autor crítico mais referenciado (designadamente em Portugal), com o seu livro de 2002 (4), *Globalization and its Discontents* (na edição portuguesa com o título especialmente sugestivo de *A Globalização. A Grande Desilusão*). Tem todavia já uma posição mais aberta num livro mais recente, referido atrás (de 2005, com Charlton), posição refletida logo no título (*Fair Trade for All. How Trade can Promote Development*), livro em que aliás a obra anterior não é mencionada, bem como em 2007 num livro com o título também significativo de *Making Globalization Work* (com textos críticos vários pode ver-se Della Giusta *et al.*, ed. de 2006).

[22] Podem juntar-se três números mais: segundo o McKinsey Global Institute (2005), "one dollar invested in delocalisation leads to a gain between 12 and 14%" (cfr. as reservas de Shenkar, 2006, p.127); por seu turno, de acordo com Drezner (2004), "22 million new jobs will be created in the USA until 2015, many more than the jobs lost", e "close to 90 percent of jobs in the United States require geographic proximity".

sentido, não só nos Estados Unidos, também na Europa[23]: ver as referências em Belessiotis *et al.* (2006, pp. 63-70), com as pesquisas feitas, distinguindo os efeitos na produtividade, no emprego e na distribuição do rendimento, a concluir (p. 72) que "benefits tend to be large, dispersed, long-term and of a permanent nature" e "the costs tend to be limited, concentrated and of a one-off nature".[24]

4. UMA PREVISÍVEL MAIOR ABERTURA DAS ECONOMIAS

Mesmo com o reconhecimento dos melhores "argumentos" a favor do livre-cambismo e em geral da abertura das economias, proporcionados pela teoria económica e amplamente confirmados pela experiência conhecida, será todavia sempre de esperar que em períodos de crise apareçam de novo "tentações protecionistas"[25].

---

[23] Conforme é sublinhado por Fontagné (2005, p. 10), "les études d'impact des délocalisations ont eté le plus largement effectués sur les Etats Unis" (acrescentando que "les chiffres varient fortement, les hypotheses de travail sont très differentes, mais la conclusion globale est de relativiser cet impact, des lors qu'on remet les ordres de grandeur dans une juste perspective"). Não deixam todavia de ser também relevantes e concludentes estudos levados a cabo no nosso continente, como acontece com os que têm sido promovidos pela Comissão Europeia (casos dos já referenciados: Comissão Europeia, 2005a ou Belessiotis *et al.*, 2006).

[24] Tendo-se designadamente em conta o caso da China, com o insucesso anterior e o êxito que já se regista (a par de todos ou quase todos os demais casos, tendo também um grande significado a evolução que está a dar-se nos países ex-comunistas da Europa central), não pode deixar de suscitar encanto, com a fidelidade a ideias feitas décadas atrás, que na contracapa da versão espanhola do seu livro mais recente (2006, muito virado para a crítica ao imperialismo americano) Samir Amin fale da "superacion de un capitalismo que há entrado en fase de senilidad"... Trata-se de afirmação que poderá ter ganho atualidade não esperada recentemente, com a crise que atravessámos e de que estamos a sentir ainda efeitos. Mas é numa via "bem capitalista" (demasiado ?...) que dois BRIC's, a China e a Índia, com mais de um terço da população mundial, continuam a crescer apenas com algumas reduções em relação a taxas anteriores (como sublinhámos há pouco, em 2016 a Índia a crescer 7,6% e a China 6,6%), apesar da quebra de importantíssimos mercados compradores; parecendo que o que está em causa não é o fim do sistema, não estando à vista um modelo alternativo...Exige-se, isso sim, uma regulação rigorosa de âmbito mundial, seja qual for o sistema (sendo inadmissível que não tenham sido "notados" antes os escândalos financeiros recentes, de milhares de milhões de euros!).

[25] É claramente uma área em que, de acordo com o que é evidenciado pela "teoria económica da política" (*public choice*), grupos bem organizados (no caso os sindicatos e as associações

É aliás interessante ver nos nossos dias uma mudança clara de atitude nos países mais desenvolvidos em relação ao comércio livre de produtos industriais e serviços. Trata-se de países que tradicionalmente eram "protecionistas" em relação aos produtos agrícolas, os países da União Europeia (da Comunidade Europeia) com a Política Agrícola Comum (a PAC), os Estados Unidos com avultadíssimos subsídios (que foram sendo aceites quando do Uruguai Round, mas contra os quais há agora também naturalmente uma reação negativa e justa dos países menos desenvolvidos) e o Japão (também com medidas fortemente protecionistas). Era pois esta a posição da "tríade". Mas a posição dos países industrializados era em geral livre-cambista em relação a produtos industriais e a serviços.

Nos nossos dias nota-se todavia uma clara mudança de atitude a este último propósito, com as deslocalizações e o *outsourcing* para e de países menos desenvolvidos.

Assim acontece apesar de tanto na Europa como nos Estados Unidos, bem como a nível mundial, as instituições e os economistas continuarem em geral a defender o comércio livre; sem dúvida com as necessárias medidas de reestruturação de setores, com a promoção das suas condições de competitividade, bem como com o estabelecimento de indispensáveis compensações a pessoas, setores e regiões afetados com a globalização. Os ganhos gerais terão de ser bastantes para que se assegurem essas compensações.

É contudo claro que o movimento de abertura continuará, apesar de atrasos e dificuldades que não deixarão de surgir nas negociações da OMC.

Cada país e bloco (como é o caso da União Europeia, necessariamente com uma política comercial comum, dado que se trata de uma união aduaneira) tentará sempre naturalmente obter o máximo de ganhos e ter o mínimo de prejuízos, ainda que estes sejam pequenos (em alguns casos tentará adiar os efeitos). Mas de um modo geral os ganhos líquidos do comércio levarão os países a aceitar os resultados das negociações.

---

patronais, fazendo a pressão – o *lobbying* – em conjunto, sendo comum o interesse na protecção dos seus setores) são capazes de ter sucesso na prossecução dos seus objetivos. Não acontece assim com os beneficiados principais com o comércio livre, os consumidores, em relação aos quais se verifica um efeito de *free-riding*: ninguém tomando uma iniciativa, com dispêndio de tempo e de dinheiro, que não pode deixar de aproveitar por igual a muitos outros, talvez mesmo milhões ou dezenas de milhões de outros consumidores (ver as referências atrás, v.g. em II.4.2.2, podendo ter-se designadamente em conta o caso português).

Em particular, com realismo e seriedade, ninguém pode esperar que os outros países aceitem sem reagir, não tomando medidas de retaliação em relação às nossas medidas protecionistas.

Alguns defensores do protecionismo parece terem este "sonho", de não reação: os seus países estabeleceriam ou aumentariam barreiras enquanto os outros, "fraternalmente", continuavam com as fronteiras abertas...

Trata-se de realismo a que a Europa tem de ser especialmente sensível, dado que tem vindo a ter ano a ano resultados favoráveis em relação ao exterior. E, como é óbvio, uma natural retaliação da generalidade dos demais países teria para nós mais custos do que benefícios.

Deve ser sublinhado, por fim, que a prática protecionista poderá ser "eficaz" talvez em relação aos produtos materiais, podendo evitar-se que passem nas fronteiras. Mas como impedir a circulação de serviços, v.g. os fornecidos em *outsourcing*, com as novas tecnologias de informação (acessíveis sem custos e instantaneamente em qualquer local do mundo)?

Veremos adiante (em V.7.6) que além de ser desejável é provável que os blocos regionais sejam abertos, *building blocs*, não *stumbling blocs*.

Será aliás de referir, por fim, que em vários casos os níveis de proteção continuam elevados, como pode ver-se no quadro seguinte (V.2):

QUADRO V.2

Le cycle de l'Uruguay: la libéralisation tarifaire dans l'industrie
(résultats par pays)

Pays	Droits de douane moyens (en%)		Importations à droit zéro (en%)	
	Avant le cycle	Après le cycle	Avant le cycle	Après le cycle
Pays développés	6,3	3,9	20	44
Australie	20,1	12,2	8	16
Canada	9,0	4,8	21	39
Communauté	5,7	3,6	24	38
États-Unis	5,4	3,5	10	40
Japon	3,9	1,7	35	71
Pays en développement	15,3	12,3	52	49
Amérique latine				
Argentine	38,2	30,9	9	0
Brésil	40,7	27,0	8	5
Chili	34,9	24,9	0	0
Mexique	46,1	33,7	0	1
Asie				
Corée	18,0	8,3	4	26
Hongkong	0,0	0,0	100	100
Inde	71,4	32,4	17	16
Malaisie	10,0	9,1	19	23
Singapour	12,4	5,1	97	46
Thaïlande	35,8	28,1	6	1
Pays en transition	8,6	6,0	13	16
Hongrie	9,6	6,9	19	21
Pologne	16,0	9,9	4	11
Slovaquie	4,9	3,8	14	16
Républ. Tchèque	4,9	3,8	14	16

Source : GATT.

Fonte: Barthé (2006, p. 28)

Vê-se que tem continuado a haver casos de apreciável protecionismo (não tem havido grandes alterações desde o último ciclo de negociações), com um significativo nível médio de direitos sobre todas ou grande parte das importações. Hong Kong encontra-se no outro extremo, nenhuma importação sendo tributada. A União Europeia, por seu turno, está numa posição próxima da dos Estados Unidos da América[26], com um nível médio de direitos de 3,6%

---

[26] Estão naturalmente na mesma posição os PECO's que entretanto aderiram à União Europeia, com o mesmo regime alfandegário em relação ao exterior.

(3,5% nos EUA) e com 38% das importações a não serem já tributadas (40% nos EUA)[27].

5. A ESTRATÉGIA DE ABERTURA A SEGUIR

Embora sendo compreensíveis as preocupações atuais em países mais desenvolvidos, na Europa, nos Estados Unidos e em outros países industrializados (caso do Japão), com salários muito mais elevados do que os salários de países que em anos recentes estão a ficar muito competitivos, a via a seguir não pode deixar de ser a de se ganhar na concorrência, através de todas as vias ao nosso alcance, no âmbito nacional ou nos espaços de integração em que estamos inseridos.

No caso europeu, tal como em outros casos, poderá ser de compreender e mesmo de concordar com algumas tentativas de adiamento da abertura comercial, dando tempo para que na agricultura, na indústria e nos serviços se proceda a adaptações necessárias para que se possa concorrer em economia aberta. Trata-se contudo de adiamentos admissíveis apenas se não for possível seguir de imediato as políticas corretas (de "primeiro ótimo"), desejavelmente

[27] A figura seguinte (V.2) mostra bem a diminuição geral dos níveis de proteção nos países industrializados a partir dos anos 40 do século passado:

Fig. V. 2

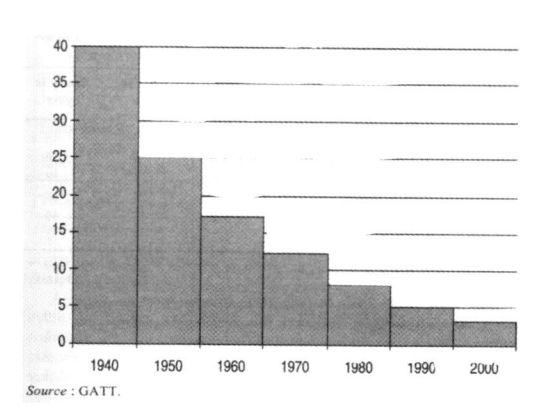

Source: GATT.

Fonte: Barthé (2011, p. 29).

com o apoio da União Europeia[28], e se depois de algum tempo os setores vierem a ser competitivos. Não sendo o caso, estamos a adiar sem justificação a possibilidade de os consumidores terem produtos de melhor qualidade e/ou preço, com assinaláveis benefícios sociais (mais sentidos pelos mais pobres) e de termos mais capacidade competitiva nos nossos setores produtivos.

Deve além disso ter-se sempre presente que, justificando-se algum ajustamento, em princípio deve ser feito com meios diretos de intervenção, de acordo com os ensinamentos da "teoria das divergências domésticas" (recorde-se de II.4.1). "The challenges arising from delocalisation and outsourcing are conceptually no different from the challenges arising from trade liberalisation in general" (Belessiotis *et al.*, 2006, p. 62).

O caminho a seguir não pode deixar de ser o caminho de concorrer num mundo globalizado, de acordo com as lições não só da teoria como também da experiência, com a remoção das imperfeições do mercado e a criação das indispensáveis economias externas.

Nas palavras muito claras de Kirkegaard (2005, p. 25), "offshoring and offshore outsourcing is not a choice for Europe – it is a fact. Yes, it is an opportunity, rather than a threat (...)"; "it will generate both winners and losers among Europeans, but it is up to individual governments to assure countries realize a net gain".

E para a Europa o caminho a seguir está agora bem expressado na Estratégia Europa 2020, apontando, como vimos atrás (recorde-se de IV.7.2), para uma estratégia de abertura: sem dúvida com o apoio da União, mas dependendo em grande medida das iniciativa dos países, na sequência aliás do que foi sendo definido antes, designadamente na Estratégia de Lisboa[29]; bem com em documentos que se lhe seguiram[30]

---

[28] Como exemplo correto pode recordar-se o atraso verificado na abertura de fronteiras às importações pela Europa de produtos têxteis e de confecção, quando das negociações do Uruguai Round, acompanhado da aprovação, pelas autoridades comunitárias, de um programa específico de reestruturação do setor em Portugal.

[29] E, nas palavras de Kirkegaard (p. 2), "auspiciously, EU members already have many of the required solutions at hand in the Lisbon Agenda to generate both higher productivity growth and higher employment from outsourcing and offshoring – what matters is that they are implemented".

[30] Exprimindo as conclusões principais de relatórios elaborados, em particular relatórios encomendados pela Comissão Europeia: como é o caso do várias vezes citado Belassiotis *et al.* (2006). De acordo com ele, "policy should not attempt to manage delocalisation and outsourcing, let alone limit it. The European economy is inextricably linked to the world economy and it is essen-

É preciso, designadamente: que se caminhe rapidamente no sentido da desburocratização, com poderes públicos leves e eficientes, mais virados para uma atividade promotora e reguladora; que assim aconteça numa sociedade em que todas as pessoas, individualmente ou através de entidades com as mais diversas caraterísticas, possam dar o seu contributo[31]; que se caminhe no sentido do fortalecimento do nosso modelo social, preocupado prioritariamente com a criação de empregos (uma cobertura social muito alargada, em particular também para as situações de desemprego, com a qual, sem custos sociais graves, seja possível ter uma política de emprego mais flexível, como única forma de se chegar a níveis mais elevados de criação sustentada de postos de trabalho)[32]; e que se façam todos os esforços de qualificação das pessoas, como

tial for European firms to be able to access international markets, exploit efficiency advantages and assets in order to stay competitive. Rather, policy-makers should aim at putting in place framework conditions that enable Europe to benefit fully from globalisation while ensuring that losses are smaller and transitory in nature. The real challenge is therefore to improve the European economy so that globalisation and delocalisation are no longer a threat to jobs, but an opportunity for growth in the EU" (p. 9).

Trata-se de políticas de fundo, todas elas indispensáveis para que a Europa possa competir nas décadas que se avizinham, que não poderão de forma alguma ser substituídas, com qualquer redução de verbas, pelo agora proposto Fundo Europeu de Ajustamento à Globalização (Comissão Europeia, 2006b e Porto, 2007c). E assim não acontecerá de facto, tal como ficou estabelecido também no *Acordo Interinstitucional entre o Parlamento Europeu, o Conselho e a Comissão sobre a disciplina orçamental a boa gestão financeira* (2006/C 139/01, de 17 de Maio de 2006). A *Exposição de Motivos* da proposta de Regulamento do Fundo é aliás muito clara, começando por sublinhar (p. 5) que "os Fundos Estruturais apoiam uma abordagem estratégica e reforçam o capital humano e físico a médio e longo prazo, através de um período de programação de sete anos", enquanto "o novo Fundo vem *complementar* as políticas e os instrumentos financeiros existentes, incluindo as políticas comunitárias destinadas a antecipar e a acompanhar as reestruturações" (itálico nosso).

Não ficam pois em causa, não poderiam ficá-lo, as políticas de primeiro ótimo indicadas no texto (com referências a vias a seguir ver Porto, 2007a e 2007b).

[31] São infindáveis os casos conhecidos de todos nós, em Portugal e em todos os demais países do mundo, dos resultados a que pode chegar a iniciativa individual. Toda ela tem o maior mérito, mesmo a de âmbito mais modesto; mas mesmo a de maior âmbito não deixa de estar ligada ao nome de uma pessoa, não sendo preciso dar mais exemplos para além do da Microsoft, indissociavelmente ligada a Bill Gates...

[32] É nesta linha que aparece a tão discutida questão da "flexigurança", ou "flexisegurança". Entre uma grande e crescente literatura, podem ver-se: sobre a flexibilidade do emprego, publicado no nosso país, Kovács, ed. (2005); também entre nós, sobre o papel que pode caber ao "terceiro setor", H. Reis (2006); basicamente preocupado com que se acautelem os riscos sociais,

condição indispensável à sua realização e sendo inequívoco que o Homem será sempre o fator básico em qualquer processo de desenvolvimento.

Sublinhámos já que a perda de poder da China e da Índia, ao longo de quatro ou cinco séculos, se deveu em grande medida a políticas de encerramento de fronteiras (*inward looking*), com implicações negativas em diversos domínios; sendo claro que o seu sucesso atual, desde a última década do século XX (ou pouco antes), é consequência das políticas de abertura (*outward looking*) que estão a ser seguidas.

Se a Europa seguisse o seu mau exemplo anterior, fugindo à globalização, teria certamente no terceiro milénio a "evolução" (mais rigorosamente, a regressão) que a China e a Índia tiveram nos dois últimos séculos do segundo milénio. Depois de ter havido um *Asian Drama*, na designação consagrada pela obra de referência de Gunner Myrdal (1968), teríamos no século XXI um *European Drama*.

Tratar-se-ia de uma estratégia suicida, má não só para nós como para esses dois grandes países, que, a par dos demais países do mundo, compreensivelmente esperam ver na Europa um espaço de cooperação e oportunidades[33].

6. AS RESPONSABILIDADES DA EUROPA. O APOIO AO DESENVOLVIMENTO

Sendo a abertura dos outros mercados do interesse da Europa, está fora de causa por seu turno que a abertura correta dos nossos mercados a países terceiros é um caminho indispensável ao seu desenvolvimento.

Trata-se naturalmente de abertura que muito interessa a todos os países desenvolvidos do mundo, não encontrando alternativa em relação ao nosso mercado para colocar uma parte significativa dos seus produtos. Mas é tam-

---

Draxler (2006); e em geral sobre a necessidade de se ter um modelo social justo e promotor de emprego Tharakan (2003), Pestieu (2006), Sampaio (2007) e os livros de Giddens (2007) e Rodrigues *et al.* (2008); bem como entre nós ainda Porto e Silva, coord. (2007).
Entre os responsáveis políticos, a "face mais visível" desta nova perspetiva é o ex-Primeiro Ministro da Dinamarca, Poul Rasmussen: que ilustra o êxito desta via com os resultados conseguidos no seu país: onde na década de 90 o desemprego desceu de 12 para 4%, a par da evolução favorável dos demais indicadores económicos e sociais.
[33] Num livro recente Ilhéu (2006) mostra como os empresários portugueses podem ter ligações mais estreitas com a economia da China, em especial com as empresas deste país.

bém da maior importância para os países já em processo de desenvolvimento ou ainda mais atrasados, no primeiro caso colocando produtos progressivamente mais sofisticados e no segundo por exemplo matérias-primas.

Não pode contudo desconhecer-se que independentemente disso, ou acima disso, há situações de dificuldade no mundo que não podem ser ultrapassadas apenas com o aproveitamento das oportunidades gerais do mercado, situações essas a que a União Europeia não pode ser insensível[34].

Trata-se de reconhecimento que consta já da redação inicial do Tratado de Roma, quando aliás, como resulta do que já vimos, eram maiores do que hoje as situações de pobreza: incluindo na sua Parte IV um capítulo sobre "A Associação dos Países e Territórios do Ultramar".

Era então dada especial atenção aos territórios que tinham ainda ou tinham tido um vínculo colonial com países fundadores da CEE: dezoito países quando da celebração da primeira convenção celebrada visando a promoção das economias, a Convenção de Yaoundé (capital dos Camarões), em 1963.

Houve depois um aumento substancial de países abrangidos com a adesão do Reino Unido, em 1975; tendo neste mesmo ano sido celebrada a Convenção de Lomé I, no Togo, entre os então 9 países membros da CEE e 46 Estados de África, Caraíbas e Pacífico (ACP).

Seguiram-se a 3ª e a 4ª Convenção de Lomé, tendo esta última, assinada em 1989, abrangido uma CEE já com mais alguns países, com 12 países, e um grupo ACP com 70 países, incluindo toda a África Sub-Sahariana e em alguma medida a África do Sul

Tendo esta Convenção expirado no final de Fevereiro de 2000, sucedeu-lhe um Acordo de Partenariado assinado em Cotonou (Benin) em 23 de Junho seguinte (sendo nesta data 75 os países ACP): um acordo de 20 anos com contornos novos, combinando diálogo político entre os participantes com formas inovadoras de cooperação económica e comercial e novos mecanismos e estratégias na cooperação para o desenvolvimento. O acordo de Cotonou incluiu designadamente cooperação, no domínio das relações comerciais, visando a integração de economias em desenvolvimento na economia mundial.

Trata-se de "parceria" tendo na sua base uma estrutura institucional incluindo um Conselho de Ministros (com representantes do Conselho Euro-

---

[34] Sobre a politica de apoio ao desenvolvimento da União Europeia ver o livro recente de Holland e Dodge (2012), bem como El-Agraa (2011b), Bache *et al.* (2015, cap. 25) e Moussis (2015, cap. 24).

peu, da Comissão Europeia e de cada um dos países ACP), um Comité de Embaixadores e uma Assembleia Parlamentar.

A atenção dada à cooperação, vinda, como se disse, do Tratado de Roma, continuou naturalmente a ser considerada ainda recentemente no Tratado de Lisboa, com os capítulos 1 e 2 do título III da parte V do TFUE (cfr. A.R. Sousa, 2012), o primeiro intitulado "a cooperação para o desenvolvimento" (arts. 208º a 211º) e o segundo intitulado "a cooperação económica, financeira e técnica com os países terceiros"(art. 214º)[35]; com o Tratado a acrescentar agora, com um capítulo 3 desse título do TFUE, "a ajuda humanitária" (art. 214º: cfr. J. Machado, 2012), com a qual são levadas a cabo "ações que têm por objetivo, pontualmente, prestar assistência, socorro e proteção às populações dos países terceiros vítimas de catástrofes naturais ou de origem humana.[36]

Entre as vias de apoio a seguir pela União Europeia, uma primeira tem sido a aceitação de favorecimento no acesso de produtos desses países ao mercado da União, com o Sistema de Preferências Generalizadas (referido já *supra*, p. 194 em III.1.2.; na expetativa de que esses países progridam com o fomento das suas atividades exportadoras.

---

[35] Comparando estes artigos com os artigos anteriores serão de fazer dois reparos (cfr. Porto, 2013 e 2014b). Um primeiro por se verificar que os artigos atuais (v.g. o art. 208º) não têm uma referência, tal como tinha o nº 2 do art. 177º do TCE, a que a política comercial deve contribuir não só para o desenvolvimento como para "a consolidação da democracia e do Estado de direito, bem como para o respeito dos direitos do Homem e das liberdades fundamentais"(embora se diga que a política "é conduzida de acordo com os princípios e objetivos da ação externa da União", exigindo a defesa desses valores, que além disso são salvaguardados por outras instituições internacionais de que os países são membros...). Um segundo reparo é em relação ao abandono de uma exigência de esforço próprio aos países em causa, dizendo anteriormente o nº 1 do art. 177º do TCE que a política comunitária em matéria de desenvolvimento deveria "fomentar" "o desenvolvimento económico e social *sustentável* dos países em vias de desenvolvimento, em espacial dos mais desfavorecidos" e "a inserção *harmoniosa* dos países em vias de desenvolvimento *na economia mundial* (itálicos nossos). É pois de estranhar que o texto do TFUE esteja numa linha mais assistencialista, focando apenas, no art. 208º, "a redução e, a prazo, a erradicação da pobreza". Teria sido desejável que, com ambição (e correspondendo à realidade do que se tem feito e continuará a fazer !), se tivesse mantido a afirmação de que tal deverá acontecer com desenvolvimento sustentável, com a inserção harmoniosa dos países agora atrasados na economia mundial.

[36] Também aqui as ações devem ser "desenvolvidas de acordo com os objetivos da ação externa da União"; e não se acrescenta nenhuma exigência de índole democrática, o que todavia no caso em análise poderá ser melhor compreendido, tratando-se de catástrofes.

Para que sejam dadas essas preferências é naturalmente necessária a anuência da OMC (do GATT), tratando-se de uma exceção a regras gerais estabelecidas, designadamente à "regra da nação mais favorecida", nos termos da qual o favorecimento que um país concede a outro se estende automaticamente a *todos* os demais (cfr. Porto, 2014a, p. 425); e, como seria de esperar, face à forças protecionistas da PAC, durante muito tempo as preferências generalizadas não se verificavam em relação a produtos agrícolas, em muitos caso os únicos com que os países menos desenvolvidos poderiam concorrer no mercado europeu...

Não devendo pôr-se em causa os méritos desta via, até agora e no futuro, devendo pois ser prosseguida, nos quadros da OMC, constata-se que "generally, analysts have had difficulty in finding a positive effect of the GSP on DCs´exports" (ver El-Agraa, 2011, p. 405).

Também com um alcance limitado, mas sendo relevante em muitos países menos desenvolvidos[37], uma segunda via é a via do apoio financeiro que possa ser dado. Cabendo aqui responsabilidades a instituições de âmbito mundial (designadamente ao Grupo Banco Mundial) e naturalmente a instituições de outras áreas do mundo (todavia todas elas, incluindo países ricos, bem menos "solidárias"...), tem havido mecanismos europeus de apoio financeiro ao desenvolvimento.

Com especial relevo, temos o Fundo Europeu de Investimento, com verbas não inseridas no orçamento da União Europeia, sendo financiado com verbas com que periodicamente é dotado pelos países membros.

Têm também naturalmente algum relevo verbas constantes do orçamento, mas, como vimos atrás (em IV, com a figura IV.23, p. 482), trata-se de verbas não avultadas, apenas mais 4% do que o que é destinado aos 16 países da Política Europeia de Vizinhança (por seu turno pouco significativo, como vimos, face ao que é dedicado às políticas de apoio aos países membros....)

E é de recordar por seu turno que foi na segunda presidência portuguesa, em 1998, numa reunião do Conselho de Ministros que decorreu na Feira, que se alargou a possibilidade de o Banco Europeu de Investimento conceder empréstimos fora do âmbito europeu.

---

[37] Teriam sido apenas "gotas de água" em países como a China ou a Índia, quando começaram os seus processos de desenvolvimento, naturalmente apenas ou quase apenas com base em recursos financeiros próprios.

Mas no caso europeu há que acrescentar que o apoio aos países menos desenvolvidos tem vindo a ser concedido em grande medida pelos próprios países, em termos bilaterais. É bom que se sublinhe aliás sempre que, não obstante participarem financeiramente no orçamento da União, que proporciona o apoio referido há pouco, são todos da Europa os países que correspondem à recomendação das Nações Unidas de destinar á ajuda aos países em desenvolvimento 0,7% dos PIB's respetivos.

Podemos vê-lo na figura seguinte (V.3):

FIG. V.3

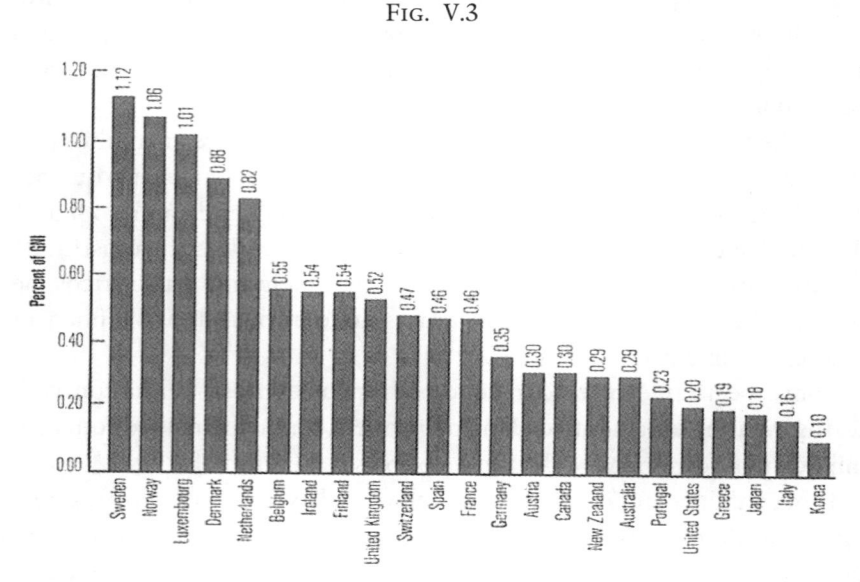

Fonte: Perkins, Radelet, Lindauer e Block (2013, p. 506; ver também Charnoz e Severino, 2007, p. 36, Black, 2009, p. 31, indicando p. 39 os sectores por que se distribui a ajuda, com um relevo maior para os transportes e a indústria, e sobre a cooperação portuguesa V.Simão e Oliveira, 2002)

Temos pois outros países ricos do mundo a ficar mito aquém da meta almejada, com a percentagem no Canadá a ser de 0,30%, nos Estados Unidos de 0,2% (abaixo de Portugal, com 0,23%) ou do Japão, com 0,18%.

A figura que se segue (V.4) dá uma imagem bem expressiva do significado da Europa (União Europeia e países membros) na ajuda ao desenvolvimento:

FIG. V.4
Aide publique au développement (2000-2013)

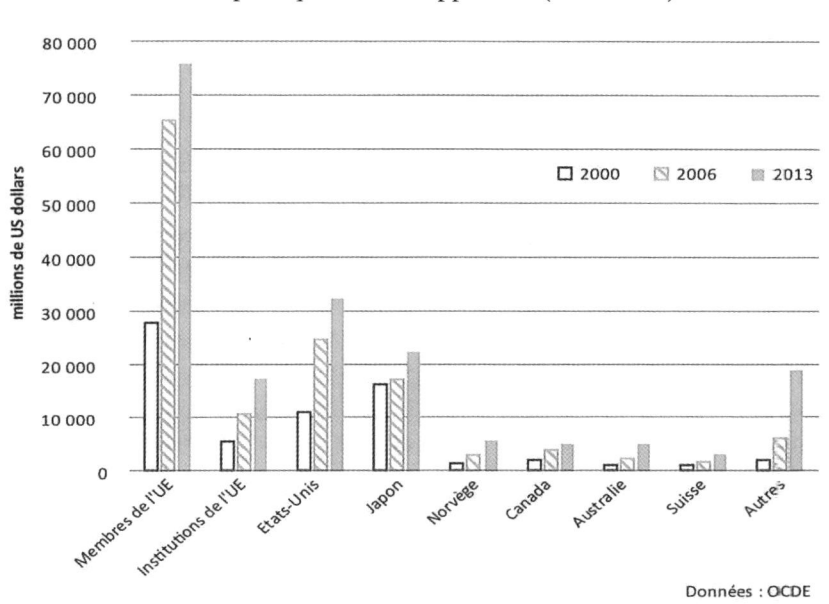

Données : OCDE

Fonte: Relatório Schuman (2016, p. 239)

Temos assim verbas dos Estados membros de 75 milhares de milhões de dolares e da União de 18 mil milhões, ao todo 93 mil milhões, mais de metade do total (com os Estados Unidos e o Japão a proporcionarem bem menos, 32 e 22 milhares de milhões, respetivamente).

7. A TENDÊNCIA RECENTE PARA A FORMAÇÃO DE BLOCOS REGIONAIS

O caso da Europa, com a União Europeia, é sem dúvida o caso de maior sucesso e de maior relevo de integração regional.

Tendo todavia especiais responsabilidades, peso e interesses no plano internacional[38], não podemos deixar de seguir com grande atenção a cria-

---

[38] Sem que tal signifique a 'westernization of the world' (Latouche, 1996), com a imposição dos nossos valores e uma consequente homogeneização segundo os nossos padrões... (sobre o papel da UE face ao mundo pode ver-se por exemplo Hill e Smith, 2011).

ção agora em curso de blocos também importantes em outras áreas do mundo[39].

7.1. Blocos 'formais' e blocos 'informais'

No quadro atual podem distinguir-se aliás os *blocos formais*, resultantes de acordos celebrados e dispondo de estruturas institucionais mais ou menos complexas, dos *blocos informais*, resultantes de meras relações de mercado.

Numa terminologia que tem vindo também a ser consagrada, trata-se em boa medida de distinguir entre *policy-led blocs* (*blocs induits par la politique*) e *market-led blocs* (*blocs induits par le marché*)[40].

Incluem-se na primeira categoria, com maior ou menor formalização, a União Europeia, o MERCOSUL e a NAFTA; e na segunda o bloco asiático ou o espaço europeu para além da UE e do EEE[41].

7.2. A situação nos anos 60 (o 'primeiro regionalismo')

Não é todavia de agora o começo da formação de blocos regionais; que remonta a séculos anteriores, com evoluções muito diferentes (incluindo casos de insucesso quase imediato ou pelo contrário 'sucessos' que acabaram por culminar com a formação de novos países, como foi o caso da Alemanha, na sequência do *Zollverein* (recorde-se de III.1.1, p. 191-2).

Mas um período novo, de assinalável importância, é constituído pelas duas décadas que se seguiram à 2.ª Guerra Mundial, com a formação de blocos na Europa e em outras áreas do mundo, designadamente na América Latina, em África ou ainda na União Soviética e países da sua área política (tratou-se de um movimento em que não se inseriram os Estados Unidos da América, o país

---

[39] Simultaneamente com a formação de blocos de nações têm vindo a ganhar relevo os espaços sub-nacionais e as relações que se estabelecem diretamente entre si, v.g. através de empresas multinacionais (cfr. Ohmae, 1995 e a recensão em Calvete, 1996b).

[40] Ver por ex. Cable (1994, pp. 7-8) e OCDE (1996b, pp. 25-33), respetivamente (sobre uma maior ou menor intervenção na organização de um espaço de integração recorde-se de III.1.3, pp. 196-7).

[41] Em IV.6.3 serão feitas referências breves a estes e a outros espaços (alguns foram aliás já referidos atrás, v.g. em III.1.1 e III.1.2, pp. 191-6).

mais poderoso do mundo, empenhado então apenas no processo de abertura e multilateralização promovido pelos mecanismos do GATT)[42].

Passado pouco tempo começou a constatar-se todavia a debilidade da generalidade dos movimentos, assumindo-se o movimento europeu como o único que, não obstante algumas dificuldades (mesmo hesitações) nos anos 70 e messmo nos nossos dias, se foi afirmando a nível mundial.

7.3. A tendência mais recente (o 'segundo regionalismo')

Compreende-se neste quadro que o êxito europeu tenha sido de grande influência na formação de novos blocos, determinados pelo objetivo de contrabalançarem o 'peso europeu' e/ou de, independentemente disso, seguirem o 'bom exemplo' da nossa organização[43].

---

[42] São duas as vias principais proporcionadas pelo GATT (acordo que, como se sabe, está integrado agora na OMC).

Uma delas é a da 'cláusula da nação mais favorecida', consagrada no art. 1.º, de acordo com a qual um benefício alfandegário proporcionado por um país a outro signatário se estende de imediato a todos os demais (cfr. L.P. Cunha, 1996, pp. 5-6). Sendo assim, estando no seu seio membros de espaços de integração (por ex. da UE) entre os quais o comércio é livre, de acordo com tal cláusula haveria já comércio livre entre todos os participantes do GATT (da OMC). Julgando-se todavia desejável que se verifique a formação destes espaços (v.g. de uniões aduaneiras ou zonas de comércio livre), na linha do que diremos adiante, é o próprio GATT que os admite, nos termos e nas condições do art. 24.º, como exceções ao art. 1.º.

A outra via de intervenção é a das negociações multilaterais (*rounds*, ou 'rodadas'), nas quais se sentam à mesma mesa todos os participantes no Acordo e se negoceia um abaixamento geral de restrições.

Nesta linha foi importante o papel desempenhado pelos *rounds* anteriores (de Genebra, 1947, Annecy, 1949, Torquay, 1950, Genebra, 1956, Dillon, 1961-2,Kennedy, 1962-7 e Tóquio, 1973-9), sendo todavia de salientar o significado muito especial do último *round* (Uruguai, 1986-93), conforme teremos ocasião de sublinhar em V.8.

[43] Tendo-se naturalmente em consideração as especificidades próprias de cada área.

Sobre a 'economia política' dos blocos regionais, mostrando as razões de fundo que os determinarão, ver Robert Baldwin (1996) e P. Lévy (1997).

Tendo especialmente em conta a evolução verificada Benaroya (1995) fala em 'vagas de integração' (ver também Bhagwati, 1992, Bourguinat, 1993, os arts. de G.O. Martins e A. Vasconcelos, C. Lafer e C. Fonseca, A. Ferrer e A. Castro e F. Cardoso em IEEI, 1995, e J.R. Silva, 1996b, pp. 22-3).

Como facto novo e de grande relevo aparecem os Estados Unidos a participar num bloco formal, a NAFTA[44] (ainda na APEC, não sendo além disso claros os seus desígnios em relação às demais 'Américas'); num movimento generalizado no quadro mundial.

Do significado da evolução recente é bem ilustrativa a figura seguinte (fig. V.5), com as notificações feitas nos termos do referido art. 24.º (sendo naturalmente em muito maior número as zonas de comércio livre do que as uniões aduaneiras)[45], tendo havido mais notificações nos anos 90 do que no conjunto das décadas anteriores.

FIG. V.5

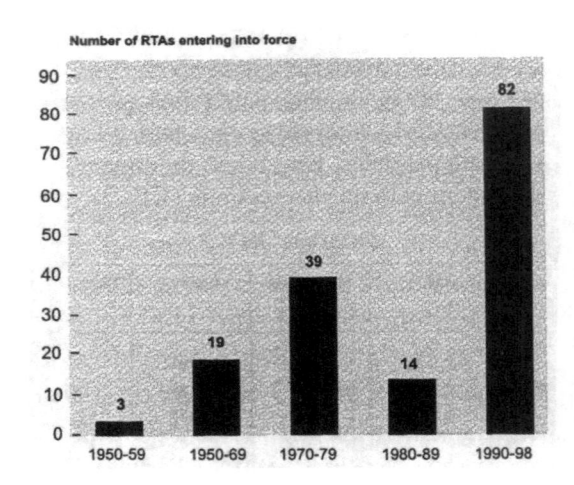

Number of RTAs entering into force

Fonte: Banco Mundial (2000, p. 54)

Com o alargamento dos espaços de integração aumenta compreensivelmente o desejo de adesão de quem está de fora, ou, talvez melhor, o receio

---

[44] Tendo sido percursora, é interessante lembrá-lo, a formação em 1985 de uma zona (área) de comércio livre entre os Estados Unidos e Israel, constituindo um caso curioso de espaço de integração com grande afastamento geográfico (bem maior de que na EFTA...) entre as suas partes (ver Rosen, 1994; sendo substancialmente diferente e de qualquer modo posterior o caso da APEC).

[45] Cfr. também Hoekman e Kostecki (1996, pp. 213-131) e Sapir (2000).

de perda de oportunidades comerciais[46]. Além do caso europeu é agora bem claro o caso do MERCOSUL, a suscitar pedidos de adesão de quase todos ou mesmo de todos os países da América do Sul.

Não podendo naturalmente referir-se aqui com pormenor as caraterísticas de cada 'bloco', justificar-se-á que demos algumas indicações sobre as perspetivas gerais que poderão estar a abrir-se[47].

7.3.1. Os círculos 'para leste' na Europa

Sendo a União Europeia o elemento central no nosso continente, a evolução futura do 'bloco' europeu dependerá em grande medida da maior ou menor adesão que se verifique e dos acordos que forem celebrados com os países que ficam de fora (ver Lawrence, 1996, cap. 5).

Em relação aos países da EFTA é muito grande a integração que se verifica: tanto em termos 'formais' como em termos 'informais'.

Está nas primeiras circunstâncias o Espaço Económico Europeu, tendo os países da EFTA que o integram (a Noruega, a Islândia e o Lichtenstein) aceite a totalidade do *acquis communautaire* (mesmo a jurisdição comunitária), havendo assim não só um mercado comum como também um mercado único, embora sem que haja uma união aduaneira[48].

Em relação aos países da Europa Central (ex-membros do COMECON), com uma rápida e progressiva integração das suas economias com a economia da União Europeia[49], numa clara integração 'informal', foram relevantes os acordos de associação celebrados (Acordos Europeus). Mas sendo desejo da generalidade destes países a sua integração, assim aconteceu e poderá acon-

---

[46] As adesões vão-se dando com frequência por 'efeito de dominó', na expressão de Richard Baldwin (recorde-se a n. 4 p. 193). Sobre as linhas gerais de um "novo regionalismo" pode ver-se Telo, ed. (2014).

[47] Contribuindo designadamente para um mundo multipolar mais equilibrado (ver por ex. Schiff e Winters, 2007 e Telò, ed., 2007).

[48] O que, como vimos atrás (notas 10, p. 196 e 51, p. 217), levanta problemas interessantes nos planos prático e teórico.

[49] Sendo de 18% em 1960 passou para 53% em 1994 o seu comércio com a UE (Kol, 1996). E alguns deles tinham já antes da adesão direitos baixos em relação ao exterior (recorde-se do quadro V.2, p. 542).

tecer ainda com alguns outros (recorde-se de IV.8). Quanto aos demais o caminho já aberto é o da Política Europeia de Vizinhança (vimo-lo em IV.9)[50].

Não deixarão ainda de abrir-se outras hipóteses de integração a médio ou longo prazos (teoricamente a todos os países democráticos do nosso continente), a par do estreitamento das ligações económicas que continuará a verificar-se entre o conjunto dos países da 'grande Europa'.

7.3.2. A NAFTA

Na sequência da CUSTA, uma zona de comércio livre formada em 1988 pelos EUA e o Canadá, em 1994 veio a ser formada a NAFTA, englobando ainda o México.

O seu relevo é enorme no plano mundial, acrescendo ao peso económico e comercial a clara prevalência de um dos seus membros, os EUA, nos planos político e militar[51].

No plano económico, a que basicamente nos circunscrevemos neste livro, um grande motivo de interesse é constituído pelo facto de ser formada por países de dimensão e avanço económico muito diferentes. Fica a dúvida sobre se estes desequilíbrios serão de molde a comprometer ou pelo menos a que se fique aquém dos efeitos favoráveis que têm estado associados aos movimentos de integração em espaços mais equilibrados[52].

Constitui além disso um espaço cujo significado dependerá dos alargamentos e/ou das associações que venham a ter lugar. Não se prevendo agora a adesão de nenhum novo membro (foi hipótese que chegou a ser considerada pelo Chile), estará em causa saber se virá a formar-se um grande espaço em toda a América, na sequência da 'Iniciativa para as Américas' do primeiro

---

[50] Numa linha mais política as relações com o norte de África são consideradas por A. Moreira (1999).

[51] Sobre as razões determinantes, as características e as perspetivas da NAFTA ver, entre muitas outras, as referências de Moon (2000, pp. 134-48, Clement *et al.* (2001) e Medeiros (2008b, pp. 219-83).

[52] Trata-se de problema considerado em Georgakopoulos, Paraskedopoulos e Smithin, ed. (1994). Sobre os efeitos de bem-estar na NAFTA ver por ex. Klein e Salvatore (1997).
É muito sensível a diferença de proteção alfandegária em relação ao exterior dos Estados Unidos (recorde-se do quadro V.2, com os valores já mencionados há pouco) e do Canadá (com impostos em média de 4,8%, não sendo tributadas 39% das importações), por um lado, e do México, por outro (média de direitos de 33,7%, só com 1% das importações sem tributação).

Presidente Bush (1990)[53], ou por exemplo se prevalecerá um alargamento e/ou um aprofundamento das ligações dos EUA e do Canadá à Ásia e ao Pacífico no seio da APEC (ver IV.8.4.4)[54].

Neste quadro, tem um grande relevo a perspetiva de concretização do TTIP (*Transatlantic Trade and Investment Partnership*), entre os Estados Unidos e a União Europeia, num processo negocial que está todavia agora com dificuldades.

7.3.3. O MERCOSUL (e a América Latina)

Formado por quatro países do sul da América Latina (a Argentina, o Brasil, o Paraguai e o Uruguai), é muito mais integrado do que a NAFTA (em termos institucionais, v.g. sendo uma união aduaneira e um mercado comum), mas constitui um espaço em que são também grandes as diferenças de desenvolvimento e principalmente de dimensão.

As diferenças de dimensão dificultarão aliás o aprofundamento institucional, sendo designadamente difícil a formação de um Parlamento ou de um Tribunal quando um dos países tem mais de 200 milhões de habitantes, um outro

---

[53] Ver por ex. Bouzas e Ros, ed. (1994), Gudiño (1995), Hinojosa-Ojeda (1996) ou, numa perspetiva menos económica, Manzano (1997). Na sequência da Iniciativa para as Américas, em Novembro de 1994 foi mesmo estabelecida uma data, 2005, para a criação de uma área de comércio livre em todo o hemisfério (pondo reservas na perspetiva dos países da América Latina e julgando mais favorável para eles uma aproximação à Europa ver Panagariya, 1996; ficando em causa, pois, a perspetiva 'americana' de Yeats e outros autores referida e comentada *infra* na n. 55). Mais recentemente, o processo esteve pelo menos suspenso com as posições anti-EUA dos presidentes da Venezuela e em alguma medida da Bolívia; sendo também sabido que não há empenho do Brasil (aguardando-se depois que pudesse mudar com o Presidente Obama).
[54] É de perguntar naturalmente ainda quais serão as perspetivas de uma maior aproximação (que nos parece de interesse prioritário) no Atlântico Norte, em especial entre os Estados Unidos e a União Europeia, através da eventual criação de uma *Transatlantic Free Trade Association* (TAFTA): ver Devuyst (1990), B. Lévy (1994), Stokes, ed. (1996; cfr. Calvete, 1996), Peterson (1996), Guay (1999) ou, numa linha mais política, Wiener (1996), Heuser (1996) Guay (1999), Hamilton e Quinlan, ed. (2005), ou Heuser (1996), Gamberta e Larabee (1997) ou Macherte (2008); podendo citar-se ainda (além naturalmente do TTIP, referida a seguir no texto) iniciativas como as da Transatlantic Policy Network (TPN), englobando empresários, políticos, quadros das administrações e académicos. Para além do interesse económico, são de referir as ligações de mercado que não devem deixar de estar na base de uma comunidade de defesa (a NATO). Recentemente, no final de 2016, foi celebrado um acordo (CETA) com o Canadá.

cerca de 40 milhões e os outros dois cerca de 6 e 4 milhões. Com uma representação mais ou menos proporcional a participação destes não teria significado e uma participação paritária levaria a uma subrepresentação inaceitável dos cidadãos do Brasil, com uma população quatro vezes superior à dos outros três em conjunto (cfr. Porto, 1994b, p. 137 e Medeiros, 2008, pp. 111-56).

Põe-se deste modo um problema de desequilíbrio (é muito menor na União Europeia, havendo mais países e não chegando o país mais populoso, a Alemanha, a ter um quinto da população total) que justifica que a via a seguir tenha vindo a ser a da inter-governamentalidade. A experiência dos anos decorridos tem sido muito positiva, com a obtenção de resultados que não seriam talvez esperados pelos mais otimistas. Fica todavia a questão de saber se poderá continuar a avançar-se assim no processo de integração.

Do êxito conseguido no início é ilustrativo o acréscimo do comércio intra-MERCOSUL, que mais do que duplicou logo entre 1990 e 1993, com uma progressão claramente maior do que em relação aos demais espaços[55];

---

[55] Enquanto o aumento intra-MERCOSUL foi de 143%, foi de 55% em relação à América Latina e de 16% em relação ao resto do mundo; tendo o primeiro aumentado 3,4 vezes até 1995 e passado de 8,9% do comércio total em 1990 para 24.9% em 1998 (cfr. M.M. Moreira, 2000 e Medeiros, 1999b, respetivamente). Com dúvidas em relação à evolução seguinte ver Soloaga e Winters (1999).

Yeats (1996-8) fez uma avaliação desfavorável do MERCOSUL, na linha aliás de posições anteriores (em artigos em colaboração) de defesa de 'um grande espaço americano' sem sub-espaços no seu interior: ver por ex. Ezran e Yeats (1992), Braga e Yeats (1992) e Braga, Safadi e Yeats (1996; bem como outras referências aqui feitas, designadamente Braga, 1990 e 1994).

Na sua avaliação Yeats considera apenas efeitos de desvio de comércio e efeitos estáticos, não efeitos de criação de comércio e efeitos dinâmicos. Por outro lado, é especialmente sensível à circunstância de o aumento de comércio intra-MERCOSUL ter sido em grande medida com produtos, caso dos automóveis, em que os países-membros 'não deveriam' ter vantagem comparativa face a terceiros mais industrializados (numa indicação intuitiva ou/e de acordo com um índice estático de 'vantagem comparativa revelada').

Mas além da importância que não pode deixar de ser atribuída à existência de efeitos de criação de comércio e de efeitos dinâmicos, importa referir que a circunstância de ter aumentado mais o comércio intra-bloco do que o comércio extra-bloco (referimo-lo a seguir no texto) não é relevante num sentido negativo. Trata-se de circunstância compreensivelmente comum à generalidade dos blocos, sendo antes de admirar que se verificasse a evolução contrária (ver infra IV.8.5.2).

Ninguém defenderá que a formação de um bloco seja uma solução de primeiro ótimo, que só existirá com o comércio – livre mundial (recorde-se de III.4). Mas o que importa saber, isso sim, é se com ele não aumenta o protecionismo em relação à situação anterior, podendo ser

seguindo-se todavia, já neste século, uma diminuição sensível do relevo do comércio intra-bloco[56].

O êxito ainda assim conseguido tem levado aliás a uma vontade de integração no MERCOSUL de países que há poucos anos estariam longe de encarar tal hipótese. Tem sido, com avanços e recuos, o caso do Chile (passada uma maior atração pela NAFTA) e foi depois, expressada formalmente, a vontade dos países da Comunidade Andina (depois de se terem verificado manifestações isoladas de interesse, na Cimeira de Trujillo, em 10 de Março de 1996, foi decidido que as negociações passassem a ser feitas em bloco, entre Comunidade Andina e o MERCOSUL)[57]. Recentemente verificou-se a adesão da Venezuela (e antes, num período curto, a suspensão da participação do Paraguai). Assim acontece da parte de um bloco formal (formado pela Bolívia, Colômbia, Equador, Peru e Venezuela) com as várias instituições em fun-

---

a forma de se caminhar, desejavelmente, no sentido de um comércio mais aberto (com uma crítica dura do estudo de Yeats ver Flôres, 1996a; bem como os resultados bem diferentes deste autor, 1997, ou de novo o juízo positivo de Paraganiya, 1996, referido já na n. 53).

[56] Em particular das exportações intra-MERCOSUL, que baixaram de 21% do total em 2000 para 13% em 2004 (cfr. Vasconcelos, 2007, p. 168); num quadro comum aos quatro países membros (ver Medeiros, 2008b, p. 117 e já Kegel e Amal, 2004).

[57] Entre uma extensa literatura sobre o MERCOSUL ver por exemplo CBRI, ed. (1994), Basso (1995 e 1999), F. Amaral (1996), Casella (1996), Flores (1997, cit.) Pabst (1997), M.C. Rocha (1999), A. Amaral (2000), Casella, org. (2000), M.M. Moreira (2000), M.T. Lobo (2000-1), algumas publicações do IRELA (v.g. de 1997) e Accioly (2011 e 2013). Mais concretamente sobre as ligações ou fazendo comparações com a União Europeia ver Curso de Estudos Europeus (1994b), IEEI (1995), Calfat e Flôres (1996), Flôres (1996a; ver tb. 2000), Dromi e Molina del Pozo (1996), Parlamento Europeu (1997b) Velasco San Pedro, coord. (1998), Fernandes (1998), Mateus (2000), Gomes (2000-1), Oliveira (2002), Cristina (2003) e Accioly (2010); ou comparando com a NAFTA ver também Accioly (1999). Mais em geral, sobre a inserção mundial do MERCOSUL, cfr. Bizzozero e Vaillant, ed. (1996), M.C. Lima (1999) e Bernal-Meza (1999). Sobre a Comunidade Andina ver Vilaça e Sobrino Heredia (1997). Por fim, sobre as ligações gerais da América Latina à Europa ver por ex. Porto (1994a), CELARE (1996), Molina del Pozo (1996) e Leiva, ed. (1997).

Em 1995 a Comissão Europeia, através do Comissário Marin, fez a proposta de formação de uma zona de comércio livre entre a UE e o MERCOSUL, prevista então para 2005, mas sem sequência.

Como vimos no quadro V.2 (p. 542), trata-se de países com "proteção" nominal elevada em relação ao exterior, de 30,9% na Argentina e 27,0% no Brasil (24,9% no Chile e 33,7% no México), não entrando nada sem direitos no primeiro e no terceiro destes países e apenas 5% das importações no Brasil.

cionamento (incluindo um Parlamento e um Tribunal), o que não acontece (ainda) no bloco (o MERCOSUL) em que os seus países querem integrar-se.

São já diferentes pela sua situação geográfica (e económica) muito próxima da NAFTA (v.g. dos EUA) as perspetivas do Mercado Comum da América Central (formado por Costa Rica, Guatemala, Honduras, Nicarágua e Salvador);um bloco (pequeno) com todas as instituições em funcionamento e com uma coesão assinalável.

7.3.4. O espaço asiático

Como se disse já, estamos aqui perante um bloco informal, embora com algumas associações no seu seio.

O êxito conseguido mostra as potencialidades dos mecanismos do mercado, podendo por isso pôr-se em causa a necessidade de se ir muito longe com mecanismos formais de integração: trata-se da área do mundo em que se prevê o crescimento mais elevado nas próximas décadas (já verificado), com um grande incremento dos movimentos intra-regionais, não só do comércio como também de capitais.

Não deixaram todavia de ter vindo a formar-se associações com algum relevo, como são os casos da ASEAN (*Association of South-East Asian Nations*), englobando o Brunei, Cambodja, as Filipinas, a Indonésia, Laos, Myanamar, a Malásia, Singapura, a Tailândia e Vietname[58] ou da SAARC (*South Asian Association for Regional Cooperation*), englobando o Bangladesh, o Butão, a Índia, as Maldivas, o Nepal, o Paquistão e o Srilanka. É muito duvidoso que possa vir a formar-se um bloco formal com todo o espaço asiático (ver por ex. Lairson e Skidmore, 1997, pp. 159-60)[59].

---

[58] Ver entre outros Tantraporn (1996) e Medeiros (2008b, pp. 297-368). Sobre os efeitos da crise dos anos 90 em diferentes 'blocos' asiáticos cfr. N.C. Mendes (1999).

[59] Há aliás na Ásia países de tal dimensão económica e/ou demográfica (casos do Japão, da China e da Índia) que constituem por si sós blocos importantes a nível mundial (com o Japão a ter cerca de metade dos PIB's dos EUA ou da EU, apesar de ter 'apenas' pouco mais de 126 milhões de habitantes). Sobre as posições da China e da Índia acerca de uma eventual ou existente integração regional ver, respetivamente, Tiesun (2000) e Muni (2000) (e sobre as ligações da China à UE por ex. S. Marques, 2005 e 2007 ou Shambaugh *et al.*, ed., 2008). O conjunto do Japão, da UE e dos EUA, a 'tríade', representava nos anos 90 49% do comércio mundial (40% em 1989), com um relevo ainda maior nos movimentos de capitais, fazendo (em 1987) 83% e recebendo 55% do investimento mundial.

Por outro lado, como adiantámos já a propósito da NAFTA será interessante analisar a evolução da APEC (*Asea-Pacific Economic Forum*), ligando países asiáticos (Brunei, China, Coreia do Sul, Filipinas, Indonésia, Japão, República da Formosa, Singapura e Tailândia) a países da Oceania (Austrália e Nova Zelândia) e da América do Norte (os Estados Unidos e o Canadá)[60] bem como em que medida esta formação poderá pôr em causa outras aproximações, por ex. dos EUA à América Latina ou à Europa[61].

7.3.5. O espaço africano

Embora de momento com menor relevo, é de prever e de desejar que também em outras áreas do mundo se formem e consolidem espaços de integração[62].

No espaço africano, a par de outros movimentos[63] deverão interessar-nos especialmente os movimentos em que se integram os países lusófonos: o caso da ECCAS (*Economic Community of Central African States*), onde se integra

---

[60] Constata-se pois que na APEC (tal como em blocos informais) se juntam países 'inimigos' ou que nem se reconhecem como tais, como são os casos da China e da República da Formosa. Questionando a sua eventual natureza de 'bloco natural' ver Polak (1996).

[61] Sobre os movimentos gerais da Ásia e do Pacífico, v.g. nas suas ligações com a NAFTA ou outros blocos, ver Bora e C. Findlay, ed. (1996) e Scollay e Gilbert (2001); e sobre o impacto que terá aí a integração europeia cfr. Han (1992).

Nas relações com o exterior temos desde o extremo de Hong-Kong, não tributando nenhuma importação (com valores baixos está o Japão, todavia com outras restrições e dificuldades internas de acesso ao seu mercado), aos casos de maior protecionismo da Índia (média de 32,4%, com 16% das importações livres de impostos) e a Tailândia (média de 28,1%, só com 1% das importações não tributadas); estando de permeio países como a Coreia, a Malásia e Singapura.

Próximo deste espaço, a Austrália tem direitos em média de 12,2%, com 16% das importações e entrarem livremente (recorde-se mais uma vez do quadro V.2, p. 538).

[62] Caso da ANZCERTA, Austrália-New Zealand Closer Economic Relations Trade Agreement.

[63] Casos do IOC (*Indian Ocean Commission*), da MRU (*Manu River Union*), da UDEAC (*Union Douanière des Etats de l'Afrique Centrale*) ou da WAEMU (*West African Economic and Monetary Union*). Sobre os movimentos de integração na África Sub-Sahariana ver O. Johnson (1995), Odén (2000), Davies (2000), Abrahamsson (2000), Soderbaum (2007), Medeiros (2008, pp. 517-577 e 2013, pp.310-361) ou Tchamény (2013); e com os textos fundamentais de alguns deles já Vasques (1997).

S. Tomé e Princípe[64], da ECOWAS (*Economic Community of West African States*), onde se integram Cabo Verde e a Guiné-Bissau[65], e da SADC (*Southern African Development Community*), onde se integram Angola e Moçambique[66]; sendo de perguntar ainda que futuro terão o CMESA (*Common Market for Eastern and Southern Africa*), também com Angola e Moçambique e mais 20 países (cfr. Medeiros, 2008 pp. 560-1) ou a AEC (*African Economic Community*), com 51 membros e o propósito de vir a abranger o conjunto dos espaços regionais que a integram.

Tratando-se de movimentos de integração em áreas menos desenvolvidas, levanta-se a problemática teórica e prática de saber se podem esperar-se efeitos semelhantes aos verificados em espaços mais desenvolvidos[67].

Muito em particular, será de esperar que tenha de ser grande a dependência desses espaços em relação a espaços mais desenvolvidos[68]; sendo especialmente grande a ligação da África à Europa (ver a fig. V.8. no Anexo 2, p. 612; sobre uma desejada ligação ao Brasil, em especial dos PALOP's, v.g. num 'espaço económico lusófono', ver Mourão, 1996 e Mendonça, 2000).

7.4. O significado dos movimentos em curso

Procurando perspetivar o futuro, interessa ver o que poderão significar, v.g. se deverão ou tenderão a constituir espaços auto-suficientes ou pelo contrário espaços de abertura a nível mundial. Constitui questão de grande importância para a Europa no que respeita à sua estratégia, devendo ter em conta o que se passa nos demais espaços.

---

[64] Bem como o Burundi, os Camarões, o Chade, o Congo, o Gabão, a Guiné Equatorial, a República Centro-Africana, o Ruanda e o Zaire.

[65] Ainda o Benin, o Burkina Fasso, a Costa do Marfim, a Gâmbia, o Ghana, a Guiné, a Libéria, o Mali, a Mauritânia, o Niger, a Nigéria, o Senegal, a Serra Leoa e o Togo.

[66] Com a África do Sul, o Botsuana, o Lesotho, o Malavi, a Namíbia, a Suazilândia, a Tanzânia, o Zambeze e a Zâmbia.

[67] Ver por ex. Silva e Rego (1984), Robson (1994 e 1998-00, pp. 270 ss.) e mais recentemente El-Agraa (1996, pp. 209-10: defendendo, na sequência de textos anteriores, que não há diferenças no modelo geral de integração, apenas nas circunstâncias a ter em conta).

[68] Algo de semelhante se passa aliás, como é natural, em espaços mais desenvolvidos onde um país de muito grande dimensão (casos dos EUA na NAFTA e do Brasil no MERCOSUL) não pode deixar de ter no exterior os seus principais parceiros comerciais. Sobre as relações de países lusófonos com a China ver Machava (2013).

7.4.1. A abertura muito diferente dos vários blocos

A situação muito diferente dos vários blocos leva a que seja também muito diferente a sua dependência deles próprios e de terceiros[69].

Trata-se de situação que pode ser vista no quadro V.3, considerando 'blocos informais', em alguma medida espaços continentais:

QUADRO V.3
Percentagem do comércio intra-bloco

	1948	1958	1968	1979	1993	1997	2000	2003	2009
Europa Ocidental	41,8	52,8	63,0	66,2	69,9	67,0	67,8	67,7	72,2
PECO'S(ex URSS)	46,4	61,2	63,5	54,0	19,7	18,6	26,6	24,4	(–)
América do Norte	27,1	31,5	36,8	29,9	33,0	36,2	39,8	40,5	48,0
América Latina	20,0	16,8	18,7	20,2	19,4	20,5	17,3	15,6	25,0
Ásia	38,9	41,1	36,6	41,0	49,7	50,7	48,9	49,9	51,6
África	8,4	8,1	9,1	5,6	8,4	9,4	7,6	10,4	11,7
Médio Oriente	20,3	12,1	8,1	6,4	9,4	6,6	6,5	7,4	15,15
No conjunto mundial	32,9	40,6	–	–	50,4	50,2	49,2	50,5	54,1

Fonte: OMC (1995, p. 39) e Barthé (2011, p. 50). Com dados dos 'blocos formais' ver World Bank (2002a, p. 345)

Vê-se pois que de um modo geral aumentou o comércio intra-blocos, constituindo a maior exceção o caso dos PECO's e da Rússia a partir do desaparecimento do COMECON (desaparecendo o 'bloco formal' poderia eventualmente ter-se mantido um 'bloco informal'). No caso do Médio Oriente o aumento da dependência exterior está ligado à prevalência que passou a ter a exportação do petróleo para países terceiros (possibilitando também um grande aumento de importações). Por fim, é de sublinhar a manutenção do nível relativo do comércio intra-bloco na América Latina (com algum decréscimo recente) e na África (com um ligeiro acréscimo recente)[70].

---

[69] Num quadro geral de aumento do relevo do comércio intra-blocos a nível mundial.

[70] A par desta evolução é interessante verificar a polarização regional de cada bloco, ou seja, a ligação de cada bloco a cada um dos demais. Trata-se de análise a que procedeu Kol (1996).

7.4.2. O aumento dos comércios intra e extra-regional

Importa todavia sublinhar, com o maior relevo, que com o aumento relativo do comércio intra-bloco não deixou de haver aumento absoluto do comércio extra-bloco, nos termos do quadro V.4:

QUADRO V.4
Comércio intra e extra-bloco

	PNB	Total	Intra-bloco	Extra-bloco
1958	100	10	4	6
1993	200	36	18	18

Fonte: OMC (1995, p. 41; ver também os quadros reproduzidos em Harmsen e Leidy, 1994, p. 130 e Comissão Europeia, 1997a, p. 58).

Tendo duplicado o PNB, aumentou o relevo relativo do comércio, passando a representar 18% desse valor em 1993, quando representava 10% em 1958 (mais do que triplicou; com os valores desde o começo do século recorde-se de I.1 p. 26 e veja-se Serra *et al.,* p. IX). Neste maior crescimento foi naturalmente mais relevante o crescimento do comércio intra-bloco, com um relevo em relação ao produto que mais do que duplicou (passou de 4 para 9% do

refletida nas figuras que reproduzimos em anexo, com dados de 1960 e 1992 (Anexo V.B, pp. 580-6). Vê-se aí que a Europa constitui um caso singular, de dependência fundamentalmente de si própria, em mais de dois terços do valor. Já nos casos de África e dos PECO's se verifica um predomínio do comércio extra – bloco, fundamentalmente com a Europa Ocidental, que tem ainda um relevo muito grande – em primeiro lugar ou próximo do primeiro lugar – para todos os demais blocos.

Na evolução de 1960 para 1992 a diferença maior verificou-se naturalmente com os países que antes faziam parte do COMECOM, passando de uma grande dependência deles próprios para uma dependência muito maior da Europa Ocidental; sendo também interessante a evolução do Japão, que passou a ser muito mais dependente da Europa Ocidental. Curiosamente diminuiu então a dependência da América do Norte em relação à Europa Ocidental e desta em relação àquela, sendo todavia de desejar uma aproximação maior entre os dois lados do Atlântico Norte (recorde-se a n. 54 p. 557).

PNB); mas não deixou de aumentar o relevo do comércio extra-bloco, passando de 6 para 9% do PNB (ver ainda Comissão Europeia, 1997a, loc. cit.)[71].

Na linha do que veremos nos números seguintes (e referimos já na n. 51 p. 584), não é pelo facto de, como seria de esperar, o comércio intra-bloco aumentar mais do que o comércio extra-bloco que deve considerar-se negativamente o regionalismo, podendo ser mesmo o modo de se avançar com mais segurança e/ou mais rapidamente para o multilateralismo[72].

7.5. As estratégias dos blocos

É neste quadro que, para além de se ver a tendência em cada bloco, importa avaliar as estratégias comerciais que podem ser seguidas.

A dimensão de alguns deles, v.g. dos blocos europeu e norte-americano, pode suscitar uma tentação protecionista, julgando-se que se tem aqui um mercado suficiente para o desenvolvimento das economias. Com a totalidade do continente europeu (acrescido dos países do leste e do sul do Mediterrâneo, v.g. os considerados na Política Europeia de Vizinhança: recorde-se de IV.9) temos um bloco informal de várias centenas de milhões de pessoas, podendo os EUA formar um bloco também de grande dimensão com a generalidade dos países das Américas (para não falar já de uma 'coligação' asiática, através da APEC).

---

[71] Não deixando de qualquer modo de se avançar também no sentido da globalização (ou mundialização), com componentes que vão bem para além da componente económica (entre uma literatura em expansão, além da já referida ver por ex. B. Lévy, 1994 e 1997, Vernon, 1996, Carfantan, 1996, Les Dossiers de l'Etat du Monde, 1997, Fouquin e Siroën, 1998, Freudenberg, Gaulier e Únal-Kesenci, 1998, Friedman 2000(9) e Panagariya, 2000; ou entre nós J.R. Silva, 1996b, Lima, 1998 e Abrunhosa, 1999). Com visões muito negativas ver por ex. H.P. Martin e Schumann (1998-6) e Latouche (1999-8) (cfr. ainda I.G. Martins, 1997). Considerando a perceção e a resposta dada por alguns países europeus ver Verdon (2000).

[72] Não é correta pois a sugestão de Yeats (1996-8, no estudo sobre o MERCOSUL referido na n. 55 p. 558) de que só será favorável uma situação em que o comércio extra-bloco cresça mais do que o comércio intra-bloco.

Na formulação da OMC (1995, p. 45), "the fact that third countries have a smaller *share* in the trade of member countries does not rule out an increase in the absolute level of third countries exports".

Mostrando que pode haver uma melhoria do bem-estar mesmo sem o cumprimento da 'proposta Mac Millan' (1993), de alteração do art. 24.º do GATT no sentido de se exigir a manutenção do mesmo volume de comércio com os países terceiros, ver Wei e Frankel (1998).

Cuidando apenas do nosso interesse próprio seguiríamos então políticas desfavoráveis às outras áreas: na linha do argumento dos termos do comércio (recorde-se de III.5.1) ou das políticas comerciais estratégicas (recorde-se de III.5.2). Poderá integrar-se aqui a posição de Laura Tyson (1990) na defesa do 'comércio controlado' (*managed trade*); em termos aplicáveis aos blocos comerciais, tendo-se consequentemente '*stumbling blocks*' e não '*building blocks*', na distinção de Lawrence 1991 (ver também Bhagwati, 1991 e 1993 e Bhala e Bhala, 1997), não se estando, pois, face a um *open regionalism*.

Está em causa todavia, como vimos já, saber se acaba por ser mais vantajoso seguir-se uma estratégia 'agressiva' ou uma estratégia cooperativa, pondo--se aqui o 'dilema do prisioneiro' (recorde-se de III.5.3, pp. 222-3); e no caso europeu, além do interesse próprio[73] importa saber se se trataria de uma estratégia de acordo com as nossas responsabilidades perante o mundo, em especial perante o mundo menos desenvolvido que nos está mais estreitamente ligado.

É já diferente, v.g. no fim último a atingir, uma posição de acordo com a qual poderá usar-se o 'peso' de que se disponha no comércio mundial para obrigar países e blocos fechados a abrir as suas fronteiras. Trata-se de posição representada por exemplo por Dornbush de acordo com a qual deveria haver um entendimento entre a Europa e os Estados Unidos, dois blocos de liberdade económica e política, no sentido de 'forçarem' os demais à abertura do comércio[74]. Trata-se de dois blocos com especiais responsabilidades e interesses, que deveriam abrir-se entre si e poderiam exercer uma 'pressão' desejável no sentido da abertura comercial também dos outros espaços do

---

[73] Não pode de facto ter-se a ingenuidade de pensar (há quem com as suas afirmações pareça julgá-lo) que os países terceiros assistiriam passivamente ao impedimento da exportação dos seus produtos, continuando a importar os nossos; havendo além disso também naturalmente um efeito negativo de rendimento sobre as nossas exportações (recorde-se já da n. 57 p. 247 e veja-se ainda por ex. Carfantan, 1996, cit.).

[74] Visando especialmente esse país, no entendimento de que os EUA deveriam "threaten Japan with a tariff on its imports as a device to widen its markets for American goods" (cfr. Lawrence e Schultz, 1990, p. 11); mas "it would be preferable for the United States to act in concert with the European Community in opening Japan" (Dornbush, 1990, p. 124; ver ainda Steinberg, 1997).

Trata-se de ideia em boa medida partilhada por Krugman (1991, p. 56), para quem, "the great political advantage [to Europeans and North Americans] of regional pacts is that they can exclude Japan": segundo julgamos não estando todavia em causa de facto 'excluir' o Japão', mas sim levá-lo a seguir também as regras do comércio livre.

mundo, designadamente do bloco asiático, especialmente avesso a seguir as 'regras do jogo' do comércio internacional.

Só assim poderá beneficiar-se das vantagens gerais proporcionadas pelo comércio internacional, na linha do que vimos atrás nas partes I e II; podendo e devendo os blocos regionais ter o papel que vimos na parte III, v.g. criando condições para que se implantem e consolidem sectores competitivos a nível mundial e contribuindo, com a sua influência e o seu exemplo, para que seja alargado o âmbito do comércio livre mundial.

7.6. A perspetiva de que sejam passos no sentido de comércio livre mundial

Sabendo-se todavia que há forças que se opõem a esse interesse geral (recorde-se de II.4.2.1 e II.4.2.2) importará saber se virão a prevalecer ou se pelo contrário será de esperar que prevaleçam as forças do livre-cambismo (cfr. tb. Porto, 2000c).

A tal propósito têm posições especialmente pessimistas Krueger (1990 e 1995), Bhagwati (1993 e 1994), Lal (1994) ou Wolf (1994), defensores convictos do livre-cambismo que vêem com a maior apreensão a formação de blocos-regionais[75] v.g. julgando haver agora um perigo que não havia nos anos 60.

Trata-se de receio que estes autores baseiam em razões de naturezas muito diferentes: incluindo o menor (ou nenhum) empenho no comércio livre quando se conseguem já nos blocos de que se faz parte as economias de escala julgadas bastantes (P. Lévy, 1997); a criação aqui de uma mentalidade proteccionista (uma "fortress mentality", vendo-se um "strengthened regional market as an excuse for erecting barriers to external competition": Serra *et al.*, 1997, p. 16; ver também Hine, 1997); a falta de apoio político que por isso pode faltar ("regional agreements might undermine broad-based political support for a multilateral agreement"); ou inclusivamente a afetação aos projetos regionais de pessoas e energias que deixam por isso de estar disponíveis ou motivadas para 'lutar' pela economia livre mundial[76].

---

[75] Krueger (1995) considera a tendência atual "*a tragedy in the making*".

[76] Trata-se de ponto referido ainda por Serra *et al.* (1997, loc. cit.): "regional agreements also might cause national leaders to divert resources and political capital from their multilateral

Há todavia indicações no sentido de que não seja esta a tendência em curso, havendo forças no sentido do comércio mundial que poderá esperar-se que venham a sobrepor-se: estando a contribuir aliás já agora para que, conforme vimos atrás, a par do aumento do comércio intra-bloco em termos absolutos esteja a aumentar também o comércio extra-bloco.

Neste sentido poderá apontar uma tomada de consciência crescente das maiores vantagens do comércio-livre. Vimos atrás que mesmo a conjugação da experiência positiva de que se dispõe com os ensinamentos da teoria é com frequência insuficiente face às forças do protecionismo[77]. Mas a acumulação

iniciatives. The pace of multilateral liberalization will beslowed if the specialists needed to negotiate multilateral pacts are asked to spend their time instead on regional patterns"...

Naturalmente os autores referidos juntam às considerações sobre a probabilidade de não se caminhar para o comércio livre mundial juízos de valor negativos acerca dos blocos.

Alega-se que são seguidas então as políticas 'agressivas' e inconvenientes referidas no número anterior: dado que, "as countries band together into regional trading blocs, their collective monopoly power in world market grows" (de novo auts. e locs. cits. ou ainda Greenaway, 1992, p. 1488, referindo os riscos de "destructive trade wars" num mundo "dominated by three large and powerful trading blocs": não havendo pois a estratégia cooperativa referida em III.5.3 e em V.4).

Numa outra linha julga Bhagwati que os blocos 'apagam' as nações: o que pode ser considerado em diferentes planos, desde logo no plano político, mas que no quadro em análise é considerado por ele negativamente no plano económico, na medida em que se perderia assim a diversidade e a dinâmica que se verificam no plano nacional (mesmo regional), promovendo o aproveitamento das diferentes vantagens comparativas de que se dispõe. Conforme bem nota J.R. Silva (1996b, p. 52), não se compreende contudo que Bhagwati tenha esta posição negativa em relação aos blocos mas já em relação ao comércio mundial reconheça que "a diversidade das políticas, das instituições e das normas nacionais é em geral compatível com trocas livres e vantajosas para todas as partes" (1994, p. 240): não se vendo "como é que uma lógica que pode ser positiva no quadro de uma nação, não o pode ser para um grupo de nações!?"; mais concretamente, que a expressão da dinâmica nacional se afirme no plano mundial mas já não no seio de um espaço de integração.

E de facto a abertura, no plano mundial ou desde logo no plano regional, com o desaparecimento das 'almofadas' protecionistas, estiolantes do engenho de cada um, tem a 'virtude' de obrigar a "um conhecimento aprofundado das dificuldades e das potencialidades existentes e não pode descurar nenhum fator, onde quer que se encontre, capaz de ajudar a competir face ao exterior" (Porto, 1992a, p. 47). Trata-se de desafio a que se é obviamente chamado em qualquer nível de abertura.

[77] Procurámos mostrá-lo em II.4.2, achando designadamente ingénua a 'fé' no conhecimento dos economistas expressada por Pechman e referida já na n. 35 p. 43.

de indicações favoráveis[78] não deixará de ter a sua influência, 'pesando' cada vez mais no prato da balança favorável ao livre-cambismo.

Sem dúvida com o afastamento do protecionismo haverá sempre sectores penalizados e espíritos derrotistas ou pelo menos inquietos: mas a comparação tem de ser feita com o interesse da generalidade dos cidadãos e com o que teria acontecido sem a abertura comercial (*anti-monde*), havendo fatores não dependentes de nós que teriam levado também (provavelmente em maior medida) aos problemas que agora nos afectam (com especial relevo para o problema do desemprego: recorde-se de p. 349)[79].

Trata-se de resultados mais favoráveis do comércio livre que se estimou que se acentuassem como consequência do Uruguai Round, que, de acordo com estimativas feitas, se esperou que proporcionasse um ganho de bem-estar de 510 mil milhões de dólares entre 1995 e 2000 (quadro V.5).

QUADRO V.5
(milhares de milhões de dólares)

União Europeia	163,5
Estados Unidos da América	122,4
EFTA (7)	33,5
Canadá	12,4
Japão	26,7
Austrália	5,8
China	18,7
Republica da Formosa	10,2
Resto do Mundo	116,8

Fonte: Dent (1977, p. 195, com estimativas da OMC)

[78] Recordem-se por exemplo os resultados dos largos projetos de avaliação que referimos na n. 23 p. 35 e no plano teórico os ensinamentos da teoria das divergências domésticas.

[79] A economia portuguesa é um caso bem significativo de dependência do exterior, v.g. em setores especialmente criadores de emprego (recorde-se a n. 6 p. 25 a propósito do setor têxtil e das confeções; podendo acrescentar-se os sectores do calçado, automóvel, florestal, etc.). Pode imaginar-se o descalabro que resultaria do encerramento dos mercados onde colocamos os nossos produtos, não podendo obviamente esperar-se, conforme sublinhámos há pouco (recorde-se a n. 73 p. 566), que pudessemos fechar-nos sem que os outros fizessem o mesmo....

De acordo com estas estimativas a parcela de ganho maior seria conseguida aliás pela União Europeia, seguida pelos Estados Unidos da América; sendo todavia um ganho que viria a favorecer todos os espaços do mundo e que, sendo confirmado, era de esperar que desse mais um contributo para a aceitação do comércio livre.

No quadro dos interesses contraditórios em presença é de esperar por seu turno que se confirme o peso das grandes empresas multinacionais[80]; e que, a par de empresas menos ambiciosas que julgam bastar-se ou ficar beneficiadas com espaços mais restritos, vá prevalecendo o peso maior de empresas competitivas que não se satisfarão com esses limites[81].

Independentemente de se tratar ou não de grandes empresas ou grupos, poderá julgar-se também que haja uma maior abertura com o processo de privatizações que está em curso na generalidade dos países do mundo: não podendo os empresários privados, diferentemente das entidades públicas, dar-se ao 'luxo' de deixar que se fique aquém das oportunidades de uma máxima eficiência, conseguida com a abertura comercial e o funcionamento do mercado[82].

É de facto assim, mas não pode esquecer-se que não têm sido só empresas públicas a querer o protecionismo, em muitos casos este tem sido o reflexo do *lobbying* de setores privados menos preparados para a concorrência que perdem com a abertura da economia. Não tendo as vias de influência mais direta das grandes empresas e dos grandes grupos, conseguem-na com o 'peso' eleitoral do seu número, dos seus trabalhadores e da sua implantação geográfica, com a intervenção das suas estruturas representativas, conjugando-se aliás os

---

[80] Referimos já atrás por ex. as posições de Holland (1976) e Ohmae (1995), defendendo um e outro (embora com posições distintas) que se verifica assim um esbatimento das fronteiras nacionais (sobre o papel que deverá continuar a caber aos Estados nacionais ver por ex. Hirst e Thompson, 1996, ou numa outra perspetiva já Porto, 1992a).

[81] Foi curioso o caso, que acompanhámos como relator do Parlamento Europeu, de um acordo de abertura de compras públicas entre a União Europeia e os Estados Unidos (sobre o contributo do Uruguai Round recorde-se a n. 37 p. 261): com uma demarcação nítida entre as empresas mais ou menos competitivas que foram convidadas a participar numa audição pública que organizámos no seio da Comissão das Relações Económicas Externas (REX), tendo a maioria dos deputados ficado convencida da melhor razão da abertura comercial, aprovando na Comissão e depois no plenário o acordo negociado (ver Porto, 1999a, pp. 135-8).

[82] Sendo também este o interesse dos consumidores, mas com uma enorme dificuldade de fazerem prevalecer o seu interesse (recorde-se mais uma vez de II.4.2.2).

esforços das estruturas patronais e sindicais para salvarem as empresas e os empregos em risco (recorde-se mais uma vez de II.4.2.2, em especial da p. 178).

No sentido de que a formação de espaços regionais de integração seja de facto uma via de aproximação do comércio livre mundial invoca por outro lado Cable (1994, p. 12) que se consegue com eles a atenuação dos nacionalismos económicos, com o aumento da consciência da vantagem e mesmo da necessidade de uma maior interdependência; ou que de qualquer modo se ganha uma 'experiência' útil de abertura comercial[83]. Assim se contribui pois para o afastamento de obstáculos a uma desejável liberalização.

É de assinalar aliás também que mesmo nos blocos que constituem mercados muito favoráveis é clara a insatisfação dos seus responsáveis (não só das empresas multinacionais, que referimos há pouco), procurando sempre intersecções com outros blocos e países: assim acontece na União Europeia.

Mas compreende-se que a insatisfação seja muito maior da parte de países que representam mais do que todos os demais membros do seu bloco, como são os casos dos Estados Unidos na NAFTA e do Brasil no MERCOSUL, tendo obviamente de procurar outros mercados (v.g. para a venda dos seus produtos), em outros blocos ou de preferência no quadro mundial.

Trata-se de 'forças de abertura' que têm vindo a prevalecer, reconhecendo a própria Organização Mundial do Comércio (OMC, 1995, p. 2) que "there have been no fortress type regional integration agreements among WTO members"; tendo sido mesmo em grande medida países de blocos regionais a 'forçar' a conclusão (difícil) do Uruguai Round, exatamente num momento sem paralelo de criação, alargamento e/ou reforço dos seus mercados[84].

Com menos capacidade de pressão mas sendo igualmente um elemento a atender, há que considerar por outro lado os interesses e o empenho dos países que ficam de fora de qualquer bloco[85] ou dos blocos onde estão os melhores

---

[83] Nas palavras de Cable (1994, loc. cit.) "it is a useful laboratory for new approches to deeper integration which can be applied multilaterally (in relation for example, to product and technical standards, services, government procurement, state subsidies, competition policy and dispute settlement"; dando, nas palavras de Serra *et al.* (1997, p. 17), "valuable information that could make multilateral agreements more palatable and durable".

[84] Podendo defender-se inclusive (cfr. Greenaway, 1992 e Pomfret, 1996) que a formação de blocos regionais tem sido um sucedâneo ao retardamento de uma desejada conclusão do Uruguai Round.

[85] Antes de poderem beneficiar do 'efeito de dominó' que referimos atrás, tornando-se membros de algum espaço de integração (recordem-se as notas 4 p. 193 e 46 p. 555). Com a multilaterali-

mercados. A resposta a estes casos, que os membros dos blocos não deixa-rão de ir sendo levados a dar, estará na celebração de acordos preferenciais (numa linha que, também em benefício dos países membros, fará baixar os efeitos de desvio do comércio e potenciar os demais ganhos proporcionados pelos espaços de integração).

Com a consciência das vantagens do comércio internacional, a formação de blocos pode ser ainda um elemento facilitador de negociações, na medida em que diminui o número de negociadores (trata-se de fator sublinhado também por Cable, 1994, p. 12 ou ainda por ex. por Dent, 1997, p. 5).

Dando de novo o nosso exemplo, assim acontece com a participação da Comunidade Europeia, v.g. nas negociações do GATT (agora da OMC), sendo só a Comissão (através do Comissário competente) a participar nas reuniões, de acordo com o mandato de negociação atribuído pelo Conselho.

Por fim, a formação de mercados 'únicos' no seio dos blocos, embora visando em primeira linha o interesse dos países membros, vem harmonizar e uniformizar normas e criar outras condições que tornam muito mais fácil o acesso de terceiros. A título de exemplo, com a harmonização proporcio-nada na Europa pelo Ato Único um exportador ou um investidor americano ou brasileiro não tem de conhecer e adaptar-se a requisitos diferentes de país para país: podendo ter acesso a todos eles com o cumprimento das mesmas regras; e os veículos transportando produtos seus beneficiam igualmente com o afastamento das barreiras físicas, não tendo de parar nas fronteiras[86]. Trata-se

---

zação do comércio (v.g. com o Uruguai Round) deixará já de julgar-se necessária a participação num bloco regional (ver Lloyd, 1996, p. 39).

[86] Ver por ex. Murphy (1990, pp. 81ss.) e Woolcock (1994). No caso europeu com a vantagem para eles, que não existe em relação aos demais espaços de maior relevo, de haver instituições comuns de apreciação do eventual desrespeito das regras estabelecidas (a Comissão e os Tri-bunais da União). Uma outra vantagem proporcionada pela Europa é ainda o anúncio comum, no Jornal Oficial, dos concursos públicos de maior relevo (recorde-se de IV.2.1.4).

Ver ainda Lawrence (1996) e Lawrence, Bressand e Ito (1996) sublinhando também o acréscimo de investimento estrangeiro assim conseguido.

Referindo por seu turno o reforço do mercado interno em resposta à multilateralização do comércio ver Comissão Europeia (1998b p. 5).

Pode recordar-se aliás que no caso da América Latina as regulamentações internas e os pro-tecionismos existentes contribuíram para a falta de êxito dos movimentos de integração das décadas anteriores (ver Porto, 1993b, Braga, 1994,

Harmsen e Leidy, 1994 e Thorp, 1998; julgando Torre e Kelly, 1992, que tal insucesso se deveu antes à circunstância de se tratar de países menos desenvolvidos).

de vantagens de enorme monta, de que se espera que disponhamos também quando concorrermos em mercados de outros blocos: sendo por isso do nosso interesse que se aprofundem igualmente os seus processos de integração. Da nossa parte será especialmente sensível a criação da moeda única, facilitando a atividade negocial no espaço da União[87].

8. O PAPEL DA ORGANIZAÇÃO MUNDIAL DO COMÉRCIO (OMC)

Na evolução favorável que é de esperar que venha a verificar-se importa que tenha um grande relevo a Organização Mundial do Comércio, criada na sequência do Uruguai Round (na reunião final de Marraqueche, em Dezembro de 1993)[88].

Ao longo de três décadas e meia foi sem dúvida importante o papel do GATT, através dos dois mecanismos básicos de que dispõe (referidos na n. 42 p. 553): a aplicação da cláusula da nação mais favorecida e as negociações (*rounds*) multilaterais

No Uruguai Round, o oitavo *round* realizado, conseguiram-se progressos assinaláveis. Havia sido muito grande o relevo dos anteriores, tendo o volume do comércio subido de 10 mil milhões no *round* de Genebra (1947) para 155 mil milhões no *round* de *Tóquio* (1973-9), com o número de países membros a elevar-se de 23 para 99. Mas foi um grande progresso que o Uruguai Round tenha vindo considerar outros sectores, incluindo a agricultura, os serviços, a propriedade intelectual (v.g. as patentes), o ambiente[89], etc.[90] tendo o valor

Numa linha de preocupação com a promoção da concorrência nos vários espaços do mundo está uma revista que a OCDE começou a publicar em 1999: *Revue de L'OCDE sur le Droit et la Politique de la Concurrence* (ed. tb. em inglês) (ver tb. Romano, 2003 e Eihauge e Gerardin, 2007).

[87] Lloyd (1996, p. 35) refere ainda os efeitos de rendimento conseguidos com os blocos formados: "real income effects on member countries are almost certain to benefit outside countries collectivelly, because of the increased demand for goods and services" (recorde-se *supra* III.3.4, pp. 239-40).

[88] Sobre esta instituição ver Messerlin (1995), Lafer (1998), Warègne (2000), I. Mota (2005), L.P. Cunha (2008) e Medeiros (2013, pp. 159-226).

[89] Sobre as indispensáveis responsabilidades crescentes em relação aos serviços ver já por ex. a n.100 p. 333 (v.g. Marchetti e Roy, 2008).

[90] São de assinalar também por ex. os passos na política anti-*dumping*, bem como a atenção dada aos investimentos directos estrangeiros: com um relevo crescente, tendo tido uma multiplicação de doze vezes entre 1973 e 1995, período ao longo do qual as exportações aumentaram oito

do comércio considerado subido para mil milhões de dólares e o número de participantes no final já para 117[91], estando-se agora em centena e meia.

Temos assim uma progressão assinalável, estando no âmbito da OMC a maior parte do comércio mundial. Trata-se de circunstância feliz que poderá ajudar a que se caminhe com realismo e eficácia para uma melhor definição e um cumprimento maior das regras do comércio internacional: com um papel que poderá ser de especial importância quando estão em causa questões com países fora de qualquer bloco, entre países de diferentes blocos ou mesmo entre países de um bloco que tenha dificuldades em ter um mecanismo eficaz de resolução de conflitos (v.g. devido à grande diferença na sua dimensão: recorde-se o que vimos há pouco sobre o MERCOSUL, aplicável aliás também à NAFTA)[92].

Com a experiência que vamos tendo será de perguntar todavia se não é necessário ir mais além, relativamente ao conseguido em Marraqueche. Trata-se de questão que tem de pôr-se no que respeita à adequação das regras em vigor (parecendo ser designadamente necessária uma atualização do art. 24.º: ver de novo Serra *et al.* pp. 27-55, dedicando a esta temática a maior parte do seu relatório); mas que para além disso tem um grande relevo a propósito do processo de resolução de conflitos (v.g. com a intervenção de 'paineis' de peritos).

Desde a reunião de Marraqueche, em 1994, está a decorrer o *Millenium Round*[93]. Depois do insucesso da primeira cimeira, em Seattle, vem-se procurando dar cumprimento da Agenda de Doha, estabelecida na cimeira reali-

---

vezes e meia (OMC, 1995); e podendo também com eles haver efeitos de desvio muito negativos (cfr. Serra *et al.* 1997, pp. 14-5). É de concordar pois com que "a necessary complement to trade liberalization is the liberalization of private investment", não podendo esta deixar de estar "at the heart of the WTO" (OMC, 1996).

[91] No reverso da medalha é de recordar que foi em especial a inclusão de um novo setor, o setor agrícola, que provocou especiais dificuldades no Uruguai Round, levando a que tivesse durado 7 anos, mais três a partir a data prevista para a sua conclusão, em Dezembro de 1990 (sobre a problemática suscitada por este sector ver por ex. Hodges, Mingersent, Rayner e Hine, 1994, Josling, Tangermann e Warley, 1996 ou A. Cunha, 1999).

[92] Com a análise teórica da vantagem de um mecanismo mundial de resolução dos conflitos ver P. Lévy e Srinivasan (1996).

[93] Com alguns passos dados, ver por ex. Renouf (1995), Robert Baldwin (1995b, pp. 168-9), L.P. Cunha (1997) e os artigos inseridos em FLAD (1998), designadamente os artigos de L.M. Santos e T. Moreira. Sobre as forças políticas que em cada caso podem levar a uma maior ou menor abertura ver Hoekman e Kostecki (2000).

zada nesta cidade. Mas só o tempo dirá se se tratará de passos bastantes num mundo em que são com frequência de peso muito desigual os interesses em disputa[94]; tendo de haver as maiores dúvidas com a passagem das décadas.

Não pode aliás a última nota destas lições deixar de ser no sentido de se desejar que a OMC (ou alguma outra organização) se afirme de facto como uma instância eficaz, estabelecendo e assegurando o cumprimento das regras do comércio internacional[95].

Trata-se de nota especialmente importante a concluir um livro em que procurámos mostrar as vantagens do comércio livre, incluindo a criação de espaços de integração progressivamente abertos ao mundo. Mas não pode ser de modo algum um comércio sem regras, sob pena de se premiar quem não cumpre, estando aliás a prestar-se assim um mau serviço mesmo aos cidadãos do país prevaricador (v.g. não se lhe exigindo melhorias básicas nos domínios social ou ambiental).

[94] Nunca deixará de estar na nossa memória, pelo seu significado, a má experiência do ʹpainelʹ das bananas, num conflito entre as grandes multinacionais americanas que produzem na América Latina e países ACP que têm alguma preferência no mercado da União Europeia (recorde--se da n. 120 p. 307). Curiosamente a posição do painel foi contestada também por políticos do centro e norte da Europa, receando um precedente na condenação de outras organizações comuns de mercado, incluindo naturalmente aquelas em que estão interessados...

[95] Na esperança de que não tenha razão de ser por ex. a opinião céptica de Dent (1997, p. 196), julgando que não obstante o prestígio e o âmbito geográfico da OMC "its powers of enforce-ment, like those of its predecessor, are almost non-existent" (ver ainda por ex. Carfantan, 1996, pp. 175-81). Com uma avaliação da história e dos desafios a vencer ver uma publicação recente da própria OMC (2000), designadamente o artigo de Anderson, sobre a sua agenda futura; e sobre o papel da Europa Lamy (2003, com um prefácio de A. Vitorino).

Anexo V.A
O investimento direto estrangeiro

MAPA. V.A

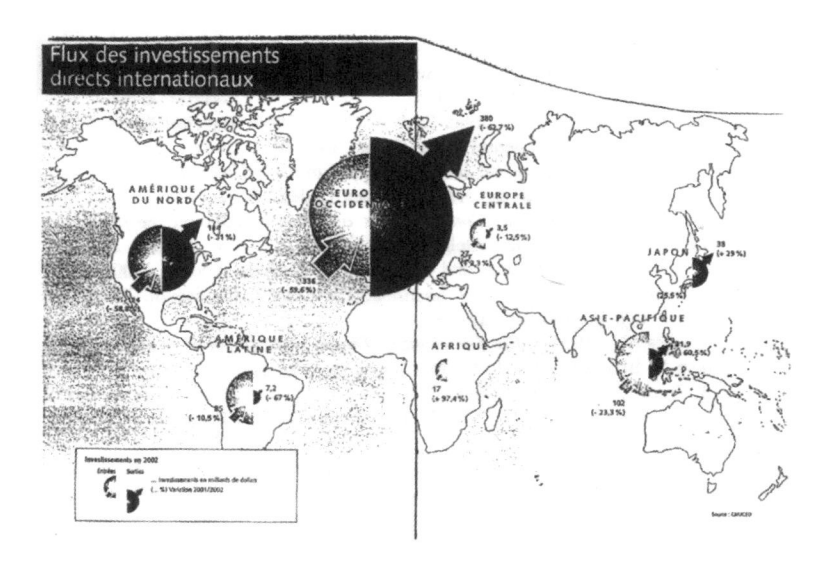

Anexo V.B
As polarizações regionais

FIG. V.B.1
Polarização regional da Europa Ocidental
(distribuição percentual do comércio)

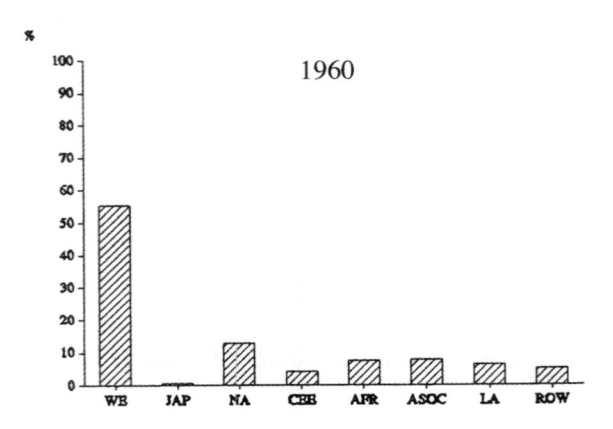

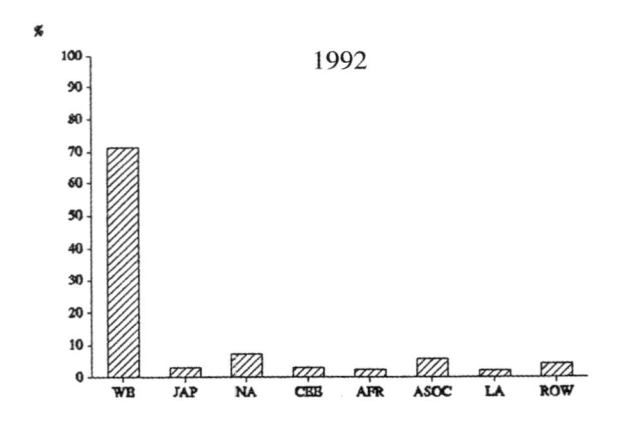

Fonte de todas as figuras: Kol (1996, pp. 21-7)

Legendas: WE, Europa Ocidental; JAP, Japão; NA, América do Norte; CEE, Europa Central e Oriental; AFR, África; ASOC, Ásia-Oceania; LA, América Latina; ROW, Resto do Mundo

FIG. V.B.2
Polarização regional da África

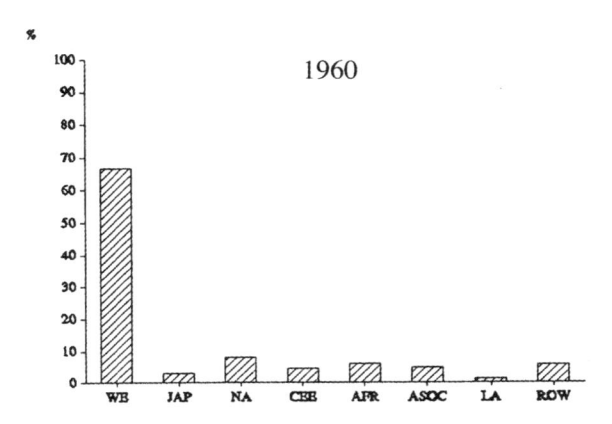

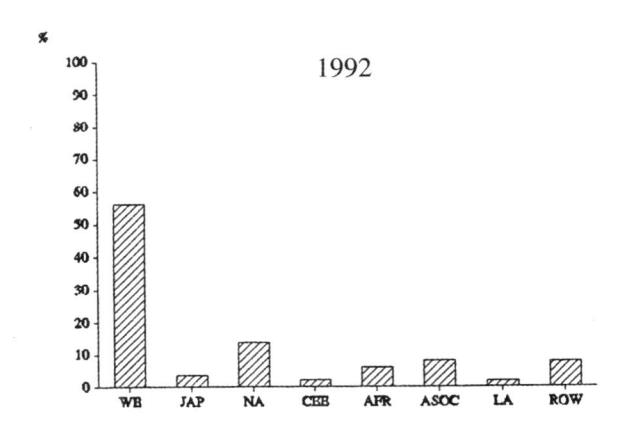

Fig. V.B.3
Polarização regional da Europa Central e Ocidental

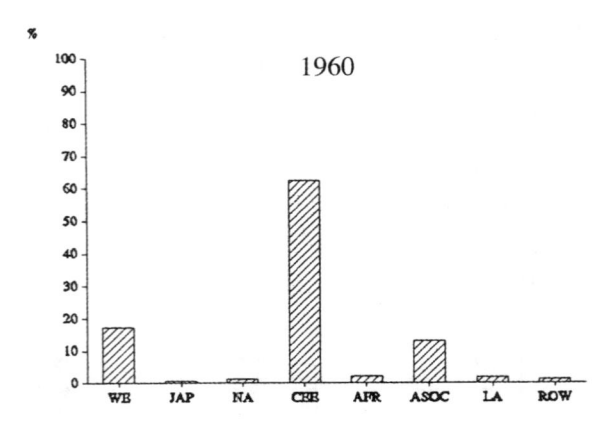

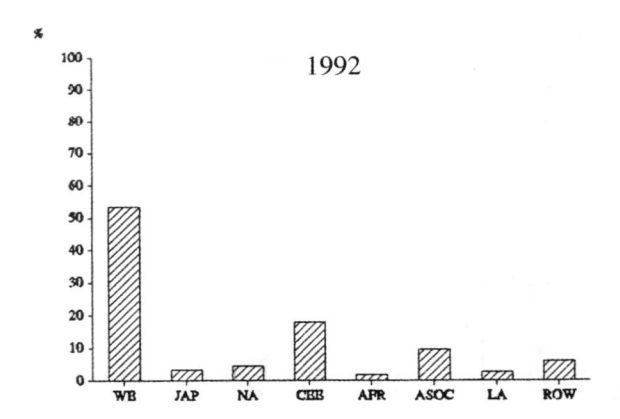

FIG. V.B.4
Polarização regional da América do Norte

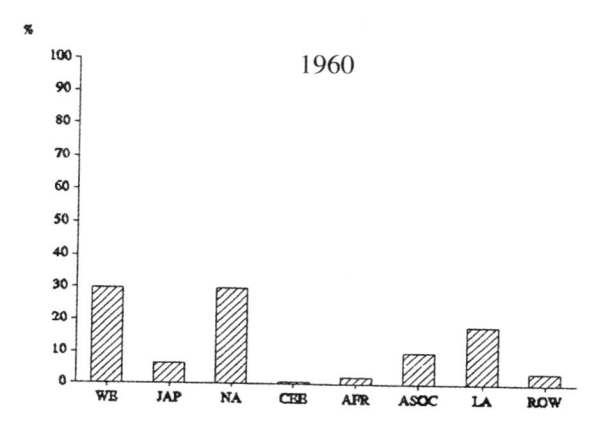

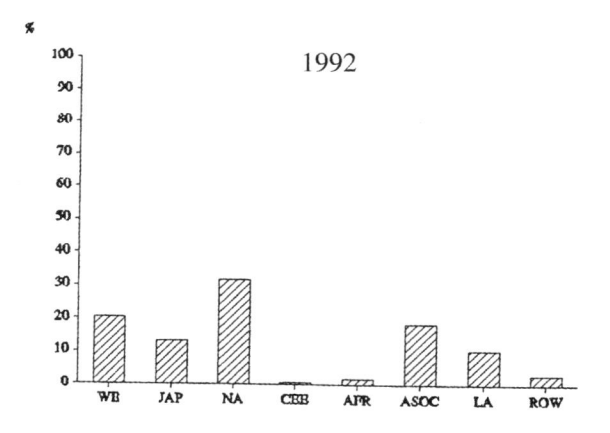

Fig. V.B.5
Polarização regional da América Latina

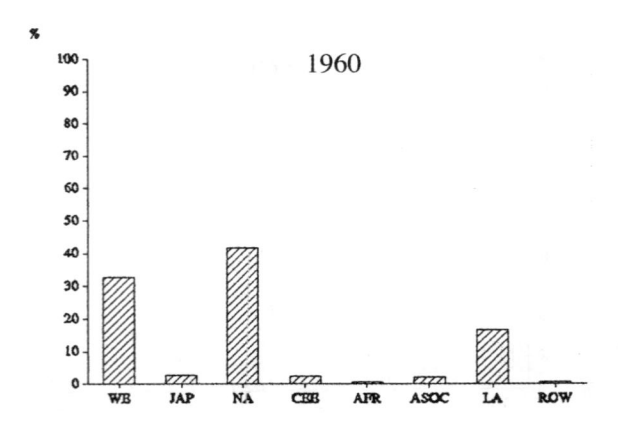

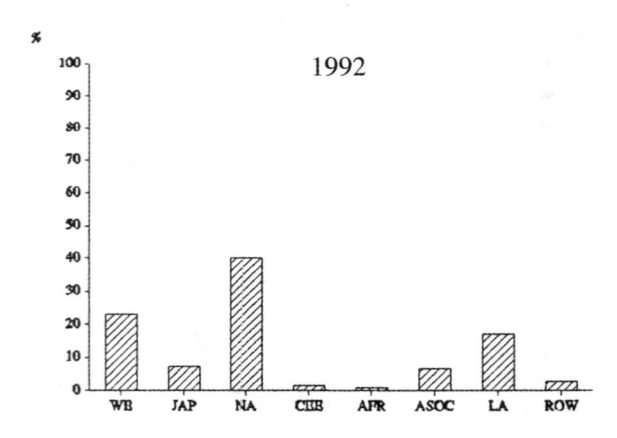

FIG. V.B.6
Polarização regional do Japão

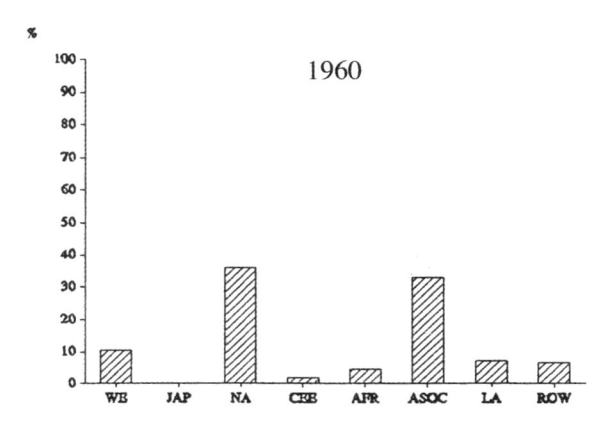

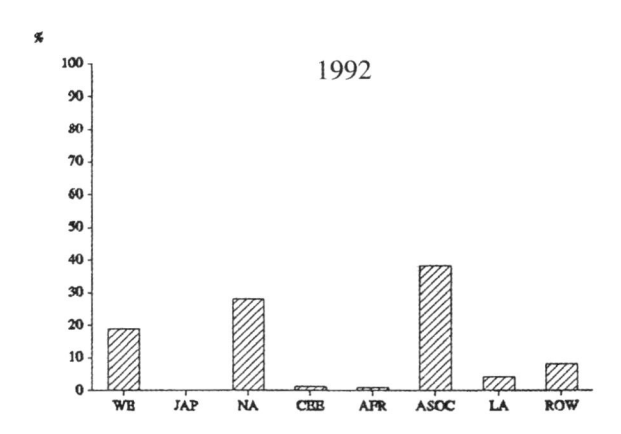

Fig. V.B.7
Polarização regional da Ásia Oceania

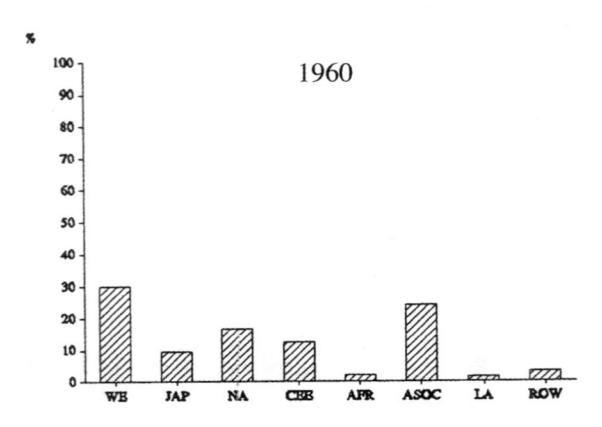

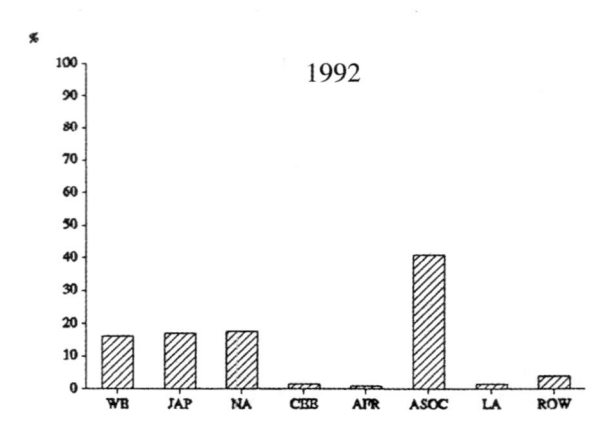

BIBLIOGRAFIA

ABRAHAMSSON, Hans
—— 2000 – *Hegemon, Region and Nation State: The Case of Mozambique,* em Hettne, Inotal e Sunkel (ed.), *National Perspectives on the New Regionalism in the South,* cit., pp. 278-304

ABREU, Jorge Coutinho de e GORJÃO-HENRIQUES, Miguel
—— 1998 – *Livre Circulação de Médicos na CE e Conhecimentos Linguísticos,* em *Temas de Integração,* n. 5, pp. 193-224

ABREU (Bonilla), Sérgio
—— 1991 – *Mercosur y Integracion,* Fundación de Cultura Universitaria. Montevideo

ABRUNHOSA, Ana Maria
—— 1999 – *Acordos de Integração Regional: um Obstáculo ou um Complemento ao Multilateralismo no Comércio Internacional?,* em *Notas Económicas,* n. 13, pp. 66-73

ACCIOLY, Elizabeth
—— 1999 – *O NAFTA sob a Perspectiva de MERCOSUL,* em Dantas *et al.* (org.) *Processos de Integração Regional,* cit., pp. 13-39
—— 2010 – *MERCOSUL e UNIÃO EUROPEIA. Estrutura Jurídico-Institucional,* 4ª ed., revista e atualizada, Juruá Editora, Curitiba
—— 2011 – *Duas Décadas de Mercosul: Valeu a Pena ?,* em "Política Internacional e Segurança", Universidade Lusíada de Lisboa, n. 5, pp. 125-140
—— 2013 – *Mercosul – Estado da Arte e Perspetivas,* em *Arbitragem e Comércio Internacional, Estudos em Homenagem a Luís Olavo Baptista,* Quartier Latin, São Paulo, pp. 265-280

ACCIOLY, Elisabeth (coord.)
—— 2008 – *Direito no Século XXI. Em Homenagem ao Professor Werter Faria,* Juruá, Curitiba

ACCONCIA, António, MARTINA, Ricardo e PICCOLO, Salvatore
—— 2006 – *Vertical Restraints under Asymmetric Information: On the Role of Participation Constraints,* working paper n. 141 do Centre for Studies in Economics and Finance, Dipartamento di Scienze Economiche, Universitá degli Studi di Salerno

ACEMOGLU, Daron e ROBINSON, James A.
—— 2013 – *Why Nations Fall. The Origins of Power, Prosperity, and Poverty,* Profile Books, Londres

ACHARYA, Shanka
—— 2003 – *India's Economy. Some Issues and Answers*. Academic Foundation, Nova Delhi
ACQUITTER, T.
—— 1993 – *Marchés Publics*, em Barav e Philip (ed.) *Dictionnaire Juridique des Communautés Européennes*, cit., pp. 653-58
ADIGA, Aravind
—— 2009 – *O Tigre Branco*, Presença, Lisboa
ADKINS, Bernadine
—— 1994 – *Air Transport and EC Competition Law*, Sweet & Maxwell, Londres
AFONSO, Margarida
—— 1992 – *A Catalogue of Merger Defenses under European and United States Antitrust Law*, em *Harvard International Law Journal*, vol. 33, pp. 1-66
AFONSO, Oscar e AGUIAR, Alvaro
—— 2011 – *A Internacionalização da Economia*, em Lains e Silva, *História Económica de Portugal*, vol. III, cit., pp. 305-41
AFRICANO (Silva), Ana Paula
—— 1995 – *The Impact of European Membership on Portuguese Trade in Manufacturing Goods*, tese de doutoramento na Universidade de Reading
—— 1996 – *The Nature of Trade Changes Associated with Portuguese Membership of EC*, em Curso de Estudos Europeus, *Integração e Especialização. Integration and Specialization*, cit., pp. 191-205
AGENDA 2000
—— 1997 – *Agenda 2000. Pour une Union plus Forte et plus Large* (COM (97) 2000, de 14.7.1997)
AGGARWAL, Vinod K. e FOGARTY, Edward A. (ed.)
—— 2004 – *EU Trade Strategies. Between Regionalism and Globalism*, Palgrave/Macmillan, Basingstoke e Nova Iorque
AHMED, Wagnar, KUNDU, Amitabh e PEET, Richard
—— 2011 – *India's New Economic Policy. A Critical Analysis*, Routledge, Nova Iorque e Londres
AHNLID, Anders
—— 1996 – *Comparing GATT and GATS: regime creation under and after hegemony*, em *Review of International Political Economy*, vol. 3, pp. 65-94
ALBUQUERQUE, Roberto Cavalcanti de e ROMÃO, António (org.)
—— 2000 – *Brasil-Portugal. Desenvolvimento e Cooperação. ODiálogo dos 500 Anos*, EMC, Rio de Janeiro
ALBUQUERQUE, Ruy de e CORDEIRO, António Menezes (coord.)
—— 2005 – *Regulação e Concorrência. Perspectivas e Limites da Defesa da Concorrência*, Almedina, Coimbra
ALESE, Femi
—— 2008 – *Federal Antitrust and EC Competition Law Analysis*, Ashgate, Aldershot
ALESINA, Alberto
—— 1989 – *Politics and Business Cycles in Industrial Democracies*, em *Economic Policy*, n. 8, pp. 57-89

ALESINA, Alberto e GRILLI, V.V.
—— 1991 – *The European Central Bank: Reshaping Monetary Policies in Europe*, Centre for Economic Policy Research (CEPR), Discussion Papers Series, n. 563, Londres

ALESINA, Alberto e SUMMERS, Lawrence H.
—— 1993 – *Central Bank Independence and Macroeconomic Performance: Some Comparative Evidence*, em *Journal of Money, Credit and Banking*, vol. 25, pp. 151-62

ALEXANDRE, Mário Alberto
—— 1992 – *Harmonização Fiscal no Processo de Integração Económica*, em *Ciência e Técnica Fiscal*, n. 365, pp. 81-109

ALLAIS, Maurice
—— 1991 – *L'Europe Face à son Avenir. Que Faire?* Robert Laffont/Clement Juglas, Paris

ALLEGRET, Jean-Pierre e LE MERCIER, Pascal
—— 2015 – *Économie de la Globalisation. Opportunités et Fractures*, 2ªed., DeBoeck&Larcier, Bruxelas (1ª ed. 2007)

ALLEN, David
—— 2000 – *Cohesion and Structural Funds*, em Wallace e Wallace (ed.) *Policy-Making in the European Union*, cit., pp. 243-65
—— 2005 – *Cohesion and the Structural Funds. Competing Pressures for Reform?*, em Wallace, Wallace e Pollack (ed.), *Policy Making in the European Union*, cit., pp. 213-41

ALLTINGER, Laura e ENDERS, Alice
—— 1996 – *The Scope and Depth of GATS Commitments*, em *The World Economy*, vol. 19, pp. 307-332

ALMEIDA, João José Nogueira de
—— 1997 – *A Restituição das Ajudasde Estado Comcedidas em Violação do Direito Comunitário*, Studia Juridica, Coimbra Editora, Coimbra
—— 2012 – *Comentário ao artigo 107º do TFUE*, em Porto e Anastácio (coord.), *Tratado de Lisboa...*, cit. pp. 518-522
—— 2013 – *Sobre o Controlo dos Auxílios de Estado na União Europeia. Conteúdo, sentido e limites da análise económica na avaliação da compatibilidade dos auxílios de Estado com o mercado interno*, dissertação de doutoramento na Faculdade de Direito da Universidade de Coimbra
—— 2014 – *Os Princípios Gerais de Avaliação da Compatibilidade dos Auxílios Consagrados no Regulamento Geral de Isenção por Categoria (Regulamento n. 651/2014)*, em *Boletim de Ciências Económicas* da Faculdade de Direito da Universidade de Coimbra, vol. LVII, *Homenagem ao Prof. Doutor António José Avelãs Nunes*, Coimbra, pp. 69-113

ALMEIDA, Paula Wojcikiewicz
—— 2014 – *MERCOSUL. Desafios para a Implementação do Direito e Exemplos do Brasil*, FGV Direito Rio, Juruá, Lisboa

ALMEIDA, Rui Lourenço Amaral de
—— 2005 – *Portugal e a Europa. Ideias, Factos e Desafios*, Sílabo, Lisboa

ALTOMONTE, Carlo e NAVA, Mario
—— 2005 – *Economics and Policies of an Enlarged Europe*, Edward Elgar, Cheltenham e Northhampton (Mass.)

ALVES, Jorge Ferreira
—— 1989 – *Os Advogados na União Europeia*, Coimbra Editora, Coimbra
—— 1994 – *Direito da Concorrência*, Coimbra Editora, Coimbra
ALVES, José Manuel Caseiro
—— 1989 – *Lições de Direito Comunitário da Concorrência*, Curso de Estudos Europeus da Faculdade de Direito da Universidade de Coimbra, Coimbra Editora, Coimbra
ALVES, Rui Henrique
—— 2000a – *Da Moeda Única à União Política?*, Working paper da Faculdade de Economia da Universidade do Porto
—— 2000b – *Políticas Fiscais Nacionais e União Económica e Monetária na Europa*, 2.ª ed., Instituto do Mercado de Capitais, Lisboa
AMACHER, Ryan C., HABERLER, Gottfried e WILLET, Thomas D. (ed.)
—— 1979 – *Challenges to a Liberal International Economic Order*, American Enterprise Institute for Public Policy Research, Washington
AMARAL JUNIOR, Alberto do
—— 2000 – *Mercosul: Desafios e Perspectivas*, em *Temas de Integração*, n. 9, pp. 51-66
AMARAL (Neto), Francisco
—— 1996 – *A Institucionalização Jurídica do MERCOSUL*, em *Temas de Integração*, n. 1, pp. 9-26
AMARAL, João Ferreira do
—— 1992 – *O Impacto da União Económica e Monetária. O Reforço da Coesão Económica e Social*, em Ministério do Planeamento e da Administração do Território (ed.), *Fundos Estruturais. Que Futuro?*, cit., pp. 63-9
—— 1997 – *O Impasse da Europa: O Esgotamento do Zollverein*, em *Europa. Novas Fronteiras*, n. 1, *União Económica e Monetária*, pp. 7-10
—— 1999 – *A Opção pela Primeira Linha da União Monetária*, em Instituto Europeu da Faculdade de Direito da Universidade de Lisboa, *Aspectos Jurídicos e Económicos da Introdução do Euro*, cit., pp. 17-27
—— 2012 – *Comentário ao artigo 173º do TFUE*, em Porto e Anastácio (coord.), *Tratado de Lisboa...*, cit., pp. 728-730
—— 2013 – *Porque Devemos Sair do Euro*, 5ª ed., Lua de Papel, Alfragide
AMATO, Giuliano e EHLERMAN, Claus-Dieter
—— 2008 – *EC Competition Law. A Critical Assessment*, Hart Publishing, Oxford e Portland
AMIN, Samir
—— 1974 – *Accumulation on a World Scale*, Monthly Review Press, Nova Iorque e Londres
—— 2006 – *Beyond US Hegemony? Assessing the Prospects for a Multipolar World*, World Book Publishing, Beirute
AMITI, M. e WEI, S.
—— 2005 – *Fear of Service Outsourcing. Is it justified?*, em *Economic Policy*, CEPR, Abril, Londres
AMORIM, Celeste, BONGARDT, Annette, DIAS, Marta Ferreira, SILVA, Ricardo, FREITAS, Miguel Lebre de e TORRES, Francisco

—— 2004 – *Regional Convergence in Portugal. The Role of National (and EU) Policies*, Instituto Nacional de Administração (INA), Oeiras

ANASTÁCIO, Gonçalo Gentil

—— 1998 – *A Viabilidade do Euro*, em *Revistas da Faculdade de Direito da Universidade de Lisboa*, vol. 39, pp. 65-114

—— 2001 – *Disciplina e Federalismo Orçamental na Zona Euro*, em *Estudos em Homenagem a Cunha Rodrigues*, Coimbra Editora, Coimbra, pp. 785-831

—— 2009 – *Regulação da Energia*, em P.Ferreira, Morais e Anastácio (coord.), *Regulação em Portugal...*, cit.

—— 2012a – *Comentário* ao artigo 101º do TFUE, em Porto e Anastácio (coord.), *Tratado de Lisboa...*, cit., pp. 494-499

—— 2012b – *Comentário* ao artigo 194º do TFUE, em Porto e Anastácio (coord.), *Tratado de Lisboa...*, cit., pp. 772-774

ANASTÁCIO, Gonçalo Gentil e CARVALHO, Teresa

—— 2016 – *Energia*, em Silveira, Canotilho e Froufe (coord.), *Direito da União Europeia...*, cit., pp. 763-771

ANASTÁCIO, Gonçalo e DUARTE, Leonardo Maniglia

—— 2008 – *Os Benefícios de um Sistema de Controlo de Concentrações Flexível e o Projecto de Formulário de Concentrações da AdC*, em *Temas de Integração*, n. 26, pp. 239-48

ANDENAS, Mada e ROTH, Wulf-Henning (ed.)

—— 2002 – *Services and Free Movement in EU Law*, Oxford University Press, Oxford

ANDENAS, Mada e ROTH, Wulf-Henning (ed.)

—— 2002 – *Services and Free Movement in EU Law*, Oxford University Press, Oxford

ANDERSON, Kym

—— 1980 – *The Political Market for Government Assistance to Australian Manufacturing Industries*, em *The Economic Record*, vol. 56, pp. 132-144

—— 1995 – *The Entwining of Trade Policy with Environmental and Labor Standards*, em Martin, Will e Winters, L. Alan (ed.) *The Uruguai Round and the Developing Economies*, Banco Mundial (World Bank Discussion Papers n. 307), Washington, pp. 435-56

—— 2000 – *The Future Agenda of the WTO*, em OMC (ed.), *From GATT to the WTO...*, cit., pp. 7-33

ANDERSON, Kym e BLACKHURST, Richard (ed.)

—— 1993 – *Regional Integration and the Global Tading System*, Harvester//Wheatseaf, Nova Iorque

ANDERSON, Kym e TYERS, R.

—— 1995 – *Implications of the EC Expansion for European Agricultural Policies, Trade and Welfare*, em Baldwin, Haaparanta e Kiander (ed.), cit., *Expanding Membership of the European Union*

ANDRADE, Ana Rita

—— 2012 – *Comentário* ao artigo 109º do TFUE, em Porto e Anastácio (coord.), *Tratado de Lisboa...*, cit ., pp. 526-7

ANDRADE, João de Sousa

—— 1989 – *Sistema Monetário Europeu e Cooperação Económica*, separata do *Boletim de Ciências Económicas* da Faculdade de Direito da Universidade de Coimbra, vol. 32

ANDRADE, José Carlos Vieira de

—— 1977 – *Grupos de Interesse, Pluralismo e Unidade Política*, separata do *Suplemento do Boletim* da *Faculdade de Direito* da Universidade de Coimbra, vol. 20

ANDRADE, Maria Amélia Sineiro de

—— 1996 – *O Sistema Europeu de Bancos Centrais (SEBC). Algumas considerações*, em *Boletim de Ciências Económicas* da Faculdade de Direito da Universidade de Coimbra, vol. 39, pp. 211-94

ANDRADE, Norberto Nuno Gomes de

—— 2012 – *Comentários* aos artigos 179º a 181º do TFUE, em Porto e Anastácio (coord.), *Tratado de Lisboa...*, cit., pp. 735-43

ANDRADE, Pedro Guerra e

—— 2012 – *Comentários* aos artigos 63º a 65º do TFUE, em Porto e Anastácio (coord), *Tratado de Lisboa...*, cit., pp. 364-7

ANDRÉ, João Luís da Costa

—— 1960 – *Portugal na Associação Europeia de Comércio Livre*, Gabinete de Investigação Económica do ISCEF, Lisboa

ANDRÉ, José Maria C.S.

—— 2006 – *Transporte Interurbano em Portugal. O Sistema Actual e os seus Desafios*, Instituto Superior Técnico (IST), Lisboa

ANDRÉS, José Palma

—— 2012 – *Comentário* aos artigos 176º a 178º do TFUE, em Porto e Anastácio (coord.), *Tratado de Lisboa...*, cit., pp. 735-7

ANGANG, Hu

—— 2011 – *China in 2020. A New Type of Superpower*, Brookings Institution Press, Washington

ANGRES, Volker, HUTTER, Claus-Peter e RIBBE, Lutz

—— 1999 – *Bananen für Brüssel. Von Lobbyisten, Geldevernichtern und Subventionsbetrügern*, Droemer, Munique

ANTKIEWICZ, Agata e WHALLEY, John

—— 2005 – *China's New Regional Trade Agreements*, em *The World Economy*, vol. 28, pp. 1539-5

ANTUNES, Luís Miguel Pais

—— 1993 – *Concurrence*, em Barav e Philip (ed.) *Dictionnaire Juridique des Communautés Européennes*, cit., pp. 267-76

—— 1995a – *Direito da Concorrência. Os Poderes de Investigação da Comissão Europeia e a Protecção dos Direitos Fundamentais*, Almedina, Coimbra

—— 1995b – *Lições de Direito Comunitário da Concorrência* (versão provisória), Instituto de Estudos Europeus da Universidade Lusíada, Lisboa

APPLEYARD, Dennis R., FIELD JR., Alfred e COBB, Steven

—— 2010 – *International Economics*, 7.ª ed., McGraw-Hill/Irwin, Boston e Nova Iorque (6ª ed. 2008)

AQUINO, Antonio

—— 1978 – *Intra-Industry Trade and Inter-Industry Specialization as Concurrent Sources of International Trade in Manufactures*, em *Weltwirtschaftliches Archiv*, n. 114, pp. 275-95

ARAGÃO, Maria Alexandra de Sousa

—— 1996 – *Objectivos, Princípios e Pressupostos da Política Comunitária do Ambiente: Algumas Propostas de Revisão*, em *Temas de Integração*, n. 2, pp. 97-130.

—— 1997 – *O Princípio do Poluidor Pagador. Pedra Angular da Política Comunitária do Ambiente*, Studia Juridica, Coimbra Editora, Coimbra

—— 2012 – *Comentários* aos artigos 191º a 193º do TFUE, em Porto e Anastácio (coord.), *Tratado de Lisboa...*, cit., pp. 763-71

—— 2016 – *Ambiente*, em Silveira, Canotilho e Froufe (coord.), *Direito da União Europeia...*, cit., pp. 1081-1128

ARAÚJO, Fernando

—— 2007 – *Teoria Económica do Contrato*, Almedina, Coimbra

—— 2010 – *A UEM depois do Tratado de Lisboa (ou, a Timidez Monetarista em Tempo de Pandemia Financeira*, Lisboa

—— 2012 – *Introdução à Economia*, 3.ª ed., reimpressão, Almedina, Coimbra

ARDY, Brian

—— 2011 – *Industrial and Competitiveness Policy: The Lisbon Strategy*, em El-Agraa (ed.) *The European Union...*, cit., pp. 214-228

ARDY, Brian e EL-AGRAA, Ali M.

—— 2007 – *The Common Fisheries Policy*, em El-Agraa (ed.), *The European Union...*, 8ª ed., cit., pp. 411-20

—— 2011 – *EU Budget and Structural Policies*, em El-Agraa (ed.), *The European Union...*, 8ª ed., cit., pp. 287-305

ARMSTRONG, Harvey W.

—— 1998 – *EC Regional Policy*, em El-Agraa (ed.) *The European Union...*, 5ª ed., cit., pp. 349-75

ARMSTRONG, Harvey W., TAYLOR, Jim e WILLIAMS, Allan

—— 1997 – *Regional Policy*, em Artis e Lee (ed.) *The Economics of the European Union. Policy and Analysis*, cit., pp. 172-201

ARNDT, Sven W.

—— 1968 – *On Discriminatory vs. Non-Preferential Tariff Policies*, em *The Economic Journal*, vol. 78, pp. 971-9

ARROW, K. e HANN, F.H.

—— 1971 – *General Competitive Analysis*, Oliver & Boyd, Londres

ARROWSMITH, Sue

—— 2005 – *The Law of Public and Utilities Procurement*, Sweet&Maxwell, Londres

ARTIS, Mike e NIXSON, Frederick (ed.)

—— 2007 – *The Economics of the European Union*, 4.ª ed., Oxford University Press, Oxford (2.ª ed., de Artis e Lee, de 1997)

ARTUS, Patrick, MISTRAL, Jacques e PLAGNOL, Valérie

—— 2011 – *L'Émergence de la Chine: Impact Économique et Implications de Politique Économique*, La Documentation Française, Paris

ASH, Timothy Garton

—— 2005 – *Free World*, Penguin, Londres

ATANÁSIO, João A. Camilo da Silva
—— 1999 – *Os Dilemas Socioeconómicos da Integração Monetária Europeia*, dissertação de mestrado na Faculdade de Direito da Universidade de Lisboa
AVERY, Graham e CAMERON, Fraser
—— 1999 – *The Enlargement of the European Union*, Sheffield University Press, Sheffield
AVILLEZ, Francisco
—— 2004a – *A Agricultura da UE e o Alargamento*, em Fontoura e Crespo (org.), *O Alargamento da União Europeia...*, cit., pp. 123-39
—— 2004b – *Política Agrícola Comum*, em Romão (org.), *Economia Europeia*, cit., pp. 159-82
AYDALOT, Philippe
—— 1980 – *Dynamique Spatiale et Developpement Inegal*, 2.ª ed. Economica, Paris
AYRAL, Michel
—— 1995 – *Le Marché Intérieur de l'Union Européenne*, La Documentation Française, Paris
AZEVEDO, Belmiro de
—— 1997 – *Opções Estratégicas de Portugal. União Económica e Monetária*, em *Europa. Novas Fronteiras*, n. 1, *União Económica e Monetária*, pp. 11-6
AZEVEDO, Maria Eduarda
—— 1987a – *A Política Comunitária de 'Accises' e a Adesão de Portugal às Comunidades Europeias (Alguns Aspectos)*, em *Revista da Ordem dos Advogados*, vol. 47, pp. 353-417
—— 1987b – *A Política Comum de Comercialização Agrícola e as Organizações Nacionais do Mercado Português (Alguns Aspectos)*, Centro de Estudos Fiscais, Lisboa
—— 1996 – *A Política Agrícola Comum. Uma Política Controversa na Hora da Mudança*, Almedina, Coimbra
—— 2006 – *O Duplo Impulso para a Refundação da Europa: Da Convenção Europeia ao Novo Modelo de Governação Económica*, em *Estudos Jurídico-Económicos em Homenagem ao Prof. Doutor António de Sousa Franco*, Coimbra Editora, Coimbra
—— 2015 – *Temas de Direito da Economia*, 2ª ed., Almedina, Coimbra
BACHE, Ian
—— 1998 – *The Politics of European Union Regional Policy. Multi-Level Governance or Flexible Gatekeeping?*, Sheffield Academic Press, Sheffield
—— 2015 – *Cohesion Policy: A New Direction for New Times ?*, em Wallace, Pollack e Young (ed.), cit., cap. 10.11, pp. 243-262
BACHE, Ian, BULMER, Simon, GEORGE, Stephen e PARKER, Owen
—— 2015 – *Politics in the European Union*, 4ª ed., Oxford University Press, Oxford (3ª ed. 2011)
BACHE, Ian, GEORGE, Stephan e BULMER, Simon
—— 2011 – *Politics in the European Union*, 3ª ed., Oxford University Press, Oxford
BAER, G. D. e PADOA-SCHIOPPA, Tommaso
—— 1989 – *The Werner Report Revisited*, em Committee for the Study of Economic and Monetary Union (Delors Committee), *Report on Economic and Monetary Union in the European Community*, Luxemburgo
BAGLA, Gunjan
—— 2008 – *Doing Business in 21ˢᵗ Century India. How to Profit Today in Tomorrow's Most Exciting Market*, Business Plus, Nova Iorque

BAIMBRIDGE, Mark, BURKITT, Brian e WHYMAN, Philip (ed.)
—— 2000 – *The Impact of the Euro. Debating Britain's Future,* Macmillan, Basingstoke e St. Martins Press, Nova Iorque

BAIMBRIDGE, Mark e WHIMAN, Philip
—— 2008 – *Britain, the Euro and Beyond,* Ashgate, Aldershot

BAKER, Terry, FITZGERALD, John Fritz e HONOHAN, Patrick
—— 1996 – *Economic Implications for Ireland of EMU,* The Economic and Social Research Institute, Dublin

BALASSA, Bela
—— 1961a – *Towards a Theory of Economic Integration,* em *Kykos,* vol. 14, pp. 1-17
—— 1961b – *The Theory of Economic Integration,* George Allen e Unwin, Londres (tb. Irwin, Homewood, Illinois) (trad. portuguesa da Clássica Editora)
—— 1965 – *Tariff Protection in Industrial Countries: An Evaluation,* em *The Journal of Political Economy,* vol. 73, pp. 573-94
—— 1979 – *Intra-Industry Trade and the Integration of Developing Countries in the World Trade,* em Giersch (ed.) *On the Economics of Intra-Industry Trade,* cit., pp. 245-70
—— 1989 – *New Directions in the World Economy,* Macmillan, Basingstoke e Londres, pp. 65-83

BALASSA, Bela *et al.*
—— 1971 – *The Structure of Protection in Developing Countries,* The Johns Hopkins Press, para o Banco Mundial e para o Inter-American Development Bank, Baltimore e Londres

BALDWIN, Richard E.
—— 1989 – *The Growth Effects of 1992,* em *Economic Policy,* vol. 2, pp. 247-81
—— 1991 – *On the Microeconomics of the European Monetary Union,* em *European Economy,* ed. esp. *The Economics of EMU. Background Studies for European Economy, One Market One Money,* cit., pp. 21-25
—— 1993 – *A Domino Theory of Regionalism,* em Centre for Economic Policy Research (CEPR), discussion paper n. 857, Londres e National Bureau of Economic Research (NBER), Working paper 4-465, Cambridge (Mass.)
—— 1994 – *Towards an Integrated Europe,* Centre par Economic Policy Research (CEPR), Londres
—— 1995 – *A Domino Theory of Regionalism,* em Baldwin, Haaparanta e Kiander (ed.), *Expanding Membership of the European Union,* cit., pp. 25-53

BALDWIN, Richard, FRANÇOIS, Jean e PORTES, Richard
—— 1997 – *The Costs and Benefits of Eastern Enlargement: The Impact on the EU and Central Europe,* em *Economic Policy,* n. 24, pp. 125-76

BALDWIN, Richard e WYPLOSZ Charles
—— 2012 – *The Economics of European Integration,* 4ª ed., McGraw-Hill, Londres(3ª ed. de 2009).

BALDWIN, Robert E., HAAPARANTA, Pertti e KIANDER, Jaakko (ed.)
—— 1995 – *Expanding Membership of the European Union,* Cambridge University Press. Cambridge

BALDWIN, Robert E.

—— 1969 – *The Case Against Infant-Industry Tariff Protection*, em *The Journal of Political Economy*, vol. 77, pp. 295-305

—— 1971 – *Determinants of the Commodity Structure of US Trade*, em *The American Economic Review*, vol. 61, pp. 126-46

—— 1995a – *The Political Economy of International Trading Arrangements: A Survey*, comunicação apresentada no XIth World Congress of the International Economic Association, Tunis, 18-22 de Dezembro de 1995

—— 1995b – *An Economic Evaluation of the Uruguai Round Agreements*, em *The World Economy*, vol. 18, pp. 153-72

—— 1996 – *The Political Economy of Trade Policy: Integrating the Perspectives of Economists and Political Scientists*, em Feenstra, Grossman e Irwin (ed.), *The Political Economy of Trade Policy*, cit., pp. 147-173

BALDWIN, Robert *et al.*

—— 1988 – *Issues in US-EC Trade Relations*, University of Chicago Press, Chicago

BAN, Cornel, BLYTH, Mark et al.

—— 2015 – *A Grécia na Europa* , Cadernos D. QuixoteAlfragide

BANCO MUNDIAL (BANCO INTERNACIONAL DE RECONSTRUÇÃO E DESENVOLVI-
MENTO)

—— 1981 – *World Development Report 1981*, Oxford University Press, Washington

—— 1992 – *Environment and Employment*, Washington

—— 2000 – *Trade Blocs*, publ. Oxford University Press, Washington

—— 2007 – *Global Economic Prospects. Managing the Next Wave of Globalization*, Washington

—— 2009 – *Reshaping Economic Geography*, Washington

BANGEMANN, Martin

—— 1992 – *Meeting the Global Chalenge. Establishing a Successful European Industrial Policy*, Kogan Page, Londres

BANISTER, David, CAPELLO, Roberto e NIJKAMP, Peter

—— 1995 – *European Transport and Communication Networks. Policies, Evaluation and Change*, John Willey and Sons, Chichester

BARATA, Oscar Soares (coord.)

—— 1999 – *Conjuntura Internacional 1999,* Instituto Superior de Ciências Sociais e Políticas, Lisboa

BARAN, Paul A.

—— 1957 – *The Political Economy of Growth*, Monthly Review Press, Nova Iorque (ed. mais recente da Penguin, Londres)

BARAV, Ami e PHILIP, Christian (ed.)

—— 1993 – *Dictionnaire Juridique des Communautés Européennes*, Presses Universitaires de France, Paris

BARBER, Clarence

—— 1955 – *Canadian Tariff Policy*, em *The Canadian Journal of Economics and Political Science*, vol. 21, pp. 513-30

BARBOSA, António Manuel Pinto
—— 1979 – *Keynes e o Acordo de Bretton-Woods*, separata do *Boletim de Ciências Económicas* da Faculdade de Direito da Universidade de Coimbra, vol. 21
—— 1987 – *O Lado Menos Visível do Plano Marshall. Sua Actualidade*, Memórias da Academia das Ciências de Lisboa, tomo 25, pp. 281-91
BARNARD, Catherine
—— 2013 – *The Substantive Law of the EU. The Four Freedoms*, Oxford University Press, Oxford e Nova Iorque
BARNARD, Catherine e PEERS, Steve (ed.)
—— 2014 –*European Union Law*, Oxford University Press, Oxford
BARNARD, Catherine e SCOTT, Joanne (ed.)
—— 2002 – *The Law of the Single European Market. Unpacking and Premises*, Hart Publishing, Oxford e Portland (Oregon)
BARNES, Ian e BARNES, Pamela M.
—— 1995a – *The Enlarged European Union*, Longman, Londres e Nova Iorque
—— 1995b – *The Distortion of Competitive Forces: State Aids*, em Davison, Fitzpatrick e Johnson (ed.) *The European Competitive Environment*, cit., pp. 26-43
—— 1999 – *Environmental Policy in the European Union*, Edward Elgar, Cheltenham e Northampton (Mass.)
—— 2007 – *Enlargement*, em Cini (ed.), *European Union Politics*, cit., pp. 421-40
BARRAL, Welber e PIMENTEL, Luís Otavio (org.)
—— 2006 – *Comércio Internacional e Desenvolvimento*, Fundação Boiteux, Florianopolis
BARRASS, Robert e MADHAVAN, Shobhana
—— 1996 – *European Economic Integration and Sustainable Development. Institutions, Issues and Policies*, McGraw-Hill Book Company, Londres
BARRELL, Ray, MORGAN, Julian e PAIN, Nigel
—— 1995 – *The Employment Effects of the Maastricht Fical Criteria*, Parlamento Europeu, Directorate General for Research, Working Paper preparado para a elaboração do Relatório Coats, cit.
BARRETT, Scott
—— 1994 – *Strategic Environmental Policy and International Trade*, em *Journal of Public Economics*, vol. 54, pp. 325-38
BARROSO, José Manuel Durão *et al.*
—— 2008 – *The European Union and World Sustainable Development* (contributos da Global Jean Monnet Conference a 5 e 6 de Novembro de 2007), Office for Official Publications of the European Communities, Luxemburgo
BARTHÉ, Marie-Annick
—— 2011 – *Économie de l'Union Européenne*, 4.ª ed., Economica, Paris (3ª ed. 2006)
BARU, Sanjaya
—— 2006 – *Strategic Consequences of India's Economic Performance*, Academic Foundation, Nova Delhi
BASEVI, Giorgio
—— 1966 – *The United States Tariff Structure: Estimates of Effective Rates of Protection of United States Industries and Industrial Labour*, em *The Review of Economics and Statistics*, vol. 48, pp. 147-60

BASSO, Maristela *et al.*
—— 1995 – *MERCOSUL. Seus Efeitos Jurídicos, Económicos e Políticos nos Estados-Membros*, Livraria de Advogados, Porto Alegre

BASSO, Maristela
—— 1999 – *O Ordenamento Jurídico do MERCOSUL*, em *Temas de Integração*, n. 8, pp. 23-32

BASTABLE, C.F.
—— 1921 – *The Commerce of Nations*, 10.ª ed., Macmillan, Londres

BASTO, José Guilherme Xavier de
—— 1991 – *A Tributação do Consumo e a sua Coordenação Internacional. Lições sobre Harmonização Fiscal na Comunidade Económica Europeia*, em Cadernos de Ciência e Técnica Fiscal, n. 164, Lisboa
—— 1996a – *Os Desenvolvimentos Recentes da Harmonização Fiscal Europeia em Matéria de Tributação Indirecta*, em P.P. Cunha *et al.*, *A União Europeia na Encruzilhada*, cit., pp. 63-84 IV.153
—— 1996b – *Tendências de Evolução dos Sistemas Fiscais na União Europeia, com Especial Referência ao Imposto sobre o Valor Agregado (IVA)*, em *Temas de Integração*, n. 2, pp. 19-45
—— 2004 – *Tópicos para uma Reforma Fiscal Impossível*, texto da última aula na Faculdade de Economia da Universidade de Coimbra (mimeo)

BATCHELOR, R.A., MAJOR, R. L. e MORGAN A.D.
—— 1980 – *Industrialization and the Basis of Trade*, National Institute of Economic and Social Research, Cambridge University Press, Londres

BATOR, Francis M.
—— 1957 – *The Simple Analytics of Welfare Maximization*, em *The American Economic Review*, vol. 47, pp. 22-59

BATRA, Ravi
—— 1993 – *The Myth of Free Trade. A Plan for America's Economic Revival*, Charles Scriberer's Sons, Macmillan, Nova Iorque

BHATTACHARYA, Subhe
—— 2011 – *Energy Economics. Concepts, Issues, Markets and Governance*, Springer, Londres

BAUCHET, Pierre
—— 1996 – *Les Transports de l'Europe. La Trop Lente Integration*, Economica, Paris

BAUCHET, Pierre e RATHERY, Alain
—— 1993 – *La Politique Communautaire des Transports*, em *Problèmes Politiques et Sociaux*, La Documentation Française, n. 712

BAYOMI, Tamim e EICHENGREEN, Barry
—— 1993 – *Shocking Aspects of European Monetary Integration*, em Torres e Giavazzi (ed.) *Adjustment and Growth in the European Monetary Union*, cit., pp. 193-229

BAYNE, Nicholas e WOOLCOCK, Stephen
—— 2003 – *The New Economic Diplomacy. Decision Making and Negotiation in International Economic Relations*, Aldershot, Ashgate

BECKER, Gary S.
—— 1962 – *Investment in Human Capital: A Theoretical Analysis*, em *The Journal of Political Economy, Supplement*, vol. 70, pp. 9-49

—— 1964 – *Human Capital,* National Bureau of Economic Research, Columbia University Press, Nova Iorque

BEGG, David, GIAVAZZI, Francesco, SPAVENTA, Luigi e WYPLOSZ, Charles

—— 1991 – *European Monetary Union. The Macro Issues,* em Centre for Economic Policy Research (CEPR), *Monitoring European Integration. The Making of Monetary Union,* Londres

BEGG, David, GIAVAZZI, Francesco, VON HAGEN, Jurgan e WYPLOSZ, Charles

—— 1997 – *EMU – Getting the End Game Right,* em Centre for Economic Policy Research (CEPR), *Monitoring European Integration,* Londres, pp. 1-66

BEGG, Ian e GRIMWADE, Nigel

—— 1998 – *Paying for Europe,* Sheffield Academic Press, Sheffield

BEGG, Ian e MAYES, David

—— 1991 – *Cohesion as a Precondition for Monetary Union in Europe,* em Barrell, Ray (ed.) *Economic Convergence and Monetary Union in Europe,* Sage Publications, Londres, pp. 220-40

BEGG, Ian

—— 2004 – *The EU Budget: Common Future or Stuck in the Past?,* Briefing Note do Center for European Reform, Bruxelas

BEHAR, D.

—— 1991 – *Economic Integration and Intra-Indutry Trade: The Case of the Argentina-Brazilian FTA,* em *Journal of Common Market Studies,* vol. 29, pp. 527-52

BEKEMANS, Lépuce e BECKWITH, Sharon (ed.)

—— 1996 – *Ports for Europe. Europe's Maritime Future in a Changing Environment,* European University Press, Bruxelas

BEKERMAN, Gérard e SAINT.MARC, Michèle

—— 1999 – *L'Euro,* 3ª ed., Presses Universitaires de France, ed. Que Sais-Je ?, Paris

BELEZA, L. Miguel

—— 1990 – *O Processo da Integração Económica e Monetária de Portugal,* em LDR, Coimbra, pp. 35-42

—— 1999 – *O Pacto de Estabilidade e o Euro,* em Instituto Europeu da Faculdade de Direito da Universidade de Lisboa, *Aspectos Jurídicos e Económicos da Introdução do Euro,* cit., pp. 63-71

BELEZA, L. Miguel e GASPAR, Vítor

—— 1994 – *Seignoriage and Exchange Rates,* Working Paper n. 233, Faculdade de Economia da Universidade Nova de Lisboa

BELLAMY, C. e CHILD G.

—— 2008 – *Materials on European Community Law of Competition,* Oxford University Press, Oxford

—— 2013 – *Law of Competition,* Oxford University Press, Oxford

BELLESSIOTIS, Tassos, LEVIN, Mattias e VEUGELERS, Reinhilde

—— 2006 – *EU Competitiveness and Industrial Location,* European Commission, Bureau of European Policy Advisers, Bruxelas

BELOTTI, Jean

—— 2015 – *Transport International de Marchandises,* 5ª ed., Magnard-Unibert, Paris

BENAROYA, François
—— 1995 – *Que Penser des Accords de Commerce Regionaux?* em *Economie Internationale*, n. 63, pp. 99-115

BÉNASSY-QUÉRÉ, Agnès, MOJON, Benoît e PISANI-FERRY, Jean
—— 1997 – *The Euro and Exchange Rate Stability,* em Masson, Krueger e Trutelboom (ed.) *EMU and the International Monetary Sytem,* cit., pp. 157-93

BENTLEY, Arthur F.
—— 1908 – *The Process of Government,* University of Chicago Press, Chicago

BENTO, Vitor
—— 2013 – *Euro Forte Euro Fraco: Duas Culturas, uma Moeda, um Convívio Impossível,* Bucnomics, Lisboa

BERENDS, H.
—— 1983 – *As Consequências Económicas para Portugal da Adesão à Comunidade Económica Europeia,* Instituto Nacional de Administração (INA), Lisboa

BERGSTRAND, J.H.
—— 1983 – *Measurement and Determinants of Intra-Industry International Trade,* em Tharakan (ed.) *Intra-Industry Trade. Empirical and Methodological Aspects,* cit., pp. 205-53

BERNAL-MEZA, Raúl
—— 1999 – *El MERCOSUR: Regionalismo o Globalización? Tres Aspectos para la Decision de Políticas,* em Dantas *et al.* (org.) *Processos de Integração Regional...,* cit., pp. 203-30

BERNHOLZ, Peter
—— 1991 – *The Political Economy of Protectionism,* em *Kyklos,* vol. 44, pp. 239-42

BERRY, Elspeth e HARGREAVES, Sylvie
—— 2007 – *European Union Law,* 2ª ed., Oxford University Press, Oxford

BERTHELOT, Jacques
—— 1997 – *Pas de Monnaie Unique sans un Minimum de Fédéralisme Budgetaire* em L'Appel des Economistes pour Sortir de La Pensée Unique, *La Monnaie Unique en Débat,* Syros, Paris, pp. 85-109

BESELER, J.F. e WILLIAMS, A.N.
—— 1986 – *Anti-Dumping and Anti-Subsidy Law in The European Communities,* Sweet & Maxwell, Londres

BEST, Edward
—— 2000 – *The Debate over the Weighting of Votes: the Mis-Presentation of Representation?,* em Best, Gray e Stubb (ed.), *Rethinking the European Union,* cit., pp. 105-30.

BEST, Edward, GRAY, Mark e STUBB, Alexander (ed.)
—— 2000 – *Rethinking the European Union. CIG 2000 and Beyond,* European Institute of Public Administration, Maastricht

BEST, Michael H. e FORRANT, Robert
—— 1996 – *Creating Industrial Capacity: Pentagon-Led versus Production-Led Industrial Policies,* em Michie e D. Smith (ed.) *Creating Industrial Capacities. Towards Full Employment,* cit., pp. 225-54

BHAGWATI, Jagdish N.
—— 1968 – *Gains from Trade Once Again,* em *Oxford Economic Papers,* vol. 20, pp. 137-48

—— 1971 – *The Generalized Theory of Distortions and Welfare*, em Bhagwati, Jagdish N., Jones, Ronald W., Mundell, Robert A. e Vanek, Jeroslav (eds.) *Trade, Balance of Payments and Growth*, Papers in International Economics in Honor of Charles P. Kindleberger, North--Holland Publishing Company, Amesterdão e Londres, pp. 69-90

—— 1978 – *Anatomy and Consequences of Exchange Control Regimes*, National Bureau of Economic Research, Ballinger Publishing Company, Nova Iorque

—— 1980 – *Lobbying and Welfare*, Massachusetts Institute of Technology (MIT), Working Paper n. 259, Cambridge (Mass.)

—— 1987 – *Protectionism: Old Wine in New Bottles*, em Salvatore (ed.) *The New Protectionism Threat to World Welfare*, cit., pp. 31-44

—— 1988 – *Protectionism*, The MIT Press, Cambridge (Mass.) e Londres

—— 1991 – *The World Trading System at Risk*, Princeton University Press, Princeton

—— 1992 – *Regionalism Versus Multilateralism*, em *The World Economy*, vol. 15, pp. 135-55

—— 1993 – *Regionalism and Multilateralism: An Overview*, em Melo e Panagariya (ed.) *New Dimension in Regional Integration*, Cambridge University Press, cit., pp. 22-57

—— 1994 – *Free Trade: Old and New Challenges*, em *The Economic Journal*, vol. 104, pp. 231-46

—— 1995 – *Trade Liberalization and 'Fair Trade' Demands: Addressing the Environmental and Labour Standards Issues*, em *The World Economy*, vol. 18, pp. 745-59

—— 2002a – *Free Trade Today*, Princeton University Press, Princeton e Oxford

—— 2002b – *The Wind of the Hundred Days. How Washington Mismanaged Globalization*, The MIT Press, Cambridge (Mass.) e Londres

—— 2004 – *In Defense of Globalization*, Oxford University Press, Oxford e Nova Iorque

BHAGWATI, Jagdish N. e HUDEC, Robert E. (ed.)

—— 1996 – *Fair Trade and Harmonization. Prerequisites for Free Trade?*, vol. 1 *Economic Analysis*, The MIT Press, Cambridge (Mass.) e Londres

BHAGWATI, Jagdish N., PANAGARYIA, Arvind e SRINIVASAN, T.N.

—— 2004 – *The Muddles over Outsourcing*, em *Journal of Economic Perspectives*, vol. 18, pp. 93-114

BHAGWATI, Jagdish N. e RAMASWAMI, V.K.

—— 1963 – *Domestic Distortions, Tariffs and the Theory of Optimum Subsidy*, em *The Journal of Political Economy*, vol. 71, pp. 44-50

BHAGWATI, Jagdish N. e SRINIVASAN, T.N.

—— 1973 – *The General Equilibrium Theory of Effective Protection and Resource Allocation*, em *Journal of International Economics*, vol. 3

—— 1979 – *Trade Policy and Development*, em Dornbusch, Rudiger e Frankel, Jacob A. (ed.) *International Economic Policy. Theory and Evidence*, The Johns Hopkins University Press, Baltimore e Londres, pp. 1-38

BHALLA, A. S. e BHALLA, P.

—— 1997 – *Regional Blocs. Building Blocs or Stumbling Blocs?*, Macmillan, Basingstoke, Londres e St. Martin's Press, Nova Iorque

BIANCHI, Patricia

—— 1998 – *Industrial Policies and Economic Integration. Learning from European Experiences*, Routledge, Londres

BICKERDIKE, C.F.
—— 1906 – *The Theory of Incipient Taxes*, em *The Economic Journal*, vol. 16, pp. 529-35
—— 1907 – *Review of A.C. Pigou's Protective and Preferential Import Duties*, em *The Economic Journal*, vol. 17, pp. 98-101
BISHOP, Matthew e KAY, John (ed.)
—— 1993 – *European Mergers & Merger Policy*, Oxford University Press, Oxford
BISHOP, Simon e WALKER, Mike
—— 2002 – *The Economics of EC Competition Law: Concepts, Application and Measurement*, 2.ª ed., Sweet & Maxwell, Londres
BISPHAM, J.A.
—— 1975 – *The New Cambridge and Monetarist Criticisms of Conventional Economic Policy Making*, em *National Institute Economic Review*, Novembro
BITSCH, Marie-Thèrèse
—— 2008 – *Histoire de la Construction Européenne, de 1945 a nos jours*, 4.ª ed., Complexe, Paris
BIZZOZERO, Lincoln e VAILLANT, Marcel (ed.)
—— 1996 – *La Inserción Internacional del MERCOSUR: Mirando al Sur o Mirando al Norte?*, Arca, Montevideo
BLACK, Maggie
—— 2009 – *The No-Nonsense Guide to International Development*, 2.ª ed., New Internationalist Publications, Oxford
BLACKHURST, Richard, MARIAN, Nicolas e TUMLIR, Jan
—— 1977 – *Trade Liberalization, Protectionism and Interdependence*, GATT Study n. 5, Genebra
BLANTON, Robert G.
—— 2005 – *Lost in Transition*, em *Intereconomics*, Março-Abril
BLAUG, Mark
—— 1994 – *A Metodologia da Economia. Ou como os Economistas Explicam*, Gradiva, Lisboa (trad. da 2.ª ed. de 1992)
BLISS, Christopher e MACEDO, Jorge Braga de (ed.)
—— 1990 – *Unity with Diversity in the European Economy, The Community's Southern Frontier*, Centre for Economic Policy Research (CEPR), Cambridge University Press, Cambridge
BLYTH, Mark
—— 2013 –*Austeridade. A História de Uma Ideia Perigosa*, Quetzal, Lisboa
BLYTH, Mark e BAN, Cornel
—— 2015 – *Austeridade v. Democracia na Grécia; A Europa atravessa o Rubicão*, em Ban, Blyth et al., cit., pp. 67-73
BOLTHO, Andrea
—— 1994 – *A Comparison of Regional Differentials in the European Community and the United States*, em Mortensen (ed.) *Improving Economic and Social Cohesion in the European Community*, cit., pp. 41-53
BOOTLE, Roger
—— 2015 – *The Trouble with Europe*, 2.ª ed., Nicholas Brealey Publishing, Londres e Boston

BORA, Bijit e FINDLAY, Chistopher (ed.)
—— 1996 – *Regional Integration and the Asia-Pacific*, Oxford University Press, Oxford

BORDIGNON, Massimo e DAEMPOLI, Domenico (ed.)
—— 1999 – *Concorrenza Fiscale in una Economia Internazionale Integrata*, Franco Angeli, Milão

BORGES, António Castel-Branco
—— 1991 – *Benefícios e Custos da União Económica e Monetária na Perspectiva da Comunidade e na Perspectiva Portuguesa*, em Ministério das Finanças, *Portugal e a Transição para a União Económica e Monetária*, cit., pp. 379-404

BORGES, Marta
—— 1997 – *Subsidiariedade: Controlo a priori ou a posteriori?*, em *Temas de Integração*, n. 3, pp. 67-99

BORORREL, B. e YANK, M.
—— 1992 – *EC Bananarama: The Sequel*, Working Paper 958, Institutional Economic Departmente, Banco Mundial, Washington

BOSNEC, Stefan
—— 1996 – *Integration of Central Europe in the Common Agricultural Policy of the European Union*, em *The World Economy*, vol. 19, pp. 447-63

BOUDANT, Joël
—— 1991 – *L'Anti Dumping Communantaire*, Economica, Paris

BOUMA, E.
—— 1996 – *Foreign Direct Investment*, em Jepma e Rhoen (ed.) *International Trade. A Business Perspective*, cit., pp. 42-71

BOURGUINAT, Henri
—— 1993 – *L'Emergence de Zones et Blocs Commerciaux*, em Mucchielli e Célimène (ed.) *Mondialisation et Régionalization. Un Défi pour l'Europe*, cit., pp. 3-16

BOUZAS, Roberto e ROS, Jaime (ed.)
—— 1994 – *Economic Integration in the Western Hemisphere*, University of Notre Dame Press, Notre Dame (Indiana) e Londres

BOYER, Robert e SAILLARD
—— 2002 – *Théorie de la Régulation. L'État des Savoirs*, La Découverte, Paris

BRAGA, Carlos Alberto Primo
—— 1990 – *US Policies and the Prospects for Latin American Economic Integration*, em Baer, W. e Coes, D. (ed.) *United States Policies and the Latin American Economy*, Praeger, Nova Iorque
—— 1994 – *Regional Integration in the Americas*, em *World Economy*, vol. 17, pp. 577-605

BRAGA, Carlos A. Primo e YEATS, Alexander
—— 1992 – *How Multilateral Trade Arrangements May Affect the Post-Uruguai Round World*, Policy Research Working Paper Series, n. 974, Banco Mundial, Washington

BRAGA, Carlos A. Primo, SAFADI, Raed e YEATS, Alexander
—— 1996 – *Latin-American Experiences with Regional Integration*, em OCDE, *Regionalism and its Place in the Multilateral Trading System*, cit., pp. 143-67

BRANCO (Ribeiro), Francisco Castelo
—— 2008 – *Portugal Intervencionado e a Industrialização Adiada*, Universidade Lusiada Editora, Lisboa

BRANDER, James A.

—— 1981 – *Intra-Industry Trade in Identical Commodities*, em *Journal of International Economics*, vol. 11, pp. 1-14

BRECHER, Richard e BHAGWATI, Jagadish N.

—— 1981 – *Foreign Ownership and the Theory of Trade and Welfare*, em *Journal of Political Economy*, vol. 89, pp. 497-511

BRECKLING, J. *et al.*

—— 1987 – *Effects of EC Agricultural Policies: A General Equilibrium Approach*, Bureau of Agricultural Research, Camberra

BRENTON, Paul e GROS, Daniel

—— 1992 – *The Budgetary Implications of EC Enlargement*, Centre for Eurpean Policy Studier (CEPS), working document n. 78, Bruxelas

BRENTON, Paul, SCOTT, Henry e SINCLAIR, Peter

—— 1997 – *International Trade. A European Text*, Oxford University Press, Oxford

BRETON, Albert

—— 1978 – *Economics of Representative Democracy*, em Buchanan *et al.*, *The Economics of Politics*, cit., pp. 51-64

BRIGHT, Christopher

—— 1994 – *Public Procurement Handbook*, Wiley Chancersy, Londres

BRITS, Hans e DE VOR, Marc

—— 2000 – *The Pact for Stability and Growth*, em Van Bergeisk, O., Peter, A.G., Berndsem, Ron J. e Jansen, W. Jos (ed.) *The Ecomonics of the Euro Area. Macoeconomic Policy and Institutions*, Edward Elgar, Cheltenham e Northampton (Mass.), pp. 201-19

BRITO, Wladimir Augusto Correia

—— 2006 – *A OMC e a Soberania dos Estados*, em *Temas de Integração*, n. 22, pp. 5-24

BRITTON, Andrew e MAYES, David

—— 1992 – *Achieving Monetary Union in Europe*, Sage Publications, Londres

BROADMAN, Harry G.

—— 1994 – *GATS: The Uruguai Round Accord on International Trade and Investment in Services*, em *The World Economy*, vol. 17, pp. 218-92

BROCKER, J.

—— 1998 – *How Would an EU-Membership of Visegrad Conntries Affect Europe's Economic Geography?*, em *The Annals of Regionel Science, n. 32*

BROWN, A.J.

—— 1961 – *Customs Union versus Economic Separation in Developing Countries*, em *Yorkshire Bulletin of Economic and Social Research*, vol. 13

BRÜLHART, Marius

—— 1995a – *Scale Economies, Intra-Industry Trade and Industry Location in the 'New Trade Theory'*, Trinity Economic Papers, 95/4, Dublin

—— 1995b – *Intra-Industry Trade, Economic Integration and Geogra-phical Specialization*, dissertação de doutoramento na Universidade de Dublin

—— 1999 – *Marginal Intra-Industry Trade and Trade-Induced Adjustment: a Survey*, em Brülhart e Hine (ed.) *Intra Industry Trade and Adjustment*, cit., pp. 36-69

BRÜLHART, Marius e ELLIOT, Robert
—— 1996 – *A Critical Survey of Trends in Intra-Industry Trade*, em Curso de Estudos Europeus, *Integração e Especialização, Integration and Specialization*, cit., pp. 59-82
—— 1999 – *A Survey of Intra-Industry Trade in the European Union*, em Brülhart e Hine (ed.) *Intra Industry Trade and Adjustment...*, cit., pp. 98-120.

BRÜLHART, Marius e HINE, Robert C. (ed.)
—— 1999 – *Intra-Industry Trade and Adjustment, The European Experience*, Macmillan, Basingstoke e St. Martin's Press, Nova Iorque.

BRUNETEAN, Bernard
—— 1996 – *Histoire de l'Unification Européenne*, Armand Colin, Paris

BRUNO, Michael
—— 1973 – *Protection and Tariff Change under General Equilibrium*, em *Journal of International Economics*, vol. 3, pp. 205-26

BUCHAN, David
—— 2015 – *Energy Policy. Sharp Challenges and Rising Ambitions*, em Wallace, Wallace e Young (ed.), *Policy Making in the European Union*, cit., pp. 344-366 (cap, 14)

BUCHANNAN, James M. *et al.*
—— 1978 – *The Economics of Politics*, The Institute of Economic Affairs, Londres

BUCHANAN, James M.
—— 1978 – *From Private Preferences to Public Philosophy: The Development of Public Choice* e *Summing up*, em Buchanan *et al., The Economics of Politics*, cit., pp. 1-20 e 155-8

BUCHANAN, James M., BURTON, John e WAGNER, Richard E.
—— 1978 – *The Consequences of Mr. Keynes*, The Institute of Economic Affairs, Hobart Paper n. 78, Londres

BUCHANAN, James M. e WAGNER, Richard E.
—— 1977 – *Democracy in Deficit: The Political Legacy of Lord Keynes*, Academic Press, Nova Iorque

BUCKWELL, Alan
—— 1996 – *The CAP After the Uruguai Round and Before the Enlargement: Which Reforms Now and in the Future*, comuniação apresentada num Seminário do LDR, Parlamento Europeu, Bruxelas

BUIGUES, P., ILZKOVITZ, F. e LEBRUN, J. F.
—— 1990 – *The Impact of the Internal Market by Industrial Sector: The Chalenge for the Member States*, em *European Economy*, ed. esp. *Social Europe*, pp. 1-113

BULLER, Henry, WILSON, Geoffe A. C. HÖLL, Andress (ed.)
—— 2000 – *Agro-Environmental Policy in the European Union*, Ashgate, Aldershot

BULMER, Simon e SCOTT, Andrew (ed.)
—— 1994 – *Economic and Political Integration in Europe. Internal Dinamics and Global Context*, Blackwell, Oxford e Cambridge

BURNIAUX, Jean-Mark, MARTIN, John P., NICOLETTI, Giuseppe e MARTINS, Joaquim Oliveira
—— 1992 – *The Costs of International Agreements to Reduce CO_2 Emis-sions*, em *European Economy*, ed. esp. *The Economics of Limiting CO_2 Emission*, cit., pp. 271-98

Burns, L.S.
—— 1987 – *Regional Economic Integration and National Economic Growth*, em *Regional Studies*, n. 21
Button, Kenneth
—— 2011 – *Transport* Policy, em El-Agraa (ed.), *The European Union...*, cit., pp. 244-256
Button, Kenneth e Pentecost, Eric
—— 1999 – *Regional Economic Performance within the European Union*, Edward Elgar, Cheltenham e Northampton (Mass.)
Byé, Maurice
—— 1950 – *Unions Douanières et Données Nationales*, em *Economie Appliquée*, vol. 3, pp. 121--57 (trad. ingl. em *International Economic Papers*, n. 3, 1953, com o título *Customs Unions and National Interests*)
CBRI (Conselho Brasileiro de Relações Internacionais)
—— 1994 – *MERCOSUL: Desafio a Vencer*, S. Paulo
CCRC (Comissão de Coordenação da Região Centro)
—— 1989 – *Portugal e os Fundos Estruturais Comunitários: Experiência e Perspectivas Regionais*, Coimbra
—— 1990 – *Industrialização em Meios Rurais e Competitividade Internacional*, Coimbra
—— 1993 – *Serviços e Desenvolvimento numa Região em Mudança*, Coimbra CEDOUA (Centro de Estudos de Direito do Ordenamento, do Urbanismo e do Ambiente
—— 2009 – *O PNPOT e os Novos Desafios do Ordenamento do Território*, Almedina, Coimbra
CELARE (Centro Latino-Americano para las Relaciónes con Europa) (ed.)
—— 1996 – *América Latina-Unión Europea: En Camino a la Associación*, Santiago do Chile
CEMT (Conférence Européenne des Ministres des Transports)/OCDE
—— 1994 – *Internalising the Social Costs of Transport*, Paris
—— 1995 – *Des Chemins de Fer, Pour Quoi Faire?*, Paris
CER (Centre for European Reform)
—— 1997 – *Britain and EMU. The Case for Joining*, Londres
Cable, Vincent
—— 1990(2) – *Globalization and Global Governance*, The Royal Institute of International Affairs, Londres
—— 1994 – *Overview*, em Cable e Henderson, *Trade Blocs? The Future of Regional Integration*, cit., pp. 3-16
—— 1999 (2) – *Globalization and Global Governance*, The Royal Institute of International Affairs, Londres
Cable, Vincent e Henderson, David (ed.)
—— 1994 – *Trade Blocs? The Future of Regional Integration*, The Royal Institute of International Affairs, Londres
Cabo, Sérgio Gonçalves do
—— 2012 – *Comentários* aos artigos 124º e 125º do TFUE, em Porto e Anastácio (coord.), *Tratado de Lisboa...*, cit., pp. 569-77

CABRAL, António José
—— 1991 – *Community Structural Policies and Economic and Monetary Union*, em Ministério das Finanças, *Portugal e a Transição para a União Económica e Monetária*, cit., pp. 591-92
—— 1996 – *UEM: Condições de Participação e Regras de Funcionamento*, em *Estudos de Economia*, vol. 6, pp. 339-50
—— 1999 – *The Stability and Growth Pact: Main Aspects and some Considerations on its Implementation*,em Lamfalussy, Bernard e Cabral (ed.) *The Euro-Zone: A New Economic Entity*, cit., pp. 19-53.
—— 2001 – *Main Aspects of the Working of the SGP*, em Brunila, Anne, Buti, Marco e Franco, Daniele (ed.) *The Stability and Growth Pact. The Architecture of Fiscal Policy in EMU*, Palgrave, Londres
CADILHE, Miguel
—— 1990 – *Luzes e Sombras da UEM*, em *Revista da Banca*, vol. 16, pp. 199-214
—— 1992 – *Breves Comentários*, em Secretaria de Estado da Integração Europeia, *A Europa Após Maastricht*, cit., pp. 101-3
—— 1997 – *Trivialidades sobre Recessão e Défices Públicos*, em *Europa. Novas Fronteiras*, n. 1, *União Económica e Monetária*, pp. 18-28
—— 2006 – livro de Sousa Franco
CADOT, Olivier, GABEL, H. Landis, STORY, Jonathan e WEBBER, Douglas (ed.)
—— 1996 – *Industrial and Trade Policy (European Casebook on)*, Prentice Hall, Londres
CAIGER, Andrew e FLOUDAS, Demetrius Andreas M.A. (ed.)
—— 1996 – *1996 Onwards: Lowering the Barriers Further,* John Wiley and Sons, Chichester
CALFAT, Germán
—— 1997 – *MERCOSUL Changes in Trade Specialization: 1990-1994*, Working Paper do Departamento de Economia da Faculdade de Ciências Sociais da Universidade da República, Montevideo
CALFAT, Germán e FLÔRES, Renato G.
—— 1996 – *Latin America Options for the European Union*, em Curso de Estudos Europeus, *Integração e Especialização. Integration and Specialization*, cit., pp. 311-29
CALVETE, Vitor
—— 1966a – *Recensão* de Ohmae, *The End of the Nation State...* cit., em *Temas de Integração*, n. 2, pp. 135-42
—— 1996b – *Recensão* de Stokes (ed.) *Open for Business. Creating a Transatlantic Market Place*, cit., em *Temas de Integração*, n. 2, pp. 142-7
—— 1997 – *Recensão* de seis obras do projecto da Brookings Institution *Integração das Economias Nacionais*, em *Temas de Integração*, n. 3, pp. 230-47
—— 1998 – *Da Relevância de Considerações de Eficiência no Controlo de Concentrações em Portugal*, em Antunes Varela, Diogo Freitas do Amaral, Jorge Miranda e J.J Gomes Canotilho (org.), *Ab Una ad Omnes*, 75 Anos da Coimbra Editora, 1920-1995, Coimbra Editora, pp. 305-66
—— 2001 – *Sobre a Teoria das Uniões Aduaneiras*, separata do *Boletim de Ciências Económicas* da Faculdade de Direito da Universidade de Coimbra, vols. 42-4

CÂMARA DE COMÉRCIO AMERICANA NA BÉLGICA (The EU Committee)
—— 1998 – *Guide to the Enlargement of the EU*, Bruxelas
—— 1999 – *EU Transport & Legistics*, Bruxelas
CAMBRIDGE ECONOMIC POLICY GROUP
—— 1975 – *Review of Britain's Economic Prospects*, em *Economic Policy Review*, n. 1
—— 1976 – *The Strategic Problems of Economic Policy*, em *Economic Policy Review*, n. 2
—— 1979 – Artigo Introdutório em *Cambridge Economic Policy Review*, n. 5
CAMISÃO, Isabel e LOBO-FERNANDES, Luis
—— 2005 – *Construir a Europa. O processo de integração entre a teoria e a história*, Principia, Cascais
CAMPOS, João Mota de, PEREIRA, António Pinto e CAMPOS, João Luiz Mota de
—— 2014 – *Manual de Direito Europeu: o sistema institucional, a ordem jurídica e o ordenamento económico da União Europeia*, 7.ª ed., Coimbra Editora, Coimbra
CAMPOS, João Mota de (coord.)
—— 2010 – *Organizações Internacionais. Teoria Geral. Estudo Monográfico das Principais Organizações Internacionais de que Portugal é Membro*, 4.ª ed. (revista e atualizada), Coimbra Editora, Coimbra
CANDEL, Karl (ed.)
—— 2000 – *Poland and the European Union*, Routledge, Londres e Nova Iorque
CANOTILHO, José Joaquim Gomes e SILVA, Susana Tavares da
—— 2009 – *Metódica multi-nível: "spill-over effects" e interpretação conforme o direito da União Europeia*, em *Revista de legislação e de jurisprudência*, n.3955, março-abril de 2009, pp. 182-99
CAPUCHO, António d'Orey
—— 1994 – *O Que é e Como Funciona a União Europeia*, Publicações D. Quixote, Lisboa
CARDOSO, Fernando Henrique e FALLETO, Enzo
—— 1970 – *Dependencia y Desarrollo in América Latina*, Siglo XXI, México
CAREY, C.
—— 1837-40 – *Principles of Political Economy*, Filadélfia
CARFANTAN, Jean-Yves
—— 1996 – *L'Epreuve de la Mondialisation. Pour une Ambition Européenne*, Éditions du Seuil, Paris
CARNEIRO, José Luís
—— 2016 – *Os Caminhos da Europa. Dez Anos no Comité das Regiões*, Edições Afrontamento, Porto
CARRANZA, Mario Esteban
—— 2000 – *South America Free Trade Area or Free Trade Area of the Americas? Open Regionalism and the Future of Regional Economic Integration in South America*, Ashgate, Aldershot
CARTAXO, Rui
—— 2016 –*A Dívida e a Culpa- Portugal, Espanha, Irlanda e Grécia na Crise do Euro*, bnomics, Lisboa
CARVALHO, Maria da Graça
—— 2012 – *Comentários aos arts. 182º a 186º do TFUE*, em Porto e Anastácio (coord.), *Tratado de Lisboa...*, cit., pp.744-6

CASELLA, Paulo Borba
—— 1996 – *MERCOSUL: Exigências e Perspectivas. Integração e Consolidação do Espaço Econó-mico (1995-2000-2006)*, Editora LTR, São Paulo
CASELLA, Paulo Borba (org.)
—— 2000 – *MERCOSUL. Integração Regional e Globalização*, Renovar, Rio de Janeiro
CASS, Roanald e HARING, John R.
—— 2000 – *Internacional Trade in Telecommunications: Monopoly, Competition & Trade Stra-tegy*, American Enterprise Institute for Public Policy, Washington
CASTRO, Armando (ed.)
—— 1992 – *Política Comercial*, Centro de Estudos de Economia Europeia e Internacional (CEDIN), Instituto Superior de Economia e Gestão (ISEG), Universidade Técnica de Lisboa
CASTRO, Eduardo Anselmo, MARTINS, José Manuel e SILVA, Carlos Jorge
—— 2015 – *A Demografia e o País. Previsões cristalinas sem bola de cristal*, Gradiva, Lisboa
CATARINO, João Ricardo e TAVARES, José F.F. (coord.)
—— 2012 – *Finanças Públicas da União Europeia*, Almedina, Coimbra
CAVES, Richard E., FRANKEL, Jeffrey A. e JONES, Ronald, W.
—— 2006 – *World Trade and Payments: An Introduction*, 10.ª ed., Addison-Wesley, Boston
CEDOUA (Centro de Estudos de Direito do Ordenamento, Urbanismo e Ambiente)
—— 2009 – *O PNPOT e os Novos Desafios do Ordenemento do Território*, Almedina, Coimbra
CENTRO DE INFORMAÇÃO JACQUES DELORS (ed.)
—— 1990 – *Portugal e a Europa. 50 Anos de Integração*, Verbo, Lisboa
CHACHOLIADES, Miltiades
—— 1990 – *International Economics*, McGraw-Hill, Nova Iorque
CHALMERS, Damian, DAVIES, Gareth e MARTI, Giorgio
—— 2014 – *European Union Law*, 3ª ed., Cambridge University Press, Cambridge (RU)
CHAMON, Merijn
—— 2016 – *EU agencies: legal and political limitsto the transformation of the EU administration*
CHANDLER, Clay e ZAINULBHAI, Adil, ed.
—— 2013 – *Reimagening India. Unlocking the Potential of Asia's Next Superpower*, Mckinsey & Company, Nova Iorque
CHARNOZ, Olivier e SEVERINO, Jean-Michel
—— 2007 – *L'aide Publique au Développement*, La Découverte, Paris
CHECCHINI, Paolo
—— 1988 – *A Grande Aposta para a Europa. O Desafio de 1992*, Perspectivas e Realidades, Lisboa (tradução, que referenciamos, da edição sintetizada da *European Economy, The Economics of 1992*, cit.)
CHÉROT, Jean-Yves
—— 1998 – *Les Aides d'État dans les Communautés Européennes*, Economica, Paris
CHEUNG, Yin-Wong e HAAN, Jacob de (ed.)
—— 2013 – *The Evolving Role of China in the Global Economy*, The MIT Press, Cambridge (Mass.) e Londres

CHIPMAN, John S.
—— 1965 – *A Survey of the Theory of International Trade, Part 1, The Classical Theory*, em *Econometrica*, vol. 33, pp. 477-519
CHOI, E. Kwan e HARTIGAN, James C. (ed.)
—— 2005 – *Handbook of International Trade. Economic and Legal Analyses of Trade Policy and Institutions*, Blackwell, Oxford
CHOUZAL, Carla
—— 1992 – *Comércio Intra-Industrial. O Caso das Relações Comerciais entre Portugal e a Comunidade Europeia*, dissertação de mestrado na Faculdade de Economia da Universidade de Coimbra
CHOW, Gregory C.
—— 2012 – *China as the Leader of the World Economy*, World Scientific, Singapura e Londres
CHRISTIANSEN, Arndt
—— 2006 – *The More Economic Approach in EU Merger Control. A Critical Assessment*, working paper do Deutsche Bank, Research Notes, 21
CHRISTODOULOU, Efthymios
—— 1996 – *Relatório sobre o Financiamento do Alargameno da União Europeia*, Parlamento Europeu (A4-0353/96, de 5.11.1996)
CIABRINI, Sylvie
—— 1996 – *Les Services dans le Commerce International*, Presses Universitaires de France, col. Que Sais-je, Paris
CINI, Michelle (ed.)
—— 2007 – *European Union Politics*, 2.ª ed., Oxford University Press, Oxford
CINI, Michelle e MC GOWAN, Lec
—— 2009 – *Competition Policy in the European Union*, 2.ª ed., Palgrave//Macmillan, Basingstoke e Nova Iorque
CIOLOS, D.
—— 2011 – *The CAP Beyond 2013 – Challenges and Opportunities for European Agriculture*, comunicação na "Oxford Farming Conference", Oxford, 6.1.2011 (*http://europa.eu/ rapid/press-release_SPEECH-11-3_en.htm ?locale=en*)
CLARK, Colin
—— 1940 – *The Conditions of Economic Progress* (3.ª ed. da Macmillan, 1957), Londres
CLARK, Gregory
—— 2008(7) – *Um Adeus às Esmolas. Uma Breve História Económica do Mundo*, Bizâncio, Lisboa (original, de 2007, da Princeton University Press)
CLEMENT, Norris C., VERA, Gustavo del Castillo, GERBER, James, KERRY, William A., MACFADYEN, Alan J., SHEDD, Stanford, ZEPEDA, Eduardo e ALARCÓN, Diana
—— 2001 – *North American Economic Integration. Theory and Practice*, Edward Elgar, Cheltenham e Nothingham (Mass.)
CLÍMACO, Maria Isabel Namorado
—— 1995 – *Os Impostos Especiais de Consumo. Efeitos Económicos e Objectivos Fiscais*, em *Ciência Técnica Fiscal*, n. 376, pp. 61-153
—— 2000 – *Novas Perspectivas da Política Fiscal Anti-Tabágica e Anti-Alcoólica*, separata de *Boletim de Ciências Económicas* da Faculdade de Direito da Universidade de Coimbra

COBHAM, David
—— 1996 – *Causes and Effects of the European Monetary Crisis of 1992-93*, em *Journal of Common Market Studies*, vol. 34, pp. 585-604
COCKFIELD, Lord
—— 1994 – *The European Union, Creating the Single Market*, John Wiley & Sons, Londres
CODY, John, HUGHES, Helen e WALL, David (ed.)
—— 1980 – *Policies for Industrial Progress in Developing Countries*, Oxford University Press, para a UNIDO e o Banco Mundial
COELHO, Carlos (coord.)
—— 2005 – *Dicionário de Termos Europeus*, Alêtheia, Lisboa
COELHO, Miguel
—— 1999 – *O Impacto do Alargamento da União Europeia aos Países da Europa Central e Oriental no Padrão de Especialização das Economias do Sul da Europa*, em *Temas de Integração*, n. 8, pp. 41-64
COERÉ, Benoit
—— 2012 – *Financial Stability and the Single Market – the Keys to Growth in Europe*, BCE (http://www.ecb.europa.eu/press/key/date/2012/html/sp121119.en.html)
COERÉ, Benoit e PISANI-FERRY, Jean
—— 2005- *Fiscal Policy on EMU: Towards a Stability and Growth Pact ?*, em Bruegel Working Papers, n. 2005/01
COGET, Gérard
—— 1994 – *Les Resources Propres Communautaires*, em *Revue Française de Finances Publiques*, n. 45, pp. 51-96
COHEN, Benjamim I.
—— 1969 – *The Use of Effective Tariffs*, Yale University Economic Growth Center, Discussion Paper n. 62, Fevereiro (publicado com o mesmo título em *The Journal of Political Economy*, 1971, vol. 79, pp. 128-41)
COISSORÓ, Narana
—— 2007 – *O Modelo da Índia*, em *Temas de Integração*, n. 23, pp. 107-22
COLOM I NAVAL, Joan
—— 2000a – *El Presupuesto Europeu*, em Morata, F. (ed.) *Políticas Públicas en la Unión Europea*, Ariel, Barcelona, cap. 1.º, pp. 31-86
—— 2000b – *El Pressupost de la UE em l'Horitzó de la Propera Década*, em *Revista de Economia de Catalunya*
—— 2005a – *Perspectivas del Presupuesto Europeo*, em *Critérios*, Outubro, pp. 57-79
—— 2005b – *La Betalla del Pressupost Europeu e El Pressupost de la EU*, em dcidob, Fundació Centre d'Informació i Documentació Internacional a Barcelona, n. 96, *Construcció Europea*, pp. 18-24
COMANOR, William e FRECH III, H.E.
—— 1985 – *The Competitive Effects of Vertical Agreements*, em *The American Economic Review*, vol. 75, pp. 539-46
COMISSÃO EUROPEIA
—— 1991 – *As Regiões na Década de 1990*. Relatório periódico anual relativo à situação sócio--económica e ao desenvolvimento das regiões da Comunidade, Bruxelas

—— 1993a – *Crescimento, Competitvidade, Emprego. Os Desafios e as Pistas para Entrar no Séc. XXI* (COM (93) 700 final, de 5.12.1993)

—— 1993b – *Cinquième Rapport Annuel de la Commission sur la Mise en Oeuvre de la Reforme des Fonds Structurels*

—— 1994 – *Panorame of European Union Industries*, Bruxelas

—— 1995a – *Livro Verde A Rede dos Cidadãos. Explorar o Potencial do Transporte Público na Europa* (COM(95) 601 final, de 29.11.95)

—— 1995b – *Cohesion and the Development Challenge Facing the Lagging Regions*, Regional Development Studies, Bruxelas e Luxemburgo

—— 1995c – *Agricultural Situation and Outlook in the Central and Eastern European Countries. Summary Report*, Direcção Geral da Agricultura, Bruxelas

—— 1996a – *Livro Verde sobre os Contratos Públicos na União Europeia: Pistas de Reflexão para o Futuro* (COM (96) 583 final, de 27.11.1996)

—— 1996b – *Um Sistema Comum do IVA. Um Programa para o Mercado Único* (COM (96) 328 final, de 22.7.1996)

—— 1996c – *Europe de l'Energie en 2020*, Bruxelas e Luxemburgo (síntese do estudo SEC (95) 2283)

—— 1996d – *Para uma Formação Correcta e Eficiente dos Preços dos Transportes. Apoio da Política para a Internalização dos Custos Externos dos Transportes na União Europeia*, Suplemento n. 2/96 (com base no COM (95)691 final)

—— 1996e – *Impacto e Eficácia do Mercado Único* (COM (96) 520 final, de 2.12.1996)

—— 1996f – *A Fiscalidade na União Europeia. Relatório sobre a Evolução dos Sistemas Fiscais* (COM(96) 546 final, de 22.10.1996)

—— 1996g – *Para uma Nova Estratégia Marítima* (COM(96)81 final, de 13.3.1996)

—— 1996h – *Perspectivar o Futuro Marítimo da Europa. Uma Contribuição para a Competitividade do Sector Marítimo* (COM(96)84 final, de 13.3.1996)

—— 1997a – *Rapport Economique Annuel 1997. Croissance, Emploi et Convergence sur la Voie vers l'UEM* (COM(97) 27 final, de 12.2.1997)

—— 1997b – *Reestruturação do Quadro Comunitário para a Tributação de Produtos Energéticos* (COM (97) 30 final, de 12.3.1997)

—— 1997c – *Primeiro Relatório da Comissão sobre a Coesão Económica e Social* (COM) (96) 542, versão consolidada de 8.4.1997)

—— 1997d – *La Voie à Suivre: La Stratégie Européenne de l'Emploi*, incluindo os contributos e as conclusões do Conselho Europeu de Dublin, de 13.4.1996, Luxemburgo

—— 1997e – *External Aspects of Economic and Monetary Union* (SEC(97)803, 23.4.1997

—— 1998a – *Agenda 2000. Financiamento da União Europeia*. Relatório da Comissão sobre o funcionamento do sistema de recursos próprios (com base no COM (98) 560), Serviço das Publicações, Luxemburgo

—— 1998b – *Economic Policy in EMU* (ed. Buti, Marco e Sapir, André), Oxford University Press, Oxford

—— 1998c – *L'Euro et le Monde. The Euro and the World*, Conferência das Cadeiras Jean Monnet, Coimbra-Lisboa, 1 a 3 de Julho de 1998, Bruxelas

—— 1998d – *Pagamento Justo pela Utilização das Infreestruturas*, Livro branco, Uma Abordagem Gradual para um Quadro Comum de Tarificação das Infraestruturas de Transportes na União Europeia (com base no COM (98)466), Serviço das Publicações, Luxemburgo

—— 1999a – *Allocation of 1998 EUOperating Expediture by Member State*, DG XIX, Bruxelas

—— 1999b – *Sexto Relatório Periódico Relativo à Situação Socioeconómica e ao Desenvolvimento das Regiões da União Europeia*. Serviço das Publicações, Luxemburgo

—— 1999c – *Agenda 2000. Para uma União Reforçada e Alargada*, Programa Prioritário de Publicações, Luxemburgo

—— 2000a – *Reforma Económica:Relatório sobre o Funcionamento dos Mercados Comunitários de Produtos e de Capitais* (COM (2000)26 final, de 26.1.2000)

—— 2000b – *Oitavo Relatório sobre os Auxílios Estatais na União Europeia* (COM (2000) 205 final, de 11.4.2000)

—— 2000c – *Indicadores da Integração das Preocupações de Carácter Ambiental na Política Agrícola Comum*

—— 2000d – *Recomendações da Comissão relativas às Orientações Gerais para as Políticas Económicas dos Estados-Membros e da Comunidade em 2000* (COM (2000) 214 final, de 11.4. 2000)

—— 2000e – *Vademecum Orçamental*, Serviço de Publicações, Luxemburgo

—— 2001 – *Segundo Relatório sobre a Coesão Económica e Social*, Bruxelas

—— 2002 – *As Finanças Públicas da União Europeia*, Serviço de Publicações, Luxemburgo

—— 2003 – *Segundo Relatório Intercalar sobre a Coesão Económica e Social*, Bruxelas

—— 2004a – *Uma Nova Parceria para a Coesão: Convergência, Competitividade, Coesão*, terceiro relatório sobre a coesão económica e social

—— 2004b – *European Neighbourhood Policy. Strategic Paper* (COM (2004) 373 final, de 12.5.2004 (SEC (2004) 564 a 570)

—— 2004c – *Construir o Nosso Futuro em Comum. Desafios Políticos e Recursos Orçamentais da União Alargada, 2007-2013* (COM (2004)

—— 2004d – *Perspectivas Financeiras 2007-2013* (COM (2004) 487 final, de 14.7.2004)

—— 2004e – *Proposta de Decisão do Conselho relativa ao sistema de recursos próprios das Comunidades Europeias e Proposta de Regulamento do Conselho relativa às medidas de execução dos desequilíbrios orgânicos de acordo com os arts. 4.º e 5.º da Decisão do Conselho relativa ao sistema de recursos próprios das Comunidades Europeias* (COM (2004) 501 final, de 14.7. 2004)

—— 2004f – *Financiamento da União Europeia*, relatório da Comissão sobre o funcionamento do sistema de recursos próprios, 2 vols. (COM (2004) 505 final, de 14.7, corrigido a 6.9.2004)

—— 2005a – *EU Sectoral Competitiveness Indicators*, Bruxelas

—— 2005b – *Travaillons Ensemble pour la Croissance et l'Emploi: Un Nouveau Élan pour la Strategie de Lisbonne* (COM (2005)24, de 2 de Fevereiro

—— 2005c – *Allocation of 2004 EU Expenditure by Member State*, Direcção Geral do Orçamento, Bruxelas

—— 2005d – *European Economy*, Anexo Estatístico, Primavera 2005

—— 2005e – *Responding to the Challenges of Globalisation*, Economic Policy Committee, DG for Economic and Financial Affairs, Bruxelas

—— 2006a – Anexo à Comunicação da Comissão *The Growth and Jobs Strategy and the Reform of European Cohesion Policy*, quarto relatório intercalar sobre a coesão económica e social

—— 2006b – *Proposta de Regulamento do Parlamento Europeu e do Conselho que Institui o Fundo Europeu de Ajustamento à Globalização* COM (2006) 91, de 1.3.2006, bem como, com o regulamento e documentos complementares, SEC (2006) 274, de 1.3.2006 e SEC (2006) 834, de 20.6.2006)

—— 2007 – Livro Verde *Por uma Nova Cultura de Mobilidade Urbana* (COM(2007)351 final, de 25.9.2007)

—— 2008a – *Factos e Números sobre a Política Comum de Pescas (PCP)*, Luxemburgo

—— 2008b – *Comunicação sobre os Resultados das Negociações Referentes a Estratégias e Programas da Política de Coesão para o Período da Programação de 2007-2013* (COM(2008)301 final, de 14.5.2008

—— 2008c – *Quinto Relatório Intercalar sobre a Coesão Económica e Social. Regiões em crescimento, Europa em crescimento* (COM (2008) 371 final, de 19.6.2008) (SEC (2008) 2047 final)

—— 2008d – *Livro Verde sobre a Coesão Territorial Europeia. Tirar Partido da Diversidade Territorial* (COM (2008) 616 final, de 6 10.2008) (SEC (2008)2550)

—— 2008e – *Implementation of the European Neighbourhood Policy in 2007* (SEC (2008) 403, de 3.4.2008)

—— 2009 – *Plano de Ação para a Mobilidade Urbana* (COM (2009)490 final, de 30.9.2009

COMITÉ DOS 'SÁBIOS' (Comité des Sages sur l'Aviation Civile Européenne)

—— 1994 – *Vers des Horizons Meilleurs*, Comissão Europeia, Bruxelas

CONNOLLY, Sara e MUNRO, alistair

—— 1999 – *Economics of the Public Sector*, Prentice Hall, Londres

CONNOR, John F. e MILFORD, Lawrence P.

—— 2008 – *Out of the Red. Investment and Capitalism in Russia*, John Wiley & Sons, Hoboken

CONSELHO DA UNIÃO EUROPEIA

—— 2007 – *1.º Programa de Acção para a Implementação da Agenda Territorial da União Europeia*, adoptado na Reunião Informal de Ministros do Ordenamento do Território e do Desenvolvimento Regional, em Ponta Delgada, 22-25.11.2007

CONSELHO ECONÓMICO E SOCIAL

—— 1997 – *Parecer sobre as Implicações para Portugal de Alargamento da UE*, série Pareceres e Relatórios, Lisboa

—— 1998 – *Colóquio "Agenda 2000 da UE: as suas Implicações para Portugal"*, série Estudos e Documentos, Lisboa

CONSTÂNCIO, Vitor

—— 1992 – *A União Europeia: Promessas e Problemas*, em Secretaria de Estado da Integração Europeia, *A Europa Após-Maastricht*, cit., pp. 107-117

—— 1997 – *Portugal na UEM*, em *Europa. Novas Fronteiras*, n. 1, *União Económica e Monetária*, pp. 29-39

—— 2008 – *The Portuguese Economy: Achievements and Challenges*, em Franco (ed.) *Challenges Ahead for the Portuguese Economy*, cit., pp. 53-68

CONSTANTINESCO, Vlad

—— 1991– *La Subsidiarité Comme Principe Constitutionnel de l'Integration Européenne*, em *Auswirtschaft*, pp. 439-79

CONSTANTINESCO, V., KOVAR, J.P., JACQUÉ, J.P. e SIMON (ed.)

—— 1992-4 – *Commentaire du Traité Instituant la CEE*, Economica, 1.º vol. 1992, 2.º vol., 1994, Paris

COOK, C. J. e KERSE, C.S.

—— 2009 – *EC Merger Control*, 5ª ed., Sweet & Maxwell, Londres, Dublin e Hong Kong

COOPER, Richard, H. e MASSELL, B.

—— 1965 – *A New Look at Customs Union Theory*, em *The Economic Journal*, vol. 75, pp. 742-7

CORADO, Cristina

—— 1996 – *Intra-Industry Trade, Inter-Industry Specialization and the Enlargement to Central and Eastern Europe: Early Results*, em Curso de Estudos Europeus, *Integração e Especialização. Integration and Specialization*, cit., pp. 297-310

CORADO, Cristina e MELO, Jaime de

—— 1985 – *A Simulation Model to Estimate the Effects of Portugal's Entry into the Common Market*, em *Economia*, vol. 9, pp. 403-30

CORBET, Hugh, CORDEN, W. Max, HINDLEY, Brian, BATCHELOR, Roy e MINFORD, Patrick

—— 1977 – *On How to Cope with Britain's Trade Position*, Trade Policy Research Center, Thames Essays n. 8, Londres

CORDEIRO, António José Robalo

—— 1998 – *Os Modelos Sociais e a Concorrência Mundial*, em *Temas de Integração*, n. 6, pp. 77-100

CORDEN, W. Max

—— 1957 – *Tariffs, Subsidies and the Terms of Trade*, em *Economica*, vol. 24, pp. 235-42

—— 1966 – *The Structure of a Tariff System and the Effective Protective Rate*, em *The Journal of Political Economy*, vol. 74, pp. 221-37

—— 1969 – *Effective Protective Rates in the General Equilibrium Model: A Geometric Note*, em *Oxford Economic Papers*, vol. 21, pp. 135-41

—— 1971a – *The Effects of Trade on the Rate of Growth*, em Bhagwati, Jagdish N. *et al.*, *Trade and Growth*, North-Holland, Amesterdão, cap. 6

—— 1971b – *The Theory of Protection*, Oxford University Press, Oxford (trad. francesa da Economica, Paris)

—— 1972 – *Economies of Scale and Customs Unions*, em *The Journal of Political Economy*, vol. 80, pp. 465-75

—— 1997 – *Trade Policy and Economic Welfare*, 2.ª ed., Oxford University Press, Oxford

CORDEN, W. Max e FELS, Gerhard (ed.)

—— 1976 – *Public Assistance to Industry – Protection and Subsidies in Britain and Germany*, Macmillan, para o Trade Policy Research Centre, Londres, e para o Institut für Weltwirtschaft, Kiel

CORDEN, W. Max, LITTLE, Ian M. e SCOTT, Maurice F.

—— 1975 – *Import Controls versus Devaluation and Britain's Economic Prospects*, Trade Policy Research Centre, Guest Paper n. 2, Londres

CORNER, Mark
—— 2015 – *The European Union. An Introduction. What kind of beast is it ?*, I.R. Taurny, Londres e Nova Iorque
CORREIA, Arlindo N. M.
—— 1997 – *O Sistema Comum de IVA na União Europeia: Um Sistema de IVA Adaptado às Exigências do Mercado Único*, em *Fisco*, n.ᵒˢ 80-1, pp. 41-50
CORREIA, Carlos Pinto
—— 1997 – *A Teoria da Escolha Pública: Sentido, Limites e Implicações*, separata do *Boletim de Ciências Económicas* da Faculdade de Direito da Universidade de Coimbra, vol. 40
CORREIA, V. Repolho
—— 1969 – *Portugal e o Kennedy Round*, Secretariado Técnico da Presidência do Conselho, Lisboa
COSCIANI, Cesare
—— 1968 – *Considerazioni sulla Diversità di Effeti Economici dell' IGE e dell' IVA*, em Cosciani, Cesare (coord.) *Studi sull'Imposta sulle Vendite*, Giuffrè, Milão, pp. 1-26
COSTA, Carlos
—— 1990 – *EMU: The Benefits Outweight the Costs*, em *European Affairs*, vol. 4
—— 1991 – *Alguns Aspectos Essenciais de uma UEM Viável a Longo Prazo*, em Ministério das Finanças, *Portugal e a Transição para a União Económica e Monetária*, cit., pp. 405-422
—— 1998 – *Agenda 2000: Uma Proposta de Quadro Financeiro Comuni-tário para o Período 2000--2006. Contexto e Significado*, em Conselho Económico e Social, *Colóquio "Agenda 2000 da UE: as suas Implicações para Portugal"*, cit., pp. 33-53
—— 2012 – *Comentário aos artigos 308º e 309º do TFUE*, em Porto e Anastácio (coord.), *Tratado de Lisboa...*, cit., pp. 1090-4
COSTA, Francisco Seixas da
—— 1997 – *UEM – Um Projecto Político-Económico numa Europa Solidária*, em *Europa. Novas Fronteiras*, n. 1, *União Económica e Monetária*, pp. 40-1
—— 1998 – *Intervenção* em Conselho Económico e Social, *Colóquio "Agenda 2000 da UE: as suas Implicações para Portugal"*, cit., pp. 19-29
COULOUBARITSIS, Lambros, DE LEEUW, Marc, NOËL, Emile e STERCKX, Claude
—— 1993 – *The origins of European Identity*, European Interuniversity Press, Bruxelas
COURAKIS, Anthony S. e ROQUE, Fátima Moura
—— 1989 – *Supply Determinants in the Pattern and Evolution of Portugal's Trade in Manufactures*, em Faculdade de Economia, Universidade Nova de Lisboa, *Nova Economia em Portugal*, pp. 559-74
COURAKIS, Anthony S., ROQUE, Fátima Moura e FONTOURA, M. Paula
—— 1991 – *The Impact of Protection on the Evolution of the Portuguese Pattern of Trade*, em *Economia*, vol. 15, pp. 109-28
COURCHENE, Tom *et al.*
—— 1993 – *Stable Money-Sound Finances, Community Public Finance in the Perspective of EMU*, Report of an independent group of economists, em *European Economy*, n. 53
CRAIG, Paul e DE BÚRCA, Grainne
—— 2011 – *EU Law, Text, Cases and Materials*, 5ª ed., Oxford University Press, Oxford

CRAWFORD, Malcolm
—— 1996 – *One Money for Europe? The Economics and Politics of EMU*, Macmillan, Basingstoke et St. Martin's Press, Nova Iorque

CRIPPS, Francis e GODLEY, M. Wynne
—— 1976 – *A Formal Analysis of the Cambridge Economic Policy Group Model*, em *Economica*, vol. 43, pp. 335-48
—— 1978 – *Le Contrôle des Importations comme Moyen d'Atteindre le Plein- –Emploi et de Promouvoir l'Expansion du Commerce Mondial: le Cas du Royaume-Uni*, em *Cambridge Journal of Economics*, n. 2 (publicado em francês, com o título referido, em *Problèmes Économiques*, n. 1627, de 13.6.1979, pp. 25-39)

CRISTINA, Marcela
—— 2003 – *MERCOSUL – União Europeia. Bases e Perspectivas de Negociação*, Konrad Adenauer Stiftung, Rio de Janeiro

CROWLEY, J. A.
—— 1992 – *Inland Transport in the European Community Following 1992*, em *Antitrust Bulletin*, vol. 37, pp. 453-80

CUKIERMAN, Alex S., KALAITSIDAKIS, Pantelis, SUMMERS, Lawrence e WEBB, Steven B.
—— 1993 – *Central Bank Independence, Growth, Investment and Real Rates*, em Maltzer, Allan e Plasser, Charles I. (ed.) Carnegie-Rochester Conference Series on Public Policy, vol. 39, North-Holland, Amesterdão, pp. 95-140

CUKIERMAN, Alex S. e WEBB, Steven B. e NEYAPTI, Bilin
—— 1992 – *The Measurement of Central Bank Independence and its Effect on Policy Outcomes*, em *The World Bank Economic Review*, vol. 6, pp. 353-98

CUKIERMAN, Alex S., WEBB, Steven B.
—— 1995 – *Political Influence on the Central Bank: International Evidence*, em *The World Bank Economic Review*, vol. 9, pp. 397-423

CUNHA, Arlindo
—— 1996 – *A Agricultura Europeia na Encruzilhada*, Asa, Porto
—— 1997a – *Os Desafios Futuros da Agricultura e do Mundo Rural no Quadro das Opções da União Europeia*, em *Temas da Integração*, n. 3, pp. 53-65
—— 1997b – *APACe a Agenda 2000*, em *Temas de Integração*, n. 3, pp. 219-24
—— 1998 – *A PAC e o Futuro da Agricultura Europeia*, em *Temas de Integração*, n. 6, pp. 101-14
—— 1999 – *A Organização Mundial do Comércio e a Agricultura Europeia*, em *Temas de Integração*, n. 8, pp. 15-22
—— 2000 – *A Política Agrícola Comum e o Futuro do Mundo Rural*, Plátano. Lisboa
—— 2004 – *A Política Agrícola Comum na Era da Globalização*, Almedina, Coimbra
—— 2005 – *Política Agrícola Comum-PAC*, em Coelho (coord.), *Dicionário de Termos Europeus*, cit., pp. 341-2
—— 2007 –*A Political Economy Analysis of the 1992, 1999 and 2003 CAP*, tese de PhD na Universidade de Reading
—— 2008 – *Posição* sobre o *Acordo sobre o Exame à Saúde da PAC: um diagnóstico em 10 pontos*, em *Espaço Rural*, n.º 66, Nov./Dez. 2008, texto dedicado a *Exame de Saúde da PAC. Cinco Leituras do mesmo Exame*, pp. 24-6

—— 2012 – *Comentários* aos arts. 38º a 44º do TFUE, em Porto e Anastácio (coord.), *Tratado de Lisboa...*, cit., pp.38-44

—— 2014 – *Reforma da PAC pós 2013: a caminho de uma política cada vez menos comum ?*, em *Espaço Rural*, n.94

CUNHA, Arlindo e SWINBANK, Alan

—— 2011 – *An Inside View of the CAP Reform Process: Explaining the MacSharry, Agenda 2000, and Fishler Reform*, Oxford University Press, Oxford

CUNHA, Carolina

—— 2005 – *Controlo das Concentrações de Empresas. Direito Comunitário e Direito Português*, Cadernos do Instituto de Direito das Empresas e do Trabalho, Almedina, Coimbra

CUNHA, Luís Pedro

—— 1996 – *A Comunidade Europeia Enquanto União Aduaneira. Disposições Fundamentais e Instrumentos da Política Comercial Comum*, separata do *Boletim de Ciências Económicas* da Faculdade de Direito da Universidade de Coimbra, vol. 39

—— 1997 – *Lições de Relações Económicas Externas*, Curso de Estudos Europeus da Faculdade de Direito da Universidade de Coimbra, Almedina, Coimbra

—— 2007 – *Integração Profunda, Integração Regional e Multilateralismo*, em *Temas de Integração*, n. 24, pp. 35-58

—— 2008 – *O Sistema Comercial Multilateral e os Espaços de Integração Regional*, Coimbra Editora, Coimbra

—— 2012 – *Comentários* aos artigos 198º a 201º do TFUE, em Porto e Anastácio (coord.), *Tratado de Lisboa...*, cit., pp. 788-92

CUNHA, Paulo de Pitta e

—— 1963-5 – *A Integração Económica na Europa Ocidental*, em *Ciência e Técnica Fiscal*, série A, n.ᵒˢ 56-7

—— 1970 – *A Moeda e a Política Monetária nos Domínios Interno e Internacional. Esquema de um Curso de Economia Monetária*, separata da *Revista da Faculdade de Direito da Universidade de Lisboa*, vol. 21

—— 1980 – *O Desafio da Integração Europeia*, Lisboa

—— 1993 – *Integração Europeia. Estudos de Economia, Política e Direito Comunitário*, Imprensa Nacional-Casa da Moeda, Lisboa

—— 1994 – *A União Monetária e suas Implicações*, em Curso de Estudos Europeus, *A União Europeia*, cit., pp. 45-59

—— 1995 – *O Regime Fiscal dos Produtos Petrolíferos em Portugal*, em *Ciência Técnica Fiscal*, n. 380, pp. 7-56

—— 1996 – *A União Económica e Monetária e as Perspectivas da Integração Europeia*, em P.P. Cunha *et al.*, *A União Europeia na Encruzilhada*, cit., pp. 7-19

—— 1999 – *Integração Monetária e Federalismo Financeiro*, em Instituto Europeu da Faculdade de Direito da Universidade de Lisboa, *Aspectos Jurídicos e Económicos da Introdução do Euro*, cit., pp. 63-71

—— 2000a – *IGC 2000 and Fiscal Federalism*, comunicação apresentada no Colóquio das Cadeiras Jean Monnet, *La Conférence Intergovernamentale 2000 et Au-Delà*, 6-7 Julho, Bruxelas

—— 2000b – *A União Monetária e o Pacto de Estabilidade*, em *Estudos Jurídicos e Económicos em Homenagem ao Professor João Lumbrales*, cit., pp. 955-61

—— 2005 – *A Crise da Constituição Europeia*, Almedina, Coimbra

—— 2006 – *Direito Europeu. Instituições e Políticas da União*, Almedina, Coimbra

—— 2008 – *A Função Reguladora da União Europeia*, em Accioly (coord.), *Direito no Século XXI...*, cit., pp. 633-44

—— 2015 – *A União Monetária e o dilema da saída da crise*, em *Revista da Ordem dos Advogados*

CUNHA, Paulo de Pitta e (org.)

—— 2008 – *A Europa e os Desafios do Século XXI*, Almedina, Coimbra

CUNHA, Paulo de Pitta *et al.*

—— 1996 – *A União Europeia na Encruzilhada*, Almedina, Coimbra

CURSO DE ESTUDOS EUROPEUS da Faculdade de Direito da Universidade de Coimbra

—— 1994a – *A União Europeia*, Coimbra

—— 1994b – *O MERCOSUL e a União Europeia*, Coimbra

—— 1996 – *Integração e Especialização. Integration and Specialization*, Coimbra

—— 2006 – *Direito Europeu. Instituições e Políticas da União*, Almedina, Coimbra

DGDR (Direcção Geral do Desenvolvimento Regional

—— 1996 – *Relatório de Execução Anual (1995) do Quadro Comunitário de Apoio 1994-1999*, Novembro, Lisboa

DAI, Xiudian, LAWSON, Alan e HOLMES, Peter

—— 1996 – *The Rise and Fall of High Definition Television: The Impact of European Technology Policy*, em *Journal of Common Market Studies*, vol. 34, pp. 149-66

DAN, Wei

—— 2001 – *A China e a Organização Mundial do Comércio*, Almedina, Coimbra

—— 2006 – *Globalização e Interesses Nacionais. A Perspectiva da China*, Almedina, Coimbra

DAN, Wei (coord.)

—— 2009 – *Os Países de Língua Portuguesa e a China num Umndo Globalizado*, Universidade de Macau e Almedina, Coimbra

DANTAS, Ivo, MEDEIROS, Marcelo de Almeida e LIMA, Marcos Costa (org.)

—— 1999 – *Processos de Integração Regional: o Político, o Económico e o Jurídico nas Relações Internacionais*, Juruá Editora, Curitiba

DAS, Gurcharan

—— 2002 – *India Unbound. From Independence to the Global Information Age*, Penguin, Nova Delhi

DASHWOOD, Alan e MARESCEAU, Marc (ed.)

2008 – *Law and Practice of EU External Relations*, Cambridge University Press, Cambridge (RU)

DATTANI, Nilesh

—— 1996 – *Economic and Monetary Union*, em Stavridis, Mossialos, Morgan e Machin (ed.) *New Challenges to the European-Union: Policies and Policy-Making*, cit., pp. 201-23

DAVIES, Gareth

—— 2003 – *European Union Internal Market*, 2.ª ed., Cavendish, Londres

DAVIES, Robert
—— 2000 – *Building a New Relationship in Southern Africa: The Challenge Facing South Africa's Government of National Unity*, em Hettne, Inotal e Sunkel (ed.) *National Perspectives on the New Regionalism in the South*, cit., pp. 265-77

DAVISON, Leigh
—— 1995 – *Open Skies over the European Union?*, em Davison, Fitzpatrick e Johnson (ed.) *The European Competitive Environment. Text and Cases*, cit., pp. 125-42

DAVISON, Leigh e FITZPATRICK, Edmund
—— 1995 – *Brussels and the Control of Merger Activity in the European Union*, em DAVISON, Fitzpatrick e JOHNSON, D. (ed.) *The European Competitive Environement. Text and Cases*, cit., pp. 60-76

DAVISON, Leigh, FITZPATRICK, Edmund e JOHNSON, Debra (ed.)
—— 1995 – *The European Competitive Environment. Text and Cases*, Butterworth-Heinemann, Oxford

DE BEERS, John S.
—— 1941 – *Tariff Aspects of a Federal Union*, em *The Quarterly Journal of Economics*, vol. 56, pp. 49-92

DE BURCA, Gráinne
—— 2000 – *Differentiation within the Core: The Case of the Common Market*, em De Burca e Scott (ed.), *Constitutional Change...*, cit., pp. 134-72

DE BURCA, Gráinne e SCOTT, Joanne (ed.)
—— 2000 – *Constitutional Change in the EU: From Uniformity to Flexibility*, Hart Publishing, Oxford

DE FEO, Alfredo e LAFFAN, Brigid
—— 2016 – *EU Own Resources. Momentum for a Reform ?*, Robert Schumam Centre for Advanced Studies, European University Institute, Bruxelas

DE GRAUWE, Paul
—— 2014 – *Economics of Monetary Union*, 10.ª ed., Oxford University Press, Oxford (3.ª ed. de 1997, 4.ª de 2000 e 7ª de 2009)

DE LA FUENTE, Angel e VIVES, Xavier
—— 1995 – *Infrastructure and Education as Instruments of Regional Policy: Evidence from Spain*, em *Economic Policy*, nº 20, pp. 13-51

DE LA TORRE, Augusto e KELLY, Margaret R.
—— 1992 – *Regional Trade arrangements*, em FMI, Occasional Paper n. 93, Washington

DE MOOIJ, Ruyd
—— 1996 – *Environmental Taxes and Unemployment in Europe*, em *Transfer-European Review of Labour and Research*, vol. 2, pp. 481-92

DE TEYSSIER, François e BAUDIER, Gilles
—— 2000 – *La Construction de l'Europe*, Presses Universitaires de France, col. Que Sais Je?, Paris

DEARDEN, Stephen
—— 1999– *Transport Policy*, em McDonald e Dearden (ed.) *European Economic Integraton*, cit., pp. 251-80

DEARDORFF, Alan V.
—— 1984 – *Testing Trade Theories and Predicting Trade Flows*, em Jones, Ronald W. e Kenen, Peter B. (ed.) *Handbook of International Economics*, North Holland, Amesterdão, pp. 467-517

DEDMAN, Martin J.
—— 2010 – *The Origins and Development of the European Union 1945-2008. A History of European Integration*, 2ª ed., Routledge, Londres e Nova Iorque

DEFRAIGNE, Jean-Christophe (com a colaoração de Patricia Nouvean)
—— 2015 – *Introdução à Economia Europeia*, Piaget (trad. de *Introduction a l'Economie Européenne*, De Boeck, 2015)

DEHESA, Guillermo de la
—— 2006 – *Winners and Losers in Globalization*, Blackwell, Nova Iorque e Oxford
—— 2007 – *What do we Know about Globalization? Issues on Poverty and Income Distribution*, Blackwell, Nova Iorque e Oxford

DELIVET, Philippe
—— 2013 – *Les Politiques de l'Union Européenne*, La Documentation Française, Paris

DELLA GIUSTA, Marina, KAMBHAMPATI, Uma S. e WADE, Robert Hunter (ed.)
—— 2006 – *Critical Perspectives on Globalization*, Edward Elgar, Cheltenham e Northampton (Mass.)

DELORS, Jacques
—— 1992 – *Le Nouveau Concert Européen*, Editions Emile Jacob, Paris
—— 1997 – *L'Union Économique et Monétaire ou la Rampe de Lancement de l'Union Politique*, em *Europa. Novas Fronteiras*, n. 1, *União Económica e Monetária*, pp. 42-6
—— 2004 – *Mémoires*, Plan, Paris
—— 2013 – *50th Aniversary Lecture – Economic Governance in the European Union: Past, Present and Future*, em *Journal of Common Market Studies*, ano 51, n.2, pp. 169-178

DELORS, Jacques et al.
—— 1999 – *L'Euro Facteur d'Avancée de l'Europe*, Economica, Paris

DENT, Christopher M.
—— 1997 – *The European Economy. The Global Context*, Routledge, Londres e Nova Iorque

DENTON, Geoffrey e O'CLEIREACAIN, Seamus
—— 1972 – *Subsidy Issues in International Commerce*, Trade Policy Research Centre, Thames Essays, n. 5 Londres

DESCHEEMAEKERE, François
—— 1996 – *L'EURO. Mieux Connaître notre Future Monnaie Européenne*, Les Éditions d'Organization, Paris

DÉVOLUY, Michel
—— 2000 – *La Banque Centrale Européenne*, Presses Universitaires de France, col. Que Sais-Je?, Paris

DEVUYST, Youri
—— 1990 – *European Community Integration and the United States: Towards a New Transatlantic Relationship*, em *Revue d'Intégration Européenne/ /Journal of European Integration*, vol. 14, pp. 5-29

DIAS, João
—— 1996 – *Comércio Intra-Ramo, Integração Europeia e Competitividade: Uma Análise do Caso Português*, em Curso de Estudos Europeus, *Integração e Especialização. Integration and Specialization*, cit., pp. 123-41
DIAS, João Pedro Simões
—— 1999 – *A Cooperação Europeia e Portugal 1945-1986*, SPB Editores, Lisboa
DICKEN, Peter
—— 2003 – *Global Schif: Reshaping the Global Map in the 21st Century*, 4.ª ed., Sage, Londres
DICKINSON, H.D.
—— 1933 – *Price Formation in a Socialist Economy*, em *The Economic Journal*, vol. 43, pp. 237-50
DIEKMANN, Achim
—— 1995 – *Towards More Rational Transport Policies in Europe*, Deutscher Instituts-Verlag Ombtt, Colónia
DILNOT, A.W. e HELM, D.R.
—— 1987 – *Energy Policy, Merit Goods and Social Security*, em *Fiscal Studies*, vol. 8, pp. 29-48
DINAN, Desmond
—— 2010 – *Ever Closer Union. An Introduction to European Integration*, 4.ª ed., Palgrave/Macmillan, Basingstoke
—— 2014 – *Origins and Evolution of the European Union*, 2ª ed., Oxford University Press, Oxford
DINAN, Desmond (ed.)
—— 2000 – *Encyclopedia of the European Union*, Lynne Rienner, Londres
DIXIT, A. e GROSSMAN
—— 1986 – *Targeted Export Promotion with Several Oligopolist Industries*, em *Journal of International Economics*, vol. 21, pp. 233-49
DIXON, R. e THIRLWALL, A. P.
—— 1979 – *An Export-Led Growth Model with a Balance of Payments Constraint*, em Bowers, J. (ed.) *Inflation, Development and Integration*, Essays in Honour of A.J. Brown, Leeds University Press, Leeds, pp. 173-92
DOBB, Maurice
—— 1933 – *Economic Theory and the Problem of the Socialist Economy*, em *The Economic Journal*, vol. 43, pp. 588-98
—— 1969 – *Welfare Economics and the Economics of Socialism. Towards a Commonsense Critique*, Cambridge Univerity Press, Cambridge (trad. port. da Europa América, Lisboa)
DOBSON, Paul W. e WATERSON, Michael
—— 1996 – *Vertical Restraints and Competition Policy*, research paper n. 12 do Office of Fair Trading, Londres
DODSON, Bill
—— 2012 – *China Fast Forward. The Technologies, Green Industries and Innovation Driving the Mainland's Future*, Jonh Wiley & Sons, Singapura
DOGANIS, Rigas
—— 2009 – *Flying of Course. The Economics of International Airlines*, 4.ª ed., Harper Collins, Londres

DOMENACH, Jean Luc
—— 2002 – *Où va la Chine?*, Fayard, Paris

DONÁRIO, Sónia Gemas
—— 2012 – *Comentários* ao arts. 56º a 62º do TFUE, em Porto e Anastácio (coord.), *Tratado de Lisboa...*, cit., pp. 332-63

DONY, Marianne
—— 2014 – *Droit de l'Union Européenne*, Université de Bruxelles, Bruxelas

DONÀ, W. Viscardini
—— 1993 – *La Politique Agricole Commune et sa Réforme*, em *Revue du Marché Unique Européen*, n. 3, pp. 13-48

DONGUES, Jurgen B.
—— 1981 – *O Desenvolvimento Industrial e a Concorrência numa Comunidade Alargada*, em Interropa (ed.), *Portugal e o Alargamento das Comunidades Europeias*, Lisboa, pp. 267-98

DONY, Marianne
—— 2014 – *Droit de l'Union Européenne*, Université de Bruxelles, Bruxelas

DORNBUSCH, Rodiger W.
—— 1990 – *Policy Options for Freer Trade: The Case for Bilateralism*, em Lawrence e Schultze (ed.) *An American Trade Strategy. Options for the 1990's*, cit., pp. 106-34

DOSSANI, Rafiq
—— 2008 – *India Ariving. How this Economic Powerhouse is Redifining Global Business*, Amacom, Nova Iorque

DOURADO, Ana Paula
—— 1996 – *A Tributação dos Rendimentos de Capitais: a Harmonização na Comunidade Europeia*. Centro de Estudos Fiscais, Lisboa.

DOWNS, Anthony
—— 1957 – *An Economic Theory of Democracy*, Harper and Row, Nova Iorque
—— 1967 – *Inside Bureaucracy*, Little, Brown and Co., Boston

DRABEK, Zdenek e GREENAWAY, David
—— 1984 – *Economic Integration and Intra-Industry Trade: The EEC and CMEA Compared*, em *Kyklos*, vol. 37, pp. 444-69

DRAXLER, Juraj
—— 2006 – *Globalisation and Social Risk Management in Europe. A Literature Review*, European Network of Economic Policy Research Institutes (ENEPRI), Research Report 23, Setembro de 2006, Bruxelas

DREZNER, D.
—— 2004 – *The Outsourcing Bogeyman*, em *Foreign Affairs*, Maio/Junho

DREVET, Jean François
—— 2001 – *L'Élargissement de l'Union Européenne, Jusqu'a ou?*, L'Harmattan, Paris

DRIFFIL, John e BEBER, Massimo (ed.)
—— 1991 – *A Currency for Europe. The Currency as an Element of Division or of Union of Europe*, Lothian Foundation Press, Londres

DROMI, Roberto e MOLINA DEL POZO, Carlos
—— 1996 – *Acuerdo MERCOSUL-Union Europea*, Ediciones Ciudad Argentina, Buenos Aires

DRUESNE, Gérard
— 2006 – *Droit de l'Union Européenne et Politiques Communautaires*, 8.ª ed., Presses Universitaires de France, Paris
DRUESNE, Gérard e KREMLIS, Georges
— 1990 – *La Politique de Currence de la Communautée Européenne*, 2.ª ed., Presses Universitaires de France, col. Que Sais-je?, Paris
DUARTE, Maria Luísa
— 1997 – *A Teoria dos Poderes Implícitos e a Delimitação de Competências entre a União Europeia e os Estados-Membros*, Lex, Lisboa
— 2000 – *A Aplicação Jurisdicional do Princípio da Subsidiariedade no Direito Comunitário – Pressuposto e Limites*, em Faculdade de Direito da Universidade de Lisboa, *Estudos Jurídicos e Económicos em Homenagem ao Professor João Lumbrales*, cit., pp. 779-813
— 2011 – *União Europeia. Estática e dinâmica da ordem jurídica eurocomunitária*, Almedina, Coimbra
— 2012 – *Comentários aos arts. 45º a 47º do TFUE*, em Porto e Anastácio (coord.), *Tratado de Lisboa...*, cit. pp. 304-9
DUBOIS, Louis e BLUMANN, Claude
— 2015 – *Droit Matériel de l'Union Européenne*, 7ª ed., Librairie Générale de Droit et Jurisprudence (LGDJ), Paris
DUE, John F.
— 1970 – *Indirect Taxation in Developing Economies*, The Johns Hopkins Press, Baltimore e Londres
DUMOULIN, Michel e DUCHENNE, Genevieve (ed.)
— 2002 – *Les Petits États et la Construction Européenne*, PIE – Peter Lang, Bruxelas
DUNLEAVY, Patrick
— 1991 – *Democracy, Bureaucracy and Public Choice: Economic Explanations in Political Science*, Harvester/Wheatsheaf, Nova Iorque
DURAND, Guillaume
— 2004 – *Putting EU Finances in Perspective*, The European Policy Centre, Bruxelas
DYER, Carl L., DYER, Barbara L., HATHCOTE, Jan M. e REES, Kathleen
— 1997 – *Service Markets in the 21st Century: The Impact of the New WTO Regime*, em Fatemi (ed.) *International Trade in the 21st Century*, cit., pp. 213-29
DYSON, Kenneth e FEATHERSTONE, Kevin
— 1999 – *The Road to Maastricht. Negotiating Economic and Monetary Union*, Oxford University Press, Oxford
DYSON, Tim, CASSEN, Robert e VISARIA, Leela (ed.)
— 2005 – *Twenty-First Century India. Population, Human Development and the Environment*, Oxford University Press, Oxford
ECKAUS, Richard
— 2008 – *Portugal: Then and Now*, em Franco (ed.) *Challenges Ahead for the Portuguese Economy*, cit., pp. 33-52
ECONOMIST (The)
— 1999 – *Economics. Making Sense of the Modern Economy*, Londres
— 2015 – *Pocket World in Figures 2016*, Londres

ECOTEC *et al.*

_____ 1997 – *Data Collection on Eco-Industries in the European Union,* A report to Eurostat

EDWARD, Dvid e LANE, Robert

—— 2013 – *European Union Law,* Edward Elgar, Cheltenham (RU) e Northampton (Mas., EUA)

EICHENGREEN, Barry

—— 1990 – *One Money for Europe? Lessons from US Currency Union,* em *Economic Policy,* n. 10, pp. 112-87

—— 1993 – *Reconstructing Europe's Trade and Payments, The European Payments Union,* Manchester University Press, Manchester

EICHENGREEN, Barry, GUPTA, Poonam e KUMAR, Rajiv (ed.)

—— 2010 – *Emerging Giants. China and India in the World Economy,* Oxford University Press, Oxford

EIHAUGE, Einer e GERARDIN, Damien

—— 2007 – *Global Competition Law and Economics,* Hart Publishing, Oxford e Portland (Oregon)

EIJFFINGER, Sylvester

—— 2000 – *Tax Competition and Tax Harmonisation,* comunicação apresentada no Colóquio das Cadeiras Jean Monnet, *La Conference Intergovernamentale 2000 et Au-Delà,* 6-7 Julho, Bruxelas

EIJFFINGER, Sylvester e DE HAAN, Jakob

—— 2000 –*European Monetary and Fiscal Policy,* Oxford University Press, Oxford

EIJFFINGER, Sylvester e SCHALING, E.

—— 1993 – *Central Bank Independence: Theory and Evidence,* Center for Economic Research, Tilburg Univeristy, discussion paper 9325, Abril

EL-AGRAA, Ali M.

—— 2011 – *The Common Fisheries Policy ,* em El-Agraa (ed.), *The European Union...,* cit., cap.21, pp. 335-347

—— 2015- *The European Union Illuminated: it´s nature, importance and future,* Palgrave/Macmillan, Basingstoke

EL-AGRAA, Ali M. (ed.)

—— 2011 – *The European Union. Economics and Policies,* 9.ª ed., Cambridge University Press, Cambridge (5.ª ed. de 1998 e 8.ª ed. de 2007)

EL-AGRAA, Ali M.

—— 1996 – *International Economic Integration,* em Greenaway (ed.) *Current Issues in International Trade,* cit., pp. 174-212

—— 1999 – *Regional Integration. Experience, Theory and Measurement,* 2.ª ed., Macmillan. Basingstoke e Londres

EL-AGRAA, Ali M. e JONES, A.J.

—— 1981 – *The Theory of Customs Unions,* Philip Allan, Oxford

EL-AGRAA, Ali M. *et al.*

—— 1997 – *Economic Integration Worldwide,* Macmillan, Basingstake e St. Martin's Press, Nova Iorque

ELLSWORTH, P.T.
—— 1954 – *The Structure of American Foreign Trade: A New View Examined*, em *The Review of Economics and Statistics*, vol. 36, pp. 279-85

EMERSON, Michael
—— 1998 – *Redrawing the Map of Europe*, Macmillan, Basingstoke et St. Martin's Press. Nova Iorque

EMERSON, M., ANSEAN, M., CAFINAT, M., CROYBET, P. e JACQUEMIN, E.
—— 1988 – *The EC Commission's Assessment of the Economic Effects of Completing the Internal Market*, Oxford University Press, Oxford

EMERSON, M. e GROS, A.
—— 1998 – *Interaction between EU Enlargement, Agenda 2000 and EMU – The Case of Portugal*, CEPS, Bruxelas

EMERSON, M. e HUHNE, C.
—— 1991 – *The ECU Report*, Pan Books, Londres (trad. francesa, *l'ECU*, da Economica, Paris). Trata-se de uma síntese da *European Economy* (1990, cit.)

EMMANUEL, Arghiri
—— 1972 – *Unequal Exchange: A Study of the Imperalism of Trade*
—— 1974 – *Le Profit et les Crises. Une approche nouvelle des contradictions du capitalisme*, François Maspero, Paris

ENGARDIO, Pete (ed.)
—— 2007 – *Chindia. How China and India ara Revolutionizing Global Business*, McGraw-Hill, Nova Iorque

ERIXON, Fredrik e SRINIVASAN, Krishnan (ed.)
—— 2015 – *Europe in Emerging Opportunities and Obstacles in Political and Economic Encounters*, Rowman & Littlefield International, Londres e Nova Iorque

ERNST & WHITNEY
—— 1987 – *Costs of the 'New Europe': Illustrations in the Road Haulage Sector*, Study for the European Commission, Novembro

ERNST & YOUNG
—— 2005 – *Emerging Economic Stake. Their Claim, European Atractiveness.* Survey

ESTORNINHO, Maria João
—— 2006 – *Direito Europeu dos Contratos Públicos. Um Olhar Português*, Almedina, Coimbra

ESTY, Daniell C.
—— 1994 – *Greening the GATT. Trade, Environment and the GATT*, Institute for International Economics, Washington

EUROPEAN E&M CONSULTANTS
—— 2005 – *State Aids: A More Economic Based Approach*, Competition Competences Report 4/2005, Bruxelas

European Economy (Economie Européenne)
—— 1988 – *The Economics of 1992: An Assessment of the Potential Economic Effects of Completing the Internal Market of the European Community* (n. 35, Outubro) (ver Chechini, 1988, que referenciamos)

—— 1990 – *One Market, One-Money. An Evaluation of the Potential Benefits and Costs of Forming an Economic and Monetary Union* (n. 44, Outubro)

—— 1991 – *The Economics of EMU, Backgrowd Studies for European Economy, One Market One Money*

—— 1992a – *The Climate Challenge, Economic Aspects of the Community's Strategy for Limiting CO_2 Emissions* (n. 51, Maio)

—— 1992b – *The Economics of Limiting CO_2 Emissions*, edição especial

—— 1996 – *The CAP and Enlargement. Economy Effects of the Compensatory Payments*, n. 2

—— 1997 – *The CAP and Enlargement. Agrofood Price Developments in Five Associated Countries*, n. 2

EUROPEAN MONITORING CENTRE ON CHANGE (EMCC)

—— 2006 – *European Restructuring Monitor Quarterly*, n.º 2, verão, Dublim

EVANS, Andrew

—— 2000 – *The EU Structural Funds*, Oxford University Press, Oxford

EZRAM, Revick e LAIRD, Samuel

—— 1984 – *Intra-Industry Trade of Developing Countries and some Policy Issues*, Institute for International Economic Studies, Seminar Paper n. 289, Estocolmo

EZRAN, Revick e YEATS, Alexander

—— 1992 – *Free Trade Agreements with the United States: What's is it for Latin America*, Banco Mundial, Washington

EVANS, Andrew

—— 2000 (reimpressão de 2006) – *The EU Structural Funds*, Oxford University Press, Oxford

FLAD (Fundação Luso-Americana para o Desenvolvimento)

—— 1998 – *A Organização Mundial do Comércio e a Resolução de Litígios*, Faculdade de Direito da Universidade de Lisboa e Georgetown University Law Center, Lisboa

FMI (Fundo Monetário Internacional)

—— 1975 – *Annual Report on Exchange Restrictions*

—— 1994 – *International Trade Policies. The Uruguai Round and Beyond*, vol. II, *Background Papers*, Washington

FACULDADE DE DIREITO DA UNIVERSIDADE DE LISBOA

—— 2000 – *Estudos Jurídicos e Económicos em Homenagem ao Professor João Lunbrales*, Coimbra Editora, Coimbra

FAGERBERG, Jan e VERSPAGEN, Bart

—— 1996 – *Heading for Divergence? Regional Growth in Europe Reconsidered*, em *Journal of Common Market Studies*, vol. 34, pp. 431-48

FAIÑA, J. Andrés

—— 2000 – *Las Competencias de los Gobiernos Centrales y los Problemas de Ampliación y Profundizacion de la Union Europea: Un Ensayo de Economia Política Constitucional*, Comunicação apresentada no Colóquio das Cadeiras Jean Monnet, *La Conférence Intergouvernamentale 2000 et Au-Delà*, 6-7 Julho, Bruxelas

FARNDON, John

—— 2008 – *China Rises. How China's Astonishing Growth will Change the World*, Virgin Books, Londres

FARR, Sebastian
—— 1998 – *EU Anti-Dumping Law. Pursuing and Defending Investigations*. Palladium Law Publishing, Bambridge
FARRELL, Sheila
—— 1999 – *Financing European Transport Infrastructure. Policies and Practice in Western Europe*, Macmillan, Basingstoke
FASSBENDER, Heine
—— 2007 – *Europe as an Economic Powerhouse. How the Old Continent is Gaining New Strength*, Kogan Page, Londres e Filadélfia
FATÁS, Antonio
—— 1997 – *EMU: Countries or Regions? Lessons from the EMS Experience*, em *European Economic Review*, vol. 41, pp. 743-51
FATEMI, Khornow (ed.)
—— 1997 – *International Trade in the 21ˢᵗ Century*, Pergamon, Oxford
FAULL, Jonathan e NIKPAY, Ali (ed.)
—— 2007 – *The EC Law of Competition*, 2.ª ed., Oxford University Press, Oxford
FAUSTINO, Horácio Crespo
—— 1990 – *O Paradoxo de Leontief no Quadro das Várias Teorias do Comércio Internacional*, Documentos de Trabalho (n. 1) do CEDE (Centro de Estudos e Documentação Europeia), Instituto Superior de Economia e Gestão, Universidade Técnica de Lisboa
—— 1995 – *O Cluster Europeu de Portugal em Termos de Comércio Intra-Sectorial: Análise ao Nível dos Principais Produtos para o Período de 1983-1992*, em *Estudos de Economia*, vol. 15, pp. 391-428
FAYOLLE, Jacky e LECUYER, Anne
—— 2000 – *Croissance Régionale, Appartenance Nationale et Fonds Structurels Européens*, em *Revue de l'OFCE* (Observatoire Français des Conjunctures Économiques), n. 73
FEENSTRA, Robert C., GROSSMAN, Gene M. e IRWIN, Douglas A. (ed.)
—— 1996 – *The Political Economy of Trade Policy*, Papers in Honor of Jagdish Bhagwati, The MIT Press, Cambridge (Mass.) e Londres
FEIO, Diogo Nuno de Gouveia Torres
—— 2014 – *Uma História Interminável. Entre a União Europeia e a União Económica e Monetária: o Governo, o Orçamento e os Impostos*, dissertação de doutoramento na Faculdade de Direito da Universidade do Porto
FEIO, Diogo e CARNEIRO, Beatriz Soares
2012 _ *O Poder das Agências*, Matéria-Prima, Liboa CIT. p. 227
FEITOR, R., DIOGO, A. e MARQUES R.
—— 1982 – *A Indústria Portuguesa Face à Adesão à CEE: Impacto e Perspectivas*, Ministério da Indústria e Energia, Lisboa
FELDSTEIN, Martin
—— 1997 – *EMU and International Conflict*, em *Foreign Affairs*, Novembro-Dezembro, pp. 60-73
—— 1998 – *Asking for Trouble*, em *Time*, 19.1.1998, p. 21

—— 2012 – *The Failure of the Euro*, em *Foreign Affairs*, vol. 91, nº 1

FEKETEKUTY, Gaza

—— 1988 – *International Trade in Services. An Overview and Blueprint for Negotiations*, Ballinger Publishing Company (Haper & Row), Cambridge (Mass.)

FELDSTEIN, Martin

—— 1997 – *EMU and International Conflict*, em *Foreign Affairs*, Novembro-Dezembro, pp. 60-73

—— 1998 – *Asking for Trouble*, em *Time*, 19th January 1998, p. 21

—— 2012 – *The Failure of the Euro*, em *Foreign Affairs*, vol. 91, n. 1

FERNANDES, António José

—— 1991 – *Relações Internacionais. Factos, Teorias e Organizações*, Editorial Presença, Lisboa

—— 1998 – *União Europeia e MERCOSUL: Dois Processos de Integração*, Universidade do Minho e Comissão Europeia, Braga

FERNANDES, José Manuel

—— 2013 – *Fundos Europeus 2014/2020*, PPE-Instituto Sá Carneiro, Lisboa

FERNANDES, José Pedro Teixeira

—— 2013 – *Elementos de Economia Política Internacional*, 2ª ed., Almedina, Coimbra

FERNÁNDEZ, Diego e PEREYRA, Andrés

—— 1997 – *Comercio Intraindustrial Horizontal e Vertical. El Caso Uruguayo: 1991-1994*, Documento Preliminar, Universidade da República, Montevideo

FERREIRA, Eduardo Paz

—— 1999 – *União Económica e Monetária. Um Guia de Estudo*, Quid Juris, Lisboa

—— 2004 – *Valores e Interesses*, Almedina, Coimbra

—— 2012 – *Comentários aos artigos 119º a 122º do TFUE*, em Porto e Anastácio (coord.), *Tratado de Lisboa...*, cit., pp. 554-64

—— 2014 – *Da Europa de Schuman à Não Europa de Merkl*, Quetzal Editora, Lisboa

—— 2016 – *Por uma sociedade decente – Começar de novo vai valer a pena*, Marcador Editora, Barcarena.

FERREIRA, Eduardo Paz (coord.)

—— 2013 – *Troika Ano II*, Edições 70, Lisboa

—— 2014 – *A Austeridade Mata ?*, 2ª ed., Law School Editora, Lisboa

FERREIRA, Eduardo Paz, MORAIS, Luis e ANASTÁCIO, Gonçalo (coord.)

—— 2009 – *Regulação em Portugal: Novos Tempos, Novo Modelo?*, Almedina, Coimbra

FERREIRA, Eduardo de Sousa, PAIVA, Amadeu e PATACÃO, Helena

—— 1997 – *Hermes Revelado. Lições de Comércio Internacional*, McGraw-Hill, Lisboa

FERREIRA, Graça Enes

—— 1997 – *A Teoria da Integração Económica Internacional e o Modelo de Integração* do Espaço Económico Europeu, Legis Editora, Porto

—— 2016 – *Unidade e Diferenciação no Direito da União Europeia. A diferenciação como princípio estratégico do sistema jurídico da União*, Almedina, Coimbra

FERREIRA, Marco Capitão

—— 2012 – *Comentários* aos artigos 98º e 99º do TFUE, em Porto e Anastácio (coord.), *Tratado de Lisboa...*, cit., pp. 490-3

FERRO, Miguel Sousa
—— 2015 – *A Definição de Mercados Relevantes no Direito Europeu e Português da Concorrência*, Almedina, Coimbra
FIDE (Federação Internacional de Direito Europeu)
—— 1992 – *Les Aspects Nouveaux de la Libre Circulation des Personnes: Vers une Citoyenneté Européenne*, Associação Portuguesa de Direito Europeu, Lisboa
FIGUEIREDO, Filipe
—— 2012 – *Comentários* aos artigos 315º e 316 do TFUE, em Porto e Anastácio (coord.), *Tratado de Lisboa...*, cit., pp. 1118-21
FINDLAY, Ronald
—— 1970 – *Trade and Specialization*, Penguin, Harmondsworth
—— 1973 – *International Trade and Development Theory*, Columbia University Press, Nova Iorque e Londres
—— 1979 – *Commentary* a Gottfried Haberler, *The Liberal International Economic Order in Historical Perspective*, em Amacher, Haberler e Willet (ed.) *Challenges to a Liberal International Economic Order*, cit., pp. 73-80
FINDLAY, Ronald e WELLINZ, S.
—— 1983 – *Some Aspects of the Politcal Economy of Trade Restrictions*, em *Kyklos*, vol. 36, pp. 469-81
FINE, Frank
—— 1994 – *Mergers and Joint Ventures in Europe. The Law and Policy of the EEC*, 2.ª ed., Graham & Trotman/Martinus Nijhoff, Londres
FISCHER, S.
—— 1994 – *Modern Central Banking*, comunicação apresentada no Tricentenário do Banco de Inglaterra, Central Banking Symposium, 9 de Junho
—— 2003 – *Globalisation and its Challenges*, em *Papers and Proceedings* da American Economic Association, vol. 93, pp. 1-30
FISHLOW, A. e DAVID, P.A.
—— 1961 – *Optimal Resource Allocation in an Imperfect Market Setting*, em *The Journal of Political Economy*, vol. 69, pp. 529-46
FISHMAN, Robert M. e MESSINA, Anthony M. (ed.)
—— 2006 – *The Year of the Euro. The Cultural, Social and Political Importance of Europe's Common Currency*, Univesity of Notre Dame Press, Indiana
FISHMAN, Ted C.
—— 2009(7) – *China Inc.. Como a Ascensão da Próxima Superpotência Desafia o Mundo*, Caleidoscópio, Casal de Cambra
FITOUSSI, Jean-Paul
—— 1997(5) – *O Debate-Tabu. Moeda, Europa, Pobreza*, Terramar, Lisboa (trad. da ed. francesa, de 1995)
FITOUSSI, Jean-Paul (dir.)
—— 2000 – *Rapport sur l'État de l'Union Européenne, 2000*, Presses de Sciences Po, Fayard, Paris
FLORENCE, Eric e DEFRAIGNE, Pierre
—— 2013 – *Towards a New Development Paradigm in Twenty-First Century China. Economy, Society and Politics*, Routledge, Londres e Nova Iorque

FLÔRES, Jr. Renato G.

—— 1996a – *A Avaliação do Impacto das Integrações Regionais*, em *Temas de Integração*, n. 1, pp. 51-61

—— 1996b – *Pode a Performance do MERCOSUL Levantar Dúvidas sobre a Performance dos Economistas? Sim!*, em *Estado de S. Paulo*, de 16.12.1996

—— 1997 – *The Gains form MERCOSUL: A General Equilibrium, Imperfect Competion Evaluation*, em *Journal of Policy Modeling*, vol. 19, pp. 1-18

—— 2000 – *Portugal e Brasil: Convergência e Parceria nos Próximos 500 Anos,* em C. Albuquerque e Romão (org.) *Brasil-Portugal...,* cit., pp. 331-9

FLORY, Thiébant

—— 1992 – Comentário ao art. 91.º em Constantinesco *et al.* (ed.) *Commentaire du Traité Instituant la CEE*, 1.º vol. cit., pp. 455-7

FLYNN, James e STRATFORD, Jemime

—— 1999 – *Competition. Understanding the 1998 Act,* Palladim Law Publishing. Bermbridge

FONSECA, Carlos Correia da

—— 2006 – *Transportes e Infraestruturas de Transportes,* em Romão (org.), *A Economia Portuguesa 20 Anos Após a Adesão,* cit., pp. 235-81

FONTAGNÉ, Lionel

—— 2005 – *Faut-il Avoir Peur des Délocalisations?,* em *En Temps Réel,* Cahier 21

FONTOURA, Maria Paula

—— 1989a – *Protecção Comercial na Indústria Transformadora em Portugal: Estrutura e Determinantes no Período de 1974-86,* dissertação de doutoramento, ISE, Lisboa

—— 1989b – *Politico-Economic Determinants of Protectionism in Portugal: A Cross-Section Analysis for the Year 1982,* em *Estudos de Economia,* vol. 9, pp. 107-34

—— 1992a – *A Economia Política do Proteccionsmo,* em Castro (ed.) *Política Comercial,* cit., cap. IV, pp. 115-40

—— 1992b – *Medição do Grau de Protecção,* em Castro (ed.) *Política Comercial,* cit., cap. IV, pp. 141-71

—— 1997 – *Factores Determinantes do Comércio Internacional: Abordagem Empírica*, em *Boletim de Ciências Económicas* da Faculdade de Direito da Universidade de Coimbra, vol. 40, pp. 83-141

FONTOURA, Maria Paula e CRESPO (org.)

—— 2004 – *O Alargamento da União Europeia. Consequências para a Economia Portuguesa,* Celta, Oeiras

FONTOURA, Maria Paula e VALÉRIO, Nuno

—— 1994 – *Protection, Foreign Trade and Economic Growth in Portugal 1840's-1980's: A Long Term View,* em Lindert, Peter H., Nye, John e Chevets, Jean Michel (ed.) *Political Economy of Protectionism and Commerce, Eighteenth-Twentieth Centuries,* Proceedings of the Eleventh International Economic History Congress, Universidade Bocconi, Itália

—— 1996 – *Foreign Economic Relations and Economic Growth in Portugal 1840-1990: A Long Term View,* documento de trabalho n. 4/96 do Centro de Estudos de Economia Europeia e Internacional (CEDIN), Instituto Superior de Economia e Gestão (ISEG), Universidade Técnica de Lisboa

FOUÉRÉ, Erman
—— 1990 – *Emerging Trends in Intenational Enviromental Agreements*, em Carrol, John E. (ed.) *International Environmental Diplomacy*, Cambridge University Press, Cambridge
FOUQUIN, Michel e SIROËN, Jean-Marc
—— 1998 – *Régionalisme et Multilatéralisme Sont-ils Antinomiques?*, em Économie Internationale, n.º 74, pp. 3-14
FOURÇANS, André e VON WOGAU, Karl (ed.)
—— 1998 – *Monnaie Unique et Fiscalité de l'Epargne. Quelle Europe Financière?* Agora Europ, Sèvres
FRANCO, António Luciano de Sousa
—— 1972 – *Os Capitais e a Integração Económica*, separata da *Revista da Faculdade de Direito da Universidade de Lisboa*, vol. 24
—— 1992(9) – *Finanças Públicas e Direito Financeiro*, vol. 1, 4.ª ed., Almedina, Coimbra (reimpressão de 1999)
—— 1997 – *Crescimento Sustentado de Mãos Dadas com o Caminho para o EURO*, em *Europa. Novas Fronteiras*, n. 1, *União Económica e Monetária*, pp. 50-5
—— 2000 – *Euro e o Dólar: Desafio para o Futuro*, em *Estudos em Homenagem ao Professor Doutor Pedro Soares Martinez*, Almedina, Coimbra, pp. 41-63
FRANCO, António L. Sousa, LAVRADOR, Rodolfo V., CALHEIROS, J.M Albuquerque e CABO, S. Gonçalves do
—— 1994 – *Finanças Europeias*, vol. I, *Introdução e Orçamento*, Almedina, Coimbra
FRANCO, Francesco (ed.)
—— 2008 – *Challenges Ahead for the Portuguese Economy*, Imprensa das Ciências Sociais (ICS), Lisboa
FRANK, André Gunder
—— 1975 – *Capitalism and Underdevelopment in Latin America*, Monthly Review Press, Nova Iorque
FRANKEL, Jeffrey A. e ROMER, David
—— 1999 – *Does Trade Cause Growth?*, em *The American Economic Review*, vol. 89, pp. 379--99
FRANKOPAN, Peter
—— 2016 – *The Silk Roads: A New History of the World*, Bloomsbury Publishing, Londres
FRAZER, T.
—— 1992 – *Monoploy, Competition and the Law: The Regulations of Business Activity in Britain, Europe and America*, 2.ª ed., Harvester/Wheatsheaf, Nova Iorque
FREDRIKSSON, Per G. (ed.)
—— 1999– *Trade, Global Policy, and the Environment*, Word Bank discussion paper n. 402, Banco Mundial, Washington
FREESTONE, David
—— 1992 – *The 1992 Maastricht Treaty. Implications for European Environmental Law*, em *European Environmental Law Review*, vol. 1, pp. 23-6
FREIRE, Maria Paula dos Reis Vaz
—— 2008 – *Eficiência Económica e Restrições Verticais*, Almedina, Coimbra

—— 2012 – *A Nova Governação Económica da União Europeia*, em *Estudos de Homenagem ao Prof. Doutor Jorge Miranda*, vol. V.

—— 2013 – *Mercado Interno e União Económica e Monetária*, AAFDL, Lisboa

FREUDENBERG, Michael, GAULIER, Guillaume e ÜNAL-KESENCI, Deniz

—— 1998 – *La Regionalisation du Commerce International, Économie Internationale*, n.º 74, pp. 15-41

FREY, Bruno S.

—— 1984 – *International Political Economics*, Basil Blackwell, Oxford

FREY, Bruno S. e WECK-HANNEMANN, Hannelore

—— 1996 – *The Political Economy of Protection*, em Greenaway (ed.) *Current Issues in International Trade*, cit., pp. 154-73

FRIEDEN, Jeffrey, JONES, Erik e TORRES, Francisco (ed.)

—— 1996 – *Joining Europe's Monetary Club: The Challenges for Smaller Member States*, St. Martin's Press, Nova Iorque

FRIEDMAN, Thomas

—— 2000(9) – *Compreender a Globalização. O Lexus e a Oliveira*, Quetzal, Lisboa (trad. da ed. inglesa, de 1999)

—— 2006 – *O Mundo é Plano. Uma História Breve do Século XXI*, Actual Editora, Lisboa (trad. de *The World is Flat. A Brief History of the Twenty-First Century*, Farrar, Straus and Giroux, Nova Iorque, 2005)

—— 2008(7) – *Quente, Plano e Cheio. Porque Precisamos de uma Revolução Verde*, Actual Editora, Lisboa

FRIEDMANN, John

—— 1966 – *Regional Development Policy: A Case Study of Venezuela*, Cambridge (Mass.)

—— 1972 – *A Generalized Theory of Polarized Development*, Nova Iorque

—— 1973 – *Urbanization, Planning and National Development*, Beverly Hills

FROHELING, Hans Christoph e RAUCH, Andreas M.

—— 1994 – *The Gatt Agreement and the World Economy*, em *Aussenpolitik*, vol. 45, n. 1, pp. 40-51

FROUFE, Pedro Madeira e GOMES, António Caramelo

—— 2016 – *Mercado Interno e Concorrência, em Silveira*, Canotilho e Froufe (coord.), Direito da União Europeia..., cit., pp. 449-504

FURTADO, Celso

—— 1961 – *Desenvolvimento e Subdesenvolvimento*, Fundo de Cultura, Rio de Janeiro

Gabel, H. Landis e Cadot, Olivier

—— 1996 – *High-Definition Television in Europe*, em Cadot, Gabel, Story e Webber (ed.) *Industrial and Trade Policy*, cit., pp. 183-218

GABEL, H. Landis e NEVEN, Damien

– 1996 – *Fair Trade in Commercial Aircraft: Boeing vs. Airbus, Boeing's Case Against Airbus* e *In Defense of Airbus Industry*, em Cadot, Gabel, Story e Webber (ed.) *Industrial and Trade Policy,* cit., pp. 140-82

GADZEY, Anthony Tho-Kofi

—— 1996 – *The Political Economy of Power. Hegemony and Economic Liberalization*, Macmillan, Basingstoke e Londres

GAMIR, Luis Maria
—— 1970 – *La Medición del Proteccionismo Arancelario Español: El Análisis de los Aranceles Nominales y la Teoria de la Protección Efectiva*, em *Moneda y Credito*, Março, pp. 3-46
GANG, Gong
—— 2012 – *Contemporary Chinese Economy*, Routledge, Londres e Nova Iorque
GAOS, David
GARCIA, Fernando Camaño
—— 1999 – *A Política Comum dos Transportes*, Cargo Edições, Lisboa
GARCIA, José António e NEVEN, Damien
—— 2005 – *State Aid and Distortions of Competitiveness. A Benchmark Model*, Graduate Institute of International Studies working paper n. 06/2005, Genebra
GARCIA-MARGALLO, José Manuel e MÉNDEZ DE VIGO, Iñigo
—— 1998 – *La Apuesta Europea: de la Moneda a la Unión Política*, Biblioteca Nueva, Madrid
GARRETT, João Ruiz de Almeida
—— 1989 – *Economia e Finanças Públicas*, Lições ao Curso Jurídico de 1988-9 da Universidade Portucalense, Porto
GASIOREK, M. e A. VENABLES,
—— 1994 – *Modelling the Efect of Central and East European Trade on the European Community*, em *European Economy*, n. 6, pp. 519-38
GASPAR, Vitor
—— 1992 – *Portugal e o Processo de Realização da União Económica e Monetária*, em Ministério do Planeamento e da Administração do Território, *Fundos Estruturais. Que Futuro?*, cit., pp. 185-97
—— 1998 – *As Transferências no Contexto da Europa Comunitária: algumas Considerações a propósito da Agenda 2000*, em Conselho Económico e Social, *Colóquio "Agenda 2000: as suas Implicações para Portugal"*, cit., pp. 199-207
GASPAR, Vítor e ANTUNES, António José Pais
—— 1986 – *A Descentralização das Funções Económicas do Estado*, em *Desenvolvimento Regional*, Boletimda Comissão de Coordenação da Região Centro, n. 23, pp. 9-37
GASPARD, Michel
—— 1998 – Élargissement, Cohésion et Croissance. Un Scénario pour les Financements Européens a l'Horizon 2025, em *Revue du Marché Commun et de l'Union Européenne*, n. 422, pp. 600-16
GASTINEL, E.
—— 1993 – *Concentration*, em Barav e Philip (ed.) *Dictionnaire Juridique des Communautés Européennes*, cit., pp. 264-7
GAVALDA, Christian e PARLIANI, Gilbert
—— 1998 – *Droit des Affaires de l'Union Européenne*, Litec, Paris
GEHRELS, F.
—— 1956-7 – *Customs Unions from a Single Country Viewpoint*, em *Review of Economic Studies*, vol. 24, pp. 1956-7
GEORGAKOPOULOS, Theodore, PARASKEDOPOULOS, Christos C. e SMITHIN, John
—— 1994 – *Economic Integration Between Unequal Partners*, Edward Elgar, Nova Iorque,

GERBET, Pierre
—— 1987 – *La Naissance du Marché Commun*, Editions Complexe, Bruxelas
—— 1994 – *La Construction de l'Europe*, nova ed., Imprimerie Nationale, Paris
GERELLI, Emílio
—— 1964 – *Osservazioni per la Riforma dell' Imposizione Generale sulle Vendite*, em *Rivista di Diritto Finanziario e Scienza delle Finanze*, vol. 23, pp. 527-546
GERRITSE, Ronald (ed.)
—— 1990 – *Producer Subsidies*, Pinter Publishers, Londres e Nova Iorque
GERTH, Karl
—— 2010 – *As China Goes, so Goes the World*, Hill and Wang, Nova Iorque
GHANNADIAN, Farhad F. e JOHNSON, Victoria E.
—— 1997 – *Mergers and Acquisitions in an Integrated Europe*, em Fatemi (ed.) *International Trade in the 21st Century*, cit., pp. 199-211
GHATE, Chetan (ed.)
—— 2012 – *The Oxford Handbook of the Indian Economy*, Oxford University Press, Oxford
GIDDENS, Anthony
—— 2007 – *Europe in the Global Age*, Polity Press, Cambridge (UK)
GIERSCH, Herbert (ed.)
—— 1979 – *On the Economics of Intra-Industry Trade-Symposium 1978*, Institute für Weltwirtschaft, Kiel
GILBERT, Mark
—— 2012 – *European Integration. A Concise History*, Rowman&Littlefield Publishers, Lanham
GILL, Richard
—— 1963(2) – *Introdução ao Desenvolvimento Económico*, Prentice-Hall (trad. da ed. ingl. da Clássica Editora, Lisboa)
GILPIN, Robert
—— 1987 – *The Political Economy of International Relations*, Princeton University Press, Princeton
GNESOTTO, Nicole e GREVI, Giovanni
—— 2006 – *The New Global Puzzle. What World for the EU in 2025?*, Institute for Security Studies, Paris
GODLEY, W. Wynne e MAY, R.
—— 1977 – *The Macroeconomic Implications of Devaluation and Import Restrictions*, em *Economic Policy Review*, Março, pp. 32 ss.
GOH, Jeffrey
—— 1997 – *European Air Transport Law and Competition*, John Wiley & Sons, Chichester
GOHON, Jean-Pierre
—— 1991 – *Les Marchés Publics Européens*, Presses Universitaires de France, col. Que Sais-Je?, Paris
GOLDSCHMIDT, James
—— 1994 – *The Trap*, Macmillan, Londres (publicado primeiro em França, *Le Piège*, ed. Fexoti, Paris, 1993)

—— 1995 – *The Response*, Macmillan, Londres

GOLDSTEIN, Andrea e LEMOINE, Françoise

—— 2013 – *L'Économie des BRIC, Brésil, Russie, Inde, Chine*, La Découverte, Paris

GOLISH, Vicki L.

—— 1992 – *From Competition to Collaboration: The Challenge of Commercial-Class Aircraft Manufacturing*, em *International Organiza-tion*, vol. 46, pp. 899 ss.

GOMBERT, David C. e LARABEE, F. Stephen

—— 1997 – *America and Europe. A Partnership for a New Era*, Cambridge University Press, Cambridge

GOMES, António Ferreira

—— 2012 – *Comentário* ao artigo 127º do TFUE, em Porto e Anastácio (coord.), *Tratado de Lisboa...*, cit., pp. 582-5

GOMES, Francisco da Câmara Santa Clara

—— 2000-1 – *A União Europeia e o Mercosul*, em *Temas de Integração*, n.ᵒˢ 10-11, pp. 105-14

GOMES, Jorge Salgado e ALVES, Fernando Barata

—— 2010 – *O Universo da Indústria Petrolífera*, Fundação Calouste Gulbenkian, Lisboa

GOMES, José Caramelo

—— 2009 – *Lições de Direito da União Europeia*, Almedina, Coimbra

—— 2010 – *Lições de Direito da Concorrência*, Almedina, Coimbra

GONÇALVES, José Renato

—— 2010 – *O Euro e o Futuro de Portugal e da União Europeia. Estudo sobre o desenvolvimento e a coesão económica, social e territorial no cotexto da união monetária europeia e da globalização*, Wolters Kluwer/Coimbra Editora, Coimbra

GONZALEZ-DIAS, Francisco Enrique e SNELDERS, Robbert

—— 2013 – *EU Competition Law*, vol. V, *Abuse of Dominance Under Article 102 of TFUE*, Claeys & Castels, Deventer (Holanda) e Leuven (Bélgica)

GOODMAN, S.F.

—— 1996 – *The European Union*, 3.ª ed., Macmillan, Basingstoke

GORJÃO-HENRIQUES, Miguel

—— 1996 – *Aspectos Gerais dos Acordos de Shengen e Perspectiva da Livre Circulação de Pessoas na União Europeia*, em *Temas de Integração*, n. 2, pp. 47-95

—— 1998a – *A Europa e o "Estrangeiro": Talo(s) ou Cristo*, em *Temas de Integração*, n. 6, pp. 23-50

—— 1998b – *Das Restrições da Concorrência na Comunidade Europeia: A Franquia de Distribuição*, Almedina, Coimbra

—— 2014 – *Direito da União Europeia. História, Direito, Cidadania, Mercado Interno e Concorrência*, 7ª ed., Almedina, Coimbra

GOTTS, Ilene Knable (ed.)

—— 2013 – *The Merger Control Review*, 4ª ed., Law Review Research, Londres

GOULDER, Lawrence H.

—— 1994 – *Energy Taxes: Traditional Efficiency Effects and Environmental Implications*, em *Tax Policy and the Economy*, n. 8, pp. 105-58

GOURDIN, Kent N.

—— 1997 – *Global Airline Competition in the 21ˢᵗ Century: What's Ahead for US Carriers*, em Fatemi (ed.) *International Trade in the 21ˢᵗ Century*, cit., pp. 175-84

GOWLAND, David
—— 1983 – *International Economics*, Croom Helm, Londres e Camberra, e Barner & Noble, Totowa, New Jersey
GRABBE, Heather e HUGHES, Kirsty
—— 1998 – *Enlarging the European Union Eastwards*, The Royal Institute of International Affairs, Londres
GRAHL, John & TEAGUE, Paul
—— 1990 – *1992 – The Big Market. The Future of the European Community*, Lawrence & Wishart, Londres
GRALL, Jacques
—— 1994 – *L'Agriculture*, Le Monde Editions, Bruxelas
GRAY, H. Peter
—— 1973 – *Senile Industry Protection: A Proposal*, em *The Southern Economic Journal*, vol. 29, pp. 569-74
—— 1975 – *Senile Industry Protection: Reply*, em *The Southern Economic Journal*, vol. 31, pp. 538-41
—— 1985 – *Free Trade or Protection*, Macmillan, Basingstoke e Londres
—— 1997 – *The Burdens of Global Leadership*, em Fatemi (ed.) *International Trade in the 21ˢᵗ Century*, cit., pp. 17-27
GRÉCIANO, Philipe (dir.)
—— 2015 – *L´Europe a l´Épreuve de la Mondialisation*, mare & martin, Paris
GREENAWAY, David
—— 1983 – *International Trade Policy. From Tariffs to the New Protectionism*, Macmillan, Londres
—— 1992 – *Policy Forum: Regionalism in the World Economy*, em *The Economic Journal*, vol. 102, pp. 1488-90
GREENAWAY, David (ed.)
—— 1996 – *Current Issues in International Trade*, Macmillan, Basingstoke e St. Martin's Press, Nova Iorque
GREENAWAY, David e HINE, Robert
—— 1991 – *Intra-Industry Specialization, Trade Expansion and Ajustment in the European Economic Space*, em *Journal of Common Market Studies*, vol. 24, pp. 603-22
GREENAWAY, David e MILNER, Christopher
—— 1979 – *Protection Again...? Causes and Consequences of a Retreat from Freer Trade to Economic Nationalism*, The Institute of Economic Affairs, Hobart Paper n. 48, Londres
—— 1986 – *The Economics of Intra-Industry Trade*, Basil Blackwell, Oxford
—— 1987 – *Intra-Industry Trade, Intra-Firms Trade and European Integration*, em *Journal of Common Market Studies*, vol. 20, pp. 153-72
GREENAWAY, David e THARAKAN, P. K.M. (ed.)
—— 1986 – *Imperfect Competition and International Trade, The Policy Aspects of Intra-Industry Trade*, Wheatsheaf Books, Sussex e Humanities Press, New Jersey
GREENAWAY, David e WINTERS, L. Alan (ed.)
—— 1994 – *Surveys in International Trade*, Blackwell, Oxford e Cambridge (Mass.)

GREENWOOD, Justin
—— 1997 – *Representing Interests in the European Union*, Macmillan, Basingstoke e St. Martin's Press, Nova Iorque
GREGORY, Denis
—— 1996 – *Employment and the Environment: Some Reflections*, em *Transfer-European Review of Labour and Research*, vol. 2, pp. 493-9
GRILLI, Enzo
—— 1980 – *Italian Commercial Policy in the 1970's*, World Bank Staff Working Paper n. 428, Washington
GRILLI, Enzo e SASSOON, Enrico (ed.)
—— 1990 – *The New Protectionist Wave*, New York University Press, Nova Iorque
GRILLI, Vittorio, MASCIANDARO, Donato e TABELLINI, Guido
—— 1991 – *Political and Monetary Institutions and Public Financial Policies in the Industrial Countries*, em *Economic Policy*, vol. 13, pp. 341-92
GRIMWADE, Nigel
—— 1989 – *International Trade. New Patterns of Trade, Production and Investment*, Routledge, Londres e Nova Iorque
—— 1996 – *International Trade Policy. A Contemporary Analysis*, Routledge, Londres e Nova Iorque
GROS, Daniel
—— 1993 – *Seignoriage and EMU: The Political Implications of Price Stability and Financial Market Integration*, em *Journal of Political Economy*, vol. 101
—— 2005 – *Perspectives for the Lisbon Strategy: How to Increase the Competitiveness of the European Economy?*, CEPS Working Document n. 224, Centre for European Policy Studies, Bruxelas
GROS, Daniel e ALCIDI, Cinzia
—— 2015 – *Economic Policy Coordination in the Euro Area under the European Semester*, Parlamento Europeu, Centre for European Policy Studies, Bruxelas
GROS, Daniel e ROTH, Felix
—— 2012 – *The Europe 2020 Strategy. Can it maintain the EU's competitiveness in the world ?*, CEPS (Center for European Poliy Studies), Bruxelas
GROS, Daniel e THYGESEN, Niels
—— 1998– *European Monetary Integration. From the European System to European Monetary Union*, 2ª ed., Longman, Londres e St. Martin's Press, Nova Iorque
GROS, Pierre, GUILLON, Roland, MERTENS-SANTAMARIA, Dominique e MESSAMAH, Khelifa
—— 2008 – *Vers une Très Grande Europe. Quelle Taille Minimale pour l'Europe dans la Mondialisation du XXIᵉ Siécle*, L'Harmattan, Paris
GROUP OF LISBON (THE)
—— 1995 – *Limits to Competition*, The MIT Press, Cambridge (Mass.) e Londres
GRUBEL, Herbert G. e LLOYD, Peter J.
—— 1975 – *Intra-Industry Trade. The Theory and Measurement of Inter-national Trade in Differentiated Products*, Macmillan, Londres e Basingstoke

Grupo Tindemans

—— 1996 – *Europe: Your Choice: Five Options for Tomorrow's Europe*, The Harvill Press, Londres

GRYNFOGEL, Catherine

—— 1997 – *Droit Communnautaire de la Concurrence*, Librairie Generale de Droit et de Jurisprudence, Paris

GU, Zhibin

—— 2005 – *Made in China. O Maior Palco da Globalização no Século XXI*, Centro Atlântico, Famalicão

GUAY, Terrence R.

—— 1999 – *The United States and the European Union. The Political Economy of a Relationship*, Sheffield Academic Press, Sheffield

GUDIÑO, C. Patricia

—— 1995 – *Le Processus d' Intégration Economique dans le Continent Américain: La Logique du Regroupement Nord-Sud*, em *Revue d'Intégration Européenne/Journal of European Integration*, vol. 18, pp. 235-77

GUERRA, Ruy Teixeira, FREIRE, António de Sequeira e MAGALHÃES, José Calvet de

—— 1981 – *Movimentos de Cooperação e Integração Europeia no Pós-Guerra e a Participação de Portugal nesses Movimentos*, Departamento de Integração Europeia, Instituto Nacional de Administração (INA), Lisboa

GUILLOCHON, Bernard (actual. e adapt. de GUEDES, Francisco Corrêa)

—— 1998 – *Economia Internacional*, 2.ª ed., Planeta, Lisboa

GUILLOCHON, Bernard, KAWECK, Annie e VENET, Baptiste

—— 2012 (09) – *Économie Internationale. Commerce et Macroeconomie*, 7ª ed., Dunod,Paris

GUIMARÃES, Maria Helena

—— 1998 – *A Explicação Institucionalista Neoliberal do Regulamento sobre Entraves ao Comércio*, em *Temas de Integração*, n. 5, pp. 224-34

—— 2005 – *Economia Política do Comércio Internacional. Teorias e Ilustrações*, Principia, Cascais

GUISINGER, Stephen E. e SCHYDLOWSKY, Daniel M.

—— 1971 – *The Empirical Relationship Between Nominal and Effective Rates of Protection*, em Grubel, Herbert H. e Johnson, Harry G. (ed.) *Effective Tariff Protection*, GATT e Graduate Institute of International Studies, Genebra, pp. 269-86

GULBENKIAN, Paul e BADOUX, Ted (ed.)

—— 1997 – *Entry and Residence in Europe. Business Guide to Immigration Rules*, 3.ª ed., John Wiley and Sons, Chichester

HABERLER, Gottfried

—— 1936 – *The Theory of International Trade – With its Applications to Commercial Policy*, trad. inglesa do original alemão (de 1933), William Hodge & Company, Ld., Londres

—— 1950 – *Some Problems in the Pure Theory of International Trade*, em *The Economic Journal*, vol. 60, pp. 223-40

—— 1964 – *Integration and Growth of the World Economy in Historical Perspective*, em *The American Economy Review*, vol. 14, pp. 1-22

—— 1978 – *The Challenge to the Free Market Economy*, em *Boletim da Faculdade de Direito* da Universidade de Coimbra, número especial *Estudos em Homenagem ao Prof. Doutor José Joaquim Teixeira Ribeiro*, vol. I, pp. 417-41

—— 1991 – *Strategic Trade Policy and the New International Economics: A Critical Analysis*, em Jones, Ronald W. e Krueger, Anne O. (ed.) *The Political Economy of International Trade*. Essays in Honor of Robert E. Baldwin, Basil Blackwell, Oxford, pp. 25-30

HAGEN, Everet

—— 1958 – *An Economic Justification of Protectionism*, em *The Quarterly Journal of Economics*, vol. 72, pp. 496-514

HAMILTON, Alexander

—— 1791 – *Report on Manufactures. Communicated to the House of Representatives*, December, 5, 1791 (reimpressão em McKee, Jr., Samuel, ed. *Papers on Public Credit, Commerce and Finance by Alexander Hamilton*, Nova Iorque, 1934, pp. 175-276)

HAMILTON, Bob e WHALLEY, John

—— 1985 – *Geographically Discriminatory Trade Arrangements*, em *The Review of Economics and Statistics*, vol. 67, pp. 446-55 (tb. Jacquemin e Sapir, *The European Internal Market. Trade and Competition*, cit., pp. 213-26)

HAMILTON, Daniel e QUINLAN, Joseph P. (ed.)

—— 2005 – *Deep Integration. How Transatlantic Markets are Leading Globalization*, Center for Transatlantic Relations, Washington, e Centre for European Policy Studies, Bruxelas

HAMILTON, Carl e REED, G.V.

—— 1996 – *Economic Aspects of Voluntary Export Restraints*, em Greenaway (ed.) *Current Issues in International Trade*, cit., pp. 100-23

HAMILTON, Clive e KNIEST, Paul

—— 1991 – *Trade Liberalization, Structural Adjustment and Intra-Industry Trade: A Note*, em *Weltwirtschaftliches Archiv*, vol. 127, pp. 356-67

HAN, Sun-Taik

—— 1992 – *European Integration: The Impact on Asian Newly Industrialising Economies*, OCDE, Paris, 1992

HANDOLT, John

—— 1995 – *Free Movement of Persons in the EU*, John Wiley & Sons, Chichester

HANSEN, Jorgen Drud (ed.)

—— 2001 – *European Integration. An Economic Perspective*, Oxford University Press, Oxford

HANSEN, Jorgen Drud e NIELSEN, Jorgen Ulff-Moller

—— 1997 – *An Economic Analysis of the EU*, 2.ª ed., McGraw-Hill, Londres (1.ª ed. de Nielsen, Heinrich e Hansen, 1991, cit.)

HARMSEN, Richard e LEIDY, Michael

—— 1994 – *Regional Trading Arrangements*, em FMI, *International Trade Policy. The Uruguai Round and Beyond*, vol. II, cit., pp. 88-133

HARNEY, Alexandre

—— 2009 – *The China Price. The True Cost of Chinese Comparative Advantage*, Penguin, Londres

HARRIS, John R. e TODARO, Michael P.

—— 1970 – *Migration, Unemployment and Development: A Two Sector Analysis*, em *The Americam Economic Review*, vol. 60, pp. 126-42

HARRISON, Bary e HEALEY, Nigel M.
—— 1995 – *European Monetary Union, Progress, Problems and Prospects*, em Healey (ed.) *The Economics of the New Europe, From Community to Union*, cit., pp. 103-23
HARROP, Jeffrey
—— 2000 – *The Political Economy of Integration in the European Union*, 3.ª ed., Edward Elgar, Cheltenham e Northampton (Mass.)
HAUG, Jutta
—— 1999 – Relatório apresentado no Parlamento Europeu (A4-0105/99)
HAVRYLYSHYN, Oli e CIVAN, Engin
—— 1983 – *Intra-Industry Trade and the Stage of Development: A Regression Analysis of Industrial and Developing Countries*, em Tharakan (ed.) *Intra-Industry Trade. Empirical and Methodological Aspects*, cit., pp. 111-49
HAZARI, Bharat R. e SGRO, Pasquale M.
—— 1995 – *Tourism and Growth in a Dynamic Model of Trade*, em *The Journal of International Trade & Economic Development*, vol. 4, pp. 243-52
HEALEY, Nigel M. (ed.)
—— 1995– *The Economics of the New Europe. From Community to Union*, Routledge, Londres e Nova Iorque
HECKSCHER, Eli
—— 1919 – *The Effects of Foreign Trade on the Distribution of Income*, em *Economisk Tidskrift*, trad. em Ellis, Howard S. e Metzler, Lloyd A. (ed.) *Readings in the Theory of International Trade*, Blakiston Company, Filadélfia, 1949, pp. 272-3000
HEFFERNAN, Shelag e SINCLAIR, Peter
—— 1990 – *Modern International Economics*, Basil Blackwell, Oxford
HEINBERG, Richard
—— 2011 – *The End of Growth. Adapting to our new reality*, New Society Publishers, Gabriela Island, Canadá
HELLER, H. Robert
—— 1973 – *International Trade. Theory and Empirical Evidence*, Prentice-Hall, 2.ª ed., New Jersey
HELPMAN, Elhanan e KRUGMAN, Paul R.
—— 1985 – *Market Structure and Foreign Trade. Increasing Returns, Imperfect Competition, and the International Economy*, The MIT Press, Cambridge (Mass.)
—— 1989 – *Trade Policy and Member Structures*, The MIT Press, Cambridge (Mass.)
HENNER, Henri François
—— 1975 – *Droits de Douane et Valeur Ajoutée*, Economica, Paris
HENNER, Henri François, LAFAY, G. e LASSUDRIE-DUCHÊNE, B.
—— 1972 – *La Protection Effective dans les Pays Industrialisés*, Economica, Paris
HETTNE, Björn, INOTAL, Andrés e SUNKEL, Osvaldo
—— 2000 – *National Perspectives on the New Regionalism in the South*, Macmillan, Basingstoke e St. Martin's Press, Nova Iorque.
HEUSER, Beatrice
—— 1996 – *Transatlantic Relations. Sharing Ideals and Costs*, The Royal Institute of International Affairs, Chatham Home Papers, Londres

HIEMENZ, Ulrich e RABENAU, Kurt von
—— 1976 – *Effective Protection of German Industry*, em Corden e Fels (ed.) *Public Assistance to Industry. Protection and Subsidies in Britain and Germany*, cit., pp. 7-45

HIGGINS, B.
—— 1973 – *Trade-Off Curves and Regional Gaps*, em Bhagwati, Jagdish N. e Eckaus, Richard (ed.) *Development and Planning*, Essays in Honour of Paul Rosenstein-Rodan, Londres, pp. 152-77

HIGH LEVEL GROUP ON OWN RESOURCES
—— 2014 – *First Assessment Report*, 17 de Dezembro, Bruxelsa

HILL, Christopher e Smith, Michel
—— 2011 – *International Relations and the European Union*, 2ª ed., Oxford University Press, Oxford

HILLMAN, Arye L.
—— 1977 – *The Case for Terminal Protection for Declining Industries*, em *The Southern Economic Journal*, vol. 33, pp. 155-166
—— 1989 – *The Political Economy of Protection*, Harwood Academic Publishers, Chur

HINDLEY, Brian
—— 1981 – *Trade Policy, Economic Performance, and Britain's Economic Problems*, comunicação apresentada na 6.ª Conferência Anual do International Economics Study Group, sobre *Economic Policy and Trade Performance*, Universidade de Sussex, 18-20.9.1981

HINE, Robert E.
—— 1994 – *International Economic Integration*, em Greenaway e Winters (ed.) *Surveys in International Trade*, cit., pp. 234-72
—— 1997 – *The Changing World Trade Environment: Regionalism and Multilateralism*, Conferência na Faculdade de Direito da Universidade de Coimbra, 14.3.1997

HINOJOSA MARTINEZ, Luis Miguel
—— 1997 – *La Regulación de los Movimientos Internacionales de Capital desde una Perspectiva Europea*. Mcgraw-Hill, Madrid

HINOJOSA-OJEDA, Raúl
—— 1996 – *NAFTA's Next Steps: Hemispheric Global Implications*, em OCDE (ed.) *Regionalism and its Place in the Multilateral Trading System*, cit., pp. 87-102

HIRSCH, S.
—— 1967 – *Location of Industry and International Competitiveness*, Clarendon Press, Oxford

HIRSCH, Günther, MONTAG, Frank e SÄCKER, Franz Jürgen (ed.)
—— 2008 – *Competition Law: European Community Practice and Procedure*, Thomson/Sweet & Maxwell, Uxbridge

HIRSCHMAN, Albert O.
—— 1957 – *Investment Policies and 'Dualism' in Underdeveloped Countries*, em *The American Economic Review*, vol. 47, pp. 550-70
—— 1958 – *The Strategy of Economic Development*, Yale University Press, New Haven

HIRST, Paul e THOMPSON, Graham
—— 1996 – *Globalization in Question*, Polity Press/Blackwell, Cambridge e Oxford

HITIRIS, Teodor
—— 2003 – *European Union Economics*, 5.ª ed., Prentice-Hall, Harlow

HODGES, M., MINGERSENT, K.A., RAYNER, A.J. e HINE, R.C. (ed.)
—— 1994 – *Agriculture in the Uruguai Round*, Macmillan, Londres e St. Martin's Press, Nova Iorque

HODSON, Dermot
—— 2015 – *Policy-Making under Economic and Monetart Union: Crisis, Change and Continuity*, em Wallace, Pollack e Young, ed., *Policy Making in the European Union*, cit., pp. 166-95

HOEKMAN, Bernard e KOSTECKI, Michel
—— 2000 – *The Political Economy of the World Trading System. From GATT to WTO*, 2.ª ed., Oxford University Press, Oxford

HOFFMAN, W. John e ENRIGHT, Michael J. (ed.)
—— 2008 – *China into the Future. Making Sense of the World's Most Dynamic Economy*, Wiley, John Wiley&Sons, Singapura

HOLLAND, Martin e DODGE, Mathew
—— 2012 – *Development Policy of the European Union*, Palgrave-MacMillan, Londres

HOLLAND, Stuart
—— 1976 – *Capital Versus the Regions*, Macmillan, Londres e Basingstoke
—— 1995 – *Squaring the Circle? The Maastricht Convergence Criteria, Cohesion and Employment*, preparado para a elaboração do Relatório Coats (cit.)
—— 2015 – *Europe in Question – and what to do about it*, Spokesmans, Nottingham
—— 2016 – *Beyond Austerity. Democratic Alternatives for Europe*, Spokesman, Nottingham

HOLLIER, Robert e SUBREMON, Alexandre
—— 1992 – *Le Tourisme dans la Communauté Européenne*, 2.ª ed., Presses Universitares de France, col. Que Sais-je?, Paris

HOUSE OF LORDS
—— 1999 – *A Reformed CAP? The Outcome of Agenda 2000*, Select Committee on the European Communities, Londres

HOUTHAKKER, Hendrik S.
—— 1957 – *An International Comparison of Household Expenditure Patterns, Commemorating the Centenary of Engel's Law*, em *Econometrica*, vol. 25, pp. 532-51

HUTTON, Will
—— 2008 – *The Writing on the Wall. China and the West in the 21st Century*, Abacus, Londres

HREBLAY, Verdalin
—— 1994 – *La Libre Circulation des Personnes. Les Accords de Shengen*, Politiques d'Aujourd'hui, Presses Universitaires de France, Paris

HUFBAUER, G.C.
—— 1966 – *Synthetic Materials and the Theory of International Trade*, Duckworth, Londres

HUMPHREY, D.B.
—— 1973 – *Factor and Intermediate Import Substitution in Groups of American Manufacturing Sectors: 1947-58*, Janeiro (policopiado)

HUMPHREY, D. B. e WOLKOWITZ, B.
—— 1972 – *Substitution of Capital, Labor and Intermediates in U.S. Manufacturing: An Agregate Study*, Dezembro (policopiado)

—— 1976 – *Substituting Intermediates for Capital and Labour with Alternative Functional Forms: An Aggregate Study*, em *Applied Economics*, vol. 8, pp. 59-68

HUSTED, Stephen e MELVIN, Michael

—— 2007 – *International Economics*, 7.ª ed., Pearson/Addison Wesley, Boston

HUTTON, Will

—— 2008 – *The Writing on the Wall. China and the West in the 21ˢᵗ Century*, Abacus, Londres

IEEI (Instituto de Estudos Estratégicos e Internacionais)

—— 1995 – *A Integração Aberta. Um Projecto da União Europeia e do MERCOSUL*, Forum Euro/Latino-Americano, Lisboa

IFO (Institut für Wirtschaftsforschung)

—— 1987 – *An Empirical Assessment of Factors Shaping Regional Competitiveness in Problems Regions*, Munique

INE (Instituto Nacional de Estatística)

—— 2000 – *Estudo sobre o Poder de Compra Concelhio*, Núcleo de Estudos Regionais, Direcção Regional do Centro, Coimbra

—— 2007 – *Estudo sobre o Poder de Compra Concelhio*, Lisboa

INSTITUTO EUROPEU da Faculdade de Direito da Universidade de Lisboa

—— 1999 – *Aspectos Jurídicos e Económicos da Introdução do Euro*, Lisboa

IPPC RETRATO TERRITORIAL DE PORTUGAL, cit aqui no livro, p. 441

IRELA (Instituto de Relaciones Europeo-Latinoamericanas)

—— 1997 – *MERCOSUR: Prospects for an Emerging Bloc*

ILHÉU, Fernanda

—— 2006 – *A Internacionalização das Empresas Portuguesas e a China*, Câmara de Comércio e Indústria Luso-Chinesa e Almedina, Coimbra

ISARD, Walter

—— 1956 – *Location and Space Economy. A General Theory Relating to Industrial Location, Market Areas, Land Use, Trade and Urban Structure*, MIT, Cambridge (Mass.)

JACKSON, Tim

—— 1993 – *The New Battleground. Japan, America, and the New European Market*, Houghton Mifflin Company, Boston e Nova Iorque

JACOBS, David M. e STEWART-CLARK, Jack

—— 1991 – *Competition Law in the European Community*, 2.ª ed., Kogan Page, Londres

JACQUEMIN, Alexis e SAPIR, André (ed.)

—— 1989 – *The European Internal Market. Trade and Competition*, Oxford University Press, Oxford

JALLES, Isabel

—— 1979 – *Os Monopólios Estatais de Carácter Comercial (art. 37.º do Tratado da CEE). Sua Relevância no Quadro de Adesão de Portugal às Comunidades Europeias*, separata do *Boletim do Ministério da Justiça*, Lisboa

JAMES, Harold

—— 2003 – *The End of Globalization. Lessons from the Great Depression*, Harvard University Press, Cambridge (Mass.) e Londres

2012 – *Making the European Monetary Union*, The Belknap Press of Harward University Press, Cambridge (Mas.) e Londres

JEANNENAY, Jean-Marcel

—— 1978 – *Pour un Nouveau Protectionisme*, Éditions du Seuil, Paris

JÉGOUREL, Yves

—— 2002 – *La Taxe Tobin*, La Découverte, Paris

JENSEN, Carsten Stroby

—— 2007 – *Functionalism*, em Cini (ed.) *European Union Politics*, cit., pp. 80-92

JEPMA, C.J. e RHOEN, A. P. (ed.)

—— 1996 – *International Trade. A Business Perspective*, Longman, Londres e Nova Iorque

JESUS, Avelino de, SILVA, Joaquim Ramos e BARROS, Carlos

—— 1998 – *OImpacto sobre Portugal do Alargamento da UE aos PECO*, Centro de Estudos e Gestão do ISEG (estudo encomendado pela Comissão de Relações Internacionais do PSD), Lisboa

JIN, Jang C.

—— 2004 – *On the Relationship Between Openness and Growth in China: Evidence from Provincial Time Series Data*, em *The World Economy*, vol. 27, pp. 1571-82

JIMÉNEZ, Adolfo J. Martin

—— 1999 – *Towards Corporate Tax Harmonization in the European Community. An Institucional and Procedural Analysis*, Kluwer, Londres

JOHNSON, Christopher

——1996 – *In With the EURO, Out With the Pound. The Single Currency for Britain*, Penguin, Londres

JOHNSON, Debis e TURNER, Colin

—— 1997 – *Trans-European Networks. The Political Economy of Integrating European Infrastructure*, Macmillan, Basingstoke

JOHNSON, Harry G.

—— 1964 – *Tariffs and Economic Development: Some Theoretical Issues*, em *Journal of Development Studies*, vol. 1, pp. 3-30

—— 1965a – *The Theory of Tariff Structure, with Special Reference to World Trade and Development*, em Johnson, Harry G. e Kenen, Peter B. (ed.) *Trade and Development*, Librairie Droz, Genebra, pp. 1-22

—— 1965b – *Optimal Trade Intervention in the Presence of Domestic Distortions*, em Baldwin, Robert *et al.*, *Trade, Growth and the Balance of Payment*. Essays in Honor of Gottfried Haberler, Rand-McNally, Chicago, pp. 3-34

—— 1965c – *The Formation of Customs Unions*, em *The Journal of Political Economy*, vol 73, pp. 256-83

—— 1965d – *An Economic Theory of Protectionism, Tariff Bargaining and the Formation of Customs Unions*, em *The Journal of Political Economy*, vol. 73, pp. 256-83

JOHNSON, Omotunde E.G.

—— 1995 – *Regional Integration in Sub-Saharan Africa*, em *Revue d'Integration Européenne/ Journal of European Integration*, vol. 18, pp. 201-34

JONES, Alison e SUFFRIN, Brenda

—— 2010 – *EC Competition Law. Text, Cases and Materials*, 4.ª ed., Oxford University Press, Oxford e Nova Iorque

JONES, Christopher
—— 1996 – *Aeropace*, em Kassim e Menon (ed.) *The European Union and National Industry Policy*, cit., pp. 88-105

JONES, Robert
—— 1996 – *The Politics and Economics of the European Union. An Introductory Text*, Edward Elgar, Cheltenham e Brookfield

JORGE, Rui Peres
—— 2014 – *Os 10 Erros da Troika em Portugal – Austeridade, sacrifícios e empobrecimento. As reformas que abalaram o País*, A esfera dos livros, Lisboa

JOSLING, Timothy E.
—— 1973 – *The Reform of the Common Agricultural Policy*, em Evens, D. (ed.) *Britain in the EEC*, Gollance, Londres

JOSLING, Timothy E., TANGERMANN, Stefan e WARLEY, T.K.
—— 1996 – *Agriculture in the GATT*, Macmillan, Londres e St. Martin's Press, Nova Iorque

JOVANOVIC, Miroslav N.
—— 1999 – *Where are the Limits to the Enlargement of the European Union?*, em *Journal of Economic Integration*
—— 2005 – *The Economics of European Integration. Limits and Prospects*, Edward Elgar, Cheltenham e Northampton (Mass.)
—— 2006 – *The Economics of International Integration*, Edward Elgar, Cheltenham e Northampton (Mass.)

JUDGE, Ken
—— 1978 – *Producer Groups and Social Welfare*, em Buchanan *et al.*, *The Economics of Politics*, cit., pp. 140-3

JUNQUEIRO, Ricardo Bordalo
—— 2013 – *Abuso de Posição Dominante*, Almedina, Coimbra

KACZOROWSKA, Alina
—— 2013 – *European Union Law*, 3ª ed., Routledge, Londres e Nova Iorque

KAHN, A. I.
—— 1988 – *Surprises of Airline Deregulaton*, em *The American Economic Review, Papers and Proceedings*, vol. 78, pp. 316-22

KALDOR, Nicholas
—— 1966 – *Causes of the Slow Rate of Economic Growth of the United Kingdom*, Cambridge University Press, Cambridge
—— 1970 – *The Case for Regional Policies*, em *The Scottish Journal of Political Economy*, pp. 337-47

KAMDAR, Mira
—— 2007 – *Planet India: The Turbulent Rise of the Largest Democracy and the Future of Our World*, Scribner, Nova Iorque

KASSIM, Hussein
—— 1996 – *Air Transport*, em Kassim e Menon (ed.) *The European Union and National Industrial Policy*, cit., pp. 106-131

KASSIM, Hussein e MENON, Anand (ed.)
—— 1996 – *The European Union and National Industrial Policy*, Routledge, Londres e Nova Iorque

KAVANAGH, Elle *et al.*
—— 1996 – *The Political Economy of EMU in Ireland*, em Frieden, Jones e Torres (ed.) *Joining Europe's Monetary Club: The Challenges for Smaller Member States*, cit., cap. 6

KEELER, T.E.
—— 1990 – *Airline Deregulation and Market Performance: The Economic Basis for Regulatory Reform and Lessons from the US Experience*, em Banister, D. e Button, K.J. (ed.) *Transport in a Free Market Economy*, Macmillan, Londres

KEESING, J. B.
—— 1974 – *Public Finance Considerations in Tariff Theory for Developing Countries*, em *Public Finance*, vol. 29, pp. 209-20

KEGEL, Patricia e AMAL, Mohamed
—— 2004 – *Mercosul e União Europeia. Uma Perspectiva Estratégica*, em *Temas de Integração*, n. 18, pp.19-56

KEOHANE, Robert O.
—— 1984 – *After Hegemony. Cooperation and Discord in the World Political Economy*, Princeton University Press, Princeton

KEMP, Murray C.
—— 1964 – *The Pure Theory of International Trade*, Prentice Hall, Englewood Cliffs
—— 1969 – *A Contribution to the General Equilibrium Theory of Preferential Trading*, North-Holland, Amesterdão

KENEN, Peter B.
—— 2000 – *The International Economy*, 4.ª ed., Cambridge University Press, Cambridge

KERBER, Wolfgang e VEZZOSO, Simonetta
—— 2005 – *EU Competition Policy, Vertical Restraints, and Innovation: An Analysis from an Evolutionary Perspective*, em *World Competition*, vol. 28, pp. 507-32

KEYNES, John Maynard
—— 1923 – *Free Trade and Unemployment*, em *Nation and Athenaeum*, Novembro
—— 1926 – *The End of Laissez-Faire*, Leonard and Virginia Wolf, Londres
—— 1930 – *A Treatise on Money*, Macmillan, Londres
—— 1936 – *The General Theory of Employment, Interest and Money*, Macmillan, Londres

KHANG, C.
—— 1973 – *Factor Substitution in the Theory of Effective Protection: A General Equilibrium Analysis*, em *Journal of International Economics*, vol. 3, pp. 227-44

KHANNA, Parag
—— 2009(8) . *O Segundo Mundo. Como as Potências Emergentes estão a Redefinir a Concorrência Global no Século XXI*, Editorial Presença, Lisboa

KIERZKOWSKI, Henryk (ed.)
—— 1984 – *Monopolistic Competition and International Trade*, Clarendon Press, Oxford

KINDLEBERGER, Charles
—— 1973 – *The World in Depression*, 1929-39, University of California Press, Berkeley

—— 1986 – *The World in Depression, 1929-1939,* University of California Press, Berkeley

KING, M. e DE GRAAF, G.

—— 1994 – *L'Accord sur les Marchés Publiques dans le Cadre de l'Uruguai Round,* em *Revue du Marché Unique Européen,* n. 4, pp. 67-82

KIRMANI, Naheed (dir.)

—— 1994 – *International Trade Policies. The Uruguai Round and Beyond,* Fundo Monetário Internacional (FMI), Washington

KIRKEGAARD, Jacob Funk

—— 2005 – *Outsourcing and Offshoring: Pushing the European Model over the Hill, rather than off the Cliff,* working paper do Institute for International Economics, Março, Washington

KLEIN, Lawrence, PAULY, Peter H. e PETERSEN, Christian E.

—— 1987 – *Empirical Aspects of Protectionism: Results from Project LINK,* em Salvatore (ed.) *The New Protectionist Threat to World Welfare,* cit., pp. 69-94

KLEIN, Lawrence R. e SALVATORE, Dominick

—— 1997 – *Welfare Effects of the North American Free Trade Agreement,* em Fatemi (ed.) *International Trade in the 21ˢᵗ Century,* cit., pp. 145-57

KOESTER, Ulrich e EL-AGRAA, Ali

—— 2012 – *The Common Agricultural Policy,* em El-Agraa, *The European Union...,* cit., pp. 306-34

KOK, Wim

—— 2004 – *Facing the Challenge: The Lisbon Strategy for Growth and Employment,* relatório do "High Level Group" presidido por Wim Kok, OOPEC, Luxemburgo

KOL, Jacob

—— 1996 – *Regionalization, Polarization and Blocformation in the World Economy,* em Curso de Estudos Europeus, *Integração e Especialização. Integration and Specialization,* cit., pp. 17-37

KOLODZIEJ, Tadeus (ed.)

—— 2008 – *50 Years of EU in the World. The European Union as a Global Actor, Oficyna Wydawnicza WSM, Varsóvia*

KORAH, Valentine

—— 2007 – *An Introductory Guide to EC Competition Law and Practice,* 9.ª ed., Sweet & Maxwell, Londres

KOVÁCS, Ilona

—— 2005 – *Flexibilidade de Emprego. Riscos e Oportunidades,* Celta, Oeiras

KOVAR, J.P.

—— 1996 – *Code Européen de la Concurrence,* Dalloz, Paris

KRÄMER, Ludwig

—— 2003 – *EC Environmental Law,* 5.ª ed., Thorson/Sweet & Maxwell, Londres

KRASNER, S.

—— 1995 – *State Power and the Structure of International Trade,* em Frieden, Jeffrey A. e Lake, David A. (ed.) *International Political Economy Perspectives on Global Power and Wealth,* 3.ª ed., Routledge, Londres e Nova Iorque, pp. 19-36 (publicado antes em *World Policy,* Abril de 1976)

KRAUSS, Melvyn B.
—— 1972 – *Recent Developments in Customs Union Theory: An Interpretative Survey*, em *Journal of Economic Literature*, vol. 10, pp. 413-61
—— 1975 – *International Trade and Economic Welfare*, Institute for International Economic Studies, Universidade de Estocolmo
—— 1979 – *A Geometric Approach to International Trade*, Basil Blackwell, Oxford
KRAVIS, Irving B.
—— 1956 – *"Availability" and other Influences on the Commodity Composition of Trade*, em *The Journal of Political Economy*, vol. 64, pp. 143-55
KREININ, Mordechai E.
—— 1964 – *On the Dynamic Effects of Customs Unions*, em *The Journal of Political Economy*, vol. 72, pp. 193-5
—— 1979 – *Effects of European Integration on Trade Flows in Manufactures*, Institute for International Economic Studies, Seminar Paper n. 125, Estocolmo
KROES, Neelie
—— 2005a – *Effective Competition Policy – A Key Tool for Delivering the Lisbon Strategy*, discurso de 3 de Fevereiro, Bruxelas
—— 2005b – *Building a Competitive Europe – Competition Policy in the Relaunch of the Lisbon Strategy*, discurso de 7 de Fevereiro, Milão
—— 2006a – *Foreword* de Jestaedt, Thomas, Day, Jones, Derenne, Jacques, Lovells, Tom e Ottervanger, Allen & Overy (coord.), *Study on the Enforcement of State Aid Law at National Level*, Março de 2006, Comissão Europeia, Bruxelas
—— 2006b – *The Refined Economic Approach in State Aid Law: A Policy Perspective*, discurso de 21 de Setembro, Bruxelas
KRUEGER, Anne O.
—— 1974 – *The Political Economy of the Rent-Seeking Society*, em *The American Economic Review*, vol. 64, pp. 291-303
—— 1978 – *Liberalization Attempts and Consequences*, National Bureau of Economic Research, Ballinger Publishing Company, Nova Iorque
—— 1985 – *Proteccionism and Growth*, em EFTA (ed.), *Protectionism and Growth*, Genebra, pp. 11-30
—— 1990 – *Free Trade is the Best Policy*, em Lawrence e Schultze (ed.), *An American Trade Strategy. Options for the 1990's*, cit., pp. 68-105
—— 1995 – *American Trade Policy. A Tragedy in the Making*, The American Enterprise Institute Press, Washington
KRUGMAN, Paul
—— 1979 – *Increasing Returns, Monopolistic Competition and International Trade*, em *Journal of International Economics*, vol. 9, pp. 469-70
—— 1980 – *Scale Economies, Product Differentiation and the Pattern of Trade*, em *The American Economic Review*, vol. 70, pp. 950-9
—— 1984 – *Import Protection as Export Promotion: International Competition in the Presence of Oligopoly and Economies of Scale*, em Kierkowski (ed.), *Monopolistic Competition and International Trade*, cit., pp. 180-93

—— 1987a – *Is Free Trade Passé?*, em *Journal of Economic Perspectives*, vol. 1, pp. 131-44 (tb. em King, Philip, ed. *International Economics and International Economic Policy: A Reader*, MacGraw-Hill, Nova Iorque, pp. 91-107, que referenciamos)

—— 1987b – *Economic Integration in Europe: Some Conceptual Issues*, em Relatório Padoa – Schioppa, cit., (tb. em Jacquemin e Sapir (ed.) *The European Internal Market. Trade and Competition*, cit., pp. 357-80, que referenciamos)

—— 1990a – *Rethinking International Trade*, The MIT Press, Cambridge (Mass.)

—— 1990b – *Policy Problems of a Monetary Union*, em De Grauwe, Paul e Papademos, Lucas (ed.) *The European Monetary System in the 1990's*, Longman, Londres e Nova Iorque, pp. 48-64

—— 1991a – *Geography and Trade*. MIT Press, Cambridge (Mass.)

—— 1991b – *The Move to Free Trade Zones*, comunicação apresentada na Conferência Policy Implications of Trade and Currency Zones, Jackson Hole, 22-24 de Agosto de 1991 (trad. francesa em *Problèmes Economiques*, n.º 2289, de 2.9.1992

—— 1992 – *Does the New Trade Theory Require a New Trade Policy?* em *The World Economy*, vol. 15, pp. 423-4

—— 1993 –*Lessons of Massachusetts for EMU*, em Torres e Giavazzi (ed.) *Adjustment and Growth in the European Monetary Union*, cit., pp. 241-61

—— 1995 – *The Age of Diminished Expectations*, The MIT Press, Cambridge (Mass.) e Londres (ed. rev. de um livro de 1994)

—— 1996 – *Pop Internationalism*, the MIT Press, Cambridge (Mass.) e Londres

—— 2012 – *Acabem com esta Crise Já*, Editorial Presença, Lisboa

KRUGMAN, Paul (ed.)

—— 1988 – *Strategic Trade Policy and the New International Economics*, The MIT Press, Cambridge (Mass.)

KRUGMAN, Paul R., OBSTFELD, Maurice e MELITZ, Marc J.

—— 2015 – *International Economics. Theory & Policy*, 10.ª ed., Pearson, Boston (3.ª ed. de 1994, 5ª ed. de 2009 e 9ª ed. de 2012)

KUNSTLER, James Howard

—— 2006 – *O Fim do Petróleo, o Grande Desafio do Século XXI*, Bizâncio, Lisboa (trad. de *The Long Emergency Surviving the Converging Catastrophs of the Twenty First Century*)

KUPCHAN, Charles A.

—— 2002 – *The End of the American Era. US Foreign Policy and the Geopolitics of theTwenty-First Century*, Vintage, Nova Iorque

KUPCHAN, Charles A., SAPIR, André, SCHARPF, Fritz W., WOLF, Guntram B. e WRIGHT, Thomas

—— 2015 – *A Crise do Euro*, Dom Quixote, Alfragide

KWOK, Chun e YAO, Shujic

—— 2009 – *Economic Convergence in Greater China. Mainland China, Hong Kong, Macau and Taiwan*, Routledge, Londres e Nova Iorque

LÃ, João Rosa e CUNHA, Alice (org.)

—— 2016 – *Memórias da Adesão. À Mesa das Negociações*, Book Builders, Silveira

LAFER, Celso

—— 1998 – *AOMC e a Regulamentação do Comércio Internacional: Uma Versão Brasileira*, Livraria do Advogado, Porto Alegre

LAFFAN, Brigid e LINDNER, Johannes

—— 2015 – *The Budget. Who Gets What, When and How?* em Wallace, Pollack e Young(ed.), *Policy-Making in the European Union*, cit., pp. 191-212 (cap. 9)

LAFFAN, Brigid, MCDONNELL, Rory e SMITH, Michael

—— 2000 – *European Experimental Union. Rethinking Integration*, Routledge, Londres e Nova Iorque

LAINS, Pedro e SILVA, Álvaro Ferreira da (org.)

—— 2005 – *História Económica de Portugal 1700-2000*, vol. III, *O Século XX*, Imprensa de Ciências Sociais, Lisboa

LAIRD, Sam e YEATS, Alexander

—— 1990 – *Quantitative Methods for Trade – Barrier Analysis*, Macmillan, Basingstoke e Londres

LAIRSON, Thomas D. e SKIDMORE, David

—— 1997 – *International Political Economy. The Struggle for Power and Wealth*, 2.ª ed., Harcourt Brace College Publishers, Fort Worth

LAL, Deepak

—— 1979 – *Comment* ao artigo de Neild, loc. cit., pp. 24-36

—— 1994 – *Trade Blocs and Multilateral Free Trade*, em Bulmer e Scott (ed.) *Economic and Political Integration in Europe. Internal Dynamics and Global Context*, cit., pp. 189-98

LAMFALUSSY, Alexandre, BERNARD, Luc D. e CABRAL, António J. (ed.)

—— 1999 – *The Euro-Zone: A New Economic Entity?* Bruylant, Bruxelas

LAMY, Pascal

—— 2003 – *Europa na Primeira Linha. O Moldar da Nova Mundialização*, Europa-América, Mem Martins (prefácios de António Vitorino e Érik Orsenna)

LANÇA, Isabel Salavisa

—— 2000 – *Competitividade em Portugal*, em Lança, Isabel Salavisa (org.), *A Indústria Portuguesa. Especialização Internacional e Competitividade*, Celta, Oeiras, pp. 5-35

LANCASTER, Kelvin

—— 1966 – *A New Approach to Consumer Theory*, em *The Journal of Political Economy*, vol. 84, pp. 132-57

LANG, Tim, HINES, Colin

—— 1994 – *The New Protectionism. Protecting the Future Against Free Trade*, Earthscan Publications, Londres

LANGE, Oskar

—— 1936-7 e 1938 – *On the Economic Theory of Socialism*, em *Review of Economic Studies*, vol. 4, pp. 143-4 (reproduzido com alterações em Lippincott, B.L., ed., *On the Economic Theory of Socialism*, University of Minnesota Press, Minnesota, pp. 57-90)

LARANJEIRO, Carlos

—— 1994 – *Os Passos da União Económica e Monetária*, em Curso de Estudos Europeus, *A União Europeia*, cit., pp. 17-44

—— 2000 – *Lições de Integração Monetária Europeia*, Almedina, Coimbra

LARY, Henri
—— 1996 – *La Libre Circulation des Personnes dans l'Union Européenne*, 2.ª ed., Presses Universitaires de France, col. Que Sais-Je?, Paris

LATOUCHE, Serge
—— 1996 – *The Westernalization of the World*, versão inglesa de *L'Occidentalisation du Monde*, Polity Press, Cambridge
—— 1999(8) – *Os Perigos do Mercado Planetário*, Instituto Piaget, Lisboa (trad. da ed. francesa, de 1998)

LAURÉ, Maurice
—— 1956 – *Traité de Politique Fiscale*, Presses Universitaires de France, Paris

LAURSEN, Finn (ed.)
—— 2003 – *Comparative Regional Integration. Theoretical Pespectives*, Ashgate, Aldershot e Burlington

LAVERGNE, Real P.
—— 1983 – *The Political Economy of U.S. Tariffs. An Empirical Analysis*, Academic Press, Toronto

LAVOURAS, Maria Matilde
—— 2008 – *Harmonização Fiscal e Liberdade de Circulação de Capitais na União* Europeia, em *Boletim de Ciências Económicas* da Faculdade de Direito da Universidade de Coimbra, vol. LI, pp. 211-68
—— 2012 – *Comentário* ao artigo 313º do TFUE, em Porto e Anastácio (coord.), *Tratado de Lisboa...*, cit., pp. 110-3

LAVOURAS, Matilde e ANDRADE, Fernando Rocha
—— 2012 – *Comentário* ao artigo 314º do TFUE, em Porto e Anastácio (coord.), *Tratado de Lisboa....*, cit., pp. 114-7

LAWRENCE, Robert Z.
—— 1991 – *Emerging Regional Arrangement: Building Blocs or Stumbling Blocs?* em O'Brian, Richard (ed.) *Finance and the World Economy*, vol. 5, Oxford University Press, Londres, pp. 22-35
—— 1996 – *Regionalism, Multilateralism and Deeper Integration*, The Brookings Institution, Washington

LAWRENCE, Robert Z., BRESSAND, Albert e ITO, Takatoshi
—— 1996 – *A Vision for the World Economy. Openness, Diversity, and Cohesion*, The Brookings Institution, Washington

LAWRENCE, Robert Z. e SCHULTZE, Charles L. (ed.)
—— 1990 – *American Trade Strategy. Options for the 1990's* (Rudiger W. Dornbusch, Anne O. Krueger e Laura D'Andrea Tyson), The Brookings Institution, Washington

LAWRENCE, Robert Z. e SCHULTZE, Charles L.
—— 1990 – *Evaluating the Options*, em Lawrence e Schultze (ed.) *An American Trade Strategy. Options for the 1990's*, cit., pp. 1-4

LAWTON, Thomas C. (ed.)
—— 1999 – *European Industrial Policy and Competitiveness. Concepts and Instruments*, Macmillan, Basingstoke e St. Martin's Press, Nova Iorque

LEAMER, Edward E.

—— 1980 – The *Leontief Paradox Reconsidered*, em *Journal of Political Economy*, vol. 88, pp. 495-503

—— 1987 – *Sources of International Comparative Advantage, Theory and Evidence*, The MIT Press, Cambridge (Mass.)

LE CACHEUX, Jacques

—— 2005 – *Budget Européen: Le Poison du Juste Retour*, em Notre Europe, *Études et Recherches*, n.º 41 (Junho), Paris

LEE, Norman

—— 1997 – *Transport Policy*, em Artis e Lee (ed.) *The Economics of the European Union, Policy and Analysis*, cit., pp. 202-36

LEIBENSTEIN, Harvey

—— 1966 – *Allocative Efficiency versus 'X-Efficiency*, em *The American Economic Review*, vol. 56, pp. 392-415

LEIDY, Michael

—— 1994 – *Antidumping: Solution or Problem in the 1990's?* em FMI, *International Trade Policies. The Uruguai Round and Beyond*, vol. II, cit., pp. 53-67

LEIVA, Patricia (ed.)

—— 1997 – *America Latina y la Union Europea. Construyendo el Siglo XXI*, CELARE, Santiago do Chile

LEMOS, Maria Teresa

—— 1996 – *Linhas Gerais do Novo Sistema Comum IVA Apresentado pela Comissão Europeia (COM (96) 328) final, de 10.7.96)*, em *Ciência e Técnica Fiscal*, n. 382, pp. 49-60

LENSCHOW, Andrea

—— 2015 – *Environmental Policy. Contending Dynamics of Policy Change*, em Wallace, Wallace e Young (ed.), *Policy-Making in the European Union*, cit., pp. 319-43

LEONARD, Mark

—— 2005 – *Why Europe Will Run the 21st Century*, Fourth Estate, Londres e Nova Iorque

LEONTIEF, Wassily W.

—— 1936 – *Quantitative Input and Output Relations in the Economic System of the United States*, em *The Review of Economics and Statistics*, vol. 18, pp. 105-25

—— 1941 – *The Structure of the American Economy, 1919-1929*, Harvard University Press, Cambridge (Mass.)

—— 1953 – *Domestic Production and Foreign Trade: The American Capital Position Re-examined*, em *Proceedings of the American Philosophy Society* (publicado também em *Economia Internazionale*, vol. 7, pp. 3-32)

—— 1956 – *Factor Proportions and the Structure of American Trade: Further Theoretical and Empirical Analysis*, em *The Review of Economics and Statistics*, vol. 38, pp. 386-407

LERNER, Abba

—— 1944 – *The Economics of Control*, Macmillan, Londres

LES DOSSIERS DE L'ETAT DU MONDE

—— 1997 – *Mondialisation au-dela des Mythes*, La Décourverte, Paris

LÉVÊQUE, François
—— 2007 – *Merger Control: More Stringent in Europe than in the United States?*, working paper do CERNA, Centre d'Économie Industrielle, École Nationale Supérieure des Mines, Paris

LEVITT, Malcolm e LORD, Christopher
—— 2000 – *The Political Economy of Monetary Union*, Macmillam, Basingstoke

LÉVY, Brigitte
—— 1994 – *The European Union and NAFTA: Two Regional Economic Blocs in a Complex Globalized and Interdependent International Economy*, em *Revue d'Integration Européenne/Journal of European Integration*, vol. 17, pp. 211-33
—— 1997 – *Globalization and Regionalization: Main Issues in International Trade Patterns*, em Fatemi (ed.) *International Trade in the 21ˢᵗ Century*, cit., pp. 59-74

LÉVY, Philip.
—— 1997 – *A Political Economy Analysis of Free-Trade Agreements*, em *The American Economic Review*, vol. 87, pp. 506-19

LÉVY, Philip I. e SRINIVASAN, T.N.
—— 1996 – *Regionalism and the Dis(advantage) of Dispute-Settlement Access*, em *The American Economic Review: Papers and Proceedings*, vol. 86, pp. 93-8

LEWIN, Leif –
—— 1991 – *Self-Interest and Public Interest in Western Politics*, Oxford University Press, Oxford

LEWIS, W. Arthur
—— 1952 – *World Production, Prices and Trade*, em *The Manchester School of Economic and Social Sciences*, vol. 20, pp. 105-38
—— 1954 – *Economic Development with Unlimited Supplies of Labour*, em *The Manchester School of Economic and Social Studies*, vol. 22, pp. 139-91
—— 1980 – *The Slowing Down of the Engine of Growth*, em *The American Economic Review*, vol. 70, pp. 555-64

LEYGUES, Jean-Charles
—— 1194a – *Evaluation des Politiques Internes Communautaires et de leurs Dépenses*, em *Revue Française de Finances Publiques*, n. 45, pp. 97-164
—— 1994b – *Les Politiques Internes de l'Union Européenne*, Librairie Generale de Droit et de Jurisprudence, Paris

LI, Minqi
—— 2016 – *China and the 21st Century*n, PlutoPress, Londres

LIMA, Bernardo Pires de
—— 2016 – *Portugal e o Atlântico*, Fundação Francisco Manuel dos Santos, Lisboa

LIMA, Marcos Costa
—— 1999 – *MERCOSUL: a Frágil Consistência de um Bloco Regional Emergente e a Necessidade de Aprofundar a Integração*, em Dantas *et al., Processos de Integração Regional...*, cit., pp. 161-93

LIMA, Maria Antonina
—— 1998 – *Regionalisation, Globalisation and the Emerging World Economy: the Case of the World Trade Organisation, the Regional Integration Agreements and the European Union*, em *Notas Económicas*, n. 11, pp. 65-81

LINDER, Staffan Burenatam
—— 1961 – *An Essay on Trade and Transformation*, Almquist e Wiksell, Estocolmo (ed. tb. por John Wiley, Nova Iorque)

LINDERT, Peter H. e PUGEL, Thomas A.
—— 1996 – *International Economics*, 10.ª ed., Irwin, Chicago

LINGLIANG, Zeng e YING, Zhang
—— 2007 – *Non-Market Economy Issues in Sino-EU Relations: A Purely Technical Matter or Beyond?*, em *Temas de Integração*, n. 26, pp. 273-97

LIPGENS, W.
—— 1982 – *A History of European Integration*, Clarendon Press, vol. I, Oxford

LIPSEY, Richard G.
—— 1957 – *The Theory of Customs Unions: Trade Diversion and Welfare*, em *Economica*, vol. 24, pp. 40-6
—— 1960 – *The Theory of Customs Unions: A General Survey*, em *The Economic Journal*, vol. 70, pp. 496-513
—— 1970 – *The Theory of Customs Unions: A General Equilibriun Analysis*, Weidenfeld e Nicolson, Londres

LIPSEY, Richard G. e LANCASTER, Kelvin
—— 1956-7 – *The General Theory of the Second Best*, em *Review of Economic Studies*, vol. 24, pp. 11-32

LIST, Frederic
—— 1841 – *Système National d'Economie Politique*, tradução francesa, Paris, 1851

LITTLE, Ian M., SCITOVSKY, Tibor e SCOTT, Maurice F.
—— 1970 – *Industry and Trade in Some Developing Countries*, Oxford University Press, para a OCDE, Londres

LLOYD, Peter
—— 1996 – *The Changing Nature of Regional Trading Arrangements*, em Bora e C. Findlay (ed.) *Regional Integration and the Asia-Pacific*, cit., pp. 25-48

LOBO, Carlos
—— 1995 – *Impostos Ambientais*, em *Fisco*, n. 70-1, pp. 73-97

LOBO, Maria Teresa Cárcomo
—— 2000-1 – *Mercosul – Realidade ou Utopia*, em *Temas de Integração*, n.ᵒˢ 10-11, pp. 95-104

LONG, Olivier
—— 1977 – *The Protectionist Threat to World Trade Relations*, em *Intereconomics*, n.s 11/12

LOPES, António Calado
—— 1998 – *Agenda 2000. Uma Estratégia pouco Ambiciosa do Alar-gamento e da Consolidação da União Europeia*, em *Brotéria*, vol. 146, pp. 379-95
—— 2005 – *O Alargamento e a Economia da União Europeia. Qual o Impacto em Portugal?*, Tribuna, Lisboa
—— 2007 – *A Estratégia de Lisboa e a Modernização da Economia Europeia*, Instituto Nacional de Administração (INA), Oeiras

LOPES, António Simões
—— 1979 – *Regional Development and Integration*, em Fundação Calouste Gulbenkian e German Marshall Fund for Development, 2.ª *Conferência Internacional sobre Economia Portuguesa*, Lisboa, vol. II

LOPES, Dulce
—— 2003 – *O Nome das Coisas: Serviço Público, Serviço de Interesse Económico Geral e Serviço Universal no Direito Comunitário*, em *Temas de Integração*, n.os 15-16, pp. 147-229

LOPES, José da Silva
—— 1964 – *Introdução à Teoria da Integração Económica*, em *Estudos Políticos e Sociais*, vol. 2, n.os 2 e 3
—— 1980 – *Portugal and the EEC. The Application for Membership*, em *Economia*, vol. 4, pp. 519-45 (tb. em Girão, J.A., ed., *Southern Europe and the Enlargement of the EEC*, Universidade Católica, Lisboa, 1982, pp. 67-93
—— 1996 – *A Economia Portuguesa desde 1960*, Gradiva, Lisboa
—— 1999 – *Prós e Contras da Integração Monetária Europeia*, em Instituto Europeu da Faculdade de Direito da Universidade de Lisboa, *Aspectos Jurídicos e Económicos da Introdução do Euro*, cit., pp. 121-34
—— 2008 – *A União Europeia: A Caminho de um Orçamento Federal*, em P. Cunha e Morais (org.) *A Europa e os Desafios do Século XXI*, cit., pp. 263-87

LOPES, José da Silva (ed.)
—— 1993 – *Portugal and EC Membership Evaluated*, Pinter Publishers, Londres

LÖSCH, A.
—— 1939 – *Die Raümliche Ordnnung der Wirtschaft*, Heidenheim (trad. da 2.ª ed. *Teoria Económica Espacial*, Buenos Aires, 1957)

LOUÇÃ, Francisco e AMARAL, João Ferreira do
—— 2014 – *A Solução Novo Escudo. O que fazer no dia seguinte à saida de Portugal do euro ?*, Lua de Papel, Lisboa

LOURENÇO, Camilo
—— 1997 – *Porque a União Monetária Protege as Pequenas Economias*, em *Europa. Novas Fronteiras*, n. 1, *União Económica e Monetária*, pp. 56-7

LOURENÇO, Eduardo
—— 2001 – *A Europa Desencantada: para uma Metodologia Europeia*, Gradiva, Lisboa

Low, Patrick
—— 1993 – *Trading Free – The GATT and US Trade Policy*, The Twentieth Century Fund Book, Nova Iorque

LOYAT, Jacques e PETIT, Yves
—— 2008 – *La Politique Agricole Commune (PAC). Une Politique en Mutation*, La Documentation Française, Paris

LUCÁNGELI, Jorge
—— 1993 – *La Presencia del Comercio Intra-Industrial en el Intercambio entre Argentina y Brasil*, em *Boletim Informativo Technint*, n. 275, pp. 49-72

LUCE, Edward
—— 2006 – *In Spite of the Gods. The Strange Rise of Modern India*, Little, Brown, Londres

LUDLOW, Peter
—— 1997-8 – *Beyond Agenda 2000*, em *CEPS Review*, n. 5, pp. 1-9

LUND, John Diderik
—— 1996 – *Can a Small Nation Gain from a Domestic Carbon Tax? The Case With R&D Externalities*, em Anderson, Torben M., Morene, Karl O. e Sorensen, Peter Birch, *Tax Policy in Small open Economies*, Blackwell, Oxford, pp. 83-97

MCCORMICK, John
—— 2007 – *The European Superpower*, Palgrave/Macmillam, Basingstoke
—— 2008 – *The European Union. Politics and Policies*, 4.ª ed., Westview Press, Boulder e Oxford

MCCORMICK, John e OLSEN, Jonathan
—— 2014 – *Understanding the European Union. A Concise Introduction*, 6ª ed., Palgrave, Londres

MCCULLOCH, Rachel
—— 1979 – *Trade and Direct Investment: Recent Policy Trends*, em Dornbush, Rudiger e Frenkel, Jacob A. (ed.) *International Economic Policy. Theory and Evidence*, The Johns Hopkins University Press, Baltimore e Londres

MCDONALD, Frank
—— 1999 – *Market Integration in the European Union*, em Mc Donald e Dearden (ed.) *European Economic Integration*, cit., pp. 15-41

MCDONALD, Frank e DEARDEN, Stephen (ed.)
—— 2005 – *European Economic Integration*, 4.ª ed., Longman, Harlow e Nova Iorque

MCFADZEAN, Frank *et al.*
—— 1972 – *Towards an Open World Economy*, Macmillan, para o Trade Policy Research Centre, Londres

MCGOWAN, Francis
—— 1998 – *EU Competition Policy*, em El-Agraa (ed.) *The European Union...*, cit., pp. 171--86 da 5.ª ed.
—— 1996 – *Energy Policy*, em Kassim e Menon (ed.) *The European Union and National Industrial Policy*, cit., pp. 132-52
—— 2000 – *Competition Policy*, em Wallace e Wallace (ed.) *Policy-Making in the European Union*, cit., pp. 115-47 da 4.ª ed.

MCGOWAN, Francis e SEABRIGHT, Paul
—— 1989 – *Deregulating European Airlines*, em *Economic Policy*, n. 9, pp. 283-344

MCGUIRE, Steven e SMITH, Michael
—— 2008 – *The European Union and the United States. Competition and Convergence in the Global Arena*, Palgrave/Macmillan, Basingstoke e Nova Iorque

MCKINNON, R.
—— 1963 – *Optimum Currency Areas*, em *The American Economic Review*, vol. 51, pp. 717--25

MCKINSEY & Company
—— 2005 – *The Emerging Global Labour Market*, McKinsey Global Institute, Junho, S. Francisco

MCLURE, Charles

—— 1972 – *The Tax on Value Added: Pros and Cos*, em McLure, Charles e Ture, Norman B., *Value Added Tax. Two Views*, American Entreprise Institute for Public Policy Research, Washington, pp. 26-33

MACEDO, Jorge Braga de

—— 1977 – *Interdependência Económica, Sistema Monetário Internacional e Integração Portuguesa*, Estudos do Banco de Fomento Nacional, Lisboa

—— 1990 – *External Liberalization with Ambiguous Public Response: The Experience of Portugal*, em Bliss, Christopher e Macedo, Jorge Braga de (ed.) *Unity with Diversity in the European Economy. The Community's Southern Frontier*, Cambridge University Press, Cambridge

—— 1992a – *Coesão e União Europeia: o Exemplo de Portugal*, em Ministério do Planeamento e da Administração do Território, *Fundos Estruturais. Que Futuro?*, cit., pp. 115-160

—— 1992b – *Caminhando Gradualmente para a Moeda Única*, em Secretaria de Estado da Integração Europeia, *A Europa Após-Maastricht*, cit.,pp. 95-100

—— 1996 – *Portugal e a União Monetária Europeia: Vender Estabilidade Internamente, Ganhar Credibilidade Externa*, em *Análise Social*, vol. 31, pp. 891-923

MACEDO, Jorge Braga de, CORADO, Cristina e PORTO, Manuel

—— 1988 – *The Timing and Sequencing of Trade Liberalization Policies: Portugal 1948-1986*, Working Paper n.º 114, Faculdade de Economia da Universidade Nova de Lisboa (síntese dos relatórios sobre Portugal preparados para o projecto referido em Papageorgiou, Choksi e Michaely, 1990)

MACHADO, Jonatas

—— 2012 – *Comentário* ao artigo 214º do TFUE, em Porto e Anastácio (coord.), *Tratado de Lisboa...*, cit., pp. 820-4

—— 2014 – *Direito da União Europeia*, 2ª ed., Coimbra Editora, Coimbra

MACHADO, Pedro

—— 2012 – *Comentário* ao artigo 123º do TFUE, em Porto e Anastácio, coord, *Tratado de Lisboa...*, cot., pp. 565-8

MACHAVA, Almeida Zacarias

—— 2013 – *As Relações Económicas e Comerciais entre a China e os Países Africanos de Língua Oficial Portuguesa: Alguns aspetos jurídicos e económicos*, dissertação de doutoramento na Universidade de Macau

MACHLUP, F. (ed).

—— 1979 – *History of Thought on Economic Integration*, Macmillan, Londres

MADDISON, Angus

—— 1989 – *The World Economy in the 20th Century*, OCDE, Paris

—— 1994 – *Monitoring the World Economy: 1820-1992*, OECD, Paris

—— 2006 – *The World Economy*, publicação conjunta de *A Millenial Perspective*, vol. 1 (2001) e *Historical Statistics*, vol. 2 (2003), Paris

MADDISON, David, PEARCE, David, JOHANSSON, Olof, CALTHROP, Edward, LITMAN, Todd e VERHOEF, Eric

—— 1996 – *The True Costs of Road Transport*, Earthscan, Londres

Maduro, Miguel Poiares

—— 1998 – *We the Court. The European Court of justice & the European Economic Constitution*, Hart Publishing, Oxford

Maduro, Miguel Poiares e Azoulsi, Lois (ed.)

—— 2010 – *The Past and Future of EU Law. The Classics of EU Law Revisited on rhe 50th Anniversary of the Rome Treaty*, Hartpublishing, Oxford e Portland (Oregon)

Magee, Stephen P.

—— 1973 – *Factor Market Distortions, Production, and Trade: A Survey*, em *Oxford Economic Papers*, vol. 25, pp. 1-43

—— 1976 – *International Trade and Distortions in Factor Markets*, Ancel Dekker, Nova Iorque e Basileia

—— 1980 – *Three Simple Tests of the Stolper-Samuelson Theorem*, em Oppenheimer, Peter (ed.) *Issues in International Economics*, Oxford International Symposium, Oriel Press, Stocksfield, pp. 138-53

—— 1994 – *The Political Economy of Trade Policy*, em Greenaway e Winters (ed.) *Surveys in International Trade*, cit., pp. 139-76

Magee, Stephen, Brock, William A. e Young, Leslie

—— 1989 – *Black Hole Tariffs and Endogenous Policy Theory. Political Economy in General Equilibrium*, Cambridge University Press, Cambridge

Magnette, Paul e Remacle, Eric

—— 2000 – *Le Nouveau Modèle Européen* (2vols.), Institut d' Études Européennes, Universidade Livre de Bruxelas

Magone, José M.

—— 1997 – *European Portugal. The Difficult Road to Sustainable Democracy*, Macmillan, Basingstoke e St. Martin's Press, Nova Iorque

Magrini, Stefano

—— 1999 – *The Evolution of Income Disparities Among the Regions of the European Union*, em *Regional Science and Urban Economics,* vol. 29, pp. 257-81

Mahbubani, Kishore

—— 2013 – *The Great Comvergence. Asia, the West nad the Logic of One World*, Public Affairs, Nova Iorque

Mahajan, Vijay

—— 2009 – *Africa Rising. How 900 million African countries offer more than you think*, Prentice Hall, New Jersey

Mahé, Louis-Pascal e Ortalo-Magné, François

—— 2001 – *Politique Agricole Commune (PAC)*, La Documentation Française, Paris

Maior, Paulo Vila

—— 1999 – *O Modelo Político Económico da Integração Monetária Europeia*, Universidade Fernando Pessoa, Porto

Maior, Paulo Vila e Marques, Nuno Castro

—— 2000 – *Anatomia do Alargamento da Europa Comunitária aos Países do Leste e do Mediterrâneo*, em *Revista da UFP* (Universidade Fernando Pessoa), n. 5, pp. 331-50

MAJONE, Giandomenico
—— 1996 – *Regulating Europe*, Routeledge, Londres
MANESCHI, Andrea
—— 1998 – *Comparative Advantage in International Trade. A Historical Perspective*, Edward Elgar, Cheltenham e Northampton (Mass.)
MANN, Catherine L.
—— 2003 – *Globalization of IT Services and White Collar Jobs: The Next Wave of Productivity Growth*, working paper do Institute of International Economics, December, Washington
MANOÏLESCO, Mihail
—— 1929 – *The Theory of Protection and International Trade* (tradução inglesa, P.S. King and Sons, Londres, 1931)
MANSFIELD, Edward D.
—— 1992 – *The Concentration of Capabilities and International Trade*, em *International Organization*, vol. 46, pp. 731-64
—— 1993 – *Effects of International Politics on Regionalism in International Trade*, em Anderson e Blackhurst (ed.) *Regional Integration and the Global Trading System*, cit., pp. 199-217
MANZANO, Jean Luis
—— 1997 – *Beyond NAFTA: The Opportunity to Build a New Continental Alliance*, em Fatemi (ed.) *International Trade in the 21ˢᵗ Century*, cit., pp. 125-43
MARCHETTI, Juan A. e ROY, Martin
—— 2008 – *Opening Markets for Trade in Services. Countries and Sectors in Bilateral and WTO Negotiations*, Cambridge University Press, Cambridge
MARCOU, Gérard e MODERNE, Frank (dir.)
—— 2004 – *Droit de la Régulation, Service Publique et Intégration Régionale*, L'Harmattan, Paris
MARIA, Alberto Santa (ed.)
—— 2007 – *Competition and State Aid. Analysis of EC Practice*, Kluwer Law International, Alphen aan den Rijn
MARIZ, Tiago
—— 2012 – *Comentário* ao artigo 48º do TFUE, em Porto e Anastácio (coord.), *Tratado de Lisboa...*, cit., pp. 311-5
MARKUSEN, James R., MELVIN, James R., KAEMPFER, William H., MARKUS, Keith E.
—— 1995 – *International Trade. Theory and Evidence*, McGraw Hill, Nova Iorque
MARQUES, Alfredo
—— 1993 – *Incentivos Regionais e Coesão. Alcance e Limites da Acção Comunitária*, em *Notas Económicas*, n. 1, pp. 24-38
—— 1998 – *A Moeda Única na Perspectiva das Economias Menos Desenvolvidas*, em *Notas Económicas*, n. 10, pp. 41-55
—— 1999a – *State Aid Policy and Structural Funds. Conflicts and Complementarities*, em Xureb, P. G. (ed.) *Getting down to Gearing up for Europe*, European Documentation and Research Centre, Universidade de Malta
—— 1999b – *EU Structural Funds: Scope and Limits*, loc. cit., ref. anterior

—— 2000 – *Concentrações de Empresas – Forças Motrizes e Consequências Económicas,* em *Temas de Integração,* n. 9, pp. 17-50

—— 2006 – *Economia da União Europeia,* Almedina, Coimbra

—— 2015 – *A Competitividade das Economias na Zona Euro. O Caso Português,* Actual, Coimbra

MARQUES, Alfredo e SOUKIAZIS, Elias

—— 1999 – *Per Capita Income Convergence across Countries and across Regions in the European Union. Some new Evidence,* em CEDIN (ISEG), *Questões de Economia Europeia,* vol. 2, Lisboa

MARQUES, José Luis Sales

—— 2005 – *EU – China Relations and the Eastward Challenge,* em *Temas de Integração,* n. 20, pp. 7-45

—— 2007 – *Current Issues in EU – China Relations,* em *Temas de Integração,* n. 24, pp. 145-54

MARQUES, Maria Isabel Mendes

—— 2000 – *Política Industrial no Contexto Europeu: Fundamentos, Alcance e Limites,* dissertação de mestrado na Faculdade de Economia da Universidade de Coimbra

MARQUES, Maria Manuel Leitão

—— 2002 – *Um Curso de Direito da Concorrência,* Coimbra Editora, Coimbra

MARQUES, Maria Manuel Leitão e MOREIRA, Vital

—— 2008 – *A Mão Invisível. Mercado e Regulação,* Almedina, Coimbra

MARQUES, Walter

—— 1998 – *Moeda e Instituições Financeiras,* 2.ª ed., Dom Quixote/ISG, Lisboa

MARSH, John

—— 1997 – *The Common Agricultural Policy,* em Stavridis, Mossialos, Morgan e Machin (ed.) *New Challenges to the European Union: Policies and Policy-Making,* cit., pp. 401-37

MARSH, John e TANGERMANN, Stefan

—— 1996 – *Preparing Europe's Rural Economy for the 21st Century,* LUFPIG, Bruxelas

MARSHALL, Katherine

—— 2008 – *The World Bank. From Reconstruction to Development to Equity,* Routledge, Londres e Nova Iorque

MARTIN, Hans-Peter e SCHUMANN, Harold

—— 1998(6) – *A Armadilha da Globalização. O Assalto à Democracia e ao Bem-Estar Social,* Terramar, Lisboa (trad. da ed. alemã, de 1996)

MARTIN DE LA GUARDIA, Ricardo e PEREZ SANCHEZ, Guilhermo A (dir.)

—— 2012 – España y Portugal, Veinticinco Años en la Union Europea (1986-2011, Instituto de Estudios Europeus da Universidade de Valladolid, Valladolid

MARTIN, John P.

—— 1978 – *X – Inefficiency, Managerial Effort and Protection,* em *Economica,* vol. 45, pp. 273-86

MARTIN, Reiner

—— 1992 – *Revising the Economic Case for Regional Policy,* em Hart, M. e Harrison, R. (ed.) *Spatial Policy in a Divided Nation,* Jessica Kingsley, Londres, pp. 270-90

—— 1999 – *The Regional Dimension in European Public Policy. Conver-gence or Divergence?* Macmillan, Basingstoke e St. Martin's Press, Nova Iorque

MARTIN, Stephen
—— 1993 – *Vertical Product Differentiation, Intra-Industry Trade and Infant Industry Protection*, Working Paper do Department of Economics, European University Institute, Florença
MARTINEZ, Pedro Soares
—— 2005 – *Economia Política*, 10.ª ed., Almedina, Coimbra
MARTINHO, Ana
—— 2008 – *Imigração, Integração e Participação Social*, em *Temas de Integração*, n. 26, pp. 23-48
MARTINS, Ana Isabel e VALENTE, Isabel Maria Freitas
—— 2009 – *Vinte Anos de União Europeia: Percepções e Realidades em Portugal*, em *Cadernos do CEIS 20*, n.º 10
MARTINS, Ana Maria Guerra
—— 2000 – *A Natureza Jurídica da Revisão do Tratado da União Europeia*, Lex, Lisboa
—— 2004 – *Curso de Direito Constitucional da União Europeia*, Almedina, Coimbra
—— 2012 – *Manual de Direito da União Europeia*, Almedina, Coimbra
MARTINS, Guiheme Oliveira
—— 2004 – *Que Constituição Para a União Europeia? Análise do Projecto da Convenção*, Gradiva, Lisboa
MARTINS, Ives Gandra da Silva
—— 1997 – *Desafios sem Perspectivas Imediatas*, em Martins, Ives Gandra S. (coord.) *Desafios do Século XXI*, Pioneira, S. Paulo
—— 2005 – *Uma Teoria do Tributo*, Quartier Latin, São Paulo
MARTINS, Manuel
—— 2001 – *Auxílios de Estado no Direito Comunitário*, Princípia, Coimbra
MARTINS, Margarida Salema d'Oliveira
—— 2003 – *O Princípio da Subsidiariedade em Perspectiva Jurídico-Política*, Coimbra Editora, Coimbra
MARTINS, Maria d'Oliveira
—— 2012 – *As Finanças Públicas Europeias na Encruzilhada entre a Integração Orçamental e a Plurilocalização da Execução e do Controlo Orçamental*, em Catarino e Tavares (coord.), *Finanças Públicas da União* Europeia, cit., pp. 265-85
MASSON, Paul R., KRUEGER, Thomas H. e TURTELBOOM, Bart G. (ed.)
—— 1997 – *EMU and the International Monetary System*, IMF (Fundo Monetário Internacional), Wastington
MASSOT MARTI, A.
—— 1999 – *El Acuerdo de Berlin sobre la Agro-Agenda 2000. El Preludio de una Nueva Reforma de la PAC*, Parlamento Europeu, Bruxelas
—— 2002 – *La Multifuncionalidad Agraria, un Nuevo Paradigma a la Busqueda de una Politica Comun en la Era de la Globalisation*, IV Congreso de la Asociacion Española de Economia Agraria, Pamplona (21-22 de Setembro)
MATEUS, Abel
—— 2006 – *Da Aplicação do Controle de Concentrações em Portugal*, em *Temas de Integração*, n. 21, pp. 99-129
—— 2012 – *Comentários* aos artigos 282º a 284º do TFUE, em Porto e Anastácio (coord.), *Tratado de Lisboa...*, cit., pp. 1011-6

MATEUS, Abel e MOREIRA, Teresa (ed.)
—— 2007 – *Competition Law and Economics. Advances in Competition Policy and Antitrust Enforcement*, Kluwer, Alphen aan den Rijn

MATEUS, Augusto
—— 2000 – *A Globalização e os Novos Caminhos da Competitividade: União Europeia e MERCOSUL, Portugal e Brasil*, em C. Albuquerque e Romão (org.) *Brasil-Portugal...*, cit., pp. 69-104

MATEUS, Augusto, BRITO, J.M. Brandão de e MARTINS, Victor
—— 1995 – *Portugal XXI-Cenários de Desenvolvimento*, 2.ª ed., Bertrand Editora,

MATLÁRY, Janne Haaland
—— 1996 – *Energy Policy: From a National to a European Framework?*, em Wallace, Heden e Wallace, William (ed.) *Policy Making in the European Union*, cit., pp. 257-77 da 3.ª ed.
—— 1997 – *Energy Policy in the European Union*, Macmillan, Basingstoke e Londres, e St. Martin's Press, Nova Iorque

MATOS, Pedro Verga e RODRIQUES, Vasco
—— 2000 –*Fusões e Aquisições. Motivações, Efeitos e Política*, Principia, Cascais

MATTLI, Walter
—— 1999 – *The Logic of Regional Integration. Europe and Beyond*, Cambridge University Press, Cambridge

MATTOO, Aaditya
—— 1996 – *The Government Procurement Agreements. Implications of Economic Theory*, em *The World Economy*, vol. 19, pp. 695-720

MAYES, D.G.
—— 1983 – *EC Trade Effects and Factor Mobility*, em El-Agraa, A.M. (ed.) *Britain within the European Community: The Way Forward*, Macmillan, cap. 6

MAYES, David e EL-AGRAA, Eli
—— 2011 – *The Development of EU Economic and Monetary Integration, em El-Agraa ed., The European Union..., cap. 11, pp. 163-81 VER NO DE 2015 !!*

MAYHEW, Alan
—— 1998-9 – *Recreating Europe. The European Union's Policy Towards Central and Eastern Europe*, Cambridge University Press, Cambridge

MAYSTADT, Philippe
—— 2000 – *L'Euro et le Système Monétaire International*, em Thévenoz, Luc e Fontaine, Marcel (dir.) *La Monnaie Unique et les Pays Tiers (The Euro and non-Participating Countries)*, Bruylant, Bruxelas

MAZIER, Jacques
—— 1991 – *Marché Unique, Union Monétaire et Politique Économique en Europe*, em *Revue du Marché Commun et de l'Union Européenne*, n. 352, pp. 760-73

MEADE, James E.
—— 1955 – *The Theory of International Economic Policy*, vol. II, *Trade and Welfare*, Oxford University Press, Londres
—— 1956 – *The Theory of Customs Unions*, North-Holland, Amesterdão
—— 1968 – *The Pure Theory of Customs Unions*, North Holland, Amesterdão

MEDEIROS, Eduardo Raposo de

—— 1985 – *O Direito Aduaneiro. Sua Vertente Internacional,* Instituto Superior de Ciências Sociais e Políticas, Lisboa

—— 1998 – *Blocos Regionais de Integração Económica no Mundo,* Instituto Superior de Ciências Sociais e Políticas, Lisboa

—— 1999b – *Alguns Aspectos da Economia Mundial dos Anos 90,* em Barata (coord.) *Conjuntura Internacional 1999,* cit., pp. 81-123

—— 2008 – *Evolução e Tendências da Integração Económica Regional,* Petrony, Lisboa

—— 2010 – *Organização Mundial de Comércio (OMC),* em Campos (coord.), *Organizações Internacionais...,* cit., pp. 333-416

—— 2013 – *Economia Internacional,* 9ª ed., Escolar Editora, Lisboa

MEEUSEN, Wim e VILLAVERDE, José (ed.)

—— 2002 – *Convergence Issues in the European Union,* Edward Elgar, Cheltenham e Nothingham (Mass.)

MELO, Jaime de e PANAGARIYA, David (ed.)

—— 1993 – *New Dimensions in Regional Integration,* Cambridge University Press, Cambridge

MELO, João Joanaz de e PIMENTA, Carlos

—— 1993 – *Ecologia (O que é),* Difusão Cultural, Lisboa

MELVIN, James R. e WILKINSON, Bruce W.

—— 1968 – *Effective Protection in the Canadian Economy,* para o Economic Council of Canada, Otava

MENDELSON, Martin e ROSE, Stephen

—— 2002 – *Guide to the EC Block Exemption for Vertical Agreements,* Kluwer Law International, Haia

MENDES, A.J. Marques

—— 1986 – *The Contribution of the European Community to Economic Growth,* em *Journal of Common Market Studies,* vol. 24, pp. 261-77

—— 1987 – *Economic Integration and Growth in Europe,* Croom Helm, Londres

—— 1988 – *The Case for Export-Led Growth,* em *Estudos de Economia,* vol. 9, pp. 33-41

—— 1993 – *The Development of the Portuguese Economy in the Context of the EC,* em Lopes, J.S. (ed.) *Portugal and EC Membership Evaluated,* cit., pp. 7-29

MENDES, A.J. Marques e Coelho, Lina

—— 1990 – *Comércio Externo e Adesão à CEE: Condicionantes e Potencialidades de Portugal e da Região Centro,* Comissão de Coordenação da Região Centro, Coimbra

MENDES, António Mendonça

—— 2012 – *Comentários* aos artigos 95º a 97º do TFUE, em Porto e Anastácio (coord.), *Tratado de Lisboa...,* cit., pp. 485-9

MENDES, Joana

—— 2011 – *Participating in EU Rule Making. A Risk Based Approach,* Oxford University Press, Oxford

MENDES, Mário Marques

—— 2012 – *Comentários* aos artigos 34º a 37º do TFUE, em porto e Anastácio (coord.), *Tratado de Lisboa...,* cit., pp. 284-98

MENDES, Nuno Canas
—— 1999 – *A Crise Asiática: Análise dos seus Efeitos nos Blocos ASEAN-APEC e na China*, em Barata (coord.) *Conjuntura Internacional 1999*, cit., pp. 283-323

MENDONÇA, António
—— 2000 – *Sobre a Participação de Portugal na União Europeia e o Mundo Lusófono como Espaço Económico*, em C. Albuquerque e Romão (org.) *Brasil-Portugal...*, cit., pp. 341-62

MENDONÇA, António, FAUSTINO, Horácio Crespo, BRANCO, Manuel e FILIPE, João Paulo
—— 1999 – *Economia Financeira Internacional*, McGraw-Hill de Portugal, Amadora

MESQUITA, Maria José Rangel de
—— 2011 – *A Actuação Externa da União Europeia depois do Tratado de Lisboa*, Almedina, Coimbra

MESSERLIN, Patrick
—— 1981– *The Political Economy of Protectionism: The Bureaucratic Case*, em *Weltwirtschaftliches Archiv*, vol. 117, pp. 469-95
—— 1995 – *La Nouvelle Organisation Mondiale du Commerce*, Dunod, Paris

MICHAELY, Michael
—— 1977 – *Theory of Commercial Policy: Trade and Protection*, Philip Allan, Oxford

MICHIE, Jonathan e SMITH, John Grieve (ed.)
—— 1996 – *Creating Industrial Capacity. Towards Full Employment*, Oxford University Press, Oxford

MIESKOWSKI, P. M.
—— 1966 – *The Comparative Efficiency of Tariff and other Tax-Subsidy Schems as a Means of Obtaining Revenue or Protecting Domestic Production*, em *The Journal of Political Economy*, vol. 74, pp. 587-99

MILL, John Stuart
—— 1848 – *Principles of Political Economy* (referenciada a ed. de Ashley, W.J., Longmans, Green and Co., Londres, 1929)

MILLET, Damien e TOUSSAINT, Éric
—— 2013 – *A Crise da Dívida. Auditar.Anular.Alternativa Política*, Temas e Debates/Círculo Leitores, Lisboa (trad. de *AAA-Audit, annulation, autra politique*)

MINGASSON, Jean Paul
—— 1998 – *Pour que l'Europe s'Elargisse a l'Est: l'Agenda 2000*, em *Regards sur l'Actualité*, n. 239, pp. 3-13

MINISTÉRIO DAS FINANÇAS
—— 1991 – *Portugal e a Transição para a União Económica e Monetária*, Seminário Internacional, Lisboa

MINISTÉRIO DO PLANEAMENTO
—— 1999 – *Portugal – Plano de Desenvolvimento Regional 2000-2006*, Lisboa

MINISTÉRIO DO PLANEAMENTO E DA ADMINISTRAÇÃO DO TERRITÓRIO
—— 1992 – *Fundos Estruturais. Que Futuro?*, Lisboa
—— 1993 – *Preparar Portugal para o Séc. XXI. Análise Económica e Social*, Lisboa

MIRANDA, Ana e ESQUÌVEL, José Luis
—— 2012 – *Comentários aos artigos 93º e 94º do TFUE*, em Porto e Anastácio (coord.), *Tratado de Lisboa...*, cit., pp. 476-84

MISCALI, Mario
—— 1998 – *Armonizzazione Fiscale e Finanza Innovativa. Prospettive per la Fiscalità Europea delle Emprese*, Il Sole 24 Ore, Milão
MITTELMAN, James H.
—— 2000 – *The Globalization Syndrome. Transformation and Resistance*, Princeton University Press, Princeton
MODERNE, Franck e MARCOU, Gérard (ed.)
—— 2001 – *L'Idée de Service Publique dans le Droit des États de l'Union Européenne*, L'Harmattan, Paris
MOLINA DE POZO, Carlos
—— 1996 – *Integracion Euro – Latino America*, ed. Ciudad Argentina, Buenos Aires
MOLLE, Willem
—— 2006 – *The Economics of European Integration. Theory, Practice, Policy*, 5.ª ed., Ashgate, Aldershot, Dartmouth
—— 2008 – *The Redistribution Function of the European Union*, em P. Cunha e Morais (org.), *A Europa e os Desafios do Século XXI*, cit., pp. 289-93
MONCADA, Luís S. Cabral de
—— 2007 – *Direito Económico*, 5.ª ed., Coimbra Editora, Coimbra
MONIZ, Carlos Botelho
—— 1995 – *Circulação de Advogados*, em *Revista da Ordem dos Advogados*, vol. 55
MONNET, Jean
—— 1976 – *Mémoires*, Fayard, Paris
MONOD, Jérôme e CASTELBAJAC, Philipe de
—— 2008 – *L'Aménagement du Territoire*, 14.ª ed., Col. Que sais-je?, Presses Universitaires de France (PUF), Paris
MONTEAGUDO, Josefina
—— 2005 – *A Brief Review of the Literature on Offshoring*, Directorate General for Enterprise and Industry, Comissão Europeia, Bruxelas
MONTEIRO, Manuel Gonçalves
—— 1964 – *Elementos de Direito Aduaneiro e de Técnica Pautal*, Junta de Investigação do Ultramar, Lisboa
MONTI, Giorgio
—— 2007 – *EC Competition Law*, Cambridge University Press, Nova Iorque
MONTI, Mario (apresent.)
—— 1996 – *The Single Market and Tomorrow's Europe. A Progress Report from the European Commission*, Office for Publications of the European Communities, Luxemburgo e Kegan Page Publishers, Londres
—— 2003 – *The New Shape of European Competition Policy*, discurso preferido no Inaugural Symposium of the Competition Policy Research Center, "How Should Competition Policy Transform Itself, Tóquio
MOON, Bruce E.
—— 2000 – *Dilemmas of International Trade*, Westview Press, Londres e Oxford
MORAIS, Luís
—— 1993 – *O Mercado Comum e os Auxílios Públicos. Novas Perspectivas*, Almedina, Coimbra,

—— 2006 – *Empresas Comuns (Joint Ventures) no Direito Comunitário da Concorrência*, Almedina, Coimbra

—— 2009 – *Os Conceitos de Objecto e Efeito Restritivos da Concorrência e a Prescrição de Infrações da Concorrência*, Almedina, Coimbra

MOREIRA, Adriano

—— 1999 – *A Europa no Norte de África,* em Barata (coord.) *Conjuntura Internacional 1999,* cit., pp. 17-2

—— 2002 – *Estudos da Conjuntura Internacional*, D. Quixote, Lisboa

MOREIRA, José António Cardoso

—— 1995 – *Integração Económica e Bem-Estar. A Economia Portuguesa e a Adesão à CEE em 1986: Uma Estimação Empírica dos Efeitos Resultantes da Reafectação de Recursos Induzida pelas Alterações Aduaneiras,* disser-tação de mestrado na Faculdade de Economia da Universidade do Porto

MOREIRA, Marcílio Marques

—— 2000 – *Globalization versus Regionalism: A Brazilian Point of View,* em Hettne, Inotal e Sunkel (ed.), *National Perspectives on the New Regionalism in the South,* cit.

MOREIRA, Teresa

—— 1998 – *O Novo Mecanismo de Resolução de Litígios da OMC. A Perspectiva de Portugal,* em FLAD, *A Organização Mundial do Comércio...,* cit., pp. 81-9

—— 2008 – *Crise e Política de Concorrência,* em *Revista de Finanças Públicas e Direito Fiscal,* n. 4, pp. 37-50

MOREIRA, Vital Martins

—— 1997 – *Auto-Regulação Profissional e Administração Pública,* Almedina, Coimbra

MOREIRA, Vital (org.)

—— 2004 – *Estudos de Regulação Pública- I,* Coimbra Editora, Coimbra

MOREIRA, Vital e MAÇÃS, Fernanda

—— 2003 – *Autoridades Reguladoras Independentes. Estudo e Projecto de Lei-Quadro,* Coimbra Editora, Coimbra

MORIN, Jean Frédéric, NOVOTNÁ, Tereza, PONJAERT, Frederik e TELŌ, Mario

—— 2015 – The Politics of Transatlantic Trade Negotiations. TTIP in a Globalized World, Ashgate, Farnham (RU) e Bulington (EUA)

MORTENSEN, Jorgen (ed.)

—— 1994 – *Improving Economic and Social Cohesion in the European Community,* Centre for European Policy Studies (CEPS), Macmillan, Basingstoke e St. Martin's Press, Nova Iorque

MORIN, Edgar

—— 1987 – *Penser l' Europe*, Gallimard, Paris

MORRIS, Ian

—— 2011 – *Why the West Rules for Now. The patterns of history and what they reveal about the future*, Profile Books, Londres

MOTA, Pedro Infante

—— 1999 – *Os Blocos Económicos Regionais e o Sistema Comercial Multi-lateral. O Caso da Comunidade Europeia,* em *Revista da Faculdade de Direito da Universidade de Lisboa,* vol. 40, n.ºs 1 e 2, pp. 71-156

—— 2005 – *O Sistema Gatt/OMC: Introdução Histórica e Princípios Fundamentais*, Almedina, Coimbra

MOTTA, Massimo e THISSE, Jacques-François

—— 1994 – *Does Enviramental Dumping Lead to Delocation?*, em *European Economic Review*, vol. 38, pp. 563-76

MOUHOUD, El Mouhoub

—— 2013 – *Mondialisation et Délocalisation des Entreprises*, 4ª ed., La Découverte, Paris

MOURA, Francisco Pereiraz

—— 1960 – *Parecer n. 30/VII elaborado acerca do projecto de proposta de lei n. 513, do Governo, sobre a Convenção da Associação Europeia de Comércio Livre*, em *Actas da Câmara Corporativa* n. 92, de 13 de Abril de 1960 (reimpresso em Câmara Corporativa – Pareceres, VII Legislatura, vol. I, Lisboa, 1961)

MOURÃO, Fernando Albuquerque

—— 1996 – *The Brazilian and South African Foreign Policy for Southern Africa*, em Guimarães, S. Pinheiro (ed.) *South Africa and Brazil. Risks and opportunities in the Turmoil of Globalisation*, IRRI (International Relations Researchs Institute), Fundação Alexandre de Gusmão, Brasil, pp. 75-91

MOUSSIS, Nicolas

—— 2015 – *Access to the European Union. Law, Economics, Policies*, 21ª ed., Intersentia, Cambridge

MUCCHIELLI, Jean-Louis

—— 1987 – *Principes d'Economie Internationale*, Economica, Paris

MUCCHIELLI, Jean-Louis e CELIMÈNE, Fred (ed.)

—— 1993 – *Mondialisation et Regionalisation. Un Défi pour l'Europe*, Economica, Paris

MUNDELL, Robert A.

—— 1957 – *International Trade and Factor Mobility*, em *The American Economic Review*, vol. 47, pp. 321-35

—— 1961 – *A Theory of Optimal Curreny Aress*, em *The American Economic Review*, vol. 51, pp. 509-17

—— 1964 – *Tariff Preferences and the Terms of Trade*, em *Manchester School of Economic and Social Studies*, vol. 32, pp. 1-13

MUNI, S.A.

—— 2000 – *India in SAARC: A Reluctant Policy-Maker*, em Hettne, Inotal e Sunkel (ed.), *National Perspectives on the New Regionalism in the South*, cit., pp. 108-31

MURPHY, Anna

—— 1990– *The European Community and the International Trading System*, vol. II, *The European Community and the Uruguay Round*, Centre for European Policy Studies (CEPS), Bruxelas

MUSGRAVE, Richard

—— 1959 – *The Theory of Public Finance*, McGraw-Hill, Nova Iorque

MUSGRAVE, Richard e MUSGRAVE, Peggy

—— 1989 – *Public Finance in Theory and Practice*, 4.ª ed., McGraw-Hill, Nova Iorque

MYNT, H.
—— 1958 – *The Classical Theory of International Trade and the Underdeveloped Countries*, em *The Economic Journal*, vol. 68, pp. 316-37

MYRDAL, Gunnar
—— 1957a – *Economic Theory and Underdeveloped Regions*, Duckworth, Londres
—— 1957b – *Rich Lands and Poor*, Nova Iorque
—— 1968 – *Asian Drama*, Pantheon, Nova Iorque

NABAIS, José Casalta
—— 2008 – *Tributos com Fins Ambientais*, em *Revista de Finanças Públicas e Direito Fiscal*, n. 4, pp. 107-44

NAIDU, G.V.C.,CHEN, Mumin e NARAYANAN (ed.)
—— 2015 – India and China in the Emerging Dynamics of East Asia, Springer India, Nova Delhi

NASH, John e TAKACS, Endy
—— 1998 – *Trade Policy Reform. Lessons and Implications*, Banco Mundial, Washington

NAVARRO, Eduardo, FONT, Andras, FOLGUERA, Jannie e BRIONES, Juan
—— 2005 – *Merger Control in the EU Law. Economics and Practice*, 2.ª ed., Oxford University Press, Oxford

NEGISHI, Takashi
—— 1968 – *Protection of the Infant Industry and Dynamic Internal Economies*, em *The Economic Record*, vol. 44, pp. 56-67

NEILD, D.R.
—— 1979 – *Managed Trade Between Industrial Countries*, em Major, R.R. (ed.) *Britain's Trade and Exchange Rate Policy*, Heinemann Educational Books, Londres, pp. 5-23

NELLO, Susan Semior
—— 2013 – *The European Union. Economics, Policies and History*, 3ª ed., McGraw-Hill, Londres

NELSEN, Brent F. e STUBB, Alexander (ed.)
—— 2014 – *The European Union. Readings on the Theory and Practice of European Integration*, 4ª ed., Palgrave/Mcmillan, Nova Iorque

NEMITZ, Paul (ed.)
—— 2007 – *The Effective Application of EU State Aid Procedures. The Role of National Law and Practice*, Kluwer Law International, Alphen aan den Rijn

NEVEN, Damien e GOUYETTE, Claudine
—— 1995 – *Regional Convergence in the European Community*, em *Journal of Common Market Studies*, vol. 33, pp. 47-65

NEVEN, Damien, NUTTAL, R. e SEABRIGHT, P.
—— 1993 – *Competition and Merger Policy in the EC*, Center for Economic Policy Research (CEPR), Londres

NEVEN, Damien e SEABRIGHT, Paul
—— 1995 – *European Industrial Policy: The Airbus Case*, em *Economic Policy*, n. 21, pp. 315--58

NEVES, João César das
—— 1991 – *Políticas Regionais e Estruturais na União Económica e Monetária*, em Ministério das Finanças, *Portugal e a Transição para a União Económica e Monetária*, cit., pp. 161--66
—— 1994 – *The Portuguese Economy: A Picture in Figures (XIX and XX Centuries)*, Universidade Católica Editora, Lisboa
—— 1997 – *A Economia da Moeda Única*, em *Europa. Novas Fronteiras*, n. 1, *União Económica e Monetária*, pp. 58-67
NEVES, João César das e REBELO, Sérgio
—— 1996 – *Executivos Interpelam Portugal. Questões-Chave da Nossa Economia*, Verbo, Lisboa
NEVIN, Edward
—— 1991 – *The Economics of Europe*, Macmillan, Londres
NEWHOUSE, John
—— 2007 – *Boeing versus Airbus. The Inside Story of the Greatest International Competition in Business*, Alfred A. Knopf, Nova Iorque
NICOLAIDS, Phader
—— 2008 – State Aid Policy in the European Community. Principles and Practice, 2ª ed., Walters Kluwer, Al Alphy an den Rign
NICOLL, Sir William e SALMON, Trevor C.
—— 2001 – *Understanding the European Union*, Longman, Harlow
NIELSEN, Jorgen Ulff-Moller, HEINRICH, Hans e HANSEN, Jorgen Drud
– 1991 – *An Economic Analysis of the EC*, McGraw-Hill, Londres (2.ª ed., de Hansen e Nielsen, 1997, cit.,)
NISKANEN, William A.
—— 1971 – *Bureaucracy and Representative Government*, Aldine-Atherton, Chicago
—— 1973 – *Bureaucracy: Servant or Master?*, Institute of Economic Affairs, Hobert Paperback n. 5, Londres
—— 1975 – *Bureaucrats and Politicians*, em *Journal of Law and Economics*, vol. 18, pp. 617--43
NOBREGA, William e SINHA, Ashish
—— 2008 – *Riding the Indian Tiger. Understanding India – The World's Fastest Growing Market*, Wiley/John Wiley & Sons, Hoboken (New Jersey)
NORBERG, Johan
—— 2003 – *In Defense of Global Capitalism*, CATO Institute, Washington
NOWZAD, Bahram
—— 1978 – *The Rise in Protectionism*, Fundo Monetário Internacional, Pamphlet Series n. 24, Washington
NUGENT, Neill
—— 2010 – *The Government and Politics of the European Union*, 7.ª ed., Palgrave/Macmillan, Londres
NUNES, António Avelãs
—— 1993 – *O Keynesianismo e a Contra-Revolução Monetarista*, em *Boletim de Ciências Económicas* da Faculdade de Direito da Universidade de Coimbra, vol. 34, pp. 14-73

—— 2015 – *O Euro. Das promessas do paraíso às ameaças da austeridade perpétua* , Página a página, Lisboa.

NUNES, Manuel Jacinto

—— 1993 – *De Roma a Maastricht,* Publicações D. Quixote, Lisboa

—— 2009 – *Memórias Soltas,* Alêtheia, Lisboa

NUNES, Rui J. Conceição

—— 2013 – *Euro = Neoliberalismo * Socialismo. O Momento Maastricht,* Vida Económica, Porto

NUSDEO, Ana Maria de Oliveira

—— 2002 – *Defesa da Concorrência e Globalização Económica. O controle da concentração de empresas,* Malheiros Editores, São Paulo

NURKSE, Ragnar

—— 1953 – *Problems of Capital Formation in Underdeveloped Countrie*s, Blackwell, Oxford

O'DONNELL, Rosa

—— 1992 – *Policy Requirements for Regional Balance in Economic and Monetary Union,* em Hammequart, Achille (ed.) *Economic and Social Cohesion in Europe. A New Objective for Integration,* Routeledge, Londres

O'DONOGHNE, Robert e PADILLA, A. Jorge

—— 2008 – *The Law and Economics of Article 82 EC,* Hart Publishing, Portland

OCDE (Organização de Cooperação e Desenvolvimento Económico)

—— 1975 – *Adjustment for Trade. Studies on Industrial Adjustment Problems and Policies,* Paris

—— 1978-9 – *The Case for Positive Adjustment Policies. A Compendium of OECD Documents,* Paris

—— 1985 – *Costs and Benefits of Protection,* Paris

—— 1988 – *Deregulation and Airline Competition,* Paris

—— 1989 – *Economies in Transition. Structural Adjustment in OECD Countries,* Paris

—— 1993a – *Obstacles to Trade and Competition,* Paris

—— 1993b – *Taxer l'Energie: Comment et Pourquoi* (Agence International de l'Energie), Paris

—— 1994a – *The OECD Jobs – Study, Evidence and Explanations,* Parte I. *Labour Market Trends and Underlying Forces of Change,* Paris

—— 1994b – *Internalising the Social Costs of Transport,* Paris

—— 1995a – *Sustainable Agriculture. Concepts, Issues and Policies in OECD Countries,* Paris

—— 1995b – *Regional Integration and the Multilateral Trading System: Synergy and Divergence,* Paris

—— 1996a – *Indicateurs de Barrières Tarifaires & Non Tarifaires,* Paris

—— 1996b – *Regionalism and its Place in the Multilateral Trading System,* Paris

—— 1996c – *Subsidies and Environment – Exploring the Linkages,* Paris

—— 1997 – *L'Avenir du Transport Aérien International. Quelle Politique Face aux Mutations Mondiales?* Paris

—— 2000 – *EMU. One Year On,* Paris

—— 2005a – *The Globalisation Indicators,* Paris

—— 2005b – *Perspectives de l'Emploi de l'OCDE,* Paris

—— 2008a – *OECD Factbook,* Paris

—— 2008b –*Portugal. OECD Territorial Reviews,* Paris

OMC (Organização Mundial do Comércio: WTO)

—— 1995 – *Regionalism and the World Trading System*, Genebra

—— 1996 – *Trade and Foreign Direct Investment*, Genebra

OMC (ed.)

—— 2000 – *From GATT to the WTO: Multilateral Trading System in the New Millennium*, Kluwer, Haia

OATES, Wallace

—— 1972 – *Fiscal Federalism*, Harcourt Brace Javanovich, Nova Iorque

OCKENDEM, Jonathan e FRANKLIN, Michael

—— 1995 – *European Agriculture. Making the CAP fit the Future*, Pinter Publishers, Londres

ODÉN, Bertil

—— 2000 – *The Southern Africa Region and the Regional Hegemon*, em Hettne, Inotal e Sunkel (ed.) *National Perspectives on the New Regionalism in the South*, cit., pp. 242-64

ODONNELL, Bradley J., SHERIDAN, N.C. e WHELAN, K.

—— 1994 – *Aide Regional et Convergence: Évaluation de l'Impact des Fonds Structurels sur la Périphérie Européenne*, Ashgste, Avebury

ODUDU, Okeoshene

—— 2005 – *The Bounderies of EC Competition Law. The Scope of Article 81*, Oxford University Press, Oxford

OHLIN, Bertil

—— 1931 – *Protection and Non-Competing Groups*, em *Weltwirtschaftliches Archiv*, vol. 33, pp. 30-45

—— 1933 – *Interregional and International Trade*, Cambridge (Mass.) (nova ed. de 1967)

OHMAE, Kenichi

—— 1985a – *Becoming a Triad Power: The New Global Corporation*, em *The McKinsey Quarterly*, Spring, pp. 2-25

—— 1985b – *Triad Power: The Coming Shape of Global Competition*, Free Press, Nova Iorque

—— 1995 – *The End of the Nation State. The Rise of Regional Economics. How New Engines of Prosperity are Reshaping Global Markets*, The Free Press, Nova Iorque e Harper Collins, Londres

OLIVEIRA, Celso Maran de

—— 2002 – *Mercosul. Livre Circulação de Mercadorias*, Juruá Editora, Curitiba

OLIVEIRA, Jorge Costa e CARDINAL, Paulo (ed.)

—— 2009 – *One Country, Two Systems, Three Legal Orders – Persectives of Evolution. Essays on Macau's Autonomy after the Resumption of Soveignity by China*, Springer, Berlim

OLSON JR., Mancur

—— 1965 – *The Logic of Collective Action. Public Goods and the Theory of Groups*, Harvard University Press, Harvard (nova ed. revista, Schocken Books, Nova Iorque, 1971)

OMAN, Charles

—— 1994 – *Globalisation and Regionalisation: The Chalenge for Developing Countries*, OCDE, Paris

PABST, Harold

—— 1997 – *Mercosul. Direito da Integração*, Editora Forense, Rio de Janeiro

PACHECO, José Luis

—— 2012 – *Comentários* aos artigos 317º a 319º do TFUE, em Porto e Anastácio (coord.), *Trtatado de Lisboa...*, cit., pp. 1122-9

PACOTE DELORS I

—— 1987 – *Realizar o Acto Único. Uma Nova Fronteira para a Europa* (COM (87) 100), Bruxelas

PACOTE DELORS II

—— 1992 – *Do Acto Único ao Pós-Maastricht. Os Meio para Realizar as nossas Ambições* (COM (92) 2000), Bruxelas

PAGE, Martin

—— 2002 – *The First Global Village. How Portugal Changed the World*, Notícias, Lisboa

PAGE, Susan A.B.

—— 1981 – *The Revival of Protectionism and its Consequences for Europe*, em *Journal of Common Market Studies*, vol. 20, pp. 17-40

PAIS, Sofia Oliveira

—— 1996 – *O Controlo das Concentrações de Empresas no Direito Comunitário da Concorrência*, Almedina, Coimbra

—— 2006 – *O Novo Regime de Controlo das Concentrações de Empresas na Lei n. 18/2003*, em Soares, António Goucha e Marques, Maria Manuel Leitão, *Concorrência. Estudos*, Almedina, Coimbra, pp. 71-101

PANAGARIYA, Arvind

—— 1996 – *The Free Trade Area of the America: Good for Latin America?*, em *The World Economy*, vol. 19, pp. 445-515

—— 2000 – *Preferential Trade Liberalization: The Traditional Theory and New Developments*, em *Journal of Economic Literature*, vol. 38, pp. 287-331

—— 2008 – *India: The Emerging Giant, Oxford University Press, Oxford*

PANAGARIYA, Arvind e FINDLAY, Ronald

—— 1996 – *A Political-Economy Analysis of Free-Trade Areas and Customs Unions*, em Feenstra, Grossman e Irwin (ed.) *The Political Economy of Trade Policy*, cit., pp. 265-87

PANAGIOTARIS, Eleni

—— 2015 – *A Insurgência Grega contra a Austeridade: Uma bênção ou uma maldição para a Zona Euro*, em Bari, Blyth *et al,*, cit., pp55-65

PAPAGEORGIOU, Demetrios, CHOKSI, Armeane M. e MICHAELY, Michael

—— 1990 – *Liberalizing Foreign Trade in Developing Countries. The Lessons of Experience*, Banco Mundial, Washington (síntese dos volumes publicados pela Basil Blackwell, Oxford, 1990-1991, resultantes do projecto 'The Timing and Sequencing of a Trade Liberalization Policy')

PAPPALARDO, A.

—— 1996 – *La Réglementation Communautaire de la Concurrence (deuxième partie: Le Contrôle des Concentrations d'Entreprises. Récents Développements)*, em *Revue Internationale de Droit Economique*, n. 3, pp. 299-365

PARLAMENTO EUROPEU (Direcção Geral de Estudos)

—— 1995 – *Agricultural Strategies for the Enlargement of the EU to Central and Eastern European Countries. Critical Review of Four Studies Considered by the Commission of the European Community*

—— 1997a – *O Alargamento a Leste da União Europeia. É Possível Avaliar as Implicações Financeiras?*, doc. trab. PO/DV/325/325513

—— 1997b – *El Parlamento Europeo y el MERCOSUL*, doc. trab. W-25

—— 1999 – *Estudo Sobre o Mundo Rural*, cit. p. 98

—— 2006 – Resolução sobre *Um Modelo Social Europeu para o Futuro* (P&T PROV(2006)034 (relatores José Peneda e Proinias de Rossa)

—— 2007 – *Future Own Resources. External Study on the Composition of Future Own Resources for the European Parliament*, Directorate General Internal Policy (PE 390-718vcl-00)

PARR, Nigel e SANDER, Ruth

—— 2013 – *Merger Control*, 2ª ed., Global Legal Group, Londres

PEACOCK, Alan T.

—— 1977 – *Giving Economic Advice in Difficult Times*, em *Three Banks Review*, Março

—— 1978 – *The Economics of Bureaucracy: An Inside View*, em Buchanan *et al.*, *The Economics of Politics*, cit., pp. 117-28

PEARSON, Mark

—— 1992 – *Equity Issues and Carbon Tax*, em OCDE, *Climate Change: Designing a Pratical Tax System*, Paris, pp. 213-40

PECHMAN, Joseph A.

—— 1975 – *Making Economic Policy: The Role of the Economist*, em Greenstein, Fred e Polaby, Nelson W. (ed.) *Handbook of Political Science*, Wesley Publishing Company, Addison

PEDERSON, Jorgen Dige

—— 2008 – *Globalization, Development and the State. The Performance of <india and Brasil since 1990*, Palgrave/Macmillan, Basingstoke e Nova Iorque

PEGO, José Paulo Fernandes Mariano

—— 2006 – *As Medida Cautelares no Direito da Concorrência*, em *Temas de Integração*, n. 22, pp. 129-54

PELKMANS, Jacques

—— 1980 – *Economic Theories of Integration Revisited*, em *Journal of Common Market Studies*, vol. 18, pp. 166-94

—— 1984 – *Market Integration in the European Community*, Martins Nijhoff, Haia

—— 2006 – *European Integration. Methods and Economic Analysis*, 3ª ed., Prentice Hall/ Financial Times, Harlow

PELKMANS, J. e GREMMEN, H.

—— 1983 – *The Empirical Measurement of Static Customs Unions Effects*, em *Rivista Internazionale di Scienze Economiche e Commerciali*, vol. 30, pp. 612-22

PEREIRA, Álvaro Santos

—— 2014 – *Reformar sem Medo. Um Independente no Governo de Portugal*, Gradiva, Lisboa

PEREIRA, António Pinto

2016 – *Direito da União Europeia. O Sistema Institucional*, Escolar Editora, Lisboa

PEREIRA, Paulo Trigo, AFONSO, António, ARCANJO, Manuela e SANTOS, José Carlos Gomes dos

—— 2016 – *Economia e Finanças Públicas*, 5.ª ed., Escolar Editora, Lisboa

PERKINS, Dwight, RADELET, Steven, LINDAUER, Davis L. e BLOCK, Steven A.
—— 2013 – *Economist of Develepment*, 7ª ed., W.W. Norton Company, Nova Iorque e Londres

PERROUX, François
—— 1955 – *Note sur la Notion de Pôle de Croissance*, em *Economie Appliquée*, pp. 309-20 (publicado também em *A Economia do Séc. XX*, Livraria Morais, Editora, 1967, 2.ª parte)

PERTEK, Jacques
—— 1994 – *L' Europe des Diplômes et des Professions*, Bruylant, Bruxelas

PESCATORE, Pierre
—— 1986 – *Observations Critiques sur l'Acte Unique Européen*, em Universidade Livre de Bruxelas, *l'Acte Unique Européen* (Jornadas de Estudos), Bruxelas

PESTIEU, Pierre
—— 2006 – *The Welfare State in the European Union. Economic and Social Perspectives*, Oxford University Press, Oxford

PETERSON, John
—— 1996 – *Europe and America. The Prospect for Partnership*, 2.ª ed., Routledge, Londres e Nova Iorque

PETITH, H.
—— 1977 – *European Integration and the Terms of Trade*, em *The Economic Journal*, vol. 87, pp. 262-72

PHAN, Duc-Loi
—— 1980 – *Le Commerce International*, 2.ª ed., Economica, Paris

PHILIP, C. e BOUTAYER, C.
—— 1993 – *Subsidiarité (Principe de)*, em Barav e Philip (ed.) *Dictionnaire Juridique des Communautés Européennes*, cit., pp. 1023-35

PHINNEMORE, David
—— 1999 – *Association: Stepping-Stone or Alternative to EU Membership?*, Sheffield Academic Press, Sheffield

PIGOU, A.C.
—— 1920 – *The Economics of Welfare*, Macmillan, Londres

PINA, Carlos Costa
—— 2012 – *Comentário* ao artigo 136º do TFUE, em Porto e Anastácio (coord.), *Tratado de Lisboa...*, cit., pp. 617-28

PINCUS, Jonatham J.
—— 1972 – *A Positive Theory of Tariff Formation Applied to the Nineteenth – Century United States*, dissertaçãode doutoramento na Universidade de Stanford
—— 1977 – *Pressure Groups and Politics in Antebellum Tariffs*, Columbia University Press, Nova Iorque

PINDER, John
—— 1968 – *Positive Integration and Negative Integration: Some Problems of Economic Union in the EEC*, em The *World Today*, vol. 24, pp. 88-110

PINHEIRO, Gabriela
—— 1998 – *A Harmonização da Fiscalidade Directa na União Europeia*, Universidade Católica Portuguesa (distrib. Coimbra Editora), Porto

PINTO, Messias de Sá

—— 2004 – *A Área de Livre Comércio das Américas e os Interesses da União Europeia na América Latina*, dissertação de doutoramento na Escola de Economia e Gestão da Universidade do Minho, Braga

PIRES, Catarina

—— 2001 – *O Fim da 'Riqueza das Nações'? Algumas Reflexões a Propósito da Globalização Financeira*, em *Boletim de Ciências Económicas* da Faculdade de Direito da Universidade de Coimbra, vol. 44, pp. 243-48

PIRES, Francisco Lucas

—— 1992 – *O que é a Europa*, Difusão Cultural, Lisboa

—— 1995 – *Portugal e o Futuro da União Europeia. Sobre a Revisão do Tratado em 1996*, Difusão Cultural, Lisboa

—— 1996 – *Regionalização e Europa*, Universidade Autónoma de Lisboa

—— 1997 – *Schengen e a Comuniade de Países Lusófonos*, Jus Gentium Conimbrigae, Coimbra Editora, Coimbra

PIRES, Luís Madureira

—— 1998 – *A Política Regional Europeia e Portugal*, Fundação Calouste Gulbenkian, Lisboa

PITT, William

—— 1995 – *More Equal than Others, A Director's Guide to EU Competition Policy*, Director Books, Hemel Hempstead

PLANO DE ACÇÃO

—— 1997 – *Plano de Acção para o Mercado Único*, Comunicação da Comissão ao Conselho Europeu (CSE (97), 1 final, de 4.6.1997)

Plaza, José Ignacio Morales

—— 2012 – *Las Claves del Êxito de la Inversion en Energias Renovables. La Transicion de un Modelo Económico "Energívero" a un Modelo Económico Sostenible*, Marcial Pons, Madrid

PLUMMER, Michael G.

—— 1991 – *Efficiency Effects of the Accession of Spain and Portugal to the EC*, em *Journal of Common Market Studies*, vol. 29, pp. 317-25

POLAK, Jacques J.

—— 1996 – *Is APEC a Natural Regional Trading Bloc? A Critique of the 'Gravity Model of International Trade*, em *The World Economy*, vol. 19, pp. 53-43

POMERANZ, Kenneth

—— 2013 – *A Grande Divergência. A China, a Europa e a Construção da Economia Mundial Moderna*, Edições 70, Lisboa

POMFRET, Richard

—— 1986 – *Theory of Preferential Trading Arrangements*, em *Weltwirtschaftliches Archiv*, vol. 122 (tb. em Jacquemin e Sapir (ed.) *The European Internal Market. Trade and Competition*, cit., pp. 44-70, que referenciamos)

—— 1991a – *International Trade. An Introduction to Theory and Policy*, Basil Blackwell, Cambridge (Mass.) e Oxford

—— 1991b – *The New Trade Theories, Rent-Snatching and Jet Aircraft*, em *The World Economy*, vol. 14, pp. 269-77

—— 1996 – *Blocs: The Threat to the System, and Asian Reactions,* em Bora e C. Findlay (ed.) *Regional Integration and the Asia Pacific,* cit., pp. 13-24

PONTES, José Pedro

—— 2000 – *Regional Convergence in Portugal in the Context of the European Union,* Working Papers, ISEG, Universidade Técnica de Lisboa

—— 2005 – *O Quadro Regional Português e a Política Comunitária,* em *Temas de Integração,* n. 20, pp. 233-77

PORTER, Michel

—— 1980 – *Competitive Strategy. Techniques to Analyse Industries and Competition,* The Free Press, Nova Iorque e Londres

—— 1985 – *Competitive Advantage. Creating and Sustaining Superior Performance,* The Free Press, Nova Iorque e Londres

—— 1990 – *The Competitive Advantage of Nations,* Macmillan, Londres e Basingstoke

—— 1994 – *Construir as Vantagens Competitivas de Portugal,* Monitor Company e Forum para a Competitividade, Lisboa

PORTO, Manuel C. L.

—— 1970 – *O Imposto de Transacções – Tipo a Adoptar,* separata do *Boletim de Ciências Económicas* da Faculdade de Direito da Universidade de Coimbra, vols. 12, 13 e 14

—— 1972 – *A Coordenação Fiscal dos Transportes Rodoviários Internacionais,* separata do *Boletim de Ciências Económicas* da Faculdade de Direito da Universidade de Coimbra, vol. 14

—— 1979 – *O Argumento das Indústrias Nascentes,* separata do número especial do *Boletim da Faculdade de Direito* da Universidade de Coimbra, *Estudos em Homenagem ao Prof. Doutor José Joaquim Texeira Ribeiro*

—— 1981 – *Os Movimentos de Capitais e o Desenvolvimento Regional,* separata de *Desenvolvimento Regional,* Boletim da Comissão de Coordenação da Região Centro, 2.º Semestre de 1980

—— 1982 – *Estrutura e Política Alfandegárias – O Caso Português,* separata do *Boletim de Ciências Económicas* da Faculdade de Direito da Universidade de Coimbra, vols. 25, 26 e 27

—— 1984 – *Portugal: Twenty Years of Change,* em Williams, Allan (ed.) *Southern Europe Transformed: Political and Economic Change in Greece, Italy, Portugal and Spain,* Harper Row, Londres, pp. 84-112

—— 1986a – *Pauta Aduaneira,* em *Polis. Enciclopédia Verbo da Sociedade e do Estado,* vol. 4, Lisboa, pp. 1073-9

—— 1986b– *Proteccionismo,* vol. 4 da *Polis,* cit., ref. ant. pp. 1666-84

—— 1988 – *Do Acto Único à 'Nova Fronteira' para a Europa,* separata do número especial do *Boletim* da Faculdade de Direito da Universidade de Coimbra, *Estudos em Homenagem ao Prof. Doutor Afonso Rodrigues Queiró,* Coimbra

—— 1989 – *A Política Regional e o Aproveitamento dos Fundos Estruturais em Portugal,* em CCRC (ed.) *Portugal e os Fundos Comunitários: Experiência e Perspectivas Regionais,* cit., pp. 311-67 (publicado também, com o título *La Politica Regionale Portughese e i Fondi Strutturali della Comunità Europea,* em Stefani, Georgio (ed.) *Mercato Comune e Sviluppo Regionale. Le Esperienze di Spagna, Portogallo e Grecia,* Cedam, Padua, pp. 159-215, e com o título *European Integration and Regional Development Policy in Portugal,* em Nerlove, Marc (ed.)

Issues in Contemporary Economics, cap. 2 *Macroeconomics and Econometrics*, Macmillan (para a International Economic Association), Basingstoke e Londres, pp. 182-210

—— 1990 – *A Problemática do Défice dos Transportes Colectivos Urbanos de Passageiros: Apreciação e Sugestão de Soluções*, separata do *Boletim de Ciências Económicas* da Faculdade de Direito da Universidade de Coimbra, vol. 30

—— 1992a – *A Participação dos Países na União Europeia*, em Secretaria de Estado da Integração Europeia, *A Europa Após Maastricht*, Imprensa Nacional – Casa da Moeda, Lisboa, pp. 33-48

—— 1992b – *A Coesão Económica e Social e o Futuro da Europa*, em Ministério do Planeamento e da Administração do Território, *Fundos Estruturais. Que Futuro?*, cit., pp. 221-39

—— 1992c – *A Localização do Novo Aeroporto de Lisboa e a Sua Articulação com os Demais Modos de Transporte*, Estudos para o Planeamento Regional e Urbano, n. 38, Centro de Estudos Geográficos da Universidade de Lisboa, INIC

—— 1993a – *A Integração Comunitária e o Desenvolvimento Regional em Portugal*, separata de *Estudos Autárquicos*, Boletim do Centro de Estudos e Formação Autárquica (CEFA), Coimbra

—— 1993b – *Os Actuais Acordos de Cooperação da Comunidade Europeia com a América Latina*, em *Revista Brasileira de Direito Comparado*, vol. 7, pp. 107-27

—— 1994a – *Portugal, o Uruguai Round e a União Europeia, Intervenções Parlamentares*, Grupo LDR, Coimbra

—— 1994b – *Comentário* a Flôres, em Curso de Estudos Europeus, *O MERCOSUL e a União Europeia*, cit., pp. 135-9

—— 1994-6 – *A Dimensão Espacial da União Monetária*, em Curso de Estudos Europeus, *A União Europeia*, cit., pp. 61-89, que referenciamos; publicado também, com o título *A União Monetária e os Processos de Convergência*, em P.P. Cunha *et al.*, *A União Europeia na Encruzilhada*, 1996, cit., pp. 99-127

—— 1996a – *O Ordenamento do Território Face aos Desafios da Competitividade*, Almedina, Coimbra

—— 1996b – *Coesão e Integração numa Europa Alargada*, em *Temas de Inte- gração*, n. 1, pp. 27-49 (publicado simultaneamente com o título *Economic Cohesion in an Enlarged European Union*, em Herr, Richard e Weber, Steven ed. *European Integration and American Federalism: A Comparative Perspective*, University of California, Berkeley, 1996, pp. 69-84)

—— 1996c – *O Financiamento do Alargamento da União Europeia*, Parlamento Europeu, doc. 218 272 (PO/DT/301) de 17.6.1996

—— 1998a – *Portugal e a Agenda 2000* (distrib. Almedina), Coimbra

—— 1998b – *O Não de um Regionalista, Face a um Projecto sem Justificação, numa Europa Concorrencial e Exigente* (distrib. Almedina), Coimbra

—— 1999a – *A Europa no Dealbar do Novo Século*. Intervenções Parlamentares, Grupo PPE (PSD), Coimbra

—— 1999b – *As Implicações Externas do Euro*, em Instituto Europeu da Faculdade de Direito daUniversidade de Lisboa, *Aspectos Jurídicos e Económicos da Introdução do Euro,* cit., pp. 215-35 (numa versão em inglês ver *The Euro and the Regional Blocs*, em Comissão Europeia, *L'Euro et le Monde*, 1998c, cit., pp. 215-35)

—— 2000a – *As Vias Insidiosas da Bipolarização: da Coincineração às Portagens e à Tolerância Zero*, Jornal de Coimbra, Coimbra

—— 2000b – *Os Blocos Regionais e o Comércio Mundial*, em Faculdade de Direito da Universidade de Lisboa, *Estudos Jurídicos e Económicos em Homenagem ao Professor João Lumbrales*, cit., pp. 703-19

—— 2000c – *Regras Fiscais Europeias*, em Henderson, D. e Neves, J.C. (ed.) *Enciclopédia de Economia*, Principia, Lisboa, pp. 372-7

—— 2000d – *O Equilíbrio de Poderes na União Europeia*, em Conselho Económico e Social, *Mesa Redonda sobre a Conferência Intergovernamental* (CIG), Lisboa

—— 2001(4) – *Teoria da Integração e Políticas Comunitárias* (3.ª ed.; edições em inglês e chinês do Instituto de Estudos Europeus e da Universidade de Macau, respetivamente, 2004)

—— 2002a – *The Role of Small States in the European Union*, em Dumoulin e Duchenne (ed.), cit., pp.159-79

—— 2002b – *A Racionalização das Infraestruturas de Transportes: o TGV, a OTA e as Auto-Estradas*, Audimprensa, Coimbra

—— 2006 – *O Orçamento da União Europeia. As Perspectivas Financeiras para 2007-2013*, Almedina, Coimbra

—— 2007a – *The New Map of the World*, em *Temas de Integração*, n. 24, pp. 9-36

—— 2007b – *Deslocalizações e Fornecimentos Externos ("outsourcing"): Algo de Novo para a Teoria e para as Políticas Económicas?*, em Faculdade de Direito da Universidade de Coimbra, *Nos 20 Anos do Código das Sociedades Comerciais*, Coimbra Editora, Coimbra, pp. 397--429

—— 2007c – *O Fundo Europeu de Ajustamento à Globalização*, em *Homenagem da Faculdade de Direito de Lisboa ao Professor Doutor Inocêncio Galvão Teles. 90 Anos*, Almedina, Coimbra, pp. 837-51

—— 2008a – *Aspectos Históricos da Integração de Portugal na Europa Comunitária*, em P. Cunha (org.), *A Europa e os Desafios do Século XXI*, cit., pp. 429-44

—— 2008b – *O Ordenamento do Território num Mundo de Exigência Crescente: das Ambições do PNPOT à Contradição de Investimentos em Vias de Concretização*, Almedina, Coimbra

—— 2008c – *O Sentido dos Blocos Regionais face à Globalização: Oportunidades para a América do Sul, em Particular para o Brasil*, em Accioly (coord.), *Direito no Século XXI...*, cit., pp. 82-98

—— 2008d – Comentário ao Anexo V do QREN, em *Revista de Legislação e de Jurisprudência*, n. 3952 (Set.-Out.)

—— 2012a – *A Estratégia 2020: Visando um Crescimento Inteligente, Sustentável e Inclusivo*, em *Livro de Homenagem ao Prof. Doutor José Joaqim Gomes Canotilho*, vol. IV, Coimbra Editora, Coimbra, pp. 549-72

—— 2012b – *O Orçamento da UE: Dando Resposta às Exigências do Presente e do Futuro?*, em *Livro de Homenagem ao Prof. Doutor Aníbal de Almeida*, Coimbra Editora, Coimbra, pp. 855-75

—— 2012c – *O Sistema Financeiro Actual e Futuro da União Europeia*, em Catarino, JOÃO RICARDO e TAVARES, José F.F. (coord.), *Finanças Públicas da União Europeia*, Almedina, Coimbra, pp. 187-2008

—— 2012d – *A União Europeia e os Desafios da Energia*, em *Estudos em Homenagem a Miguel Galvão Teles*, vol. I, Almedina, Coimbra, pp. 791-812

—— 2012e – *Comentários* aos artigos 26º, 27º e 311º do TFUE, em Porto e Anastácio (coord.), *Tratado de Lisboa...*, cit., pp. 269-73 e 1099-102

—— 2013 – *A Europa e o Mundo: as vias de aproximação*, em *Revista Jurídica de Santiago* (Cabo Verde), não 1, nº 1, Jáneiro-Dezembro, pp. 205-24

—— 2014a – *Economia. Um Texto Introdutório*, 4ª ed., Almedina, Coimbra

—— 2014b – *As Responsabilidades da Europa Face ao Mundo*, em *Livro de Homenagem ao Professor Jorge Leite*, Coimbra Editora, Coimbra, pp. 577-600

—— 2014c – *Do Reforço do Princípio da Subsidiariedade à Necessidade Crescente de dar Resposta a Desafios Globais e Locais. O caso da política de transportes da União Europeia*, em Boletim de Ciências Económicas da Faculdade de Direito da Universidade de Coimbra, *Homenagem ao Prof. Doutor António Joé Avelãs Nunes*, Coimbra, pp. 2697-732

—— 2015 – *Les Défis Budgétaires pour l'Union Européenne, en Europe(s), Droit(s) Européens (s), Une Passion d'Universitaire. Liber Amicorumen l'Honneur du Professeur Vlad Constantinesco, Bruylant, Bruxelas, pp. 469-85*

—— 2016a – *Transportes*, em Silveira, Canotilho e Froufe (coord.), *Direito da União Europeia...*, cit., pp. 793-835

—— 2016b – *A Afirmação de Portugal na Europa e no Mundo*, em *Vida Judiciária*, Julho-Agosto, pp. 58-9

—— 2016c – *Sustainable mobility*, em *EPFMA Bulletin* (Parlamento Europeu), n.º 56, Setembro 2016, pp. 21-22

PORTO, Manuel e ALMEIDA, João Nogueira de

—— 2007 – *State Aids in Portugal*, em Nemitz (ed.) *The Effective Application of EU State Aid Procedures...*, cit., pp. 343-53 (cfr. *Temas de Integração*, n. 22, 2006, pp. 181-93)

PORTO, Manuel e ANASTÁCIO, Gonçalo Gentil (ed.)

—— 2009 – *Direito da Concorrência*, Coimbra Editora, Coimbra

PORTO, Manuel e ANASTÁCIO, Gonçalo (coord.)

—— 2012 – *Tratado de Lisboa. Anotado e Comentado*, Almedina, Coimbr

PORTO, Manuel e CALVETE, Victor

—— 2010a – *O Fundo Monetário Internacional (FMI)*, em Campos (coord.) *Organizações Internacionais...*, cit., pp. 493-556

—— 2010b – *O Grupo Banco Mundial*, em Campos (coord.) *Organizações Internacionais...*, cit., pp. 558-88

PORTO, Manuel C.L. e COSTA, Fernanda Maria

—— 1996 – *Trade Liberalization, Intra-Industry Trade and Adjustment in Portugal*, em Curso de Estudos Europeus, *Integração e Especialização. Integration and Specialization*, cit., pp. 143-65

—— 1999 – *Portugal*, em Brülhart e Hine (ed.) *Intra-Industry Trade and Adjustment...*, cit., pp. 239-51

PORTO, Manuel e FIGUEIREDO, Filipe Regêncio

2008 – *A Tributação dos Produtos Energéticos ou dos Ganhos das Empresas Produtoras: Reflexões sobre a "Taxa Robin dos Bosques"*, em *Revista de Finanças Públicas e Direito Fiscal*, n. 3, pp. 11-24

PORTO, Manuel e FLÔRES, Renato

—— 2004 – *Teoria e Políticas de Integração na União Europeia e no Mercosul*, Fundação Getúlio Vargas e Almedina, Rio de Janeiro

PORTO, Manuel e GORJÃO-HENRIQUES, Miguel
—— 2009 – *O Fenómeno de Capitalidade (spill-over effect). Uma Nova Categoria Económico-
-Jurídica?*, para publicação no *Livro de Home-nagem ao Professor Doutor Jorge Figueiredo
Dias*

PORTO, Manuel C.L., JACINTO, Rui e COSTA, Fernanda
—— 1990 – *As Grandes Infraestruturas de Ligação Terrestre de Portugal aos Demais Países Comunitários (TGV e Auto-Estrada)*, separata de *Desenvolvimento Regional*, Boletim da Comissão de Coordenação da Região Centro, Coimbra

PORTO, Manuel e LARANJEIRO, Carlos
—— 2000 – *Monetary Union and Structural Policies,* comunicação apresentada no Colóquio
das Cadeira Jean Monnet, *La Conférence Intergovernamentale 2000 et Au-Delà,* 6-7 Julho,
Bruxelas

PORTO, Manuel Lopes e LAVOURAS, Matilde
—— 2015 – *Novos Paradigmasda Intervenção Pública, Face às Exigências da Economia – O Casos
dos Monopólios Naturais,* em *Estudos em Homenagem a Rui Machete,* Almedina, Coimbra,
pp. 585-617

PORTO, Manuel e SILVA, Bernardino (coord.)
—— 2007 – *Uma Sociedade Criadora de Emprego,* Semanas Sociais Portuguesas (distr. Almedina), Braga

POSNER, Michel V.
—— 1961 – *Technical Change and International Trade,* em Oxford University Press, Oxford

POSNER, Richard A
—— 1976 – *Antitrust Law: An Economic Perspective,* University of Chicago Press, Chicago

POUNDSTONE, William
—— 1992 – *Prisoner's Dilemma,* Anchor Books, Nova Iorque

PREBISCH, Raúl
—— 1970 – *Transformacion y Desarrollo. La gran tarea de la América Latina,* Banco Interamericano de Desarrollo, México

PRICE, Victoria Curzon
—— 1974 – *The Essentials of Economic Integration. Lessons of EFTA Experience,* Macmillan,
Londres
—— 1995 – *Competition and Industrial Policies with Emphasis on Industrial Policy,* em Logur,
Mehmet (ed.) *Policy Issues in the European Union. A Reader in the Political Economy of European Integration,* Greenwich University Press, Dartford, pp. 69-99

PROSSER, Toni
—— 2005 – *The Limits of Competition Law. Markets and Public Services,* Oxford University
Press, Oxford

PUGEL, Thomas A. e LINDERT, Peter H.
—— 2004 – *International Economics,* 11.ª ed., Irwin/MacGraw Hill, Boston (uma ed. anterior, de 1996, cit., é de Lindert e Pugel)

QUADROS, Fausto de
—— 1994 – *O Princípio da Subsidiariedade no Direito Comunitário após o Tratado da União Europeia,* Almedina, Coimbra
—— 2015 – *Direito da União Europeia,* 3ª ed., Almedina, Coimbra

QUEIRÓ, Afonso Rodrigues
—— 1970 – *Tendências Actuais da Ciência do Direito Público*, em *Boletim da Faculdade de Direito* da Universidade de Coimbra, vol. 46, pp. 181-94

QUEIROZ, António Jorge da Cruz
—— 1984 – *Comunidade Económica Europeia e Direito Aduaneiro. Evolução Histórica. Perspectiva Económica. Síntese Jurídico-Institucional e Orgânica*, vol. I, Imprensa Nacional-Casa da Moeda, Lisboa

QUELHAS, José Manuel Santos
—— 1998 – *A Agenda 2000 e o Sistema de Financiamento da União Europeia*, em *Temas de Integração*, n. 5, pp. 53-109
—— 2012 – *Comentários* aso artigos 320º, 321º, 323º e 324º do TFUE, em Porto e Anastácio (coord.), *Trtado de Lisboa...*, cit., pp.1130-5 e 1139-44

QUESNAY, François
—— 1758 – *Tableau Économique* (trad. port. da Fundação Gulbenkian, Lisboa, 1969)

QUIGLEN, Conor
—— 2009 – *European State Aid Law and Policy*, 2ª ed., Hart Publishing, Oxford

RAI, Vinay
—— 2008 – *Think India. The Rise of the World's Next Great Power and What it Means for Every American*, Penguin, Londres

RAI, Vinay e SIMON, William L.
—— 2009 – *Think India. The Rise of the Next Superpower*, a Plume Book, Nova Iorque

RAMASWAMI, V. K. e SRINIVASAN, T.N.
—— 1971 – *Tariff Structure and Resource Allocation in the Presence of Factor Substitution*, em Bhagwati, Jagdish N., Jones, Ronald W., Mundell, Robert A. e Vanek, Jaroslav (ed.) *Trade, Balance of Payments and Growth*, Papers in Honor of Charles P. Kindleberger, North-Holland Publishing Company, Amesterdão e Londres, pp. 291-9

RAMOS, Rui M. Moura
—— 1999 – *Das Comunidades à União Europeia. Estudos de Direito Comunitário*, 2.ª ed., Coimbra Editora, Coimbra

RAMPINI, Federico
—— 2005(7) – *L'Imperio di Cindia*, Arnaldo Mandadore (trad. port.), *China e Índia. As Duas Grandes Potências Emergentes*, Presença, Lisboa

RAYMOND, Robert
—— 1996 – *L'Unification Monétaire en Europe*, 2.ª ed., Presses Universitaires de France, col. Que Sais-je? Paris

READ, Robert
—— 1994 – *The EC Internal Banana Market: The Issues and the Dilemma*, em *The World Economy*, vol. 17, pp. 219-35

REDOY, B. Sudhakers (ed.)
—— 2009 – *Economic Reforms in India and China. Emerging Issues and Challenges*, Sage, Nova Delhi

REDWOOD, John
—— 1997 – *Our Currency, Our Country. The Dangers of European Monetary Union*, Penguin, Londres
REHN, Olli
—— 1996 – *Financiamento do Alargamento da União Europeia: Política Agrícola*, Parlamento Europeu, doc 216.971, de 6.6.1996
REINOSO
—— 1996 – *Intra Industry Trade in the Andean Group in the 1980's*, em Karlsson, Crigeria e Malaki, Akhil (ed.) *Growth, Trade and Integration in Latin America*, Institute of Latin America Studies, Universidade de Estocolmo, pp. 239-63
REIS, Jaime
—— 1992 – *The Historical Roots of the Modern Portuguese Economy: The First Century of Growth, 1850's to 1950´s*, em Herr, Richard (ed.) *The New Portugal. Democracy and Europe*, International and Area Studies, University of California, Berkeley
REIS, José
—— 2000 – *A Europa e a Coesão: Um Percurso em Fio de Navalha*, em C. Albuquerque e Romão (coord.) *Brasil-Portugal...*, cit., pp. 373-81
REIS, Maria Helena Gomes dos
—— 2006 – *Economia Social Face às Questões do Emprego. A Função Reguladora do Terceiro Sector no Domínio da Política Económica e Social*, Instituto Bissaya Barreto, Coimbra
RELATÓRIO CHECHINI (v. CHECHINI, 1988)
RELATÓRIO COATS
—— 1995 – *Relatóro sobre uma Estratégia de Emprego Coerente para a União Europeia*, Comissão Temporária do Emprego, Parlamento Europeu (doc. A4-166/95 de 13.7.95)
RELATÓRIO COCKFIELD
—— 1995 – *Completing the Internal Market* (COM (85)310 final)
RELATÓRIO DELORS
—— 1990 – *Relatório sobre a União Económica e Monetária* (SEC (90)1659 final, de 13.9.1990)
RELATÓRIO EUROPA 2000+
—— 1994 – *Europa 2000+ Cooperação para o Desenvolvimento do Território Europeu*, Comissão Europeia, Bruxelas e Luxemburgo
RELATÓRIO MCDOUGAL
—— 1977 – *Report of the Study Group on the Role of Public Finance in the European Community*, SEC
RELATÓRIO MONTI
—— 2010 – *A New Strategy for the Single Market. At the service of Europe's Economy and Society*, Report to the President of the European Commission José Manuel Durão Barroso, 9 de maio de 2010
RELATÓRIO NEUMARK
—— 1963 – *Report of the Fiscal and Financial Committee*, em International Bureau of Fiscal Documentation, *The EEC Reports on Tax Harmonization*, Amesterdão, pp. 93-203
RELATÓRIO PADO-SCHIOPPA
—— 1987 – *Efficiency, Stability and Equity*, Oxford University Press, Oxford (trad. da Economica, Paris)

Relatório Dos 'Sábios'
—— 1992 – *Vers des Horizons Meilleurs*, Comité des Sages sur l'Aviation Civile Européenne, Comissão Europeia, Bruxelas
Relatório Schuman
—— 2016 – *Rapport Schuman sur l 'Europe. L'État de l'Union 2016*, Lignes de Repéres, Paris
Relatório Werner
—— 1970 – *Economic and Monetary Union in the Community*, em *Bulletin of the European Communities*, Suplemento n. 7, Bruxelas
Renouf, Yves
—— 1995 – *Le Règlement des Litiges*, em Flory, Thiébaut (dir.) *La Communauté Européenne et le GATT. Evaluation des Accords du Cycle d'Uruguai*, Édtions Apogée, Rennes, pp. 41-61
Rey, Patrick
—— 2003 – *The Economics of Vertical Restraints* (mimeo)
Rey, Patrick e Stiglitz, Joseph
—— 1988 – *Vertical Restraints and Producer's Competition*, em *European Economic Review*, vol. 32, pp. 561-8
Rey, Patrick e Tirole, Jean
—— 1986 – *The Logic of Vertical Restraints*, em *The American Economic Review*, vol. 76, pp. 921-32
Ribeiro, José Joaquim Teixeira
—— 1959 – *Economia Política*, lições ao 2.º ano jurídico (policopiadas), Coimbra
—— 1962-3 – *Economia Política*, lições ao 3.º ano jurídico (policopiadas), Coimbra
—— 1981 – *Objecto da Economia Política*, separata do *Boletim de Ciências Económicas* da Faculdade de Direito da Universidade de Coimbra, vol. 23
—— 1991 – *Sobre o Socialismo*, Coimbra Editora, Coimbra
—— 1992 – *Reflexões sobre o Liberalismo Económico*, separata do *Boletim de Ciências Económicas* da Faculdade de Direito da Universidade de Coimbra, Coimbra
—— 1994(7) – *Lições de Finanças Públicas*, 5.ª ed., refundida e actualizada Coimbra Editora, Coimbra
Ribeiro, Maria Manuela Tavares
—— 1976 – *Conflitos Ideológicos do Século XIX – O Problema Pautal*, Instituto de História e Teoria das Ideias, Coimbra
—— 2003 – *A Ideia de Europa. Uma Perspectiva Histórica*, Quarteto, Coimbra
Ribeiro, Maria Manuela Tavares (coord)
—— 2010 – *De Roma a Lisboa: a Europa em Debate*, Almedina, Coimbra
Ribeiro, Maria Manuela Tavares, Rollo, Fernanda, Valente, Isabel Maria Freitas e Cunha, Alice
—— 2014 – *Pela Paz! For Peace! Pour la Paix! (1849-1939)*, Peter Lang, Bruxelas
Ribeiro, Sérgio
—— 1978 – *O Mercado Comum e a Integração de Portugal*, 5.ª ed., Editorial Estampa, Lisboa
—— 1994 – *Década da Europa*, ed.do autor, Lisboa
—— 1997 – *Não à Moeda Única. Um Contributo*, Avante, Lisboa
Ricardo, David
—— 1817 – *The Principles of Political Economy and Taxation* (trad. port. da Fundação Calouste Gulbenkian, Lisboa, 1965, aqui referenciada)

RICHARDSON, J. David
—— 1980 – *Understanding International Economics: Theory and Practice*, Little, Brown and Company, Boston e Toronto

RICHTER, Rudolf
—— 1992 – *A Socialist Market Economy – Can it Work?*, em *Kyklos*, vol. 45, pp. 185-207

RIEDEL, James
—— 1988 – *Trade as an Engine of Growth: Theory and Evidence*, em Greenaway, David (ed.) *Economic Development and International Trade*, Macmillan, Basingstoke e Londres, pp. 25-54

RIEGER, Elmar
—— 2005 – *Agricultural Policy. Constrained Reforms*, em Wallace, Wallace e Pollack (ed.), *Policy Making in the European Union...*, cit., 5ª ed., pp. 161-90

RIFKIN, Jeremy
—— 2005 – *The European Dream. How the Europe's Vision of the Future is Quietly Eclipsing the American Dream*, Polity, Cambridge (UK)

RINGMAR, Erik
—— 2007 – *Why Europe was First. Social Change and Economic Growth in Europe and East Ásia, 1500-2050*, Anthen Press, Londres, Nova Iorque e Delhi

ROBBINS, Lord
—— 1937 – *An Essay on the Nature and Significance of Economic Science*, 2.ª ed., Londres
—— 1978 – *Comentários* a Grimond Jr., *Introductory Remarks*, em Buchanan *et al., The Economics of Politics*, cit., pp. 26-7

ROBSON, Peter
—— 1998 (2000) – *The Economics of International Integration*, 4.ª ed., Routledge, Londres e Nova Iorque (tradução portuguesa, da 3.ª ed., da Coimbra Editora)
—— 1994 – *The New Regionalism and the Developing Countries*, em Velmar, Simon e Scott, Andrew (ed.) *Economic and Political Integration in Europe*, Blackwell, Oxford e Cambridge (Mass.), pp. 169-88

ROCHA, Isabel
—— 1996 – *A Política Energética na Comunidade Europeia*, Porto Editora, Porto

ROCHA, Joaquim Freitas da
—— 2016 – *Finanças*, em Silveira, Cnotilho e Froufe (coord.), *Direito da União Europeia....*, cit., pp. 837-881

ROCHA, Maria da Conceição Ramos
—— 1999 – *MERCOSUL. Implicações da União Aduaneira no Ordenamento Jurídico Brasileiro*, Lumen Juris, Rio de Janeiro

ROCHA, Mário de Melo
—— 2000 –*A Avaliação de Impacto Ambiental como Princípio do Direito do Ambiente nos Quadros Internacional e Europeu*, Publicações Universidade Católica, Porto

RODRICK, D.
—— 1986 – *Tariffs, Subsidies and Welfare Analysis with Endogenous Policy*, em *Journal of International Economics*, vol. 21, pp. 285-99

RODRIGUES, Eduardo Raul Lopes
—— 2005 – *O Essencial da Política de Concorrência*, Instituto Nacional de Administração (INA), Oeiras

RODRIGUES, Jorge Nascimento e DEVEZAS, Tessaleno
—— 2007 – *Portugal. O Pioneiro da Globalização*, Centro Atlântico, Famalicão
RODRIGUES, José Manuel Silva
—— 2012 – *Comentário* ao artigo 90º do TFUE, em Porto e Anastácio (coord.), *Tratado de Lisboa...*, cit., pp. 463-5
RODRIGUES, Maria João
—— 2004 – *A Agenda Económica e Social da União Europeia. A Estratégia de Lisboa*, Dom Quixote, Lisboa
RODRIGUES, Maria João, TROGLIC, Jean-François, EHRENKRONA, Olof, Centre d'Analyse Stratégique, HERZOG, Philipp e SAPIR, André
—— 2008 – *Europe, Quel Modele Économique et Social?/What Economic and Social Model for Europe?*, Cultures France, Paris
RODRIGUES, Maria João (ed.)
—— 2009 – *Europe, Globalization and the Lisbon Agenda*, Edward Elgar, Cheltenham e Nothingham (Mass)
RODRIGUES, Maria João e XIARCHOGINNOPOULIS (ed.)
—— 2015 – *The Eurozone Crisis and the Transformation of EU Governance. Internal and External Implications*, Taylor Francis, Londres
ROEDERER-RYNNING, Christilla
—— 2015 – *The Common Agricultural Policy. The Fortress Challenged*, em Wallace, Pollack e Young, *Policy-Making in the European Union*, cit., cap. 8, pp. 196-219
ROGER Tym & Partners
—— 1996 – *The Regional Impact of Community Policies*, estudo para o Parlamento Europeu (Direcção Geral de Estudos), Londres
RÖLLER, Lars-Hendrik
—— 2005 – *Economic Analysis and Competition Policy Enforcement in Europe*, em Röller, Lars-Hendrik (ed.), *Modelling European Mergers: Theory, Competition Policy and Case Studies*, Edward Elgar, Cheltenham e Northampton (Mass.), pp. 11-34
RÖLLER, Lars-Hendrik e WEY, Christian
—— 2002 – *Merger Control in the New Economy*, discussion paper FS IV 02-02, Wissenschaftszentrum, Berlim
ROLLO, Jim
—— 1997 – *Economic Aspects of EU Enlargement to the East*, em Maresceau, Marc (ed.) *Enlarging the European Union. Relations Between the EU and Eastern Europe*, Longman, Londres e Nova Iorque, pp. 252-75
ROLLO, Jim e SMITH, A.
—— 1993 – *The Political Economy of Eastern European Trade with the European Community: Why so Sensitive?*, em *Economic Policy*, n. 16, pp. 139-81
ROMANO, Frank
—— 2003 – *Mondialisation des Politiques de Concurrence*, L'Harmattan, Paris
ROMÃO, António
—— 1983 – *Portugal face à CEE*, Livros Horizonte, Lisboa

ROMÃO, António (org.)

—— 2004 – *Economia Europeia*, Celta, Oeiras

—— 2006 – *A Economia Portuguesa 20 Anos Após a Adesão*, Almedina, Coimbra

ROQUE, Fátima Moura, FONTOURA, Paula e BARROS, Pedro Pitta

—— 1990 – *Teorias do Comércio Internacional e Padrão de Especialização da Indústria Transformadora Portuguesa: 1973-82*, em *Economia*, vol. 15, pp. 13-50

ROSAMOND, Ben

—— 2000 – *Theories of European Integration*, Mcmillan, Basingstoke e St. Martin's Press, Nova Iorque

—— 2007 – *New Theories of European Integration*, em Cini(ed.), *European Union Politics*, cit., pp. 117-36

ROSEN, Howard F.

—— 1994 – *The US-Israel Free Trade Area Agreement: How Well is it Working and What Have we Learned?*, em Schott, Jeffrey (ed.) *Free Trade Areas and US Trade Policy*, Institute for International Economics, Washington, pp. 97-119

ROSS, G.

—— 1995 – *Assessing the Delors Era in Social Policy*, em Leibfried, S. e Person, P. (ed.) *European Social Policy: Between Fragmentation and Integration*, Brookings Institution, Washington, pp. 357-88

ROSS, Thomas W. e WINTER, Ralph A.

—— 2004 – *The Efficiency Defense in Merger Law: Economic Foundations and Recent Canadian Developments*, em *Antitrust Law Journal*, vol. 72, pp. 241-68

ROTEMBERG, Julio e WOODFORD, Michael

—— 1994 – *Energy Taxes and Aggregate Economic Activity*, em *Tax Policy and the Economy*, n. 8, pp. 159-95

ROWAN, David C.

—— 1976 – *Godley's Law, Godley's Rule and the 'New Cambridge Macroeconomics'*, em *Banca Nazionale del Lavoro Quarterly Review*, vol. 29, pp. 151-74

ROWLEY, Charles

—— 1978 – *Market 'Failure' and Government 'Failure'*, em Buchanan *et al.*, *The Economics of Politics*, cit., pp. 29-43

ROY, Joaquín e GOMIS-PORQUERAS, Pedro (ed.)

—— 2007 – *The Euro and the Dollar in a Globalised Economy*, Ashgate, Aldershot

RUBALCABA, Luis

—— 2007 – *The New Service Economy. Challenges and Policy Implications for Europe*, Edward Elgar, Cheltenham e Northampton (Mass.)

RUIZ, Nuno

—— 1996 – *OPrincípio da Subsidiariedade e a Harmonização de Legislações na Comunidade Europeia*, em P.P. Cunha *et al.*, *AUnião Europeia na Encruzilhada*, cit., pp. 129-38

SACHS, Jeffrey e WARNER, Andrew

—— 1995 – *Economic Reform and the Process of Global Integration*, em *Brookings Papers on Economic Activity*, vol. 96, pp. 7-118

SACHWALD, Frédérique
—— 1997 – *Le Regionalisation contre la Mondialisation*, em Les Dossiers de l'Etat du Monde, *Mondialisation, Au-Dela des Mythes*, cit., pp. 133-46

SALAZAR, António Oliveira
—— 1940 – *O Problema do Funcionalismo Público*, em Boletim da Direcção- –Geral das Contribuições e Impostos, Janeiro-Março, pp. 487-91

SALEMA, Margarida
—— 1991 – *O Exercício das Actividades Profissionais e o Mercado Interno*, em Parlamento Europeu, Grupo LDR, Coimbra, pp. 15-25

SALIN, Pascal
—— 1995 – *La Concurrence*, Presses Universitaires de France, col. Que Sais-Je?, Paris

SALVATORE, Domenik
—— 2002 – *Relative Taxation and Competitiveness in the European Union: What the European Union Can Learn from the United States*, em Journal of Policy Modelling, vol. 24, pp. 401-10

SALVATORE, Dominick
—— 1996 – *Theory and Problems of International Economics*, 4.ª ed., Schaum's Outline Series, McGraw-Hill, Nova Iorque
—— 2007 – *International Economics*, 9.ª ed., Wiley & Sons, Nova Iorque

SALVATORE, Dominick (ed.)
—— 1987 – *The New Protectionist Threat to World Welfare*, North-Holland, Nova Iorque

SAMPAIO, Carlos Almeida
—— 1984 – *A Harmonização Fiscal nas Comunidades Europeias. O IVA e o Modelo Económico Português*, Cadernos de Ciência e Técnica Fiscal, n. 131, Lisboa

SAMPAIO, Jorge
—— 2007 – *Reflexões em Torno da Questão: Que Modelo Social para o Desenvolvimento?* em Temas de Integração, n. 23, pp. 17-24

SAMUELSON, Paul A.
—— 1939 – *The Gains from International Trade*, em *The Canadian Journal of Economics and Political Science*, vol. 5, pp. 195-205
—— 1948 – *International Trade and the Equalisation of Factor Prices*, em *The Economic Journal*, vol. 58, pp. 163-84
—— 1949 – *International Factor Price Equalisation Once Again*, em *The Economic Journal*, vol. 59, pp. 181-97
—— 1962 – *The Gains from International Trade Once Again*, em *The Economic Journal*, vol. 72, pp. 820-9
—— 1971 – *Ohlin was Right*, em *The Swedish Journal of Economics*, vol. 73, pp. 365-84
—— 2004 – *Where Ricardo and Mill Rebut and Confirm Arguments of Mainstream Economists Supporting Globalization*, em Journal of Economic Perspectives, vol. 18, pp. 135-46

SAMUELSON, Paul A. e NORDHAUS, William D.
—— 2005 – *Economics*, 18.ª ed., McGraw-Hill, Lisboa (19.ª ed. de 2009)

SANDE, Paulo de Almeida
—— 2000 – *OSistema Político na União Europeia (entre Hesperna e Phosphorus)*, Principia, Cascais

SANDHOLTZ, Waynz
—— 1996 – *Membership Matters: Limits to the Functional Approach to European Institutions*, em *Journal of Common Market Studies*, n. 34, pp. 403-29

SANTOS, António Carlos
—— 1993 – *Integração Europeia e Abolição das Fronteiras Fiscais. Do Princípio do Destino ao Princípio da Origem?* em *Ciência e Técnica Fiscal*, n. 372, pp. 7-91

SANTOS, António Carlos, GONÇALVES, Eduarda e MARQUES, Maria Manuel Leitão
—— 2014 – *Direito Económico*, 4.ª ed., Almedina, Coimbra

SANTOS, Jorge Costa
—— 1993 – *Bem-Estar Social e Decisão Financeira*, Almedina, Coimbra

SANTOS, José Gomes
—— 1992a – *Uma Estratégia Comunitária para Melhorar a Eficiência Energética. O Imposto sobre o CO_2*, em *Ciência e Técnica Fiscal*, n. 365, pp. 113-24
—— 1992b – *Principais Tendências de Convergência dos Sistemas Fiscais dos Países Comunitários. Uma Perspectiva Quantificada*, em Centro de Estudos Fiscais, *A Internacionalização da Economia e a Fiscalidade*, Lisboa, pp. 125-60

SANTOS, Luís Máximo dos
—— 1998 – *OMecanismo de Resolução de Litígios da OMC: Um Elogio Merecido?*, em FLAD, *A Organização Mundial do Comércio...*, cit., pp. 53-64

SANTOS, Margarida Lopes dos
—— 1991 – *ECU (European Currency Unit). Moeda Europeia?*, Coimbra Editora, Coimbra

SANTOS, Maria Cecília de Andrade
—— 1999 – *Controlo de Concentrações de Empresas. Estudo da Experiência Comunitária e a Aplicação do Artigo 54 da Lei Brasileira n.º 8.894/94*, dissertação de mestrado na Faculdade de Direito da Universidade de Coimbra

SANTOS, Theotónio dos
—— 1970 – *Dependencia y Cambio Social*, COSO, Santiago do Chile

SANTOS, Vitor Manuel Silva
—— 1990 – *A Acção Disciplinadora das Importações na Indústria Portuguesa*, em *Estudos de Economia*, vol. 10, pp. 143-65

SANTOS-PAULINO, Amélia
—— 2005 – *Trade Liberalization and Economic Performance: Theory and Evidence for Developing Countries*, em *The World Economy*, vol. 28, pp. 783-821

SAPIR, André
—— 1992 – *Regional Integration in Europe*, em *The Economic Journal*, vol. 102, pp. 1491--1506
—— 2000 – *The Political Economy of EC Regionalism*, em Magnette e Remacle (ed.) *Le Nouveau Modèle Européen*, cit., vol. 2, pp. 141-52
—— 2007 – *European Strategies for Growth*, em Artis e Nixson (ed.), *The Economics of the European Union...*, cit., pp. 403-16

SAPIR, André e WINTER, Chantal
—— 1994 – *Services Trade*, em Greenaway e Winters (ed.) *Surveys in International Trade*, cit., pp. 273-302

SAPIR, André, AGHION, Philips, BERTOLA, Giuseppe, HELLWIG, Martin, PISANI-FERRI, Jena ROSATI, Dariusz, VIÑALS, José e WALLACE, Hellen
—— 2004 – *An Agenda for a Growing Europe. The Sapir Report*, Oxford University Press, Oxford
SBRAGIA, Alberta M.
—— 2007 – *European Union and NAFTA*, em Telò (ed.), *European Union and New Regionalism...*, cit., pp. 153-64
SCHATTSCHNEIDER, E. F.
—— 1935 – *Politics, Pressures and the Tariff: A Study of Free Private Enterprise in Pressure Politics, as Shown in the 1929-1930 Revision of the Tariff*, Prentice-Hall, Nova Iorque
SCHERER, F.M.
—— 1994 – *Competition Policies in an Integrated World Economy*, The Brookings Institution, Washington
SCHIFF, Maurice e WINTERS, L. Alan
—— 2003 – *Regional Integration and Development*, The World Bank, Washington
SCHNEIDER, Friedrich
—— 1995 – *Is there a European Public Choice Perspective?*, em *Kyklos*, vol. 48, pp. 289-296
SCHOR, Armand-Denis
—— 1997 – *La Monnaie Unique*, 2.ª ed., Presses Universitaires de France, col. Que Sais-Je?, Paris
—— 1999 – *Économice Politique de l'Euro*, La Documentation Française Paris
SCHUKNECHT, Ludger
—— 1992 – *Trade Protection in the European Community*, Harwood Academic Publishers, Churs
SCHÜTZE, Robert
—— 2015 – *European Union Law*, Cambridge University Press, Cambridge
SCHRODER, Philip. J.
—— 2001 – *East Enlargement: The New Challenge*, em Hansen (ed.), *European Integration...*, cit., pp. 193-225
SCITOVSKY, Tibor
—— 1958 – *Economic Theory and Western European Integration*, George Allen & Unwin, Londres
SCOLLAY, Robert e GILBERT, John P.
—— 2001 – *New Regional Trading Arrangements in the Asia Pacific?*, Institute for International Economics, Washington
SCOTT, Maurice F.
—— 1981 – *Why the Cambridge Group is so Wrong about Import Restrictions?*, em *The World Economy*, vol. 3, pp. 461-8
SCOTT, Maurice F., CORDEN, W. Max e LITTLE, Ian M.
—— 1980 – *The Case Against General Import Restrictions*, Trade Policy Research Centre, Thames Essays n. 25, Londres
SEBASTIÃO, Simone Martins
—— 2007 – *Tributo Ambiental. Extrafiscalidade e Função Promocional do Direito*, Juruá, Curitiba

SECRETARIA DE ESTADO DA INTEGRAÇÃO EUROPEIA
—— 1992 – *A Europa Após Maastricht*, Imprensa Nacional-Casa da Moeda, Lisboa
SEDELMEIER, Ulrich
—— 2000 – *East of Amsterdam: The Implications of the Amsterdam Treaty for Eastern Enlargement*, em Neunreither, Karlheinz e Wiener, Antge (ed.) *European Integration after Amsterdam. Institutional Dynamics and Prospects for Democracy*, Oxford University Press, Oxford, pp. 218-37
SEIA, Maria Cristina de Aragão
—— 1994 – *A Reforma da Política Agrícola Comum*, dissertação de mestrado na Faculdade de Direito da Universidade de Coimbra
SEIDEL, Baruhard
—— 1994 – *The Regional Impact of Community Policies*, em Mortensen (ed.) *Improving Community and Social Cohesion in the European Community*, cit., pp. 211-28
SEN, Amartya
—— 2005 – *The Argumentative India. Writings on Indian History, Culture and Identity*, Penguin, Londres
SENIK-LEYGONIE, Claudia
—— 2002 – *L'Elargissement a l'Est: Risques, Coûts et Bénéfices*, em Farvaque, Étienne e Lagadec, Gael (ed.), *Intégration Économique Européenne: Problèmes et Analyses*, De Broek, Bruxelas, pp. 287-306
SERENS, Manuel N. e MAIA, Pedro
—— 1994 – *Legislação Comunitária e Nacional de Defesa da Concorrência*, Almedina, Coimbra
SERRA, Jaime *et al.*
—— 1997 – *Reflections on Regionalism. Report of the Study Group on International Trade*, Carnegie Endowment for International Peace, Washington
SHAMBAUGH, David, SANDSCHNEIDER, Eberhard e HONG, Zhou (ed.)
—— 2008 – *China-Europe Relations, Perceptions, Policies and Prospects*, Routledge, Londres e Nova Iorque
SHAPIRA, Jean
—— 1996 – *Le Droit Européen des Affairs*, Presses Universitaires de France, col. Que Sais-Je?, Paris
SHAPIRA, Jean, LE TALLEC, Georgeo e BLAISE, Jean-Bernard
—— 1996 – *Droit Européen des Affairs*, 6.ª ed., Presses Universitaires de France, col. Thémis, Paris
SHAPIRO, Robert
—— 2010 – *O Futuro, uma Visão Global do Amanhã. Como as superpotências, populações e a globalização vão mudar a forma como vivemos e trabalhamos*, Actual, Lisboa (original, de 2008, da St. Martin's Press, com o título *Futurecast*)
SHENKAR, Oded
—— 2006 – *The Chinese Century*, Wharton, Nova Jersey
SHESHABALAYA, Ashulash
—— 2006 – *Made in India. A Próxima Superpotência Económica e Tecnológica*, Centro Atlântico, Famalicão

SHIBATA, Hirofuma
—— 1967 – *The Theory of Economic Unions: A Comparative Analysis of Customs Unions, Free Trade Areas and Tax Unions*, em Shoup, Carl (ed.) *Fiscal Harmonization in Common Markets*, Columbia University Press, Nova Iorque e Londres

SIDJANSKI, Dusan e Barroso, José M. Durão
—— 1982 – *Os Grupos de Pressão na Comunidade Europeia*, em *Assuntos Europeus*, vol. 1, pp. 201-23

SILGUY, Yves Thibault de
—— 1996 – *Le Syndrome du Diplodocus. Un Nouveau Soufle pour l'Europe*, Albin-Michel, Paris

SILVA, Aníbal Cavaco
—— 1978 – *Políticos, Burocratas e Economistas*, em *Economia*, vol. 2, pp. 491-502
—— 1992 – *A Europa Após Maastricht*, em Secretaria de Estado da Integração Europeia, *A Europa Após Maastricht*, cit., pp. 9-17
—— 1997 – *E Depois da Moeda Única...*, em *Europa. Novas Fronteiras*, n. 1, *União Económica e Monetária*, pp. 91-7
—— 1999 – *União Monetária Europeia. Funcionamento e Implicações*, Verbo, Lisboa e S. Paulo

SILVA, António Martins da
—— 2010 – *História da Integração Europeia: A Integração Comunitária (1945-2010)*, Imprensa da Universidade de Coimbra, Coimbra

SILVA, António Neto da e REGO, Luís Alberto
—— 1984 – *Teoria e Prática da Integração Económica*, Porto Editora, Porto

SILVA, Armindo
—— 1986 – *An Analysis of the Effects of Preferential Trade Policies Through the Estimation of Quantitative Models: the Case of Portugal*, dissertação de doutoramento na Universidade de Reading

SILVA, João Nuno Calvão da
—— 2005 – *Estado Regulador, as Autoridades Reguladoras Independentes e os Serviços de Interesse Económico Geral*, em *Temas de Integração*, n. 20, pp. 173-209.
—— 2008 – *Mercado e Estado. Serviços de Interesse Económico Geral*, Almedina, Coimbra
—— 2014 – *As Agências Europeias de Regulação*, dissertação de doutoramento na Faculdade de Direito da Universidade de Coimbra
—— 2015 – *Nova Regulação e Supervisão Financeira na União Europeia: Passo Revolucionário*, em *Estudos em Homenagem a Rui Machete*, Almedina, Coimbra, pp.377-400

SILVA, Joaquim Ramos
—— 1996a – *Vinte Anos de Mudança na Economia Mundial: 1973-1993*, em ISEG (Instituto Superior de Economia e Gestão), Universidade Técnica de Lisboa, *Ensaios em Homenagem a Manuel Jacinto Nunes*, Lisboa, pp. 697-735
—— 1996b – *A Regionalização Multiforme da Economia Mundial (The Multiform Regionalism of the World Economy)*, em Curso de Estudos Europeus, *Integração e Especialização. Integration and Specialization*, cit., pp. 39-55
—— 2008 – *Internationalization Strategies in Iberoamerica. The Case of Portuguese Trade*, Economic Commission for Latin America and the Caribbean (ECLAC), Nações Unidas, Nova Iorque

SILVA, Joaquim Ramos e LIMA, Maria Antonina
—— 1997 – *L'Experience Européenne des 'Pays de la Cohesion': Rattrapage ou Périphérisation Accrue?* Institut Orléonais de France, Faculté de Droit, d'Économie et de Gestion, Orléans

SILVA, José Luis Moreira da
—— 2012 – *Comentários*aos artigos 91º e 92º do TFUE, em Porto e Anastácio (coord.), *Tratado de Lisboa...*, cit., pp. 466-75

SILVA, Miguel Moura e
—— 2008 – *Direito da Concorrência. Uma Introdução Jurisprudencial*, Almedina, Coimbra
—— 2009 – *O Abuso de Posição Dominante na Nova Economia*, Almedina, Coimbra

SILVEIRA, Alessandra, CANOTILHO, Mariana e FROUFME, Pedro Madeira (coord.)
—— 2016 – *Direito da União Europeia – Elementos de Direito e Políticas da União*, Almedina, Coimbra

SIMÃO, José Veiga e OLIVEIRA, Jaime da Costa
—— 2002 – *Potencialidades de Cooperação para a Competitividade. Regiões e Países de Interesse Estratégico para Portugal*, Associação Industrial Portuguesa, Lisboa

SINCLAIR, P.J.N e STEWART-ROPER, C.J.K.
—— 1991 – *The Rival Merits of Single and Common Currencies – Singular Problems and Common Benefits*, em Driffil e Beber (ed.) *A Currency for Europe*, cit., pp. 213-30

SLATER, J.C. e ATKINSON, B.
—— 1995 – *The Common Agricultural Policy and EU Enlargement to the East*, Ministério da Agricultura, Pescas e Alimentação do Reino Unido, Londres

SLIM, A.
—— 1998 – *Integrations, Desintégrations et Reintegrations en Europe de l'Est: les Theóries Traditionnelles Remises en Question*, em *Revue d'Etudes Comparatives Est.-Ouest*, n. 4

SMITH, Adam
—— 1776 – *An Inquiry into the Nature and Causes of the Wealth of Nations* (referenciada a ed. de T. Nelson and Sons, Londres, 1901)

SMITH, Alasdair
—— 1992 – *Measuring the Effects of '1992'*, em Dyker, David (ed.) *The European Economy*, Longman, Londres e Nova Iorque

SMITH, David
—— 2008 – *The Dragon and the Elephant. China, India and the New World Order*, Profile Books, Londres

SMITH, Stephen
—— 1992 – *The Distributional Consequences of Taxes on Energy* and*the Carbon Content of Fuels*, em *European Economy*, 1992b, cit., pp. 241-68
Between the Frredoms The Institute for Fiscal Studies, Londres
—— 1996 – *Taxation and the Environment*, em Devereux, Michael P. (ed.) *The Economics of Tax Policy*, Oxford University Press, Oxford, pp. 215-58

SMITS, Catherine
—— 2000 – *Les Enjeux de la Politique Commerciale Commune: La Question du Commerce des Services*, em Magnette e Remacle (ed.) *Le Nouveau Modèle Europeen*, cit., vol. 2, pp. 167-78

SNAPE, Richard H.

—— 1972 – *Progress Report on Monash Econometric Analysis of Protection: The Concept of Effective Protection*, 44.º Congresso da Australian and New Zealand Association for the Advancement of Science, Sidney

—— 1996 – *Which Regional Trade Agreements?*, em Bora e Findlay (ed.) *Regional Integration and the Asia-Pacific*, cit., pp. 49-63

SNELL, Jukka

—— 2002 – *Goods and Services in EC Law. A Study of the Relationship Between the Freedoms*, Oxford Universit Press, Oxford

SOARES, António Goucha

—— 2000 – *Uma União cada vez mais estreita*, em *Análise Social*, vol. 34, pp. 397-423

—— 2016 – *Euro: e se a Alemanha sair primeiro?*, Temas e Debates – Círculo de Leitores, Lisboa

SOARES, Cláudia Alexandra

—— 1999 – *Os Instrumentos de Promoção da Qualidade Ambiental. O Imposto Ecológico*, dissertação de mestrado na Faculdade de Direito da Universidade de Coimbra

—— 2001 – *O Imposto Ecológico. Contributo para o Estudo dos Instrumentos Económicos de Defesa do Ambiente*, Studia Jurídica do Boletim da Faculdade de Direito da Universidade de Coimbra, Coimbra Editora, Coimbra

SOARES, Rogério Ehrhardt

—— 1969 (2008) – *Direito Público e Sociedade Técnica*, Atlântida Editora, Coimbra (reeditado pela Tenacitas, Coimbra)

SODERBAUM, Fredrik

—— 2007 – *African Regionalism and EU-African Interregionalism*, em Telò (ed.), *European Union and New Regionalism...*, cit., pp. 185-202

SÖDERSTEN, Bo e REED, Geoffrey

—— 1994 – *International Economics*, 3.ª ed., Macmillan, Basingstoke e Londres (trad. portuguesa da Editora Interciência, Rio de Janeiro)

SOLANES, José Garcia e RAMON, Maria Dolores

—— 2002 – *The Impact of European Structural Funds on Economic Convergence in European Countries and Regions*, em Meeusen e Villaverde (ed.), *Convergence Issues in the European Union*, cit., pp. 61-82

SOLOAGA, Isidro e WINTERS, L. Alan

—— 1999 – *Regionalism in the Nineties: What Effect on Trade?*, Working paper do Banco Mundial, Washington

SOROS, Georges

—— 1996 – *Le Défi de l'Argent* (versão francesa), Plon, Paris

SOUSA, António Rebelo de

—— 2012 – *Comentários aos artigos 208º a 212º do TFUE*, em Porto e Anastácio (coord.), *Tratado de Lisboa...*, cit., pp. 815-9

SOUSA, Fernando Freire de

—— 1996 – *Economic Integration and Unequal Development in Europe: The Pitfalls of Cohesion and Convergence*, em Curso de Estudos Europeus, *Integração e Especialização. Integration and Specialization*, cit., pp. 249-69

SOUSA, Fernando Freire de e ALVES, I.
—— 1985 – *A Adesão de Portugal à CEE: O Impacto do Desarmamento Aduaneiro Português*, Série Cadernos, Direcção de Estudos Económicos e de Marketing, Porto

SOUSA, Marcelo Rebelo de
—— 2012 – *Comentário* ao artigo 3º do TUE, em Porto e Anastácio (coord.), *Tratado de Lisboa...*, cit., pp. 30-2

SOUSA, Pedro Rebelo de
—— 2012 – *Comentário* ao artigo 15º do TFUE, em Porto e Anastácio (coord.), *Tratado de Lisboa...*, cit., pp 245-51

SOUSA, Sara Rute Silva e
—— 2000 – *O Alargamento da União Europeia aos Países da Europa Central e Oriental (PECO): Um Desafio para a Política Regional Comunitária*, dissertação de mestrado na Faculdade de Economia da Universidade de Coimbra

SOUSA, T.
—— 2014 – *Europa Trágica e Magnífica*, Público, Lisboa PARA COMFIRMAR, cit Goucha Soares

SOUTY, François
—— 1995 – *La Politique de la Concurrence aux Etats-Unis*, Presses Universitaires de France, col. Que Sais-Je?, Paris
—— 1997 – *Le Droit de la Concurrence de l'Union Européenne*, Montchretien, Paris

SPENCER, Barbara J. e BRANDER, James A.
—— 1983 – *International R&D Rivalry and Industrial Strategy*, em *Review of Economic Studies*, vol. 50, pp. 707-22

SPENCER, John E.
—— 1991 – *European Monetary Union and the Regions*, em Driffil e Beber (ed.) *A Currency for Europe*, cit., pp. 177-89

SPENGLER, Joseph S.
—— 1950 – *Vertical Integration and Antitrust Policy*, em *The Journal of Political Economy*, vol. 58, pp. 347-52

SRINIVASAN, T.N.
—— 1996 – *The Generalized Theory of Distortions and Welfare Two Decades Later*, em Feenstra, Grossman e Irwin (ed.) *The Political Economy of Trade Policy*, cit., pp. 3-25
—— 1998 – *Developing Countries and the Multilateral Trading System, From the GATT to the Uruguai Roundand the Future*, Westview Press, Boulder e Oxford

STAAB, Andreas
—— 2013 – *The European Union Explained*, 3ª ed., Indiana University Press, Bloomington

STAVRIDIS, Stelios, MOSSIALOS, Elias, MORGAN, Roger e MACHIN, Howard (ed.)
—— 1996 – *New Challenges to the European Union: Policies and Policy-Making*, Dartmouth, Aldershot

STECKEL-MONTES, Marie-Christine
—— 2005 – *L'Essentiel des Finances Publiques Communautaires*, Gualino, Paris

STEELE, Keith (ed).
—— 1996 – *Anti-Dumping under the WTO*, Kluwer, Londres

STEGEMANN, Klaus
– 1996 – *Strategic Trade Policy*, em Greenaway (ed.) *Current Issues in Inter-national Trade*, cit., pp. 82-99
STEINBERG, Richard H.
—— 1997 – *Transatlanticism in Support of Multilateralism? Prospects for Great Power Management of the World Trading System*, comunicação apresentada no Seminário EU/US/Asia da Transatlantic Policy Network (TPN), Bruxelas, 28.5.1997
STEINGART, Gabor
—— 2009(6) – *O Conflito Global ou a Guerra da Prosperidade*,Presença, Lisboa (trad. de *Weltkrieg um Wohlstand*, atualizado e prefaciado para a ed. portuguesa)
STEINHERR, Alfred
—— 1994 – *Has the Case for EMU Weakened since September 1992? Policy and Practice in Britain and Germany*, The Institute for Fiscal Studies, Londres
STEPHEN, Paul (ed.)
—— 2007 – *Economics of European Union Law. An Elgar Reference Collection*, Chelltenham (RU) e Northampton (Mass., EUA) PARA CONFIRMAR !!
STERDYNIAK, Henri, BLONDE, Marie-Hélène, CORNILLEAU, Gérard, LE CACHEUX, Jacques e LE DEM, Jean
—— 1991 – *Vers une Fiscalité Européenne*, Centre d'Etudes Prospectives et d'Informations Internationales, Economica, Paris
STERN, Robert M.
—— 1975 – *Testing Trade Theories*, em Kenen, Peter B. (ed.) *International Trade and Finance: Frontiers for Research*, Cambridge University Press, Cambridge
STEVE, Sergio
—— 1964 – *Lezioni di Scienza delle Finanze*, 5.ª ed., Cedam, Pádua
STEVENS, Christopher
—— 1996 – *EU Policy for the Banana Market: The External Impact of Internal Policies*, em Wallace, Pollack e Young (ed.) *Policy Making in the European Union*, cit.,3ª ed., pp. 325-51
STEVENS, Handley
—— 2004 – *Transport Policy in the European Union*, Palgrave/Macmillan, Basingstoke
STIGLER, George
—— 1957 – *Tenable Range of Functions of Local Government*, em Joint Economic Committee, Sub-Cpmmittee on Fiscal Policy, *Federal Expenditure Policy for Economic Growth and Stability*, Washington
STIGLITZ, Joseph E.
—— 1994(5) – *Whither Socialism?*, The MIT Press, Cambridge (Mass.) (reimpressão em 1995)
—— 2002(4) – *Globalização. A Grande Desilusão*, 3.ª ed., Terramar, Lisboa (trad. de *Globalization and its Discontents*, W.W. Norton & Company, Nova Iorque)
—— 2007 – *Making Globalization Work*, Penguin, Londres
—— 2016 – *O Euro. Como uma Moeda Comum Ameaça o Futuro da Europa*, Bertrand, Lisboa (trad. de *The Euro. How a Common Currency may Threaten the Future of Europe*, Penguin, Londres, 2016)

STIGLITZ, Joseph E. e CHARLTON, Andrew
—— 2005 – *Fair Trade for All. How Trade Can Promote Development*, Oxford University Press, Oxford
STINK, Peter M.R.
—— 1996 – *A History of European Integration since 1914*, Pinter, Londres
STOKES, Bruce (ed.)
—— 1996 – *Open for Business. Creating a Transatlantic Market Place*, A Council on Foreign Relations Book, Nova Iorque
STOLPER, Wolfgang e SAMUELSON, Paul A.
—— 1941 – *Protection and Real Wages*, em *The Review of Economic Studies*, vol. 9, pp. 58-73
STRANGE, Susan
—— 1985 – *Protectionism and World Policies*, em *International Organization*, vol. 39, pp. 233-60
STRASSER, Daniel
—— 1990 – *Les Finances de l'Europe*, 6.ª ed., Librairie Génerale de Droit et Jurisprudence, Paris
STROBY-JENSEN, Carsten
—— 2007 – *Neo-functionalism*, em Cini (ed.), *European Union Politics*, cit., pp. 85-98
STROUX, Sigrid
—— 2006 – *Recensão* de Navarro *et al.*, *Merger Control in the EU...*, cit., em *Legal Issues in Economic Integration*, vol. 36, pp. 199-202
STUBB, 1996 CITADO ONDE ???
SUBRAMANIAN, Arvind
—— 2009 – *India's Turn. Understanding the Economic Transformation*, Oxford University Press, Oxford
SUBRAMANIAN, Arvind e UIMONEN, Peter
—— 1994 – *Trade and the Environement*, em FMI, *International Trade Policies. The Uruguai Round and Beyond*, vol. II, cit., pp. 80-7
SUTHERLAND, Peter Denis
—— 1997 – *EMU*, em *Europa. Novas Fronteiras*, n. 1 *União Económica e Monetária*, pp. 98-102
SWANN, Dennis
—— 2000 – *The Economics of Europe. From Common Market to European Union*, 9.ª ed., Penguin, Londres
SWERLING, B.C.
—— 1954 – *Capital Shortage and Labour Surplus in the United States*, em *The Review of Economics and Statistics*, vol. 36, pp. 286-9
SWINBANK, Alan
—— 1993 – *CAP Reform, 1992*, em *Journal of Common Market Studies*, vol. 31, pp. 359-72
—— 1999 – *EU Agriculture, Agenda 2000 and the WTO Commitments*, Blackwell, Oxford
TAN, Guofu
—— 2001 – *The Economic Theory of Vertical Restraints*, Department of Economics, Universidade de British Columbia, Vancouver (mimeo)
TANG, Helena (ed.)
—— 2000 – *Winners and Losers of EU Integration. Policy Essues for Central and Eastern Europe*, Banco Mundial, Washington

TANGERMANN, Stefan
—— 1999 – *Agenda 2000: Tactics, Diversion and Frustration*, Agro-Europe, Londres
TANTRAPORN, Airadi
—— 1996 – *Asian and Regional Economic Cooperation*, em OCDE, *Regionalism and its Place in the Multilateral Trading System*, cit., pp. 49-52
TANZI, Vito
—— 2008 – *The Stability and Growth Pact and its Revision*, em Cunha e Morais (org.), *A Europa e os Desafios do Século XXI*, cit., pp. 249-62
TAUSSIG, F.W.
—— 1924 – *Some Aspects of the Tariff Question*, Cambridge e Londres
TAVÉRA, Chritophe (ed.)
—— 1999 – *La convergence des Économies Européennes*, Economica, Paris
TAYLOR, Christopher
—— 1995 – *EMU 2000? Prospects for European Monetary Union*, The Royal Institute of International Affairs, Londres
TCHAMÉNY, Augustin
—— 2013 – *Les Évolutions du Regionalisme African. Le Fonctionnement de Communautés Économiques Régionales*, L'Harmattan, Paris
TEIXEIRA, Pedro
—— 2015 – *Novo Êxodo Português. Causas e Soluções*. Vida Económica, Porto
TEIXEIRA, Pedro Braz
—— 2014 – *O fim do Euro em Portugal? Como chegamos à crise actual*, 2ª ed., Actual, Coimbra
TELÒ, Mario (ed.)
—— 2007 – *European Union and New Regionalism. Regional Actors and Global Governance in a Post-Hegemonic Era*, 2.ª ed., Ashgate, Aldershot
—— 2014 – *European Union and New Regionalism. Competing Regionalism and Global Governancein a Post-Hegemonic Era*, Ashgate, Farnham e Burlington
TELSER, L.G.
—— 1960 – *Why Should Manufacturers Want Free Trade?*, em *Journal of Law & Economics*, pp. 86-105
TEMPERTON, Paul (ed.)
—— 1998 – *The Euro*, 2.ª ed., John Wiley & Sons, Chichester
TERCINET, Anne
—— 2000 – *Droit Européen de la Concurrence. Opportunités et Menaces*, Montchretien, Paris
TENREIRO, Carlos, 2012, com. art. 108, sobre ajudas de Estado (PARA CONFERIR)
TERRA, Maria Inés, NIN, Alejandro e OLIVERAS, Joaquín
—— 1995 – *Ajuste en los Patrones de Comercio Manufacturero. Uruguai 1988-1994*, documento n. 8/95, Departamento de Economia da Faculdade de Ciências Sociais da Universidade da República, Montevideo
THARAKAN, P.K.M.
—— 2003 – *European Social Model under Pressure*, em *The World Economy*, vol. 26, pp. 1417--24

THARAKAN, P.K. Mattew
—— 1996 – *Antidumping Measures and Strategic Trade Policy*, em Curso de Estudos Europeus, *Integração e Especialização. Integration and Specialization,* cit., pp. 331-41

THARAKAN, P.K. Mattew (ed.)
—— 1983 – *Intra-Industry Trade. Empirical and Methodological Aspects*, North-Holland, Amesterdão

THARAKAN, P.K. Mattew e CALFAT, German
—— 1996 – *Empirical Analyses of International Trade Flows*, em Greenaway (ed.) *Current Issues in International Trade,* cit., pp. 59-81

THARAKAN, P.K. Mattew e WAELBROECK, Jan
—— 1994 – *Antidumping and Countervailing Duty Decision in the ECand in the US – An Experiment in Comparative Political Economy*, em *European Economic Review*, vol. 38, pp. 171-93

THIRLWALL, A.P.
—— 1979 – *The Balance of Payments Constraint as an Explanation of International Growth Rate Difference*, em *Banca Nazionale del Lavoro Quarterly Review*, vol. 32, pp. 45-53
—— 1983 – *A Plain Man's Guide to Kaldor's Growth Laws*, em *Journal of Post Keynesian Economics*, vol. 5
—— 2011 – *Economic Development*, 9ª ed., Palgrave/macmillan, Londres

THORP, Rosemary
—— 1998 – *Progresso, Pobreza e Exclusão. Uma História Económica da América Latina no Século XX*, Banco Interamericano de Desenvolvimento e União Europeia, Washington

THUROW, Lester
—— 1994 – *Head to Head. The Coming Economic Battle Among Japan, Europe and America*, Nicholas Berkley Publishing, Londres
—— 1996 – *The Future of Capitalism. How Today's Economic Forces Shape Tomorrow's World*, Nicholas Brealey Publishing, Londres

TIESUN, Zhang
—— 2000 – *China's Options in Asia-Pacific Regionalization*, em Hettne, Inotal e Sunkel (ed.) *National Perspectives on the New Regionalism in the South,* cit., pp. 25-56

TIETENBERG, Tom
—— 2000 – CIT. p. 403. MAS COMO SE CHAMA O LIVRO ???

TIETENBERG, Tom e LEWIS, Lynne
—— 2008 – *Environmental and Natural Resource Economics*, 8.ª ed., Addison Wesley/Longman, Reading (Mass.) (a 5.ª ed., de Tietenberg, é de 2000)

TINBERGEN, Jan
—— 1965 (1945-1954) – *International Economic Integration*, 2.ª ed. (a edição de 1945 com o título *International Economics Cooperation*)

To, Theodore
—— 1994 – *Infant Industry Protection with Oligopoly and Learning-by-Doing*, em *The Journal of International Trade & Economic Development*, vol. 3, pp. 199-212

TOBEY, James A.
—— 1990 – *The effects of Domestic Environmental Policies on Patterns of World Trade: An Empirical Test*, em *Kyklos*, vol. 43, pp. 191-209

TODARO, Michael P.
—— 1971 – *Development Planning Models and Methods*, Oxford University Press, Londres
TODARO, Michael P. e SMITH, Stephen C.
—— 2011 – *Economic Development*, 11.ª ed., Addison-Wesley, Harlow (10ª ed. 2009)
TONDL, Gabriele
—— 2006 – *Regional Policy*, em Artis e Nixson (ed.), *The Economics of the European Union...*, cit., pp. 171-97
TORRENS, Robert
—— 1808 – *The Economists Refuted*, S.A. e H. Oddy, Londres e C. La Grange, Dublin
—— 1815 – *An Essay ou the External Common Trade*, S. Hatchard, Londres
—— 1824 – An *Essay on the Production of Wealth*, Londres
—— 1844 – *The Budget. On Commercial and Colonial Policy*, Londres
TORRES, Francisco
—— 1993 – *The Politics of Economic Transition in Portugal (1985-93)*, Working Paper do Centro de Estudos Europeus (ECO 8/03), Universidade Católica Portuguesa, Lisboa
—— 1995 – *A UEM e a Conferência Inter-Governamental de 1996*, Working Paper do CENTRO DE ESTUDOS EUROPEUS da Universidade Católica Portuguesa, Lisboa
—— 1996 – *Portugal Towards EMU: A Political Economy Perspective*, em Frieden, Jones e Torres (ed.) *Joining Europe's Monetary Club: The Challenges for Smaller Member States*, cit., cap. 8
—— 1997 – *EMU: Economic and Political Misgivings*, em *Europa. Novas Fronteiras*, n. 1, *União Económica e Monetária*, pp. 103-111
TORRES, Francisco e GIAVAZZI, Francesco (ed.)
—— 1993 – *Adjustment and Growth in the European Monetary Union*, Centre for Economic Policy Research (CEPR), Cambridge University Press, Cambridge
TORRES, José Matos
—— 2014 – *Não Temos de ser Alemães. A austeridade excessiva não é uma solução. Um novo caminho económico e orçamental para Portugal*, matéria-prima, Lisboa
TOVIAS, Alfred
—— 1991 – *A Survey of the Theory of Economic Integration*, em *Revue d'Intégration Européenne. Journal of European Integration*, vol. 15, pp. 5-23
TRACY, Michael
—— 1996 – *Agricultural Policy in the European Union and Other Market Economies*, APS – Agricutural Policy Studies, Bruxelas
TRAVIS, William Penfield
—— 1964 – *The Theory of Trade and Protection*, Harvard University Press, Cambridge
—— 1968 – *The Effective Rate of Protection and the Question of Labor Protection in the United States*, em *The Journal of Political Economy*, vol. 76, pp. 443-61
TREBILCOCK, Michael J., CHANDLER, Marsha A. e HOWAE, Robert
—— 1990 – *Trade and Transition. A Comparative Analysis of Adjustment Policies*, Routledge, Londres e Nova Iorque
TREBILCOCK, Michael J. e HOWSE, Robert
—— 2005(7) – *The Regulation of International Trade*, 3.ª ed., Routledge, Londres e Nova Iorque

TROGO, Erasmo Simões
—— 1995 – *Uma Análise do Comércio Intra-Industrial no Programa de Integração e Cooperação Económica Brasil e Argentina*, dissertação de mestrado na Faculdade de Economia de Coimbra
TRUMAN, David B.
—— 1951-71 – *The Government Process. Political Interests and Public Opinion*, Alfred A. Knopp, Nova Iorque, 1.ª e 2.ª ed., respetivamente
TSOUKALIS, Loukas
—— 1997 – *The New European Economy Revisited*, Oxford University Press, Oxford
—— 2011 – *The JCMS Annual Review Lecture: The Shattering of Illusions. And What Next ?*, em *Journal of Common Market Studies*, 49/ n.1, pp. 19-44
TULLOCK, Gordon
—— 1965 – *The Politics of Bureaucracy*, Public Affairs Press, Washington
—— 1967 – *The Welfare Costs of Tariffs, Monopolies and Theftt*, em *Western Economic Journal*
—— 1976 – *The Vote Motive – An Essay in the Economics of Politics, With Applications to the British Economy*, The Institute of Economic Affairs, Hobart Paperback n. 9, Londres (reimpresso em 1978)
TUMLIR, Jan
—— 1985 – *Protectionism: Trade Policy in Democratic Societies*, American Enterprise Institute, Washington
TUMPEL-GUGERELL, Gertrude e MOOSLECHNER, Peter (ed.)
—— 2003 – *Economic Convergence and Divergence in Europe: Growth and Regional Development in an Enjarged European Union*, Edward Elgar, Cheltenham e Nothingham (Mass.)
TUO, Anthony e GADZEI, Hof
—— 1994 – *The Political Economy of Power-Hegemony and Economic Liberalism*, Macmillan, Basingstoke e St. Martin's Press, Nova Iorque
TYSON, Laura d'Andrea
—— 1990 – *Managed Trade: Making the Best of the Second Best*, em Lawrence e Schultze (ed.) *An American Trade Strategy. Options for the 1990's.*, cit., pp. 142-85
Tytchaver, 1999 – PARA CONFIRMAR !
ÜNAL-KESENCI, D.
—— 1998 – *Commerce International et Complementarités Régionales*, em La lettre du CCPII, n.º 174 (Dezembro)
UTTON, Michael A.
—— 2006 – *International Competition Policy. Maintaining Open Markets in the Global Economy*, Edward Elgar, Cheltenham e Northampton (Mass.)
VALENTE, Isabel Maria Freitas
—— 2015 – *Calvet de Magalhães: Pensamento e Acção*, Peter Lang, Bruxelas
VALÉRIO, Nuno
—— 2010 – *História da União Europeia*, Editora Presença, Lisboa
VAN BAEL, Ivo e BELLIS, Jean-François
—— 2009 – *Competition Law of the European Community*, 5.ª ed., Kluwer Law International CIDADE ? Europe Bruylant, Bruxelas SUBSTITUI A 2ª ED. ?de 1994

VAN BAEL, Ivo e BELLIS, Jean-François
—— 1996 – *Anti-Dumping and Other Trade Laws of the EC*, 3.ª ed., CCH Edition, Bicester
VAN DEN DOEL, Hans
—— 1979 – *Democracy and Welfare Economics* (trad. inglesa da 2.ª ed. holandesa), Cambridge University Press, Cambridge
VAN DEN BERG, Hendrik e LEWER, Joshua J.
—— 2007 –*International Trade and Economic Growth*, M.E. Sharpe, Nova Iorque
VAN DEN BERGH, Roger e CAMESASCA, Peter D.
—— 2006 – *European Competition Law and Economics: A Cpmparative Perspective*, Sweet & Maxwell, Londres
VAN MARREWIJK, Charles
—— 2007 – *International Economics. Theory, Application, and Policy*, Oxford University Press, Oxford
VAN ZELLER, Isabel
—— 2014 – *A Reforma da PAC. Perspectivas pós 2013*, em *Espaço Rural*, nº 94, pp. 22-7
VANEK, Jaroslav
—— 1963 – *The Natural Resource Content of United States Foreign Trade*, 1870-1955, The MIT Press, Cambridge (Mass.)
VARNA, Pavan K.
—— 2007 – *A Índia no Século XXI*, Presença, Lisboa (trad. de *Being Indian*, Penguin, 2004)
VASCONCELOS, Álvaro
—— 2008 – *European Union and MERCOSUR*, em Telò (ed.), *European Union and New Regionalism...*, cit., pp. 165-83
VASQUES, Sérgio
—— 1997 – *A Integração Económica na Africa. Textos Fundamentais,* Fim de Século, Lisboa
VELASCO SAN PEDRO, Luís Antonio (coord.)
—— 1998 – *Mercosur y la Union Europea: Dos Modelos de Integracion Economica*, Lex Nova, Valladolid
VERDON, Amy
—— 2000 – *European Responses to Globalization and Financial Market Integration. Perceptions of Economic and Monetary Union in Britain, France and Germany,* Macmillam, Basingstoke e St. Martin's Press, Nova Iorque
VERNON, Raymond
—— 1966 – *International Investment and International Trade in the Product Cycle*, em *The Quarterly Journal of Economics*, vol. 80, pp. 190-207
—— 1996 – *Passing Through Regionalism: The Transition to Global Markets*, em *The World Economy*, vol. 19, pp. 621-33
VERNON, Raymond (ed.)
—— 1970 – *The Technology Factor in International Trade*, National Bureau of Economic Research, distrib. Columbia University Press, Nova Iorque e Londres
VICKERMAN, R.W.
—— 1992 – *The Single European Market, Harvester-Wheatsheaf,* Nova Iorque

VILAÇA, José Luis Cruz
—— 2014 – *EU Law and Integration. Twenty Years of Judicial Application of EU Law*, Hart Publishing, Oxford e Portland (Oregon)
VILAÇA, José Luís C. e GORJÃO-HENRIQUES, Miguel
—— 2004 – *Código da Concorrência*, Almedina, Coimbra
VILAÇA, José Luis Cruz e SOBRINO HEREDIA, José Manuel
—— 1997 – *A União Europeia e a Transformação do Pacto Andino na Comunidade Andina: Do Protocolo de Trujillo à Acta de Sucre –tentativa de reanimar um moribundo ou oportunidade para relançar a cooperação intercontinental,* em *Temas de Integração,* n. 3, pp. 5-51
VILHENA, Maria do Rosário
—— 2002 – *O Princípio da Subsidiariedade no Direito Comunitário*, Almedina, Coimbra
VINDT, Gérard
—— 1999(8) – *A Mundialização. De Vasco da Gama a Bill Gates,* Temas e Debates, Lisboa
VINER, Jacob
—— 1931 – *The Most Favoured Nation Clause,* em *Index*, vol. 6
—— 1932 – *Review of the Theory of Protection and International Trade,* de Manoïlesco, cit., em *The Journal of Political Economy*, vol. 15, pp. 121-5
—— 1937 – *Studies in the Theory of International Trade*, Harper & Brothers Publishers, Nova Iorque e Londres
—— 1950 – *The Customs Union Issue*, Stevens Sons, Nova Iorque
—— 1951 – *International Economics*, The Free Press, Glescoe, Illinois
—— 1965 – *Carta* a Max Corden, de 13.3.1995 (referida em Krauss, *Recent Developments in Customs Union Theory: An Interpretative View*, 1972, cit., p. 414)
VON HAYECK, Friedrich A.
—— 1935 – *Collectivist Economic Planning*, Routledge & Kegan Paul, Londres
—— 1940 – *Socialist Calculation: The Competitive 'Solution',* em *Economica*, vol. 7, pp. 125--49
—— 1944 – *The Road to Serfdom*, Routledge & Kegan Paul, Londres
VON MISES, Ludwig
—— 1920 – *Die Wirtschaftsrechnung in Socialistischen Gemeinwesenen,* inserto em VON HAYECK, 1935, cit.
—— 1938 – *Le Socialisme,* Librairie de Médicis, Paris (trad. de *Die Gemeinwirtschaft*)
VON NEUMANN, John e MORGENSTERN, Oskar
—— 1944 – *Theory of Games and Economic Behavior*, Princeton University Press, Princeton
VON SCHÜTZ, Ulrike Stierle, STIERLE, Michael H., JENNINGS JR., Frederic e KUAH, Adrian
—— 2008 – *Regional Economic Policy in Europe: New Challenges for Theory, Empiric and Normative Interventions,* Edward Elgar, Cheltenham e Nothingham (Mass.)
VOUSDEN, Neil
—— 1990 – *The Economics of Trade Protection*, Cambridge University Press, Cambridge
WAGNER, Joachim
—— 1987 – *Zur politischen Ökonomie der Protektion in der Bundesrepublik Deutschland,* em *Kyklos,* vol. 40, pp. 548-67

WALLACE, Helen, POLLACK, Mark A. e YOUNG, Alasdair (ed.)
—— 2015 – *Policy Making in the European Union*, 7.ª ed., Oxford University Press, Oxford (3.ª ed. de 1996 4.ª ed. de 2000 e 5ª ed. de 2005, ainda com William Wallace e sem Alasdair Young)

WALLERSTEIN, Immanuel
—— 1974 – *The Modern Word System*

WALRAS, Léon
—— 1874-7 – Éléments d'Économie Politique Pure

WALTER, Carl E. e HOWIE, Fraser J.F.
—— 2012 – Red Capitalism. The Fragile Financial Foundation of China's Extraordinary Rise, Wiley, Singapura

WANG, Chengang, LIU, Xiaming and WEI, Yingqi
—— 2004 – *Impact of Openness on Growth in Different Country Groups*, em *The World Economy*, vol. 27, pp. 567-95

WANLIN, A.
—— 2006 – *The Lisbon Scorecard VI: Will Europe's Economy Rise Again?*, Centre for EuropeanReform, Londres

WARÊGNE, Jean-Marie
—— 2000 – *L'Organisation Mondiale du Commerce, Règles de Fonctionnement et Enjeux Économiques*, CRISP, Bruxelas

WEBER, Alfred
—— 1909 – *Uber den Standort der Industrien*, Tübingen (trad. Alfred Weber's *Theory of the Location of Industries*, Chicago, 1929)

WEI, S.-J. e Frankel, J.A.
—— 1998 – *Open Regionalism in a World of Continental Trade Blocs*, em *IMF Staff Papers*, vol. 45, pp. 440-53

WEISS, Friedl e Kaupa, Clemens
—— 2014 – European Union Internal Market Law, Cambridge University Press, Cambridge

WENNERAI, Pal
—— 2007 – *The Enforcement of EC Environmental Law,* Oxford University Press, Oxford e Nova Iorque

WHALLEY, John (ed.)
—— 2011 – China's Integration into the World Economy, World Scientific, Nova Jersey

WHISH, Richard e BAILEY, David
—— 2012 – *Competition Law*, 7.ª ed., Oxford University Press, Oxford

WHITE, Lawrence J.
—— 2005 – *International Trade in Services: More Than Meets the Eye*, em Choi e Hartigan (ed.) *Handbook of International Trade...*, cit., pp. 472-98

WHITELEGG, J.
—— 1988 – *Transport Policy in the EEC*, Routledge, Londres

WIENER, Jarrod
—— 1996 – *The Transatlantic Relationship*, Macmillan, Basingstoke e St. Martin's Press, Nova Iorque

WILKS, Stephen
—— 2015 – *Competition Policy, em Wallace..., cit, pp. 141-65*
WILLIAMS, Allan M.
—— 1994 – *The European Community*, 2.ª ed., Blackwell, Oxford
WILLIAMS, J. H.
—— 1929 – *The Theory of International Trade Reconsidered*, em *The Eco-nomic Journal*, vol. 39
WILLIAMS, R.H.,
—— 1996 – *European Union Spatial Policy and Planning*, Paul Chapman Publishing, Londres
WILLIAMSON, John e MILNER, Chris
—— 1991 – *The World Economy. A Textbook in International Economies*, Harvester/Wheast-sheaf, Nova Iorque
WILLIAMSON, Oliver E.
—— 1979 – *Assessing Vertical Market Restrictions: Antitrust Ramifications of the Transaction Costs Analysis*, em *University Of Pensylvania Law Review*, vol. 127, pp. 963-93
WILS, G.
—— 1993 – *ECU (Unité de Change Européenne)*, em Barav e Philip (ed.) *Dictionnaire Juridique des Communnautés Européennes*, cit., pp. 433-6
WINNICK, L.
—— 1961 – *Place Prosperity vs. People Prosperity: Welfare Considerations in the Geographiscal Redistribution of Economic Activity*, em *Essays in Urban and Land Economics*, University of California, Los Angeles, pp. 273-83
WISEMAN, Jack
—— 1978 – *The Political Economy of Nationalised Industry*, em Buchanan *et al. The Economics of Politics*, pp. 71-87
WOLF, Martin
—— 1979 – *Adjustment Policies and Problems in Developed Countries*, Staff Working Paper n. 349, Banco Mundial, Washington
—— 1994 – *The Resistable Appeal of Fortress Europa*, Center for Economic Policy Studies, Londres
—— 2003 – *Is Globalisation in Danger?*, em *The World Economy*, vol. 26, pp. 393-411
WOLFSON, Dirk J.
—— 1979 – *Public Finance and Development Strategy*, The Johns Hopkins University Press, Baltimore e Londres
WOOD, Geoffrey E.
—— 1975 – *Senile Industry Protection: Comment*, em *The Southern Economic Journal*, vol. 31, pp. 535-7
WOOLCOCK, Stephen
—— 1994 – *The European Acquis and Multilateral Trade Rules: Are They Compatible?*, em Bulmer e Scott (ed.) *Economic and Political Integration in Europe, Internal Economics and Global Context*, pp. 199-218

WOOTON, I.
—— 1988 – *Towards a Common Market: Factor Mobility in a Customs Union*, em *Canadian Journal of Economics*, vol. 21, pp. 525-38
WU, Zhongmin (ed.)
—— 2009 – China in the World Economy, Routledge, Londres e Nova Iorque
XAVIER, Alberto Pinheiro
—— 1970 – *Portugal e a Integração Económica Europeia*, Almedina, Coimbra
ZACHARIE, Armand
—— 2013 – *Mondialisation: qui gagne et qui perd. Essai sur l'économie politique du développement*, La Muette, Bruxelas
ZORGBIBE, Charles
—— 1993 – *Histoire de la Construction Européenne*, Presses Universitaires de France, Paris
YEATS, Alexander
—— 1996-8 – *Does Mercorsul's Trade Performance Justify Concerns About the Effects of Regional Trade Arrangments? YES!*, International Trade Division, Banco Mundial, Washington, 1996 (publicado depois na *World Bank Economic Review*, vol. 12, 1998, pp. 1-28)
YOUNG, Alasdair
—— 2015 – *The Single Market; From Stagnationto Renewal*, em Wallce..., cit. pp. 115-40
YOUNG, David e METCALFE, Stan
—— 1997 – *Competition Policy*, em Artis e Lee (ed.), *The Economics of the European Union*, cit., pp. 118-38
ZILLER, Jacques
—— 2000 – *Flexibility in the Geographical Scope of EU Law*, em De Búrca e Scott (ed.), *Constitutional Change in the EU...*, cit., pp. 113-32

ÍNDICE DE ASSUNTOS